英国史 1914-1945

ENGLISH HISTORY

[英] A.J.P. 泰勒 著

徐志军 邹佳茹 译

华夏出版社
HUAXIA PUBLISHING HOUSE

序　言

在"牛津英国史"丛书二三十年前启动时，"英国"（England）一词的所指还甚为宽泛，它既是英格兰和威尔士，大不列颠，也是联合王国，甚至是大英帝国。外国人用它来称呼这个大国，现在还是如此。博纳·劳（Bonar Law）这位苏格兰裔加拿大人，坦然地称自己为"英国首相"，正如此前的犹太人迪斯雷利（Disraeli）一样。本套丛书的某一卷将苏格兰大学置于英国教育之下，另一些卷则把殖民地的内部事务也视为英国历史的一部分。现在，各种术语的使用更加严格。用 England 指称英格兰以外的区域会引发抗议，尤其是来自苏格兰的抗议[1]。他们试图强迫别人使用"不列颠"（Britain）一词——不列颠是罗马的一个省，于公元 5 世纪不复存在，它既不包括苏格兰，实际上也未把整个英格兰包括在内。我从未使用过这个不正确的术语，尽管有时没有留意助理编辑使用了这个词。"大不列颠"（Great Britain）是正确的称呼，自 1707 年以来一直如此。然而，它也不等同于联合王国（United Kingdom），苏格兰人是这样认为的，更不用说爱尔兰人（或者 1922 年以来的北爱尔兰人）。同样，联合王国也不包括英联邦、殖民帝国或印度。无论我们用哪个术语，都会让我们陷入混乱。

我一直不曾偏离本书的主题，即英国历史。当威尔士、苏格兰、爱尔兰或英国海外的历史与英格兰历史重合时，本书便将它们囊括进来；否则，就没有纳入。例如，威尔士是英国行政和法律体系不可分割的一部分，但 1919 年以后它没有国教。苏格兰的国教、法律和行政体系则不同，其政府在很大程度上是自治的。1922 年以来，北爱尔兰的自治程度更高了。这些问题都不在本书考察范围之内。此外，不可能找到所谓的英格兰外交政策，要想找出英格兰对大

---

[1] 苏格兰居民现在称自己为"苏格兰人"（Scots），他们的事务被称为"苏格兰的"（Scottish）。他们有权这样做。这两者在英语单词中都是"Scotch"，正如我们称法国人（les français）为 French，称德意志人（Deutschland）为 Germany。作为一名英国人，我如此使用。

不列颠预算或海外贸易的贡献也是愚不可及的想法——尽管这并非不可能实现。不过，我认为，谈论一下英国人民的情感或者生活模式是理所应当的。无论如何，这本书关乎英国人长达 30 年的历史，外人之事只有在英国政治上引起轰动或在其他方面引起英国人兴趣时才会述及。因此，我在书中讨论了印度发生的事件对英国政治的影响，而不是试图叙述印度的政治史。同样，我也未曾叙述非洲的发展，它们对非洲来说非常重要，但对彼时的英国而言却不然。

本书所述起于 1914 年 8 月 4 日，晚上 11 点整。罗伯特·恩索尔爵士（Sir Robert Ensor）所撰写的那卷历史终于此时[1]。本书的结尾则没有明晰的截止日。许多大事尚未结束：欧洲新秩序的建立、美国的贷款、福利国家的建立以及印度的独立。到 1951 年时，新的格局比 1945 年清晰多了。然而，我必须在某个地方停下笔来。我以连续叙述的形式写作，偶尔也会插叙几笔。大多数主题都是无法忽略的。在这本书所涵盖的 31 年历史中，有 10 年的时间，英国人民身陷世界大战；有 19 年的时间，他们的生活为大规模失业的阴影所笼罩。当我写完这些主题以及由此产生的政治问题之后，所剩的篇幅就寥寥无几了。有些领域未曾述及是因为我不了解，例如某些最重要的科学进展，像维生素带来的巨大利益，或者核爆炸的潜在灾难。我不了解内燃机的原理，更不用说原子弹了，任何有关科学问题的讨论都超出了我的能力范围。我对现代哲学也懵懵懂懂。无论如何，本书选择的是那些最紧迫、最有趣而我又最能胜任的主题。

我仿效罗伯特·恩索尔爵士的先例，本书中提到的所有人（无论是依然在世还是已然身故的）都使用过去时——希望没有冒犯他们。注释中对他们生平的介绍只针对本书所涵盖的历史时期，不过偶尔也会有所逾越。我从许多人、许多书籍中汲取了信息和思想。尤其是参考文献综述的编纂，离不开各位史学家和各机构权威人士的帮助。我对他们的慷慨相助感激不尽，如有不当，希望得到他们的批评指正。

我的同事肯尼思·泰特（Kenneth Tite）是莫德林学院（Magdalen College）的研究员，他两次通读了全部手稿。他对本书的许多错误提出了纠正，对我的一些判断提出了质疑，纠正了我的武断之处。如若"可能"这个词在文中出现得太过频繁，那他也有责任。主编乔治·克拉克爵士（Sir George Clark）邀

---

[1] 译注：罗伯特·恩索尔爵士撰写了"牛津英国史"丛书第 14 卷《英国：1870 至 1914 年》。

请我撰写本书，令我备感荣幸。当我在史学界受到冷落的时候，他大力支持我。他句比字栉地阅读了我的手稿，并在许多地方予以润色。另一位史学家赐予了我灵感和指导意见。我本来期望着亲自将这本书面呈与他。现在，我唯有满怀悲痛地写下他的名字——马克斯·艾特肯（Max Aitken），比弗布鲁克勋爵（Lord Beaverbrook），我挚爱的朋友。

目 录

第一章 世界大战：旧式战争，1914—1915 年………… 1

战争的影响　宣战　紧急措施　英国远征军赴法：蒙斯战斗、马恩河战役　安特卫普失陷　第一次伊普尔战斗　海上战争　政治形势　爱尔兰自治法　公共舆论　志愿入伍　炮弹短缺　达达尼尔战役的起源　诺斯克里夫　劳合·乔治与工会　第一届联合内阁的成立

注解　马恩河战役

第二章 战争的压力，1915—1916 年………… 28

劳合·乔治与军需　禁酒令　产业界的妇女　劳资纠纷　麦肯纳的财政政策：战争贷款、战争债务　U型潜艇　空袭　萨弗拉湾　基奇纳在近东　罗伯森出任帝国总参谋长：加里波利战役的结束、侧面作战　战争目标　征兵：发自内心反对服兵役者、义务兵役制　复活节起义　自治计划的失败　基奇纳遇难　索姆河　日德兰　加强控制的需求　劳合·乔治与劳反对阿斯奎斯　阿斯奎斯下台　劳合·乔治出任首相

注解　瓜分土耳其的亚洲部分　1916年拟议中的爱尔兰解决方案

1

第三章　战争中的国家，1916—1918 年……… 61

劳合·乔治掌权：战时内阁、新的部门、战争目标　尼维勒的攻势　帝国战时内阁　爱尔兰会议　护航　帕森达勒　康布雷　利兹大会　重塑工党　选举权改革　和谈之议　配给制　建立皇家空军　人力问题　与罗伯森的冲突　鲁登道夫的攻势　泽布勒赫　黑皮书　在爱尔兰征兵　莫里斯辩论　克鲁公馆　联军攻势　十四点计划　停战

注解　政治捐款　1917 年和平谈判　人民代表法（1918）劳合·乔治的战争目的　莫里斯将军的指控　威尔逊的十四点计划（1918 年 1 月 8 日）

第四章　战后，1918—1922 年……… 100

战争伤亡　战时疾病　经济损失　战争债务　国债　大选　新议会　政府的人事变动　议和：莱茵兰和但泽、赔偿　对和约的批评　干涉俄国　复员　桑基委员会　铁路罢工　《每日先驱报》　总罢工的威胁　繁荣的终结　黑色星期五　住房　失业保险　自治领　华盛顿海军条约　印度的麻烦　爱尔兰的"麻烦"：褐衣黑带队、爱尔兰政府法　爱尔兰谈判　爱尔兰解决方案

注解　阜姆　爱尔兰边界

第五章　正常时期，1922 年……… 135

战争的长期影响　人口统计　避孕　妇女地位　城市和乡村　宗教的衰落　阶级对立　着装　公共生活的积极分子　社会变迁　新文学　电影　老工业与新工业　格迪斯大斧　节约教育经费　大学拨款委员会　诺斯克里夫去世　日内瓦会议　恰纳克危机　劳合·乔治下台

注解　《泰晤士报》的出售

目 录

第六章　三党政治，1922—1925 年............ 161

劳政府　劳和内阁　1922 年大选　转型后的工党　麦克唐纳出任工党领袖　洛桑会议　美国偿债方案　鲍德温出任首相　张伯伦住房法　鲍德温支持贸易保护　1923 年大选　第一届工党政府　惠特利住房法　特里维廉和教育　经济问题　麦克唐纳和外交政策：赔款、议定书、英苏条约　坎贝尔案　季诺维也夫来信　1924 年大选　鲍德温再任首相　洛迦诺公约　回归金本位制

注解　任命鲍德温为首相　坎贝尔案　季诺维也夫来信

第七章　黄金岁月，1925—1929 年............ 187

国防：十年规则、参谋长委员会、海军、皇家空军、陆军　广播：英国广播公司、对报纸的影响、对政治演讲的影响　福利问题的共识　持续失业　煤炭业的冲突　红色星期五　准备总罢工　塞缪尔报告　总罢工　罢工的结束　劳资协调　劳资争端法（1927）《每日先驱报》　劳合·乔治成为自由党领袖　自治领地位的界定　国际联盟　地方政府的改革　减税　萨维奇案　修订祈祷书　黄金时代

注解　加拿大立宪冲突　萨维奇案

第八章　意想不到的危机，1929—1931 年............ 215

民主的实现　保守党　工党　自由党　劳合·乔治的新纲领　1929 年大选　第二届工党政府　汉德森与国际联盟　伦敦海军条约　英苏关系　印度与西门委员会　英埃条约胎死腹中　巴勒斯坦白皮书　受到管制的资本主义　自由党一片混乱　鲍德温和帝国自由贸易　大萧条　莫斯利的建议　斯诺登预算　麦克米伦报告　梅报告　挤兑英镑　厉行节约的需要　工党政府的终结　组建国民政府　工党的反对　紧急

3

　　　　预算　放弃金本位制

　　　　注解　工党政府倒台

第九章　中场………… 244

　　　　1931年分水岭　思想的分歧　新英国　汽车　新产业　度假　新房子　收音机　教育　报纸大战　周刊　畅销书　惊险小说　体育　电影的胜利　有声电影　星期日电影　表象与现实

第十章　国家得救：经济问题，1931—1933年………… 263

　　　　国民政府的延长　政党与贸易保护　1931年大选　国民政府的重组　新议会中的工党　调查贸易保护问题　贸易保护成为立法　张伯伦的第一份预算（1932）　战争贷款利率的变化　渥太华会议　世界经济会议　美债　政府的经济政策：贬值、低息贷款、关税、合理化、农业　复苏　住房繁荣　阶级战争重启　左翼知识分子　社会主义联盟　反饥饿游行

第十一章　国家遗恨：外交事务，1931—1936年………… 286

　　　　等待自然复苏　特殊地区　失业救助委员会　印度政府法　与爱尔兰自由邦的争端　外交政策的争议　反战情绪　裁军会议　东富勒姆补选　国际联盟　满洲事件　德国问题　国防白皮书　乔治五世的庆典　鲍德温三任首相　和平投票　阿比西尼亚危机　工党内部的分歧　1935年大选　霍尔—赖伐尔计划　德国重新占领莱茵兰

　　　　注解　鲍德温与重整军备问题　法国与莱茵兰的重新占领

第十二章　绥靖，1936—1939年………… 316

　　　　鲍德温声望下跌　雷达的研发　西班牙内战：不干涉、英

国民情汹涌、人民阵线　乔治五世驾崩　爱德华八世和辛普森夫人　爱德华八世退位　尼维尔·张伯伦出任首相　张伯伦政府　与爱尔兰和解　巴勒斯坦　忙于外交事务　重整军备：对德国实力的估计、重整军备的步骤、工党的态度　张伯伦和德国　张伯伦和苏联　德国的冤屈　愤然反对希特勒：德国迫害犹太人　自治领支持绥靖政策　艾登勉强为之　艾登辞职　张伯伦和捷克斯洛伐克　张伯伦拜访希特勒　备战　慕尼黑会议　慕尼黑之后：增加军备、陆军32个师、撤离　人民阵线再度出现　霍尔宣布黄金时代即将来临

注解　轰炸造成的影响

第十三章　勉强应战，1939—1940年············354

捷克—斯洛伐克不复存在　张伯伦的反应　对波兰的保证　组建物资供应部　征兵　要求与苏联结盟　英苏谈判　绥靖重启　德苏条约　与波兰结盟　最后的犹豫　对德宣战　"莫名其妙"的战争　人口疏散　经济控制　消极作战　依赖封锁　配给制　粮食补贴　丘吉尔有志难伸　援助芬兰　挪威战役　张伯伦受到挑战　让丘吉尔出局的企图　丘吉尔出任首相　不惜一切代价争取胜利

注解　沃塔特—威尔逊谈话　希特勒的开战决定

第十四章　尖峰时刻，1940—1941年············384

丘吉尔政府：新部长、国防大臣、内阁委员会、战时内阁　德国的西线攻势　英国远征军被切断　敦刻尔克大撤退　法国投降　拒绝和议　飞机生产　尖峰时刻　海峡群岛落入敌手　击沉法国军舰　美国援助　战斗机司令部　不列颠之战　闪电战　德国潜艇攻势　"俾斯麦"号葬身海底　战时社会主义　贝文与比弗布鲁克之争　服装配给　新

的财政原则 《租借法案》 为胜利而计划：政治战争、轰炸攻势 地中海战役 击败意大利 希腊战役 克里特岛陷落 希特勒进攻苏联 《大西洋宪章》 新加坡的忧虑 珍珠港

注解 《租借法案》 处决威廉·乔伊斯 无差别轰炸 《大西洋宪章》

第十五章　大联盟，1942—1944年············ 429

阿卡迪亚会议：联合参谋长委员会、经济不平等、战略决策 新加坡陷落 克里普斯升官 克里普斯访问印度 煤炭危机 大众情绪 民主共同体 轰炸攻势重启 1942年无法开辟第二战场 中东指挥部的变化 丘吉尔会见斯大林 突袭迪耶普 阿拉曼之战 卡萨布兰卡会议 攻占北非 U型潜艇被摧毁 人力的短缺 贝弗里奇计划 巴特勒教育法（1944） 地区政府未能建立 最后的战略轰炸攻势 第一次魁北克会议 意大利停战 开罗和德黑兰会议 攻占罗马

注解 无条件投降 盟国对巴尔干半岛的战略

第十六章　终战，1944—1945年············ 462

准备登陆 D日 解放法国 飞弹 火箭 黑暗的未来 第二次魁北克会议 丘吉尔和斯大林 干涉希腊 雅尔塔会议 轰炸德累斯顿 德国投降 波茨坦会议 大选 工党政府 日本投降 财政上的敦刻尔克 英格兰崛起

注解 使用原子弹的决定

参考文献综述············ 481

五十年规则 指南和资料 非文本资料：照片、声音档案、影视 传记：君主、首相、其他大臣、其他传记 第一次世界大战 政治：概述，爱尔兰问题，自治领、印度和非洲 外交政

策　经济：财政、特定行业、工作与工资　社会：教育、报刊与广播业、艺术与文学　第二次世界大战

历届内阁名单（1914—1945）............ 535
译后记............ 552

第一章　世界大战：旧式战争，1914—1915年

在1914年8月以前，一个通情达理、遵纪守法的英国人除了知道邮局和警察以外，无需注意到国家的存在，而平安度过自己的一生。他可以随自己的意愿居住在任何地方。他没有来自官方的编号，也没有身份证。他可以周游列国或永远离开自己的国家，而不需要护照或任何形式的官方许可。他可以毫无限制和限度地把手上的钱换成任何一种外国货币。他购买外国进口货就像购买国产货一样，无需另付关税。同样，一个外国人也可以在这个国家度过自己的一生，不需要许可，也不需要到警察局注册。与欧洲大陆上的国家不同，这个国家不强制其公民服兵役。在自愿的前提下，一个英国人可以到常规的陆军、海军，或者国防义勇军中去服兵役。如果不愿意，他也可以对国防的需求置之不理。富有的户主可能时而被招去为陪审团服务，否则，为国家服务的都是那些志愿者。英国人纳税率不高，在1913—1914年，英国的税收约为2亿英镑，低于国民收入的8%。国家进行干预，以防止公民吃到掺假食品或者感染某些传染病。国家为工厂颁布安全法规，以防止在某些行业工作的妇女和成年男子劳动时间过长。国家规定：儿童必须接受教育，一直到13岁为止。从1909年1月1日起，国家开始为70岁以上的贫困者提供少量的养老金。从1911年起，国家开始为某些阶层的工人提供医疗和失业保险。这种国家干预的倾向逐步升级。自1905年自由党执政以后，用于社会福利事业的费用差不多翻了一番。但从总体上讲，国家干预的目的仍然只是为了帮助那些不能自助的人，成年公民则是国家不管的。

大战[1]改变了这一切。在大战的影响下，人民大众首次成为活跃的公民。他们的生活开始被来自上面的指令所左右；他们被要求为国效劳，而不是过好

---

[1]　以时人的说法，1914—1918年的战争始终是大战，这是不容置疑的，并不因为1939—1945年的战争而改称第一次世界大战。雷平顿在停战时期发明了这个术语，"旨在告诫生活在和平盛世的人们不要忘记世界的历史就是战争的历史"。雷平顿（Repington）《第一次世界大战》（*The First World War*）第291页。

自己的生活就行。500万人参加了军队,其中许多人(虽然仍是少数)是被迫服役的。在政府指令下,英国人的饮食被限量,食物质量也有所下降。他们的行动自由受到限制,他们的工作环境由政府规定。有些产业被减少或关闭,有些产业被人为地加强。新闻发布受到管制,街灯变得暗淡。神圣的饮酒自由受到干预:合法的饮酒时段被缩短,在政府指令下啤酒被掺水。计时器要调慢,根据一项议会法案,从1916年开始,每个英国人在夏天要比平时早起一个小时。国家建立了管控公民的制度,这一制度虽然在和平时期有所松动,但却从来没有被取消。在第二次世界大战期间,这一制度更加变本加厉。在此背景下,英国国家和英国人民的历史开始不分家了。

正式说来,战争到来的时候,国王乔治五世[1]似乎仍然拥有着与亨利八世同样的特权。1914年8月4日晚上10点30分,国王在白金汉宫召开了一次枢密院会议,参加会议的只有一位大臣[2]和两位法官。会议决定于当日晚11点对德国宣战[3]。就这么简单[4]。内阁在作出保卫比利时的中立之后,便不再有所作为。对德国的最后通牒并没有经过内阁的讨论,而是由外交大臣爱德华·格雷[5](Edward Grey),在征询首相阿斯奎斯[6](Asquith)的意见之后,便发布了,也许甚至连阿斯奎斯都毫不知晓。内阁也没有给宣战授权。联合王国的议会虽然知晓正在发生的事件,却没有正式认可政府的行为,直到8月6日,议会一致投票[7]通过了一项1亿英镑的拨款计划。

---

[1] 乔治五世(1865—1936):爱德华七世次子;1893年与特克的玛丽郡主结婚;1910—1936年为英王;1917年把皇室姓氏从萨克森-科堡改为温莎;他穿的裤子两边有折痕,而不是前后。

[2] 比彻姆(Lord Beauchamp):第一工程专员,于第二天接替莫利(Morley),成为枢密院长。

[3] 为什么选择晚上11点,已经无从查考了。对德最后通牒要求在当地时间(伦敦时间)的午夜得到答复。在通牒发出之后,有个已经不知其名的人想起德国时间比格林尼治时间早一个小时,因此决定通牒到期时间以柏林时间为准。理由呢?或许是担心德国政府可能作出一个对自己有利或者模棱两可的答复,或许是想把事情敲定下来之后可以去睡觉,但很可能根本没有任何理由。

[4] 8月10日,英国对奥匈帝国宣战。

[5] 爱德华·格雷(1862—1933):在温切斯特公学和牛津大学接受教育;1905—1916年任外交大臣;1916年被授予子爵爵位;1919年赴美国执行特殊使命;1928—1933年任牛津大学校长;在双目失明之前一直热衷于观察鸟类;是第一位写作回忆录的外交大臣。

[6] 赫伯特·亨利·阿斯奎斯(Herbert Henry Asquith, 1852—1928):在伦敦城市学校和牛津大学接受教育;1908—1915年任自由党政府首相;1915—1916年任联合政府首相;1914年3—8月任陆军大臣;1918年在东法夫选举中被击败;1920年在佩斯利选举中获胜;1924年选举中被(工党)击败;1925年被册封为牛津及阿斯奎斯伯爵;1925年有意出任牛津大学校长,但意外地败于名不见经传的凯夫(Cave)之手;1926年,辞去自由党领袖之职;普遍认为,阿斯奎斯是"最伟大的议员"。在内阁的时候,阿斯奎斯曾与维尼西亚·斯坦利(Venetia Stanley)互通书信[后来成为埃德温·蒙太古夫人(Mrs Edwin Montagu)]。

[7] 拉姆齐·麦克唐纳(Ramsay MacDonald)和一些激进分子反对宣战。

大英帝国各自治领政府和议会的意见无人问津。唯有加拿大议会随后对宣战表示认可。此外，各自治领总督步印度总督的后尘，分别在自己权限范围内发布了王室公告。帝国的白种人积极地向自己的母国集结。大约5000万非洲人和2.5亿印度人在不知情的情况下被卷入这场战争。他们对这场战争毫无了解，对要打击的敌人也是一无所知。特权的行使不限于此。战争爆发后所需采取的行政措施早已写入战争手册，这是帝国防务委员会秘书莫里斯·汉基（Maurice Hankey）[1]精心撰写的。这些措施现在予以公告，付诸实施。军事地区对外国人封闭；与敌国的贸易被禁止；商船被征用来运送军队（一开始征用了250艘，后来达到1000多艘）。

对特权的依赖从某种程度上说，是一种古老而方便的做法。它提醒我们，大不列颠在没有公开破坏宪政的前提下已经向民主推进，大英帝国正在走向联邦之路。这也反映了一个共识：战争是国家行为，如果它不是与普通公众没有多大关系的特权行为的话。负有最大责任的朝廷大臣们也都认为：大不列颠将利用自己一开始拥有的军事力量发动战争，英国的海军将在北海与德国的大洋舰队展开激战，欧陆协约国的军队则负责在陆地上击败德国。这场战争将在几个月之内，甚至几个星期之内结束。普通公众所受到的影响将是微乎其微的。正如格雷8月3日在下议院发言时所说："如果卷入战争，我们将遭受损失，可是这种损失不会比袖手旁观时遭受的损失多多少。"因此，对如何应对公众生活可能发生的变化没有任何准备——没有登记劳动力，没有调查工业资源，没有聚积原材料，甚至没有考虑哪些原材料将有需求。公众的职责就是按部就班。用丘吉尔[2]的话说，"照常营业"[3]，这是店主在火灾之后贴

---

[1] 莫里斯·汉基（1877—1963）：海军军官；1912—1938年任帝国防务委员会秘书；1916—1919年任战时内阁秘书；1919—1938年任内阁秘书；1923—1938年任枢密院秘书长；1938年被封为男爵；1919—1940年任不管部部长和战时内阁成员；1940—1941年兰开斯特公爵郡大臣；1941—1942年财政部主计长。贝尔福（Balfour）曾说："没有汉基，我们就会失去（第一次世界）大战。"

[2] 温斯顿·斯宾塞·丘吉尔（Winston Spence Churchill, 1874—1965）：马尔伯勒公爵（duke of Marlborough）的孙子，美国大亨哲罗姆（Jerome）的外孙。在哈罗公学和桑赫斯特皇家军事学院接受教育；1911—1915年任海军大臣；1915年任兰开斯特公爵郡大臣；1915—1916年在法国指挥一个营；1917—1919年任军需部长；1918—1921年任陆军（兼空军）大臣；1921—1922年任殖民大臣；1922年，支持劳合·乔治解散联合政府，失去在丹迪的议席；1924—1964年为伍德福德保守党议员；1924—1929年任财政大臣；1931年，离开保守党影子内阁，反对向印度让步；1936年，在爱德华八世退位时支持英王；1939—1940年，任海军大臣和战时内阁成员；1940—1945年，任国民政府首相兼国防大臣；1940—1954年，为保守党领袖；1945年、1951—1955年，任保守党首相；1953年，获嘉德骑士勋章；国家的救星。

[3] 娱乐也是一如既往。郡板球比赛一直持续到8月底。

出的告示用语。

但也有一些例外。人们普遍预期,战争爆发后会带来金融恐慌。政府宣布延期偿付,接管中立国和敌国票据的兑付责任。然而,这样的警报似乎是过头了,恐慌来自另一方向——外国人都在全力以赴地偿还债务。在国际市场上,英镑开始奇缺。英镑与美元的汇率达到1∶7(正常的汇率是1∶4.86)。政府还接管了海运战争险——在战争结束时盈利了。还有一种担忧是人们可能会囤积黄金,然后存储一般货币,因此财政部受权发行1英镑和10先令的纸币[1]。事实证明,这种担忧似乎也是没有必要的。这些临时应急措施是财政大臣劳合·乔治[2]的第一个战时行动。他在最后时刻才同意英国参战,当时只关心财政问题而无暇它顾。[3]

贸易大臣同样繁忙。政府接管了铁路,保证他们获得1913年的红利——这是另一项最终盈利的举措。[4]实际上,接管铁路所造成的变化微乎其微。一个由铁路经理人组成的委员会负责为贸易部管理铁路,未能有效协调各铁路公司。直到1916年复活节,为了不干扰节日交通,从法国来的列车离境要等5天。有一个事件对英国将来的发展产生了影响。战争切断了英国的食糖供应。战争之前,三分之二的糖来自于德国和奥匈帝国。8月20日,组织了一个皇家委员会,负责糖的买卖和分配——这是国营贸易的第一次尝试,该机构在整个战争期间独立运营。以上所有举措的主要受益人是有关商人——银行家和证券经纪人,铁路经理人和糖厂老板。在其他方面,国家则置身事外。8月10日,议会休会。公众漠然地等待着战争带来的巨大冲击。

海军部在很早以前就已经制订了作战计划。在战争爆发之始,英国大舰队

---

[1] 这样做并不是放弃金本位制。纸币可以以过去的固定汇率兑换成金子。纸币也没有引起太多的通货膨胀。虽然纸币的发行量从战前的3400万英镑上升到1918年的22900万英镑,但大部分随着金币回归英格兰银行而被抵消了。法定货币(金币与纸币)从1914年6月的2亿英镑仅增加到1918年7月的3.83亿英镑。
[2] 大卫·劳合·乔治(David Lloyd George,1863—1945):在教会学校接受教育;1890—1945年为自由党议员;1908—1915年任财政大臣;1915—1916年任军需大臣;1916年任陆军大臣;1916—1922年任首相;1926—1931年为自由党领袖;1945年被册封为劳合-乔治伯爵;擅长即兴演讲和随机应变地制定策略。与不少女人有染,但力倾心于少数几个。离职后,仍旧雄心勃勃,但未能遂愿,反而遭受人们的冷遇。不喜欢自己的姓"乔治",所以时人和后人都称他为"劳合·乔治"。
[3] 在劳合·乔治另有任务、不能到部视事的紧急时期,前统一党财政大臣奥斯丁·张伯伦曾短暂主持财政部,成为联合政府的先声。
[4] 政府在战争期间向铁路支付了9500万英镑。以战前的价格算,铁路运输要花1亿英镑。

已经得到了充分的动员[1]。在北海战位上，20艘英国战列舰虎视眈眈地与13艘德国战列舰对峙，等待着费舍尔（Fisher）预言将在1914年9月发生的大决战[2]。8月3日，内阁授权发布了常规军动员令，建立一支由6个步兵师和1个骑兵师组成的远征部队。8月4日下午开始动员[3]。在战争之前，没有就军队的使用作出任何决定。军事行动司司长亨利·威尔逊爵士[4]（Sir Henry Wilson）与法国军官们已经制订的作战计划没有得到执行。8月5日下午，阿斯奎斯以陆军大臣的身份召开了一次军事会议，这是一次名副其实的军事扩大会议[5]。16位与会人员"大多数对军事议题一无所知"[6]，如堕五里雾中，胡乱猜测一气。他们一致认为：14个国防义勇师可以抵御入侵，保护国家安全。远征军则可以放心地出国作战。问题是到底去哪里？安特卫普？亚眠？还是先去勒阿弗尔，然后再往前走？或者干脆待在国内训练一支大规模军队？威尔逊插话了，他说：铁路时刻表与马队不同，是不可变更的。帮助比利时人是不应该有疑问的，这是大不列颠参与战争的初衷。英国远征军别无选择，必须按照早已制订好的计划，到法国左侧的莫伯日去。在座的大人物没有别的办法，只好一致同意：远征军7个师全部开赴莫伯日。

第二天，内阁坚持必须把两个师留在国内。同时，基奇纳勋爵[7]勉强同意接任陆军大臣一职。他的威望是对自由党政府的支持，他马上成为爱国热情的

---

[1] 为了节省开支，1914年3月决定在7月份进行一次试动员，而不再按惯例举行夏天的演习。7月26日，舰队接到了不得分散返航的命令；7月28日，舰队接到进入战斗位置的命令。8月1日至2日夜间，海军大臣丘吉尔下令进行全面动员。第二天，这项指令得到内阁批准。
[2] 约翰·阿巴斯诺特·费舍尔（John Arbuthnot Fisher，1841—1920）：1904—1910年和1914—1915年任第一海务大臣；1909年被册封为男爵；设计了无畏级战列舰。
[3] 霍尔丹（Haldane）后来说是8月3日，本套丛书第14卷采纳了他的说法，不确。
[4] 亨利·休斯·威尔逊（Henry Hughes Wilson，1864—1922）：1910—1914年任军事行动司司长；1914—1916年在法国服役；1917年在东方司令部；1918—1922年任帝国总参谋长；1919年被册封为准男爵，并通过议会投票获得1万英镑；1922年为保守党议员；1922年被爱尔兰共和军成员刺杀。
[5] 严格地说，会议是由陆军部长阿斯奎斯的代理霍尔丹召集的。与会者有阿斯奎斯、丘吉尔、格雷、霍尔丹；第一海务大臣（巴腾堡的路易亲王）；军事会议的4名军官，即将统帅英国远征军的约翰·弗伦奇爵士（Sir John French）；弗伦奇的参谋长阿奇博尔德·莫里（Archibald Murray）；弗伦奇的两个军长黑格（Haig）和格里尔逊（Grierson）；伊恩·汉密尔顿爵士（Sir Ian Hamilton）；两位帝国老兵，已经年过80的罗伯茨（Roberts）和离开英格兰40年的基奇纳。霍尔丹召集会议的名单和汉基的考勤记录保存在帝国战争博物馆。
[6] 威尔逊所说。见考尔维尔（Callwell）《威尔逊生平与日记》（Wilson's Life and Diaries）第159页。
[7] 霍雷肖·赫伯特·基奇纳（Horatio Herbert Kitchener，1850—1916）：1898年占领苏丹；1900—1902年任南非总司令；1902—1909年任印度总司令；1911—1914年为英国驻埃及代表；1898年被册封为男爵，1902年被册封为子爵，1914年被册封为伯爵；1914—1916年任陆军大臣；1916年在赴俄途中触雷身亡；得到承诺在战后给予身后荣誉，但最终一无所获。

象征。他在印度和埃及统兵打仗的时候,有如一个东方暴君,如今,他的行事风格并无改变。他没有可以咨询的专家——帝国总参谋部全部与远征军一起去了法国。他也不向文职的大臣们征询意见,他不信任,也看不起他们。他依靠灵光一闪制定策略。他预见到德军会穿越比利时,而莫伯日是个过于危险和暴露的地方。于是,在他的建议下,内阁把英国远征军的目的地改成了亚眠。

基奇纳不久又动摇了。8月12日,在亨利·威尔逊的授意下,法国参谋军官向基奇纳发难。他们认为:英国军队如果想独立于法国军队之外,将是毫无用处的。法国方面的真正动机不是出于军事,而是出于政治上的考虑。他们对英国军队的价值估计甚微,只是想确保大不列颠成为坚定的协约国,而不是一般的参战国——就像后来的美国一样。基奇纳对英国所作的微小贡献感到愧疚,他质问道:"在兵力不足一个军,也没有准备好装备的情况下鲁莽地投入一场战争,是不是欠考虑?"[1] 他默认法国的建议,前提是需要阿斯奎斯的同意,而阿斯奎斯自然是会同意的。于是,约翰·弗伦奇爵士[2]被派往莫伯日。8月19日,基奇纳把第五师派往法国。9月1日,当法国人不知所措的时候,他又承诺把第六师也派往法国。这些随意然而却不可避免的决定产生了深远的影响。战争爆发时在编的全部常规军,都被派往法国。此时很明显的是,如果组建更多的军队,那也应该派往法国。此外,英国远征军到了莫伯日后,不再是一支独立的军队,而是成了法国军队的辅助力量,尽管随着时间的推移,英国远征军越来越显示出强大的力量。在之前的历次战争中,大不列颠基于自己的海上实力,一贯坚持独立自主的策略。而在第一次世界大战中,它却在战斗打响之前,无意中就失去了独立性。

根据官方史料记载[3],英国远征军是"无与伦比,曾经参加过战争,受过最好的训练,最有组织性并且装备最精良的英国军队"。然而,同一权威资料中又说:英国远征军像手榴弹、榴弹炮、挖掘工具这些用于围城战和沟堑战的资源"全部不足"。这是非常不幸的,因为不久以后,围城战和沟堑战便成为主要的作战方式。远征军非常适应大草原上的战争,他们有卡其军服,精于使用来

---

[1] 见亚瑟(Arthur)《基奇纳》(Kitchener)第3卷第265页。
[2] 约翰·丹顿·平克斯通·弗伦奇(John Denton Pinkstone French, 1852—1925):1914—1915年任英国远征军总司令;1916年被册封为子爵;1916—1918年任本土部队总司令;1918—1921年任爱尔兰总督;1922年被册封为伊普尔伯爵。
[3] 《1914年军事行动:法国与比利时》(Military Operations: French and Belgium, 1914)第1卷第10页。

复枪。皇家陆军航空队拥有63架飞机，侦察敌情大为便利。[1]除此之外，远征军根本不具备现代技术。当时，每个师只有24挺机关枪，也就是每个营两挺。战争爆发时，英军共有80辆机动车，靠马匹驮运枪支和补给：每个步兵师有18000人，5600匹马。传递信息靠军官骑马来往于各单位之间，或在来往总部的路上。刚开始的时候也没有战地电话和无线设备。海军情况不同，海军总司令为海军部不断发来的无线信息所困扰。这就是英军带着武器开往大陆时的情形，他们唱着一首经久不衰的剧院歌曲：《通往蒂珀雷里的漫漫长路》。

总司令约翰·弗伦奇爵士和一战时期的众多英军将领一样，是一位马背上的将军：时年62岁，红色的脸膛，时而兴高采烈，时而垂头丧气。基奇纳起草的指令要他"向法军提供支持和协作"，但是"指挥要完全独立，在任何情况下，都不能把自己置于任何联军统帅的命令之下……必须竭尽全力把损失和浪费降低到最小限度"[2]。8月20日，英国远征军在莫伯日完成了集结。弗伦奇高高兴兴地一头扎进了未知之境。两天后在蒙斯附近第一次交火。英军从莫伯日向北推进，未料遭遇了克拉克（Kluck）指挥的德国第一集团军。当时德军横扫比利时，向西南方向冲来，试图迂回包抄法军。8月23日，两个英国师在蒙斯面对6个德国师，他们凭借来复枪的快速扫射击溃了德军（德军以为是机关枪）。相较于以后的战役，蒙斯之战只是小试牛刀：英军伤亡1600人，而布尔战争中的伤亡常常不止此数。这场战斗被赋予了传奇色彩，被认为是一个天神介入战争的案例。据说：蒙斯的天使们，数量从两个到一个排不等，都站在英军一方作战[3]。也许是受到这种援助的激励，弗伦奇打算第二天仍然坚守这条战线。然而就在那天夜里，他得知右翼的法国第五集团军发布了大撤退的命令，而且，庞大的德国军队正在向空虚的左翼推进。于是，他也下达了撤退令。3天后，也就是8月26日，第二军在勒卡托遭遇德军，不能继续前进，这一天正是克雷西战役纪念日[4]。德军停止了追击，主要原因是，德国人急于恢复向西南方向的进军，而不是摧毁英军。勒卡托战斗之后，英国远征军得以在不受干扰

---

[1] 8月23日，皇家陆军航空队侦察到德军向蒙斯的远征军侧翼包抄。9月3日，一架飞机报告克拉克正在转向东南方向，向马恩河推进，这就暴露了德军的侧翼，可以从巴黎展开进攻。
[2] 《1914年军事行动：法国与比利时》第1卷附录8。
[3] 有一种毫不神奇的说法，说是短篇小说家亚瑟·梅琴（Arthur Machen）在募集战争捐款时编造出1915年蒙斯天使的故事。
[4] 英军参战人数和伤亡人数分别为30000和8000，几乎与滑铁卢战役相同。

的情况下完成撤退。

从蒙斯撤退是一场令人难忘的体能大测试，远征军用 13 天的时间行军 200 英里，夜里常常只能睡 4 个小时。从战略角度讲，撤退的后果是严重的。一旦弗伦奇真的向右侧的法国第五集团军伸出援手，他就再也不能放手了。他发现自己被牵扯着走向正南方向，而不是来时的西南方向。在某种意义上讲，这是一种幸运，因为他被牵扯着远离了德国人的行军路线。但同时，他也远离了自己的补给线，还远离了这次撤退的最终目的地：大西洋海岸上的圣纳泽尔。在他看来，损失过于惨重。为了保存部队实力，心慌意乱的他决定从战线上完全撤出，对部队"进行休整"[1]。这个消息震惊了英国政府，基奇纳与阿斯奎斯和匆忙中召集来的大臣们连夜开会，然后他于 9 月 1 日赶到巴黎，和弗伦奇在英国使馆会面。场面如疾风骤雨，基奇纳摆出最高统帅的姿态，弗伦奇被震慑住了。弗伦奇虽然不满，但同意继续保持在战线中的位置，"与法国军队一致行动"。基奇纳写道："请把它当作一个命令执行。"[2] 于是，法国总司令霞飞开始实际上指挥英军，尽管在理论上并非如此。

9 月 5 日，霞飞决定对追击的德军实施反击。弗伦奇及时表示同意，他眼里含着眼泪对翻译说："告诉他我们会竭尽所能。"实际上，远征军能做的很少。新命令传达得太晚，没能阻止住 9 月 5 日进一步撤退到马恩河的另一侧。第二天，远征军在法军后面开始了两次行军。向前推进的时候，未发现德军，而是来到空旷之地。指挥德国第一集团军的克拉克，首先向东南迂回包抄联军，然后又向西迂回以拖延来自巴黎的攻击。指挥德国第二集团军的布洛（Bulow），在东边法军的进攻下不能脱身。两个集团军相隔 30 英里。英国远征军缓慢地进入这个空隙，士兵疲惫，军官因为先前与德军的接触而变得小心翼翼。尽管如此，英军骑兵有时候游离在离德军防线 40 英里之外。9 月 9 日，在英国远征军与敌军有效接触之前，德军便开始了总撤退。马恩河边，英军实际上没有伤亡。对英军来讲，这是一场演习，而不是一场战斗。不慌不忙的追击持续到 9 月 14 日。参谋军官们猜测 3 个星期还是 6 个星期后能够到达莱茵河。疲惫的

---

[1] 可怜的弗伦奇因为这次表现出的惊慌失措而广受责难。如果继续下去的话，马恩河战役的胜利可能会被一笔勾销。8 月 30 日，弗伦奇看到的只是被击败的法军一头扎进包围圈，而他希望及时突围。1914 年，弗伦奇因没能采取措施而受到谴责，1940 年，戈特（Gort）因作出相同的决定而拯救了英军。
[2] 《1914 年军事行动：法国与比利时》第 1 卷第 264 页。

德军无法继续行军，于是在埃纳河边停了下来。不经意间他们发现：在战壕中拥有机关枪的士兵几乎可以击溃任何最强大的进攻。这个发现改变了第一次世界大战。联军的前进陷入停顿。9月16日，弗伦奇发布了第一份关于壕堑战的命令。[1]

两条战线都处于悬而未决的状态。大约200英里的开阔田野把德法两军与大海隔开。每一方都试图复制德国首创的绕道敌后的战略。这与其说是通常所称的"奔向大海的竞赛"，不如说是一场在到达大海之前包抄对方的竞赛。双方都没有做到这一点。联军似乎有过一个绝好的战机，因为英军掌握着英吉利海峡的港口——加莱、敦克尔克、奥斯坦德和泽布勒赫。比利时军队仍然完好无损地驻扎在安特卫普，远离德军的后方。霞飞根本就没打比利时人的牌。基奇纳拒绝派遣已经动员的11个国防义勇师的任何一个参战。他还在派不派剩下的1个常规师的问题上犹豫不决，等他发出派遣令的时候已经为时过晚。

海军大臣丘吉尔不顾法定职权的限制，介入陆地作战。他把一个装备很差的海军旅派到安特卫普，并于10月3日亲临前线为比利时人鼓舞士气。在令人热血沸腾的火线上，他提出辞去海军部职务，对驻扎在安特卫普的英国部队进行"正式的军事管理"。内阁接到这个提议，"空欢喜一场"。英方的象征性援助份量太轻，不足以坚定溃败中的比利时人的决心。10月10日，安特卫普失陷。比利时军队撤到海边，竭力坚守一隅国土，直到战争结束。英国海军陆战队成了牺牲品，大部分被拘留在荷兰。这一事件严重影响了丘吉尔的信誉。他在力有不逮的情况下实施一个鲁莽的战略，第一次给他带来了感情用事、不负责任的不良声誉，多年不得摆脱。然而，安特卫普战役之前的延宕应更多地归因于比利时人的防卫，而不是丘吉尔和他的海军陆战队，或许正是这种延宕使德军未能赢得"奔向大海的竞赛"。

英国远征军不再驻扎在埃纳河边，它笨拙地位于两支法军之间。在霞飞同意下，部队向北推进，开到弗兰德斯准备包抄德军，但此时，更加强大的德军在攻克安特卫普之后，也赶到弗兰德斯试图包围联军[2]。双方从10月12日到11月11日发生正面冲突。这就是人们所知的第一次伊普尔战斗。在旧式的战役

---

[1] 见注解A。
[2] 在伊普尔，德军有20个师，抗击联军的14个师。

中，双方选择开阔地作战，往往在一天内就能解决战斗。这次战役截然不同，这是第一次壕堑战的尝试，新部队源源不断地开到狭长的战线上，直到双方都筋疲力尽。一开始，弗伦奇以为自己正在以传统的方式取得胜利。10月22日，他写道："敌军正在全力以赴打出最后一张牌。"[1] 但是两天以后，他不得不在报告中承认：远征军已经耗尽了供给，不久就没有重武器了[2]。他甚至提议在布洛涅安营扎寨，"容纳全部远征军"。10月31日，德军突破了英军防线，随后发现无机可乘（就像后来经常发生的那样），因为法国部队在德军预备队开始动作之前，已经封死了缺口。伊普尔保住了，但是，英军被充分暴露在一个马鞍形的突出位置。更糟糕的是：因为不断受到弗兰德斯攻势的诱惑，英军在1917年付出了血的代价。第一次伊普尔战斗标志着旧式英国军队的终结。英国远征军使德国人陷于停顿，而其自身不复存在。8月份渡过海峡到达法国的士兵伤亡过半，死亡人数达到十分之一（其中四分之三都是在伊普尔阵亡的）。高级将领和参谋军官们幸免于难。这支旧式的军队一去不复返了。

时至1914年11月，人们普遍期望的短期战争被证明是不可能的。战争不能速战速决，而是陷入了僵局。在法国，一条绵延不绝的壕沟从瑞士边境一直延伸到大海。以后人的标准来看，这条战线是薄弱的，但牢固到能够抵御一场运动战。东线战场也是一样，有胜负，但没有决定性的胜负。俄军进军东普鲁士，但是在坦伦堡被击溃（8月26—29日）。他们在加利西亚打败奥匈军，然后再次被德军的介入阻止了攻势。东线战场不像西线战场那样牢固，仍然可能形成大规模的运动战，但是，直至1917年，仍然没有决定性的胜负。最让英国公众不满的是没有发生大规模海战。德国大洋舰队仍然固守在海港之内。英国海军战略的制定者们费尽心力，却错误地估计了战争的形式：他们所有的备战都是为了一蹴而就，很少或者根本没有考虑到，在战事拖延不决的情况下应该怎么做。他们也没有预料到潜艇和水雷的危险性。

9月22日，3艘英国装甲巡洋舰[3] 被一艘德国潜艇击沉；10月27日，英国"大胆"号战列舰被一颗水雷击沉。英国海军部对损失"大胆"号深感懊

---

[1] 《1914年军事行动：法国与比利时》第2卷第520页。
[2] 在回复中，他"被要求厉行节约"。同上第203页。
[3] "阿布基尔"号、"霍格号"和"克雷西"号。

恼，保守秘密一直到战争结束[1]。英国大舰队的基地斯卡帕湾也没能免于潜艇的袭击。因为收到发现敌军潜望镜探测的错误警报，约翰·杰利科爵士[2]（Sir John Jellicoe）指挥舰队仓促起航，先是到达苏格兰西部，然后又到了爱尔兰西海岸。一直到1915年较晚时期，英国舰队才回到斯卡帕湾，之后几乎一直停泊在海港之内。北海成了无人之海，双方只是偶尔突袭一下。德国从来没有冒险攻击英国与法国的交通线，更没有想到入侵不列颠诸岛。或许是因为畏惧水雷和潜艇而止步不前，或许是慑于纳尔逊的余威。他们最大的举动就是对英国海岸进行了两次炮击，在布里德灵顿和西哈特尔浦炸死了一些人，在士嘉堡击碎公寓的门窗，还摧毁了惠特比修道院的废墟。在第三次炮击时，他们遭遇英国战列巡洋舰，受到沉重打击。从此以后，德国海军很长时间没有露面。

　　英国海军在外海的作战更加激烈。同样依赖战列舰的德军没有几艘巡洋舰可用来劫掠商船。其中一艘"阿姆登"号巡洋舰在印度洋破坏英国海运，受到英国78艘舰艇的追踪。11月9日在科克斯岛，"阿姆登"号被澳大利亚巡洋舰"西德尼"号捕捉并摧毁。战争爆发之初，海军上将冯·斯佩（Von Spee）指挥的一支德国海军中队在中国水域活动。他们穿越太平洋，于11月3日在智利科罗内尔的外海，消灭了一支由克里斯托弗·克拉多克爵士（Sir Christopher Cradock）指挥的力量较弱的英军。当反德的偏见把巴腾堡的路易斯亲王赶下台之后，丘吉尔和重新担任第一海务大臣的费舍尔勋爵立即把两艘由斯特迪[3]（Sturdee）指挥的战列巡洋舰派往南大西洋。12月8日，冯·斯佩试图摧毁位于福克兰群岛的英军无线电站，正赶上斯特迪的舰队在加煤。这一次轮到德军以弱敌强。他们的5艘舰艇有4艘被击沉，逃脱的1艘也在来年3月沉没。在这两次战斗中，都是力量较强的一方在几乎没有损失的情况下完胜对方[4]。来自

---

[1] 击沉一事早已广为人知。班轮把战舰的残骸运往美国，一份画报发表了一张照片，标题为《大胆号照片》。
[2] 约翰·拉什沃思·杰利科（John Rushworth Jellicoe, 1859—1935）：1914—1916年任大舰队总司令；1916—1917年任第一海务大臣；1920—1925年任新西兰总督；1918年被册封为子爵，1925年被册封为伯爵；1919年得到议会5万英镑奖金。
[3] 弗雷德里克·查尔斯·多夫顿·斯特迪（Frederick Charles Doveton Sturdee, 1859—1925）：舰队司令；1914年任海军部参谋长；1914年任南大西洋和南太平洋总司令；1915—1918年指挥第四战斗中队；1918—1921年在诺尔任总司令；1916年被册封为男爵；1919年得到议会感谢和1万英镑奖金。
[4] 在科罗内尔，冯·斯佩击沉了两艘英国巡洋舰，两名德国水兵受伤。在福克兰群岛，斯特迪击沉4艘德国巡洋舰，英军有30人伤亡。

于水面上的危险不复存在，大不列颠重新称雄海上。供给从世界各地运往大不列颠。英国在德国周围画了一条看不见的封锁线。德国船只被捕获，中立国的船只被带到英国各个港口，货物受到检查。之后，驻在远方国家的英国领事为符合规定的中立国船只发放证明书。所有这些都公然违背了《伦敦宣言》。英国政府在1909年接受了《伦敦宣言》，但后来被上议院否定。英国的封锁也给与美国的关系带来很多困难，但无论如何，事实将证明：这是通向胜利的强大武器。

速胜的幻想破灭后会是什么样的情形？这个难题留给大英帝国的统治者，然而他们还没有准备好回答问题。自由党的内阁由各部当家。丘吉尔负责海战，基奇纳负责陆战，格雷负责其余的对外政策。内阁则置身事外。首相阿斯奎斯是个强硬的角色，其性格像磐石一样不可动摇，也像磐石一样缺乏行动能力。如果说他曾有闯劲的话，也已经被长期上流社会的优越生活消磨殆尽[1]。他宣称：他和格雷两人在英国参战这件事上负有最大责任。这种说法是正确的。但在此之后，他则认为自己的使命已经终结。在他看来，政治家不应挡道，应该让自由企业提供武器，供将军们使用以赢得战争。内阁大臣大多主张自由贸易，反对政府主导。正如贸易大臣朗西曼[2]（Runciman）对下议院所说："任何政府行为都不能逾越经济规律，干扰经济规律的行为必然以灾难收场。"

下议院的状况使政府更加不愿意采取行动。从1910年12月大选以来，自由党和统一党两大党派力量基本达到均衡。[3] 阿斯奎斯还得到80名爱尔兰议员和40名工党议员的支持，在议会中占有稳固的绝对多数。据他估计：他们的顺从和默许会持续下去，当然除了6名实际上反对战争的工党议员外。但阿斯奎

---

[1] 阿斯奎斯喜欢饮酒，据说他是小皮特（Pitt）以来第一位在下议院国务大臣前排席上面露醉态的首相。乔治·罗比（George Robey）在歌中唱道：

　　阿斯奎斯先生的言谈举止甜美安静；

　　再来一小杯不会给大家带来任何伤害。

歌词令人不安，但是却接近真相。

[2] 瓦尔特·朗西曼（Walter Runciman, 1870—1949）；在南希尔兹高中和剑桥大学接受教育；船主之子；1899—1900年，1902—1918年、1924—1931年为自由党议员；1931—1937年为国民自由党员；从其父手中继承了男爵爵位，1937年获封子爵；1914—1916年、1931—1937年任贸易部长；1938—1939年任枢密院长；1938年赴捷克斯洛伐克执行特殊使命。

[3] 在大选中，两党力量完全平衡，各占272个席位。之后，保守党从自由党手中得到15个席位，从工党手中得到2个席位。自由党从保守党手中得到1个席位，从工党手中得到2个席位。这样，到1914年8月，自由党总共拥有260个席位，保守党总共拥有288个席位。

斯认为，在目前情况下并不需要赢得他们的支持。统一党领袖博纳·劳[1]（Bonar Law）无意疏远他们，因为他想组织的统一党政府是不可能得到爱尔兰民族主义者支持的[2]。用阿斯奎斯的话说，尽管劳的"雄心是温和的"，但他时刻韬光养晦待机而发，这使他成为20世纪最难对付的"强手的克星"。贝尔福、阿斯奎斯和劳合·乔治都曾栽在他的手下。当时，劳想继续把自由党和战争绑在一起。他相信：如果统一党人大弹爱国主义的旋律，他们就可以取得权力，甚至赢得一次大选。这一代价可能会非常高昂：迟迟才表态支持战争的自由党可能转而反对战争。全国的团结有可能瓦解。

尽管如此，团结并不是容易维持的。为解决战争爆发时遗留未决的事项，国会复会了（第一次是8月25日至31日，第二次是9月9日至17日）。几乎一复会，团结就受到了威胁。威尔士政教分离和爱尔兰自治法案已经在下议院通过了3次，根据《议会法》条款，成为法律的时机已经成熟。两个法案已载入法令全书，和其他法律一样，其生效日期将延迟到战后6个月。关于威尔士政教分离法案，并无大的动静，虽然威尔士议员和罗伯特·塞西尔勋爵[3]（Lord Robert Cecil）有不同意见：威尔士议员们坚持应该立刻实行政教分离，塞西尔则坚持根本就不应该实行政教分离。[4]

爱尔兰自治法则不同。各党争执的焦点是该不该把阿尔斯特地区排除在外。对此没有达成一致。统一党想把排除阿尔斯特一事加入最初的法案里。一开始，阿斯奎斯默许了，但当面临爱尔兰民族主义者的叛乱时，他又坚持把爱尔兰自治法原封不动地载入法令全书。统一党人认为这是背信弃义，非常恼火。9月15日，他们在劳的领导下，全体离开下议院进行抗议。阿斯奎斯把他们描述成"一群乏味无聊的人，大部分是中年绅士，试图把自己打扮成网球场上的早期

---

[1] 安德鲁·博纳·劳（Andrew Bonar Law，1858—1923）：在加拿大和格拉斯哥接受教育；出生于加拿大新布伦瑞克；格拉斯哥钢铁公司的老板；1911—1921年，1922—1923年为统一党领袖；1915—1916年任殖民大臣；1916—1918年任财政大臣和战时内阁成员；1919—1921年任掌玺大臣；1922—1923年任保守党首相。他的骨灰被埋葬在威斯敏斯特教堂。阿斯奎斯曾说："把默默无闻的首相埋葬在无名士兵身边是恰如其分的。"
[2] 为了接纳在自治问题上与格莱斯顿决裂的自由统一党人，保守党采用了统一党的名称。爱尔兰自由邦建立后，这个名字没有多大意义，旧名又被广泛使用。
[3] 罗伯特·塞西尔（1864—1958）：在伊顿公学和牛津大学接受教育；第三代索尔兹伯里侯爵的第三子；1916—1918年任封锁部长；1923年任掌玺大臣；1923年被册封为子爵。1924—1927年任兰开斯特公爵郡大臣；高教会派教徒和自由贸易者；战后成为国联的热心拥护者。
[4] 威尔士政教分离在战后正式生效，政教分离后教会受益良多。

法国革命分子"[1]。这一争议与当前局势毫无关系。爱尔兰自治法在战争期间被延置,没给爱尔兰带来任何变化:总督、布政司和都柏林城堡仍然掌握着政权。尽管如此,爱尔兰问题还是发生了深刻的变化。下次引发争论的时候,爱尔兰自治法将成为新的起点,而不是目的:1801年的英爱联合已发布了停业告示。还有一个在当时较少引起人们注意的变化。在最后的争吵中,阿斯奎斯作出了他以前未曾作过的保证:"使用任何形式的武装力量"强迫阿尔斯特就范是"不可想象的","这是我们永远不会支持、不会赞同的"。这就暗示,爱尔兰的统一也就结束了。

争议留下了深刻的烙印。统一党人拒绝和自由党发言人同时出现在爱国主义的讲台上。暗藏于表面之下,两党还有很多分歧。总体上讲,统一党人把德国视作危险的对手,为有机会摧毁它而欢呼雀跃。他们主张采取强硬手段,打一场实实在在的战争。他们谴责自由党人在战前和目前的"软弱"。自由党人则坚持高姿态。他们中很多人是在德国侵略比利时的前提下才支持战争,其中的非激进派为无需采取"现实主义"立场而欣慰。在理想主义的驱动下,自由党人希望通过高尚的方式作战,对他们来说,放弃自己的原则比忍受战场上的失败更加困难。尤其重要的是,自由党人决心维护他们在战前成功构建的自由贸易体系。统一党人则希望把自由贸易以及其他自由主义的幻想一起扼杀。如果把这些差异公之于众,可能在党派之间产生巨大的冲突。阿斯奎斯和劳共同掩盖了这些事实。在自由党政府剩下的执政期内,也就是说,一直到1915年5月,下议院再也没有讨论关于战争的问题。

还有其他的原因促成了这种沉默。出其不意被认为是战争成功的关键。大战使人们过分地热衷于保密,或者所谓的"安全"。开始的时候,或许是军事上的原因证明了它的合理性。英国远征军在蒙斯偷袭德军,英军在他们背后的海峡港口登陆的顾虑更加使他们困扰,尽管事情从来没有发生。不久以后,安全问题更多地指向了英国公众而不是敌人。军政两方对于如何打赢战争束手无策,因此只能保持沉默,盼望通过某个尚未露头的奇迹赢得战争。没有战地记者随军去法国。[2]1915年5月,6名记者被邀到总部去服务"有限的一段时间"。他

---

[1] 阿斯奎斯《记忆与反思》(*Memories and Reflections*)第2卷第33页。
[2] 准备随行的记者们收到通知要自己提供马匹,6周后改由陆军部提供。

们在这个临时的，但在某种程度上也是特殊的位置上一直待到战争结束。新闻局负责发布总司令部和政府各部的指令。如果有要求，它也发布其他消息。陆军部依据《领土防御法》[1]，审查所有的电报和外国的通讯报道。这种审查在1916年4月才得到公开承认。任何报纸如果发布未经许可的消息，或者预测未来的策略，都有可能受到《领土防御法》的指控，所以大多数报纸都是如履薄冰。报道国会的活动不受审查。实际上，在某政府部门私下劝告下，下院议长拒绝回答那些不妥的问题，议员们可以根据自己的意愿保持缄默。奇怪的是，上议院比下议院更加直言不讳。1915年11月，米尔纳勋爵[2]（Lord Milner）公然谈到即将到来的加里波利大撤退，糊涂的德国人居然把这种泄密当成了欺诈。相比之下，下议院的一次机密泄漏就显得微不足道了。1916年1月27日，一位副部长透露：博物馆正在被政府各部占用，因此有可能成为合理的空袭目标。[3]但是，敌方对英格兰的状况几乎一无所知。公众更是如堕五里雾中。

英国人民是不会这么轻易被忽视的。战争激发出了巨大的爱国主义热情，其他方面的激情都被搁置一边。威尔斯（H.G.Wells）描述了这种状态。他笔下的布里特林先生为了规划一个更加美好的未来而遗弃自己的妻子。布里特林的典型性还在于，不断骑自行车到附近的村庄搜集消息。虽然一无所获，谣言却满天飞。蒙斯的天使就是这样一个普遍信以为真的谣传。更著名的一个谣传来自一位泰晤士报记者，[4]说"差不多一百万"俄国士兵于1914年9月上旬在阿伯丁登陆，他们正穿过英格兰向西部前线开进。几乎每个人都认识亲眼见过这支部队的人，据说士兵们的皮靴上还带着积雪，使人无法怀疑它的真实性，但这很可能是后来加上的引人发笑的润饰。

伴随谣言而来的是歇斯底里。无辜的老人在英格兰生活了40年，找不到移民文件，儿子在服兵役，自己却被囚禁在马恩岛。姓名里有德文发音的面

---

[1] 1914年8月首次执行，之后被不断加强。"多拉"巨炮用一位年长女士的名字命名，成为保密的代名词。
[2] 阿尔弗雷德·米尔纳（Alfred Milner，1854—1925）：在德国、伦敦和牛津接受教育；1902年被册封为子爵；1916—1918年为战时内阁成员；1918年任陆军大臣；1919—1921年任殖民大臣；深受"米尔纳幼稚园"的年轻人爱戴，这些年轻人都是布尔战争后在南非在其手下工作过。
[3] 曾经计划使用大英博物馆，但是被馆长弗雷德里克·肯尼恩（Frederic Kenyon）拒绝。他建议使用的伯利恒医院被人称作"疯人院"。
[4] 麦克多纳（MacDonagh）《世界大战期间的伦敦》（*In London during the World War*）第21页。这个传言于9月15日被新闻局否认。

包师被解雇；硬地网球场[1]被怀疑成炮台，是为德军的入侵作准备的；闪烁的灯光，尤其是那些靠近海岸的，被指控为向敌人发信号。大约10万比利时难民的到来加剧了歇斯底里的状态。他们讲述德军的残暴行径，有些是真实的，但大多数因为战争的狂热而被夸张。比如：被侵害的修女和被剁掉双手的婴儿从来没有被发现。[2]一开始，这些比利时难民受到热诚的欢迎。寇松勋爵[3]（Lord Curzon）在他的乡村别墅里招待了比利时国王和王后；朗斯代尔勋爵（Lord Lonsdale）为他们出钱养马，以便"为他们的民族大业做进一步的贡献"。但是，同情心并没有维持多久。大多数比利时难民来自普通的工人阶级，他们因为被赶出自己的家园而悲痛，也为大不列颠没有更积极地保护比利时的中立而愤怒。他们在劳务市场的竞争也给当地人带来恐惧。[4]战争还没有结束，比利时人就不受欢迎了。

尽管上层保持沉默，但英国人民已经了解了战争的真相。最不顾及公众情绪的大臣基奇纳难辞其咎。参加第一次内阁会议时，他声言这次战争将持续3年，而不是3个月，而且大不列颠必须把数百万军队投入战场。[5]他的言论震惊了同僚们。由于对国防义勇军带有不应有的轻视（他误以为是1870年的法国"本土保卫军"），他提议组建一支由70个师组成的新军。[6]当阿斯奎斯以政治上不可能为理由排除了强制征兵的选择后，他又同意通过自愿的方法募集

---

[1] 当时在较为富裕的家庭，网球场正在取代台球室，在某种程度上这是道德上的胜利，或许也是追求性别平等的胜利。（女性很少有人打台球，但有很多人打网球）。

[2] 第一次世界大战期间，虽然有关德军残暴行径的传说很少是真实的，但几乎每个人都坚信不疑。在第二次世界大战期间，虽然德军真的犯下了文明国家有史以来的最残暴的罪恶，但几乎每个人都不相信那是真实的。

[3] 乔治·纳撒尼尔·寇松（George Nathaniel Curzon，1859—1925）：在伊顿公学和牛津大学接受教育；1898—1905年任印度总督；1911年被册封为伯爵，1921年被册封为侯爵；1915—1916年任掌玺大臣；1916—1919年任枢密院长和战时内阁成员；1919—1924年任外交大臣；1924—1925年任枢密院长。在停战期间，他希望"不要举行狂欢"。看到士兵洗澡，他因来自下层阶级的人有如此白皙的皮肤而感到惊讶。许多取笑寇松的精彩故事都是寇松本人杜撰的。

[4] 地方政府部总共安置了11.9万名比利时难民。"上流社会的难民"另有委员会安置，这个委员会是卢加德夫人（Lady Lugard）为接收从可能发生的阿尔斯特内战中逃离的妇女儿童而创立的。后来在德拉姆的伯特利创建了一个军需生产区。在这里，比利时警察、比利时法律，甚至比利时啤酒共同构建了一个虚幻的比利时城。

[5] 基奇纳估计法军将在战场上被击败。他没有预见到壕堑战。当壕堑战真的到来的时候，他说："我不知道怎么办，这不是战争。"

[6] 这只是凭经验估算的数字。根据德国的情况类推，考虑到人口数量不同，英国应该征集105个师。基奇纳出于海军、商业和工业的需要，武断地砍掉了三分之一，得出70个师的结论。这样看来，大不列颠的军事行动是基于对可用人力的粗略估算，而不是出于战略需要的考虑。

新兵。不久，所有建筑物的墙上都出现了宣传画，基奇纳的手气势汹汹地指着："祖国需要你。"鲁伯特·布鲁克（Rupert Brooke）说出了大家共同的心声："此刻，我们感谢上帝令我们生逢其时。"第一次募兵基奇纳要求的数目是10万，但在截止于9月5日的第一个星期内，就有17.5万人志愿入伍。到9月底，一共招募了75万人。之后，每个月平均招募人数达到12.5万人，一直到1915年6月募兵速度才放慢下来。到1916年3月招募志愿军结束，入伍总数达到250万人。[1]

成绩是惊人的，方法是笨拙的。志愿入伍的第一波洪流过后，这种热情必须持续保持下去。据信，适龄的年轻人都是胆小怕事的。募兵会议积聚起人们对德国人过分的仇恨，同时，也使人们对伴随胜利而来的更加美好的世界寄托了过高的希望。在募兵的讲台上，老派风格、沉着稳健的政治家的光芒被那些煽动家所掩盖。霍雷肖·博顿利（Horatio Bottomley）更是声名鹊起。[2] 战争爆发时，他还是一个未偿清债务的破产者；战争结束时，他承认收到了很多捐款。在这种情况下，对如何打仗，或者为什么要打仗，进行理智的思考是很困难的。在这种狂热状态下，应募者超过了当时军事机关的应对能力。没有足够的营房，甚至连来复枪都没有。应募者冬天在帐篷里度过几个月的时光，用棍子进行训练。很少有合格的教官来训练他们。基奇纳把剩余的常规军组织成几个师，派到法国，而不是让他们去训练新军。[3] 这些年轻的狂热者由那些在维多利亚女王去世前已经服完兵役的老年军官和军士长管理。这是从幻想到觉醒的开始。

基奇纳的权威还带来另外一个不幸的后果。战争爆发之初，在爱尔兰有两支私人军队。一支是阿尔斯特志愿军，是为了阻止爱尔兰自治而组建的；另一支是爱尔兰志愿军，是为了捍卫爱尔兰自治而组建的。当时，这两支军队都迫切要求参加英军作战。基奇纳虽然不是爱尔兰人，但他出生在爱尔兰，而且在

---

[1] 常规军有175万人，国防义勇军有75万人。还有32.9万人志愿加入海军。后来，大约6000人加入空军。迪尔（N.B. Dearle）《大战的劳动力成本》（*Labour Cost of the Grert War*）第8页。

[2] 霍雷肖·博顿利（1860—1933）；《约翰牛》（*John Bull*）主编；1918—1922年为无党派议员；1922年因金融欺诈被判罪；去世时身无分文。在征兵会议上，他慷慨激昂的演说力量来自于"进项"，他一共赚了7.8万英镑。他经常背诵一首诗，里面有这样的诗行："兄弟们，这不仅仅是一场战争，这是人类的一次召唤。"会议结束时，当他把5英镑的钞票揣进口袋，口中嘟囔着只有他自己能听懂的话。

[3] "在战争中所犯的诸多错误中……这可能是代价最昂贵的错误。"《1915年军事行动：法国与比利时》（*Military Operations: France and Belgium, 1915*）第2卷第viii页。

那里度过了几年童年时光，所以他和新教驻军有着相同的观点。他接受了阿尔斯特组织，却拒绝了爱尔兰自治分子。阿尔斯特的红手掌被认可，爱尔兰竖琴却没有。阿尔斯特的军人有他们自己的军官，那些来自爱尔兰南部的军人归新教军官管辖。爱尔兰领导人雷德蒙（Redmond）曾认为，爱尔兰会通过为比利时和其他弱小民族的自由而战来赢得自己的自由。由于基奇纳，爱尔兰人涌动的忠诚之心被浇灭了。少数的爱尔兰志愿军在约翰·麦克奈尔（John MacNeill）的领导下转向了反英的阵营，其他许多人则是闷闷不乐，不理不睬。

无论如何，新军是基奇纳的成就：与任何一个国家相比，这都是一支规模最大的志愿军。他的声望吸引来了新兵，新兵的募集又增强了他的声誉。他是英国的兴登堡，是一个同样死板的巨人。作为真正的战争独裁者，基奇纳还负责供给[1]和战略。这些都是他失败的原因。陆军部的物资只足以供给一支小规模的军队。战争爆发时，在陆军合同司有20名职员。基奇纳像当年在苏丹那样坚持精打细算。他忽略了劳合·乔治提供给他用于扩军的资金。1914年10月1日至1915年1月1日之间存在的内阁炮弹委员会也没能动得了他。陆军部拒绝扩大授权公司的名单，向他们发布大量根本不能完成的指令。陆军部坚持认为，只有经验丰富的公司能够生产质量令人满意的军需品。当军需部从一个大名单里订购第一批炮弹的时候，这一点得到了证实，从此"废物"这个词广为流行。无论如何，不管有什么借口，当时炮弹短缺。指责落到陆军部身上，也就是落到基奇纳身上。

战略问题是基奇纳最大的失败，虽然在第一次世界大战期间没有人能做得更好。基奇纳独自一人决定战略问题，可是对采取什么样的战略又感到茫然。在法国的英军力量正在稳步增强。霞飞唯一的目标就是解放法国疆土，他要求英国必须遵从这一目标。基奇纳对此目标没有信心。他认为德军的战线已经成为"不能靠突袭攻克的堡垒"。另一方面，他又"期望得到召唤"：当有朝一日英军的力量足够强大时，他会被请出来做联军最高指挥官。因此，他觉得要让法国人以后服从自己，自己现在必须要服从法国人。所以，当内阁向他寻求战略性建议的时候，他表现出不同寻常的前后矛盾。那些文职大

---

[1] 海军部一直独自经手海军的供给，实行海军需求"绝对优先"的政策。甚至在1918年，海军还从商船和坦克兵中抽调人手，建造一直未投入使用的战列舰。

臣被激怒了，开始设计自己的战略计划——有些人非常主动积极。这些业余战略家的主导思想，尤其是丘吉尔和劳合·乔治，就是依靠海上力量。他们的论点当然是：利用强大的海上力量可以从侧翼包抄德军，而不需牺牲数百万人的生命。他们还想得到另一种意义上的躲避：用一个巧计避开西线战场的僵局。他们在寻找一个使德军够不着的用武之地，却忘了要是那样的话，他们也不能接近德军。[1]要是这个用武之地在欧洲以外那就更好了，可以使大英帝国获得更多的疆域。

1914年11月，内阁承认希望战争速胜是错误的。此前仅负责组织力量征服德国殖民地的帝国防务委员会，[2]这时被改组成战争委员会。不同的作战方案被提了出来。劳合·乔治倾向于远征萨洛尼卡或者达尔马提亚沿岸地区。委员会秘书汉基建议进攻土耳其。这个建议吸引了曾在东方工作多年的基奇纳。当年年底，俄军总司令尼古拉大公紧急求助抗击土耳其人，消息到达的时候，基奇纳就更倾向于这个方案了。丘吉尔和费舍尔（第一海务大臣）都想采取大规模的"水陆两栖"作战。但是，费舍尔选择的是斯莱斯韦格，丘吉尔则选择了达达尼尔海峡。在讨论计划的时候，没有智囊团的帮助，也没有详细的地图可以参考。没有人问问船只是否具备，也没有人问问是否有兵可派。基奇纳徒劳地意识到两者都没有。战争委员会兴高采烈地臆想着，强大的舰队会在眨眼之间让并不存在的军队赶到天涯海角。

最坚韧不拔的人取得了最后的胜利。丘吉尔坚持发兵达达尼尔海峡。费舍尔认为，不必在战争委员会上跟顶头上司唱反调。[3]他还同意基奇纳的判断：占领达达尼尔海峡需要15万人，所以希望陆军也能参与进来。地中海地区的英国海军上将大费口舌，说明只靠海军可以占领达达尼尔海峡。基奇纳被说服了。弗伦奇则迫不及待地强调西线战场的特殊重要性。于是，糊涂的战争委员会抓住了一条看上去可行的出路：用海军进攻达达尼尔海峡，从而打破阵地战的僵局，

---

[1] 这些人被称作"东线人士"，他们受到了威灵顿的西班牙战役的误导。他们忽略了两个要点。a.以当时的标准来看，威灵顿投入了规模相当巨大的军队；b.威灵顿战役在打败拿破仑大军方面只作出边际性的贡献。
[2] 8月份占领多哥兰。新西兰人占领萨摩亚群岛（8月）。澳大利亚人占领几内亚（9月）。南非人占领西南非洲（12月）。1917年，喀麦隆被征服。直到1917年底才征服德属东非（付出了7500万英镑的代价）。德军司令冯·莱托（Von Lettow）退入比属刚果，直到停战之后才投降。
[3] 1909年，本性的正直没能阻止他向统一党人加尔文（Garvin）主编通报，反对自由党政府的海军计划，也没能阻止他向劳合风报信，反对丘吉尔。

却无须把陆军从法国抽调出来。1915年1月13日，战争委员会一致决定让海军部负责，"筹备一次海军的远征计划，轰炸并占领加里波利半岛，目标是君士坦丁堡"。1月28日，在费舍尔（他是名义上负责制订作战计划的）被基奇纳（名义上与制订作战计划毫无关系）说服不再反对的情况下，战争委员会批准了海军作战计划。

当大型战舰在东地中海云集的时候，基奇纳又有了新的想法。如果海军的行动成功了，将需要陆军去占领加里波利半岛；如果失败了，也需要陆军去恢复英国在东方的威望。他希望在霞飞或法国人不知情的情况下，以某种方式让部队分散进入达达尼尔海峡。2月16日，他同意了由来自印度的常规军组成的第29师派往地中海东部。[1] 2月20日，他又拒绝派出第29师。2月24日，他通知战争委员会："如果舰队不能在没有援助的情况下通过海峡，陆军将不得不帮助他们完成任务。"3月10日，他终于决定把第29师派走。两天后，他把自己的爱将伊恩·汉密尔顿爵士[2]请来，告诉他："现在我们派遣一支部队去支援达达尼尔海峡的海军舰队，你负责指挥。"汉密尔顿收到了一张并不准确的地图，他不了解土耳其军队的信息，对达达尼尔海峡的防御几乎一无所知，对将要面临的军事情况也没有明确的概念。在这种状态下，他不带一个参谋就出发了。基奇纳对他说："如果海军成功了，君士坦丁堡将不攻自破，你将赢得的不是一场战役，而是一场战争。"[3]

这些希望很快就破灭了。3月18日，英国舰队和一些法国军舰进入达达尼尔海峡。据说，这里水域中的水雷已经被排清。土耳其的堡垒遭到炮轰。现在才知道他们的军火在第一天还没结束就耗尽，而且没有补给。有一排水雷被忽略了：布在与亚洲海岸平行的一线，而不是横穿达达尼尔海峡。舰队返航的时

---

[1] 为了哄骗法军，基奇纳建议这个师应派到萨洛尼卡，这是法国人喜欢的"侧面作战"。同样偏爱萨洛尼卡的劳合·乔治，是战争委员会中唯一提出如果海军进攻失败，就不应该把军队派往达达尼尔海峡的人。

[2] 伊恩·斯坦迪士·蒙蒂斯·汉密尔顿（Ian Standish Monteith Hamilton, 1853—1947）：基奇纳在南非时的总参谋长；1910年，反对罗伯茨，捍卫志愿入伍体制；1914年，指挥中央部队保卫本土；1915年在加里波利指挥；之后未再任军职；写作了数卷受到读者喜爱的回忆录。

[3] 为什么那时和之后的大多数人都认为君士坦丁堡的陷落会导致德军的失败，一直是个谜。这样做唯一的收获就是打开一条通向俄国的补给线，而这个收获也只是理论上的，因为在当时，大不列颠和法国都没有补给可以输送。土耳其可能会退出战争，但那样的话将减轻德国的负担。军队从君士坦丁堡行军到中欧并不是轻而易举的事，而且根本没有军队可派。后来，联军把大批军队派往更好的萨洛尼卡港，但直到战争结束德军被打败的时候也毫无建树。

候闯入了雷区。两艘英国战列舰和一艘法国军舰沉没，还有一艘英舰和一艘法舰受到重创。这些军舰已经陈旧不堪，等待报废。海军上将约翰·德·罗贝克爵士（Sir John Der Robeck）[1]为遭受的损失感到沮丧。3月22日，他与汉密尔顿举行第一次会晤。根据汉密尔顿的说法，德·罗贝克当时说："现在很清楚，没有陆军的帮助，是不能成功的。"根据德·罗贝克的说法，汉密尔顿主动提出用陆军打开海峡通道。总之，海军进攻的计划被取消，再也没人提起。汉密尔顿发现：一片混乱之中，运输船只都被派出去了，不可能马上采取任何行动。于是他决定把部队撤到亚历山大休整，然后在大约3周以后实行登陆。3周时间实际上延长到1个月，土耳其在加里波利的兵力从两个师增加到6个师，比汉密尔顿多出1个师。

这样，当1915年的作战季节开始的时候，大不列颠集中力量在法国展开攻击，把所有的资源投到这里尚嫌不足，而在加里波利，只能伺机发动攻势。军事上的失败随之而来。4月25日，英国和澳大利亚军队在加里波利展开攻击。他们没有登陆艇，也没有受过在敌方海岸进行困难的登陆作战的训练。他们只能在半岛的最远端安全登陆，给土耳其人造成极小的威胁。将领们缺乏冲劲，汉密尔顿也没有提供给他们。他过于彬彬有礼，不是一个成功的指挥官。他在战舰上无助地沿着海岸上下漂流，而不去对下属的行动进行干预。土耳其人从震惊中回过神来，把汉密尔顿的军队困在海岸上。这不是一场运动战，在半岛上又构筑了一条新的战壕，比西线战场上的战壕更加坚不可摧。

在法国，约翰·弗伦奇爵士在没有法国支援的情况下发动了一次进攻，被称作新沙佩勒战役（3月10—13日）。这次进攻撕开了德军防线，但德军在预备队赶到之前就堵住了缺口。德军方面在对伊普尔高地的进攻中首先使用了毒气，被称作"第二次伊普尔战斗"（4月22日—5月25日）。在英军遭受重大损失的情况下也以失败告终。从那以后，士兵们除了其他的负重以外，还得戴上防毒面具。最后一次进攻是与法军联合发动的，叫法不一，有的称为菲斯蒂贝尔战斗，有的称为欧贝里奇战斗（5月9—25日）。这三次战斗都表明：对筑有防御工事的战线进行有限攻击是徒劳的。弗伦奇以缺乏炮弹为借口掩饰其失败。

---

[1] 约翰·海克尔·德·罗贝克（John Michael de Robeck，1862—1928）：1915—1916年指挥达达尼尔的海军；1916—1919年指挥第二战斗中队；1919—1922年任地中海舰队总司令；1922—1924年任大西洋舰队总司令；1919年，受到国会感谢，获奖金1万英镑，并被册封为从男爵。

这些抱怨传到新闻界大佬诺斯克里夫（Northcliffe）[1]耳中，他下定决心发动一场抗议"炮弹丑闻"运动，这场运动将把基奇纳，也许还有自由党政府，赶下台去。

新闻的影响力也许在第一次世界大战期间达到了顶点。收音机还是将来的事情，那时候报纸是唯一的新闻来源。死伤人员名单的出现更加大了报纸的发行量。在政客们几乎保持沉默的时候，报纸表达自己的观点。1916年，劳合·乔治曾说："新闻所发挥的功能本是议会应该发挥的功能，法国议会一直在发挥这样的功能。"[2] 伟大的主编们为自己的信念大声呐喊，根本不是什么新鲜事。很久以前《泰晤士报》的德莱恩（Delane）就是最好的榜样。如今，这样的主编大量涌现：《曼彻斯特卫报》的斯科特（Scott），《观察家报》的加尔文，《民族》周报的马辛厄姆（Massingham）……这些人被报业老板奉为权威，[3]用他们自己的话说，是在阐述最广泛意义上的政策。虽然每人都是具有鲜明个性的个体，他们都与某个大的政治圈子有联系，或者是自由党，或者是统一党，或者是激进派。诺斯克里夫则不同，因此招致了人们的敌视。他是《每日邮报》的老板，这是发行量最大的日报；他还是《泰晤士报》的老板，以一种特殊的方式宣称自己是民族之声。他还把自己看作理所当然的"总主编"。他决定政策，主编们是他的工具。与其他主编不同的是，他不表达一党或一个政治集团的观点。用比弗布鲁克（Beaverbrook）的话说，他是"曾经在舰队街高视阔步的最伟大的人物"，[4]他希望人们追随他，只因为他是伟大的诺斯克里夫。他错了。主编们可以通过表达或激发观点获得成功，却不能通过发号施令获得成功。人们为了了解新闻来买诺斯克里夫的报纸，他的政治观念却并不比其他的成功商人更打动人。他们并不遵从他的指令。他们不戴《每日邮报》的帽子，不吃《每日邮报》的面包，也不接受这位《每日邮报》的"领袖"。新闻手段如果使用得当，诺斯克里夫可以摧枯拉朽，但他不能无中生有。他渴望权力而不是影响力，结

---

[1] 阿尔弗雷德·哈姆斯沃思（Alfred Harmsworth，1865—1922）：1905年被册封为诺斯克里夫男爵；1917年被册封为子爵；1917年英国赴美代表团团长；1918年任对敌宣传司司长；现代新闻业创始人；创办并发展了《每日邮报》《泰晤士报》老板，把该报从被遗弃的产业转变为盈利企业。
[2] 里德尔（Riddell）《战争日记》（War Diary）第151页。
[3] 在关于新闻自由的讨论中，常常被忽略的一点是：报纸的政治特点总是由其老板决定的。斯科特的独特之处在于，在1905年之后，他既是主编又是老板。
[4] 比弗布鲁克《政客与战争》（Politicians and the War）第1卷第93页。

果是二者一无所获。

并不只有诺斯克里夫一个人在策划政治攻势。统一党下院的后座议员们对劳让他们保持沉默深恶痛绝，他们也希望促成关于炮弹丑闻的争论，但他们的目标不是基奇纳，而是自由党倡导自由贸易的部长们。自由党的某些支持者也打算弃之而去。因爱尔兰自治被搁置一边，爱尔兰民族主义者们没有理由再支持阿斯奎斯，在基奇纳傲慢地对付爱尔兰志愿军之后，他们找到了很多攻击他的理由。工党在逐步走向独立。工党曾经反对战争，最后一刻才表示支持。8月5日，工党风向突变。议会党团领袖拉姆齐·麦克唐纳[1]辞职，亚瑟·汉德森[2]（Arthur Henderson）接任。8月24日，工会宣布在战争期间遵守劳资和解。工党领袖在募兵的讲台上发言，敦促更加积极有力地组织战争。他们之前反对战争，是因为惧怕对工业劳动力的强行征用。为了避免发生这种情况，工会不得不放弃了把决定权交给老板的一贯态度，他们必须在事务处理上形成伙伴关系，哪怕是次要的伙伴也好。

伸出的合作之手被政府里的劳合·乔治抓住。他已经赢得了"人民之子"的声名——初级学校的毕业生，社会福利的先驱。他对陈规旧俗不屑一顾，不论是对个人行为规范，还是对自由党同仁备加珍视的自由企业经济原则都是如此。劳合·乔治是活在当下的人，是随机应变的大师。他在政治圈里朋友很少。他凭借自己与主编们和报业老板们的密切关系去附和民意，有时候也操纵民意。[3]战前，他是政府中的首席劳资协调员。然后，他成为阿斯奎斯的助手，而不是对手。两个人在一起工作，和谐相处。1914年9月19日，情况发生了变化。劳合·乔治公开发言，表明全力以赴支持战争。从那一刻起，他向阿斯奎斯发起了挑战。他可能说过：如果阿斯奎斯不再做首相，自己会去当农夫。他无意识地，甚至是在不情愿的情况下，把自己当成那个能够更好地领导战争

---

[1] 詹姆斯·拉姆齐·麦克唐纳（James Ramsay MacDonald，1866—1937）：1911—1914年、1922—1931年为工党领袖；1924年任首相兼外交大臣；1929—1931年任工党政府首相；1931—1935年任国民政府首相；1935—1937年任枢密院长；航行途中病逝于海上。

[2] 亚瑟·汉德森（1863—1935）：1915—1916年任教育部长；1916—1917年为战时内阁成员；1924年任内政大臣；1929—1931年任外交大臣；1932—1935年任世界裁军会议主席；在工人运动中以"亚瑟叔叔"而闻名。

[3] 可以计入劳合·乔治密友和顾问的有：《曼彻斯特卫报》老板与主编斯科特；《世界新闻》主席里德尔；《雷诺新闻》老板达尔齐尔（Dalziel）；最具影响力的不信奉国教者的喉舌《英国周报》主编罗伯森·尼克尔（Robertson Nicholl）。另一个忠诚的支持者是《纪事日报》主编罗伯特·唐纳德（Robert Donald），一直到1918年。

的人。他在财政大臣的职位上建树很少。在1914年11月的第一份战时预算中，他把所得税翻了一番，[1] 税收每周只增加100万，而费用每天增长100万，并且还在持续上升。在1915年的第二份战时预算中，他根本没有增加新的税收。劳合·乔治如果曾经对平衡预算感兴趣的话，现在已经兴趣全无。他只专注于无限制的供给。

时隔不久，机会降临了。军工厂面临的最紧迫问题是"稀释计划"。工厂想扩大生产，必须雇用技术不熟练的工人和妇女。但熟练工人不同意放宽传统标准。政府依据《领土防御法》有一定的强制权，而且无疑将有更大的权力。代价是可能重新引起劳资纠纷。工会领袖采取了果断的行动：如果计划不是强制的并且遵循工会的指导，那么他们可以接受"稀释计划"。劳合·乔治对此作出回应。3月17至19日，他在财政部接见工会领导人，其他团体，尤其是机师混合工会，也在座。在财政部达成的协议使工会的立场发生了革命性的变化：以前他们所反对的，现在他们积极参与。他们将接受并管理"稀释计划"。作为回报，他们得到了3个承诺。传统做法会在战争结束时恢复。令每个人惊讶的是，这个承诺被兑现了。利润将受到限制，作为对工会所作牺牲的补偿。这个承诺也被兑现了，虽然不如工会期望的那样有效。最后一个承诺，是工会参加地方联合委员会，分享产业指导的权力。这个承诺没有被兑现，委员会只是用于组织实施"稀释计划"。无论如何，劳合·乔治称财政部协议为"劳动力的大宪章"是正确的。这也是他的大宪章，使他得以为战争而招募"人民"。

包围基奇纳的网越收越紧。4月12日，劳合·乔治组建了一个新的内阁军需委员会，自任主席，基奇纳被排除在外。在舰队街，诺斯克里夫准备大声抗议炮弹丑闻。在议会里，统一党的后座议员、爱尔兰民族主义者，还有工党正在因为共同的不满而团结在一起。5月13日，统一党商业委员会提出了一项关于炮弹短缺的议案。这是对自由党政府的直接打击。这就打乱了劳的策略，他的意图是抓住自由党去支持战争，而不是颠覆它。他费尽周折才说服叛逆的统一党人手下留情。突然，水雷在另一地区爆炸了。4月25日的失败意味着必须向加里波利派遣更多的军舰和士兵。战争委员会于5月14日作出决定，这是

---

[1] 基本税率从每英镑1先令3便士上升到2先令6便士，有很多例外，难以算出准确的数字。

4月6日以来的第一次会议。费舍尔为大舰队的实力担忧。他不能再容忍损失更多的军舰，5月15日辞去第一海务大臣职务。对于劳来说，这是天外飞来的运气，他可以借题发挥，而不是让后座议员们以此向他施压。还有，可以把抗议的矛头引向丘吉尔，因为人们普遍认为他应该为达达尼尔远征负责。统一党人恨丘吉尔，一是因为把他当作一个逃兵，二是认为他谋划了对阿尔斯特的暴力行动——他们称之为大屠杀。

5月17日，劳知会劳合·乔治说：如果费舍尔离开而丘吉尔留下的话，会在下议院引起骚乱，这是他想控制也控制不了的。劳合·乔治的答复是："当然，我们必须结成联盟，因为任何其他的选择都是不可能的。"之后，二人去见阿斯奎斯。阿斯奎斯对统一党的行政管理能力毫无信心。但从另一个角度考虑，这又是让他们承担"让基奇纳靠边站"的责任的良机。让他们首当其冲地面对"可怕的哈姆斯沃斯运动"[1]的压力，而自己置身事外。联盟结成了，在一刻钟之内，英国最后一个自由党政府被扼杀了。[2]

阿斯奎斯的精打细算并没有完全奏效。统一党人不但没有把基奇纳淘汰出局，反而坚持保留他的位置。但是，从阿斯奎斯不想让统一党人执掌陆军部的角度讲，这反而是有利的。而且，基奇纳的势力被削弱了。诺斯克里夫抗议炮弹丑闻的运动爆发得太晚，对已经死去的自由党政府不能造成什么影响，但它助了劳合·乔治最后的一臂之力，他提议建立一个独立的部来掌控物资供给。除了劳合·乔治自己，谁还能领导这个部呢？于是，他成了军需部长。[3]这就把财政部留给了统一党人。在这个问题上，阿斯奎斯也是一个旗鼓相当的对手：劳合·乔治的调任被宣布为临时性的。很显然，一个关税改革者是不会替他暂时占住这个位置的。麦肯纳[4]（Mckenna）愿意效劳，他被认为是一个明智的自

---

[1] 艾迪生（Addison）《四年半》（*Four and a Half Years*）第1卷第79页。
[2] 第一届联合政府的组成是第一次世界大战中缺乏切实证据的少数几个政治事件之一。我不能确信劳合·乔治在其中扮演如此被动的角色。或许是他把劳推到了前面。无论如何，这都是未来劳和劳合·乔治操纵阿斯奎斯的前兆。
[3] 严格地说，他是英国历史上第一个"部长"。在此之前，只有国务大臣、委员会主席等，没有部长。这个新词来自法国。"不管部部长"（并非挂名职务）是另外一个同期引进的新词［为兰斯多恩（Lansdowne）而设］。（译注：本译文中的贸易部长、教育部长、地方政府部长均为习称，英文中并无minister字样。）
[4] 雷金纳德·麦肯纳（Reginald McKenna，1863—1943）：在国王学院学校和剑桥大学接受教育；1911—1915年任内政大臣；1915—1916年任财政大臣；1923年，鲍德温提出请他做财政部长，因没能找到一个选区，继续任一家银行董事长。

由贸易者。格雷自然留在外交部。统一党得到的只是一些残羹剩饭。他们的领袖劳被连哄带骗地安排到殖民部。

如劳所愿,丘吉尔成了巨大的牺牲品。[1] 他被推出权力中心,担任兰开斯特公爵郡大臣,这次挫折使他很多年都没能恢复元气。阿斯奎斯在统一党中唯一的朋友贝尔福[2]接替了丘吉尔在海军部的位置。还有其他一些显示出国家团结的迹象:亚瑟·汉德森加入内阁,名为教育大臣,实际上为"工党"发声。这预示着产业工人阶级第一次分享权力,不管他们的力量是多么微弱。原阿尔斯特的反叛者卡尔森[3](Carson)成为司法大臣,爱尔兰民族主义领袖雷德蒙如果给他爱尔兰职务的话,也有望加入政府。但这样就会承认他想当爱尔兰领导人的野心。他拒绝接受在英格兰任职的邀请。因此,雷德蒙这位爱尔兰的博塔(Botha),仍然置身于政府之外。此时,南非的博塔本人正在为不列颠帝国征服新的疆域。要不是这样的话,国家团结似乎完全实现了。反对党消失了。[4]党派之间的休战避免了补选时的竞争,一直到非正式候选人的出现。各政党领袖的联合激怒了议院两侧的后座议员,因为它实际造成了前排议员联合起来与后座议员斗争的局面。自由党人看到的是,他们的政府未作任何解释就迅速瓦解了,[5]统一党人也没能取得预期的胜利。如果政治的目标是压制批评的话,这可以算是一个完美的政府。但是,这样的政府在抗击敌人的时候能够取得同样的成功吗?

---

[1] 统一党人还坚持排除大法官霍尔丹,理由是所谓的亲德情结。他的两个密友格雷和阿斯奎斯没有提出有效的抗议。或许阿斯奎斯曾经想进行解释,但是根据他的传记作者们的记载,"错过了时机,霍尔丹默默地离开了"。斯彭德与阿斯奎斯,《阿斯奎斯》(Asquith)第2卷第167页。

[2] 亚瑟·詹姆斯·贝尔福(Arthur James Balfour, 1848—1930):在伊顿公学和剑桥大学接受教育;1902—1905年任统一党首相;前统一党领袖(于1911年辞职);1915—1916年任海军大臣;1916—1919年任外交大臣;1919—1922年、1925—1929年任枢密院长;1922年被册封为伯爵。克里孟梭(Clemenceau)称他为"小女人"。

[3] 爱德华·亨利·卡尔森(Edward Henry Carson, 1854—1935):在波塔灵顿和都柏林接受教育;阿尔斯特的"无冕之王";1915年任司法部长;1916—1917年任海军大臣;1917—1918年为战时内阁成员;1921年任上诉法院高级法官。当反对派颇有威胁,在职时无大作为。

[4] 亨利·卓别林(Henry Chaplin)作为资深前内阁大臣占据着前座反对派的席位,但没有领导反对派的行动。

[5] 后来,阿斯奎斯在国家自由俱乐部作了20分钟充满感染力的演说,安抚自己的追随者。"有些人像首相本人一样,被感动得流下了眼泪。"艾迪生《四年半》第1卷第80页。

注解

注解 A 马恩河战役

德军的战略是由已故总参谋长施里芬（Schlieffen）设计的，旨在穿过比利时，绕道法军侧翼，然后包围法军。德军总参谋长毛奇（Moltke）执行了施里芬的计划，他实际上动用了比施里芬设想的更强大的力量，把兵力从53个师增加到55个师。计划奏效了。德军越过联军防线的末端，绕道向南。当他们接近巴黎的时候，将采取什么行动呢？他们不能驻扎下来包围城市，那样会削弱前进的势头。如果把第一和第二集团军分开，一支向巴黎西部，另一支向巴黎东部，就会被巴黎卫戍部队逐个击溃。如果统一行动，一起绕道向巴黎东部的话，就把自己的侧翼暴露在巴黎驻军面前。施里芬早已预见到这个难题，但是没能找到解决的方法。因此，他得出结论说：这个计划是"我们力所不及的"。事实证明的确如此。克拉克的第一集团军接近巴黎的时候，像章鱼的触角那样摇摆不定。一开始，克拉克向巴黎西部进军，然后，他又希望在巴黎驻军察觉之前包围法军，因此绕道东南。最后，为了避开新从巴黎方向开来、威胁其侧翼的法国第六集团军，他又转向西方。这样就为小心翼翼前进的英国远征军留出了空隙。

法军的反攻应该归功于谁呢？是总司令霞飞，还是巴黎的司令官加列尼（Galliéni）？答案似乎是二者皆有，虽然他们的战略思想是互相冲突的。霞飞计划迎头打击德军前锋，加列尼则打算从德军后方突破。换句话说，加列尼试图在德军后面扎上袋口，而霞飞实际上是在打击口袋的底部，把德军赶出加列尼的圈套。霞飞的兵力更强。加列尼没有得到实现机动作战所需的援兵。这样，德军就可以守住侧翼，实际上是把加列尼逼退，然后适时撤退。他们在战场上并没有被打败，而是撤退，因为按照和平时期的标准，他们以为自己处于危险的战略位置。马恩河战役是战前类型的最后一次机动作战，而不是第一次世界大战模式的互相屠戮。因此，当德军在埃纳河挖掘战壕的时候，马恩河一战变得毫无作用。英国远征军的介入有没有对战争形势有所改变呢？基本上没有。德军看到第一和第二集团军之间的缝隙后，无论如何都是要撤退的。

第二章 战争的压力，1915—1916年

1915年5月26日，阿斯奎斯宣布联合政府成立，声称联合政府将体现国家团结，更有效地推动战争事务。然而，联合政府只是在形式上有所变化。自由党人仍然把自由经营和自由贸易当作宝贝，统一党人仍然坚决反对。甚至在内阁内部也谈不上团结。不久，麦肯纳便转而反对劳合·乔治，他本应该配合后者工作。他抱怨说：劳合·乔治缺乏耐心，使他"在胜利之前就已经自我毁灭了"。麦肯纳本人为这种自我毁灭窃喜。贸易部的朗西曼不能接受任何创造性的建议。有些统一党的部长，尤其是寇松，认为已经没有必要再忠于他们的领袖劳。阿斯奎斯没能成为矛盾的调解人，而是像拳击场内的裁判，监督别人打斗，更不是一个对下属拥有足够权威的全国领袖。每个部长仍然独立地管理自己的部门，偶尔抨击一下自己的同僚。国家事业尽管在稳步向前推进，不是因为自觉的协作，而是因为来自外部的敌人和公众的压力。这是最后一次在自由放任的原则下尝试打一场大战。

执掌军需部的劳合·乔治完全是个例外。他在任内改造了英国经济，同时也奠定了自己在全国的地位。虽然他对克莱蒂赛德的工人们宣称，"伙计们，我和你们一样，是个狂热的社会主义者"，但在行动上不受任何政策主张的限制，而是对挑战作出天才的回应。劳合·乔治进入被征用的将作为新的军需部办公地址之时，发现那里没有桌子，没有职员，却有太多的镜子。到战争结束之时，军需部雇用了65000名职员，领导着300多万工人。内阁成立了一个委员会以控制新的军需部。这个委员会召开了一次会议之后就散了，再也没有重新开会。1915年12月，陆军部军械局不复存在。劳合·乔治一人当家，提供的军火远远超出陆军部的需求。到1918年，军需部实际上赶上了部队对炮弹的需求。黑

格[1]报告说:"每个营两挺机关枪就足够了。"基奇纳认为:每个营4挺机关枪应该是够用的,再多的话就是奢侈品。劳合·乔治却说:"把基奇纳的数字平方,乘以二,然后再翻一番。"大战之初,陆军拥有1330挺机关枪。战争期间,生产出了240506挺机关枪。这多亏了劳合·乔治。陆军部驳回了生产战争中最有效的武器之一——斯托克斯轻型迫击炮的建议,劳合·乔治争取到一个印度土邦主大王公资助生产迫击炮。在丘吉尔的敦促下,海军部已经开始试验制造装甲拖拉机或"坦克",虽然基奇纳认为它们是"漂亮的机械玩具"而不予支持。军需部接手,把它们改造成实用的武器。

正如劳合·乔治所说,军需部"是个彻头彻尾的商人组织"。该部雇用了不少商人,他们自然善待其他的商人。根据一条模糊的《军事法》条款并依据更加含糊的特权,在理论上,政府有权征用物资。[2] 1915年3月一个星期六的下午,两名军官在利物浦征用了150万个沙袋,显示出这种权力的有效性。[3]此后,政府可以通过征用原材料的方式控制一个产业。军需部曾经征用钢材,陆军部(那时候还在为部队提供军服和食品)先是征用了皮革,之后又征用了羊毛。因此,生产商们很高兴接受"成本"体制,他们不仅可以得到生产成本,还可以得到"一份合理的利润"。这一体制1916年在《领土防御法》的一项条款中找到法律依据,尽管下议院当时还没有意识到这意味着什么。政府面对少数大公司的时候,这个体制是令人满意的,这些公司的效率大体处在同一水平线上,而且军需部可以控制自己筹建的218个国营工厂的生产成本。但是,成本的确定必须顾及那些最低效的公司。军需业尤其如此。两万家小厂被仓促筹建或转型,去完成军需部布置的价值20亿英镑的生产任务。在三两年内为400万军队提供军需品,这是一个伟大的成就。代价是由此涌现出大批的投机商人,他们瞬间从一无所有到大发横财(之后又大多沉沦下去)。这些人为了相互的利益,会顺理成章地支持劳合·乔治。

---

[1] 道格拉斯·黑格(Douglas Haig,1861—1928):1914年指挥第一军,1915年指挥第一集团军;1915—1919年任驻法军队总司令;1919—1921年任英国本土部队总司令;1919年被册封为伯爵并得到国会10万英镑奖金;1920年通过集体资助的方式获赠比默塞德公馆;1921—1928年任英国退伍军人协会主席。

[2] 1920年,后一条权力在法庭上受到了成功的挑战,其依据是政府不能凭借特权做任何依据法律可以做成的事。议会仓促通过了《豁免法》,使政府免于支付7亿英镑的账单。英国和其他地方一样,在战争结束之前,人们都不愿意限制政府,在某种程度上,"战时社会主义"成了大家的共识。

[3] 他们每袋支付2便士,而商人却要卖6便士。

另一方面，解决劳工问题需要外援。军需部没有雇用任何工会官员，一旦发生危机，不得不从教育部召来汉德森解决问题。实际上，任何政府部门都没有处理劳工问题的能力。仅能糊口的社会福利有所增长，引发了权力之争。地方政府部执行《济贫法》，内政部实施各项工厂法，贸易部管理 1909 年创立的职业介绍所，各自治委员会执行国家保险制度。在战争开始的几个月里，两军给各自的弹药制造工人发放"徽章"：一向大方的海军部发出 40 万个，而陆军部只发出 8 万个。这或许可以给工人壮胆，却不能阻止他们跳槽，也不能阻止他们参军。到 1915 年 6 月，机械行业五分之一的男性工人参军入伍，而那时部队还不足以装备已经入伍的士兵。军需部推广了"徽章"制度，反对扩大征兵。1915 年 7 月，一项议会法案规定：军需工人如果不能得到前雇主的离职证书，那么，在离职 6 个星期之内不允许被另外一家公司雇用。这项法案旨在禁止"挖墙脚"的行为。实际效果是把工人绑在固定的薪水和低劣的雇主身上而不能离开。劳工们仇视离职证书，把它看成工业征兵的工具。罢工和"慢慢干"的消极怠工带来的麻烦使这项规定得不偿失，于是在 1917 年 7 月被废止。此后，工人们只有在面临征兵令威胁的时候，才会留在军需业。

战前没有大规模军队，也没有人想到会有如此大规模的军队。因此，弹药的短缺是不可避免的。但人们只会找简单的借口，他们责备工人的懈怠。当然，有生以来第一次得到高工资的工人们并不总是按时出勤。是政府声明中的乐观情绪弱化了任何紧迫感。一位工会领袖抱怨说："如果报纸上说的是真实的，那么我们所取得的进展已经足以跨越整个地球。"[1] 工人们还被指责把钱花在酗酒上。在自由党政府最后的岁月里，劳合·乔治提议由国家买下"酒类贩卖权"，他希望这项措施也能取悦那些已经与他有些疏远的激进派仰慕者。酒业从业者勉强同意。但是禁酒倡导者反对，这项计划流产了。限酒令随之诞生。饮酒时限被缩短，尤其是在下午的时间强制禁酒，这一点迄今为止仍然有效，这是大战留下的影响深远的纪念。在临近大型军火制造中心格雷特纳的卡莱尔，进行了一次国有化的实验，至今仍在实行。啤酒的酒精度降低了，价格提高了。尽管这些措施使 1918 年啤酒的消费减少了一半，但并没有受到工人阶级的欢迎，他们很容易接受博顿利关于废止限酒令可以使人精力充沛地上阵作战的胡说八

---

[1] 赫维兹（S.J. Hurwitz）《国家干预》（*State Intervention*）第 118 页。

道。劝导的方式也尝试过。乔治五世接受劝说，以国王的名义承诺在战争期间滴酒不沾。但是除了基奇纳以外，没有人仿效。劳合·乔治当然不会，阿斯奎斯更不会那样做。当时的统治阶层还在继续品尝香槟。

工作条件的改善对降低缺勤率起了更大的作用。在众多商人之中，劳合·乔治延揽了倡导改善工人福利的可可大亨西伯姆·朗特里（Seebohm Rowntree）。工厂食堂可以战时免税，食堂首次成为英国工业的普通现象。军需部一家就建立起867家食堂。这一切没有触及真正的问题：劳动力短缺。高工资对解决这个问题有帮助，逃避服兵役也有帮助，伤员从部队遣返则帮助不大。然而，短缺问题仍然存在。[1] 于是，妇女们补充进来。1915年7月，激进的妇女参政权论者克里斯特贝尔·潘克赫斯特（Christabel Pankhurst）筹划了最后一次示威游行活动，3万名妇女游行到达英国政府所在地白厅，她们的口号是："我们要求服务的权利。"

这个要求很快就被批准。大约20万妇女进入政府各个部门。50万妇女在私营公司从事办公室工作。妇女在电车和公共汽车上做售票员。25万妇女耕作田地。[2] 女工增长幅度最大的是机械厂，差不多有80万妇女在那里工作，大多数都是在1915年7月份之后的一年之内。与此相对的是工人罢工减少了，家庭佣人减少了40万。当然，上述工作有些在战后就不存在了，尤其是在机械行业。大部分工作保留下来了。用鹅毛笔工整书写的男性职员永远消失了，取而代之的是女性速记打字员。这是妇女解放的关键时刻。女性变得更加独立，更加富于进取精神。军需部的女工们在酒吧里自己花钱买饮料。实用的需要革命性地改变了时尚。长裙拖地的景象一去不复返了。小外套也消失了，虽然不是永远的。女性的帽子变得更简洁。有的女性还剪短了头发，尽管"波波头"在战后才真正成为时尚。

妇女的介入给机械厂带来了混乱。妇女们极少是工会成员。她们并不在意长期形成的职业规范，只是关心"同工同酬"。劳合·乔治只许诺计件工资，男

---

[1] 大约490万产业工人参军。要刨去人口自然增长65万，延迟退休等人员29万。妇女160万；比利时人6万；受伤复员人员70万。据迪尔在《大战期间的劳动力成本》第259页的统计，战争期间劳动力平均净损失为男性160万，加上体弱的妇女，一共为200万。
[2] 除此之外，近10万妇女参加了首次组建的3支部队的辅助工作（急救护士队除外）。10万多人成为护士（大部分在志愿救护队），3万人到基督教青年会工作。这些数字不包括没有报酬的志愿者，他们主要来自中产阶级，在餐厅工作或从事其他福利工作。

工们根本就反对同工同酬。工会干部尽管接受财政部协议中的"稀释计划",他们还是不得不小心翼翼地行事,以地域为基础与每个行业谈判沟通。与工会干部和政府不同的是,机械厂的工会谈判代表为所有工人代言,不管他们从事什么行业,也不管他们是不是工会成员。这些人常常是革命的社会主义者,尤其是在克莱蒂赛德。其中有些人是反对这场战争的。本质上,与工会保守派相比,他们代表着更广泛的工人阶级的利益,劳合·乔治常常有意与他们一起,反对那些根基深厚的工会领袖。这时,如何不使他走得太远,就是作为调解人的汉德森的事了。妇女不是引起劳资纠纷的唯一因素,对高利润的抱怨应该占更大的比例。最好斗的工人往往也是最爱国的工人。南威尔士和克莱蒂赛德这两个劳资纠纷的中心,也是全国参军入伍比例最高的地区。但是,如果牺牲自己的权利,或者加班加点地工作,只是不可避免地为雇主们带来更多利润的话,工人们是心有不甘的。政府不敢采取有效措施反对老板,因此,不论有多不情愿,政府必须安抚好工人。

政府在字面上拥有巨大的权力。1915年7月,财政部协议被赋予法律效力。此后,在军需业中罢工或者抵制稀释计划的行为可以被送上法庭受到惩罚。劳合·乔治不愿意挥舞这根大棒。他直觉地意识到,任何工业征兵的威胁都将招来工人阶级的抵制。他更倾向于使用调解的办法。1915年7月,南威尔士的矿工们罢工,要求雇主只能从工会成员中雇人。贸易部的朗西曼想行使法律权力对他们进行惩罚,而劳合·乔治却在朗西曼不知情的情况下,对矿工们的要求给予让步,从而平息了罢工。但他在克莱蒂赛德的介入却不太成功。1915年圣诞节那一天,劳合·乔治在汉德森的支持下,在格拉斯哥一次由3000名工会谈判代表参加的喧闹无序的集会上发表演说。他的演讲流产了,于是采取了高压手段。社会主义者的报纸《展望》因为发表了一篇如实描述劳合·乔治试图演讲的情况的报道而被停刊。主要的工会谈判代表大卫·柯克伍德(David Kirkwood)被驱逐到爱丁堡。

不久,调解的方式又回归了。随着岁月流逝,军需部无视来自工会干部的抗议,与革命的工会谈判代表携手合作。1917年,时任军需部长的丘吉尔请柯克伍德回到格拉斯哥,担任比尔德摩尔的工会谈判代表,这是克莱蒂赛德地区最大的工厂。虽然还有关于工人罢工的传闻,之后又有关于"布尔什维克"工会谈判代表的新闻,但是在整个战争期间,军需生产既没有直接强迫劳工,也没有发生严重的罢工事件。在战争年月因为罢工损失的工作日平均为战前的四分之一，只是战后初期的十分之一。[1] 毫无疑问，朴素的爱国主义是保持劳资和平的主要原因。劳合·乔治是为此作出贡献的唯一一位政府高官。1916年12月，当他谋求权力的努力进入关键时刻的时候，处理劳工问题的能力成了他的巨大财富。

劳合·乔治在军需部的成功并不是孤立无援的。1915年9月，麦肯纳提出了有效的战时预算，试图通过增税来应付日益膨胀的支出。因为每一项间接税的增加都会提高生活成本（从而引起劳工的不满），麦肯纳大部分的收入都来自直接税。所得税增长至每英镑3先令6便士，而且免税限额被降低了。麦肯纳有两项原则上的创新。为了平息对战时利润的不满，麦肯纳对任何比战前利润增加的部分，都征收50%的超额利润税（在1917年提高到80%）。这项略显笨拙的措施并没能阻止商人们"牟取暴利"，但是在战争期间却一共提供了25%的总税收。对机动车和钟表这些所谓的奢侈品，麦肯纳还征收33.3%的关税。关税旨在减少"奢侈品"进口，而不是出于任何贸易保护的目的。不管怎样，这都违反了自由贸易的原则。劳合·乔治曾经在内阁会议上隔着一张桌子，把一张钞票扔向极端的贸易保护主义者沃尔特·朗（Walter Long），[2] 并且说："旧的体系被自己的倡导者破坏殆尽，一去不返了。"[3] 人们所称的麦肯纳关税使普通的自由党人惊慌失措。他们成了联合政府付出的第一笔代价。

当所得税增长到每英镑5先令（1916年），并最终增长到每英镑6先令（1918年），当可征税收入本身增长的时候，增加税收的措施可以对局面稍有改善，但不足以满足不断增加的支出。在1915—1916年，国家支出只有五分之一来自于税收。之后有所改善，但只增加到30%。连财政部的官员们对此也不太在意。预算被人为地分成和平时代的常规预算和战争时期的费用开支。和平时代预算通过常规途径达到平衡，战争时期费用开支需要另想办法。麦肯纳甚至

---

[1] 1915—1918年因罢工损失的工作日（年平均）为420万；1910—1914年为1790万；1919—1921年为4910万。
[2] 沃尔特·朗（1854—1924）：在哈罗公学和牛津大学接受教育；1882—1921年为议员；1915—1916年任地方政府部长；1916—1919年任殖民大臣；1919—1921年任海军大臣；1921年被册封为子爵。切斯特顿（Chesterton）曾经不正确地写道：

> 沃尔特，你要当心！切莫轻视聚集起来的群众……
> 他们在遭受痛苦，但是不会忍耐太久。

[3] 休因斯（Hewins）《一个帝国主义者的辩护》（*Apologia of an Imperialist*）第2卷第52页。

规定：在税收足以支付国债利息和逾期欠款的前提下，政府借款数额可以是无限制的。托他的福，战争期间政府借款从6.25亿英镑增长到78.09亿英镑。战争贷款激发起来的爱国主义热情仅次于参军入伍的热情。人们认为，他们或多或少是在把战争的成本转嫁到后代人的肩上。而实际上，战争进行时也必须支付战争的代价。战争贷款与增加的直接税不同，前者只是向较富有的人许诺，他们遭受的任何损失都是暂时的。[1] 总之，他们并没有遭受很大损失。战争贷款的利率通常是5%，因为人们担心外国货币会撤出英国，所以利率一直居高不下，这实际上没有必要。而且，认购战争贷款的钱常常来自银行信贷，甚至更多的是来自政府本身。实际上，政府是在为自己发行的货币付利息。富人基于爱国主义热情的放贷的结果是，他们比以前有更多的钱可供花销。然而，商品相对短缺，物价因此上涨。到1919年，1英镑只能买到1914年所能买到商品的三分之一。一直到1917年底，工资增长一直滞后。[2] 物价上涨的负担落到穷人身上，他们花钱支持了战争，却没有得到赞赏。

通货膨胀并不是物价上涨的唯一原因。战争抬高了国内制成品的价格。进口商品价格提高得更多。尽管如此，在第一次世界大战期间，大不列颠在偿付进口商品上面并没有什么困难。出口虽然在数量上大幅度减少，但是因为价格也在上涨，所以出口总值仍然与战前持平。像海运这样的服务业还带来更大的利润。因此，一直到战争的最后一年，大不列颠的国际收支实际上仍然保持顺差。[3] 还存在一个外汇不足的问题。战争使英国对美国供应品的需求增大，但英国对美国的出口并没有增加，因此造成了美元短缺。这一问题部分通过从美国市场贷款，部分通过销售英国公民手中的美国证券得以解决（有些是自愿的；从1917年开始，有些是强制性的）。战争结束时，人们悲伤地发现，在美国的投资损失了2.07亿英镑，但他们没有看到其他海外投资在战争期间增长了2.5亿英镑。尽管如此，英镑依靠自身的强大，在国际汇兑中屹立不倒。在一战期间，对货币汇率没有控制，对资本输出没有审查，理论上甚至对黄金的出口也不禁止。[4] 的确，假如大不列颠独自打这场大战的话，战后它的国际金融地

---

[1] 这并不适用于之后贫困阶层投入国民储蓄的小笔资金。
[2] 或者说工资率增长滞后。超时工作在一定程度上起到了平衡作用。
[3] 1915年有2亿英镑的顺差；1916年有1.01亿英镑的顺差；1917年收支平衡；1918年有1.07亿英镑的逆差。
[4] 实际上，黄金的出口是受到禁止的，一开始是通过惩罚性的保险费，之后是通过拒发出口许可证。

位会比战前稍强一些。

以上描述的乐观图景因为大不列颠无节制地向协约国贷款而发生变化。奇怪的是，这些贷款无需国会批准。在英国政府的想象中，他们不但可以在整个大陆范围内打一场从来没尝试过的战争，而且还可以像在以前的战争中所做的那样，在财政上支援协约国。俄国得到 5.86 亿英镑，法国得到 4.34 亿英镑，意大利得到 4.12 亿英镑，对一些小国家和大英帝国自治领的援助总数达到 18.25 亿英镑。英国本身的财源不足以承担这些开支，其中大部分都是靠美国的贷款（超出 10 亿英镑），尤其是在 1917 年美国介入战争之后。这个问题在战争期间被忽视了。即使提起，人们有一个错误的认识（甚至麦肯纳也这样认为）：对协约国的贷款是可靠的资产，战争结束后会被全部偿还。

战时的问题不是缺乏资金从国外购买货物，而是缺乏运输货物的船只。在 1915 年一年里，海军和陆军征用了民用航运大约四分之一的船只。造船厂无法填补缺口。他们对人力和原材料的需求要为海军部和军需部让路，所以产量减少到战前的三分之一。1915 年，德军又使英国航运业雪上加霜。面对英军的封锁，他们使用潜水艇击沉商船。潜水艇，或者叫 U 型潜艇，为了达到好的效果，必须在不发任何警告的情况下进行攻击。这种行为给德军招来道德上的谴责，而人们看不见的英国封锁线却不受谴责。

德军最大的攻击是在 1915 年 5 月击沉露西塔尼亚号邮轮，当时船上载有乘客（包括一些美国公民），也有军火。以那个时代的标准看来，这种行为是野蛮残忍的，因此在英国引发了反德的骚乱。在利物浦发生了长达 3 天的大规模破坏事件，不得不召来军队进行弹压。曾被授予嘉德骑士勋章的德国人被郑重宣布除名，他们的旗帜从温莎的教堂移走。更加严重的是，露西塔尼亚号的沉没招致美国威尔逊总统的强烈抗议。德国人的潜水艇数量不多，他们提出：如果英国允许德国运送食物通过封锁线的话，他们就停止袭击商船的行动。格雷赞成这个提议，但海军部不接受。之后，德军在击沉更多的客船并招来威尔逊更多的抗议之后，还是对潜水艇战进行了限制。在 1916 年的大部分时间里，没有发生一件商船被击沉的事件。更有限的潜艇攻击，虽然仍然令人头疼，却已经得到了控制。这自然是英国的胜利，但也是英国的失败。克服了这第一次的威胁所带来的相对安宁，使他们忽视了对之后更大的进攻的防范。

德军还采取了另一种在当时同样被认为是野蛮残忍的方式，使英国人民第

英国史：1914—1945

一次对战争有了直接的体验。1914年12月29日，第一艘齐柏林飞艇出现在英国海岸的上空。1915年4月，伦敦遭到空袭。当这些比空气还轻的飞艇被证明也有其弱点后，飞机随之而来。英国的"王牌飞行员"把笨重的德国飞艇从空中射落，引起了轰动。1117名平民和296名战士在空袭中失去生命——以第二次世界大战的标准来看，这样的结果是微不足道的。但是，空袭引起了很大的混乱和抗议。在全国范围实行了灯火管制，哪怕是在远处发现了一艘飞艇，工厂也会停止生产。U型潜艇和齐柏林飞艇强化了公众歇斯底里的情绪。主要的几位大臣被指责为不是叛徒，就是低能儿。有人要求对被俘的德国潜艇船员进行报复。尽管乔治五世表示反对，[1] 海军部却不光彩地屈从民意，直至德国人以牙还牙。彭伯顿·碧凌（Permberton Billing）是第一个成功挑战党派休战的人（1916年3月在东赫特福德郡），他的成功主要因为他"主张加强空战"。他提出了这样一个现代理论：战争应该不加区别地指向平民，而不是指向敌国的武装力量。一战结束之前，皇家空军成立了，他们将明确地按照彭伯顿·碧凌的理论去做。

还存在着一些次要问题。战争主要是在陆地上打的。在这一点上，联合政府并不比前任做得更好。战争委员会与建立它的政府一起结束了。直到1915年6月，在延宕了差不多1个月之后，才成立了达达尼尔委员会来取代战争委员会。[2] 达达尼尔委员会由10名成员组成，他们的人选不是因为能力，而是党派间的平衡。它提出的每项建议又在内阁引起第二次争论。基奇纳没有发挥指导作用。他所忧虑的是，如果进攻加里波利失败，对英国在东方的威望将产生多大的打击。更令他担忧的是，如果人员和供给从西线战场转移出来的话，霞飞会暴跳如雷。丘吉尔虽然职位不高，但仍起到了主导作用。6月中旬，达达尼尔委员会决定加强汉密尔顿的力量。基奇纳只能提供5个新师，把汉密尔顿的军力增加到12个师，而土耳其人那时在加里波利拥有15个师。更糟糕的是，基奇纳拒绝从西线调用任何有作战经验的将军，他坚持"论资排辈"，把年老的从来没有指挥过作战的斯托普福德（Stopford）派了出去。

8月6日，汉密尔顿再次在萨弗拉湾登陆，引起震动，但结果仍是一无所

---

[1] 尼科尔森（Nicolson）《乔治五世》（George V）第272页。
[2] 还是指望西线独立运行。

获。斯托普福德待在船上，蒙头大睡了整个下午。甚至汉密尔顿亲自来，都没能把他唤醒。部队安顿下来，在安宁的海滨洗澡，周围的群山没有任何敌人的踪迹。土耳其人抓紧时间，占据有利地形。到 8 月 10 日，一条同样坚不可摧的战壕修成了。阿斯奎斯写道："参与萨弗拉湾登陆的将军们、参谋们都应该被送上军事法庭受审，开除出军界。"[1] 斯托普福德主动要求回国，获得批准。英军固守在光秃秃的海岸上，就像登山者在岩壁的半腰上进退两难。

英国政府作出决定：在基奇纳的部队于 1916 年正式上阵之前，在西线战场不发动任何新的进攻。弗伦奇及集团军司令黑格也同意等待。1915 年 7 月 6 日，英国主要的几位大臣在加莱与法国同僚会晤。这是第一次协约国间的会议，也是两次世界大战中诸多类似会议的发端。基奇纳凭借着流利的法语主导了会议的进程，出乎每个人的意料，英国的观点被普遍接受。进攻被无限期推迟了。这实际上是一种假象。基奇纳与霞飞在散步谈话时许诺，如果汉密尔顿首先在加里波利再次发动进攻的话，他将不反对秋天在西线实施进攻。不久之后，他接受了霞飞起草的对弗伦奇的一项新指令："英法两军联合行动的主动权移交给法军总司令，制别是关于兵员、目标和日期的决定权。"[2] 基奇纳把这个指令传达给弗伦奇，并没有通知内阁或达达尼尔委员会。

汉密尔顿失败后，霞飞提交了自己的方案，基奇纳非常支持。他对达达尼尔委员会说："我们必须按照我们必须去做的，而不是我们想要去做的来从事战争。"[3] 法国的部长们虽然对进攻没有信心，但是为了取悦基奇纳，表示同意。英国的部长们为了取悦法国，也同意了。霞飞坚持应该在一个叫洛斯的采矿区实施攻击（9 月 25 日至 10 月 13 日）。德军的战线被撼动了，但是英军预备队到达过晚，没能抓住战机。英军伤亡 5 万人，德军伤亡 2 万人。弗伦奇把预备队安置在后方很远的地方，更加恶化了战局。他的正式报告则把这归咎于黑格。

洛斯之战给约翰·弗伦奇爵士带来了厄运。长期以来，基奇纳一直对他缺乏信心，或许从来没有对他产生过信心，而与弗伦奇背后的黑格有信件来往。黑格还有别的影响手段。他与他的妻子颇受皇室青睐，他们是第一对没有皇家血脉却在白金汉宫的私用小教堂里举行婚礼的夫妻。他还坚持不断地给国王写

---

[1] 马格努斯（Magnus）《基奇纳》第 265 页。
[2] 《1915 年军事行动：法国与比利时》第 2 卷第 125 页。
[3] 丘吉尔《世界危机》（World Crisis）第 2 卷第 465 页。

信讨论军事问题。无疑，这是出于爱国动机。乔治五世根据自己的常识，曾经对基奇纳说："如果一个人像他这样搬弄是非，那么在学校里会被称作打小报告。"基奇纳回答说："我们已经过了学生的年龄了。"[1]处于岌岌可危境地的不止弗伦奇一人，大多数大臣们都对基奇纳失去了信心，其中有些人坚决主张不要再管达达尼尔了。基奇纳在绝望中摇摆不定。10月11日，他提议增援汉密尔顿。三天之后，汉密尔顿却被解职，查尔斯·门罗爵士（Sir Charles Monro）从法国派去接他的位置。门罗到达加里波利之后不到24个小时就建议撤兵。对此基奇纳无法忍受，于是呼吁门罗的下属抵制这个建议。达达尼尔委员会局面一片混乱。丘吉尔和寇松仍想坚持，劳合·乔治和劳却急于退出。一向不愿分兵的法国人敦促远征萨洛尼卡，作为对塞尔维亚迟到的援助，使局面更加混乱。

阿斯奎斯以他一贯"等着瞧"的作风，提出了一个巧妙的解决方案：派基奇纳去把门罗报告重写一遍。同时，他准备亲自接管陆军部，进行全面的改革。他对劳合·乔治解释说："通过这样的程序，我们避免让陆军大臣基奇纳直接下台，却可以得到同样的结果。"[2]然而这个计划遭遇流产。基奇纳规规矩矩地出发了。11月6日，《环球报》发表了他即将辞职的报道。基奇纳当时还是一个颇孚众望的人物，公众舆论大为不安。《环球报》被禁刊两个星期。复刊时，它不得不承认"关于基奇纳及其同僚之间的分歧会影响未来部门合作的报道是没有根据的"。此后，已经没有可能把基奇纳解职，他固执地拒绝待在近东。

基奇纳归来后，发现局面已经发生了变化。达达尼尔委员会已经解散，丘吉尔也随之消失。[3]代替它的是一个战时委员会，这个委员会成员更少，[4]权力更广泛。约翰·弗伦奇爵士离去了[5]，道格拉斯·黑格成为在法国的总司令官。基奇纳也几乎消失了。威廉·罗伯森爵士[6]（Sir William Robertson）成了帝国总参谋长，在起草他自己的任命书。因此，不是陆军大臣，而是帝国总参谋长在

---

[1] 黑格《私人文件》（*Private Papers*）第98页。
[2] 1915年11月3日"阿斯奎斯致劳合·乔治"。劳合·乔治《战争回忆录》（*War Memories*）第1卷第520页。
[3] 在接下来的18个月中，丘吉尔在法国指挥一个营。
[4] 一开始只有阿斯奎斯、贝尔福、基奇纳、格雷和劳合·乔治。10天后，劳在统一党人的推动下加入；为了实现平衡，麦肯纳也加入进来。
[5] 阿斯奎斯告诉他说，需要他留在国内制约基奇纳。
[6] 威廉·罗伯森爵士（1860—1933）：第一个从士兵起步的陆军元帅；1915年在法国任参谋长；1915—1918年任帝国总参谋长；1918年任英国东部战区司令；1918年任本土部队总司令，1919—1920年任莱茵河部队总司令；1919年，被册封为准男爵，并得到议会1万英镑奖金。有很多关于他的有趣故事，但发不出送气音可能是虚构的。

独自制定战略，独自向政府提供建议，并且独自向战场上的指挥官们发布命令。基奇纳的职能，用他自己的话说，"大为缩减，仅为部队提供食物和服装"。他想辞职，可是有人劝说他有责任留下来。不过，他还是告诉罗伯森，"我需要有闲暇时间思考问题。我对我们将取得最后的胜利毫不担心，但是对如何建设美好的和平却充满了忧虑"[1]。事实上，他并没有思考问题，只是作为爱国主义的象征——"大海报"，这是玛格特·阿斯奎斯说的伤人的话——而留下来，还在受到公众的崇拜，却受到同事们的蔑视甚至厌恶。

黑格和罗伯森为英国的一战历程打下了烙印。他们都是最高级的军队将领。黑格毫无疑问具备比约翰·弗伦奇爵士更加坚定沉稳的性格。他指挥果断，忠于下属，虽败不馁。他是英军中最有能力的参谋军官之一，对铁路时刻表熟记在心是独一无二的。他对赢得战争充满信心，尽管并不清楚如何才能做到。像那个时代大多数英国将军一样，他不喜欢政客，尤其不喜欢自由党的政客，跟他们的关系很差。虽然如此，他比表面看起来更加机敏灵活，隐藏锋芒的本领甚至比劳合·乔治还稍高一等。

罗伯森更加直接，也更加固执。他比他之前和之后的英国将军都拥有更大的权力，实际上拥有指挥全部英军的最高权力。[2] 他主要关心的是，如何否定文职大臣们在战争事务上的发言权。[3] 他不但不去发挥政府首席战略顾问的角色，反而拒绝向他们提供任何战略信息。面对所有来自文职人员的批评和建议，他的回答只有一句话："我听到的不一样。"他本身的思维很清晰。他相信：只有打败德国在法国的主力部队，才能彻底打败德国。他反复强调：英军在法国作战，是因为法国是这次大战的主战场，任何其他事务都必须为此开绿灯。

罗伯森的铁腕手段马上在加里波利问题上表现出来。基奇纳虽然承认撤军不可避免，却拒绝提出撤军建议。但是临时代替德·罗贝克的海军上将威姆斯[4]（Wemyss）相信海军可以强行进入海峡。战时委员会建议放弃两个海滩而坚守

---

[1] 亚瑟《基奇纳》第 3 卷第 299 页。
[2] 差不多拥有同样权力的马尔伯勒公爵也是一个政客。
[3] 根据统帅部谈话记录，罗伯森的初衷是建立帝国总参谋长和第一海务大臣参加的战争委员会，不包括文职大臣。布尔歇《政府与统帅》第 117 页。
[4] 罗斯林·厄斯金·威姆斯（Rosslyn Erskine Wemyss，1864—1933）：1915—1916 年指挥达达尼尔战役的二把手；1917—1919 年任第一海务大臣；1919 年，没有得到国会的致谢和奖金；1919 年被册封为威斯特·威姆斯男爵。

另一个海滩。罗伯森否决了所有这些建议，坚持要结束整个行动。12月18日和19日，萨弗拉和安扎克两个海滩的部队被撤出。1916年1月8日，海力斯海滩部队撤离。三个海滩的撤军都没有遭受任何损失，成功地结束了一次可悲的冒险。后来，围绕加里波利战役发生了无休无止的争论。似乎有两次功败垂成，还有两次被认为是因为兵力和给养不足。从更广阔的角度考虑，不如说失败是因为地形不够开阔。加里波利根本不是一道进入德国的方便之门，而是一个狭窄密实的缝隙，再强大的军队也不能把这个缝隙张大。他们只会使这个半岛更加拥挤。这场战役只有换一个打仗的地方才可能获得成功。无疑，这场战役有助于消耗土耳其的军力和德国的供给。不然的话，无从弥补英国声望所受到的打击。

加里波利的失败产生了长久的影响。不论对错，此后，在德军被打败、战争彻底结束之前，英军再也没有认真地尝试从后方攻击德国。尽管人们争论不休，西线人士赢了。加里波利撤退并没有把兵力解放出来投入西线战场。25万士兵留在埃及守卫苏伊士运河，使其免受想象中来自土耳其的进攻。接着，为了使运河更加安全，英军穿越西奈沙漠，在没有具体目的的情况下继续前进。一些阿拉伯部落被说服，反抗土耳其的统治。年轻的考古学家 T. E. 劳伦斯（T. E. Lawrence）成为具有传奇色彩的阿拉伯人的领袖。冒险经历加上文学天赋，使他成为一战时期唯一的旧式英雄。1917年底，英军占领耶路撒冷，这是劳合·乔治献给英国人民的圣诞礼物。一年后战争结束时，已经扩充到50万人的军队仍然在沿着叙利亚海岸行军。这是一场充满浪漫色彩的远征，使人联想起那种把骑兵交战称为终极决战的历史，但对德军基本上没有造成任何伤害。

在美索不达米亚，印度政府已经自行采取军事行动，以便保护为英国海军提供能源的波斯油井。美索不达米亚司令官，印度总司令，印度总督，还有伦敦印度事务部，几方力量共同督促英军挺进巴格达。1916年初，为了弥补加里波利的失败，进军得以加速，但是以失败告终。1916年4月，汤森（Townshend）率领1万士兵在库特投降。援军被派去解救这场灾难，到最后一共投入了30万人。尽管本来想去解救的塞尔维亚被敌军占领，法国人坚持要在萨洛尼卡保留一支部队。英国政府起初拒绝接受，之后又同意联军"临时"驻扎在那里。这种状态一直持续到战争结束。60万联军，其中20万是英军，被一支保加利亚军队[1]困在萨洛尼卡,否则,后者在战争中没有发挥任何作用。因此,虽然罗伯森不赞成"侧面作战",但还是有一百多万士兵,有时甚至接近两百万,从西线战场派走。

大陆上的协约国,尤其是法国,怀疑法国和俄国在欧洲流血牺牲的时候,英国却在收拾战利品。为了排除这些疑虑,英国签署了一系列瓜分条约。1915年3月12日,在准备进攻加里波利之前,英国与俄国政府达成协议:"如果战争成功结束",君士坦丁堡和海峡将归于俄国。作为交换,俄国同意英国吞并波斯的中立区,并且自由地(他们是这样想的)处理土耳其的亚洲部分。接着,他们又与法国协议瓜分土耳其的亚洲部分。虽然英国部分是由此获得美索不达米亚和巴勒斯坦,但这项协议从来没有正式缔结。[2] 还有,协约国通过《伦敦条约》诱使意大利参战(1915年4月26日)。这项条约承诺把蒂罗尔、伊斯特拉和除了阜姆(里耶卡)以外的达尔马提亚划归意大利。当布尔什维克把这些"秘密条约"公之于众后,引发了强烈的批评。甚至在此之前,英国政府已经受到谴责,说他们参战是为了把君士坦丁堡送给俄国,把阿尔萨斯-洛林送给法国,或者把土耳其的亚洲部分划入大英帝国的版图。事实并非如此。英国政府直到1917年10月才同意法国对阿尔萨斯和洛林的领土要求。签署那些条约(除了《伦敦条约》无条件地承诺意大利"将得到什么"之外)是为了避免战胜后协约国之间的冲突,与战争的目的无关。他们回避了一个真正的问题,就是如何处理德国。在战争进行中和战争结束之后,都没有找到这个问题的答案。

英国人民的参战目的非常明确:为了比利时。比利时的解放和得到全额战争赔款一直是他们的主要目的。如果德国人答应这两条的话,可能会使英国的公众舆论产生巨大的混乱,但值得庆幸的是,他们从来没有那样做,国家的团结得以维持。但这还不够。英国人并不仅仅满足于纠正比利时的不公,他们要保证这种事情永远不会再次发生。如何做到这一点呢?答案显然就是打败德国,由此进一步推导,除了胜利以外,别无战争目的。

很多人不喜欢这种空洞的结论,梦想成立某种组织,使未来永远不可能再次发生战争。尽管"国际联盟"一词实际上是反战者洛斯·迪金森(Lowes

---

[1] 保加利亚于1915年11月参战对抗协约国。
[2] 见注解A。

Dickinson）发明的，很多狂热地支持打败德国的人也接受了这种提法，包括：H. G. 威尔斯，大部分自由党的报纸，还有格雷本人。这个设想有很多模糊之处。有些人认为只有在战胜德国之后才能达成，有些人认为战胜德国已经没有必要。对理想主义的解决方案持怀疑态度的人也分成两个部分：大多数人盼望决定性的军事胜利，其他人倾向于达成"现实主义的"和平协议，使世界回归到1914年的状态。总的来讲，英国人民以为自己从事的是"以战止战"的事业，期待胜利后能够自行实现这个目的。

有少数人对这种消极的态度表示不满。1914年9月，反对参战的残余分子建立了民主监督同盟，旨在使那些在他们看来引发了战争的外交错误和行为永远不再发生。拉姆齐·麦克唐纳是这个组织的杰出政治家。联盟书记莫雷尔（E. D. Morel）对秘密外交展开抨击，提出了更好的解决方案。民主监督同盟的理念得到部分中产阶级知识分子的支持，也引起独立工党的共鸣。独立工党虽是工党的集体党员，却越来越对战争持批判态度。民主监督同盟后来提出两个结束战争的方案，一个是通过协商的途径，另一个是通过公开的或民主的外交途径。这两个方案在理论上是截然不同的。但在那个歇斯底里的时代，没人愿意费心去区别它们有何不同。民主监督同盟的支持者自认为是"和平主义者"（这是第一次使用该词语），其他人更是这么认为。他们的集会被休假的士兵驱散。莫雷尔本人被关进监狱。支持该同盟的著名人物伯特兰·罗素（Bertrand Russell）因莫须有的罪名被罚款。[1] 狂热淹没了任何对战争目的的冷静探讨。尽管如此，正如历史上的爱国主义狂热分子查尔斯·詹姆士·福克斯（Charles James Fox）一样，莫雷尔虽然失去了现在，却赢得了未来。虽没有通过协商得到和平，但是最终，莫雷尔的幽灵却决定了英国的外交政策。[2]

公众舆论受到《每日邮报》和募兵讲台上煽动家们的影响，不耐烦听这些讨论。他们唯一关心的是胜利。战争之路似乎还很漫长，胜利"在远方"，就像每晚从维多利亚火车站出发的列车那样。在国内，人们照常生活，几乎没有受到战争的影响。食物和其他物品都很充足。政治家们仍然头戴高顶丝质礼帽

---

[1] 莫雷尔因向一个中立国家寄送印刷品而入狱（虽然他以为接收人是在法国）。罗素因为一本被指控鼓动反对征兵的小册子而受到罚款。罗素被剥夺了剑桥大学三一学院的讲师职位，尽管在部队中服役的该学院研究员们提出抗议。1944年，罗素当选为三一学院研究员。
[2] 见下文第164页。

现身，商人们很少戴圆顶硬礼帽。有些社会规范稍微放松了一些。黑色短夹克取代燕尾服成为晚礼服。周末的时候，有些男人穿没有浆过衣领的衬衫。在午后茶会上，女佣代替穿制服的男侍者送上三明治，她们甚至出现在伦敦西区的俱乐部。战争带来了一些小小的好处。纽扣制造商们长期以来不用拉链的戒律被打破了。战壕里的生活使安全剃刀和牙膏（而不是牙粉）流行起来。文娱活动变得更有趣味：不再上演高尔斯华绥或者萧伯纳的戏剧，取而代之的是歌舞剧"宾男孩"，剧中乔治·罗比和维亚莉特·洛林（Violet Lorraine）唱的是"假如你是世界上唯一的女郎"。一部没什么价值的音乐剧《朱清周》（*Chu Chin Chow*）连续上演很多年，打破了演出记录。[1] 通俗小说作家伊恩·黑（Ian Hay）逼真地描绘了1915年的精神风貌。在小说《第一个十万》（*The First Hundred Thousand*）中，他通过重温在某个虚构的公学度过的"生命中最好的时光"，对入伍当兵大加嘲讽。

公众在情感上需要某些戏剧性的行为。围绕强制服役的要求，发生了骚动。这只是一种政治姿态，而不是对实际需要的回应。军队的士兵多到没有足够的装备，一直到1916年底，志愿兵总是多于差额。最了解情况的奥克兰·格迪斯（Auckland Geddes）[2]之后作出如下判断："与我们为战争付出的有效努力相比，征兵制没有什么用。"[3] 但是，公众普遍认为，还有成千上万的"逃避服兵役者"——通常给出的数字是65万人——在以各种方式逃避祖国的召唤。1915年秋天，征兵制的问题引发强烈争端。有些统一党的大臣威胁说，如果征兵制不被通过，他们就辞职。紧跟其后的是劳合·乔治。因为军需部的功能已经发挥到极致，他正在寻找新的用武之地。阿斯奎斯巧妙地回避了这个问题。征兵制的倡导者德比勋爵[4]被指定负责组织一个机构，负责"登记"那些适龄人员是否愿意服从入伍的召唤。自由党认为这种方式可以避免征兵制，统一党则认

---

[1] 这个记录在20世纪50年代被阿加莎·克里斯蒂的侦探剧《捕鼠器》（*The Mousetrap*）打破，该剧有长盛不衰之势。
[2] 奥克兰·格迪斯（1879—1954）：在乔治·沃森学院和爱丁堡大学接受教育；麦吉尔大学解剖学教授；1917—1919年任国民兵役部部长；1919—1920年任贸易部长；1920—1924年任驻美大使；1942年被册封为男爵。
[3] 西蒙《回顾》第100页。
[4] 第十七代德比勋爵爱德华·斯坦利（Edward Stanley, 1865—1948）：在威灵顿大学接受教育；未加冕的（保守党）的"兰开夏郡之王"；1916—1918年、1922—1924年任陆军大臣；1918—1920年任驻法国大使；乔治五世的亲密朋友。黑格评论说："他像一个羽毛枕头，留下最后一个坐上去的人的印记。"

为这是征兵制的准备阶段。工党领袖坚决支持这一机构，他们相信如此便可以保全志愿兵制度。在工党的大力倡导下，250万人接受了登记。

但是阿斯奎斯却把事情搞砸了，虽然他不一定是有意这么做的。他承诺只有在未婚男性全部被征用后，才会开始征用登记过的已婚男性。这是否意味着只有登记过的未婚男性或者所有未婚男性（不管是否登记过）才会被征用？对此，阿斯奎斯没做解释。但是公众舆论却给出了明确的答案：哪怕只有一个未婚男性在大街上行走，已婚男性也会觉得自己受到了公然的欺骗。现在，强制服役势在必行。1916年1月，阿斯奎斯决定冒险一试。第一个《兵役法》结束了志愿入伍制度，开始强制18岁到41岁之间的未婚男性服兵役。[1]这项措施带来的政治影响并不像阿斯奎斯担忧的那么严重。工党一开始抗议，然后就默许了。大约30位自由党人投票反对这项法案。约翰·西蒙爵士[2]（Sir John Simon）辞去内政大臣职务，表现出坚定不移的道德感，后来这种勇气再也没有出现过。只此而已。朗西曼和麦肯纳反对征兵制，因为他们相信：设想中的70个师兵力超出了国家经济资源所能承受的范围。他们没有辞职，而是决定继续留任，保卫自由放任的政策——他们确实也取得了一定成效。

自由党的原则也有变通之处：允许那些发自内心反对服兵役的人在地方法庭陈述自己的理由，法庭可以全部或有条件地免除他们的兵役。这项大多数国家都没有的法律条款执行起来很吃力。法庭由年长者和退休者组成，他们对所有年轻人，尤其是对那些发自内心反对服兵役的人都没有同情心。很多明显逻辑混乱、表达不清的要求都被驳回了。大约7000名反对者答应在非战斗部门服役，通常是指救护工作。还有3000人被安置在内政部掌管的劳动营里，那就更加发挥不了作用了。后来，法庭学会了回避是否发自内心的问题，不再以此为据作出裁决，而是认为反对者的现职工作"对国家有重要性"，从而使他们符合豁免的条件。还剩下1500名"绝对论者"，他们拒绝任何强制性的服役。这些人有的是因为宗教信念，有的是因为信奉自由，还有一些是不愿意参与资本主义战争的马克思主义者。这部分人被编入作战单位，如果他们拒绝遵守军官

---

[1] 许诺任何不到18岁半的人都不会被征召，还许诺（在1918年撤消）任何不到19岁的人都不会被派往国外。
[2] 约翰·西蒙（1873—1954）：在费蒂斯和牛津大学接受教育；1913—1915年任总检察长；1915—1916年任内政大臣；1931—1935年任外交大臣；1935—1937年任内政大臣；1937—1940年任财政大臣；1940—1945年任大法官。劳合·乔治说："西蒙骑墙太久，以至于墙上的铁锈已经深入他的灵魂。"

的命令，会被军事法庭判刑入狱。其中41人被派往法国，在战场上服役，如果不遵守命令，可能会被判处死刑。他们在阴影下生活了1个月，一直到阿斯奎斯亲自干预，才把他们送回英国。曾经是亲布尔派的劳合·乔治带头给那些发自内心的反对者制造麻烦，"我要尽自己所能，让他们举步维艰"。这个问题在当时似乎无关紧要，却对以后产生了巨大的影响。这1500名"绝对论者"为劳合·乔治激进主义的名声钉上了第一颗棺材钉。

强制服役并没有达到所谓的为部队提供更多兵员的目的。情况恰恰相反。志愿参军入伍的时候，军火工人和煤矿工人的爱国主义情结势不可挡。征兵制通过的时候，军方不得不拒绝他们入伍。强制征兵未能发掘出那65万个逃避服兵役者，却产生了748587个要求豁免的案例，其中大多数都是有效的。此外，在军需部"标明挂号"的有150万人。在实行强制征兵最初的6个月，平均每月招募人数只有4万多，不到志愿服役时招募人数的一半。[1] 当然，让他们留在关键的岗位，而不是让他们参军，才是明智之举。但是将军们和好战的统一党人并不这么看，他们认为赢得战争是在前线，而不是在工厂。关于强制征兵的骚动再次掀起，这次包括已婚男性。劳合·乔治再次威胁说：除非普遍实行强制征兵，否则就辞职。朗西曼、麦肯纳和格雷则威胁说：如果普遍实行强制征兵，他们就辞职。阿斯奎斯在绝望中担心政府可能会分裂。他又设计出一个精巧的妥协方案，但是没能取悦任何一方。4月26日，他把方案提交给下议院的第一次战时秘密会议。这是为了向公众隐瞒党派之争，而不是对敌国保密。

阿斯奎斯得到意外的好运，这也是他最后的好运了。4月26日是复活节后的星期二。前一天，都柏林发生了叛乱。下议院的爱国主义热情被激发起来，要求采取最后的全面的措施。3天以后，当汤森在库特向土耳其人投降的消息传来的时候，要求更加强烈。阿斯奎斯长出了一口气。他撤回了妥协方案，把普遍兵役制的年龄规定为41岁，维持了政府表面上的团结。这个事件虽然获得了策略上的成功，但对阿斯奎斯的声望造成毁灭性的影响。无人不知，这样的解决方案是不得已而为之。下议院在战争中唯一一次进行了直接的干预。它不是受政府领导，而是对政府发号施令。而且，阿斯奎斯是靠爱尔兰发生的更大

---

[1] 强制征兵并不是造成人数下降的唯一原因。第一次爱国主义的浪潮过后，入伍人数是注定要减少的，但是强制征兵没能阻止下降的趋势。

的麻烦，才避免了强制征兵带来的麻烦。如今，必须面对爱尔兰问题。

《兵役法》并不适用于爱尔兰，这是对英爱联合另一个无意识的放弃。尽管如此，"在战争未结束期间"，爱尔兰问题是无法忽视的。爱尔兰志愿军中那些心存不满的少数人继续进行军事训练，公开谈论要发动叛乱。爱尔兰布政司比勒尔（Birrell）觉得，既然那些也在谈论发动叛乱的阿尔斯特志愿军在战前没有被解除武装，那么，解除爱尔兰志愿军的武装就是不公平的。爱尔兰的极端分子也像阿尔斯特叛乱者以前所做的那样，向德国寻求援助。在德国，曾经担任英国领事的罗杰·凯斯门特（Roger Casement）试图在俘虏中招募一支爱尔兰部队，但是没有成功。他们策划在1916年星期天复活节发动起义，得到德国的支持。但是计划流产了。德国人从不认真对待自己的承诺，当凯斯门特在复活节前的星期五从一艘德国潜艇上登陆的时候，带来的不是德国的装备或者士兵，而是取消起义的警告。他糊里糊涂地在登陆后几个小时之内被捕。在都柏林，志愿军的参谋长约翰·麦克奈尔先是辞职，然后又取消了动员计划。在星期天复活节，志愿军们仍然待在家里。星期一，都柏林的一支武装在没有其他支援的情况下，占领了邮政总局，宣布成立爱尔兰共和国。接下来进行了持续5天的战斗，有100名英国士兵和450名爱尔兰士兵阵亡，邮政总局被毁。复活节之后的星期五，爱尔兰共和国第一个临时政府宣布投降。

这是第一次世界大战期间在欧洲国家发生的唯一一次民族起义，[1]也是对英国宣称的为自由而战的讽刺。起义受到爱尔兰公众舆论的谴责。这是一次重新开始的机会，但是英国政府没有抓住。司令官麦克斯维尔（Maxwell）将军在两个星期里全权负责处理局面。7位《独立宣言》的签署者被枪杀，所有参加起义的志愿军指挥官也被枪杀。其中只有1人免遭厄运，这个人叫埃蒙·德瓦莱拉（Eamonn de Valera），他出生于美国，父亲是西班牙人，母亲是爱尔兰人。严格地说，他是没有国籍的，被判终身监禁，免于一死。[2]阿斯奎斯到都柏林巡视时，发现那里的气氛正在发生变化：现在，殉难者的鲜血成为拦路虎。他

---

[1] 在欧洲之外，阿拉伯反抗奥斯曼帝国的起义或许可称之为民族起义。
[2] 据说，美国大使为德瓦莱拉进行了干预。其他160人被判刑入狱；1862位男性和5位女性未经审判被关押在英格兰。凯斯门特在老贝利街（中央刑事法庭）被判叛国罪。弗雷德里克·埃德温·史密斯——卡尔森1914年的"快马"——负责指控。凯斯门特被宣判有罪，于8月3日被吊死。为了抹黑呼吁判他缓刑的一切行动，英国媒体发布了据说是凯斯门特的日记，里面含有描写同性恋的段落。日记可能是真实的。

相信，如果马上实行地方自治，一切都可以挽回。这种创造性的努力正是解决爱尔兰问题所需要的，然而，像往常一样，阿斯奎斯又退缩了。劳合·乔治抓住了这个机遇：如果他能解决爱尔兰问题，将重新赢得激进派的支持，使阿斯奎斯黯然失色。劳合·乔治与卡尔森和雷德蒙谈判，含糊其词地使双方达成了协议：立即在 26 个郡实行地方自治；阿尔斯特的 6 个郡仍然是联合王国的一部分，等到战后召开帝国会议时再讨论这个问题。自由党重新恢复了团结和信心，统一党人则陷入混乱。劳对阿尔斯特颇为关注，对爱尔兰其他地区则关注甚少。他接受了劳合·乔治的建议，贝尔福和 F. E. 史密斯[1] 也随之接受了建议。只有那些原保守党，现统一党的"巨头"表示反对。对阿斯奎斯来说已经足够了。劳这样一个"钢铁业出身、中年从政的好人"[2] 的支持对他来说无足轻重。在兰斯多恩勋爵[3] 的抗议声中，他惊慌失措地退缩了。

面对兰斯多恩的坚持，协议意向书逐步遭到削弱。当雷德蒙拒绝作进一步妥协的时候，协议告吹。[4] 都柏林城堡继续统治爱尔兰。这次失败给爱尔兰立宪党人以致命的打击。实力似乎是解决爱尔兰问题的唯一途径。因为复活节起义而名誉扫地的极端分子很快在补选中赢得了胜利。爱尔兰民族主义者已经对议会失去了兴趣，并且实际上脱离了议会。阿斯奎斯失去了 80 位支持者。这并不是他唯一的损失。7 月 20 日，为了安抚下议院，他同意建立一个特别委员会调查美索不达米亚行动，另外，再加上对达达尼尔战役的调查。调查达达尼尔，意在打击丘吉尔一人。几乎没有人因此而转移注意力。自由党人眼看他们珍视的事业一个个被遗弃：和平，自由贸易，志愿入伍，现在是地方自治。什么还能使他们继续支持阿斯奎斯呢？只有赢得战争的决心（阿斯奎斯也有）。但是，越来越难以相信阿斯奎斯就是那个能赢得战争的人。

劳合·乔治再次出任新职，这是他的幸运。爱尔兰救了他一命。为了给萎

---

[1] 弗雷德里克·埃德温·史密斯（Frederick Edwin Smith，1874—1930）：在伯肯黑德和牛津大学接受教育；1915 年任副总检察长；1915—1919 年任总检察长；1919—1922 年任大法官；1924—1928 年任印度事务大臣；1919 年被册封为伯肯黑德男爵，1921 年被册封为子爵；1922 年被册封为伯爵。比弗布鲁克称其为"王国最聪明的人"。
[2] 泰勒（H.A.Taylor）《罗伯特·唐纳德》（Robert Donald）第 121 页。
[3] 第五代兰斯多恩侯爵亨利·佩第-菲茨莫里斯（Henry Petty-Fitzmaurice，1845—1927）：在伊顿公学和牛津大学接受教育；前加拿大总督，印度总督，外交大臣；1915—1916 年任不管部部长；1917 年 11 月 29 日，在《每日电讯报》发表公开信，倡导和平谈判。
[4] 见注解 B。

靡不振的盟友鼓舞士气，他和基奇纳计划访俄。在最后一刻，因为有关爱尔兰谈判的问题，劳合·乔治取消行程，基奇纳独自前往。6月5日，基奇纳乘坐的"汉普郡"号在驶离斯卡帕湾不到两小时的时候撞上一颗水雷，基奇纳和大多数随行人员沉于海底。第一次世界大战中英国唯一的军事偶像就这样告别人世。第二天上午，诺斯克里夫冲进他妹妹家的客厅大喊："上帝还是站在大英帝国这边的。"这反映出当时人们共同的看法：陆军大臣手里仍然握着通向胜利的钥匙，但基奇纳没有能力转动这把钥匙。极少有人了解基奇纳的权力是如何逐渐萎缩的，先是劳合·乔治，然后罗伯森逐步侵蚀了他的权力。黑格和罗伯森心里非常清楚。他们希望基奇纳的继承者也是一个傀儡，因此推荐了德比勋爵——他会对帝国总参谋长唯命是从的。

阿斯奎斯准备接受将军们的提名，但是劳和劳合·乔治不同意。尽管二人私人关系还很冷淡，但是他们都认为新一任陆军大臣必须是个强人，换句话说，此人非劳合·乔治莫属。阿斯奎斯勉强遵从了他们的指令。这非常明显地说明，首相的权威正在土崩瓦解。[1] 劳合·乔治成为陆军大臣。无疑，他庆幸能够避开即将发生的爱尔兰的崩溃，于是急匆匆地于7月4日就任新职。索姆河战役已经于7月1日打响。劳合·乔治相信黑格将打赢这场战役，希望以陆军大臣的身份为自己邀功。因为过于仓促，他没能坚持实现最高指挥权的交接，因此和基奇纳一样，他也置身于罗伯森的指令之下。

索姆河战役是英军扩大到大陆国家军队规模后的第一次大型行动。随着那些响应基奇纳号召入伍的士兵完成基础训练，在法国的军队不断壮大。到1916年初，军队数量达到38个师，还有19个师将在年中开到。[2] 部队的士气无比高昂，它是迄今为止投入战场的最强大的志愿军。但是这支部队愚笨不灵。高级军官都是和平时期的军队中那些上了年纪、缺乏想象力的职业军人，他们不会去考虑壕堑战的问题。用官方史书里的话说，"过去的失败不是因为敌人大量使用机关枪，也不是因为他们布置科学的防御体系"[3]。下级军官多数是来自公

---

[1] 据说，有一次劳为找阿斯奎斯来到乡下，发现周一上午阿斯奎斯和3位女士在打桥牌，被大战期间的这种轻浮行为所激怒。那天是圣灵降临节，所有的政府部门都放假，所以，不知阿斯奎斯该做些什么好，更何况他坚信将军们有责任赢得战争，而大臣们是不应该干预的。
[2] 在西线战场，法军有95个师，德军有117个师。
[3] 《1916年军事行动：法国与比利时》（*Military Operations: France and Belgim, 1916*）第1卷第34页。

学的男生。期待他们为士兵们作表率，他们确实做到了，[1]但他们并没有战术上的指挥权。士兵们受到的训练是如何防守战壕，如何在阳光下端着闪闪发光的刺刀，排成有序的队列向前推进。

黑格认为，以前进攻失败是因为缺乏重武器。这次，准备通过长时间的"密集火力"，撞开敌人战线，步兵在后打扫战场就可以了。在黑格的想象中，下一步就是让骑兵在开阔地带进行"突破"。整个战争期间，法国养了成千上万匹战马，等待着从来没有到来的机会。为了给它们运输饲料，占用的商船比被德军潜水艇击沉的还要多。在后方，汽车运输已经相当普遍。[2]在前线附近，大量存放的炮弹见证了军需部所做的工作。防空洞和通信壕沟组成了联络网。错综复杂的信号灯和火箭把信息传达给后面的炮手和头顶上的飞机。尽管如此，在索姆河战役中，用毛瑟枪装备起来的步兵是制胜之要。

黑格倾向于在北方发动攻击。在这里英军的通信联络最好，实现突破后可以打开一个侧翼，从而把整个德军战线"包起来"。实际上，这个计划与当初的施里芬计划正好相反，鲁登道夫（Ludendorff）在1918年展开攻击的时候曾仿效后者。但是黑格接到命令，要他服从霞飞的战略计划。霞飞构想的是英法两军的联合行动，这是为了使英军也在战争中出力，或者出大力。索姆河恰好是两军交接的地方。从战略角度讲，在索姆河是无所收获的。如果战役胜利了，结果只是把德军从难受的突出部位解脱出来；如果战役非常成功，还会把联军放在突出的部位上。而且，联合进攻并没能实现。2月，德军进攻凡尔登，法军大部分力量被吸引过去。到7月英军准备就绪的时候，索姆河作战主要成了英国的事情，其意义也不如以前了。但是黑格毫不犹豫，他现在坚信，对索姆河发动强大的进攻会赢得战争。他在战役前夜写道："我感到，计划中采取的每一个步骤都得到了神助。"[3]但是，其他人并没有他这样的自信。索姆河的集团军司令罗林森（Rawlinson）期望得到的充其量是有限的收获，霞飞希望的只是在消耗战中杀伤德军。

---

[1] 军官与士兵的伤亡比例为3:1。1915年，专门设立了一种军功十字勋章，用以奖励下级军官的勇敢行为。

[2] 1916年7月21—22日，在弗里库尔进行了一次交通调查（这是唯一的一次），显示了交通工具新旧混合的状况。在24小时之内，通过了26000名军人，568辆汽车，95辆大型客车，617辆摩托车，813辆运货汽车，3800辆四轮和二轮运货马车，5400匹乘用马，8挺机关枪。《1916年军事行动：法国与比利时》第1卷第283页。

[3] 达夫·库珀（Duff Cooper）《黑格》（Haig）第1卷第327页。

7月1日，13个英军师一波一波地"跃出壕沟"。进攻惨败。密集的炮火没能全歼德国人，他们的机枪把英军成排成排地射倒。英军19000人阵亡，57000人受伤，这是第一次世界大战中英军，也是任何一支军队在一天之内遭受的最大的损失。黑格事先曾谈到，如果不能速胜的话就停止进攻。现在他却横下一条心，顽强地坚持下去，或者不如说，士兵们在为他坚持下去。将军们虽然知道没有希望，却迎合主帅的刚愎自用。"捕获战俘会按时上报，惨重伤亡却不会上报。"屠杀持续了数周，然后又延长到几个月。一直到11月结束，战役在泥泞中宣告失败。从战略上讲，这次战役没有任何收获。英德两军士兵损失比例是3:2。[1] "对部队耐力的考验几乎达到极限。"[2]

索姆河成了基奇纳军队的墓地。随之逝去的不仅是那些士兵，还有近300万英国人奔赴战场时的极大热情和理想主义。曾经为了志愿参军把头发染黑的《曼彻斯特卫报》作家蒙塔古（C.E.Montague）记录了希望幻灭的过程。这一变化也在战争作家的作品中表现出来。早期的诗人鲁伯特·布鲁克和朱利安·格林菲尔（Julian Grenfell）带着和平时代传承下来的抒情诗般的纯真进行写作。索姆河战役之后，一个新的流派诞生了。这些诗人在战争中看到的只有战壕中的战友之情淬炼的恐怖和苦难。埃德蒙·布伦登（Edmund Blunden）敏感地表达出这种精神，西格里夫·萨松（Siegfried Sassoon）和罗伯特·格雷夫斯（Robert Graves）则表现出更多的残酷。他们中大多数仍然是战争诗人，与后代读者看法不同的是，他们并不是反战诗人。萨松的确是彻底反战的，在获得军功十字勋章之后，他宣布做一个发自内心的拒绝参战者。而其他诗人们还在梦想着摧毁"普鲁士"，尽管他们看到这个"普鲁士"不仅存在于敌人一方，也存在于自己的指挥官身上。[3] 无论如何，这些诗人只代表少数群体说话。除了艾萨克·罗森伯格（Isaac Rosenberg）以外，他们都是军官，而罗森伯格绝不

---

[1] 英军损失42万人。法军损失19.4万人。德军（在与英军对抗中）损失28万人，（在与英法两军对抗中）损失46.5万人。官方历史修改了这些数字，宣布德军的真正损失为68万人，这就意味着进攻者的损失少于防守者，这是违背所有常识的。
[2]《1916年军事行动：法国与比利时》第2卷第538页。
[3] 威尔弗雷德·欧文（Wilfred Owen）在为其诗歌所作的序言（未完成）中写道：
　　假如本书的文字能够得以流传，
　　可能是因为我使用了真名；
　　但是，假如本书的精神比普鲁士更长命，
　　我的雄心和那些名字将感到欣慰。

是"普通士兵"的代表。甚至威尔弗雷德·欧文这位在两次世界大战中无与伦比的最伟大诗人,也是站在旁观者的立场看待"战友们"。靠着惊人的才干,英军从20万人扩大到500万人,仍然保留着已经过时的阶级结构。上校和副官们虽然不能适应现代战争,但是他们懂得如何保留社会规范,他们可以把那些穿着马靴、乱糟糟地登陆上岸的年轻军官改造成临时的绅士。

英国大兵给后代留下的记忆极少。其中一两个,比如弗兰克·理查兹(Frank Richards)和大卫·琼斯(David Jones)成为作家,多年之后写了回忆录。其他的就是在行军途中或者在战壕里为了消遣乏味的时光而谱写的歌曲,这些歌曲主要以口头形式流传下来。歌曲的旋律通常采用当时歌剧院里的"流行歌"。歌词往往是自贬自嘲,甚至是下流猥亵的。[1]没有任何一支别的军队在上战场的时候宣称自己不堪一击、不想打仗,但是也没有任何一支别的军队比他们作战更出色。谦卑的英国人发出了自己的声音,这些歌曲使他们为后人所记忆。在更有文学性的创作中,作家们用带有爱怜的蔑视来描写英国大兵。布鲁斯·班斯法瑟(Bruse Bairnsfather)(他自己当然是个军官)笔下的"老比尔"是他们的象征。老比尔是个声音粗哑的矮胖子,有着人类特有的那种傻脑瓜。他没有思想,没有野心,对拙笨的上司也没有愤怒。在齐腰深的泥泞中,他只是说了一句富有哲理的话:"如果你知道一条更好走的路,就走那条路吧。"这就是在索姆河战役中牺牲士兵的墓志铭。

在索姆河交战正酣的时候,劳合·乔治得到狂热分子支持的日子已经不多了。8月22日,他说:"我们正在把敌人逼退……我们正在索姆河向前推进……敌军已经失去前进的势头。"一个月之后,他提出了"毁灭性打击"的口号。事后,他声称这么做是为了提前阻止威尔逊总统提出和平谈判的提议。事实上,他全力支持"毁灭性打击"是因为,作为陆军大臣,他相信自己能实现这个目标。因此,当他发现自己被黑格和罗伯森引入歧途之后,便更加激烈地敌视他们。11月,他对汉基说:"我们将失去这场战争。"[2]索姆河战役的失败只是诸多麻烦之一。俄国在东线的一次进攻以胜利始,以失败终。罗马尼亚不情愿地在

---

[1] 第一次世界大战期间,使用粗话变得相当普遍,或者说知识阶层第一次注意到了粗话的使用。在两次世界大战期间,作家以形近字来避讳,比如mucking或者flicking,或者只使用首字母f---ing。现在,以完整形式出现的粗话fuck,虽然在口语中不雅,但似乎正在变成文学作品中的常用词。
[2] 托马斯·琼斯(T. Jones)《劳合·乔治》(Lloyd George)第78页。

8月份加入协约国，却马上被德军占领。劳合·乔治试图出动萨洛尼卡的联军予以援助，但未能如愿。海战的战况更加严峻。

1916年春天，德国取消了无限制潜艇战。作为一种心理补偿，他们的舰队开始在北海挑衅性游荡。英国大舰队积极应对。5月31日，英国战列巡洋舰的指挥官比蒂[1]（Beatty）与德国对手遭遇。交战中，他被诱入德国大洋舰队的炮火射程之内。他摆脱了敌军，反过来把德军引向杰利科指挥的北方50英里之外的英国大舰队。大约晚上6点钟，欧洲海域爆发了两支强大的现代舰队之间的唯一一次海战。[2] 战斗持续5分钟多一点儿的时候，德军海军上将撤退，边撤退边发射鱼雷。杰利科为了躲避致命的水流也撤退了。半个小时之后，德国军队再次出现，这一次双方交战更加激烈。然后德军再次消失，再也没有回来。日德兰海战就这样结束了。这种不了了之的结果给在纳尔逊和特拉法加（Trafalgar）传奇教育下成长起来的英国公众带来巨大的失望。德国舰队没有被毁灭，而英军的损失大于德国。这次海战证明，英国军舰的装甲和炮火不如德国军舰坚固强大。[3] 然而，表面现象是靠不住的。实际上是德军一看到英国巨舰就掉头逃跑。在以后的整个战争期间，他们的大洋舰队只有3次离开海港，而且每次都徒劳无功。

日德兰海战之后，德国人离胜利更近了，不是因为他们赢得了这次战役，而是因为他们认识到，重复这样的战役将一无所获。因此不再出动舰队，而是加强了潜艇对运输船的攻击。这正是大英帝国的致命之处。船只和运输物资开始短缺。征用船只并不是办法。只有在运输政府垄断的物品时才可以征用船只，比如武装部队和糖。从1916年10月开始，小麦也被列入其中。[4] 否则，货运只能使用非征用船只。获取巨额利润的船主们也是爱国的，他们希望得到政府的指令和管理，简单地说，就是希望得到进口许可证。船主们虽然没这样说，实际上在很多情况下是这么做的。进口许可意味着直接或间接地实行限额配给，

---

[1] 大卫·比蒂（David Beatty，1871—1936）：1913—1916年指挥战列巡洋舰，1916—1919年指挥大舰队；1919—1927年任第一海务大臣；1919年被册封为伯爵，并得到议会10万英镑奖金。
[2] 在日德兰海战中参战的有250艘舰只，25名海军上将。
[3] 英军损失了3艘战列巡洋舰，3艘装甲巡洋舰，8艘驱逐舰；德军损失1艘战列舰，1艘战列巡洋舰，4艘轻型巡洋舰，5艘驱逐舰。英国的设计者们没有考虑到在远距离海战中炮弹会从上方落下来，只在军舰的两侧装了防弹钢板，而没有装备甲板。他们也未预见到半空中的火星会溅落到信号旗上，引起弹药爆炸。
[4] 小麦和糖一样，也是由一个有自主权的皇家委员会收购。

也就是对工业原材料和个体消费者的食品实行有控制的分配。这也意味着对国内生产的控制，尤其针对农业这个最难以控制的行业。除此之外，为了给军需品生产提供更多的人力和资源，整个英国经济生活都必须转型。这是一幅令人惊心动魄的图景：在战争期间，手忙脚乱地开展一场经济革命，几乎没有准确的信息，没有经验，也没有训练有素的管理者。其政治意义也是令人震惊的：经济管制对自由党的自由企业体制形成了挑战，而正是后者使英国在废除《谷物法》之后实现了繁荣昌盛。

这个挑战早在1915年5月联合政府成立时就已初露端倪。为了应对挑战，阿斯奎斯把所有的关键职位都交给自由党人执掌。自由主义的斗士们不负众望。本身就是大船主的朗西曼在无奈中仍然坚定不移。1916年11月，他给政府提交了一份报告。艾迪生[1]称之为"在战争期间，一个部门头头就一个重大问题提交给政府的最无力、最无望的备忘录"[2]。朗西曼的观点是：到1917年夏天，船运的损失必将不可避免地导致大英帝国的崩溃。他没有，也不能从中得出什么结论。在他的经济法则中，不存在许可证和经济计划。他和大多数自由党人一样，之所以与战争绑在一起，是因为战争开始的时候是自由党当政。自由党人凡是与阿斯奎斯的关系越密切，就被绑得越紧。劳可能担心，如果自由党人被赶下台，他们可能转而反对战争，而其他的保守党人希望如此。阿斯奎斯仍然坚定不移地支持战争，别无所求——这是一个矛盾，或者威胁到他自己，或者威胁到国家的安危。

与经济管制相对，另一个符合逻辑的选择是通过谈判获取和平。几乎没有人清楚地表达这一主张，甚至没有人意识到这一点。丘吉尔作为后座议员倡导"战时社会主义"的时候，几乎是孤家寡人。[3] 另一方面，与民主监督同盟联手的小团体提倡纯粹的和平谈判，他们的观点通过自由工党得到更广泛的公众支持。自由工党支持在瑞士重建社会主义国际的努力，如果不是政府拒绝签发

---

[1] 克里斯托弗·艾迪生（1869—1951）：在哈洛加特和伦敦接受教育；1916—1917年任军需部长；1917—1919年任重建部长；1919—1921年任地方政府部长和第一任卫生部长；1930—1931年任农业部长；1945—1947年任英联邦事务大臣；1947—1951年任枢密院长；是继第二代蒙古公爵（1759年过世）之后获得嘉德勋章的唯一一位医学博士；1937年被册封为男爵，1945年被册封为子爵。
[2] 艾迪生《政治内幕》（*Politics from Within*）第2卷第10页。
[3] 1916年8月22日在下议院。

护照的话，他们就会派代表参加在齐美尔瓦尔德和坤塔尔召开的会议了。[1] 但是，工党仍然对战争毫不动摇，他们把战时社会主义视同于工业征兵，因此自觉地站在阿斯奎斯一边。工党领袖汉德森把阿斯奎斯描述成一个"不可或缺的人"。对于和平谈判最强大的支持来自政府内部，虽然当时很少有人知晓这一点。1916 年 11 月，兰斯多恩在内阁散发一份文件，认为战争会毁灭文明，因此主张以战前状态为基准寻求和平。这个提议早已遭到德国人的无礼拒绝，[2] 现在又遭到贝尔福和罗伯特·塞西尔等其他统一党人的粗暴对待。军界首脑对此嗤之以鼻。黑格说：1917 年的前景"好极了"。当被问及能否赢得战争的时候，罗伯森的回答是："带着坦诚，同时也带着敬意，我只能说我对有人提出这个问题感到惊讶。在这之前，我从来没有想到过：英王陛下政府的任何一名成员对此会有任何怀疑。"[3] 多么硬梆梆的话语，尽管罗伯森提出的战略指导方针不是这样的。

如果人们明了他们的真实处境，就会围绕两种截然不同的选择展开争论：战时社会主义，还是和平谈判。然而事实并非如此。英国人民几乎得不到任何其他方面的指导，只能从新闻[4]，后座议员的态度和补选中[5]作出判断。他们一致希望赢得这场战争，要求采取更有力的措施打好这场战争，虽然不知道如何才能做到。劳合·乔治为他们提供了答案：他有能力赢得这场战争。他已经向人们证明，他可以生产军需品，而且只有他有能力处理劳工事务。如今，他要求得到最高指挥权。他提议组建一个由 3 名成员组成的战争委员会，自任主席。这个战争委员会将不受内阁的制约，自行处理战争事务。一开始，他的目标是罗伯森，他在陆军部备受罗伯森的压制。但随着危机的加强，他的目标转变了。他还算礼貌地提出让阿斯奎斯靠边站的要求。令人奇怪的是，这个要求甚至得

---

[1] 在 1914 年，欧洲国家中只有俄国和土耳其要求出示护照才能进入。后来，护照成为通行做法，再也没有废除。

[2] 现在人们知道，当时连首相贝特曼·霍尔维格（Bethmann Hollweg）都赞同的德国最低条件，包括：法国的隆维－勃利耶归入德国；对比利时进行军事和经济管制，包括在安特卫普驻军；得到部分或全部比属刚果。波兰王国成为德国的附属国；波罗的海东岸国家成为德国的附属国；占有波斯的一部分。弗里茨·费舍尔（Fritz Fischer）《争雄世界》（*Griff nach der Weltmacht*）（1961）。

[3] 达夫·库珀《黑格》第 2 卷第 9 页。

[4] 危机爆发的时候，劳合·乔治手头有除《每日新闻》之外的所有主要报纸——有受人尊敬的《泰晤士报》、《曼彻斯特卫报》和《观察家报》，还有受欢迎的《每日邮报》、《每日快报》和《纪事日报》。

[5] 当年春天呼吁"马上就做"的流氓候选人肯尼迪·琼斯（Kennedy Jones）成为统一党的正式候选人，因没有对手顺利当选。

到罗伯森的赞同，后者还认识不到劳合·乔治将带给他的各种麻烦。这里存在着戏剧性的冲突。一方面，"人民之子"劳合·乔治几乎得到整个国家的支持。另一方面，阿斯奎斯得到所有内阁大臣的支持，而且得到两党的支持，他相信自己的实力。

劳合·乔治不能发动叛乱，叛乱只能来自外部。许多统一党后座议员早已无法忍受阿斯奎斯的自由主义。卡尔森总是对叛乱欢欣鼓舞，他是领头人。[1]11月8日，在讨论一个看似微不足道的问题时，卡尔森几乎把大多数统一党人从劳的手中争取过去。[2] 劳大为震惊，下决心维护自己在统一党中的领袖地位。他现在认识到：要想做到这一点，唯一的办法是对战争提出更加强有力的措施。他的顾问马克斯·艾特肯[3]（Max Aitken）坚决把他拉向劳合·乔治一边，当时的局势更使他必须这样做。劳和劳合·乔治一样，都不是来自传统政治的小圈子。在最后的关头，他也选择站在人民大众一边。这就出现了一个可怕的前景：两个出身卑微的人挑战既定秩序下的一大批人。

但是阿斯奎斯也有致命的弱点。他的无上权威建立在党鞭们强加压力、下院议员沉默接受的基础之上。如今，不仅统一党后座议员转而反对他，自从地方自治失败后，爱尔兰民族主义者也对阿斯奎斯失去了兴趣，对英国政治兴趣甚微。工党虽然支持阿斯奎斯，但他们同样会支持任何一个能够赢得战争的首相。最重要的是，劳合·乔治在下议院唯一的密友克里斯托弗·艾迪生带来了令人震惊的消息：议会中49位自由党议员无条件支持劳合·乔治，而且，如果劳合·乔治组建政府的话，另外80名议员也会支持他。自由党的这种分化由来已久。支持阿斯奎斯的自由党领袖都是精益求精的人，他们在和平时代对政治吹毛求疵，更不必说在大战的转折关头了。劳合·乔治的支持者无论出身还是性格都更加粗放，他们大多数是激进的非国教徒，在羊毛业和工程业白手起家，在战争期间生意兴

---

[1] 卡尔森于1915年11月抗议未能援助塞尔维亚，从而退出政府。
[2] 问题是如何处理敌国在尼日利亚的财产。卡尔森希望只能把财产出售给英国国民；政府坚守自由主义原则，维护自由市场。73位统一党人投票支持政府，65人反对。劳虽然支持自由市场，但主张只有英国国民才能购买这些财产。
[3] 威廉·马克斯韦尔·艾特肯（William Maxwell Aitken，1879—1964）：苏格兰裔加拿大人，长老会牧师之子；白手起家的百万富翁；1917年被册封为比弗布鲁克男爵，但随后感到后悔；1918年任新闻部长；1940—1941年任飞机制造生产部长；1940—1942年为战时内阁成员；1941—1942年任物资供应部长；1943—1945年任枢密院长。《每日快报》、《周日快报》和《标准晚报》的老板；诺斯克里夫之后最大的报业经营者，也是著名的历史学家。

隆。他们中没有一个银行家、商人或者金融巨头，也没有一个伦敦人。长期以来一直孕育着外省对伦敦政治和文化支配地位的反叛，他们代表着工厂和车间，而工厂和车间正是打赢战争的地方。

12月1日，劳合·乔治向阿斯奎斯正式提出建立以自己为首的三人战争委员会。阿斯奎斯坚持这个委员会必须由自己主持，而且必须附属于内阁。劳合·乔治给劳写信说："如今，国家的命运取决于您采取的果敢行动。"12月3日，劳会见以"3C"为首的统一党大佬，他们是：罗伯特·塞西尔，奥斯丁·张伯伦[1]（Austen Chamberlain）和寇松[2]。他说，自己有意支持劳合·乔治。统一党领袖们对那个小捣蛋非常恼火，他们决心辞职，不是为了支持劳合·乔治，而是通过某种方式强制性地结束这场冲突。当天下午，劳把统一党的决定传达给了阿斯奎斯。也许是劳没有把意思表达清楚，也许是阿斯奎斯理解错误[3]，更大的可能是阿斯奎斯对集体辞职的结局感到惊慌失措。总之，他采取了省事的办法。他写信给劳合·乔治，接受了劳合·乔治提出的组建战争委员会的方案。危机似乎过去了。为了把事情敲定，在阿斯奎斯和劳合·乔治之间观望的自由党人埃德温·蒙太古[4]还说服阿斯奎斯把政府要改组的消息通知新闻界。这实际上是宣布劳合·乔治获胜，阿斯奎斯将成为傀儡。

12月4日，一直被蒙在鼓里的自由党大臣们带着极大的愤怒找到阿斯奎斯。他们要求反击。"3C"也表示，他们一直站在阿斯奎斯一边。寇松声明：除了劳以外，统一党无人会加入劳合·乔治的政府。至于他自己，"我宁死也不会在劳合·乔治手下服务"。[5] 阿斯奎斯对自己前一天晚上的软弱非常懊悔，撤回了

---

[1] 奥斯丁·张伯伦（1863—1937）：在拉格比和剑桥大学接受教育；1915—1917年任印度事务大臣；1918年为战时内阁成员；1919—1921年任财政大臣；1921—1922年任枢密院长；1924—1929年任外交大臣；1931年任海军大臣。伯肯黑德（Birkenhead）说："奥斯丁总是遵守游戏规则，总是输家。"

[2] 另外一位杰出的统一党人贝尔福当时卧病在床。

[3] 后来，劳受到严重指控，说他没有把统一党人的决定准确地传达给阿斯奎斯。据说，如果他如实传达的话，阿斯奎斯会明白他们反对劳合·乔治而站在他一边。艾特肯显然是这样理解这个决定的，所以他强烈要求劳不要透露。很难相信劳忽视了艾特肯的建议。另一方面，劳曾告诉唐纳德说："阿斯奎斯不喜欢我们的提议（即辞职），请我考虑不要发布文件，所以我没有发布文件。"泰勒《罗伯特·唐纳德》第131页。

[4] 埃德温·蒙太古（1879—1924）：在伦敦城市学校和剑桥大学接受教育；1916年任兰开斯特公爵郡大臣；1916年任军需部长；1917—1922年任印度事务大臣。阿斯奎斯称其为"亚述人"；虽是犹太人，但反对贝尔福宣言。

[5] 杨格（Young）《贝尔福》（Balfour）第371页。

同意劳合·乔治组建战争委员会的承诺[1]。12月5日，劳合·乔治辞职。作为回应，阿斯奎斯也宣布辞职，从而结束了自己的政府。他不信劳或者劳合·乔治能组建政府，"那样，他们就必须服从我的条件"。[2] 阿斯奎斯并没有退出政坛，他故意宣布辞职只是打败批评者的一个策略。当这个策略失败的时候，他像一个上了年纪的重量级拳手被一个更年轻、更敏捷的对手击倒那样委屈。

遵照宪政惯例，国王请出了第二大党的领袖劳。劳只有在阿斯奎斯加入的情况下才可以组建一个政府。但是阿斯奎斯拒绝了。甚至由亚瑟·汉德森提议，国王亲自在白金汉宫召集的一次会议也没能改变他的决定。劳，劳合·乔治，贝尔福——他不会在其中任何一人手下供职。"这是什么鬼主意？我在一把手的位置上坐了8年，却要给人打下手。"劳交回职权，建议国王召见劳合·乔治。国王接受了他的建议。第二天上午，也就是12月7日，劳合·乔治与工党议员和工党全国执行委员会成员见面，对他们说：

> 政治家们当政的时候犯了一个重大的错误。他们认为当政的人，或者曾经当政的人，对于本国政府是绝对不可或缺的，还认为任何其他人都没有做事的能力。可是，我们是一个拥有4500万人口的国家。说句实话，如果我们不能产生至少两三个轮流执政的内阁，那我们就会真的如卡莱尔说的那样，是"一个愚人国"。[3]

就这样，劳合·乔治作为统治阶级，向"人民"发出了呼吁。代表"人民"说话的工党响应了他的召唤。[4] 在战争时期，人民是举足轻重的。劳合·乔治一旦得到工党的支持，便显得如鱼得水了。劳送来了统一党后座议员，艾迪生聚集了自由党人的后座议员。然而，这个人民的政府说到底并不是由后座议员组

---

[1] 那天早上，阿斯奎斯以《泰晤士报》一篇支持劳合·乔治的社论为借口。阿斯奎斯断言，他也可能确实相信，劳合·乔治鼓励诺斯克里夫写了文章。实际上，文章是主编道森（Dawson）在与卡尔森谈话之后独立完成的。诺斯克里夫的确在12月3日拜访过劳合·乔治，但谈的是另外一个话题：如果劳合·乔治离职，将为他提供一个利润丰厚的专栏作家的合同。后来，两人都隐瞒这件事。劳合·乔治因自己对未来的经济来源缺乏信心而感到羞愧；诺斯克里夫因为未能实现目标而感到懊恼。因此，两人都假装感到内疚，实际上他们都是无辜的。
[2] 泰勒《罗伯特·唐纳德》第121页。
[3] 比弗布鲁克《政客与战争》第2卷第309页。
[4] 工党议员几乎都坚决支持劳合·乔治。执委支持他的只有14人，反对的有11人。

成的。统一党的领袖们一看到劳合·乔治已经获得成功，他们便听到了祖国的召唤，或者说是职权的召唤。贝尔福得到担任外交大臣的承诺后第一个加入政府。他宣称："你用枪指着我的头逼我干的"。"3C"之一的寇松在当天晚些时候也妥协了，他的条件是丘吉尔和诺斯克里夫都不能在政府供职，而且黑格必须继续担任总司令。在另一方，所有知名的自由党人都追随阿斯奎斯，置身于政府之外。[1] 实际上，是阿斯奎斯，而不是劳合·乔治，在纠缠于私人恩怨。他分裂了自由党，他的追随者们尽管多么不情愿，表现出来的就是反对一个正在指挥战争的政府。12月7日晚，劳合·乔治回到白金汉宫，对国王行了吻手礼，就任英国首相。他是第一个执掌最高权力的人民之子，用他自己的话说，是除了迪斯雷利（Disraeli）之外"没有上过培养官员的老牌大学"的第一人。[2]

注解

注解A　瓜分土耳其的亚洲部分

英法两国的谈判代表马克·赛克斯（Mark Sykes）和乔治·皮科（Georges Picot）于1916年1月达成一个初步协定。大概的内容是：把叙利亚划归法国，把美索不达米亚划归大不列颠。英国的势力范围包括海法的地中海出海口。这个英法协定是有条件的，须经俄国同意才能生效。1916年5月，俄国同意了该协定，但代价是把土耳其的亚美尼亚划归俄国。（这个协定通常被错误地称为"赛克斯–皮科协定"。）在《伦敦条约》中还有一个满足意大利的承诺。意大利人非常顽固。协定（被错误地称为圣尚德莫列讷协定，是1917年4月联军开会的地点）一直到1917年8月18日才达成。它把小亚细亚的一部分划入意大利版图。协定的开头写道："俄国拥有同意或否决的权利。"但是直到布尔什维克革命结束了协约关系，俄国也未作出答复。因此英法两国坚持认为与意大利的协定已经失效。那么，只有这个协定是因为意外事件而被废止吗？作为签约国之一的俄国已经退出，1916年5月的协定是否仍然有效？或者，虽然是以俄国的同意为前提，1916年1月最初签订的协定是否

---

[1] 劳合·乔治邀请赫伯特·塞缪尔（Herbert Samuel）和蒙太古加入政府，但二人都拒绝了。塞缪尔说他看不到这个政府的"持久性"。蒙太古在1917年奥斯丁·张伯伦辞职后成为印度事务大臣。
[2] 劳合·乔治《战争回忆录》第3卷第1041页。劳合·乔治说错了，他忘记了威灵顿。自劳合·乔治就职英国首相40年来，上过老牌大学的首相和没上过大学的首相人数之比是4:4。

可以重新生效呢？英法两国倾向于认为，其中一个协定是有效的，但不确定是哪一个。可以肯定的是，这个协定必须使他们，而不是其他签约国或者第三国受益。

还有更多麻烦的问题。1916年1月，英方代表亨利·麦克马洪（Henry McMahon）含糊其词地许诺把土耳其的阿拉伯领土划归麦加的谢里夫·侯赛因（Hussein），但是没有说明到底是哪些领土。犹太复国主义的代表提出把巴勒斯坦作为犹太人的"一个民族家园"，或者"民族家园"（两者的区别是非常重要的），甚至作为"一个民族国家"的要求。在阿斯奎斯的内阁里，赫伯特·塞缪尔爵士支持这个要求，格雷也支持，但是不如赫伯特坚决。英国政府绝对不愿意看到法国成为紧邻苏伊士运河的邻居，犹太复国主义正是把他们排除在外的一个办法。于是，巴勒斯坦被从叙利亚切割出去，先是成为国际托管地，之后又成为英国托管地。1917年11月2日，贝尔福宣言作出承诺，巴勒斯坦是犹太人的"一个民族家园"。曾经对犹太人的渴望含糊地表示同情的法国人，现在发现许诺给他们的战利品减少了一半。

注解 B　1916年拟议中的爱尔兰解决方案

尽管爱尔兰自治法在战争期间被延置，尽管对阿尔斯特的任何特殊待遇都有待于通过协商来解决，但是，整个爱尔兰的自治已经载入法令全书，因此爱尔兰民族主义者不愿放弃任何明显对他们有利的地位。他们向劳合·乔治提出两个条件：1.在威斯敏斯特仍然保留爱尔兰的议员，数量不能减少；2.这些安排是暂时的，仅限于战争期间。劳合·乔治同意了，并且作了进一步的保证："他以自己的生命担保，一定与协定共进退。"得到这样的保证后，雷德蒙和他的支持者们便默许了只在26个郡实行自治的分治方案（他们以为是暂时的）。但是劳合·乔治又写信给卡尔森说："我们必须明确，在临时时期结束的时候，阿尔斯特不论愿意不愿意都不能并入爱尔兰其他地区。"[1] 永久分治的承诺使卡尔森放弃了阿尔斯特的3个（信奉罗马天主教的）郡，还说服阿尔斯特的统一党人也同意放弃。如果协议意向书被接受，这些有些互相矛盾的承诺无疑会在战后引起麻烦。然而，这在当时并不是导致破裂的原因，虽然卡尔森在1924年作出相反的声明。

兰斯多恩和其他一些统一党人的异议不是针对阿尔斯特，而是针对南爱尔兰。兰斯多恩在6月28日给阿斯奎斯写信说："如果让民族主义者当权，是否能够更有效、更及时地处理内乱问题？"他要求保证在自治法下继续执行《领土防御法》，而且对复活节的叛乱者不予特赦。如果作出这样的保证，那么自治就变得毫无意义了。因此，阿斯奎斯试图通过减

---

[1]　劳合·乔治《战争回忆录》第2卷第705页。

少其他方面的让步，弱化统一党人反对的呼声。雷德蒙被告知：1.因为不符合威斯敏斯特制定的新法，将阿尔斯特排除在自治之外必须是永久性的；2.威斯敏斯特的爱尔兰议员必须减少到43人。雷德蒙拒绝了这些条件，政府的承诺也随之撤回。劳合·乔治并没有遵守承诺辞职，理由是那样做只会损害大好的战争形势（那时他刚刚成为陆军大臣），而且对自治无所助益。无论如何，他都理应因功败垂成而获得赞扬，而阿斯奎斯理应为最终失败而遭到责难。自由党人艾迪生写道："他（阿斯奎斯）在这件事情上的所作所为，比任何其他事情，都在更大程度上决定了许多自由党人的态度，包括我在内。"他后来在支持劳合·乔治担任首相一事上起了决定性作用。[1]

---

[1] 艾迪生《政治内幕》第1卷第260页。

第三章　战争中的国家，1916—1918年

　　1916年12月，劳合·乔治上台，这不仅是政府更替，而是一场英式革命。党派巨头们和党鞭们受到挑战。后座议员们和报纸合在一起，成为无意识的公民表决，使劳合·乔治成为战争时期的独裁者。贝尔福说："如果他想做一个独裁者，就让他做吧。如果他认为他能赢得战争，我完全赞成让他试一试。"[1] 劳合·乔治应该是英国史上最接近拿破仑的人物，一个依靠自身成就成为最高统治者的人。战争结束的时候，一位客观的观察家写道："两年前大政方针的变革所产生的影响，可以比作炸药取代了受潮的爆竹。"[2] "炸药"爆炸了，产生了新的国家部门，新的人员，新的控制和管理方法，还有新的内阁政府形式。但不是一下全炸了。劳合·乔治不是一个有计划、有系统的人。当面临难题的时候，他倾听各种意见，然后灵机一动，找到解决问题的办法。他喜欢在早餐桌上把问题向大家公开，让大家群策群力，共同探讨。[3] 在他的身上可以发现果断与胆怯的奇异组合。发表演说的时候，他的衬衣总是因为紧张焦虑而湿透。尽管劳合·乔治常常是有着巨大的道德勇气的领导人，但他在行动之前总是战战兢兢。[4]

　　他把任何反对的迹象都看成"巨大的危机"，并且担心他的政府会倒台。他害怕把他送上权力宝座的力量同样会轻易地把他颠覆。公众舆论可能因为军队伤亡过重而反对政府。他还知道，统一党的后座议员想赋予将军们更大的权力，而他打算削减他们的权力。从诺斯克里夫到国王都是他的政敌，这也许只是他的假想。[5] 劳合·乔治只身对抗着这个欧洲最树大根深的统治阶层。

---

[1] 达格代尔（Dugdale）《贝尔福》（*Balfour*）第2卷第170页。
[2] 枢密院秘书长阿尔梅里克·菲兹洛伊（Almeric Fitzroy）《回忆录》（*Memoirs*）第2卷第191页。
[3] 早餐会使罗伯森更加不喜欢劳合·乔治。劳合·乔治坐的时间太长，而罗伯森一生养成了坐不住的习惯。汉基（Hamkey）《最高统帅》（*The Supreme Command*）第2卷第775页。
[4] 劳合·乔治缺乏血气之勇。一站时的空袭和二战时更经常的空袭使他恐惧。空袭时他很少在伦敦过夜。
[5] 1917年新年那一天，国王任命黑格为陆军元帅，这是反对劳合·乔治的一个姿态。

他没有领导一个党派。虽然任命了联合自由党的党鞭，但他们从来都没搞清楚应该支持谁。[1] 他没有朋友，也不配拥有任何朋友，因为他背信弃义，如丘吉尔和艾迪生所经历的那样。[2] 他被食客和阿谀奉承者包围着，有用的时候，对他们慷慨解囊，用过之后，就把他们一脚踢开。他的统治既充满活力，又卑鄙肮脏。他的作风可以在一句流行的顺口溜中得到体现：

劳合·乔治认识我爸爸，
我爸爸也认识劳合·乔治。

他在私生活方面随心所欲，从无约束。他是沃波尔（Walpole）之后第一个卸任后财富比上任前剧增的首相，也是自格拉夫顿公爵（Duke of Grafton）之后第一个公开与情妇同居的首相。本质上讲，他的不择手段来自于他的天性，这是他做事的唯一方式。他用一句经典的话作了解释："无论是战争还是政治，如果还有一条别的出路，我永远不主张采取代价高昂的正面进攻方式。"[3] 尽管劳合·乔治成了"森林中的巨兽"，他同时还是一只"山羊"。

在迫使阿斯奎斯下台的事情上，劳合·乔治没有丝毫犹豫。战时委员会和上届内阁都不复存在了。劳合·乔治的战时内阁是一个公共安全委员会，在他的领导下行使最高权力。战时内阁只包括5名成员[4]，理论上讲，选择内阁成员是根据行政能力，而不是他们占据的职位或者满足党派平衡。只有劳作为财政大臣具有部门职责。汉德森代表"工党"。寇松和米尔纳[5] 负责日常工作。5人

---

[1] 莫里斯辩论之后，98位自由党人在投票中反对劳合·乔治。没有理由认为剩下的170位自由党人是支持他的。1918年11月，联合自由党党鞭宣布有150位支持者。见下文第104页。

[2] 在1913年马可尼丑闻发生的时候，丘吉尔坚定不移地站在劳合·乔治一边。劳合·乔治让丘吉尔承受加里波利战役的所有责难，并且（造谣）说："丘吉尔就是把土耳其引入反英战争的人。"
艾迪生帮助劳合·乔治坐上了首相的位置。战后，当公众强烈抗议"英雄们的家园"的时候，劳合·乔治让艾迪生当了替罪羊。

[3] 劳合·乔治《战争回忆录》第4卷第2274页。

[4] 后来是6名成员，有几个月是7名。

[5] 米尔纳是12月9日第一次会议之前1小时才应召参加战时内阁的。他的任命显然是后补的，鲜明地体现了劳合·乔治的特点。叛乱集团的第三名成员卡尔森明确提出了要求，但是，如劳合·乔治所言，不论是否在位，就目前看来，他都是"反政府的"。还是引用劳合·乔治的话，米尔纳"极其重视保守主义的知识阶层和顽固分子（无论如何都不是同一批人）"；他曾经是将军们的宠儿，现在则是诺斯克里夫的宠儿。他在被排斥数年之后急于表现自己的才能，一旦得到任命，感激之情使他变得忠诚。确实，他很快就成为劳合·乔治对抗将军们的最坚定的支持者，并且毫不犹豫地去担当最危险的使命。
有意思的是，寇松与米尔纳成为战时内阁同僚。寇松是爱情小说家埃莉诺·格林（Elinor Glyn）的情人。米尔纳是她的忠实仰慕者，曾修改她的散文。

几乎没有职能上的分工，任何一人都可以插手任何问题——从工人罢工到空军的未来——并且把它提交到战时内阁讨论决定。劳因为要对下议院负责，在这方面做得少一些。当讨论的问题涉及其他部门时，这个部门的大臣会被个别召来参加讨论。外交大臣贝尔福或许在外交事务上的权力有一定的独立性。其他重要的老部门的大臣们只是接受行军命令。旧内阁每周召开一两次会议，且不做会议记录，而战时内阁几乎每天召开一次会议，在1917年就开了300次会。从帝国防务委员会及其后续机构过来的汉基组织起高效的秘书处。他拟订会议日程，制作会议记录，并且在会后保证相关部门实施会议作出的决定。汉基不仅仅是记录会议决议，他有意在职权之外提出建议，尤其是在战略方面。

他这么做是有理由的。战时内阁缺少一个行政班子，这是最大的一个缺陷。本质上它是执行首相意志的部门，自从19世纪首相一职事实上与财政部分离以来，首相就没有自己的部门或专家顾问团。劳合·乔治试图弥补这一缺陷。他创立了一个私人行政班子，在圣詹姆士公园的小屋里办公，世人称之为"花园别馆"。这已经类似于美国的总统，更多地依靠非官方顾问而不是自己的内阁成员出谋划策。花园别馆引起既有部门的嫉妒，因为它越来越多地侵犯它们的职权，最后成为攻击劳合·乔治的主要把柄。无论如何，花园别馆确实花了一段时间才开始运转。

同时，劳合·乔治不得不求助于灵感和诡计。他的意图是掌控各军事部门，但这场革命的结果却完全相反。那些大臣因为不再是内阁成员，变得更独立、更傲慢。卡尔森被战时内阁拒之门外后到海军部任职，全力为手下的职业顾问们撑腰。陆军部做得更甚。德比在劳合·乔治手下做陆军次长的时候是他的忠诚助手，是统一党中唯一一个从一开始就支持劳合·乔治的人。当被提升到陆军大臣的职位上之后，他同样忠诚于罗伯森。罗伯森把战时内阁视为"敌人"，劳合·乔治更是一个"名副其实的坏蛋"。罗伯森和比他好一些的杰利科（在1916年成为第一海务大臣）使战时内阁被蒙着眼睛指挥战争。

来自文职官员的阻力更容易克服。将军们的后台是统一党后座议员，而财政部和贸易部主张自由放任的官员们的后台只是议会前排的自由党人。最终，这个政府也必须面对一直困扰阿斯奎斯联合政府的问题。5个新的部门几乎在一夜间建立起来，其中4个是"部级"。这5个部门是：船运，劳工，粮食，国民兵役和食品生产。[1] 这些即兴之作产生了一种奇特的模式，其后果是事先无法预料的。新的部门演化成了一种战时社会主义体制。和平时期的部门继续履行旧有的职能，后来增加的职能被剥夺了。战争与和平事务分头进行。因此，在战争结束的时候，可以解散临时的"社会主义"部门，旧有的部门重新以战前的姿态出现。新部门中只有劳动部长期存在，它从贸易部接管了劳资关系，从自治委员会接管了失业保险。国民兵役部的战时职能在部内是相对独立运行的。农业方面也是如此，老的农业部保持不变，而新的指导食品生产的机构可以随时被解散（事实上正是如此）。

这些新的部门，还有一个老部门——贸易部[2]，都是由新人领导。他们大多数是商人，没有政治背景，当然在政治圈内是无足轻重的。他们任职是为了承担那些至关重要的工作，而不是为了维持议会制政府。其中最成功的一位，船运主管麦克莱（Maclay），根本就拒绝进入议会。新部长们没有"计划"理论，也没有任何其他的理论。和整个国家的情况一样，他们迟疑不决地进入战时社会主义，对自己所取得的成就感到惊讶。尽管法规几乎赋予他们无限的权力，他们还是愿意争取生产商和业主之间的合作，使后者出于爱国主义动机全力投入战时社会主义的建设。麦克莱率先征用了英国所有的商船，然后又把业主们聘为经理人。即使在法庭判定征用有部分超越法律权限后，这套体系也没有停止运作。[3] 与此相似的是，各郡掌管农业的委员会由地方的土地所有者组成，他们极少去强制自己的同胞。"农民罢工将使整个食品控制机器瘫痪。"[4] 甚至连粮食配给制，实质上也是零售商们自行运营的体系。[5] 配给簿只是一种象

---

[1] 劳工、船运和粮食马上成为部级；国民兵役于1917年3月成为部级。还有一个抚恤金部。在阿斯奎斯时期，军需部之后，建立了一个新的部门：封锁部（1916年2月），由罗伯特·塞西尔勋爵领导，或多或少是从外交部分出来的，也接管了部分贸易部的职能。塞西尔仍兼外交部的政务次长。

[2] 阿尔伯特·斯坦利（Albert Stanley），即后来的阿什菲尔德勋爵（Lord Ashfield），成为贸易部长。艾特肯曾使劳和劳合·乔治携手合作，所以希望得到这一职位，作为对自己工作的回报。但是，他被迫接受比弗布鲁克男爵的封号，这样，斯坦利就可以占据他在阿什顿安德莱恩的议席。

[3] 麦克莱与班轮业主们缔结了"协议意向书"，规定业主的班轮为政府服务。这不是对船只的征用，而是对服务的征用，被法庭认为超越了法定权限。此案的胜诉方是阿尔弗雷德·霍尔特父子公司，老板是利物浦的老激进派。

[4] 劳埃德（Lloyd）《国家控制的实验》（Experiments in State Control）第288页。

[5] 粮食部试图在中央注册制度的基础上进行人头配给。当1918年初社会不满情绪使配给制成为必需的时候，注册制度是很不完备的。因为没有任何更好的办法，粮食部只好靠零售商人。这样，"粮食部正式设计的是一种制度，却在实践中竟打正着地实行另一种配给制度，从而为自己，也在很大程度上为朗达勋爵（Lord Rhondda）赢得了声誉"。贝弗里奇（Beveridge）《英国食品控制》（British Food Control）第229页。

征，堆积如山的"粮食券"未经检查就被付之一炬。所有这些部门掌握的最强大手段就是控制物价。物价控制实际上稳定了生活费用，其影响一直延续到战后。和所有其他手段一样，物价控制也要依靠合作。物价的确定是以"成本加成"为基础的，实业家们通常认为这种做法是公平的。

当时有很多奇怪的做法，后来引起了麻烦，或者创造了先例。比如，在格拉斯哥，1915年劳资纠纷的时候偶然采用了控制租金的措施。人们没有考虑到这种方式将来会产生什么问题，就普遍实行起来。还有，煤矿工人也许是社区中最重要的一员，即使以"成本加成"为基础，他们仍然对矿主的盈利极为不满。因此，煤矿在战争时期被国有化，虽然并没有试图重组产业或更新矿井设备。奇怪的是，对另一个重要的传统产业的控制致使棉花生产与战前相比减少了60%（从美国进口的棉花相应增长）。开工的工厂[1]纳税以补偿未开工的工厂，使人们宁愿做不在岗的棉花工，也不愿意转到更有用的军工行业。但是歪打正着，棉花行业为20世纪30年代有计划的减产提供了模式。小麦行业则为更晚的时期提供了先例。战时内阁在早前规定，对于"生活必需品"不应该实行配给制或限制。即使人们用便宜的面粉制作蛋糕，他们仍然坚持这一原则。虽然质量有些降低[2]，但是人们总是能无限量地买到足够的面包，而且当小麦进口成本增加的时候，面包的价格仍然靠津贴保持着稳定。津贴数额达到了6000万英镑。第二次世界大战期间，所有为保持生活成本的稳定而支付的津贴都是以此为先例。

"战时社会主义者"遇到诸多困难，有些还难以克服。德文波特（Devonport）虽然是个了不起的食品商，执掌粮食部却不成功，他只能向公众呼吁，而不是命令他们该怎么做。继任粮食部长朗达有所改观，当政期间发布了500个指令，平均每个工作日一个。内维尔·张伯伦[3]（Neville Chamberlain）在国民兵役部陷入了绝望的困境。正如劳合·乔治所说，"他不是一个成功

---

[1] 虽然出于不同的原因，"埃及棉"厂仍然保持兴旺，像20世纪30年代那样。大量的埃及棉花用船运回来，以供应在巴勒斯坦的军队。后来，这些工厂因为生产了更加精细的棉纱而兴旺。
[2] 小麦的出粉率提高了，可能增加了营养价值。但是，玉米、燕麦、大麦和马铃薯的掺杂品却不好吃。面包引起民众心理上的"战时消化不良症"，虽然这是人们想象出来的，但依然感到痛苦。
[3] 内维尔·张伯伦（1869—1940）：奥斯丁·张伯伦同父异母的兄弟；在拉格比和伯明翰大学接受教育；1917年任国民兵役部长；1922—1923年任邮政总局局长；1923年任财政部主计长；1923年、1924—1929年、1931年任卫生部长；1923—1924年、1931—1937年任财政大臣；1937—1940年任首相；1940年任枢密院长。他在国民兵役部的失败使他一直对劳合·乔治充满敌意，劳合·乔治也针锋相对，称他为"笨蛋"。

的人选"。张伯伦试图对每个案例制定有针对性的规则。接替他的奥克兰·格迪斯制定了受保护职业一览表,并实行"整齐划一"的政策,在必要的时候根据年龄安排离岗。连麦克莱都遇到了麻烦。虽然他在管理现有船只方面创造了奇迹,但因为海军部坚持战船优先,建造的新船很少。1917年5月,他巧妙地绕过这个障碍,让海军部负责所有的船只建造,不管是商船还是海军战船。

这些改进属于乱枪打鸟,战时内阁极少给予统一指导。情况几乎和上届内阁一样杂乱无章,理论上它对一切负责,但是只在某部长向它求援的时候才出手相助,而内维尔·张伯伦等人不知道怎么求援。劳合·乔治并不满足于做英国的独裁者,还雄心勃勃地去协调协约国的政策。迫于外在的压力,他要完成的第一项任务就是定义战争的目的。拒绝德国首相贝特曼·霍尔维格提出的谈判条款很容易,因为贝特曼要求的和平是以德国胜利为基础的,而劳合·乔治要求的恰恰与之相反。但是,拒绝威尔逊总统的调停条件就不是那么容易了,不管协约国是多么不愿意和德国放在一个层次上。必须设计出这样的条款,拒绝考虑调解,但是又不能疏远威尔逊。为了取悦于他,协约国提出"自决",这实际上意味着奥斯曼帝国的终结和"意大利人,还有斯拉夫人、罗马尼亚人和捷克斯洛伐克人,从外国的统治之下解放出来"。[1] 以这种非正式的方式,英国人开始致力于重新绘制中东欧和西亚的版图,这与他们当初介入战争时的目的根本不沾边,但是,一旦他们需要开创某种伟大的事业,这又是必然的。很少有人了解这些远方民族,更少有人关注这些民族的事情,但是他们把这场战争看成是一次正义的征伐,或者说那些鼓吹者如此认为。讨伐的对象不可避免会转向土耳其和哈布斯堡。

这些问题还比较遥远,最迫切的需要是战争的胜利。劳合·乔治认为,只有在协约国团结如一的情况下才能赢得战争。1917年初,他参加了协约国在罗马召开的第一次大会。劳合·乔治提出在意大利前线展开联合进攻,无疑是不想让英国将军把持战争指挥权。意大利军总司令卡多尔纳(Cadorna)拒绝了这个前景不明的光荣任务。罗马会议收获的只是空谈。不久,另一个机会

---

[1] 英法两国试图明确列出"南斯拉夫人"。意大利人垂涎于南斯拉夫人居住的领土,故而反对。因此把"捷克斯洛伐克人"列入,使名单显得更加具体,而没有意识到这将导致哈布斯堡王朝的覆灭。

第三章 战争中的国家，1916—1918 年

出现了。1916 年 12 月，霞飞被免除了法军总司令的职务，他在西线战场的继任者尼韦勒（Nivelle）举止威严，因为在凡尔登取得了几场小胜利而获得一些虚名。他还能说一口流利的英语。他声称自己找到了赢得战争的秘密：那就是靠出人意料的突袭，紧接着是"正面突破"。取得决定性的胜利而没有重大伤亡，这一切可以在 48 小时之内完成。劳合·乔治虽然大为折服，却仍然犹豫不决。尼韦勒来到伦敦。黑格和罗伯森勉强同意了他的计划，与其说是对计划本身有信心，不如说这个计划至少保证了西线战场的首要地位。战时内阁也同意了。劳合·乔治是个决心已下就毫不保留地投入的人。他总是莫名其妙地对法国将军抱有信心，而不相信英国将军。2 月 26 日，通过不同寻常的阴谋手段，劳合·乔治任命尼韦勒为驻法英军的最高指挥官。[1] 这是 1916 年人事大变动的一个奇特的结果。"东线人士"劳合·乔治忍气吞声地接受了尼韦勒的战略导向，比当初基奇纳接受霞飞还要轻易。如今，他迫使那些不情愿的将军在法国发动进攻。

如果说尼韦勒的进攻计划有一定可行性的话，是依赖其速战速决的特点。但是，在执行过程中总会有争执和延宕。德军观察到了联军频繁的准备工作，于是抢先一步撤退到战线更短、防御更稳固的"兴登堡防线"，他们整个冬天一直在修筑这道防线。英国将军们一旦意识到尼韦勒的作战方案妨碍了自己的计划，便开始加以反对。所有法国将军都反对这一方案，只有尼韦勒一人坚持。法国的部长们对他失去了原有的信任。若是没有劳合·乔治不遗余力的支持，尼韦勒不可能自行其事。英军的首次进攻被称作阿拉斯战役（4 月 9 日至 14 日），其成就在于：加拿大军队拿下了维米岭。英军伤亡几乎是德军的两倍，[2] 但是大问题仍然没有得到解决：进攻的军队拖着沉重的双腿还没有赶到，德军就已经临时建立起新的防御阵地。而且，阿拉斯的任何威胁都没能转移德军对尼韦勒的防范。尼韦勒在埃纳河的进攻推迟到 4 月中旬，几乎和霞飞

---

[1] 2 月 19 日，劳合·乔治通过一位驻伦敦的法国军事随员要求尼韦勒拟定一份指令，把黑格作为他的下属。2 月 24 日，战时内阁批准了这份指令，罗伯森被通知不需要参加会议，因为没有重要内容讨论。2 月 26 日，英法两国在加莱召开会议，表面上是讨论法国北部的铁路运输问题。尼韦勒出示了指令。劳合·乔治先是假装吃惊，然后表示接受。罗伯森威胁说要辞职。黑格向国王求情。指令被限制只在下一次进攻中有效，黑格则有权向政府申诉，他也确实行使了这个权利。《1917 年军事行动：法国与比利时》（*Military Operations : France and Belgium*, *1917*）第 1 卷第 536—538 页。
[2] 英军伤亡 14.2 万人，德军伤亡 8.5 万人。

的进攻一样，遭到沉重的惨败。德军没有被撼动。没有取得任何战略性的收获。法军几乎发生兵变。5月份，尼韦勒被解职，[1]由谨慎小心的贝当（Pétain）接替。尼韦勒留下了两份重大遗产，一是法军在1917年没有能力再发动任何进攻，二是证明黑格和罗伯森反对劳合·乔治谋划的最高统帅部是正确的。

与此同时，劳合·乔治又在以其他方式谋划一个最高统帅部。加拿大军在维米岭的胜利证明了自治领为战争作出了多重贡献。当时在法国有加拿大的一个军，在近东和法国还有新西兰人和澳大利亚人组成的军队。南非军队在东非承担了大部分对德战役。英帝国主义者的希望复苏了。帝国的团结在战场上表现出来；其鼓吹者米尔纳在战时内阁任职，麦肯纳的关税已经破坏了自由贸易。精明实际的统一党人并不喜欢为了遥不可及的理想而战，他们信奉的是马克思早已谴责过的经济帝国主义。他们想把战争延伸至和平时期，然后把帝国"未开发的地方"纳入封闭的经济体系，由大不列颠垄断原材料的供应。劳合·乔治一马当先，尽管他主要是希望利用帝国情结制约那些将军。1917年3月，各自治领的总理们[2]在伦敦参加帝国战时内阁会议。老牌的亲布尔派劳合·乔治似乎实现了约瑟夫·张伯伦的梦想。

现实总是不同于梦想。劳合·乔治有意让帝国战时内阁成为帝国的行政部门。自治领的总理们则坚持，他们仅对各自的政府负责。在他们看来，大英帝国已经是一个主权国家组成的联盟，帝国战时内阁不过是友邦之间的外交论坛。帝国的团结表现在总理们在有时间的时候可以列席别国内阁，而这更多是名誉上的，而不是实际的功能。让加拿大的博登（Borden）太多地为英国出谋划策是不可能的，让澳大利亚的休斯太多地为加拿大出谋划策也是不可能的。史末资[3]是个例外。史末资将军是个布尔人，可能是个坚定的激进派，劳合·乔治抓住他，说服他留在英国加入战时内阁。史末资是个独一无二的例子，他是现代史上唯一一个不是两院议员却成为全职内阁大臣的人。他有负所望，未能成为抵制将军们的武器。即使与以前的反叛者打交道，他也能保持职业的忠诚。史末资曾经在战场上打败英国将军，现在他成为他们的代言人。

---

[1] 尼韦勒是为数不多的几个在第一次世界大战后没有撰写回忆录的将军之一。他在1924年去世。
[2] 澳大利亚的休斯（Hughes）拖到4月才到会。南非的博塔由国防部长史末资（Smuts）代表。
[3] 扬·克里斯蒂安·史末资（Jan Christian Smuts, 1870—1950）：布尔将军，英国陆军元帅；1910—1919年任南非国防部长；1919—1929年、1939—1948年任南非总理；1917—1919年为战时内阁成员；1948—1950年任剑桥大学校长；史末资对自己的军事才能评价很高，1918年，曾希望劳合·乔治提议他做驻法美军总司令。

帝国战时内阁还有一个对未来造成深刻影响的地方。先前，印度仅仅作为英王的一个附属国，各自治领不让它参加以前的历次帝国会议。确实，印度事务大臣领导下的印度帝国一直与殖民大臣领导下的大英帝国判然有别。如今，50万印度士兵在为英国而战，牺牲的印度士兵多于任何一个自治领。所以，无论如何，印度有理由要求获得发言权。于是，印度也派代表参加了帝国战时内阁，虽然只是国务大臣和3个顾问。其中一个顾问代表土邦王公。参会只是勉强承认如下事实：印度正在挣脱英国专横统治的束缚；它也要变成一个自治领，实行自治，甚至在自己愿意的情况下独立。从1917年的帝国战时内阁到30年后英国从印度撤出，虽经长期拖延，贯穿其中的就是这条路线。

劳合·乔治还回过头来处理他在去年几乎已经解决了的爱尔兰问题。现在与其说他想找到一个解决方案，不如说更多的是为了满足美国和自治领的意愿。他又向雷德蒙提出了以前的讨价方案：立刻在26个郡实行地方自治，等战后再寻求彻底解决的办法。但这次雷德蒙拒绝老调重弹。如今，新芬党的共和派在南爱尔兰的每一次补选中都大获全胜，雷德蒙不敢妥协。史末资首次为英国政治做出了贡献，他提议遵循南非模式成立一个代表大会，让爱尔兰人独立解决自己的问题。劳合·乔治和雷德蒙都表示同意。在复活节叛乱中被拘留或关押的人被释放。爱尔兰获得了将近一年时间的和平。虽然新芬党拒绝参加，爱尔兰会议按时在都柏林召开。远景仍然朦胧，劳合·乔治也没有使之清晰。他承诺说，如果存在"实质上的一致"，他会支持会议所作的建议，但他又私下向卡尔森保证：没有阿尔斯特的同意，什么都不会发生。阿尔斯特对此保证坚信不疑，于是预先拒绝了任何解决方案。代表大会花费了时间，却没能解决问题。

在爱尔兰问题上，劳合·乔治有理由小心翼翼地与卡尔森打交道，因为海军事务已经给他们带来龃龉。1917年2月1日，德国恢复无限制潜艇战，投入了更多的潜艇。与以往威尔逊总统只是发出抗议信不同，这次华盛顿作出了更大的反应。2月份，威尔逊与德国断交。4月份，美国对德宣战，以"参战国"名义介入战争。[1] 德国自信地认为，如果美国采取行动，他们可以在美军发挥

---

[1] 德国向墨西哥提议建立反美攻守同盟，促使美国最后下定了决心。英国情报机关破译了德国密码，把"齐默尔曼电报"转发给美国。

作用之前就把大不列颠摧毁。他们几乎获得了成功。被U型潜艇击沉的船只数量出现了灾难性的增长。1917年4月,四分之一驶离英国港口的船只一去不返。那个月,接近100万吨货船沉没,其中三分之二是英国船只。新造船只只能达到这个吨位的十分之一。中立国船只拒绝为英国港口运货。英国小麦的储备减少到只有6个星期的供应量。威胁更大的是挪威供应的坑木几乎完全断绝,其必然结果是,煤炭工业不久就得停产。[1]

似乎找不到有效的防卫措施。杰利科无能为力:"我们绝对没有解决的办法。"卡尔森和杰利科一样彷徨无计。劳合·乔治到处奔走,另求良策。在一个深夜,诺斯克里夫从后门把下级军官肯沃西中校(Kenworthy)[2]偷偷带进唐宁街十号。劳合·乔治问:"告诉我谁是有用的人,谁有办法我就用谁。"[3]有办法的人(包括汉基)敦促采取护航的措施。为驶往法国西部港口的运煤船的护航很成功。大舰队没有护航时从来不会出动。但是,海军部仍然顽固不化。他们认为,商船的船长们在遭到攻击的时候不能保持队形,[4]护航只能为德国潜艇提供更大的打击目标。而且,每个星期有2500艘船只出入英国各个港口,为这么多的船护航是不可能的。

4月26日,劳合·乔治得到战时内阁的支持,赋予他"采取断然强制措施"的权力。4月30日,他在寇松的陪同下[5]来到海军部下达命令,这是英国历史上唯一一次不顾部长的反对,由首相直接指挥一个重要的部门。海军部承认失败,制订了一份护航计划。他们声称这份计划在4月27日就已经准备好了。实际上这只是为了保全面子,实行护航应该归功于劳合·乔治一人,这是他在战争中最大的成绩。第一艘护航舰于5月10日驶离直布罗陀海峡。不久,为从加拿大和美国港口出发的船只,或早或迟都安排了护航舰。从此至战争结束,80%前往英国港口的船只都有护航。官方的海军史坦率地承认:"在尝试护航计划之前主要的反对意见无一站得住脚。"[6]

商船船长们保持队形并没有困难。一艘护航舰可以给几百艘船只护航,它

---

[1] 因为木材短缺,建立了一个林业委员会,以确保将来国产木材的供应。
[2] 后来成为激进派议员,又成为工党议员。
[3] 肯沃西《士兵,政治家及其他》(Soldiers, Statesmen—and Others)第70页。
[4] 海军部甚至召开了一次商船船长的会议,声称对此无能为力。
[5] 劳为自治问题与卡尔森产生的矛盾而担忧,因而未接受这个危险的陪同任务。
[6] 《海军行动》(Naval Operations)第5卷第141页。

成了一个防守坚固的目标，而不是没有护航时数百个没有防御能力的目标。后来发现，每周只需要为140艘船护航，而不是2500艘。[1] 在被护航的船只中，出于各种原因损失的数量不到1%。[2] 到1917年底，英美两国的造船厂新建船只数量几乎与损失船只持平，到1918年中，新建船只数量已经超过沉船。但是，压力仍然很大。许多没有护航的船只还会被击沉，尤其是在地中海地区。这是帝国在侧面作战时要付的高昂代价。无论如何，护航使大不列颠生存下来并赢得了战争。然而，那些有高超的专业才能和职业操守的人遭遇灾难的时候，不去尝试新的、后来被证明是成功的办法，这在很大方面表现出传统的大不列颠统治者们的顽固保守。

虽然这次出手甚重，劳合·乔治在赶走卡尔森的问题上还是退缩不前。一直到7月份，卡尔森才从海军部调走，表面上是把他提升到战时内阁，在那里他仍然表现得一无是处。劳合·乔治在商界发现的最佳人选埃里克·格迪斯[3]（Eric Geddes）成为海军大臣，但杰利科成为他的包袱，一直到年底，杰利科被免职，卡尔森随之离职。在这种情况下，劳合·乔治不敢贸然与将军们发生矛盾，特别是黑格，这个摆脱令人尴尬的朋友的行家，是支持劳合·乔治反对杰利科的。但是，与将军们是对立还是和解，必须二居其一。尼韦勒进攻的失败使黑格可以不再顾忌法国人，自由地决定自己的战略，[4] 他也急于执行担任总司令以来一直酝酿的计划：在弗兰德斯展开大规模进攻。他相信在这里可以赢得战争，还更希望在美国人到来之前就这样做。总体计划是英军在伊普尔要塞突破，打到比利时海岸，然后包围整个德军前线。官方的历史认为，黑格的计划"可能过于乐观，过于远大，甚至是异想天开"。[5] 但作为一个宏大的战略构想，

---

[1] 在最初的数字中，海军部把沿海运输甚至索伦特海峡的渡船都计算在内。
[2] 被护航的往来于英国的16657艘船只中，损失了154艘；被护航的往来于世界各地的（包括地中海和美国开往法国的船只）88000艘船只中，损失了456艘。在护航开始之前，损失比例为25%。
[3] 埃里克·坎贝尔·格迪斯（Eric Campbell Geddes，1875—1937）：在默奇斯顿和爱丁堡大学接受教育；东北铁路公司未上任的总经理；在法国负责铁路运输时被任命为少将，负责海军供给时被任命为海军中将；1917—1919年任海军大臣；1919年在战时内阁任职；1919—1922年任交通部长；后来任邓禄普橡胶公司董事长。
[4] 许多年后，黑格和他的辩护者编造出一个故事，说贝当元帅为了转移德军对哗变的法军的注意力，要求英军开展进攻。这个故事没有当时的事实依据。法军哗变发生在5月。早在英军进攻开始之前就已经恢复了秩序。在那个秋季，法军虽然在重新进行大规模进攻之前迫切地等待着美国人的到来，但实际上，他们取得了比英军更多的实质性进展。没有证据表明德军1917年在筹划西线战场的进攻，他们根本没有这么做。那时，黑格受到法军承诺给予支援的诱惑，而贝当根本没有兑现。约翰·泰瑞恩（John Terraine）《道格拉斯·黑格》（*Douglas Haig*）第363页。
[5]《1917年军事行动：法国与比利时》第101页。

这无疑是震撼人心的，而且在地图上看是无可挑剔的。除了第一步之外，黑格的计划都是正确的。他没有设计最初"突破"的办法，再者，在他选择的作战地区，初步的炮轰就会把弗兰德斯平原炸成不可逾越的泥泞之地。黑格的下属们都不指望能获得决定性的成功，罗伯森也没有，但他觉得没有更好的办法，而且迫切希望能够阻止把英军从西线战场调走。无论如何，进攻可以干掉一些德军。

劳合·乔治下定决心不让索姆河战役重演。战时内阁严格审查了黑格的计划。黑格充满自信。罗伯森在内阁里隐瞒了自己的疑惑，没有尽到一个主要战略顾问的职责。史末资支持黑格。寇松一如既往，摇摆不定地站在似乎强势的一方。劳通报说，下议院不会容忍对军事首脑的干涉。唯有曾经受到将军们喜欢的米尔纳和劳合·乔治站在一起。曾经许诺会赢得战争的人发现，很难抵制一位坚持说自己可以赢得战争的将军。况且，战时内阁还有很多别的事情要做，不能日复一日地与黑格争论。黑格使这些人筋疲力尽。他们请求黑格重新考虑，在黑格拒绝之后，他们妥协了。7月25日，他们向黑格表示，全心全意地支持他的计划。

7月31日，黑格发动了官方所说的第三次伊普洱战役。流行的说法来自战役的最后阶段，叫作帕森达勒战役。最真实的说法来自于劳合·乔治，叫作泥泞之战。一切都不顺利。事先已得知，弗兰德斯的排水系统出了故障。更糟的是，这是多年来雨水最多的八月。士兵在齐腰深的泥水中挣扎前进，枪炮掉在泥水中，坦克不能使用。黑格先前宣布：如果第一次进攻失败，就停止攻击。但是他并没有这样做。徒劳无功的战斗持续了3个月，英军总共前进了4英里。这使部队的突出部位比以前更加不稳固，德军在1918年3月发动进攻的时候，他们没做抵抗就撤退了。英军与德军士兵阵亡比例是3:2。军官的损失更大，比例大于3:1。[1] 毫无疑问，德军的士气在帕森达勒战役中已经动摇了，但是，说

---

[1] 在英国官方于1922年公布的统计数字中，英军在弗兰德斯战役的伤亡为324000人。可参照的德军伤亡人数为202000人。这个比例比索姆河战役稍好一点。根据同样的出处，在索姆河战役中，英军损失420000人，德军损失280000人。1948年出版的官方历史对数字进行了大幅修改，英军损失变成244897人。德军伤亡数字被重新计算，变成"大约400000人"。与埃德蒙兹将军（General Edmonds）共同编纂官方历史的弗斯上尉（Captain Falls）根本不接受这种修改，把德军的损失说成是240000人（《第一次世界大战》第285页）。如果人们记得劳合·乔治在他的《战争回忆录》中对黑格进行攻击，那么这种"修改"就更容易理解了。于是，一场反对20世纪最伟大的首相的论战被记录在以内阁办公厅名义出版的官方历史中。但是，"非官方的"历史学家们无法接触内阁文件，理由是担心他们不当地使用这些信息。

英军的士气有多少提升也不是实话。

法国的战事还远没有结束。新的坦克军在弗兰德斯的泥泞中派不上用场。虽然为时过晚,黑格还是允许他们在别的地方找到用武之地。坦克的指挥官们选择了前线更靠南的坚硬的高地。11月20日,集结的381辆坦克在康布雷前沿突破德军防线,进入开阔地带。伦敦敲响了一战期间庆祝胜利的唯一一次钟声。但是,欢呼胜利还为时过早。因为没有做好胜利后的准备,英军没有步兵预备队去巩固占领的开阔地带,所以,10天之后,德军夺回了所有失去的阵地,还有所扩大。史末资代表战时内阁调查了失败的原因。他在报告中说:"包括军长在内的所有高级军官都无可指责。"问题完全出在"下级军官、军士和士兵"的身上。[1] 他们明智地把这些自以为是的结论对公众保密。这些结论不会缓和不断高涨的不满。

对于平民而言,1917年是战时最糟糕的一年。自由放任的模式已经崩溃,新的调控政策刚刚开始发挥作用。食品和燃料短缺,火车缓慢而且拥挤,排队成为英国的常态,尽管这个词来自外国。有些大臣希望通过工业征兵来平息公众的不满,但是劳合·乔治比他们更有智慧,成立了8个地区调查委员会。根据他们的调查报告,公众的不满有着充分的经济原因。于是,采取了在严格控制物价的基础上,为所有政府工作普遍增加工资的政策。在战争的前两年,工资一直滞后于生活成本,如今,工资超过了生活成本,在战争结束之前,几乎达到战前的实际工资水平。穷人不再单独承受战争的负担。同时,因为购买力明显大于需求,名副其实的储蓄增加了。政府改变了以前靠银行印刷新货币的状况,开始从这些储蓄中贷款。有人发明了国民储蓄计划来吸引平民。那些煽动家刚刚失去了征兵讲台上的旧工作,在国民储蓄运动中找到事做。如果我们不把1918年废除便士邮政的事情计算在内,那么,劳在做财政大臣期间,引进到财政体系之中唯一的新因素就是国民储蓄。劳考虑的不是真正的财政需求,而是下议院能够承受的程度。因此,英国财政在战后没有变得更糟,不应归功于劳。

对经济的不满很容易导致政治抗议。因工资问题或稀释计划而群情汹涌的工会谈判代表们,响应了民主监督同盟对政府外交政策的批评。1917年3月的

---

[1]《1917年军事行动:法国与比利时》第3卷第296页。

俄国革命加剧了政局的动荡。沙皇被推翻，从理论上讲，俄国无疑变成了一个民主共和国。尽管除了极端的社会主义者或"布尔什维克"以外，俄国各政党都准备继续对德战争。他们只想为理想主义的事业而战，提出了"不割地不赔款"的和平。这似乎暗示着，包括英国和法国政府在内的其他国家在寻求割地赔款，事实上也是这样。很容易说战争的拖延是为了阿尔萨斯和洛林，或者是为了争夺土耳其的亚洲部分。在英国，反战者找到了新的动力，那一年使下议院三度就支持和平谈判的问题进行分组表决。[1] 独立工党和英国社会党（公开承认其马克思主义主场）建立了社会主义者联盟，这是第一次"人民阵线"的尝试，当然不是最后一次。6月，这个组织在利兹召开大会，准备发动英国革命。1100位代表参加大会，其中大多是像麦克唐纳和斯诺登（Snowden）[2] 这样的温和派。大会支持俄国和平计划，并且敦促英国政府也这样做。大会还号召建立工人和士兵委员会，或者干脆用俄国的名称苏维埃命名。这是在英国首次刮起的布尔什维克风潮。

利兹大会聚集的只是那些早就反战的人士。不久，俄国革命的影响给劳工运动带来更大的伤害。5月份，汉德森代表战时内阁访问俄国。回国后，他相信，为了使俄国人民继续参与战争，英国工党也应该接受俄国和平计划，而且应该派代表参加准备在斯德哥尔摩召开的大会，所有社会主义政党都将参加，有协约国的，有中立国的，也有敌国的。战时内阁并不欣赏他的提议。劳合·乔治一开始同意了，但是，为了取悦法国政府[3]，他又收回成命。汉德森不为所动。他召开工党会议，支持派代表去斯德哥尔摩，但实际上没有人能够成行，因为水手们拒绝运载他们。在战时内阁的同僚们讨论并批判汉德森的行为时，他不得不站在门口的擦鞋垫上等候，随后马上辞职。工党的前任领导人乔治·巴恩斯（George Barnes）[4] 取代了汉德森在战时内阁的位置，其他工党的部长们继续任职。

---

[1] 支持人数不多。5月16日，32名议员投票支持俄国和平计划；7月26日，19名议员支持（德国）帝国议会的和平决议；8月16日，18名议员支持斯德哥尔摩大会。
[2] 菲利普·斯诺登（Philip Snowden，1864—1937）：在初级学校接受教育；重要的独立工党党员；1924年，1929—1931年任财政大臣；1931—1932年任掌玺大臣；1931年被册封为子爵。
[3] 法国政府担忧，如果允许法国和德国社会党人会面，法国将发生无法控制的反战运动。
[4] 乔治·尼克尔·巴恩斯（George Nicoll Barnes，1859—1940）：在初级学校接受教育；曾经做过机师混合工会秘书长；1910—1911年为工党领袖；1917—1919年为战时内阁成员；1919—1920年任不管部长；1918年退出工党；在和平条约签订之后离开公众生活。

劳合·乔治对这件小事不怎么重视。在他的心目中，巴恩斯进入战时内阁后，会顺理成章地成为工党领袖，就像国王任命他为首相，他就成为工党领袖一样。然而事实绝非如此。汉德森仍然保持工党领袖的地位，而且从这一事件中吸取了教训。他声明：自己再也不会加入一个工党不占多数的政府。从这一刻起，"自由党－工党联盟"一去不返了。在汉德森的领导下，工党开始成为一个全国性政党，而不只是一个利益集团。其目的是达到独立多数，并且在全国各地几乎都推出代表。在工会力量薄弱的地区，基层选举组织需要个人党员，如今个人直接加入工党第一次成为可能。这反过来要求工党提出一个明确的纲领。起草党纲的任务落到费边主义者西德尼·韦伯（Sidney Webb）[1]的身上。党纲向"体力劳动和脑力劳动生产者"发出了呼吁。党纲不可避免地带有社会主义的特征，要求"生产资料公有制"。[2]一个全国性政党还要有自己的外交政策，这要去哪里问计呢？只有民主监督同盟，它自战争爆发以来，一直在宣扬一种与众不同的外交政策。实际上，这意味着麦克唐纳重新成为汉德森的伙伴，或者说是不被承认的领袖。

有了全国性组织和社会主义纲领，新的工党对自由主义者和极端主义者都造成了威胁。一方面，这是一个新的左翼政党，既跟过去的失败没有关联，又摆脱了特权阶级的自由主义的束缚。工党为"人民"找到了新的事业，这时传统的自由主义者提出的地方自治、自由贸易和教育不分宗派的理念已经不再令人心跳加快。尤其是那些激烈批判传统外交政策的人，比如查尔斯·特里维廉（Charles Trevelyan），没有对他们同样为之献身的社会主义进行深入的思考，都一窝蜂地加入工党。同时，仍然依靠工会资助并在很大程度上受工会制约的工党，[3]为正在受到俄国革命激励的极端主义设置了一个障碍。

列宁在麦克唐纳和汉德森身上看到了使欧洲共产主义沉没的暗礁，这是毫不奇怪的。不仅是尚未诞生的共产党受挫于汉德森的新模式，最终，独立工党

---

[1] 西德尼·韦伯（1859—1947）：在伦敦城市学院接受教育；1924年任贸易部长；1929—1931年任殖民大臣；1929年被册封为帕斯菲尔德男爵；他的妻子坚持保留比阿特丽丝·韦伯夫人（Mrs.Beatrice Webb）的称呼；二人的骨灰都被埋葬在威斯敏斯特教堂。

[2] 人们经常说：韦伯把费边主义写进工党纲领《劳动与新社会秩序》（Labour and the New Social Order）中。事实并非如此。他只是把工党前几届年会的决议拼凑到一起。

[3] 虽然集体党员（独立工党、费边社和英国社会党）以及现在的基层选举组织在党内都有代表，但是工会仍然在工党的全国执行委员会中占多数。令人感到奇怪的是，被取消工党全国执委资格的某人会成为（此时仍然是）工会代表大会总理事会的成员。

也遭受毁灭。社会主义者如今可以以个体党员的身份加入工党，不再需要以独立工党作为中介，后者成为一个逐渐衰亡的党派。工党松散的结构，为各类人物提供了空间，从小心翼翼、没有信仰的工会会员，到革命的工会谈判代表或者中产阶级的理想主义者，只要他们遵守对"忠诚"的某种宽泛的规定。许多人试图脱离工党，但是都被限制住了，或者说，他们的反叛徒劳无功，原因是只有工党能够从"政治捐款"那里获得资金。这最后的一招为工党提供了强有力的支撑，就像来自公爵们的捐款支持了辉格党一样。[1]

来自工党的威胁还是将来的事，如今，让劳合·乔治忧心的只有那些"斯奎斯们"[2]——坐在反对派席位的阿斯奎斯的追随者。阿斯奎斯声明要独立地支持现政府，就像劳在战争的前9个月对自由党所做的那样。但是有一点区别：劳支持自由党政府是为了对抗他自己的后座议员，阿斯奎斯则是希望把劳合·乔治的政府赶下台。这是他唯一的目的。但是，对于劳合·乔治来说，反对派领袖阿斯奎斯成了他的天赐之物。问题只有一个：谁当首相，阿斯奎斯还是劳合·乔治？最不满的统一党人也退缩了，默不作声。阿斯奎斯甚至没有能力把自由党重新团结在一起。毕竟，除了终身首相的神圣权利以外，他能通过什么把他们重新团结在一起呢？关于自由放任还是经济管制的古老争论已经随着时事尘埃落定，连朗西曼也不再指责为商船护航和食物配给。敦促进行和平谈判可能是反对战时政府的理由，但阿斯奎斯从来不曾动摇的一点，正是要赢得决定性的胜利。的确，阿斯奎斯和他的追随者们极不愿意背上支持"和平谈判"的名声，所以甚至没能明确地阐明战争的目的，他们把这个任务先是交给工党，然后又交给劳合·乔治。另一方面，1917年，劳合·乔治没有抓住展现在眼前的进行和平谈判的良机，部分原因就是因为，如果自己不坚持"毁灭性打击"的话，阿斯奎斯就会接过这件武器。[3]

考虑到过去的作为，阿斯奎斯不敢说自己能比现政府更好地指挥战争。但是，其他人可以这么说。1917年5月10日，劳合·乔治召开了一次秘密会议，显然是要为劳动力调配和食品配给准备依据。虽然他口才出众，但在丘吉尔面

---

[1] 见注解 A。
[2] Squiffite 这个昵称据说来自阿斯奎斯喜欢喝酒的习惯。这不正是他的姓氏（Asquith）的简化吗？（译注：英文 Squiffy 意为"微醉的"，这里使用了谐音词。）
[3] 见注解 B。

前还是显得黯然失色。劳合·乔治没有浪费一分一秒的时间，当他俩都从议长椅子后面经过的时候，劳合·乔治一把抓住了丘吉尔。丘吉尔说，"从那一天起……我成了他的同僚"。[1] 两个月后，丘吉尔被任命为军需部长。统一党人的抗议是徒劳的，但劳合·乔治并不会让丘吉尔随心所欲。任命丘吉尔的同时，对不称职的部长进行了大换血。劳合·乔治最精湛的手笔是派诺斯克里夫到美国执行一项特殊使命，在那里他表现得出乎意料地成功。此事还引起了另外一个连锁反应。艾迪生在军需部的位置被丘吉尔占据后，担任重建部长。在他的领导下，派出数个委员会，对英国生活的各个方面进行实际调查。其中很多都是为了平息劳工的不满而装点门面的，许多计划从来没有落实。尽管如此，这种做法还是令人惊讶地承认国家对公民应承担的义务，也是第一次尝试在某种程度上把公共事务纳入理性的轨道。

重建部结束了困扰英国政治100多年的历史问题。重建实际上完成了议会改革，或者更严格地说，是投票权改革。始于1885年的户主或土地占有者的投票权虽然常常被说成是民主的，但是只赋予五分之三的男性投票权，女性自然没有投票权。房主们只要在不同的选区有房子，就没有投票数额的限制，这也使激进派感到不公平。战前的注册早已过时，按照原来的办法重新注册并不能涵盖数百万军人，把他们排除在外是极其不公正的。还有，如果赋予为国服务的男性选举权，那么为什么不能同样对待为国服务的女性呢？1916年大选临近的时候，这个问题已经迫在眉睫。阿斯奎斯以他一如既往的作风回避这个问题。他先是要求下议院决定，被拒绝后，又把问题推给了下议院议长主持的一次会议。这次会议在劳合·乔治就任首相不久提出报告，一致建议只要拥有6个月的居住资格，而不是对房屋的占有，就有投票权，并且不得超过两票。多数人还建议像过去那样以住房为基础赋予女性投票权，而女性投票年龄要高于男性。

虽然以卡尔森（本身是政府官员）为首的100多名统一党人表示反对，战时内阁还是通过了这份报告。只有女性选举权问题被留给议会，通过自由投票决定，但即使在这一点上，反对的声音也很小。阿斯奎斯以前反对赋予女性投票权，这次他说："几年前，我大胆地说，'让女人自己拯救自己吧'。通过这次战争，她们已经拯救了自己。"说到此处，大多数议员表示赞同。1917年12月，

---

[1] 丘吉尔《世界危机1916—1918》第1卷第255页。

法案在下议院通过，但之后因为上议院和下议院展开了关于比例代表制和顺位投票制孰优孰劣的争论，法案一直到1918年6月才成为法律。最终，比例代表制和顺位投票制都没有被采纳。这项立法标志着激进主义者提倡的"一人一票"原则的胜利，只有大学选区例外，还有拥有商业地产的人可以投第二票，这些规定一直延续到1948年。这项法案大大增加了注册投票人，其数量多于历次新增的总和。法案还在原则上解决了女性投票权问题，这个问题在战前曾引起很大混乱，如今执行起来却几乎没有任何麻烦。战争铺平了通向民主之路，这是战争带来的为数不多的利益之一。[1]

1917年秋天，选举权改革和"重建工作"并没有引起多少关注。除了海战之外，战事不利。西线战场遭受失败。10月，德军加强了奥匈帝国军力，在卡波雷托突破意大利防线，几乎打到威尼斯。11月，俄国布尔什维克夺取政权后，立刻与德国签署停战协定。他们倡议通过谈判获得全面和平。协约国予以拒绝之后，他们单方与同盟国谈判。俄国明确地退出了战争，东线战场不复存在。兰斯多恩利用这个时机重提一年前提出的和平谈判的倡议，并在《每日电讯报》上发表。[2] 他的倡议甚至得到了来自政府内部的支持。英国与俄国的协约或联盟一直磕磕碰碰，完全是迫于来自德国的更大威胁。现在，英俄联盟不复存在，为什么不转而寻求德国对东欧问题的支持呢？帝国的倡导者米尔纳大力鼓吹这个观点。如果德国放弃失去的殖民地，放弃他们无用的海军，尊重英国在欧洲大陆的前哨基地——也就是比利时和法国的独立性，那么他们就可以保留包括乌克兰在内的占领区。这样，德国将得到满足，东欧也不会落到布尔什维克的手中。[3] 这是之后希特勒在《我的奋斗》(*Mein Kampf*)中制定的规划的草图，据说他准备在掌权之后实施这个计划。20世纪30年代，"米尔纳幼稚园"的年轻人成为绥靖主义的倡导者并不令人感到惊奇。那时，这个策略没有产生什么影响。一方面，德意志帝国的统治者们比希特勒更加野心勃勃，他们不但想控

---

[1] 见注解C。

[2] 在此之前，《泰晤士报》拒绝发表倡议。

[3] 1917年11月3日，米尔纳告诉美国外交官说，协约国"必须倾听每一声对和平的诉求"。他坚持不懈地倡导以牺牲俄国为代价进行和平谈判，一直到签署停战协定为止。根据1918年3月1日比阿特丽丝·韦伯的记载（《日记：1912—1924》第111—116页）："首相和米尔纳在考虑以俄国为代价获取和平……据我推测，霍尔丹也期待德国容克和英格兰之间达成和解，以实现两个帝国的延续。随着俄国被分割，世界版图就会出现各种各样重新分配的可能性……"高林（Gollin）所著《政治中的总督》(*Proconsul in Politics*)第20章第522—577页，对这个模糊话题作了最充分的论述。

制西方，而且还想控制东方。另一方面，英国人民与米尔纳之流圆滑世故的政治家不同，下定决心要打败德国。11月2日，本·蒂利特（Ben Tillett）靠着重弹"更加积极有力地组织战争"的老调，击败了一位"斯奎斯"，成为唯一一个重演彭伯顿·碧凌成功案例的候选人。

公众舆论对如何积极有力地打仗所知寥寥。确实，有时候公众的骚动不安以某种古怪的形式表现出来。比如，食品分配问题造成突然的恐慌席卷全国，这种恐慌与法国革命时"巨大的恐惧感"一样毫无理性。那时的食品状况实际上好于年初。1917年的小麦产量是20世纪中最高的一年。肉类与脂肪的供给也更加及时。然而，事先没有任何征兆，各地民众突然感到恐慌，没有理性地争购食品。每一家肉店和杂货店都有沮丧的排队人群。1918年初，粮食部不得不手忙脚乱地启动配给制，根本不是因为食品短缺，只是为了平息这场莫名其妙的骚乱。没有人想减少食品消费。配给簿提供了满足所有食品需求的承诺，事实上确是如此。因为人人购买足额的配给，消费量反而稍微有所提高。这就是最神秘莫测的战争心理学。

另一个事件产生了更加不良的后果。煽动家们都鼓吹对德国空袭进行报复。专家们则反对。他们认为，飞机与前线的部队合作才能得到最充分的利用：为炮兵提供侦察，对付敌军战斗机，与地面部队配合进行轰炸。这与国内的公众舆论不相符合。史末资挺身而出，担任了他成为战时内阁成员之后的第一个任务。1917年10月完成的报告成为具有划时代意义的文件，从中衍生了当代文明的伟大成就：二战中对城市的狂轰滥炸；向广岛和长崎投掷原子弹；还有现在为毁灭人类所作的一系列准备。史末资的理念是：只要有足够的飞机，根本不需要陆战就可以使敌人屈服。这不仅满足了大众的报复心理，还是另一个版本的加里波利梦想，即不需要大量伤亡就可以取得决定性胜利。劳合·乔治自然会紧紧抓住这个时机。于是，以罗瑟米尔[1]（Rothermere）为首的独立的空军部成立了，英国陆军航空队队长特伦查德（Trenchard）被任命为皇家空军参谋长。他与罗瑟米尔闹翻之后，受命去法国独立指挥一支空军，任务是轰炸德国，直至其屈服。特伦查德从来没有得到他要求的100个

---

[1] 哈罗德·西德尼·哈姆斯沃斯（Harold Sidney Harmsworth，1868—1940）：诺斯克里夫的弟弟；1914年被册封为罗瑟米尔男爵，1919年被册封为子爵；1916—1917年任军服司司长；1917—1918年任空军大臣；1918年任中立国家宣传司司长；诺斯克里夫去世后，接管了《每日邮报》。

飞行中队，最多的时候只有9个能够作战的飞行中队。这支独立力量毫无建树。但他坚持认为，只靠空中力量取得胜利在理论上是完全可能的。战后，他把这个理念牢牢地灌输给英国皇家空军。这应该是第一次世界大战留下来的最持久，当然也是最具灾难性的遗产。

空战只是蛊惑人心的姿态而已，劳合·乔治寻求其他方法，把"人民"团结在自己身边。必须明确地让他们知道为什么而战，尤其是在不讲规矩的布尔什维克公布了秘密条约，使人们对协约国的战争目的产生怀疑的时候。更何况，工党率先施为。1917年12月，工党和工会代表大会发表了关于战争目标的联合声明，麦克唐纳为主要起草人，它与开战以来民主监督同盟所一直倡导的如出一辙。同样反对秘密外交，同样拒绝区分敌人与盟友，同样强调与德国和解。这种观点与下议院中大多数支持政府的议员背道而驰。然而，在1918年1月5日工会领袖参加的一次会议上，劳合·乔治毫无保留地支持这个声明。他说："我们不是在打一场针对德国人民的侵略战争……不是要摧毁奥匈帝国，不是要抢夺土耳其首都，也不是要抢夺小亚细亚和色雷斯那些富饶而有名的地方"。必须得到赔款，比利时必须独立。"我们誓死捍卫法国民主，要求他们对1871年所犯的巨大错误做出反省。"波兰应该独立，奥匈帝国各个民族应该得到"建立在真正民主原则基础上真实的自治"。总而言之，"一定要通过某个国际组织尽最大努力寻求战争以外的途径，解决国际争端"[1]。

这是在战争过程中英国对战争的目的所作的最全面的表述，事先得到了国王，各自治领政府，还有代表反对派的阿斯奎斯和格雷的正式认可。但是，这个声明不是在下议院，而是在一次工会大会上宣布的，这是劳合·乔治随随便便对待传统机构的一个鲜明例证。他对道德准则的呼吁得到工会分子的响应。而且，他还得到一份很实际的回报。在讨论了有关财产征用的棘手问题之后，工会决定在工厂进行更严格的人员排查。如今，劳动力成为最亟待解决的问题。为了实现基奇纳武断地提出的70个师的目标，黑格要求得到60万士兵[2]。战时内阁的一个委员会按照轻重缓急排序。他们把海军[3]和空军放在首位，然后是商船队，船只

---

[1] 见注解 D。
[2] 黑格把坦克部队、机关枪部队、皇家空军，以及通信系统的维护当作陆军的"损失"，因而扩大了对部队人数的要求。
[3] 深谙海军情况的丘吉尔认为要求的部队人数过高了；当然，他想让更多的人生产军需品，这也是没有确切依据的——简单地说，就是"多多益善"。

建造，采煤，再以后是坦克和飞机制造，最后是食品和木材生产。然后剩下的可以留给步兵。战时内阁盲目地猜测会有15万人，但实际上不到6万人。

黑格和罗伯森把嫉妒的目光投向近东和中东的200万士兵，但是遭到劳合·乔治的抵制。近东和中东的作战取得了巨大的胜利，对公众舆论而言，这些胜利是对在法国的失败的补偿。美索不达米亚的部队已经进入巴格达。巴勒斯坦的部队于1917年12月占领了耶路撒冷。中东的石油落入英国之手，而且征服巴勒斯坦为英国政府赢得了美国犹太人的青睐，在中欧可能也是如此，因为英国政府承诺要在巴勒斯坦为犹太人建立一个民族家园。[1] 劳合·乔治坚信：如果这些得胜之军继续进军的话，甚至可以打败德国。但罗伯森对劳合·乔治的提议置之不理，他一味地坚持西线战场独一无二的重要性，就像劳合·乔治一味反对一样。但是，罗伯森也为限制部队流向法国贡献了自己的力量。在他的命令之下，12万准备派往法国的预备部队被留在英国，其中一个奇怪的理由是在经济上更合算，让他们把钱花在自己的国家。[2]

劳合·乔治盼望抓住最高指挥权。他的直接目标是罗伯森，但如果能把黑格也一起除去，他会非常高兴。劳合·乔治在采取行动之前总是战战兢兢。国王支持各位将军。统一党的后座议员们绝对信任将军们。阿斯奎斯因为无事可做，随时准备支持他们的事业。劳合·乔治自认为已经发现了一个阴谋，要"建立一个实际上由军方提名的傀儡政府"[3]。他找到了一个迂回之策。像以前与尼韦勒做的那样，他再次打出协约国合作的牌。1917年11月，在他的倡议之下，由协约国首相和特命军事顾问组成的最高战争委员会在凡尔赛成立了。委员会旨在对战争进行协作指挥，在某种程度上，它确实做到了这一点。委员会下设机构整合了协约国的资源，尤其是在财政和船运方面。[4] 但在军事方面却无所

---

[1] 这是《贝尔福宣言》（1917年11月2日）中的内容。当时巴勒斯坦的居民主要是阿拉伯人，这是一个被英国政府漠视的事实。很显然，人们想当然地假定，阿拉伯人会乐于放弃巴勒斯坦，把它留给犹太人，却因为在奥斯曼帝国的其他地方实现某种民族独立而心存感激。也许，劳合·乔治和贝尔福只是从《圣经》中了解巴勒斯坦，但在这个问题上，该书是过时的。当然，《贝尔福宣言》的目的之一是在叙利亚的法国人和苏伊士运河之间设置障碍。这个考虑没有公之于众。

[2] 陆军部也强调，预备部队在英格兰比在法国更容易隐蔽，而且，如果预备部队留在英格兰，对大规模伤亡感到震惊的公众舆论也可以平复下来。劳合·乔治补充说："我不放心把这些人交给黑格。"虽然如此，这是陆军部的决定，而不是劳合·乔治的决定。

[3] 劳合·乔治《战争回忆录》第5卷第2786页。

[4] 成立了英法采购委员会负责协调对美订单。由各国部长组成的协约国海上运输理事会协调海运需求，把所作决定交付执行机构。这个部门负责协约国和美国的所有船运事宜，一直到战争结束。

建树。罗伯森拒绝与凡尔赛委员会合作。他对自由党反对派提出了警告。下议院产生了孤立主义的骚动。劳合·乔治退却了。他解释说，最高委员会没有权力，只负责讨论问题和提出建议。作为协约国最高统帅，他说："我个人坚决反对那个建议。"

1918年2月，劳合·乔治再次发力。最高战争委员会下决心建立一支由英法军队组成，分别由各自军事顾问指挥的总预备部队。如果这个计划成功，那么未来的大战略将由凡尔赛决策，而不再是伦敦的帝国总参谋长。罗伯森再次抵制。他自己不去凡尔赛，也拒绝在权力遭到削弱的情况下留任总参谋长。国王和阿斯奎斯一致支持罗伯森。德比、罗伯特·塞西尔勋爵，还有法尔特·朗威胁说要辞职。战时内阁的寇松暗示自己将加入他们，像1916年那样玩起了两面派手法。只有米尔纳和劳站在劳合·乔治一边。这一次，他决心战斗到底。他威胁下议院说要解散政府。他对国王的秘书说："如果国王陛下坚持让罗伯森留任……那么国王只好去找别的大臣。"[1] 面对威胁，反对派崩溃了。下议院没有举行分组表决。国王解释说自己以前是被误解了。2月18日，罗伯森在晨报上看到自己已经辞职。他被派到英格兰东部，对这个顽固的"西线人士"来说，真是一个笑话。[2]

新任帝国总参谋长亨利·威尔逊爵士同罗伯森一样，是个"西线人士"，甚至有过之而无不及。他的战前规划导致英军投入法国前线。但是，与大多数将军不同的是，他懂得如何哄骗高级文官，虽然他把他们称作"连衣裙"。从那时起，战时内阁有了一个伶牙俐齿的军事顾问，他倾听劳合·乔治的想法，有时还执行这些想法。但是，劳合·乔治的胜利是有缺陷的。在最后一刻，黑格机灵地抛弃了罗伯森，宣布"准备接受内阁的任何决定"。史末资在巡视西方前线之后，报告说没有更合适的人选取代黑格的位置。也许是他目光短浅，[3] 也许是劳合·乔治在对付国王的心腹时有所畏缩。无论出于什么原因，黑格避过一难。巨变到来得实在太晚了。在劳合·乔治自认为赢得了战

---

[1] 1918年2月16日斯坦福德姆备忘录。比弗布鲁克《人与权力》(Men and Power) 第412页。
[2] 凡尔赛委员会事件证明是针对罗伯森耍的花招。从来没有普遍组建预备部队。正如当初罗伯森要求的那样，凡尔赛的军事代表罗林森被置于帝国总参谋长的命令之下，所有人对此都未动声色。
[3] 据说艾伦比（Allenby）和普卢默（Plumer）强于黑格。澳大利亚人约翰·莫纳什爵士（John Monash）也曾受到称赞。但他的职业是土木工程师，而且是犹太人。他担任军长只有6个月。劳合·乔治说在战后才知道莫纳什这个人。《战争回忆录》第4卷第2267页。

略决策的自由时，他实际上失去了这个自由。前几年，协约国处于进攻态势，所以可以争论在法国还是其他地区作战。1918年，德国人决定在大规模的美军到来之前打击法国，因此协约军的战略只能依此展开，不论愿不愿意，他们都得在西线战场作战。

指挥实施德国战略的鲁登道夫与黑格抱着完全相同的目标，当然，他是站在对立的一面。他也打算在弗兰德斯突破，然后绕到深沟高垒后面进行包抄。他筹划了一个新的战术，希望能够取得成功。他不准备在弗兰德斯，而是在更南面的索姆河发动进攻，并且只在英军撤离后进攻战略要点。鲁登道夫也不准备重演黑格所遭受的重大伤亡。他作了战术上的改进：不搞轰炸警告；突然袭击；向薄弱地区推进，把零星的抵抗留到以后去解决。虽然是在极秘密的状态下进行的，但是德军的准备工作仍然不能做到神不知鬼不觉。英国情报官向黑格发出了警报。但他拒绝从弗兰德斯撤军，或者是出于合理的防御方面的理由，或者他还梦想在那里重新展开进攻。他也不能确认索姆河部队的阵地是否坚固。他很自信，德军的进攻会像上次自己的进攻一样被遏制住。

3月21日，德军开始在索姆河进攻，进攻的突破口正好选在英军和法军的连接部。浓雾成全了这次突袭。英军阵线被撕开一个大大的缺口。只有几天的时间，德军就向前推进了40英里。英军现在都是战时兵，只受过壕堑战的训练。一旦被赶出坚固的阵地，他们丝毫没有打运动战的准备，因此陷入一片混乱。黑格在战场上面临着失败。在危机面前，只有劳合·乔治无畏地挺身而出。3月23日，他从束手无策的德比手中接管陆军部的指挥权。他惊讶地发现，居然有88000名士兵在家休假。在麦克莱的协助下，每天运兵数量从8000人增加到30000人。黑格以前说过，他可以在没有预备队的情况下阻挡德军18天，但是劳合·乔治只用一个星期就为他准备好了预备队。3月28日，劳合·乔治来到外交部，独立行使权力。他没有与贝尔福商量就给威尔逊总统发电报，要求立即动用参战美军。威尔逊的回应是：他也像劳合·乔治否决他的将军们一样，否决了自己的手下潘兴（Pershing）司令的意见。

联军不仅在后退，还在溃败中。黑格提议防守海峡各个港口，贝当准备防守巴黎。联合战略不复存在。黑格曾经反对联合作战，如今却等待着联合，只要法军能给他提供帮助就好。3月26日，米尔纳代表战时内阁跨过海峡到达法国。[1] 英法双方在杜朗召开会议。贝当预言首先是黑格投降，然后是他自己。福煦（Foch）坚持认为，如果遭到足够顽强的抵抗，德军会停止进攻。在米尔纳的倡议下，福煦被授权"协调联军的行动"。4月3日，在博维再次开会，这次劳合·乔治也参加了。会议授予福煦"军事行动战略指挥权"。4月14日，英国战时内阁任命福煦为"联军总司令"。这个耀眼的头衔虽然也得到美国的认可，但给予福煦的实权却微乎其微。没有为协约国间的这个机构提供参谋班子，联军的司令官们也没有在一起开会协商过。[2] 联军此时处于防御地位，福煦的指挥在某种程度上说全靠他手下的预备部队。当联军转向反攻的时候，福煦所做的只是接受各国指挥官各自钟爱的计划，希望能取得好的结果。用他自己的话说，他只是一个善于打拍子的乐队指挥。

1918年春，德国还是战场的主宰。3月21日至28日对英军展开首次进攻，德军横扫索姆河的古战场。4月9日至25日的第二次进攻也是针对英军的，这次进攻收获较小，但还是逼得黑格发出了绝望的喊叫："我们背后就是高墙，无路可退。相信我们的事业是正义的，每个人都必须战斗到底。"在英格兰，这句话堪与纳尔逊最后的遗言并驾齐驱。在前线，参谋人员背靠奢华舒适的城堡，何曾有拼死一战的决心。在经过一个月的停顿之后，德军进攻法军，跨过马恩河，到达离巴黎不到40英里的地区。每次鲁登道夫都被胜利所迷惑，无目的地拖延进攻。每次进攻都以不能突破盟军的防线而告终，使德军处在尴尬的突出部位，其两翼面临从后面包围的威胁。弗兰德斯决定性的战役，"哈根计划"，同样被延宕了。与此同时，联军逐步壮大起来。在法国，英军得到50万士兵的补充，有的来自巴勒斯坦，大多数来自英国。截至7月底，美军在法国有27个师，到战争结束，增加到34个师，其中大部分是用英国船只运过来的。他们的枪炮、坦克、飞机几乎清一色出自英国和法国的工厂。

打击U型潜艇的战争到了白热化的程度。1918年，英美两军在沿挪威到苏格兰北海岸一线布置了水雷。年轻的海军军官喜欢更富攻击性的战略。4月23日，指挥多佛巡逻舰队的罗杰·凯斯爵士在奥斯坦德和泽布勒赫的基地攻击德国潜艇。奥斯坦德的进攻遭到失败，在泽布勒赫，3艘封锁用船舶被击沉，虽

---

[1] 劳合·乔治声称因为太忙不能离开英格兰。毫无疑问，他乐于把针对黑格的决战交给米尔纳。
[2] 黑格、贝当和潘兴三人只有一次与福煦在一起开会。

然海峡没有被完全封闭。尽管如此,出入奥斯坦德和泽布勒赫的德国潜艇还是比英军想象的少了。无论如何,这次浪漫的冒险给阴郁的日子带来了一束光明。

黎明前的黑暗给英国人带来了新的不满情绪。战时内阁郑重地向"士兵之友"博顿利了解公众情绪,甚至提议给他一个政府职位。另一位主要的煽动家彭伯顿·碧凌成为一件诽谤诉讼案的胜利者。起诉者是舞蹈演员莫德·爱伦(Maud Allan)。彭伯顿声称德国人手里有一本黑皮书,以此大作文章,据说书中有英国上层社会47000个性变态者的名单,其中有阿斯奎斯夫妇的名字[还有审判此案的法官达林(Darling)的名字,由他审判或许不当],但没有劳合·乔治的名字。这无疑是个小案,却成为统治阶级声名狼藉的一个明证。最大的呐喊声仍然是针对那些"逃避兵役者"。劳合·乔治的回应是把强制服役年龄提高到50岁。这只是一个戏剧性的姿态,当时被征召入伍的士兵无人被派到前线服役。

伴随而来的是另一个更加不幸的事件。在新草案中,爱尔兰仍然被排除在强制服役的范围之外,后座议员们表示反对。有见地的人,甚至包括卡尔森在内,都认为不应该把强制服役扩展到爱尔兰,因为那样做只能引起反抗,派去执行这个政策的英国士兵可能比从爱尔兰征来的士兵还要多。劳合·乔治以为自己找到了一条新路。当时,一直在寻求解决爱尔兰问题的代表大会因为阿尔斯特拒不妥协而宣告失败,爱尔兰问题又被搁置在政府的办公桌上。必须采取一些措施,以期获得美国对爱尔兰问题的好感。劳合·乔治把强制服役政策扩展到爱尔兰,但保证只在爱尔兰得到地方自治之后才实行。他希望通过这个办法,统一党人会接受地方自治,而爱尔兰人则会接受强制服役。

但是这一招并没有成功。爱尔兰人没有为遥遥无期的对地方自治的承诺所惑。爱尔兰民族主义的议员们集体离开议会与新芬党人联手,其中多数人再也没有回来。德瓦莱拉成为爱尔兰人公认的领袖。一直不参与政治的罗马天主教指责征兵制度"是压迫性的非人道的法律,爱尔兰人有权力通过与上帝律法相应的任何方式予以拒绝"。在下一个星期天的弥撒聚会上,会众们宣誓抵制征兵制度。4月23日,发生了一场总罢工,除贝尔法斯特外,全爱尔兰关门24小时,酒吧也不例外。英国政府仓促间编造出一个"德国阴谋案"。新芬党领袖被逮捕,再次被关进英格兰的监狱。弗伦奇被任命为爱尔兰总督,实行军事管制。

地方自治的谈判被取消了，劳合·乔治含糊其词地说，"等待时间来解决"。[1]征兵制度也烟消云散，从未在爱尔兰实行过。妥协来得过晚。这是爱尔兰抛弃英爱联合的关键时刻。鲁登道夫的大规模进攻使德国失去了战争，也导致大英帝国失去了爱尔兰。

劳合·乔治在国内面临着更加紧迫的威胁。在法国危机的借口下，他在4月份赶走了德比，把米尔纳安置到陆军部，[2]终于实现了文职官员掌权的局面。罗伯森的追随者弗雷德里克·莫里斯爵士（Sir Fredrick Maurice）此时辞去了军事行动司司长的职位。他担心一场针对黑格的阴谋正在酝酿之中，下决心阻止这个阴谋。他不顾禁止对高层官员进行公开批评的规定，于5月7日给《泰晤士报》投稿，指控劳合·乔治1918年初在驻法英军实力的问题上对下议院撒谎。这个问题实际上已经不重要，因为争论过去的事情是没有意义的。但在动荡的年月里，人们的神经处于极度紧张的状态，很少有人能理智地判断问题。"斯奎斯们"以为机会来了。他们督促阿斯奎斯，要求成立一个特别委员会，对莫里斯指控的真实性进行调查。一开始，劳合·乔治和劳怯于作战，主动提出由两名法官进行调查，但是阿斯奎斯拒绝了他们的提议。劳合·乔治不得不面对挑战。他有足够的本钱应对来自阿斯奎斯的攻击。卡尔森本人是个刻毒的批评者，在参加了统一党后座议员的会议之后，他无奈地说："他们对阿斯奎斯的仇恨压倒了任何其他的考虑，他们明天不会支持他。"[3]

劳合·乔治提出了意想不到的极佳辩护理由。通过不可思议的手法，他证明了莫里斯指摘的人力数量恰恰是陆军部莫里斯亲自领导的部门提供的。[4]阿斯奎斯没有撤回动议，他想侥幸作最后一搏。98名自由党人投票支持政府，还有1名统一党人，甚至卡尔森也投票支持政府。[5]就像大多数阿斯奎斯（这次

---

[1] 劳合·乔治《战争回忆录》第5卷第2670页。

[2] 劳合·乔治行事如此匆忙，他只是在已经任命之后才打电话通知国王。德比成为驻法大使。米尔纳离开战时内阁，他得到的承诺是一旦讨论军事问题，就会通知他参加。但是，这个承诺没有兑现。奥斯丁·张伯伦接替了米尔纳在战时内阁的位置。这是为了安抚统一党人的政治任命，第一次公然违背了战时内阁超然于党派之外的原则。

[3] 雷平顿《第一次世界大战》第2卷第398页。

[4] 见注解E。

[5] 6名反战的工党议员和一名爱尔兰民族主义者也投票支持阿斯奎斯的动议；293名议员投票反对。假如另外的75名爱尔兰民族主义者在场投票支持动议，而不是在爱尔兰鼓动反对强制征兵的话，劳合·乔治的胜利就会大打折扣了。

是莫里斯)插手的事情一样,这次进攻又失败了。这些同谋者,如果他们是同谋的话,忘记了史密斯(F. E. Smith)的忠告:"与劳合·乔治先生开展实质性的激烈争议的人必须考虑清楚,考虑深刻,还要考虑长远。否则,他将没有时间再考虑。"[1]"莫里斯辩论"虽然与战争无关,却具有历史性意义。这是战争中唯一的一次官方反对派在下议院分组表决中反对政府。自由党一分为二,再也无法弥合。1918年5月9日,历史上著名的自由党自我了断了。或许自由主义无论如何都会消亡,奇怪的是,自由党在代表军界对抗文人政府的权威时最后牺牲了。

劳合·乔治在国会大获全胜。"莫里斯辩论"标志着他个人独裁的开始。然而,正是在这个时刻,他的权力却在其他方面被削弱了。劳合·乔治是个善于鼓动民心的政治家。他的力量来自于"人民",而不是政党。他是个伟大的个体,而不是党派领袖。被他吸引的人民像他自己一样,是散漫无组织的。但如今,产生了一群有组织的"人民",他们就是工厂的工人。原来典型的人民代表一直是小店主(最好是个小工匠),现在的人民代表则是工厂的工会谈判代表。与他们相处,劳合·乔治的魔力不再有效。1918年夏天,爆发了新一轮罢工浪潮。这一次,工人们更关心的是社会地位问题,而不是工资。考文垂军需工人的罢工是为了抵制进一步的"稀释计划",伦敦警察的罢工是为了得到对警察工会的认可,棉厂工人的罢工是为了反对令他们屈辱的"轮值表"。丘吉尔虽然以前对提高工资表现得很慷慨[2],现在却希望采取果断行动。他威胁说要把罢工者征召入伍,从而结束了考文垂的罢工。劳合·乔治在与罢工者见面时言语温和,作出某些让步。这些罢工令人忧虑,特别是公共秩序的保护者史无前例地展现出对工人阶级的同情,这与以前的罢工不同。此外,罢工的领导者是工会领导人,他们又受到来自工会谈判代表的压力。政治上的工党也在离开他。5月,工党在旺斯贝克的一次补选中,推出自己的候选人与联合政府提名的候选人相抗衡,几乎获胜。虽然英格兰远未出现像俄国那样发生革命的条件,但是,基于爱国主义的团结之心在消退。工人阶级对"老板们"获取巨额利润感到愤愤不平。虽然大战仍在进行,但阶级矛盾已经到了爆发的边缘。

---

[1] 汤姆·琼斯(Tom Jones)《劳合·乔治》第152页。
[2] 1917年7月,丘吉尔为军需工人的计时工资增加了12.5%的工资,奖励计件工作效率的大幅提高。当计件工人发出抗议的时候,也给他们增加了7.5%的工资。

为了矫正这种情绪，有人试图更加明确地阐述英国事业的伟大理想。这并非主动设计的。长期以来，以和平主义者和社会主义者为一方，以博顿利为另一方，舆论一直受到新闻界的左右。新闻局只有一个负面的功能，就是禁止发布可能被敌人利用的新闻。有几家报纸因为违反安全规定被起诉，但没有一家报纸因为发表不受欢迎的舆论而受到制裁。[1]1918年2月，在比弗布鲁克的领导下成立了新闻部（这是战争期间成立的最后一个部）。[2]理论上讲，这个部不管国内舆论。其下属部门一个由拉迪亚德·吉普林（Rudyard Kipling）领导，针对美国和协约国的舆论；另一个由罗瑟米尔领导，针对中立国的舆论。最重要的部门负责对敌宣传，这一创新举措具有和坦克、飞机同样非凡的意义，它也像坦克和飞机一样，直到战争结束仍然处于试验阶段。在当时，新闻是除了讲话以外唯一能够影响国内舆论的方式，人们认为新闻工作者也是打击敌人的工具。比弗布鲁克本人在这个领域也是新手，[3]所以他请来了诺斯克里夫。诺斯克里夫终止了对政府的攻击，把他的才具转移到打击"德国佬"。

他对政治缺乏深刻的理解。他懂得如何传播思想，却不知道如何产生思想。他以创造性的方式为新的工作岗位带来了乐趣。他把大量气球投放到德国和德军前线，气球上带着协约国胜利的消息和优待投降德军的保证书。诺斯克里夫在政策方面无所建树，他向狂热分子请教何谓更加美好的世界。狂热分子就是那些相信战争是为了伟大理想而战，甚至相信这些伟大理想可以自动赢得战争的人。H. G. 威尔斯和维克汉姆·斯蒂德（Wickham Steed）等人欢呼雀跃，现在不必等待政府的指令，尤其是外交部冷冰冰地下达的指令，就可以对英国的政策予以阐释。诺斯克里夫的总部克鲁公馆在撼动敌军士气方面可能没有多大作为，肯定比敌方作家后来声称的要小，但是却使大不列颠坚定地与国际联盟，与民族自决事业站在一起。政府跟在诺斯克里夫后面，因为没有更好的主意。6月份，他们致力于促成"一个统一、独立、拥有出海口的波兰"。8月份，他们承认马萨里克（Masaryk）领导的国民议会，把它作为"未来捷克斯洛伐克政府

---

[1] 1917年7月，《民族》（Nation）杂志因倡导和平谈判，曾被短期禁止在国外发行。
[2] 比弗布鲁克想兼任兰开斯特公爵郡大臣。国王因为兰开斯特公爵郡大臣在宗教上有某种优先权，也因为比弗布鲁克属于长老派教会而表示反对。这种反对是不合时宜的，因为任命的首相就是洗礼派教徒，而首相有权提名英格兰教会的主教候选人。
[3] 由比弗布鲁克控股的《每日快报》（Daild Express）发行量很小。他在战后才将其发展成一个大众喉舌。

的受托者"。若不是意大利反对,他们可能还会支持南斯拉夫的野心。这些行为并没有摧毁哈布斯堡王朝,它是被战争中的失败所摧毁,然后又被其人民所遗弃的。然而,感谢克鲁公馆,民族解放成为(或者似乎成为)英国事业的一个胜利。

劳合·乔治和贝尔福对这样的结果持欢迎态度。劳合·乔治的威尔士情怀使他热切地对弱小民族的诉求作出回应,这为他的演说提供了素材。贝尔福曾经是爱尔兰独立最顽固的反对者,如今成为摧毁德国霸权的最坚定的支持者。其他人表现出更多的犹豫不决。军事领袖中没有人相信在1918年可以打赢战争。7月25日,亨利·威尔逊爵士报告说,决定性的战役可能在1919年7月进行。[1] 8月14日,史末资向战时内阁通报说,战争可能持续到1920年。他还提出疑问:"这样做值得吗?"[2] 他和米尔纳还在敦促进行和平谈判,条件是如果德国退出西方,将被允许保留在东欧的果实。1918年7月联军开始干涉俄国,表面上是要恢复抗击德国的东线战场,同时也抱着顺便推翻布尔什维克政权的希望。对德国的敌忾之心很容易地汇聚到反布尔什维克主义的洪流中,那些在国内每一次罢工运动中看到布尔什维克主义身影的人更是如此。

史末资和米尔纳倡导的和平谈判,而不是其反布尔什维克主义,被迅速发展的一系列事件所压倒。7月15日,德军发动了对法国的最后一次进攻,但是不到3天就宣告失败。当南方失败的消息传来,鲁登道夫已经到达弗兰德斯,准备发出在那里开展决定性打击的命令。7月20日,"哈根计划"被取消,德军取胜的希望破灭,战争主动权转移到协约国手中。他们的战略没有任何新意。自1914年的马恩河战役起,福煦每一次都在叫喊,"进攻!进攻!"黑格自索姆战役之后,一直预言德军会很快溃败。现在,事实终于与他们预想的理论吻合了。

8月8日,为了保护亚眠的铁路枢纽,英军在其正面展开进攻。英军动用了456辆坦克,开展密集队形攻击。虽然还是缺乏在突破德军防线后扩大突破口的手段,但取得了几乎和康布雷之战同样大的战果。黑格吸取了以前自己和鲁登道夫失败的教训。他在一次进攻之后一两天就停止攻击,不再固守尾大不

---

[1] 劳合·乔治《战争回忆录》第6卷第3116页。
[2] 同上第3123页。

掉的突出部位，然后在德军为了抵挡第一次进攻而调走了预备队的另一个地点展开第二次进攻。一次次锐利的冲击迫使德军节节后退，最后不得不后撤整个防线。9月份，福煦在整个联军前线如法炮制。这是自马恩河战役后第一次所有部队都动起来了。以前的战役都是投入有限的兵力，比如，在索姆河战役交战最酣的时候，只投入22个英军师。到1918年9月，每方常常在同一天投入90多个师作战。

尽管如此，德军的防线被突破从来没有超过数个小时。坦克是笨重武器，除了被敌军炮火摧毁外，还可能因为机械故障而瘫痪。坦克和助攻的步兵不久就供给不足。尽管动用了大量机动车，但是主要是运输弹药而不是士兵。英军和其他协约国军队一样，先是依靠铁路运输，在接近前线的地方再靠马车运输。坦克和机动车辆所需的汽油得从加莱和鲁昂的仓库用两加仑的罐子运送，[1]因而大大限制了供应量。人力资源也不是用之不竭。虽然协约国指望在1919年得到500万美军的支援，但在当时，他们只能依靠手头的兵力。还是和以前一样，当联军展开进攻的时候，他们的伤亡超过德军。战略意图也没能发挥出来。福煦想打一场大规模保卫战，由英军在弗兰德斯，美军向梅斯攻击德军的两翼。美军采用的是古老的硬攻办法，突然就熄火了。英军主力还在遥远的南部。同样参与进攻的法军位于中心位置。因此，联军的胜利把德军的中心向后推，而不是侧翼包抄。其结果是，迫使德军缩短了防线，实际上是巩固了德军的阵地。

不久，战争的态势似乎是：联军的推进将减缓下来，德军将站稳脚跟进行稳固的防守。最后的胜利仍然显得遥遥无期。9月，诺斯克里夫说："我们中没有人能活着看到战争结束。"[2]鲁登道夫仍然自信地认为，他的部队可以顶住联军的猛攻，德国将在两败俱伤之后的和平谈判中得到有利的条款。但就在此时，同盟国的后方开始瓦解。9月19日，艾伦比在米吉多战役中击溃最后一支土耳其军队。几周后，他占领了大马士革。也是在9月中旬，在萨洛尼卡拖延日久的部队终于向北方挺进。自1915年以来一仗未打的保加利亚人不再迟疑，于9月29日签署了停战协议。协约国进入中欧的路打开了，鲁登道夫没有军力去阻

---

[1] 甚至这些仓库也是1916年才建成的。在此之前，所有的汽油必须罐装从英格兰运过来。
[2] 伦奇（E.Wrench）《奋斗》（*Stuggle*）第334页。

止他们。9月29日，鲁登道夫报告德国政府说，他们将寻求立即停战，以便有喘息之机去巩固防线。德国政府不喜欢这个提议，希望在寻求停战之前敲定协约国的和平条款。但是鲁登道夫坚定不移，于是，德国军界在与文职官员的争执中最后一次占了上风。10月4日，德国政府向威尔逊总统发出请求，要求立即停战，开始和平谈判。

德国只与威尔逊接洽，而避开其他交战国，是有其目的的。他们认为，从这个理想主义的总统身上可以得到更加优惠的条件。他们还认为，德国表现出类似的理想主义，可以在美国和协约国之间打进一个楔子。威尔逊则有求必应。他对协约国那些高调的原则缺乏信心，于是迫不及待地恢复了作为公平的调停人的旧角色。他希望首先让德国接受十四点计划，然后在德国的协助下迫使协约国也接受这些原则。[1] 在将近3周的时间里，威尔逊和德国单独谈判。某些协约国大为惊恐。法国人反对十四点计划，希望制定自己的和平条款，意大利人更是如此。有些英国大臣也想提出抗议。劳合·乔治压制了这些不满情绪。他明白，协约国不能冒真正与美国决裂的风险。再者，作为语言的魔法师，他充满自信地认为，依靠阐释者的智慧，十四点计划可以指任何事，也可以什么都不是。

10月23日，德国接受了十四点计划。最高战争委员会到11月4日才开始审议。威尔逊的私人代表豪斯（House）威胁说，如果协约国犹豫不决的话，美国可能单独媾和。劳合·乔治坚决反对"公海自由"一条。他说："英国人民不愿意看到这种情况。在这一点上，英国是绝对坚定不移的。"令豪斯满意的是，英国人表示，虽然没有事先承诺，这一点可以在和谈会议上讨论。法国也试图加进一条，要求德国对"因德国在陆地、海洋和空中的侵略而对协约国平民及其财产造成的一切损失"予以赔偿。意大利试图保留《伦敦条约》中承诺的领土要求。但他们得到的回应是，这些要求与对德条约毫无关系，威吓之下，他们只好保持沉默。之后，最高战争委员会在英法有所保留的前提下接受了十四点计划。通过这种间接的过程，英国和其他协约国没能成功地制定对德战争的目标，总体上讲，是美国总统为他们制定了条款。这让某些人之后非常懊悔。

---

[1] 见注解F。

停战条款的达成也是曲曲折折。十四点计划已经被德国人接受，威尔逊就委托战场上的司令官们与德军谈判停战事宜。在协约国内部发生了仓促混乱的争论。黑格认为，德军还保持着高昂的士气，而协约国中除了英军以外，普遍斗志不足。因此，他满足于让德军撤出比利时和法国北部。另一方面，潘兴无视总统的指令，根本就不想停战。他建议一直战斗下去，直至德军同意"无条件投降"。福煦表示反对，他坚持认为：如果条款"为我们提供了预期的结果"，就没有理由把战争继续下去。私下里，他试图把自己心目中的停战条款写进将来的和平条约。他希望法国能得到莱茵兰，因此宣称，德国撤出莱茵河左岸，协约国在莱茵河右岸建立据点，是保证战争不再爆发的关键。英国内阁并不欣赏福煦的观点，他们也有自己对最后解决方案的期待：希望德国海军立即解散，福煦同样不喜欢这个条件。争论的结果是各让一步。福煦同意要求全部德军战舰交付扣押。英国同意协约国占领莱茵兰。英法两国都在揣测未来的局面，抓住脑子里冒出来的新想法。

谈判是在仓促混乱的状态下秘密进行的。先是为十四点计划发生争论，然后草拟了停战条款。协约国既担忧德国目前的实力，又担忧将来布尔什维克主义将横扫孱弱的欧洲。在争论世界未来的同时，劳合·乔治和劳还讨论了国内的政治策略。他们决定继续维持联合政府，一旦战争结束，马上举行一次大选。11月5日，乔治五世勉强同意解散国会。同时，亨利·威尔逊在总结每次战况报告时都敦促在爱尔兰实行征兵制。在整个过程中，战斗一直在坚持着。死亡持续到最后一刻，尽管德军纷纷投降，其数量大大超过盟军的伤亡数量。热病的到来更是雪上加霜。一场流行性感冒在全世界蔓延。它始于近东，8月份到达中欧，10月份到达英国。大约四分之三的人口病倒。停战之后不久，劳合·乔治本人竟然在曼彻斯特市政厅卧床不起，长达十天之久。1918—1919年冬，大约有15万英国人死于流行性感冒。其他地区的死亡人数更多。印度有1600万人死于此病，比所有国家战争死亡人数的总和还多。没有人能够说清楚，究竟是传染病特别厉害，还是病毒更容易入侵被战争的苦难折磨得筋疲力尽的人。无论是哪种原因，1918年秋天的传染病加剧了紧张局势，正如1848年欧洲革命前一年的那场流感。

结局的到来非常突兀。10月30日，奥斯曼政府与一位英国海军上将签署了投降停战协定。[1]11月3日，奥匈帝国最高统帅部与意大利签署了一份类似的停战协定。至此，奥斯曼帝国和哈布斯堡帝国都已不复存在。在德国，与威尔逊总统谈判的消息唤起了告别战争的渴望。当海军最高统帅部准备对英军发动一场徒劳无功的"死亡之旅"的时候，舰队发动兵变。陆军中只有最精锐的部队表露出继续战斗的意愿。11月7日，德国停战代表团穿过两军战线。他们在勒唐德的一个列车车厢里受到福煦和联军海军司令部威姆斯上将的接待。他们提出停战要求，然后，约定条款递交到他们手中。按照协定，德军撤到莱茵河之后，大量的武器和铁路设施，以及全部潜艇和大部分战列舰将被扣押;《布列斯特·立托夫斯克条约》被废除，东欧的所有德国军队撤至1914年的德国边境线以内。德国基本上没有讨价还价的资本。霍亨索伦帝国随之瓦解，虽然德国没有瓦解。11月9日，威廉二世逃亡荷兰，在那里宣布退位。一个共和国在柏林宣布成立。11月11日早晨5点，德国代表团在停战协议上签字。停战协议于上午11点生效。当时，德国军队还遍布在外国的土地上，除了法军于1914年占领的上阿尔萨斯的一小块地方。加拿大军队于停战协议签署一小时前占领蒙斯，恰好在"老杂种"动手开战的地方结束了战争。

在战斗前线，当枪炮声停止的时候，军人们在惶惑中松了一口气，没有表达亲善之意，也没有什么人欢呼雀跃。在英格兰，人们不那么紧张了。停战的消息传播开来，商店和办公机构停止了工作。人群在街道上涌动，带头的大多是休假的空军士兵和自治领的士兵。公共汽车被人们抢占，穿着奇异服装的人在敞篷的上层痛饮狂欢。在特拉法加广场，一堆篝火在纳尔逊纪念碑的底座旁燃烧，其痕迹一直保留至今。亦有素不相识的人在门道和人行道上做爱。他们在庆贺生命战胜了死亡。庆祝活动持续了3天，越来越疯狂，直到警方出面干预才恢复秩序。

11月11日下午，下议院召开会议。劳合·乔治宣读了停战协定，最后说道："希望我们可以说，这个具有重大意义的上午，为所有的战争画上了句号。"随后休会，到圣玛格丽特教堂感谢"世界从巨大的危险中得救"。队伍以下议院议长为先导，紧随其后并肩行走的是劳合·乔治和阿斯奎斯。他们在谈各自女儿取得的进步。

---

[1] 克里孟梭因为法军上将没有参与签字而感到非常恼火。

注解

注解A　政治捐款

起初，工会从总基金中拿出钱来支付政治活动用款（比如支付议员薪水、为工党捐款等）。1909年，奥斯本案的判决认定这种支付属于非法。判决的根据极令人怀疑。1911年，国家财政资金开始支付议员的工资。工会基金存在的一个理由消失了，但是后来又允许有些工会为自己的议员贴补薪水。1913年，《工会法》修正案授权工会，可以通过单独的"政治捐款"为政治目的募捐，工会成员如不愿交纳，必须公开签署声明，表示不愿这样做。这项措施旨在限制他们的政治活动，因为按照新规，总基金不能用于此。但是，事实却证明了它的优势。政治基金不能用于任何其他用途。过去，一个工会为工党捐助100英镑就觉得出手大方，而如今，它觉得政治基金闲置不用就没有意义，所以拿出5000英镑也是小事一件。并不是所有政治基金都会到全国性的工党手中。其中有些用于支持工会议员，有些用于资助地方社团和支付地方选举的费用。尽管如此，工党的收入一夜之间增长了10倍，而且在战争期间，随着工会会员的增加，收入还在直线上升。因此，1913年的法律虽然旨在削弱工党，却出人意料地为工党获得稳定可观的收入提供了可靠的保障。当然，工党的收入不一定比靠富人秘密捐款的两个老党多（尤其是统一党）。工党的收入是完全公开的，要受到两次审计，一次是工会，另一次是工党。工党不需要像其他两党那样，靠卖爵位和其他暗中交易生存，它可以不加隐瞒地如实公布账目（工党至今仍是如此）。当然，它有"金主"，但至少人民知道这些人是谁。

注解B　1917年和平谈判

这一系列谈判为后来留下了许多充满懊悔的"假如……"。最实质性的启动者是1916年11月继任奥地利皇帝的卡尔。如果能在回归战前状态的基础上摆脱战争，或在波兰重建一个哈布斯堡王国，那么他将不胜欣喜。他也随时准备真诚地表达希望阿尔萨斯-洛林回归法国的愿望。谈判的破裂出于两个原因：1. 即使奥匈帝国统治者有此愿望，奥匈帝国也没有能力与德国分手。实际上，它更不可能转而反对德国，而这是协约国真正希望的；2. 意大利是唯一一个与奥匈帝国作战的协约国（俄国已经实际上退出了战争），意大利政治家除了坚持《伦敦条约》的全部条款外，拒绝考虑任何其他条件。直到那个时候，他们还在想着打败奥匈帝国。5月份，与卡尔的直接谈判宣告失败。同年稍晚时候，史末资和前奥匈帝国驻美大使门斯多夫（Mensdorff）曾经恢复谈判，但是直到战后，谈判的障碍一直使奥匈帝国不能与德国分手。

1917年夏天，德国外交大臣屈尔曼（Kühlmann）试图启动和平谈判，先是通过梵蒂冈，后是通过马德里。但这些努力仍然徒劳无功。协约国的最低条件一直是全部归还比利时和法国东北部，以及不那么坚决地坚持把阿尔萨斯-洛林归还法国。屈尔曼要求德国保留法国的铁矿产地，并由德国对比利时进行军事管制，他愿意支付的代价只是阿尔萨斯的一小块地方。谈判非但不能使交战国关系变得密切，反而加剧了它们的分裂。屈尔曼就阿尔萨斯-洛林问题的表态"不，不，永远不可能"，换来的结果是激怒英国第一次发表宣言，表示阿尔萨斯-洛林回归法国就是英国作战的目的。比利时是起决定性作用的因素，是大不列颠参加战争的原因。没有任何一位英国政治家，即使是那些提倡和平谈判的政治家，会接受不包括比利时完全独立和得到赔偿的任何条件，而德国除非被彻底击败，是永远不会同意这些条件的。因此，真正"假如……"就是"假如德国没有侵略比利时……"。这个假设是毫无道理的。

注解C 人民代表法（1918）

《人民代表法》二读以329票赞成、40票反对在下议院通过，三读投票结果是214票赞成、7票反对。妇女选举权以385票赞成、55票反对在委员会通过。21岁以上男性必须在一地居住半年以上才具有投票资格（排除了大约5%的成年男性，这是全民普选的一个遗憾）；30岁以上的妇女具有投票资格，其居住时间等同于其丈夫在一地居住的时间。人们担心，如果没有这种不平等，女性人数会超过男性。没有人能确定具体数字。预计的投票人数男性为1000万，女性为600万或700万。1919年士兵复员之后，实际数字是男性1300万，女性850万。加在一起超过了2000万，而战前只有700万。二次投票适用于大学选区或拥有商业地产的人，因此，伦敦金融城选区和其他一些商业选区，比如曼彻斯特交易所，得以继续存在。

下议院支持单议席选区，希望采取顺位投票制。上议院支持比例代表制，这就涉及选区的划分。最后，大学选区采取了某种形式的顺位投票制，在9种情形下改变选举结果［比如，在1945年剥夺了普里斯特利（J.B.Priestley）的下议员议员资格］。还制定了在大城市的100个选区试行比例代表制的条款，每个选区选出3至4名代表。此项试验从来没有付诸实施。

与以往的投票持续几个星期不同，大选中所有的投票必须在同一天完成。地方选举监察官的费用（可能高达几百英镑）不再由候选人支付，而是由国家财政资金支付。为了防止"参选人数过多过滥"，每位候选人必须交纳150英镑押金，如果在他的选区得票数不足总投票数的八分之一，押金会被充公。

法案还包括重新分配席位，旨在建立整齐划一的选区。每个选区大约有70000名居民，从中选出1名代表。12个两名议员的自治市被允许作为过去通用体制的特例保留下来，它们的议员人数不能多于两名，也不能减为1名。但只有4个自治市（德比，诺维奇，伦敦，南安普顿）"保留了历史"，也就是说，回到当初的状态。否则，自治市和郡就没有区别了，除了人口更密集的自治市通常是在当天晚上数票，而郡则是在第二天数票。在19世纪工业高度发展的英格兰，代议制达到了顶点，之后其主导地位开始衰退。

那些发自内心反对服兵役的人战后将被剥夺5年的选举权，这是战争带来的充满愤怒而又令人心酸的后果。这项条款以209票:171票通过，传统的保守党人休·塞西尔勋爵（Lord Hugh Cecil）是少数派的代言人。

注解D 劳合·乔治的战争目的

劳合·乔治的演说并不像表面看起来那样，是彻头彻尾的理想主义。德国殖民地将"在民族自决的总原则下"解决，换句话就是说，他们不会归还德国。还有，虽然"作为国家的"土耳其将受到尊重，但是，海峡将被"国际化和中立化"，"我们会根据阿拉伯、亚美尼亚、叙利亚和巴勒斯坦每个国家的情况作出判断和处理"，意味着这些国家将部分被英法两国瓜分。对奥匈帝国的认可是策略性的，因为史末资当时还在瑞士与门斯多夫进行和平谈判。

劳合·乔治除了取悦工党外，自然还有其他的目的。他的演说部分是对兰斯多恩呼吁和平谈判的回应，部分是对布尔什维克不割地、不赔款纲领的回应，还比威尔逊总统几天后发表的十四点计划领先一步。之后，劳合·乔治声明，他和威尔逊的主张"实质上是相同的"。

注解E 莫里斯将军的指控

莫里斯在下议院对政府的三项声明提出质疑。（1）4月23日，博纳·劳否认最高战争委员会曾经指令黑格在法国扩大英军战线（发生在德军进攻之前不久）；（2）4月9日，劳合·乔治断言，1918年1月1日的驻法英军比1917年1月1日时更强大；（3）在同一个场合，劳合·乔治说在中东只有4个白人士兵师。莫里斯断言，这三项声明都是谎言。可以确定的是，在第一个问题上，莫里斯错了。实际上唯一一次延伸英军战线是黑格和贝当私下安排的，那时候最高战争委员会还没有成立。黑格这么做很可能是担心更糟的局面发生。最高战争委员会讨论这个问题时，莫里斯并没有在场，他当时在凡尔赛宫，显然更多是受到罗伯森暴躁的评论的影响，没有作出正确的判断。

第三项指控无关紧要。最关键的问题是1918年1月1日在法英军的人数。5月9日，劳合·乔治在演说中引用了来自军事行动司的数据，证明1918年1月1日在法国作战的英军比1917年1月1日多。军事行动司是莫里斯亲自领导的部门，所以这个强有力的证据把莫里斯打垮了。他到1922年再次露面，声言军事行动司提供的数据是错误的。他还说这个错误早已被发现，并把改正过的数据送交劳合·乔治。1922年，劳合·乔治仍然担任首相，他没有理睬莫里斯对此事作进一步调查的要求。但是，人们仍然心存疑惑，特别是那些一直把劳合·乔治想成最坏的人，他们怀疑在1918年5月9日的演说中，劳合·乔治用明知是错误的数据迷惑了下议院。

1956年，此事又出现了一个略有不同的版本。比弗布鲁克发表了弗朗西丝·史蒂文森（Frances Stevenson）日记中的一个片段。[1] 弗朗西丝在1918年是劳合·乔治的秘书之一，很多年后成为他的第二任妻子。这个片段写于1934年10月，其中提到，就在劳合·乔治4月9日发表演说后不久，他的首席私人秘书戴维丝（J.T. Davies）在一个盒子里发现了改正过的数据，这个盒子之前没有被打开过。戴维丝把它付之一炬，并且说："弗朗西丝，只有你我知道这个文件的存在。"戴维丝是在欺骗他的主人，还是在为他掩饰？无论出于哪种动机，这都是耸人听闻的。

事实往往并不像发生的那样耸人视听。劳合·乔治1918年4月9日列举的数据是正确的，1918年1月1日在法国的英军确实比1917年1月1日多，但是1918年的数字包括在劳动营、运输队和其他的非战斗部队服务的30万左右军人。一位统一党议员看出了这个漏洞，要求得到作战部队的对比数据。陆军部政务次长迈克菲森（Macpherson）向军事行动司询问这个问题的答案。虽然当时莫里斯名义上还是司长，但他远在法国，希望从黑格那里得到一个师的指挥权。副官把数据提交给迈克菲森，说1918年1月1日在法国的英军作战部队人数多于1917年1月1日时的人数。迈克菲森于4月18日在下议院公布了这个答案。该副官后来意识到自己犯了一个错误，因为把在意大利的113000人包括在内。于是，他又向迈克菲森提交了改正过的数据，同时把这个数据提交给劳合·乔治的另外一个私人秘书菲利普·克尔（Philip Kerr）。但是这次更正为时已晚，因为问题已经提出，也已经作了回答。莫里斯从法国回来，就清理了办公室，向下一任办了移交手续。他对提交给迈克菲森的数据一无所知。很

---

[1] 比弗布鲁克《人与权力》第262—263页。

显然，在法国期间，他甚至没有阅读《泰晤士报》。

风波骤起的时候，劳合·乔治请汉基为他准备演说材料。汉基查询《英国议会议事录》（*Hansard*），碰巧看到了 4 月 18 号迈克菲森提供的那些引起麻烦的数据。汉基和劳合·乔治都不可能知道这些数据之后被纠正。再者，迈克菲森和克尔也不可能知道劳合·乔治在为自己辩护时会使用这些数据。很显然，劳合·乔治是真诚的。

1918 年 5 月 13 日，陆军大臣米尔纳在一次会议间歇的时候告诉劳合·乔治，陆军部提供的数据有错误。劳合·乔治回答说："他不能为出自莫里斯将军自己部门的错误数据负责。"这种说法是有道理的。在这一事件中，唯一应该受到谴责的是莫里斯本人，是他没有把自己的事情做好，引发了一场政治风波。

莫里斯事件从另外一个方面，以更深远的方式影响了劳合·乔治。莫里斯没有因此受到任何处分。政府明智地决定，不应该让他成为一个受难者。《纪事日报》（*Daily Chronicle*）主编罗伯特·唐纳德聘用他做随军记者，该报作为激进派一直支持劳合·乔治。劳合·乔治对该报态度的转变非常恼火，就在停战前不久，指使他的朋友，一个他之后封为贵族的新闻业巨头达尔齐尔买下了《纪事日报》。唐纳德一夜之间被炒。购买报纸的钱可能当时或稍后由劳合·乔治靠出卖爵位而积累起来的基金支付。事后证明这是一笔不错的投机买卖，投入了 100 万英镑。1926 年，该报以 300 万英镑的价格卖给了以尤尔（Yule）、卡托（Catto）和雷丁（Reading）为首的一个辛迪加。继而又卖给新闻纸生产商亨利·哈里森（Henry Harrison）。1930 年，哈里森陷入财政困境，立即将《纪事日报》卖给《每日新闻》。普遍认为，这笔基金是使劳合·乔治声誉受损的决定性因素。如果事情果真如此，那么莫里斯刺激劳合·乔治采取措施捞钱，最终促使他走上了政治毁灭之路。

注解 F　威尔逊的十四点计划（1918 年 1 月 8 日）

1. 公开和平条约，以公开的方式缔结……

2. 海洋上应有绝对的航行自由，在和平时及战时均然……

3. 应尽最大可能消除经济壁垒，建立平等的贸易条件……

4. 应采取充分保证措施，使各国家军备减至国内安全所需的最低限度。

5. 关于各国对殖民地的权益的要求，应进行自由、开明和绝对公正的协调……当地居民的利益应与管治权待决的政府的正当要求，受到同等重视。

6. 撤退在俄国领土内的所有军队，解决所有关于俄国的问题，该解决方案应取得世界其他国家最良好最自由的合作……

7. 比利时的占领军必须撤出，其领土必须恢复，不得企图限制它与其他自由国家同样享有的主权……

8. 法国全部领土应获自由，被侵占的法国地区应归还，1871年普鲁士在阿尔萨斯-洛林问题上对法国的错误行径自应予以纠正。

9. 意大利的疆界必经按照明晰可辨的民族界限予以重新调整。

10. 奥匈统治下各民族……发展自治，应给予最大程度的自由机会。

11. 罗马尼亚、塞尔维亚以及门的内哥罗的占领军应撤离，被占领的土地应归还，应给予塞尔维亚自由安全的出海通道……

12. 对于当前奥斯曼帝国的土耳其本土，应保证其有稳固的主权，但对现在土耳其人统治下的其他民族，应确保其安全的生活和绝对不受干扰地发展自治的机会。达达尼尔海峡应在国际保证下永远开放……

13. 应建立一个独立的波兰国……并保证其获得自由安全的出海通道……

14. 必须根据专门公约建立一个普遍性的国际联合组织，目的在于使大小各国同样获得政治独立和领土完整的相互保证。

第四章 战后，1918—1922年

第一次世界大战期间，联合王国死亡人数高达75万人。英帝国还损失了20万人，其中约三分之一是印度人。两者加起来，总的死亡人数接近100万。胜利的代价虽然高昂，但相比其他国家还是比较小的。比如，法国的人口少于联合王国，但死亡人数几乎是英国的两倍，其影响延续到战后很多年。差可慰藉的是，战争中遭受屠戮的人数少于移民流出的人数，移民大多数是体魄强健的年轻人，就在战前几年，每年外流的人口近30万。虽然大多数人去了自治领，主要是加拿大，还有很多人去了美国。假如移民潮以原来的速率持续下去的话，那么，战争损失的人口少于人口外流的损失。在爱尔兰尤其如此。爱尔兰只为军队贡献了6%的成年男性人口，而大不列颠贡献了24%。[1] 年轻男性的大量阵亡稍微提高了女性在人口中的比例[2]。进一步的创伤是，战争使150万男性因负伤或毒气而遭受永久性的损伤。更有甚者，战争以特别残酷的方式选择牺牲者，下级军官的伤亡比例大约是普通士兵的3倍。国家最高领导人也遭受丧子之痛，阿斯奎斯失去长子，劳失去两个儿子。每个中学和大学的死亡将士名册都见证了才俊的消亡，出生于19世纪90年代的充满希望的一代没有能够实现他们的理想。死亡人数虽多，还不能说是"失落的一代"，[3] 但在幸存下来的人中，可能存在着一种过度的失落感。也许，战争带来的真正的不幸是，那些年长者仍然倔强地活着。

大多数的死亡直接源于战斗。萨洛尼卡和美索不达米亚的部队是因为疟疾肆虐。在法国，医疗科学使军队免受伤寒和其他热病的折磨，而在布尔战争中，士兵因此死亡的人数是在战斗中阵亡的5倍。弹震症是第一次世界大战产生的新型疾病，这是一种心理崩溃，不仅是因为炮弹的震击，更多的是因为在堑壕

---

[1] 爱尔兰移民潮持续到1915年5月，当时是利物浦骚乱停止了移民船只离港。
[2] 1911年，女性和男性的比例为1068∶1000；1921年，比例为1096∶1000。
[3] 后来，从"失落的一代"中产生了3位首相：艾德礼（Attlee）、艾登（Eden）和麦克米兰（Macmillan）。

战中感到绝望和徒劳。欧洲之外的战役运动性更强，这种病很少发生。接下来最糟糕的祸患是性病，大约五分之一的士兵患有性病。军方以前没有管理大规模军队的经验，他们有时候自欺欺人地认为他们的士兵只略逊于天使。到1916年，在法国的帮助下，建立了妓院，采取最基本的医疗控制措施。到1917年才开始发放安全套。最后，政府直面这个问题。免费治疗性病是直接归因于第一次世界大战的唯一一项新"福利"。

平民的身体上遭受的折磨很少，除非把1918—1919年冬季的流感导致的死亡归因于战争。不到1500个平民死于敌军海上或空中袭击。在1918年2月配给制开始之前，因为分配不力，产生了某些食品短缺的情况。之后，配给制保证了供应，但并没有减少消费，而且价格合理。[1] 当时知道的唯一指标——卡路里的摄入量几乎保持战前的水平。当然，在其他方面，平民的生活是困顿的。劳动力转移到军队和军需生产，不从事民品生产，在整个战争年月有350万人之多。[2] 服装、鞋、家具短缺，而且往往质量低劣；火车比以前更少更慢；煤炭有时缺乏；很多地区街灯不亮。[3] 与此相对照的是：没有失业现象。社会福利大大改善：工厂的食堂和医疗服务；为军工厂工人准备的宿舍；对士兵妻子和家人的照顾等。在1917年夏天以前，工资滞后于生活成本，之后几乎赶了上来，尽管在战后繁荣期物价失控，工资再次滞后。非技术工人是最大的受益者，他们的工资水平与技术工人之间的差距因为战争被永久缩小了。

物质损失也是轻微的，最严重的损失是40%的商船被击沉。在战争最后一年补充了大部分商船，战后不久所有的商船得到补充。很快，船主们开始抱怨他们拥有的船只太多了。很多和平时期的活动的终止带来的损害更大。1914年底以前，私人住宅的建设被终止了，住房的短缺成为尖锐问题。到1919年，总共需要61万套新住宅。[4] 铁路被过度使用，很多设施因为磨损不

---

[1] 即便如此，粮食部裁撤的时候，最后还是有600万英镑的利润。有自主权的小麦和食糖委员会损失巨大，原因是战后全世界范围内价格下跌。
[2] 迪尔《大战的劳动力成本》第259—260页。扣除应征的女性，流向军队的劳动力为200万人；转入军需生产的为150万人。
[3] "灯火管制"并不像第二次世界大战时那样普遍。
[4] 当然，住房建设的停止并不是造成短缺的唯一因素。更大的原因是人口的增加，特别是年轻的已婚夫妇，还有旧房衰败成了贫民窟。

能再用。在煤矿方面，最丰富的煤层被过度开发。虽然煤矿由政府掌控，但是没有实施重组。

在其他方面，有很多资本投入，甚至损害未来的发展。比如，造船业的资源远远超过了正常需求。新的钢铁厂被建在靠近港口的旧址（南威尔士，坎伯兰郡，谢菲尔德），而不是建在像林肯郡那样靠近矿场而更加经济的地方。两次世界大战期间钢铁工业的资本投到错误的地方太多，投到正确的地方太少。还有，棉花管制局原封不动地维持原有的产业模式，不是过度投资，就是投资方向不当——为印度棉投资了过多的设备，埃及棉则设备不足。战争一结束，新的资本纷纷转向旧有模式，大多数投资彻底亏本。[1] 另一方面，军队从来没有彻底转向机械化运输系统，因而没能刺激大规模汽车制造。[2] 简而言之，战争使大不列颠原本已经过剩的产业进一步膨胀，而对有利于未来发展的产业的推动却微乎其微。

战争带来的严重创伤不在物质方面，而是金融。战前，外国人在伦敦的短期借贷大量增加，而在战争期间，大不列颠向外国和自治领的短期借贷大量增加，其过去的债权人地位再也没能恢复。在国外的私人投资在政府的指令下被卖掉，主要是为了维持英镑在美国的汇兑价值。当时对这些出售的估价是8.5亿甚至10亿英镑，几乎等于战前总和的四分之一。后来经过调查，把数字降低到5.5亿英镑，此外还发现了2.5亿英镑的新投资。[3] 因此，净减少大约只有3亿英镑，并非战前年均投资额的两倍，而且到1928年损失就弥补过来了。更大的损失并不是直接为战争支付的费用，而是因为后来的俄国革命和南美各国拒付债款。在公众的心目中，这些因素都是和战争累加到一起计算的。

政府之间的借债数目更大。大英帝国向协约国借出18.25亿英镑，借入13.4亿英镑[4]。这些数字包括与自治领的交易。更详细一点说，英国政府对美国欠债8.5亿英镑，但向协约国政府，主要是俄国政府借出的债务却是这个数字的两倍还多。当美国人还沉浸在战争的狂热中的时候，假如英国人提议

---

[1] 单在奥德汉姆，就有很多1920年建成的优质棉纺厂从来没有投入使用。
[2] 1918年11月，军队的交通工具包括：56000辆卡车；23000辆汽车；34000辆摩托车。1914年8月，英国远征军有828辆汽车（另有80辆征用的汽车）和15辆摩托车。
[3] 摩根（Morgan）《英国金融研究》(*Studies in British Finance*) 第323—342页。在第一次世界大战期间，没有外汇管制，很多富人显然在国外寻求利润，而不是出于爱国主义投资于战债。
[4] 差额通过出售股票得到弥补。大不列颠从经常账户支付了自己的战争费用。

把协约国间的债务全部勾销,那么对自己、对他人都是做了一件好事。但是,伦敦的金融家们当时很难意识到:大多数欧洲国家已经不再是"优质的"债权人,契约神圣这个国际金融的中流砥柱已经倒塌。当常识被唤醒的时候,良机已经失去。协约国间的债务白纸黑字写在纸上,困扰了国际关系很多年。但其实际效果很小。大不列颠偿还美国的数目比得到其他国家的还贷只多一点儿。令人惊讶的是,战争对英国在世界上的金融地位的损害是微乎其微的。真正的损害是因为后来这个地位赖以存在的条件被抛弃了,即自由汇兑和虽然不是完全自由,但却是渠道畅通的贸易。

内债是个更难应付的问题。战争花费了英国国库90亿英镑,如果加上战后两年的特别支出,一共是120亿英镑。其中只有28%通过税收补偿,占1919年至1921年税收的44%。国家岁入的增加主要来自于直接税,即提高了的所得税、附加税和超额利润税[1],战争结束时,这些税收占总税收的80%,战前只有54%。格莱斯顿(Gladstone)早就提醒过,直接税是最容易提高的。依靠直接税是社会政策问题,这样可以通过"压榨富人"取悦工人阶级,而且不提高生活成本,而间接税则会提高生活成本。但是,这个目的因为大量依靠借贷而被大大抵消。如今每个人都清楚,用更多的钱去购买较少的货物意味着更高的物价,随之而来的就是要求提高工资。但当时,很少有人明白这一点,工人阶级加薪要求之不择手段是战后人们谈论的热点话题。国债数目惊人,是战前的14倍。差不多一半税收用于还债,而战前只有14%。国债的效果就像是蛇吞兔子,连受教育程度最高的人都失去了理智。

就其本身而言,债务根本不会减少社会财富,正如一个人把自己的部分款项转移到另一个账户,不会使自己陷入贫困。战争在进行之中已经付出了代价,债务只是簿记,对于社会来说,真实成本只是支付管理账簿人员的薪水。其影响所及只针对社会大众。战时公债大多数是在英镑贬值的情况下募集的,对债券持有者的义务排在穷人和复员军人之前,对社会政策的影响最大。战争一结束,工党就提出以资本税的形式消除公债。这个提议被根本不是社会主义者的人所接受,比如比弗布鲁克和丘吉尔。财政部次长斯坦利·鲍德温(Stanley

---

[1] 作为爱国主义的象征,超额利润税继续征收至1921年。那时,很多公司亏损,与以前的盈利相抵消。因此,假如在1919年就取消超额利润税的话,收益会更大一些。

Baldwin)个人这么做了,[1] 他用五分之一的财产买了战时公债,然后把债券交给财政部销账[2]。有少数人也像他这样做。财政部长劳拒绝了资本税的形式,他担心这样做可能发展成比支付战债更激进的目的。国债因此尽数保留下来,还款付息很快就影响到公共开支的每个方面。在1918年11月大选时,竞选人许诺要为归来的英雄们提供一个崭新的、更加美好的国家,那时很少有人意识到国债的影响。

举行大选的理由是不可抗拒的。本届议会已经超过法定期限3年;因为所有男性和很多女性都得到选举权,选民的数量增加了一倍以上;政府在缔结和平协议之前需要得到公众的支持。自然劳合·乔治渴望在自己的领导下保持国家团结。他敦促工党继续留在联合政府中。他主动提出让阿斯奎斯做大法官,并且至少还有两名自由党的部长。这两个提议都被拒绝了。工党决心成为全国第二大党,提出了明确的社会主义纲领。11月14日,在一次特殊的工党大会上,萧伯纳(Bernard Shaw)以下面的名言而被载入史册,他说:"回去告诉劳合·乔治:不可能。"多数工党部长辞职,少数继续留任的,包括参加战时内阁的乔治·巴恩斯在内,不再是工党党员。工党毫不含糊地以公开的反对党的姿态参加大选。

自由党的立场颇为模棱两可。斯奎斯们一直在打击劳合·乔治,并且已经作好了颠覆他的准备。但是,他们因被视为反对派而感到愤愤不平,似乎期待着为了他们的利益而把战时的选举休战继续下去。但这是不可能的。整个国家都被狂热的反德情绪左右着,统一党人自信地认为自己将取得压倒性的胜利是有充分理由的。无论劳合·乔治持什么态度,他们都将坚持战斗,击败每一个自由党人,除非有理由要他们不这样做。[3] 劳合·乔治的自由党党鞭与统一党人达成了一项协议:150名自由党人将得到优待,统一党人不与他们竞争。作为回报,这些受惠的自由党人("其中有100人是元老派")保证支持联合政府。阿

---

[1] 斯坦利·鲍德温(1867—1947):在哈罗公学和剑桥大学接受教育;1917年6月,劳任命他为财政部财务次长,负责劳不喜欢的财政部招待工作,从而进入行政部门;1921—1922年任贸易部长;1922—1923年任财政大臣;1923年、1924—1929年、1935—1937年任首相;1931—1935年任枢密院长;1932—1934年任掌玺大臣;1937年被册封为伯爵。
[2] 鲍德温在写给《泰晤士报》的一封信中宣布了他的计划,该信署名为F.S.T.(即财政部财务次长)。当时没人能猜到F.S.T.是谁,后来才得知内情。是谁泄露了这个秘密?
[3] 劳合·乔治的党鞭的表现比预料的要好:实际上,他们得到了159张联票。国民民主党(从英国社会党脱离出去的亲联合政府党派)得到18张。

斯奎斯将此称为"联票"[1]，他断言，劳合·乔治和劳对联合候选人的支持是扼杀独立的自由党的手段，莫里斯辩论之后的投票更是对原则的检验。这两项指控虽然被历史学家们普遍接受，但不是事实。联票是劳合·乔治尽其所能保护自由党人的方式。假如他不这样做，统一党人将会扫荡整个国家。事实上，"1918年获选的自由党人多于以后任何一年"。

联票的分配方式也不取决于莫里斯辩论。229名自由党人没有得到联票，但只有100名自由党人对劳合·乔治投了反对票。这100人当中，有25人不是候选人，另外还有12人不是自由党候选人。给劳合·乔治投反对票的11名自由党人，还有1名统一党人，实际上得到了联票。阿斯奎斯的对手并没有得到联票。[2]在莫里斯辩论之后，159名得到联票的自由党人中，只有54人投票支持劳合·乔治，其中4人的对手得到联票。[3]总而言之，各个政党的竞争是公平的。统一党人只提出410名候选人，自由党（阿斯奎斯派和联合政府派）425名，工党447名。[4]但是大多数统一党候选人获选。这是选民选举的结果，而不是劳合·乔治或者政党基层负责人的操纵。

不久，出现了另一个神话：两个反对党倡议通过和解获得和平，而联合政府则倡议通过复仇获得和平。一贯反对战争的少数激进派和工党党员自然宣扬通过温和的方式获得和平，为此这些人大多失去了席位。除此之外，很难在政党间作选择。大多数工党和阿斯奎斯派自由党候选人都要求"赔偿"，并且迫切地要求审判德国皇帝。[5]劳合·乔治是一位经验丰富的律师，他对寇松和伯肯黑德强加于他的审判德国皇帝的计划深表怀疑。劳合·乔治和劳都看到，要德国赔偿战争的一切损失，从经济角度讲是不可能的。劳合·乔治先是试图在公共演讲中阐明这一点。但当举国上下的情绪不断升温的时候，他见风转舵，宣布他将要求德国

---

[1] 这是配给簿粮食券的回响。
[2] 他败于一名拒绝退选的统一党人之手。在很多选区中，劳和统一党党鞭们没能使叛逆的统一党人退出。
[3] 详见T.威尔逊"1918年的联票与英国大选"（The Coupon and the British General Election of 1918），《现代历史杂志》（Journal of Modern History）第36期。
[4] 只有363人得到工党全国执行委员会的支持。其他人中有10人是合作社候选人；36人是联合政府派工党；剩下的人是独立的，大部分是左翼。
[5] 阿斯奎斯和格雷是首先提出为比利时和法国索赔的人。刚刚退出工党的巴恩斯是第一个声明支持绞死（不只是审判）德国皇帝的人。当预定的对德国皇帝的审判被取消后，下议院中提出最强烈抗议的人是拒绝联票的统一党人罗伯特·塞西尔勋爵和阿斯奎斯余党的领袖唐纳德·麦克莱恩（Donald Maclean）。

赔偿一切损失，只是又低调地说明，这种要求是不太可能实现的。[1]他让公众尽情发泄他们的狂热，希望当风暴减弱时，可以采取更加明智的行动。而且，如果联合政府的胜利不彻底，那么，没有理由认为下议院的态度会更加温和。对德国的严厉态度并没有排除以其他方式实现和平理想的可能性。比如，比任何人反德情绪都强烈的诺斯克里夫，在《泰晤士报》上发表了维克汉姆·斯蒂德起草的和平条款，提倡民族自决的原则。

如何解决和平问题并不是分歧点。选举是围绕劳合·乔治展开的，关乎他过去的记录和对未来的承诺。劳合·乔治赢得了战争，那些过去支持他的人即使没有得到赠券，也得到了民众的投票，正如发生在某些主战的激进派和曾任联合政府部长的工党党员身上的那样。当劳合·乔治谈到建设"一个适合英雄们居住的国家"的时候，他在社会立法方面的记录似乎证明这个承诺所言非虚。可能很多新选民很少在乎党派之别，而是更在乎劳合·乔治本人。他们大力为统一党人投支持票，只是因为有更多的统一党人承诺要支持劳合·乔治。投票的结果是，联合政府获得了压倒性的胜利，虽然获得投票的胜利不如获得席位的胜利更大。[2]339名联合政府派统一党人和134名联合政府派自由党人获选。[3]独立自由党人遭受灭顶之灾，所有以前的部长都失去了席位，只有26人获选。[4]工党失去了党内的"和平主义者"：麦克唐纳，斯诺登，甚至汉德森。要不是这样，他们会比自由党做得更好，因为工党议员人数从39个增加到59个，其中只有1人是工会推举的。[5]

两部分人的缺席非常引人注目。虽然已经允许女性参政，但是下议院中没有女性议员。[6]爱尔兰的席位几乎空缺。在爱尔兰，新芬党像大不列颠的联合

---

[1] 当时很少有人提到：既然协约国已经接受了十四点计划，唯一的保留是德国应该赔偿给平民造成的损害，所以没有资格索取战争的全部费用。

[2] 联合政府的支持者获得600万张投票和533个席位；它的对手们（不包括新芬党）获得400万张投票和101个席位。

[3] 还有4个所谓的联合政府派工党支持者，都很快在政坛消失了。还有9个国家民主党成员和48个没有接受联票的统一党人。

[4] 其余席位由29个独立自由党人获得。许多自由党人的忠诚值得怀疑。联合政府派自由党人仍然经常出现在国家自由俱乐部。

[5] 一个例外是威廉·格雷厄姆（Willam Graham），他是工党记者，毕业于爱丁堡大学。工会提名的候选人中有49人曾是工会干部。

[6] 一位获选的女性马尔凯维奇伯爵夫人（Countess Markiewicz, Constance Gore-Booth）是新芬党人，所以没有就职。第一位出现在下议院的女性是统一党人阿斯特（Astor）夫人，在她的丈夫进入上议院后，于1919年在普利茅斯当选，继承丈夫的席位。

政府一样取得了决定性的胜利。73名新芬党人当选,除了都柏林大学和另外两个地方外,他们占据了阿尔斯特之外的所有席位。他们拒绝到威斯敏斯特供职,而是自行成立了爱尔兰共和国的国会。这样,英爱联合遭到了更加正式的拒绝,爱尔兰的统一也因此受到威胁。

新议会受到很多刻薄的攻击。鲍德温称议会成员为"一群表情严厉的人,看上去好像他们在战时表现得很出色"。奥斯丁·张伯伦称之为"既自私又自负的一群人"。新议会有260名新成员[1],平均年龄高于战前。因为年轻人大都出外打仗,无法成为候选人,所以这一点并不奇怪。商人也多于以往,大约260名,而在两次世界大战期间通常情况下是200名左右。当然,工会干部更多。劳合·乔治坐在下议员前排席位上,感到自己前面是工会代表大会,后面是商会联合会。这些是曾经在大后方从事战争事务的人,当老资格的政治人物被抛弃后他们成为唯一的选择。实际上,新议院很快就又回到了传统模式。某些落败的领袖人物通过补选卷土重来,资深的议员为数不少,致使议会更接近旧有模式。这些表情严厉的人常常受到不公正的责难。比如,反对与德国和解的呼声既来自那些老前辈,也来自传统统治阶层中无可挑剔的人,如塞缪尔·霍尔爵士[2](Sir Samuel Hoare)和爱德华·伍德(Edward Wood,后来被封为哈利法克斯勋爵),[3] 同时,这种呼声还来自参与劳合·乔治革命的那些不善辞令的代表人物。

战争也给政府结构带来了革命性的变化,但并未维持下去。卫生部综合了地方政府部和各健康保险委员会的职责,是部门重组的唯一尝试。保留了劳工部,负责职业介绍所和失业保险。还成立了一个新的交通部,在铁路不久将实现电气化的错误思想指导下,电力控制的责任也交给这个部。[4] 除此之外,劳

---

[1] 纳米尔(Namier)发现18世纪不受党派影响的正常流转人数为150人左右。把现任被击败的自由党人考虑进去,1918年的流转人数与此非常接近。
[2] 塞缪尔·约翰·格尼·霍尔(Samnel John Gurney Hoare,1880—1959):在哈罗公学和牛津大学接受教育;1915年继承从男爵爵位;1922—1924年、1924—1929年、1940年任空军大臣;1931—1935年任印度事务大臣;1935年任外交大臣;1936—1937年任海军大臣;1937—1939年任内政大臣;1939—1940年任掌玺大臣和战时内阁成员;1940—1944年任驻西班牙大使;1944年被册封为坦普尔伍德子爵。
[3] 爱德华·弗雷德里克·林德利·伍德(Edward Frederick Lindley Wood,1881—1959):在伊顿公学和牛津大学接受教育;1922—1924年、1926—1935年任教育部长;1924—1925年任农业部长;1926—1931年任印度总督;1925年被册封为欧文男爵;1934年继承其父的哈利法克斯子爵;1935年任陆军部长;1935—1937年任掌玺大臣;1937—1938年任枢密院长;1938—1940年任外交大臣;1939—1945年为战时内阁成员;1941—1946年任驻美大使;1944年被册封为伯爵。
[4] 这是格迪斯兄弟之间交易的结果。贸易部长奥克兰·格迪斯提出放弃航运或电力,但不能两个都放弃。交通部长埃里克·格迪斯选择了电力。

合·乔治于1919年1月10日宣布成立的新政府与旧政府基本没有什么不同。大部分战时部门被取消，工商界出身的领导者随之消失。[1] 丘吉尔到陆军部任职，[2] 虽然他可能更钟情于海军部。作为一种安慰，空军部也归他负责。F. E. 史密斯成为大法官，受封伯肯黑德勋爵，这个任命并不符合乔治五世的胃口。劳放弃了财政部，但他还是下议院领袖，实际上的副首相。奥斯丁·张伯伦接替劳担任财政大臣。

令张伯伦气愤的是，他发现自己将不被列为内阁成员，更不用说，他还不能进驻财政大臣官邸唐宁街11号。劳说他要继续住在那儿，劳合·乔治辩解说，因为自己、劳和巴恩斯（名义上的联合政府三大党派领袖），还有外交大臣贝尔福，都将赴巴黎进行和平谈判，内阁会议无法召开，[3] 因此他建议不设置内阁。张伯伦强烈反对，于是劳合·乔治同意继续现存的战时内阁，而张伯伦已经是其成员之一。[4] 实际上，在大多数成员缺席，常常只有张伯伦和寇松留在英格兰的情况下，战时内阁无法运作。削减或重组内阁的计划被泄露了。那些可能被排除出局的人提出抗议，于是，在1919年10月，劳合·乔治出人意料地恢复了过去由大约20名成员组成的和平时期内阁，但是以汉基为秘书的新做法保留了下来。[5]

内阁政府的恢复还有很长一段路要走。劳合·乔治如今已经是世界闻名的政治家，因而轻易地滑向独裁者的道路。他把除了劳以外的最出色的同事都当作下属，只和几个好友或者只通过"花园别馆"解决问题。[6] 傲慢的自信并不是他如此表现的唯一原因，他的成功是形势使然。战时政府是真正的联合政府，虽然统一党人提供了最实质性的支持，劳合·乔治和他的自由党人也是至关重要的。自由党和工党再次携手虽然希望不大，但始终是一个可能的选择。在1918年12月以后，这种替代性选择已经不存在了。统一党人占有独立的多数，如果劳合·乔治与之决裂，他们可以自己组建政府。斯奎斯们的覆灭对劳合·乔

---

[1] 被裁撤的部门有：新闻部（1918年11月）、国民兵役部（1919年3月）、封锁部（1919年5月）、重建部（1919年6月）、军需部（1921年4月）、粮食部（1921年4月）和航运部（1921年4月）。
[2] 如今已经和劳合·乔治疏远了的米尔纳被放到殖民部。
[3] 他还可以加上一个理由，就是内阁秘书汉基也在巴黎，所以执行内阁事务是不可能的。汉基成为四巨头委员会的秘书，把事情做得井井有条。
[4] 但是，张伯伦没能入住唐宁街11号。
[5] 汉基成为重新设立的帝国防务委员会的秘书，1923年又成为枢密院秘书长，重要性增强了。
[6] 一直到1922年，是花园别馆，而不是外交部，在处理国际联盟的事务。

治来说，也是一个极大的灾难。

他试图借助激起社会恐慌改变这个状况。他欢迎战后的不满情绪，希望有一天工党在议会能占据200个席位，那时所有的温和派都会惊慌地接受他的领导。但他的图谋并未奏效。统一党人自然希望有一个单独的反工党的党派，宣称自己有能力做到这一点。联合政府派自由党人也坚决反对"融合"，他们不想像上一辈自由派统一党人那样被吃掉。而且，他们有自己的信条，尤其是在自由贸易的问题上，把他们和统一党人截然分开。因此，劳合·乔治不得不依靠自己的个人成就。他本能地想与一切人和解，与德国，与苏俄，与爱尔兰，与工会。这样的政策令他的统一党支持者厌恶，所以劳合·乔治必须采取迂回战术。漫画家大卫·洛（David Low）之后把下面的话归于鲍德温："如果我没有对你说不会把你带到这里，你就不会来这里。"这正是劳合·乔治对待统一党人的态度。他用意想不到的，常常是难以接受的成功使他们陶醉，直到最后，他们更愿意接受在没有他的情况下那些不那么雄心勃勃，但是更连贯一致的政策。

在追逐成功的道路上，劳合·乔治不得不独立处理每个问题：国外的和平，国内的重建，爱尔兰问题，大英帝国问题……他从一个问题跳到另外一个问题，很少有时间从头至尾处理完一个问题。大选之后，他立刻急匆匆地去参加和平会议。实际上，整个外交部，还有大部分的财政部和陆军部都随他一起搬到了巴黎。[1] 名义上，英国的和平代表团有5名成员，[2] 但实际上，劳合·乔治独自决定每一个重大问题，同事们只是在有争议的问题上向他提供支持，要不然就是派他们去处理不太重要的问题。在会议的前几个星期尤其如此，列强的首脑们无视和平会议的正式机制，形成了"四巨头"，他们是威尔逊总统、克里孟梭、意大利的奥兰多（Orlando）和劳合·乔治，还有一名日本代表在他们身边打转。与英国历史上的和谈代表卡斯尔雷（Castlereagh）等人不同，劳合·乔治甚至不写谈判纲要，更不用说去征得内阁的批准了。他完全依靠自己随机应变的才能行事。

---

[1] 和平大会之后注定要接替贝尔福外交大臣职位的寇松负责处理伦敦外交部的事务。这种奇怪的安排产生的结果是：并非战时内阁（理论上仍然存在）成员的贝尔福比战时内阁成员寇松拥有更大的权力和影响力。

[2] 4名英国大臣（劳合·乔治，劳，巴恩斯，贝尔福）和1名自治领总理（不总是同一个人）。自治领在与威尔逊总统据理力争之后，也获得派出独立代表的资格（澳大利亚，加拿大，印度和南非分别为两名代表，新西兰1名代表）。这样，英帝国代表团共有14名代表。劳很少参加会议。需要参加的时候，他就坐飞机到巴黎。劳是第一个使用新式交通工具的英国政治家。

要与以前的敌人缔结和平，奥地利和匈牙利（现在已经是两个国家），保加利亚，土耳其，还有德国，自不必说还要与苏俄寻求和平或恢复关系。实际上，这些问题大多被放在次要位置，与德国缔结和平条约才是主题。哈布斯堡王朝已经解体，唯一的问题就是划定其继承国的边界，这个任务主要留给各国外交部的专家们承担。阜姆的未来引起了威尔逊总统和意大利政府漫长而徒劳的争论，使英法两国非常为难。[1] 这个令人烦心的问题没能在和平会议上得到解决。奥斯曼帝国也解体了。英法两国的军队占领着君士坦丁堡。土耳其其他地区动荡不安。英法两国虽然对秘密协议有所争议，但它们并不想把争议公开化，而威尔逊不赞成秘密协议，无意加以干涉，因为美国从来没有对土耳其宣战。无论如何，对于欧洲的未来来说，德国问题显然是最紧迫的议题，这个问题在战争期间一直困扰着人们，现在，胜利者们已经无法逃避了。

英国在这个问题上有很大的优势，因为他们大部分的担忧都不存在了。德国海军已经移交，被英国扣留在斯卡帕湾。早在德国人在和平条约中放弃海军舰队之前，德国已经不再是海上强国。主要是由于英国各自治领的强烈意见，德国殖民地的命运也被确定下来。南非和澳大利亚拒绝交还他们占领的领土——德国的西南非洲和新几内亚。这两个民主国家的发言人不应沾染欧洲的邪恶，却用过时的帝国主义的语言公然蔑视威尔逊，劳合·乔治不禁露出坏笑。为了保全面子，仓促间发明了"托管"一词，英国自己接管了德国的东非地区，还有西非一些地方。现在，英国不再以攫取胜利果实的参战者，而是以公正无私的调停者来处理德国问题了。

威尔逊也把自己看作超脱的调停者。只要德国被击败就行，美国对它没有其他要求。威尔逊所热衷的是国际联盟，他还错误地认为欧洲各协约国会强烈地反对国联。事实上恰恰相反，当美国人还在大而化之地讨论国联时，罗伯特·塞西尔和史末资已经发挥聪明才智，为英国外交部准备了一份草案，这份草案成为国际联盟盟约的基础。克里孟梭虽然对此没什么信心，但是也没有提出异议。于是，在任何其他问题上还没有达成共识的时候，国联就顺理成章地成立了，并被写进《凡尔赛和约》。实际上私下里还存在着巨大的分歧。"盎格鲁–撒克逊人"想象中的国联是个可以化解所有国际敌对状态的调停工具。法

---

[1] 见注解 A。

国只想建立防范德国的安全机制，把战时的同盟关系永久化。这种分歧会在将来招来很多麻烦。重要的是，在1919年，威尔逊和英国一样可以实现自己的意图。他和劳合·乔治都不受约束地往法国防范德国的方案里掺水。两人中，劳合·乔治表现得更加活跃，也更加成功。

  法国人不能轻易地从德国问题中解脱出来。在他们看来，德国虽然被打败了，但仍然危险。他们希望看到德国解体，既然这种局面没有发生，他们便希望制定未来防范德国的周密措施。劳合·乔治则坚持：既然德国继续存在，那么必须把它安抚好。当包括他自己在内的人们恢复了理性的时候，他再一次以"强硬"的语言，表达了"柔和"行事的意愿。他默许了胜利者要求审判德国皇帝和其他"战犯"的姿态。[1] 在其他方面，他尽力让未来和解的大门保持开放。值得庆幸的是，克里孟梭或许比其他任何法国政治家都更在乎保持与盎格鲁－撒克逊强国的友谊，因而在受到来自威尔逊和劳合·乔治的压力时，会作出让步。结果莱茵兰还是德国的一部分，而没有成为一个独立的国家。法国得到了暂时的安全保障：莱茵兰非军事化；协约国驻军15年；控制萨尔省及其煤矿15年，之后通过公民投票决定萨尔省的未来。英美两国作出承诺，保证反对德国任何新的侵略行为，以此诱使克里孟梭让步。但是后来，美国参议院拒不批准，英国政府也不肯兑现。在德国东部边境的问题上，劳合·乔治独自对抗克里孟梭和威尔逊的意见。多亏他的坚持，但泽成为一个自由市，没有被并入波兰，并在西里西亚实行了全民投票。从种族的角度看，《凡尔赛和约》中的领土条款是"公平"的，这主要是劳合·乔治的功劳。

  赔款问题带来了更大的麻烦。刚一停战，人们就对德国提出了不合情理的索赔要求，而某些英国金融专家对德国偿付能力的估计更加荒唐。劳合·乔治意识到，在1919年动荡的环境下，确定任何精确的赔款数目都将高得离谱。因此，他坚持和约中只应该说明德国负债的总原则，具体数额应该在冷静地审查德国财力之后再确定。他又一次成功了。他的温和节制在当时表现得并不明显。他不仅强调德国有义务尽其所能赔款，还提高了赔款中英国应得的份额，而且接受了史末资的一个鬼主意，把战争抚恤金作为合法的国内损失。尽管这个举

---

[1] 在这一点上收效甚微。威廉二世在荷兰避难，荷兰人拒绝移交。一些小战犯受到德国法庭的审判，判处的刑期微不足道，之后协约国放弃了进一步诉讼。

动是针对法国而不是德国,但在当时很少有人赞同,劳合·乔治像是提倡用严苛手段求和平的人。有一件事情是四巨头都没有异议的,那就是不允许德国平等地拥有军备。德国被剥夺了大部分重武器,而且不允许制造,其军队数量被限制在 10 万人之内。为了装点门面,协约国抛出一个虔诚的宣言,说是为全面裁军作准备。这个宣言后来被错误地阐释成一个具有约束力的保证,给未来带来不祥的预兆。

讨论这些重大问题的同时还纠结着许多其他的问题。四巨头也是最高战争委员会。他们时而起草对德和平条款,时而为阜姆的事情争吵,时而还要考虑如何处理匈牙利的布尔什维克独裁者贝拉·库恩(Bela Kun)。然后,他们又要转而争论如何结束俄国内战,对布尔什维克采取安抚政策还是干预政策。整个欧洲都在吵闹着要求得到食品和经济援助。大人物们还时刻面临被从背后打黑枪的危险,克里孟梭遭遇了未遂的暗杀。4 月份,200 余名统一党议员[1]致电劳合·乔治,抗议他对德国的软弱行为。4 月 16 日,他回到威斯敏斯特,把这些议员和几乎所有议员都不喜欢的诺斯克里夫一起抨击,从而击溃了对他的批评。6 月 28 日,在对德和约上签字之后,劳合·乔治以胜利者的姿态回到伦敦。下议院几乎毫无异议地接受和约。甚至自由党和工党党员一致表示,十四点计划已经得到广泛应用。只有 4 个人对和约投了反对票,其中只有 1 个是英国人,[2]其余 3 人都是爱尔兰自治的倡导者,他们对没能在爱尔兰实行民族自决表示抗议。胜利是虚幻不实的。议会之外的进步舆论反对和约,主张合约不宜过于苛刻的劳合·乔治,不久就得为所谓的错误承受责难。

即使在战争进行当中,自然会有少数人倾向于与德国和解,但他们的观点当时在很大程度上被忽略了。战后,这种观点开始盛行。比如,麦克唐纳在汉德森的支持下左右着工党的意识形态,它与 E.D. 莫雷尔和民主监督同盟的观点是一致的。当和约第一稿在 5 月份发表后,工党对其全面谴责,尤其是在赔款、占领莱茵兰和把德国领土转交给波兰等方面。不论是自由派、激进派还是工党,很多人都把战争看成是为了伟大理想而战的一场征伐,而不只是一场反对德国的斗争。如今,他们谴责任何把德国和其以前的对手区别对待的行为。就像在

---

[1] 233 名议员在电报发出前签字,46 名议员在电报发出之后补签。
[2] 这个人是海军少校肯渥西(J.M.Kenworthy),后来的第十代斯特拉博尔吉男爵。当时,他刚刚作为激进分子赢得了在赫尔的补选。

内政问题上一样,"重建"既涉及对过去的怀念,也涉及对未来的期待:人们期待国际联盟有所作为,同时也怀念1914年以前,德国作为一个友好国家被平等对待的快乐时光。

这种观点在1919年晚些时候得到了强化,原因是一位前财政部官员凯恩斯[1](J.M. Keynes)在他的名著《和约的经济后果》(The Economic Consequences of the Peace)中猛烈抨击了赔款问题。他的观点是:欧洲只有在德国恢复到过去的经济实力的基础上才能繁荣昌盛。他为德国人给他们自己和整个欧洲带来的灾难而谴责那些调停者,认为灾难不仅是德国被击败引起的,而是起始于宣战那一刻。具有讽刺意味的是,对和约的抗议大多是劳合·乔治自己策划的。在和谈期间,为了增加自己的资本,他在自由派记者与工党领袖中挑起了一场促成和解的运动。史末资可能是在得到劳合·乔治的首肯之后才鼓动凯恩斯攻击和约的。[2]这场运动的目的是打击法国和国内提倡暴力的人,达到了预期效果。不久,法国就被看成是追求拿破仑帝国梦想的新的军国主义力量。然而,这场运动也同样打击了劳合·乔治,因为毕竟是他签署的和约。因为急于哄骗右翼,他做得有些过火,因而没能把左翼哄住。劳合·乔治这位技巧娴熟的斡旋者,马上就被和博顿利、诺斯克里夫,还有其他仇视德国佬的人划上了等号。

德国问题并不是造成劳合·乔治与其以前的左翼崇拜者疏远的唯一因素。因为和会没能使遭受战争蹂躏的欧洲马上恢复繁荣,他受到人们的责难。尤其是因为"建立"了波兰、捷克斯洛伐克和南斯拉夫等新的民族国家,他更是饱受谴责,而事实上,这些国家是自己建立起来的,劳合·乔治对此并不赞同。协约国对布尔什维克的干预是另一个脓疮。在这一点上,劳合·乔治私下里同意他的批评者的说法。他曾说,法国正在俄国重复着小皮特在1793年发动的讨

---

[1] 约翰·梅纳德·凯恩斯(1883—1946):在伊顿公学和剑桥大学接受教育;经济学家;布鲁姆斯伯里团体成员;1915—1919年任财政部官员;1940—1946年任首席财政顾问;1942年被册封为男爵;1925年,反对恢复金本位制;1946年,提倡回归虚拟金本位制;1919年,谴责劳合·乔治;1929年,为劳合·乔治制订选举纲领;现代经济学的奠基人。

[2] 和教友派信徒共度周末的史末资,在南非占领德属西南非洲之后,便敦促通过与德国和解实现和平。他作为南非代表勉强在和约上签了字。他鼓动凯恩斯抨击和约,但之后又反悔了,建议凯恩斯不要出版他的著作。更其讽刺意味的是,凯恩斯作为财政官员,对德国偿付能力的估计高出了劳合·乔治所能接受的范围。甚至在《和约的经济后果》中,凯恩斯仍认为20亿英镑是符合实际的赔款数字。德国一共支付了10亿英镑,依靠的是来自美国的借款。

伐雅各宾党人的错误,从而激怒了克里孟梭。但是他却没有勇气与法国和国内反布尔什维克的支持者们对抗。1919年3月,当劳合·乔治在伦敦短暂停留的时候,丘吉尔秘密到达巴黎,激烈地指责"布尔什维克主义的野蛮行径",并说服最高战争委员会进行大规模干预。

英国把价值1亿英镑的过剩坦克和其他军火供应给俄国"白军"。英国还为西伯利亚自封为全俄最高执政者的高尔察克(Kolchak)派去志愿兵,还有一些志愿兵提供给南俄的邓尼金(Denikin)。在阿尔汉格尔斯克和库尔曼斯克驻扎着大量英军,他们本来是为了防范德军,派去保卫联军的临时弹药存放场的,现在则被用来支持反布尔什维克政府。一支英军占领了巴库,另一支则在俄国和阿富汗边境活动。在英国,工党发起反干涉运动,并得到越来越多的支持,其原因可能并不是与自称的俄国工人阶级政府休戚与共,而是因为对战争的厌倦。到1919年秋季,大部分英军撤离,随着分散的白军被红军各个击破,对他们的弹药供应也逐渐减少。这次徒劳无功的干涉使俄国布尔什维克统治者早就抱有的反对"资本主义"的西方的信念更加坚定。干涉在英国国内也产生了深刻的影响。虽然大多数工党党员都厌恶布尔什维克的恐怖和专制,但是他们无法摆脱这样的感觉:因为劳合·乔治是他们和布尔什维克主义者面对的共同敌人,所以在某种意义上,他们是站在同一条战线上的战友。对苏俄这个"工人国家"的同情无疑为罢工浪潮增添了新的小小的动力。

每个人都能预想到战后的麻烦。据说,人类是不愿意重新走上老路的。布尔什维克主义可能席卷整个欧洲。遣散军人蕴含着引起暴力骚乱的危险。劳工部制定了详尽的方案,首先遣散工业生产最需要的骨干分子。自然,这些人通常是最晚应征入伍的。这使那些服役时间更长的军人感到愤愤不平。加莱和福克斯通的军营发生了暴动,博顿利当时已免于破产,是个活跃的无党派议员,他被请来做士兵之友。3000人从维多利亚火车站开始游行,占领了皇家骑兵卫队阅兵场。亨利·威尔逊爵士怀疑是否还有可靠的军队去把他们驱散。丘吉尔放弃现行方案,代之以"先进先出"的原则,从而一举解决了难题。于是,人们的不满情绪逐渐消退,只有那些因为缺乏船只耽误回乡行程的加拿大人例外。3月份,拉尔兵营的暴动被镇压下去,一些士兵遭到射杀。到1919年夏天,在英军服役的军人五分之四被遣散复员。尽管向他们提供了免费失业保险,但几乎所有人都顺利进入工业部门工作。

经济复员也比预想的容易。格拉斯哥发生了要求40小时工作制的总罢工，红色的旗帜悬挂在市政厅上。虽然警察在设法恢复秩序，但还是派去了军队。未来的共产党员加拉赫（Gallacher），未来的国防部长欣威尔（Shinwell），还有未来的贵族柯克伍德被逮捕入狱。然后，危险逐渐消失了。在这个世界迫切需要英国产品的信念下，繁荣景象如万马奔腾。战争期间进来的新手现在开始退出。军需行业的女性和非技术工人离开了本行业[1]，过去的限制性措施得以恢复，从长远来看，这会大大损害英国机械制造业的发展。战争期间的善意还是保留下来了。1919年2月，旨在改善劳资关系的全国工业会议召开。亚瑟·汉德森虽然不信任劳合·乔治，还是带领工党代表参加了会议。

但是，与善意相比，现在更缺乏的是理解。不论是工党还是保守党，几乎每个人都认为战时的管制与指令是弊端，应该尽早废除。工会干部想回到过去的守势；雇主们想得到过去的经营自由。工党中没有人参加任何涉及重建的委员会，根本没人想这么做。资本主义的重建工作是老板的事，而不是工人的事。重建政策本身也含糊不清：重建的目的是回到1914年，同时又要建设一个更美好的国家。劳合·乔治自然赞同这个观点，重建部长艾迪生更是如此。普遍认为：大不列颠在1914年之前是个富裕的国家，战争表明其自然资源是无限的。因此，大不列颠可以在经济体制不作根本改变的情况下，开展广泛的社会改革。一旦战时管制被废除，财富自然会再次涌流。

自由突然降临了。价格管制，原材料管制，对外贸易管制，以及工业指令被全部废除。因为不能再通过拒发许可证而限制黄金出口，英国银行不再履行以固定价格出售黄金的职责，[2] 政府也停止在纽约支持英镑。因此，英镑面值下跌到1∶3.50美元。从一开始，采取这个步骤就是暂时性的。"与黄金脱钩"是为恢复古老、自由的金本位制所作的准备。不久，为了抬高英镑的汇兑价值，英国银行开始限制信贷。这样产生的直接效果是微乎其微的。随着废除管制后新的自由政策的实行，1919年的物价涨幅是战争期间最糟糕年份的两倍。[3] 物价暴涨，工资也跟着迅速提高。有钱的雇主们并不排斥提高工资。本来想废除食品配给制的政府不得不在仓促间继续实行该政策（直到1921年）。不这样做

---

[1] 到1921年，从事有薪工作的女性比例小于战前。
[2] 5英镑的钞票仍然可以兑换5个金镑，当然，并没有太多此类钞票在流通。
[3] 如果1914年的零售价格是100的话，那么1919年初超过200，1920年初则超过300。

的话，公共政策似乎无法遏制通货膨胀。

政府被直接卷入其控制的采矿和铁路两大产业的麻烦之中。1919年2月，矿工、铁路工人和运输工人恢复了战前的"三角同盟"，该同盟曾经在1914年秋天准备发动一场类似于总罢工的运动。矿工（还有矿主）是最顽强、最难应付的人。高等法院法官桑基（Sankey）领导的皇家委员会成立后，罢工之议暂停。这个委员会的独特之处在于，它是议会立法批准成立的，既代表业主，又代表雇员。[1] 意见不合是必然结果。1919年6月，桑基委员会提交了4份报告，涉及从工人代表主张的彻底国有化到业主主张的彻底恢复私有权等内容。[2] 8月18日，劳合·乔治以意见不统一为借口，拒绝了国有化的提案，提出了一个重组方案。矿工们拒绝折中，这个方案也告失败。矿工们的工资没变，7小时工作制被议会立法通过，政府管制被延期。在前景不明的情况下，以假想的国有化为由举行罢工是不切实际的。矿工们被迫退而发动一场名为"为国家开矿"的政治运动，但这场运动即使在他们内部也是波澜不惊。

铁路工人没有等待他们的战友。1919年9月，他们罢工抗议降低工资的威胁。劳合·乔治授意贸易部长奥克兰·格迪斯[3] 故意采取强硬态度激怒罢工者，然后亲自介入，接受铁路工人的条件而平息了罢工。对全国铁路工会及其卓越的领袖托马斯[4]（J. H. Thomas）来说，这是一个巨大的胜利。同时，这也是劳合·乔治的一个大手笔。铁路工人没有依靠三角同盟，就达到了自己的目的。在所有行业中，他们比战前工资提高的幅度最大。[5] 现在除了为工人阶级的团结这个理由之外，他们已经不再有继续进行总罢工的兴趣。类似的情况也发生在运输工人身上。1920年早期，应运输工人的中坚力量码头工人的要求，成立

---

[1] 包括3个矿工、3个业主、3个商人和3个偏向矿工的经济学家——托尼（Tawney）、韦伯（Webb）、齐奥萨·马尼（Chiozza Money）（后来萨维奇案中的主角，见下文第214页），桑基为主席。
[2] 桑基建议实行有限的国有化，商人之一达克汉姆（Duckham）主张在私有制的基础上进行重组。
[3] 新的交通部还没有接管铁路。
[4] 詹姆斯·亨利·托马斯（1874—1949）：在初级学校接受教育；大西铁路火车司机；1917—1931年任全国铁路工会总书记；1924年、1935—1936年任殖民大臣；1929—1930年任掌玺大臣；1930—1935年任自治领事务大臣，因泄露预算机密获罪，离开政坛；洛在漫画中把他画成"礼服衬衫阁下"；说话据说有一种工人阶级特有的口音；当被问及谁会成为第一个工党首相时，他（错误地）回答说："我或者安德森。"
[5] 1920年，他们的实际工资为117（1914为100）。

了一个调查委员会，欧内斯特·贝文[1]（Ernest Bevin）借此一举成名，码头工人的条件得到了大幅度的改善。贝文和托马斯风格各异，都是杰出的新型工会领袖。尽管具有工人阶级的攻击性，但他们不再一味采取对抗策略。他们执着地寻求改善，不会坐等遥远的社会主义的曙光。他们平等地与雇主进行谈判，显示出同样的甚至更高的技巧。他们牢记和解才是最终的目的，通过罢工亦可，不通过罢工更好。

矿工领袖们有着不同的观点，他们发起了阶级斗争，雇主们的反弹相当强烈。伯肯黑德在与矿工代表会见后说："要不是曾与矿主打过交道的话，我会把他们称作英格兰最愚蠢的人。"煤炭工业的事情把整个国家拖入混乱的境地。1920年，大不列颠仍然在繁荣发展，劳工运动信心百倍。劳工代表在补选中接连获胜。[2] 汉德森和其他领袖得以重归下议院。工会会员人数达到800万以上的高峰。在一次全体会议上，工会代表大会以总理事会取代效率不高的议会委员会，乐观地期望总理事会成为劳工行动的"总参谋部"。代表工会代表大会总理事会的全国劳工理事会、工党全国执行委员会和工党议会党团都宣称在全国范围内代表"劳工"说话。

工会也有了表达自己心声的渠道。一家名为《每日先驱报》（Daily Herald）的社会主义日报诞生了。[3] 主编是情绪激动的左派领袖乔治·兰斯伯里（George Lansbury）[4]，他颇受人尊敬。撰稿人大多是年轻的中产阶级知识分子。其中有些人，比如威廉·梅勒（William Mellor）和柯尔（G. D. H. Cole），在战前已经成为社会主义者。其他人，如西格里夫·萨松（Siegfried Sassoon），奥斯波特·西德维尔（Osbert Sitwell），还有特纳（W. J. Turner），在战火的洗礼中成为激进主义者。所有这些人都以欢快自信的态度表达出对统治阶级所作所为的轻蔑。《每日先驱报》与"资本主义"的新闻喉舌进行了艰苦的斗争。在兰斯伯里的岁月，该报虽然宣扬社会主义主张，但仍然属于私人企业，从来没能达到

---

[1] 欧内斯特·贝文（1881—1951）：在初级学校接受教育；1910—1921年为码头工人工会领袖；1921—1940年为运输和杂务工工会的创立者和总书记；1940—1945年任劳工部和国民兵役部长，战时内阁成员；1945—1951年任外交大臣。

[2] 在1918年至1922年间，工党在议会中的代表席位从63个增加到76个。

[3] 在1912年，该报或多或少是作为工团主义者的日报创建的，在战争期间，《先驱报》被迫改为周刊。

[4] 乔治·兰斯伯里（1859—1940）：在初级学校接受教育；1919—1922年任《每日先驱报》主编；后来创建了《兰斯伯里劳动周报》，并任主编；1929—1931年任第一工程专员；1931—1935年为工党领袖；现代政治中最有魅力的人物。

收支平衡。尽管如此，它打破了长期以来的舆论垄断，证明英国人民并不是都如统治者希望的那样思考问题。

极端的"左派"骚动不安。苏俄的范例具有传染性。1920年7月，各革命派别在大炮街酒店这个奇怪的地方成立了英国共产党，其主力是英国社会党，帮手是格拉斯哥社会工党，还有来自格拉斯哥和谢菲尔德的工会谈判代表。英国共产党旨在复制列宁的成功经验，在大不列颠建立无产阶级专政。新党的成员很少，他们并不了解自己为之献身的事业。甚至英国独立工党都对他们白眼相加，在经过长时间的论辩之后，其中大多数人拒绝接受莫斯科的领导。从海德曼手下的马克思主义者到"自由党－工党联盟"成员理查德·贝尔（Richard Bell），工党曾经兼收并蓄，它拒绝了共产党人在列宁的指令下提出的联合要求。[1] 工党如今形成了自己的明确观点，面对世界范围内民主社会主义和革命共产主义的分裂，它选择了自己的立场。虽然打了折扣，共产主义对工党的影响力还是挺大的。尽管不是大多数，还是有很多社会主义者相信资本主义即将崩溃，他们也像共产主义者一样，谴责资本主义的"帝国主义战争"。大多数社会主义者都宣扬阶级斗争理论，虽然不是真的想采取比罢工和投票选举更加暴力的手段。

策划总罢工的气氛在空气中弥漫，这种想法受到了一次很有威力的示威游行的激励，那是一场具有鲜明政治色彩的示威游行。1920年夏天，总罢工的威胁阻止了一场战争。尽管反布尔什维克的干预实际上已经结束，但波兰和俄国仍然处于战争状态。1920年初，波兰人准备占领他们过去的帝国属地乌克兰。温和的社会主义者同情德国而不喜欢波兰；更极端的社会主义者赞赏苏俄；所有的社会主义者都不信任英国政府。5月10日，伦敦码头工人拒绝为"快乐乔治"号装载运往波兰的军火。工党为此欢呼雀跃，政府也在波兰正在取胜的情况下表示默许。但是，到了7月份，波兰军队被击溃，红军向华沙全线推进。法国迫不及待地要站在波兰一边进行干预，劳合·乔治在丘吉尔等人的压力下，似乎也准备和他们一致行动。

工党进行了坚决有力的抵制。在许多城镇成立了行动委员会，全国劳工

---

[1] 列宁曾写道："我们要投票支持汉德森，这就像用绳索吊住被吊者一样。"令人奇怪的是，共产主义者公然使用这种骇人听闻的词语，但当这些词语转而用来批评他们的时候，他们又愤愤不平。

理事会掌控了局面。他们制定了各种立即发动总罢工的计划。连克里尼斯（Clynes）和托马斯（Thomas）这样最谨小慎微的工党领袖也作好了挑战"整个国家宪政"的准备。8月10日，贝文发出了工党的最后通牒。劳合·乔治很愿意把暴风骤雨转移到他那难以驾驭的同僚身上。他说：在他看来，工党正在敲打一扇敞开的门。他甚至敦促贝文去做俄国和英国政府的调停人。战争的危险瞬间消失了，部分原因无疑是波兰人不想依靠英国的援助拯救自己。尽管如此，这仍是一场辉煌的胜利。尽管劳合·乔治事后予以否认，但是，假如没有总罢工的威胁，假如总罢工的呼声不是如此团结一致，那么很难相信英国不会援助波兰。那扇门可能是敞开的，但是需要大力推开才能让劳合·乔治通过。从另一个角度讲，这场胜利也产生了误导。舆情如流水，这一次，公众舆论支持违反宪政的行为。甚至议会政府的神圣性也受到了厌战的英国人民的挑战。"不许干涉苏俄"的口号很有分量，"不再有战争"的呼声不可抗拒。

当围绕煤矿问题的旧争议再次回到舞台的中心的时候，情形已经与当初不同。如今，劳工运动在没有同盟军的情况下独自行动。1920年10月煤矿还在政府的掌控之下的时候，矿工们为了提高工资举行了罢工。三角同盟不情愿地准备予以支持。劳合·乔治左右开弓。依据《紧急权力法》，他继续行使政府在战争时期通过《领土防御法》获得的独裁权力，这种做法对传统宪政造成了前所未有的打击。同时，他又接受矿工的条件，暂时平息了罢工。这只是后来发生的决定性斗争的序幕，在那场斗争中矿工们处于劣势。1920—1921年冬天，战后的繁荣戛然而止。所有的坏事凑到一起，带来了灾难。政府开支锐减，从1917—1918年度的26.96亿英镑缩减到1920—1921年度的10亿英镑多一点。同时，税收提高，1920—1921年达到14.26亿英镑。当年的预算显示有2.3亿英镑的盈余，而在战前，赤字为3.26亿英镑；在战争的高峰期，赤字接近20亿英镑。英国的制造商们曾以为，对商品的需求将是无止境的，虽然战争期间无法组织出口。他们疯狂地投入新的资本，因此抬高了价格。

结果证明，世界市场是虚幻的。欧洲陷入政治动荡，汇兑处于无序混乱状态。更糟糕的是，海外的食品和原材料生厂商遭受灾难性的打击。这些初级生产商在战前生意兴隆，他们持续的繁荣是英国出口业崛起的主要原因。战争期间鼓励他们生产更多的商品，自行定价。而如今，即便欧洲工业国家有能力购买，他们的生产力也超过了需求。初级产品的过度生产是两次大战期间的突出现象，这些生产商的贫困几乎摧毁了古老的英国工业。航运业在全世界范围内供过于求。煤炭和棉花出口几乎跌至零点。英国的价格下跌比过去价格上涨的速度还快，就业也随之缩减。从1920年12月到1921年6月，失业人数翻了一番还多。1921年6月，失业人员超过200万，虽然之后有所降低，但在两次世界大战期间，从来没有低于100万。在生产煤炭、机械和棉纺织品的地区，常常有一半以上有保险的人口失业。《经济学家》杂志称1921年为工业革命以来"最萧条的年份之一"。现在不是举行总罢工的时候。

英国政府惊慌失措地摆脱自己的经济责任。他们放弃了重建和使铁路电气化的规划，把这项职能交回给私营公司，这些公司已重新组合成4个区域集团。他们还决定于1921年3月31日把煤矿交回业主管理。业主们并没有重组产业的能力，他们对经济学的理解只有一点，就是降低工资。在新协议中，他们不仅提出要削减工资，而且还恢复了"地区工资"的旧体制，这意味着在贫矿工作的矿工得到的工资要少于那些在富矿中工作的矿工。矿工们要求"全国工资"，统一各地工资水平，但是被业主们拒绝了。于是4月1日，工厂开始停工。三角同盟再次被召集起来，但这次局面令人尴尬。以前，在煤矿由政府管制的时候，可以利用同情罢工向政府争取更优惠的条件。但这次，铁路和运输工人不能强迫矿主。他们只能威胁政府，而政府能做的只是调停。劳合·乔治像托马斯和贝文一样盼望进行新的谈判。矿工们拒绝了，不论自己和他人付出多么大的代价，他们都要战斗到底。[1]

面对采取灵活通融的方式解决问题的呼吁，矿工联合会主席赫伯特·史密斯（Herbert Smith）的答复是："到战场上去，那是我们的用武之处。"矿工联合会书记弗兰克·霍奇斯（Frank Hodges）更加温和，他接受了在为建立"全国工资"进行谈判期间停止工资浮动的建议。但矿工联合会执行委员会以一票之差否决了这个建议。就在此时，1921年4月15日星期五，铁路和运输工会在预期罢工到来几个小时之前取消了罢工。"黑色星期五"成为劳工运动史上耻辱的一天，在这一天，煤矿工人被怯懦的盟友出卖了。这种观点是不切实际的。实际上，黑色星期五在更大程度上标志着两种工会政策构想的冲突：一种是过

---

[1] 这种顽强的态度建立在合理的人类信仰之上，即提供基本服务的人应该得到体面的工资。有两种互相矛盾的理论依据。一种观点认为，英国高度繁荣的资本主义有能力支付高工资。另一种观点认为，英国资本主义已经接近崩溃的边缘，因此希望通过提出其力所不及的工资要求，把它赶下台。

去的阶级斗争观念，要顽强固执地战斗到底；另一种是新的工会主义，旨在寻求妥协甚至合作。赫伯特·史密斯代表着过去，托马斯和贝文代表着未来。这对于矿工来说是不幸的。他们独自坚持到7月1日，然后罢工结束，矿工们得到的条件比一开始就进行谈判所能获得的条件更差。政府只答应9月之前提供1000万英镑的补贴金，实际上这笔钱在9月份之前并未足额发放。在受教育阶层和富裕阶层的一片欢呼声中，矿工们复工了，他们的工作条件在近半个世纪之后的今天看来，仿佛回到了遥远野蛮的农奴时代。

矿工的失败成了普遍的模式。1921年间，各个行业的工资都被大幅度削减，有时候是在罢工之后，有时候是在没有罢工的情况下发生。建设"一个适合英雄们居住的国家"的承诺似乎成了一种讽刺。劳合·乔治丧失了吸引工人阶级的最后一抹光辉。在他们眼里，他成了一个骗子，一个伪君子。然而，他还是作出了扎扎实实的成就，当时虽然不被注意，但为未来留下了丰厚的福利遗产。住房是最关键的遗产。"英雄们的家园"是1918年大选期间的普遍承诺。人人都赞同提供更多更优质的住房。克里斯托弗·艾迪生如今是卫生部长，他和劳合·乔治把他们在军需部时的热忱带到房屋建设上。但他缺乏那时使他成功的手段。他既不能控制物价，也不能控制原材料，既没有能力操纵资本，也没有能力影响劳动力供给。他只好在公开市场上招标，这一方法正是当时在军需问题上自由放任的自由党人所提倡，而他和劳合·乔治所指责的。艾迪生急于干事。他不在乎花多少钱，也不在乎怎么个花法。他也没有成立自己的机构。卫生部从地方政府部发展而来，习惯于通过地方政府发号施令。这些都限制了对贫民区进行调查和培训建房人员的能力。艾迪生只是指令地方政府无限制地建造房屋，然后按照1914年的租金标准出租。对于地方上所花的每1便士，政府自动予以补贴。

"不计成本"的后果是建房费用昂贵。1921年初，建造一套房屋需要艾迪生支付910英镑，而一年左右以后，建造一套房屋只需要285英镑。对国家财政资金的浪费招来了强烈的抗议。1921年3月，艾迪生离开卫生部。在做了几个月不管部部长之后，他彻底离开了政府。劳合·乔治向下议院道歉，自己所托非人，找了一个不称职的部长——虽然这并不是他惯常的风格。1921年7月，筹建新房的基金被大幅度削减。1922年，基金停止，在此项目下最后一批住房于1923年建成。奇怪的是，到这个时候，建筑成本已经降低，如果搞房屋建设，反而可以减少失业。由于新婚人数不断增加，房屋短缺的状况比1919年还要严重（1923年的估计数字是822000套）。与艾迪生的裂痕使劳合·乔治进一步远离过去的激进主义。"住房丑闻"使二人的声誉都受到影响，但是，他们确实做了很多工作。艾迪生建造了213000套房屋，其中很多都是为那些买不起住房的人建造的。他树立了一个原则，即住房是一种社会服务。后来的政府虽然尽力避免他所犯的错误，但都不得不承担起这个责任。在这一点上，艾迪生比任何其他人的贡献都大。艾迪生的作为还产生了另外一个持久的影响。地方政府成为国家住房政策的执行机构，它们大量花钱，但大部分钱不用他们出。因此，它们在社会服务方面获得了新的功能，而相应的财政负担却在下降。

劳合·乔治做了一些更加值得赞扬的事。他把失业保险几乎扩大到整个工人阶级，从而改变了英国的经济生活。他这样做并不是因为有先见之明或者经过深思熟虑。在1911年最早的保险方案中，保险范围严格限制在就业率波动比较大的三个行业（建筑、机械制造和造船业），大约涵盖了300万工人。战争期间，保险扩大到军需业，又有100万工人得到保险。战后，退役军人离开部队的时候，他们在一定时期内无需供款即可享受失业保险。根据军人津贴的惯例，他们的妻子和家人也可以享受。这个方案到期后，需要出台更长期的方案。1920年，在战后的繁荣期人们还很容易找到工作的时候，风险和困难似乎不大。失业保险一下子扩大到1200万工人，所有周收入不足5英镑的人几乎都覆盖了，只有家庭佣人、农业劳动者和公务员除外。这项保险唯一的目的是为那些临时的短期失业者提供保险，保险金来自于一个独立的基金，雇主和雇员都要交费。

这项方案预计的失业率为4%。没有人预见到会有数以百万计的失业者，而且延续数年。当大规模失业到来时，人们首先希望这是暂时的，不太可能以保险精算不可行为理由拒绝支付保险金。1921年1月，保险对象得到"合同外的福利"，意思是说，这个时期的保险金是没有交纳保费的。1921年11月，参照军人模式，福利扩大到为妻子和家人提供补贴。赤字由国库以所谓贷款的名义补足，实际上就是补贴。另外一个奇怪的特点是：在不同行业和全国不同地区，失业率极不均衡。这样，那些工作较稳定的人帮忙养活了经常失业的人。[1]

一种新奇的体制就这样应运而生了。职业介绍所管理的失业保险是对地方

---

[1] 据了解，在1926年，48%享受保险的工人在前5年没有得到任何福利。

政府管理的《济贫法》的超越。自由放任的基石被撼动了。"保险"虽然是一种假定，却使人们感到不像过去依靠《济贫法》那样不体面。人们不再像过去那样在低工资的情况下，或者在更恶劣的条件下因为饥饿而被迫工作。在找不到熟悉的工作时，他们享受延长的福利，花纳税人和受雇者的钱。失业保险阻碍了工人从没落行业向新兴行业的流动。从另一方面讲，失业保险减轻了社会的不满程度。即使失业者掀起暴乱，其目的也是得到更高的"福利"，而不是推翻导致他们失业的制度。劳动者以前要求"工作的权利"，现在他们要求"工作或生活费"，重点落到生活费上。感谢劳合·乔治，在英国的街头没有构筑起防御工事。

那时，劳合·乔治对自己的所作所为并不满意。他想要的是消除失业，而不是过得去。他像大多数人一样相信，只要回到1914年以前的快乐岁月，那么一切都会好起来的。他从凯恩斯等经济学家那里学到一种理论，即最关键的问题是使德国恢复繁荣，尤其是解决赔款问题。在1920年和1921年举行的一系列国际会谈中，劳合·乔治一直试图在法国人要求的数额和德国人能够或者愿意赔偿的数额之间找到平衡。但是他失败了，这次失败给他带来很大的伤害。有些英国人认为他抛弃了法国，因而感到愤怒，更多的人则抱怨他没能与德国人重归于好。劳合·乔治号称是世界级的政治家，是指挥战争的伟人中唯一的幸存者。当他失败的时候，这样的声誉反过来给他带来了不利的影响。

劳合·乔治准备同时尝试"自由党"和"保守党"的方法。他对自由贸易并没有多深的敬意，他与自由贸易的关联来自于他的自由派支持者，使他看起来像一个超乎党派之上的国家领袖。一旦有机会，他就对自由贸易大发微词。在战后，出于贸易保护主义的原因，当初麦肯纳向某些"奢侈品"征收的关税被保留了下来。1921年，为了抵制其他国家的倾销，被认为在战时至关重要的关键产业受到"保障"（实则是"贸易保护"的委婉说法）。劳合·乔治还曾推动大英帝国往自由贸易方向发展，但没有成功。自治领要求得到英国的资本，有的要求得到英国的劳动力。它们不准备放弃任何主权独立。它们只愿通过那些要求母国作出更大努力的议案。帝国的投资和移民计划还停留在国内倡议阶段。只有英国对外国食品征税的时候——所谓"胃口税"，自治领才会动心。对于劳合·乔治来说，这是非常棘手的危险问题。1921年，他又采取了自己喜欢的方式：召开大会。自治领的总理们聚集到伦敦。他们没有被花言巧语哄骗。

他们强调各自的议会具有专有的权力。帝国战时内阁从来就不是行政机构，因此没有重新启用。精心设计的剥削殖民帝国的计划成为泡影。这些计划是建立在战时经济封锁的基础之上的。人们曾以为，战后数年，大不列颠将从对殖民地原材料的垄断中大大获利。殖民地是未经开发的土地，是宝贵的遗产。现在人们发现，相对于现在的需求，它们已经开发过度了。英国政府不但不能垄断它们的原材料，还要迫不及待地在全世界寻找殖民地商品出口的渠道。

自治领在一个方面对英国的政策产生了关键并持久的影响。大战刚结束，劳合·乔治傲慢地谈到与美国的海军竞赛问题。他强调说，大不列颠永远不会放弃称霸海上的权力。他还试图联合日本在远东与美国对抗。但是，自治领表示反对。加拿大不想与美国敌对。澳大利亚和新西兰对日本缺乏信任。自治领占了上风。从1921年11月到1922年2月，关于海权和远东事务的会议在华盛顿召开。贝尔福是英国代表团领队。他同意在战列舰数目上与美国平分秋色。日本人接受了低人一等的地位（美国、英国和日本的战列舰比例为5∶5∶3）。在这个问题上并没有经过深思熟虑，更不是有意推动建立英美伙伴关系。其原因在于自治领的推动、英国的让步，还有就是经济萧条时期节约资金的考虑。尽管如此，这是唯一一次在军备限制方面达成有效的国际协议。英国在自治领的推动下，还放弃了与日本的联盟。作为保障日本安全的替代措施，英美两国许诺不在香港和菲律宾群岛建设海军基地。于是，日本得到了地区性霸权，之后，它利用这个霸权给远东、英国，最终也给它自身带来了灾难。贝尔福一回国，就获得了嘉德勋章。

大英帝国的形态也在其他方面发生着转变。战争使自治领和殖民地的区别清晰地显示出来。如今，自治领常常被统称为英联邦国家，它们离独立的主权国家仅一步之遥，独立参加巴黎和会及其后的国际联盟，不久后，它们也在外国派驻自己的代表。它们与大不列颠的联系主要是情感上的，因为拥有共同的过去，相似的体制，而且在很大程度上，使用同一种语言。[1] 它们拥有某些共同的利益。它们都生产原材料，如小麦、羊毛、金、铜、木料等，而大不列颠是消费者。令大不列颠感到遗憾的是，它们都渴望发展自己的产业。而殖民地，

---

[1] 在南非，说南非荷兰语的布尔人比英国人数量更多；在加拿大，法国人是数量可观的少数民族，在那里还有其他少数民族。

严格说来仍然处在白厅的专横统治之下。西印度群岛不过是已经逝去的岁月的遗迹。热带非洲的殖民地一直被认为是维多利亚时代晚期帝国主义的重大战利品，但它们的发展状况却令人失望。事实证明它们是债务，而不是资产。肯尼亚也许是个例外，白人们可以在高原上生活。英国人像旧时代的领地贵族那样在那里定居，逃避民主制和高额征税。

一个新的大英帝国在中东的崛起更具重要性。1919年，这个帝国一度有望横跨从地中海到印度边境的广大区域。在俄国不再插手的情况下，寇松在波斯建立了一个保护国，还出兵占领了阿富汗。但是好景不长。英军撤出了阿富汗，法国和美国的抗议迫使英国放弃了波斯。尽管如此，英国还保留着大量的地盘。现已改名伊拉克的美索不达米亚由英国托管，摩苏尔油田是一个富源。在为犹太人建立民族家园的幌子之下，巴勒斯坦也成为英国的托管国，将在未来引起与阿拉伯人的争端。在战争初期成为英国的受保护国的埃及，于1922年被承认为名义上独立的王国。英国为了保护苏伊士运河，坚持在埃及的军事占领，但是未能与埃及就此达成协议，英军继续留驻。它留在埃及的动机已经发生了变化。以前，英国留在埃及，只是因为苏伊士运河是到达印度的通道；如今，拥有石油和潜在市场的中东本身已经足够珍贵，因此印度的地位退居其次。

印度确实成了负担。印度市场使兰开夏郡的棉纱厂忙碌生产的日子一去不复返了。相反，印度除了自己生产棉纺产品之外还从日本进口。1917年，印度被承诺建立"负责任的政府……作为大英帝国不可或缺的一部分"。如今，印度各省制定了各自的宪法，有了好听的省名、众多的选举，但是权力并没有移交，提供给饥民的只是美丽的图画。总督仍在实施专制统治；伦敦的印度事务部仍在行使最终决定权。但是，英国人正在自掘坟墓。他们让印度人接受欧式教育，从而产生了民族独立的要求。长期以来，印度国民大会党一直在温和地倡导民族独立。如今，诞生了一位卓越的领袖——中殿律师学院毕业的律师、圣徒、老谋深算的政治家甘地（Gandhi）。他不久就大刀阔斧地行动起来。战争的苦难和战争末期的大流感引起了人们普遍的不满。1919年4月，在阿姆利则，将军戴尔（Dyer）向赤手空拳的人群开火，造成379人死亡。这是1857年印度兵变以来最严重的流血事件，是印度人民决心摆脱英国统治的决定性时刻。甘地以新的政治斗争方式——非暴力反抗进行回应。英国在印度的统治曾经抱有高尚的动机，现在开始依赖警棍的威力，将顺从的印度人击倒在地。国大党领袖被捕入狱。第一次非暴力反抗的浪潮退落了。英印当局恢复了不受节制的统治，出于高尚的目的，高兴地享受着高额的薪水。

但是，这样的统治已经丧失了人心。甘地占据道德高地，英国人只有强权。印度帝国只是习惯性地运转着。英国人感觉到了这台机器将停止运转的信息。他们与国大党的分歧仅在于对时机的把握，而不在于"自治领地位"。19世纪，英国承认其殖民地为负责任的政府时，表现出对时机的良好把握。但在印度，他们错误地把握了时机。他们拖延犹豫，直到未来的某个世代。甘地毫不留情地给他们施加压力。也许是因为英国人不愿意平等对待异族文化的有色人种，也许是专制统治的传统过于强大，也许是英国的政治家们因其他地区的问题而厌烦，承受了过重的负担。无论如何，印度帝国没能出现德拉姆勋爵那样的人物。国大党领袖们被视为敌人和反叛者，而不是当成受过教育的棕色皮肤的英国人而受到欢迎。

印度并不是对英国政治家提出民族主义挑战的唯一国家，也不是战后初期最严重的挑战。爱尔兰问题发展到了最尖锐的阶段。这个问题已经困扰了英国政治一个多世纪。早些时候，人们可以出于某种理由说，真正的问题是宗教或经济原因，比如，罗马天主教徒没有公民资格，或者农民被地主剥削等。这些不满都得到了纠正。罗马天主教徒获得了解放；新教教会不再成为国教；地主的财产被买断。但是，爱尔兰唯有在民族独立这个问题上仍然没有满足。形式上，什么都没有改变。爱尔兰仍然是联合王国的一部分，其政府当局仍然由英国任命，仍然在都柏林城堡实施其统治。但是，现实却已经发生了变化。在1918年大选中获胜的新芬党人建立了独立的爱尔兰国会。[1]1916年复活节宣布成立的共和国正式恢复。真令人奇怪，1919年4月，英国政府毫不在乎地把狱中的囚犯全部释放（很显然，他们害怕流感导致囚犯死亡，引发对监狱的质疑），从而使爱尔兰国会满员开会，无人缺席。爱尔兰国会像模像样地运转起来，好像共和国已经羽翼丰满，英国人不复存在。德瓦莱拉是1916年的领导人中唯一的幸存者，他被选为爱尔兰国会议长。共和政府成立了，在全国范围内执政。他们征税，实施审判，以至于英国的法庭反而被遗弃了。地方机构接受

---

[1] 虽然新芬党赢得了103个席位中的73席，但实际得票数没有这么大的优势。60%的选民投了票（比大不列颠的投票比例略高一些），只有47%的人投了新芬党的票。

共和国部长的指令，如果他们因为疏忽把信件写给都柏林城堡，邮局会改写地址，把信件寄给部长。

最初的新芬党计划是非暴力的。他们只是想不理会英国当局，将其束之高阁。按亚瑟·格里菲斯（Arthur Griffith）的说法，这种做法就像1861至1865年间匈牙利人对奥地利帝国所做的那样。[1]但是，爱尔兰共和兄弟会这个古老的秘密社团决定另搞一套。在其领导下，战前组织起来的爱尔兰志愿军于1919年1月被改编成爱尔兰共和军，由参加了复活节起义的前邮局职员迈克尔·柯林斯（Michael Collins）统领。但他的指挥权却多少遭到另一个激烈的共和主义者卡哈尔·布鲁阿（Cathal Brugha）的抵制。[2]爱尔兰共和军没有等待爱尔兰国会的授权就投入抗英的战争，也许它得到过授权。美国的同情者们慷慨地投入资金。在战后一片混乱的欧洲，很容易得到武器弹药，也可以轻易地通过那些满不在乎的海关官员的审查，走私到爱尔兰。官方政府的手脚长期被捆住了：从表面上看，行政管理大权属于英国人，实际上全部掌握在爱尔兰人手中，因此，人们不能确定到底应该效忠哪一方。柯林斯在都柏林城堡的最高层有代理人，并且可以从至少一位英国参谋军官那里得到情报。在英方作出每一个举动之前，他已经了如指掌。他数次奇迹般地逃避了追捕，在很大程度上得益于此。

这些所谓的"麻烦"简直是一团乱麻。爱尔兰共和军虽然背负叛乱的恶名，却是以现行共和国的名义，抗击英国"侵略者"。英国一方声言为了维持秩序，实则是为夺回已经丧失的权威。当然，冲突规模不大。对爱尔兰共和军全部兵力的估计众说纷纭，从1.5万人到12万人不等。但无论何时，服现役的兵力从来没有超过5000人，大多数情况下只有3000人。士兵没有军服，只有一件军用雨衣。他们临时组建团队去攻击警察局，或者伏击弹药护送队，事后迅速分散到平民之中。英国在爱尔兰投入了一支拥有5万人的军队，还有大约1万人的武装警察力量，即皇家爱尔兰警察部队。但两者都不能适应游击战争。军队是一支和平时代训练出来的卫戍部队。警察分散在全国执行普通职责。随着战

---

[1] 1914年，格里菲斯著有《匈牙利的复兴》一书。当匈牙利的历史学家被问及1861—1865年匈牙利状况时，他们会引用格里菲斯的著作。
[2] 他是唯一一个将名字盖尔化的爱尔兰杰出领袖。在英文中，他的名字很平常，叫作查尔斯·伯奇士（Charles Burgess）。

争的发展，这些孤立据点里的警察大部分都撤出来了。这是爱尔兰共和国的又一个胜利。

1920年，英国政府投入了更加勇武的力量。先是褐衣黑带队，从理论上讲，这支部队是为协助皇家爱尔兰警察部队而招募的。然后又投入了好战暴力的后备师，他们成了一个独立的恐怖集团，以暴易暴。[1]大约有750人被杀，其中有些根本不是爱尔兰共和军成员。英国一方有大约500名警察和不到200名士兵被杀。但秩序并没有得到恢复。亚瑟·汉德森在访问爱尔兰后说："事态的发展令全人类蒙羞。"阿斯奎斯的表达方式更为激烈："爱尔兰发生的事情使欧洲史上最卑劣的独裁暴政所制造的最黑暗岁月都感到耻辱。"

英国政府采取残杀和恐怖的政策完全是出于固执。爱尔兰实行地方自治已经写进了法令全书，其实施只是延迟到在法律的意义上结束战争之时。远溯到罗马天主教会拒绝与独立教会合作抵制贝尔福的《教育法》之时，劳合·乔治就对爱尔兰人不抱同情之心，而且敌对行为总能激发起他的斗志。但他也意识到，光反对是不够的，因此他构想了一个异常复杂的《爱尔兰政府法》（1920年），旨在把联合王国、统一的爱尔兰和独立的阿尔斯特全部糅合到一起。这将产生两个自治的议会，一个设在都柏林，管理爱尔兰的大部分地区；另一个设在贝尔法斯特，管理阿尔斯特的6个郡。爱尔兰的两个部分在威斯敏斯特将有少量的代表席位。从两个爱尔兰议会中选出代表，成立爱尔兰理事会，负责维持或者恢复爱尔兰的统一。这个奇思异想的主要部分一开始就胎死腹中。新芬党不承认南方议会，只把它当成选举第二个爱尔兰国会的工具。只有都柏林大学选出了4名议员。[2]同样，阿尔斯特也拒绝承认爱尔兰理事会。但另一方面，阿尔斯特的统一党人认为：《爱尔兰政府法》可以使他们摆脱都柏林的统治，因此勉强接受了自行成立议会的提议，随之就有了自己的政府。令人吊诡的是，阿尔斯特本想通过内战建立在英王统治下的统一的爱尔兰，现在转而承认分治状态，成为爱尔兰唯一一个接受自治的部分。

《爱尔兰政府法》间接地结束了麻烦。1921年6月，乔治五世决心亲自出席第一次北爱尔兰议会的开幕式，尽管这样做会有被暗杀的危险。他一直对英

---

[1] 其中最残忍的一员在西班牙内战中成了国际纵队司令，在为西班牙共和国而战的过程中被杀。
[2] 爱尔兰大学选区像大多数大不列颠的选区一样，可能会选出反动分子。

方的恐怖主义行为感到不悦,也不想说那些陈词滥调。他问计于正在英国参加帝国会议的史末资。史末资一直在敦促爱尔兰人接受自治领的地位,布尔人(至少可以说部分布尔人)是乐意接受自治领地位的。史末资草拟了一份要求国内和平的呼吁书,向劳合·乔治施加压力。劳合·乔治正在寻求解决问题的出路。之前,他刚刚听到帝国总参谋长亨利·威尔逊爵士的警告,说只有通过全面战争才能重新征服爱尔兰:招募一支10万人的军队;实行戒严令;设置堡垒;未经许可,禁止所有民用交通。以丘吉尔为首的部分内阁成员则主张,在尽最大努力进行安抚之前,不能采取这个策略。在此局势下,劳合·乔治接受了史末资的建议,不久之后视同己出。乔治五世应该得到赞扬,他的率先倡议或许是现代史上英国君主所作的最了不起的贡献。

这些举措迅速产生了效果。时任爱尔兰共和国总统的德瓦莱拉自年初开始,一直与英国代表秘密保持联系。爱尔兰共和军或许已至穷途末路。后来,柯林斯对布政司哈马尔·格林伍德(Hamar Greenwood)说:"你把我们拖垮了。我们当时连3个星期都坚持不住。"[1]无论如何,德瓦莱拉是同意和谈的。7月8日,双方签署了一份停战协定。3天后,战事结束了。接下来是延续数月的讨价还价。新芬党要求整个爱尔兰成为独立的共和国。但他们得到的许诺是遵循加拿大的自治领模式,涉及26个郡,不包括阿尔斯特的6个郡。事后看来,对自治领地位的争论实属令人奇怪的纸上谈兵。假如爱尔兰人继续反叛,他们就不会拘泥于宣誓效忠之类的象征性符号,因此,英国政府的坚持是徒劳的。同样,既然这些象征性符号并不具有实际效力,自治领地位将赋予爱尔兰实际意义上的独立,所以新芬党的反对也是迂腐的。

经过数年慷慨激昂的论辩之后,人们仍旧不能回归常识。对一方而言,共和国是一个情感的象征,对另一方而言,帝国同样象征着他们的情感。而且,当时自治领的全部内涵还不像稍后那样清晰。在1921年,人们可能认为自治领在某种程度上就是白厅的附庸。那时,德瓦莱拉在反对英方谈判条款时表现出不切实际的浪漫主义,为此大受责难。然而,如果考虑到当时存在两种相互矛盾的情感的话,他却是唯一的现实主义者。他提出的外部联系的计划保全了爱尔兰,也把英国人所需要的所有安全保证都给了他们。该计划导致了后来的和

---

[1] 埃默里(Amery)《我的政治生涯》(*My Political Life*)第2卷第230页。

解，虽然如果立即实现和解的话，会更加令人感到舒心。但劳合·乔治对这种想法不屑一顾。他已经下定决心要维持"帝国"。作为威尔士人，他可能因为威尔士没有得到与爱尔兰相同的待遇而妒忌爱尔兰人。他有另外的解决方案，这个方案像以往一样，是一个不惜以任何人（除了他自己）为代价、充满战略性奇思妙想的杰作。他提出在一段时间之内，比如半年或一年，北爱尔兰将被置于都柏林，而不是伦敦的管辖之下，以此引诱爱尔兰人留在帝国之内。在这段时间内，阿尔斯特统一党人将享受低税收的好处，继续与爱尔兰其他地区待在一起。[1]

　　新芬党代表欣然接受讨价还价，虽然可能把内战从南方转移到北方。劳突然出面进行干预。1921年3月，他以健康不良为由离职，暂时告别政坛。[2] 现在他扬言，如果阿尔斯特不被留下的话，他还会卷土重来领导统一党的反对派。他的威胁是令人畏惧的。统一党人对劳合·乔治越来越感到躁动不安，急于离他而去。他们的新领袖奥斯丁·张伯伦没有足够的权威进行约束。劳合·乔治撤退了，强迫把北爱尔兰置于都柏林管辖之下的提议也付之东流。相反，新芬党人面临重新开战的威胁。爱尔兰的谈判者们战战兢兢。但劳合·乔治也有最后的杀手锏。他私下里暗示爱尔兰人，划分北爱尔兰和其他地区边界的委员会将削减阿尔斯特的地盘，使之难以运转，从而急切地想加入爱尔兰自由邦。爱尔兰的统一将以这种拐弯抹角的方式得到保全。这个暗示到底是认真的还是一个彻头彻尾的谎言，现在已经不可能搞清楚了。[3] 重要的是它确实产生了效力。爱尔兰人为避免战争，抓住这个借口，不管它是多么的不靠谱。12月6日凌晨，他们和英国谈判代表签署了《大不列颠与爱尔兰条约的协议条款》。这是一份奇特的文件。先是含蓄地承认爱尔兰国会或其议员有权代表统一的爱尔兰，但紧接着又取消了这个共和国。

　　许多纠纷矛盾随之而来。1921年12月16日，英国国会批准了条约。在爱尔兰，德瓦莱拉领导了一场强烈的抗议活动。1922年1月7日，爱尔兰国会以

---

[1] 现在回想起来，分治似乎是解决爱尔兰问题不可避免、显而易见的答案。在当时，一个古老的王国被肢解似乎是不可想象的。新芬党人一直希望他们能拯救爱尔兰的统一，就像阿尔斯特的统一党人相信，不接受都柏林的管辖，他们就保存了联合王国一样。
[2] 说健康不良是真实的，但也有心理上的原因。劳直觉地意识到劳合·乔治的末日快到了。他清楚，只有他可以把尖刀插入劳合·乔治的后背。他明白自己必须这样做，于是希望通过隐退来逃避可恨的责任。
[3] 见注解B。

64票比57票的微弱优势通过了条约。[1]德瓦莱拉辞去总统职务,成立了以亚瑟·格里菲斯为首的临时政府。[2]3月份,英国政府向他们移交了权力。6月份,在南爱尔兰举行大选。尽管新芬党的两个派别(条约的支持派和反对派)达成了选举协议,其他政党异军突起,使支持条约的人数达到72%。尽管如此,爱尔兰共和军中还是有相当一部分人坚持共和,内战一直延续到1923年4月。这场战争比以往的那些"麻烦"都更加可怕,更有破坏性。包括迈克尔·柯林斯在内的许多爱尔兰领袖被杀。但爱尔兰自由邦还是诞生了。爱尔兰国会为其制定了《宪法》,经过修改之后,于1922年12月5日得到英国国会的批准。爱尔兰自由邦的正式成立正好在条约签署一年之后。第二天,北爱尔兰同样正式地从自由邦分离出来。以前的民族主义者议员提姆·西里(Tim Healy)成为首任总督。1922年12月17日,最后一批英国军队撤离爱尔兰。

实际上,英爱联合于1921年12月6日正式告终,随之结束的还有爱尔兰的统一。英国历史上糟糕透顶的一章结束了。爱尔兰在26个郡得到了比当初欧卡诺(O'Connell)、巴奈尔(Parnell),还有雷德蒙做梦都不敢想的更多的独立性。它有了自己的政府,在财政、司法、行政和教育方面有绝对的自主权。在威斯敏斯特的国会中,南爱尔兰的议员消失了。南方统一党人的安全曾经是英国政府的重大关切,他们在得不到保护的情况下被抛弃了,但后来的结果是,他们成了珍贵受宠的少数派。这确实与北爱尔兰统治下罗马天主教徒的遭遇形成了鲜明的对比。英国政府保留了3个供海军用的"条约港口"(昆斯顿港、贝尔港和斯威利港——以及阿尔斯特的贝尔法斯特港)。爱尔兰国会成员必须宣誓,承认"爱尔兰人是英联邦的公民,爱尔兰附属于英联邦,是构成英联邦的国家集团中的一员"。总督由国王任命。除此之外,数代人为之奋斗的英爱联合不复存在。而且,爱尔兰依据加拿大模式接受了自治领的地位。随着加拿大权力的不断扩大,爱尔兰的权力也随之增长,直到有一天,爱尔兰人发现,他们可以合法地抛弃产生自由邦的那个条约。

爱尔兰人胜利了,但是他们并没有变得平和、友善。他们的胜利脱胎于恐

---

[1] 英国坚持,条约也必须得到依据1920年法律建立的南爱尔兰国会的批准。国会于1922年1月14日专门为此召开了唯一的一次会议,只有支持条约的议员参加。

[2] 严格地说,有两个临时政府:一个是由爱尔兰国会选举出来的以格里菲斯为首的政府;另一个是南爱尔兰国会选举出来的以柯林斯为首的政府。新的爱尔兰国会重新选举了格里菲斯,另一个政府随之消失了。

怖和动乱,而不是政治和解的产物。因此,他们不存感激之情。而且,北爱尔兰和自由邦边境的矛盾逐年恶化。难产的爱尔兰理事会,作为统一的最后一点残余,于1925年被正式废除。北爱尔兰越来越依赖英国财政,英国对它的财政补助越多,它与自由邦的联系越疏远。[1] 虽然北爱尔兰三分之一的人口都信奉罗马天主教,但是北爱尔兰政府操纵选区划分,实施特别的治安措施,从而造成了新教一统天下的局面。维持单独的北爱尔兰不仅成了英国的义务,[2] 还为保守派带来政治上的优势。在那里,宗教派别的分裂阻碍了工党的发展。结果,北爱尔兰在威斯敏斯特的代表中,除了偶然出现了一个民族主义者之外,形成了保守党稳占10个名额的局面。[3] 与当年爱尔兰议员中80名左右的成员都是激进派相比,这是一个巨大的变化。

但是,虽然有一些失误,爱尔兰问题的解决仍然是一个巨大的成就。爱尔兰问题挫败并毁灭了那些最伟大的政治家。劳合·乔治提出了除了爱尔兰共和军中纯粹的极端主义者之外都能接受的解决方案,一下子把爱尔兰给弄没了。人们已经厌倦了爱尔兰问题。大多数统一党人认识到英爱联合必须终止,虽然他们憎恨其终止的方式。大多数爱尔兰民族主义者认识到,肯定会失去北爱尔兰,虽然他们不愿意这样。也许,大战的血腥使人们转而反对在爱尔兰发生流血事件。[4] 除了北爱尔兰好斗的新教徒不肯消停之外,宗教上的敌对情绪在减弱。常识开始发生作用。捍卫条约的格里菲斯说:"有人对我说,'不,这一代人可能沉沦,但是下一代人会有所作为。'富有活力的爱尔兰民族会消失吗?"极端的机会主义者劳合·乔治曾经证明了机会主义的正确,但他的胜利却没有给他带来益处。自由党和工党永远都不会忘记褐衣黑带队。现在统一党恢复了旧称,保守党人因为被迫面对现实而愤愤不平。爱尔兰曾经毁了皮尔(Peel)

---

[1] 19世纪,联合王国3个较小的部分(苏格兰,威尔士,爱尔兰)对英国财政的贡献大于索取。20世纪,形势逆转。如果苏格兰、北爱尔兰和威尔士独立的话,他们的社会服务水平会降低(就像南爱尔兰过去和现在的情况一样)。
从某种意义上讲,爱尔兰人的胜利是苏格兰人、威尔士人,或者甚至英格兰人的不幸。在争论自治的过程中,经常有关于推行权力下放或全面实行地方自治(即由4个独立的议会处理内政事务)的话题。在第一次世界大战的前几年,这个话题变得越来越热。随着爱尔兰自由邦的建立,这个话题消失了,只有一个威斯敏斯特议会,只有北爱尔兰能够见证当时人们是如何盼望自治的。
[2] 这种义务只是在1949年得到正式承认,奇怪的是,竟然得到工党政府的承认。
[3] 大不列颠的大学选区进一步使保守党多得9至10个议席。
[4] 也或许是那些历史悠久的国家(尤其是匈牙利)在和平条约中被瓜分,使爱尔兰分治的想法变得容易接受。

和格莱斯顿（Gladstone），现在也毁了劳合·乔治。但至少可以说，前两人是毁于失败，而劳合·乔治是毁于成功。

注解

注解 A　阜姆

阜姆问题虽然不直接影响英国的政策，但是分散了和平会议的注意力，促成了意大利和战时盟友的疏远。根据1915年《伦敦条约》，各国许诺意大利将得到南蒂罗尔、伊斯特里亚（包括的里雅斯特）和达尔马提亚北部。阜姆不在其中。人们认为匈牙利将保持原有领土，阜姆将成为其出海口。战争末期，匈牙利因为民族动乱而四分五裂。当时匈牙利的属国克罗地亚王国分裂出去加入塞尔维亚（还有斯洛文尼亚），从而构成了南斯拉夫王国。这个新国家宣布拥有对已经成为匈牙利飞地的阜姆的主权。意大利人对南斯拉夫丝毫没有以前对大匈牙利那样的情感。相反，南斯拉夫似乎是他们在亚得里亚海地区的一个危险对手。因此，他们要求阜姆归意大利所有。这主要是出于战略考虑，就民族而论也有某些理由。从狭义上讲，阜姆主要由意大利人组成，是匈牙利人为创建起来的。但是，如果包括郊区和周围的乡村，南斯拉夫人则占多数。同时，阜姆一直在协约国的共同管理之下。它的未来必须由和平会议来决定。

威尔逊总统对此事的态度非常坚决。他并不是《伦敦条约》的一方，他认为从民族的角度考虑，只有意大利的要求是有道理的（虽然他没有将这一原则延伸到南蒂罗尔，该地区北部主要是德国人）。他接受了意大利对伊斯特里亚的要求，尽管从民族的角度讲，这也是令人生疑的。他拒绝了对阜姆的要求，当然也拒绝了对达尔马提亚北部的要求。克里孟梭和劳合·乔治承认，他们有义务遵守《伦敦条约》。如果意大利人坚持条约的规定，大不列颠和法国将支持他们对达尔马提亚的要求，但这样的话，他们就不能得到阜姆。如果他们坚持得到阜姆，则意味着放弃了《伦敦条约》，他们的所有要求都是在民族的原则下考虑的。意大利人想要二者兼得，但未能实现。奥兰多提出抗议，退出了和平会议，尽管一名意大利代表匆忙返回，及时地与德国签署和约。威尔逊越过意大利政府，向意大利人发出呼吁。但这种努力也未成功。和平会议根本没能解决阜姆问题。

1919年9月，意大利浪漫主义诗人邓南遮（d'Annunzio）率军占领阜姆，把它变成一个独立的国家。1920年11月，意大利和南斯拉夫在《拉巴洛条约》中达成协议。意大利接收伊斯特里亚，放弃达尔马提亚，除了其4个岛屿和扎拉城。阜姆变成了一个自由城市。1923年9月，意大利吞并了阜姆。1924年1月，南斯拉夫对此予以承认。第二次世界大战之后，南斯拉夫占领了扎拉和达尔马提亚诸岛屿，阜姆（如今被叫作里耶卡），还有伊斯特里亚大部（的里雅斯特和戈里齐亚除外）。

注解B　爱尔兰边界

12月5日，内阁助理秘书、劳合·乔治特别信任的威尔士人汤姆·琼斯向迈克尔·柯林斯发出暗示。1921年12月13日，劳合·乔治说，毫无疑问，大多数蒂龙和弗马纳人更愿意和南部的邻居在一起。英国其他签约人的说法与此大体一致：奥斯丁·张伯伦于12月16日、丘吉尔于1922年2月16日。到1924年边界委员会成立的时候，一切都发生了变化。先是奥斯丁·张伯伦和伯肯黑德（另一名签约人），最后是劳合·乔治本人，表示只打算对现存的边界作微小的调整。这可能并不是有意设计的骗局。1921年的时候，英国人期待与自由邦建立友好关系，所有愿意以牺牲阿尔斯特为代价。不久，他们的关系便因为爱尔兰内战而疏远。而且，到1924年，大不列颠由保守党政府执政：劳合·乔治离职；其他人想方设法重归保守党，他们曾因为"投降"爱尔兰而深深得罪了保守党。爱尔兰人发现，边界委员会的决定将使他们在蒂龙和弗马纳的收获微乎其微，而且还会让他们在其他地方作出让步。因此，他们退出了边界委员会，经过10年的争论之后，6个郡的边界保持不变。

第五章　正常时期，1922年

1922年是战争爆发以来大不列颠所经历的第一个有秩序的一年。尽管它面临的麻烦没有结束，但是却开始形成了一种新的稳定状态，为两次世界大战期间的大多数年月树立了榜样。劳资纠纷骤然减少。在1921年，因为罢工损失了8500万个工作日，但1922年只有1900万个，1923年只有1000万个。预算降低到10亿英镑以下。每英镑所得税降低1先令，降到5先令。物价和工资都从1920—1921年的飞涨状态降下来，在以后几年中固定在比战前高出三分之一的水平。在1921年，几乎所有的战时管制都取消了。随着最后一批食物配给的取消，个人登记结束了。政府取消了对出国旅行的限制，尽管旅行者现在必须要带上一本护照。[1] 英国货币可以自由地兑换外币，汇率比战前低10%左右（1英镑等于4.40—4.50美元）。

战争并没有给英国人的生活留下多少永久性的烙印。退役人员并没有像在某些国家那样形成一股独立的力量，更不用说发展成暴力的政治团体了。黑格主持的英国退伍军人协会在比较平等的基础上把各个级别的退伍军人组织到一起。在需要的时候，协会为他们打抱不平，有时谨慎地向议员候选人施加压力。协会平常组织的活动和睦融洽。当然，人们并没有遗忘战争。每个城镇乡村都建立了战争纪念碑[2]；威斯敏斯特教堂建立了无名士兵之墓；在白厅大街上，建立了阵亡将士纪念碑，人们经过时都会脱帽致敬。在停战日（11月11日），全国上下都会在上午11点默哀两分钟。剧院和电影院继续实行战争期间形成的爱国主义惯例，每一次演出之后都要奏国歌。[3] 继续沿用夏时制，尽管农民因为

---

[1] 当然，外国政府是要求有护照的。在和平时期，英国公民出国回国都不需要护照，虽然当局试图隐瞒这一点。

[2] 第二次世界大战很少建专门的纪念碑。新的阵亡人员名单被刻在已有的纪念碑上。

[3] 在这些风俗中，对纪念碑脱帽致敬在30年代日趋没落，因为人们开始不戴帽子外出。后来，这个风俗彻底消失了。在第二次世界大战中没有纪念停战日。后来，两次世界大战的纪念活动都是在最靠近11月11日的那个星期天举行。奏国歌的风俗一直延续至今，现在也越来越不普遍了。

奶牛受影响而提出抗议。[1] 激进的个人主义者赫斯特（F.W.Hirst）评论说："在有用的发明之中……或许这是最能让我们与战争时期联系到一起的新东西。"[2] 还有两个不这么有用的发明也被保留下来。酒吧的营业时间仍然受到严格的限制，尤其是在午茶时间和星期天。外国人的入境和雇佣受到严厉的控制，几乎到了全面排外的程度。对抢占工作机会的无端恐惧加剧了排外情绪。这是战争的遗产。

与第二次世界大战相比，第一次世界大战不影响10年一次、定时进行的人口普查。1921年，英格兰和威尔士人口为37887000人，整个大不列颠为42769000人。人口仍然呈增长趋势，但是比19世纪的增长速度慢。自1911年以来，每年的净增长率只有0.49%。而之前每年的平均增长率超过1%。死亡率的下降先于出生率的下降。死亡率下降并不神秘，源于医疗服务、住房条件和卫生条件的改善。自1900年以来，婴儿死亡率降了一半以上。刚成年的人死亡率也下降了。特别值得一提的是，为害已久的肺炎得到了控制。癌症和心脏衰竭这些在年龄较大的人身上发作的疾病成了新的杀手。因此，尽管更多的人活到了老年，但是与一般看法相反的是，老年人并没有活得更长。65岁男性的预期寿命只比一个世纪以前稍长一点。[3] 这种状况带来的总体影响就是劳动年龄人口在总人口中占相当大的比例，工人的平均年龄提高。这或许是由于他们固守熟悉的行当。

1923年，出生率下降到20‰以下，在本书记述的这一时期从来没能回升到20‰以上。1921年，虽然总人口增加了1000万，但是15岁以下儿童人数基本与1891年相当。13年之后，虽然总人口增加了2000万，但是5岁以下婴儿人数少于1871年。[4] 我们不明白为什么会这样。人们的结婚年龄并未推迟，而是提早了。也没有任何理由认为自然生育能力降低了。堕胎虽然是违法的，但一直很普遍，尽管我们没有办法知道到底有多普遍。没有理由认为堕胎率提高了。因此，人们肯定是通过某种方式有意控制怀孕。[5] 有迹象表明，在19世纪

---

[1] 在1925年以前，每年发布命令，实行夏时制，此后成为永久的做法。此后也不再使用日光节约时制的旧名。
[2] 弗朗西斯·里格利·赫斯特《战争对大不列颠的影响》（*The Consequences of the War to Great Britain*）第xvi页。
[3] 65岁女性的预期寿命大约比100年之前长3年，可能是因为她们生儿育女的数量减少了，不像以前那样疲劳。
[4] 接受义务教育的儿童（到13岁）数量在1925年达到最高点（600多万）。
[5] 即所谓"节育"，有同义反复之嫌。它只是意味着控制怀孕，但没有说明如何控制怀孕。

80年代，中产阶级只能通过禁欲来限制家庭人口。当时，人为地限制怀孕是遭人唾弃的，就在第一次世界大战之前，提倡的人还会被关进监狱。这次战争使数百万男人开始使用一种有效的男用避孕工具，即避孕套。1919年，发明了一种效果令人满意的女性避孕工具：子宫帽。[1]时隔不久，玛丽·斯特普（Marie Stopes）博士在轰动一时的小册子《婚姻中的爱》（*Married Love*）中，让避孕工具登上了大雅之堂。为此，她理应作为这个时代最伟大的恩人之一而被人们记住。

但是，观念的改变并没走多远。第二次世界大战之前，医学院校不向学生提供避孕方面的知识，人们很难得到专业咨询，除了后来有一些诊所可以提供咨询，富人则可以向医学专家咨询。通常，大家偷偷摸摸地购买避孕工具，社会阶层越低，越难得到节育工具。根据制造业和其他一些不完善的数字统计，两次世界大战之间，有十分之一的男性定期使用避孕套；也能够提供满意性交的子宫帽，只有上流社会的一些开明女性才使用。在已婚夫妇中，至少有70%采取中断性交的常规模式。[2]自然，女性在婚姻关系中很少获得快感，向医务人员抱怨自己的丈夫每周求欢次数太多。历史学家需要记住的是，自1880年左右人们开始控制家庭人口，到1940年左右社会各阶层更加普遍地使用避孕套这一时期，世人是颇为懊恼无奈的。对私生活的限制也许导致他们在其他方面缺乏进取精神。

1921年的人口普查显示，长期存在的女多于男的状况达到了顶峰。尽管战争中75万男性死亡是个原因，但主要原因还是自然的：更多的男婴出生，但也有更多的男婴死亡。女性超过男性175万，可能为她们寻求"解放"提供了动力，虽然不足为凭。1918年之后，女性在理论上几乎获得了完全的平等。她们可以参与投票，尽管直到1928年才得到同等的投票条件。《因性别丧失资格之排除法》清除了很多法律上的障碍。大多数行业向女性开放，只有教会和证券

---

[1] 实际上是一个荷兰人发明的。因此说"荷兰帽"是对的，法国人说是"英国的东西"是错误的。1932年，一位牛津科学家发明了一种避孕胶，使子宫帽成为更加可靠的避孕工具。

[2] 英国的主要制造商在20世纪30年代大概每年生产200万只避孕套，20年之后，每年产量超出1亿（不包括出口）。但这并不是事情的全部：第二次世界大战之前，大部分避孕套是从德国进口的。20世纪50年代，社会学家调查了已婚夫妇二三十年前的信息。朗特里和皮尔斯（Rowntree and pierce）《英国的节制生育》（*Birth Control in Britain*），《人口研究》（*Population Studies*）第15期；约翰·皮尔（John Peel）《避孕工具在英国的制造与零售》（*The Manufacture and Retailing of Contraceptives in England*），《人口研究》第17期。

交易所是两个奇怪的例外。高等教育相当大方地向女性开放。她们在大学得到同等待遇，只有牛津和剑桥因其历史原因，继续只让男性受益。[1]实际上，大多数女性仍然依附于男性，尤其是在工人阶级家庭中。妻子们如能因从事家务劳动得到零花钱，那是幸运的。很少有人知道她们丈夫的收入。在几乎每种职业中，女性虽然做同样的工作，但得到的报酬却比男性少。但在那些需要专业知识的行业，除了公务员和教师之外，情况并非如此。女性很难升到最高层。女性议员从来没有超过20名。在大公司里没有女性董事，没有女性法官，在大学里几乎没有女性教授。

英格兰人在形体上也是大同小异。除了在利物浦、斯旺西和伦敦东部定居的中国人，所有的英国人都是粉红肤色，或者被错误地称为"白色人种"。每个郡都有一些出生于其他郡的居民。地方口音在减弱，但仍然存在，全用方言除了作为文学实验以外已经消失了。汤姆森（T.Thompson）用兰开夏方言写作的小说在《曼彻斯特卫报》（*Manchester Guardian*）的老专栏上发表。[2]南北有一条清晰的界限，大致以特伦特河为标志。虽然近半数英格兰人居住在特伦特河以北，但从大多数文学作品或者政治史图书上，人们很难看出这一点。

在英格兰的工业城镇和人们惯常想象中的英格兰乡村之间也有一条清晰的界线。20%的人口占有3300万公顷的土地，80%的人口只占有剩下的500万公顷的土地，49%的人口居住在居民数量超过5万的城镇。界线已经不如以前明显了。居住在城镇中心的家庭减少了，很多家庭移居到附近的乡村。1911年和1951年的两次人口普查显示：伦敦郡（即中心建成区）是全国唯一一个实际人口下降的郡。与此同时，中塞克斯郡人口翻了一番，肯特郡、爱塞克斯郡和萨理郡也差不多翻了一番。[3]城镇也呈同样的两极分化趋势。从1911年到1951年间，人口下降的城镇包括布拉克本、博尔顿、加兹海得、哈利法克斯、曼彻斯特、奥耳丹、索福特、南什尔兹和维甘。人口翻番的城镇包括布莱克本、伯恩蒂斯、剑桥、考文垂、卢顿和滨海绍森德。有水的地方兴旺起来，工业城镇

---

[1] 牛津也实行了针对女性的入学限制条款，该条款在其他国家是针对犹太人的。学院董事们的论点是：因为创建大学的时候只有男性接受大学教育，所以必须忠于创建者的初衷。他们自己在结婚和不参加宗教测试时，则无视这些初衷。
[2] 在北威尔士，有相当多的人说威尔士语，大多数人是双语。劳合·乔治就是其中之一。
[3] 英格兰和威尔士的总人口从3600万增加到4300万。

衰败了。除了贫民区和奔宁沼地这两个极端，整个英格兰都变成了郊区。

自16世纪以来，宗教，更确切地说是宗派主义，使英国人民阵线分明。英国人几乎都是基督徒，[1]形成了3个敌对的教派：英国国教会、罗马天主教会和独立教会（他们先是被称为非国教徒，之后被称作不信奉国教者）。当然，并不是所有的英国人都继续保持着旺盛的宗教热忱。当时，大约有500万到750万虔诚的英国圣公会教徒（英国国教）；250万罗马天主教徒；还有差不多200万独立教会教徒。[2]其中只有罗马天主教反对教派通婚，这就是宗教上真正的分歧，就像肤色一样。此外，不再有狂热的宗教论争。当时，除了君主，或者可能还有大法官之外，不再要求非新教徒不可。在教育领域，1902年的《教育法》已经发挥了作用。

从更广泛的意义上讲，宗教信仰正在丧失力量。不仅教会在全面衰落[3]，启示宗教的教义——道成肉身和耶稣复活——只是被很少一部分人全盘接受。甚至在许多公开承认的基督徒心目中，主耶稣基督只是好人的典范。这是自盎格鲁-撒克逊人皈依基督教以来英国历史上最重大的事件之一。发生这种转变的原因有很多：18世纪的旧理性主义；科学的，尤其是生物学方面的新理性主义；颠覆了《圣经》字面启示意义的圣经考证学——尤其对新教是一个沉重的打击。更直接地讲，物质享受的增加使人们不那么关心天上的馅饼；大战期间，牧师和主教们对枪炮坦克的祝福并不是宣扬和平之主耶稣福音的好榜样。

罗马天主教屹立不倒。他们有一个坚定的信众核心。他们因爱尔兰移民而得到加强，并且吸收了一批知识分子，大体上弥补了原来流失的教徒。圣公会得益于国教制度的确立。四分之三的英国人受了洗礼，五分之四的英国人在圣公会教堂结婚。招募的新兵虽然不用公开宗教信仰，但以"英国国教"的名义编入部队。如果被问到，大多数平民都会给出同样的答案。古老的文法学校都是圣公会的，新型的中学也基本上追随他们的模式。在牛津和剑桥大学，圣公

---

[1] 大约有25万名犹太教徒，虽然不清楚有多少虔诚的教徒；2.5万名独神论派信徒；5万名公开的不信仰宗教者（理性论者、无神论者或不可知论者）。

[2] 卡尔-桑德斯与琼斯（Carr-Saunders and Jones）《社会结构》（*Social Structure*，1927）第84页。这些数字实际上是不可比的。英国国教徒（英格兰和威尔士）指复活节领餐者。如果把受坚信礼的教徒计算在内，数字会超过800万；如果计算那些受过洗礼的教徒，数字是2800万。罗马天主教徒（大不列颠）指的是"人群"，包括所有受过洗礼的或者出生在罗马天主教家庭的人。自由教会教徒（口径不同，或指英格兰和威尔士，或大不列颠，或联合王国）为登记的教徒，比受过洗礼的数目要少得多。

[3] 周日报纸首次受到重视，这是安息日衰落的另一个标志。

会垄断着学院的礼拜堂。从城市晚宴到加冕典礼，圣公会的高层人物在每一个正式场合发挥着他们的影响。圣公会的主教在上议院占据了 26 个席位。[1] 圣公会领袖的言论和他们的小过失稳居报纸的首要位置。独立教会处境最难。他们依赖信仰和祈祷的力量。随着信仰的减弱，他们的影响逐渐消退。他们的牧师没人能够取得西尔维斯特·霍恩（Sylves Horne）那样巨大的成功。当劳合·乔治试图振奋民心的时候，发现非国教徒已经不再发挥政治影响力。

除了去教堂的人数减少之外，基督教教义的弱化带来的直接影响微乎其微，尽管很多人不同意这种说法。英格兰虽然不是在信仰上，但是在道德上仍然是信奉基督教的。受到亚瑟·爱丁顿爵士（Sir Arthur Eddington）和詹姆斯·金斯（James Jeans）等天才的天文学家的启发，当时的人们对未知宗教和朦胧的宗教虔诚表现出巨大的热情。英国人有着极高的诚信度和公共责任感。商业和金融体系在契约神圣的基础上安全运转。英格兰是为数不多的可以相信纳税人会呈报准确收入的国家之一，他们呈报的数字跟实际数字几乎没有区别。暗中排斥犹太人的现象还存在，比较而言，排斥罗马天主教的程度会轻一些。然而，最大的障碍是公开承认自己是无神论者，很少有人冒险这样做。

有人认为，性道德变得更加宽松。没有有力的证据证实这一点，有些证据则相反。离婚在社会生活中还是一个巨大的障碍，在法律界，更是一个不可逾越的障碍。报业老板瑞德（Riddell）在乔治五世抗议无效之后，成为第一个被封为贵族的离婚案中"有罪"的一方，乔赛亚·韦奇伍德（Josiah Wedgwood）是第一个进入内阁（1924年工党政府）的离婚人士。这些都是孤立的案例。在第二次世界大战结束之前，保守党一直禁止离婚。[2] 在某种程度上，道德规范更加严格。维多利亚时代的道德卫士汇集出版了最令人反感的全部离婚案件，甚至包括查尔斯·迪尔克爵士（Sir Charles Dilke）"三人同床"的故事。后人的道德标准更为松懈，不那么尊重司法公开和出版自由。1926 年，关于一件尤为引人注目的离婚案的报道[3]成为自彭伯顿·碧凌和黑皮书之后最畅销的读物，导

---

[1] 自由教会的牧师有资格进入下议院，罗马天主教神父则没有资格。
[2] 离婚虽然受到人们的诟病，但至少是合法的。同性恋仍然属于刑事犯罪。大多数巡回法庭都有长长的指控名单。在这种阴影的笼罩下，一位前内阁大臣自杀，另一位被永久流放。
[3] 妻子生了一个孩子。丈夫举证说两人从未同房，指控孩子是妻子通奸的结果。妻子则称丈夫对她实行了"野蛮的行为"。

致国会制定法案，禁止发表法庭上离婚案的任何记录，除了法官的审判结论。这一点仍然保留在法令全书中。[1]

因为宗教分歧的淡化，阶级矛盾更尖锐地暴露出来。英格兰一直存在着阶级意识，也许比大多数欧洲社会都更强烈。英语是欧洲语言中唯一一门主要以阶级而非地域区分口音的语言。英国人是唯一根据阶级区分用餐时间的欧洲人：大众的正餐是在中午，更高的阶层则是在晚上[2]。甚至喝啤酒的人也自动分成在沙龙里喝和在酒吧里喝。教育通常能促进社会融合，但在英格兰起了进一步固化阶级阵线的作用。全民教育显然是一句民主的口号，从某种意义上讲，也是成功的口号。1918年之后，所有儿童都接受全日制教育，一直到14岁。虽然比例很小，但越来越多的青少年继续接受教育。虽然比例极小，但进大学深造的人也在不断增多。然而，解决之道不是通过不断拓宽现存教育体系的大门，让所有人都接受教育，而是为那些以前根本没有受教育机会、来自下层阶级的人提供不一样的、差一点的教育。因此，阶级差别不但被保留下来，还比以前更加突出，更有影响力。

平民大众的孩子在免费走读学校接受教育到14岁，而特权阶级的孩子在昂贵的寄宿学校接受教育到13岁。这个分别和印度种姓制度一样分明。没有任何孩子可以跨越这一界线。到了中学阶段，这种分别几乎还是那样分明。几乎所有特权阶级的孩子进入昂贵的私立学校，这些私立学校被人们错误地称为公学。其他阶级中有少数孩子进入由财政资金支持的现代走读学校。文法学校介于两者之间，主要目的是为中产阶级服务，其中也包括一些穷人家的孩子。在高等教育层面，大城市的现代大学在社会地位上低于牛津和剑桥，这两所大学仍然在精神上，特别是在学生构成上，[3] 表现为特权阶级的领地。两种教育制度为不同阶级提供了不同质量、不同内容的教育，一种是为统治者，另一种是为被统治者。

上流社会确实存在，尽管存在着促进经济平等的呼声。1%的人口拥有三分

---

[1] 在其他案例中，法律还禁止发表对生理上的详尽描述。实际上，谋杀案报告中并没有遵守这一点。无论在什么案件中，对轰动性新闻有嗜好的法官在总结部分总是不吝惜笔墨。
[2] 在英格兰北部，这种区分不太明显。在那里，富人在晚上也常常只喝下午茶，不用正餐。
[3] 虽然现在进入牛津和剑桥大学的学生三分之一来自文法学校，但只有1%来自工人阶级家庭。卡尔－桑德斯与琼斯《社会结构》第127—128页。

之二的国家财富，1‰的人口拥有三分之一的国家财富。75%的人口拥有的财富不到100英镑。[1] 地主们的财富通过矿区使用费和城市地租而得到扩大，他们在大城市和乡村拥有住房，仆佣达到三四十人。政治上的统治阶级大部分来自几个世袭的家庭。大多在伊顿公学接受教育，有些在哈罗公学。几乎所有人都进过牛津或剑桥。虽然极少数能够爬到最高层，[2] 但他们可以轻而易举地在政府部门获得高位。[3] 大量的闲职向他们敞开大门，尤其是在海外。"出国去管理新南威尔士"对他们来讲永远是一颗定心丸。人们预计战争会威胁到他们的权力和收入，事实上，这种威胁没有预计那么大。但战争毕竟带来了一些变化。富人虽然仍然是富人，却不能再像以前那样无所事事。许多在战争中担任过军官的人没能回到以前那种闲适的生活。他们主要靠金融和实业维持生计。他们保留着阶级意识和贵族的生活方式，但不再闻"商"色变，于是商人们也接受他们做自己的领袖。奥利弗·利特尔顿（Oliver Lyttelton）就是一个典型的范例：作为传统政治家族的一员，他在第二次世界大战中被迫进入政界，在此之前，他更喜欢享受经商的乐趣。[4] 过去在地主和资本家之间存在的裂痕几乎消失了，因此在某种程度上导致了自由党的衰落。保守党的成分比以前更加单纯。他们赶上了时代的潮流，其领袖除了保持不屈不挠的传统之外，还获得了更广泛的经验。

在相反的一极，平民大众也很容易分辨。工人是领取周薪的。如今，又发给他们健康和失业保险卡，使他们更加容易被区分出来。理论上，英格兰实行的是民主政治，除了君主和权力有限的上议院之外。实际上，大部分人对公共事务缺乏兴趣，即使在管理不善使他们丢掉了工作，或者把他们派到外国打仗的情况下也是如此。到了1939年，全国只有一半多一点的家庭订阅了日报。第二次世界大战之前，没有代表平民大众观点的报纸，[5]《每日镜报》（*Daily Mirror*）在这个方面作了努力，因而发行量跃居首位。虽然在全国大选中有大

---

[1] 即使这样仍然是个进步，在战前，88%的人口一无所有。换句话说，20岁以上有职业者中，2.5%的人拥有三分之二的全国财富，2.5‰的人拥有三分之一的全国财富。卡尔-桑德斯与琼斯《社会结构》第114页。
[2] 从1905年贝尔福辞职到1940年丘吉尔被任命，其间没有贵族出身的首相。丘吉尔有一半美国血统。
[3] 只有第二届工党政府在内阁中连一个第二代的贵族也没有。
[4] 奥利弗·利特尔顿（1893—1972）：在伊顿公学和剑桥大学接受教育；1941—1942年任中东事务国务大臣；1942—1945年任生产部长；1941—1945年任战时内阁成员；1945年任贸易部长；1954年被册封为尚多斯子爵。
[5] 一开始是社会主义者的报纸，后来成为工党报纸的《每日先驱报》只对政治色彩强烈的少数工人阶级有吸引力。《世界新闻》（*News of the World*）在星期天有广泛的读者，但他们关注的并不是政治内容。

约75%的人投票，但在地方选举中，投票人不多。工会会员中，只有十分之一的人参加分会的会议。

尽管如此，现代英格兰的历史并不是一部纯粹的阶级斗争史。英格兰一直拥有一个强大的中产阶级，这个阶级既向上侵入上流社会，也向下侵入无产阶级。恩格斯很久以前就抱怨说，在英格兰，甚至无产阶级也是资产阶级，而且贵族也在变成资产阶级。很多习惯都在趋于一致。着装是个突出的例子。人们的服装更加一致，或者可以说，因为着装越来越普遍化，所以不同阶级特有的服装已经不复存在。如今，着装的不同不再以社会阶层划分，而是随着一天中不同的时段，或者不同的活动而决定。礼服大衣几乎彻底消失了。[1]上流社会的高顶礼帽和燕尾服只在婚礼和赛马大会等正式场合穿戴。化装舞会上当然要穿这样的服装。最富有的人工作的时候穿的是以前所谓的"普通西装"。工人阶级在不穿工作服的时候，也会穿类似的西装。

女性着装更是趋同。在20世纪20年代，穿着讲究的女性遵循战争期间军需工人的着装模式，直到第二次世界大战之后所有女性才开始享受每天换新内衣的奢侈。不知道为什么，女性会追求男性化的形象，虽然难以完全做到。或许女性们在想：男人指望不上，所以她们最好尽可能地把自己变成男人。战争在社会习俗方面促成了另一种古怪的平等。以前，富人抽哈瓦那雪茄，穷人抽烟斗，只有高雅之士才抽香烟。如今，高税收使雪茄变得昂贵。士兵们学会了在战壕里抽香烟，从事跟战争相关工作的女性有的也是如此。香烟（不再用埃及和土耳其烟叶，而是用弗吉尼亚烟叶制成）几乎无处不在。[2]无疑，这对人们缓解生活中的诸多压力有一定帮助。吸烟不再是一种不公开的嗜好，允许在电影院和在公共汽车的上层吸烟。劳合·乔治在内阁会议上解除了禁烟令，以后再也没有重新实行。[3]

中产阶级确立了社会准则。他们是社会的良心，并且推动着社会日常运转。中产阶级的数量以惊人的速度增长。1911年到1921年间，私营部门雇用的领

---

[1] 第二次世界大战期间，丘吉尔在重大场合仍然穿礼服大衣。
[2] 富人和穷人中都有少数人坚持抽烟斗。抽烟斗是体面的，并不是炫耀。但是，在公共场所和时尚餐馆抽烟斗却受到人们的诟病。
[3] 另一种不拘礼节的做法是，政客和商业同行之间使用教名的人数在增加。鲍德温是第一个始终这样称呼内阁同僚的首相，甚至在不太熟悉的情况下也是如此。

薪工人从 100 万增加到 275 万。国家雇员被称作公务员，自 1914 年以来数量翻了一番有余，从 6 万增长到 13 万。[1]地方政府公务员的增长速度更快。一般认为，因为公共事务变得更加复杂和专业化，所以政务官的权力在缩减，事务官的权力在增加。1919 年，财政部常务次长被授予"文官首长"的头衔，相当于军方的帝国总参谋长。之后不久，政府任命一位公务员为首席经济顾问。可以确定的是，这是幕后行使的权力，不需要承担政治责任的。但是，沃伦·费舍尔爵士（Sir Warren Fisher）和贺瑞斯·威尔逊爵士（Sir Horace Wilson）尽管很有权力，很难相信他们比之前的查尔斯·特里维廉爵士和罗伯特·莫兰特爵士（Sir Robert Morant）更有权势，而内维尔·张伯伦这样能干的政治家仍然在公共事务上打上自己的印记。与此类似的是，在地方政府长期任职的官员虽然具有影响力，但是他们得依靠民选的市镇议会，一个兰斯伯里或者一个欧内斯特·西蒙（Ernest Simon）比市政府书记员、自治市司库或卫生官员有更大的影响力。

事实上，公共生活中最有影响力的是那些志愿者。连下议院的议员们得到的工资都只比最低工资稍高，他们不愿意承认自己做的是全职工作。他们的工作条件是非职业化的，没有办公桌，没有秘书，也没有助理研究员。除了大城镇少数领薪治安官之外，那些初审法庭的执法人员都没有报酬。郡和镇议会议员也是没有报酬的。住宅供给、教育和修路这些新的职责都掌握在地方当局手里，虽然大部分资金来自中央政府。除了伦敦以外，警察由地方警备委员会管理。[2]《济贫法》由地方监护委员会执行。更多的事务管理纯粹建立在个人的基础上。中等教育的大部分资金，高等教育的全部资金都由私人团体提供。半数以上的医院是私营的。大多数慈善机构也是如此。新旧志愿组织从事的活动有：保护动物和儿童，保护古迹和乡村设施，提供节育咨询，维护英国人的权利，甚至侵犯他们的权利。一支由爱管闲事的人组成的大军维系着英格兰的公众生活，任何人都可以自愿加入这支大军。虽然大多数成员都来自中产阶级，但是在这个时期，也有工会官员，甚至自学成才的体力劳动者参加。这些英格兰的活跃人群也推动了历史的发展。

---

[1] 这是不包括邮局在内的非工业国家雇员的总数。
[2] 在各郡，警察由联合常务委员会管理，委员会一半成员由郡议会任命，一半由治安官任命。

虽然这支大军是在没有金钱激励的情况下志愿服务的，但它得到另外一种形式的回报。获得荣誉是参与公众生活的主要动因。英帝国勋章是专门为这些下级政治工作者设立的，正如十字勋章是为战争中的下级军官设立的一样。[1]勋章获得者脱颖而出，成为统治阶级的一员，正如军官成为将军一样。其含金量在于，勋章极少通过为党派捐赠基金获得。恩庇关系如同18世纪那样起着同样大的作用，虽然如今授予的是荣誉而不是金钱。宗教、学术和法律都在随着首相的节拍起舞。首相可以任命主教和教授，甚至可以任命桂冠诗人，虽然不是出于政治原因。法律更加密切地和政治联系在一起。太平绅士主要由政党的地方代理人提名。[2]许多高等法院法官是靠在下议院后座的勤勉工作得到职位。在这个时期，只有一个例外[3]，最高法院王座庭庭长都是政治回报的产物，虽然他不像大法官那样是政治上的活跃分子。恩庇关系是廉价地完成公共事务的方式，甚至法官的报酬都不如成功的律师多。这一制度是保守的，虽然不完全是就政党的意义而言。总的来说，荣誉称号获得者是那些认为英国的生活方式一片大好的英国国教徒。

但是，公众人物并不仅仅是那些最尽职的人，他们也常常是最有良心的人。几乎所有人都希望把国家变得更美好。还有一种实际的考虑：没有大众在某种程度上的参与合作，现代社会是不能运作的，尤其是在战时，工厂和战壕里的积极合作都是至关重要的。在证明英国民主制度合理性方面，德国人比约翰·斯图尔特·密尔（John Stuart Mill）的贡献更大。无疑，也有对民众不满情绪的忧惧，但很可能排在第一位的是良心，排在第二位的才是恐惧。无论如何，对大众状况的关切成为国内政治的主题。如今，国家为疾病、失业和老年提供了某些保障，对住房、教育和健康问题尤为关心。

旧激进主义者梦想的是，通过税收实现财富从富人到穷人的再分配——这一梦想实现了一点点。战时开始征收高税率的所得税、附加税和遗产税，战后只降低了少许。富人在战前支付8%的所得税，在战后支付三分之一。如今，直接税占国家税收中的49%，之前为三分之一。战前，民众支付给国家的远远

---

[1] 大英帝国勋章既包括授予极少数人的爵级大十字勋章，也包括颁给为皇家专列吹哨的火车站站长的员佐勋章。
[2] 由资深治安官组成的顾问委员会审查这些提名，有时还加上其他的提名。
[3] 特里维新勋爵（Trevethin）这个例外证明了规则的存在。他在1921年被任命的时候，条件是一旦政治提名人黑沃特（Hewart）需要，他就要辞职。

多于他们从社会福利中得到的。如果考虑到在公共就业上富人和穷人的比例失衡，富人是纯获利者。战后，穷人甚至不怎么支付他们的社会福利。富人必须补足差额，还要承担国防和国债的责任。人们认为，在两次世界大战期间，税收大概把 5% 的国民收入从富人转移到穷人身上，或许更少。[1]

经济上的不平等不只靠政府行为得到缓解。体力劳动者在国民收入中得到越来越多的份额，战争更加速了这一进程。恐惧和良知仍然混合在一起。工会的力量和对罢工的恐惧是主要原因。还有，虽然传统的经济学家劝告说必须降低工资，但聪明的雇主们发现，更高的工资也会带来更高的利润。1924 年，当工业生产刚刚重新达到战前水平的时候[2]，支付给就业人员的实际工资高出战前 11%，如果计入失业人员，则高出战前 5%。甚至在最缺乏组织的行业里，工资也高于西伯姆·朗特里 1899 年定义的基本贫困线。[3] 体力劳动者，尤其是不熟练的体力劳动者，在国家财富中得到了更多的份额，以投资为生者的份额则下降了。

经济观念发生了总体的转变。先前，游手好闲的富人以悠闲为荣，如今，则以此为耻。而且，悠闲变得越来越难。比如，家庭佣人越来越少了。在战争期间，佣人数量减半，甚至在经济萧条时期也没有得到恢复。过去雇佣 5 个佣人的家庭减少到雇两个，过去雇用两个的减少到只雇 1 个，其余的中产阶级只能雇用 1 个不住家的女佣。所发生的这一切远非一场社会革命，但是却削弱了阶级之间的斗争。大多数体力劳动者从来不投工党的票，甚至大多数工会会员也很少这样做。除了很少一部分人之外，对国家的忠诚超越了阶级意识。在这个时期，人们有可能写一部英国人民的历史，而不是剥削阶级的历史。

当时，人们很难意识到这一点。相反，他们认为自己生活在一个分崩离析的社会。苏格兰场（伦敦警察厅总部）的特别爱尔兰事务部发现了新的征服领域。这个机构去掉了"爱尔兰"的字眼，开始打击共产主义者。他们窃听电话，拆开私人信件，风格颇似梅特涅（Metternich）。他们的功夫被用错了地方。在

---

[1] 波拉德（Pollard）《英国经济的发展》(*Development of the British Econmy*) 第 207 页。失业救济是最大的再分配方式。如果失业工人的人数减少（也就是更富裕），再分配量会随之减少。
[2] 对 1924 年工业生产的估计是高于或低于战前的 10%。一般认为，低于战前的估值是错误的。波拉德《英国经济的发展》第 96 页。
[3] 虽然基本贫困人口减少一半，但并不是说基本贫困已经不存在了。现在，基本贫困人口主要是那些从来没有能够就业的人。

20世纪20年代，共产党一度达到10000名成员（1926年总罢工之后不久）。一般时候说有5000人都很勉强。然而，传统观念还是被撼动了。在文学作品中，战争似乎在世代之间造成了一条不可逾越的鸿沟。有成就的作家，过去曾是反叛者，如今却表现出守旧的世界观，在创作技巧上更是如此。约翰·高尔斯华绥（John Galsworthy）是个极端的例子。当他在战前开始写作《福尔赛世家》（*The Forsyte Family*）的时候，旨在对宣称占有自己妻子的"有产业者"索姆斯·福尔赛（Soames Forsyte）进行讽刺。但是，当他完成《福尔赛世家》三部曲的时候，亲爱的老索姆斯已经变成了传统美德的化身。那些继续持有颠覆性思想的作家也不由自主地变得循规蹈矩。萧伯纳虽然还在讽刺社会的矛盾现象，但他能想到的好办法只是人类应该活300岁；女学生因他的作品迷上了圣女贞德，是他在战后最大的成功；像莎士比亚在斯特拉福德一样，莫尔文举办了萧伯纳戏剧节，等等。H. G. 威尔斯从小说创作转而写作最受欢迎的世界史读物，然后开始鼓吹坐在"蓝色列车"里旅行的富人慷慨捐资建成的世界国。创作力没有衰退的唯一一位作家是托马斯·哈代（Thomas Hardy）。像和过去的老诗人一样，他完全可以和新诗人自由对话，甚至更加游刃有余。他是自乔治·梅瑞迪斯（George Meredith）以后第一个被安葬在威斯敏斯特教堂的作家。他之后至今，只有吉卜林获此殊荣。[1]

新一代作家和艺术家呼吸到的是文化和道德崩溃的气息。这个过程正如英格兰动荡的经济环境一样，虽然可以归咎于战争，但战争只是起到了加速的作用。在战争之前，反对传统模式的运动已经开始。毕加索、斯特拉文斯基（Stravinsky）和所有的未来主义者都在战前表明了自己的主张。他们对大多数英国艺术形式的影响甚小。建筑仍然延续着正在走下坡路的帝国风格。纳什（Nash）的摄政街被毁，代之以千人一面的俗丽建筑。贾尔斯·吉尔伯特·斯科特（Giles Gilbert Scott）设计的牛津大学新博德利图书馆，比维多利亚时代最糟糕的建筑还要糟糕。能为这个时期赢得声誉的只有查尔斯·霍顿（Charles Holden）设计的某些地铁站和舰队街上的《每日快报》大厦。

音乐同样因袭传统标准。稍早些时候，爱德华·艾尔加爵士是继亨利·普赛尔（Henry Purcell）之后第一个欧洲级的英国作曲家。他的继承者没人能达

---

[1] 除非把悉尼·韦伯和比阿特丽斯·韦伯夫妇也算成作家。

到他的高度。迪利亚斯（Delias）是地方性的德彪西（Debussy）。古斯塔夫·霍尔斯特（Gustave Holst）和沃恩·威廉姆斯（Vaughan Williams）颇有成就：沃恩·威廉姆斯的交响乐作品在当时更受人们欢迎，霍尔斯特更持久。威廉·沃尔顿（William Walton）因其创作欢快曲调的天份而在年轻一辈中脱颖而出。这些英国作曲家师从拉威尔（Ravel），而拉威尔不是令人惊异的现代性的楷模，没有任何迹象表明他是斯特拉文斯基和韦伯恩（Webern）的同时代人。雕塑和绘画更多受到新风格的影响，足以在展览时偶尔产生轰动。在英国艺术界中，雕塑家亨利·莫尔（Henry Moore）是无与伦比、独一无二的人物。在画家中，本·尼科尔森（Ben Nicholson）是唯一可以与欧洲大陆的巨匠们比肩的人，证明艺术爱好者确实光临了英国的土地。

文学的情形不同，产生了一批文学巨人，居高临下俯瞰着欧洲大陆的同辈。艾略特（T. S. Eliot）的诗歌和詹姆斯·乔伊斯（James Joyce）的小说瓦解了英国文学的传统，就像战争中的枪林弹雨摧毁了法国的景观。他们直接穿过文学的阵地，从另一侧走出来。潜在的读者比以往任何时期都多，而在这些作家身上，英国文学变得更加深奥难解。自华兹华斯（Wordsworth）以来，尝试新的创作技巧的作家遭到敌视。公认的文学大师们不仅让普通人，比如煤矿工人难以理解，甚至中学校长和医生也不能理解，这是历史上的第一次。新的风尚只是在某种程度上成功了。艾略特决定了一个时代英国诗歌的主要形式。乔伊斯则成了孤立无援的人物。或许诗歌并不需要讲道理，但是散文小说却迫切地需要意义。乔伊斯钻进了死胡同，在他的最后一部作品《芬尼根的守灵夜》（*Finnegan's Wake*）中，连语言都变得含混费解。

那些讲究意义的作家传达出来的是悲伤忧郁的情绪。几乎所有的人都抗拒自己的时代，不遗余力地予以批判。他们是精神上的流亡者，通常也是实际上的流亡者。艾略特反向而行，从密苏里流亡到伦敦。乔伊斯虽然心中只有都柏林，却侨居在的里雅斯特和巴黎。他对生活的评价是："我很忧伤。"20 世纪英国最伟大的小说家 D. H. 劳伦斯（D. H. Lawrence）周游世界，追逐异教神祇和肉体激情，再也没能达到战前创作《儿子与情人》（*Sons and Lovers*）时的高度。他写的最后一句话是："此处一无是处。"T. E. 劳伦斯（与前者没有关系）的写作为上流社会提供了文学替代品。他用化名加入了英国空军，以此逃避自己的声名，虽然在人们认不出他的时候感到恼怒[1]。如果说有人在与时俱进的话，这个人就是奥尔德斯·赫胥黎（Aldous Huxley）。他把文学素养和科学传承结合到一起，是调和艺术与科学的生动范例。然而，这种调和并不成功，或者说赫胥黎没能成功。他转而对二者均加以排斥，到加利福尼亚隐居，过上了沉思冥想的生活。格雷厄姆·格林（Graham Greene）和伊夫林·沃（Evelyn Waugh）是两个在两次世界大战期间的后期崭露头角的小说家。两人都皈依了罗马天主教，虽然这样做只能加剧他们的痛苦。

在历史学家眼中，两次世界大战时期的作家是一个谜。自古以来，文学反映当代生活并且揭示时代精神。但从所有主要作家身上看到的是：野蛮人闯入了现代生活，罗马帝国的衰落正在重演。文明人能做的只有哀悼和退缩，就像作家们得到丰厚的报酬却仍要隐退那样。几乎只有作家们有这样的感知，要了解他们究竟为什么与世隔离并不容易。如果用更加现实的标准来衡量，这是人类，当然也是英国人所拥有的最好的时代：民众在几年内享有的关怀和社会福利超过了以往历史的总和。难怪，普通人理解不了那些伟大的当代文学作品。

大众有他们自己的文化满足方式。高雅文学对他们来说可望而不可及。低品位的文学，如纳特·古尔德（Nat Gould）[2]或埃德加·华莱士（Edgar Wallace）的小说，相比19世纪的前辈们几乎没有什么进步。战前充满生机的严肃戏剧，部分出于情感原因，部分因为财政原因，没能从战争岁月的压力中恢复过来。在哈利·劳德（Harry Lauder）第一个被封为爵士之后，甚至连音乐厅也开始衰落了。[3] 始于1922年的无线电广播，在一段时间里还是技术上的新玩意，听众们通过耳机惊奇地接收来自远方的声音。电影是伟大的新媒体，战前也是技术上的新玩意，如今已经成为羽翼丰满的艺术形式。20世纪30年代，电影还是"无声的"，或许正因如此才更加自觉地追求艺术性。战争摧毁了英国的电影制片业，好莱坞成为翘楚。但是，银幕上最伟大的艺术家却是英国伦敦人查理·卓别林（Charlie Chaplin）。他从来没有放弃英国国籍，一直保持着早年形

---

[1] 作家与社会的疏离以更加实际的方式表现出来。一流作家的作品第一次不得不私下流通，詹姆斯·乔伊斯的《尤利西斯》（*Ulyssses*）、D. H. 劳伦斯的《虹》（*The Rainbow*）和《查泰莱夫人的情人》（*Lady Chatterley's Lover*）、T. E. 劳伦斯的《铸造》（*The Mint*）都是如此。

[2] 纳特·古尔德于1919年去世，但他的小说一直流传到1926年。

[3] 严格地讲，劳德是因为在战争储蓄上的贡献而被封为爵士。唯一一位也获得此等荣誉的音乐厅艺术家是老迈的乔治·罗比。

成的纯真的乌托邦社会主义思想。他是那个时代英国贡献给世界的礼物,当那个时代的作家、政治家和科学家被人遗忘的时候,他却有可能仍然活在人民心里。他和莎士比亚一样伟大和永恒。电影改变了英国人的生活方式,对于下层中产阶级来讲更是如此。电影使人民走出了家庭,夺去了教堂和酒馆的光彩,传播浪漫但绝非微不足道的价值观念。女性和她们的丈夫快乐地一起欣赏电影,这是在足球赛和其他公共娱乐场合做不到的。电影在20世纪早期有着最强大的教育功能,但是受过高等教育的人看到的只是低俗无聊,还有老英格兰的终结。

在经济和社会问题上,矛盾同样突出,甚至更让人感到不幸。科技以前所未有的速度发展,工业革命,比如在交通和能源方面,在日新月异地推进。人类在更短的时间内生产出更多的产品。所有人分享财富(至少是所有人分享福利)正在成为现实。然而,社会中最能说会道的人却在哀叹正在发生的事情,充满懊悔地回首想象中的战前社会。自亚当·斯密(Adam Smith)时代以来,经济学家并未改变他们的学说。他们曾经是进步的倡导者,如今却没有想到对旧秩序作任何改进,或者彻底抛弃它,正是旧秩序在一个世纪以前使大不列颠的经济实力达到顶峰。中产阶级产生无意识的懊悔,部分原因在于,虽然他们的生活水平在迅速提高,但和工人阶级生活水平的差距却在缩小。即使工人阶级中的激进分子也没能摆脱这样的观点。英国社会主义,不论是费边社还是马克思主义,都发端于资本主义快速发展的时代。社会主义者同样认为繁荣是天经地义的事实,只是在寻求不同的分配方式。他们希望继续运行自由放任的经济法则,稍作改变,使利润不是流向个人而是归于社会。[1] 面对大不列颠传统出口的衰落和稳定汇率的崩溃,他们感到不知所措。他们认为,在消灭资本主义之前,必须先让资本主义恢复健康,而且只能用情绪化的抗争回应那些要求公共经济和结束社会改革的人。英国人,不论是左派还是右派,一致谴责战争带来的一切,坚信如果没有战争的影响,形势将一片大好。但这只是无望的奢求。事实证明,不论人们是否愿意,英格兰都发生了变革。

当然,战争及其后果部分是应该受到谴责的。战争给部分(虽然不是全部)大不列颠以前的客户带来了贫困;帮助了英国的竞争者,特别是日本;还打乱

---

[1] 在这一点上,英国社会主义者不是孤立的。德国的社会主义者因为本国经济的崩溃而感到尴尬,因而拒绝接手一个破落的社会秩序。甚至列宁在1918年都认为,一旦资本家被剥夺了所有权,资本主义的规律还会继续运行。

了国际金融体系。另一方面，战争实际上以特别的方式提高了大不列颠的地位。随着生产力的提高，食品和原材料的价格下跌，制成品的价格却没有下跌。如果1938年是100，那么战前买进100个单位的进口品需要142个单位的出口品，到20年代，只需要115个单位的出口品。这使大不列颠可以在失业率升高之时保持更高的生活水平。

这是对低迷的出口业的小小慰藉。英国经济生活对部分工业的依赖到了危险的程度，这些工业多已陈旧，在国际市场所占的份额不断减少，而且主要面向贫穷的初级生产国。1911—1913年，英国出口中纺织品占39%，煤炭占9%。89%的棉布和25%的煤炭出口国外。这些产品别人完全可以更廉价地生产，充其量只能说需求比较稳定。刚刚开始工业化的亚洲国家正在发展纺织业。煤炭业受到能耗效率提高的挑战，也受到石油和电力的挑战。这些旧产业在两次世界大战期间全都衰落了。1924年，棉织业净产值在英国工业中仍然占第三位。到1935年，则跌落到第十一位。同期，虽然煤矿工人的数量减少了一半，但仍多于其他任何一个行业。[1] 这些产业的衰落并非整齐划一的。每一个老产业都有一些现代化的繁荣部分，比如诺丁汉和南约克郡的煤矿、林肯郡的钢铁厂，以及生产埃及棉布的工厂。政府试图从整体上解决工业面临的问题，反而导致了很大的混乱，获益者往往是那些已经在获取高额利润的厂商。

摆脱困境的有效方法是发展新产业以适应更加复杂的世界。汽车和电气设备是显著的例子。这两个行业的发展遇到了巨大的困难。需要繁荣的国内市场作基础，但是当大部分工人仍然在旧行业中时，很难找到这样的市场。直白地说，只有当人们从低工资的旧行业流动到高工资的新行业时，英格兰才能实现繁荣；只有当人们已经实现了流动的时候，这些新行业才能兴旺发达。这里存在一个恶性循环，公共政策常常使之雪上加霜。还有，新行业需要以大规模统一生产为基础，但这些行业都是从小规模多样化开始的。1913年，有198种不同型号的汽车，全部为手工生产，一次一辆。1922年，还有96个不同的厂家。电力行业同样混乱。即使在同一个城镇，电压标准也各式各样，一个电炉会有23种不同类型的插座。这种情形会使当代人困惑不解。是发

---

[1] 阿什沃思（Ashworth）《英格兰经济史》（*Economic History of England*）第332页。

展新产业还是恢复旧产业？是提高英国的出口量还是让大不列颠减少进口依赖？人们试图回到过去，但是令他们不知所措的是，他们被推向未来。英国和其他地方一样，人们哀叹新世界的到来，而新世界实则是他们的救世主。

当战后的繁荣于1922年突然结束的时候，人们抓住公共经济这个老药方。高税收被认为是万恶之源。在此之前，针对政府浪费公款和两个虚构的公务员迪丽（Dilly）和达利（Dally）的反浪费运动席卷全国。埃里克·格迪斯爵士曾经因为试图使铁路现代化而成为节约开支的早期牺牲品，现在他主持一个政府开支委员会。1922年2月，委员会提交了报告，苦恼的格迪斯不分青红皂白地抡起削减开支的斧头。除了削减陆海军军费外，委员会还建议节省教育和公共卫生开支；降低教师薪水；废除包括交通部和劳工部在内的5个政府部门。其中很多举措都属多此一举。战争期间聘用的大部分临时公务员已经打发走。虽然海军部公开表示不满，《华盛顿条约》导致大幅裁减海军。陆军在和平时期由志愿服役的正规兵组成，其目的只是为了保护海外利益，并没有考虑欧洲战争还会需要它。格迪斯大斧在教育领域破坏性最大。1918年，劳合·乔治从学术界延揽的费舍尔（H. A. L. Fisher）在推动《教育法》时，引进了两个新原则。他把离开学校的年龄全部提高到14岁。虽然班级学生人数多得出奇，但这一点还是被保留下来。[1] 费舍尔还提议在"继续教育学校"建立非全日制教育体系，学生一直学习到16岁。格迪斯大斧砍掉了这些学校。除了拉格比市（原因不明）之外，并未建立义务教育性质的学校。或许这种砍法有其有益的一面。继续教育学校提供的完全是无产阶级教育，使教育上的阶级分化比以往更加严重。

1918年《教育法》不是费舍尔对教育的唯一贡献，甚至不是最重要的贡献。在全国范围内统一了教师的工资，由伯纳姆（Burnham）领导的一个联合委员会确定。而且，教师被纳入国家退休金计划。在中学，为优等生提供免费名额。到1922年，公办学校为学生提供的免费名额比例达到34%。地方教育部门属于市政委员会，负责管理教育。一半经费和所有政策都出自国家。费舍尔似乎不清楚需要多少投入。1918年，他跟同事说，额外的开支将达到每年300万英镑。实际数字是其10倍，不久之后又有提高。这个庞大的数字容易成

---

[1] 1922年，四分之一的班级学生人数超过60人。两次世界大战期间教育政策最大的抱负就是把班级人数降低到50以下，但没能办到。

为公共经济倡导者攻击的目标，而且，由国家承担经费，意味着会在国家层面遭到挑战。

格迪斯大斧明确地提出了挑战。地方当局此前争论不休的教师工资问题现在经过国会的详细审查，决定予以削减。校舍建设和免费名额也是如此。不久又取消了节约政策。围绕这些问题的争论留下了永久的印记。过去围绕教育的争论是激烈的宗派之争：小学应该提供什么形式的宗教教育，由谁来提供。如今，正当这种争议逐步消失的时候，新的争议取而代之：社会应该为教育提供多少投资？中学教育成为免费的社会服务，不再由家长掏钱，应该做到什么地步？两次世界大战期间，教育的大问题是财政问题。一位改革派教育大臣认为，如果他能够花更多的钱的话，他就是好样的。

两次世界大战期间，没有人议论过向那些家庭条件不好的孩子提供二流教育所造成的社会影响。[1] 总之，除了宗教教育这个已经日落西山的话题之外，政治家们从来没有提过教什么的重大问题。这是意外之福。国家不断加大投入，但没有发号施令。教师、校长和考试委员会在幕后全力解决这个难题，给出了互相矛盾的答案。这是一个仍需继续探讨的课题。我们只粗略地知道受教育的孩子数量和付出的教育费用，但是很少知道他们受到了什么教育，对基本内容一无所知。他们学习了什么宗教或者公共事务的知识？教导他们尊敬长辈还是学会批判？大英帝国和国际联盟哪个应该放在首位？我猜测，教师们在20年代倾向于右翼，而在30年代则倾向于左翼。只是猜测而已。教育者们自行决定。无政府主义盛行，这是英国自由的最后一个强大堡垒。

战争结束之际，国家介入了一直未曾进入的高等教育领域。之前，国家只是发给特许状批准建立新大学，或者通过某委员会要求牛津与剑桥大学实施改革。除了自1911年以来教育部为新建大学提供一小笔补助金之外，大学的唯一收入来源是学费和捐赠。如今，国家开始更加慷慨地资助大学。教育部习惯于通过地方当局执行政策。但是作为全国性机构的大学，尤其是牛津和剑桥大学，是不能通过这种方式管理的。于是财政部直接设立了一项年度基金，由学术人员组成委员会负责分配。这样，教育部长反而对最高层次的教育没有发言权。大学拨款委员会除了在某种程度上平衡"牛津剑桥"和

---

[1] 知识阶层的解决办法是把孩子送到高收费的"先进"学校上学。

其他大学的工资以外，没有别的事可干。大学保持着传统上的自主权，而且自主权还有所增强。新建大学不受宗教控制。牛津和剑桥也在摆脱宗教的控制。因此，世界其他地区的大学教师所享有的自由很少能与英国大学教师相比。如果说他们没有充分利用这种自由的话，那是因为他们的阶级倾向，或者更笼统地说，是时代精神所致，而不是因为外部的压力。

人们不再期待奇迹，尤其是在奇迹不起作用的时候。他们向往的是安静的生活。巧合的是，两个成就不同凡响的大人物在这个时候消失了。霍雷肖·博顿利经历了作为无党派议员的最后辉煌之后，因为一次别出心裁的欺骗而突然落马，于1922年5月因金融欺诈罪被捕入狱。[1]《约翰牛》杂志虽然通过他人之手保存下来，却失去了魅力，找不到继任者。它是通俗杂志的最后一个堕落的代表。通俗杂志始于科贝特（Cobbett）和他的《政治纪事报》（*Political Register*）。

1922年8月，诺斯克里夫去世。虽然当时已经精神失常，但他仍然是一位伟大的报人。他最后留下的整句话是：他的去世新闻应该由《泰晤士报》"最优秀的夜班记者"撰写。[2] 他理应得到这样的尊敬。诺斯克里夫开启了现代报纸的先河。在他之前，报纸给予读者的是呆板的硬信息，他给予读者的则是充满趣味的新闻。在他看来，报纸如果没有人读就没有意义。与前人不同的是，他把读者放在首位。许多记者和编辑都为他的去世感到悲痛。最终，所有的人都仿效他。比如，1914年前占据很多专栏的政治讲话长篇报道消失了，取而代之的是迎合读者趣味的体育新闻报道。诺斯克里夫对报业还有另外一个影响：他办报是盈利的，因此不受政府的影响和党派的左右。其他报纸意识到，为了保持独立，它们也必须赢利。[3] 新闻自由是诺斯克里夫送给英格兰的珍贵礼物。记者们也从中获益。诺斯克里夫使他们得到更稳固的地位和更优厚的收入。

诺斯克里夫去世后，他的通俗报纸转到他的弟弟罗瑟米尔手中。谁将成为

---

[1] 博顿利鼓励每人拿出一点小钱，凑到一起购买5英镑的胜利公债，所得利息用来作为奖金。大部分款项从来没有用于投资，而是被博顿利花了，或用于收买少数抱怨者。博顿利有着让人喜爱的坦率性格。在监狱里，一个熟人看到他在缝补邮袋，便问："啊！博顿利，在缝补吗？"博顿利回答："不是缝补，是收获。"

[2] 庞德（Pound）《诺斯克里夫》（*Northcliffe*）第881页。

[3] 《每日先驱报》没有盈利，而是依赖工党和工会代表大会。哪个是因，哪个是果，这是很难讲清楚的。有人认为诺斯克里夫购买《泰晤士报》是为了发挥政治影响力，甚至是为了得到政治权力，但事实并非如此。诺斯克里夫把《泰晤士报》看成一座民族纪念碑，他购买《泰晤士报》是为了让它重获经济上的独立，就像他为威斯敏斯特教堂的修复慷慨捐助一样。在他的心目中，总是把《泰晤士报》放在《每日邮报》的位置之下。

《泰晤士报》的新主人？这个问题与另一个热门话题引起了人们同样大的兴趣：谁将成为下一任首相？劳合·乔治想同时解决这两个问题：他的一群富人朋友应该买下《泰晤士报》，请他做主编。这是一个绝妙的主意。《泰晤士报》的主编常常觉得自己比首相还重要。劳合·乔治显然是赞同这种想法的唯一一位首相。这个提议无果而终。或许是因为这些富人朋友已经一去不复返，也或许是因为他们不再愿意帮忙。

劳合·乔治陷入困境。他也毁于通货膨胀时代的结束。不论他有多高的才能，很显然，他天生就不是一个能够实行紧缩和节俭的政治家。但是，他又无路可逃。工党的崛起使他越来越难以继续扮演人民之子的角色。繁荣时期的终结使剩下的激进派支持者失去了斗志。他们有的回去做生意，有的，比如埃里克·格迪斯，变节投向了另一方。很多人自身都陷入了财政困难。联合政府派自由党人即将消失。独立派自由党人，即斯奎斯们，不接受劳合·乔治作为他们的领袖。他过去依赖的保守党人，对他已经不再有多大用处。他们担心他会像以前毁灭自由党那样毁灭保守党。其中有人还因为他出卖爵位而对他不断攻击。劳合·乔治辩解说：每个政府都是如此（这倒没错），而且事实上，除了颁给战时领导人之外，他建议授予的爵位数量并不比前任阿斯奎斯多。虽然如此，他的有些举荐非常离谱。况且，在为政党筹集资金和为私利贩卖爵位之间是有区别的，没有党派归属的劳合·乔治所做的似乎是后者。[1] 他真诚地承诺改革，成立了由资深政治家组成的委员会审查未来的举荐，但可能收效甚微。更确切地说，能够轻松得到资金的岁月已经结束了。曾经花钱买官的人如今希望无人能步其后尘，从而强化自己的地位。那些还没有得到爵位的人则希望把钱省下来。

劳合·乔治的魅力已经时过境迁。重建和"英雄们的家园"已经成为褪色的嘲讽对象。爱尔兰问题陷入更深的困境。人们曾经希望英爱条约能够结束爱尔兰的麻烦，使最严厉的批评者也愿意和解，但是至今还争论不休。与人们的愿望相反：共和派兴风作浪。爱尔兰共和军分裂，其中一部分起而用武力对抗自由邦。保守党人感觉受骗上当，当代表北爱尔兰选区的议员亨利·威尔逊爵士在伦敦自

---

[1] 靠出卖爵位建立的劳合·乔治基金，其目的过去是（现在也是）"促进大卫·劳合·乔治阁下批准的任何政治目的"。从道德角度讲，人们常常忘了保守党也是半斤八两：比如联合政府中的每个合作伙伴得到300万英镑。

家住宅的台阶上被两名爱尔兰共和军刺杀的时候，他们的怒火再也无法遏制。[1]形势所迫，英国政府不得不威胁说：如果自由邦不采取行动，它将在都柏林动用武力，打击共和派。于是，在英国政府的指令下，爱尔兰内战开始了。所有爱尔兰人都对此愤愤不平，即使在互相拼杀的时候。

玩花招是劳合·乔治的最后手段，他希望通过巧妙的政治策略驱散强敌。劳合·乔治一度提出辞去首相职务，让给奥斯丁·张伯伦。但张伯伦拒绝了。或许是因为他一贯的忠诚，或许是因为他敏锐地猜测到，劳合·乔治的退却只是为了在养精蓄锐之后卷土重来。劳合·乔治还提出解散议会重新大选，但毫无结果。在有名无实的保守党支持者中，反对他的是那些普通党员：后座议员和选区的党务工作者。正是这些人将不得不在选举中支持他。保守党主席乔治·杨格爵士（Sir George Younger）公开谴责在联合政府基础上举行大选的提议。伯肯黑德可能嘲笑"船上的服务员"想操纵船只。是船上服务员的叛乱使劳合·乔治成为首相。实际上，劳合·乔治正在重犯阿斯奎斯的错误。尽管面临着麻烦，他还是把自己看作"不可或缺的人"，想着只要丘吉尔、贝尔福和伯肯黑德这些天才人物和他站在一起，他就是安全的。补选的结果越来越对政府不利，也未使他担忧。[2] 无论如何，他会在某处听到激动人心的战斗呼声，从而夺回自己的权力。

国际事务为他创造奇迹提供了空间。劳合·乔治是最后一位伟大的战时领袖，是唯一全部参加了自战争以来召开的 23 次国际会议的人。他又促成了旨在解决所有重大问题的第二十四次大会，即 1922 年 4 月的热那亚会议。德国战败赔款问题将得到解决；苏维埃俄国将回到国际大家庭，并重新开放其国际贸易市场；美国将取消协约国的战争债务。然而，这次大会却以失败告终。美国人拒绝参加。法国人虽然参加了，只是坚决要求获得全额赔偿。德国和苏维埃俄国担心被人挑拨离间而两败俱伤，事实上的确有人怀此居心。[3] 因此，他们在拉巴洛签署了相互友好协议，确保这种事情不会发生。劳合·乔治的最后一

---

[1] 如果当时人们知道刺杀是支持条约的政党领袖麦克尔·柯林斯指使的话，那么他们的怒火将更加不可遏制。也许刺杀的命令是在签署条约之前发出的，柯林斯忘了撤销命令；也许他认为，威尔逊在北爱尔兰组织统一党力量，抵制新芬党，所以才发出这样的命令。
[2] 1918 年至 1922 年间，工党在补选中赢得 14 个席位，失去 1 个席位；独立自由党净增 7 个席位。
[3] 按照劳合·乔治的算计，怂恿苏维埃俄国向德国要求赔款，而德国将承诺除非他们偿清了债务，否则不跟俄国人打交道。

次外交之旅两手空空。赔款问题仍未解决；苏维埃俄国仍未得到承认，游离于国际社会之外。英国政府试图就战争债务问题给美国施加压力。8月，贝尔福照会[1]正式提出取消协约国间债务，宣布大不列颠只从前协约国收取足以支付美国的债务。这无疑是一个明智的倡议，尽管其账面损失高达5亿英镑。然而，美国对此仍然无动于衷。

接下来，一场出人意料的巨大风暴降临了。劳合·乔治，这位陷入困境的勇敢无畏的领导者，再一次抓住了救命稻草。世界再次陷入混乱，劳合·乔治再次成为赢得战争或者说维护和平的人。1920年的《色佛尔条约》理论上与土耳其实现了和平。君士坦丁堡的苏丹摇摇欲坠。海峡被中立化，由联军卫戍部队驻扎。意大利和希腊得到了小亚细亚的大块领土。条约从一开始就是一纸空文。摆脱了帝国束缚的土耳其人，在加里波利战场的英雄凯末尔帕夏（Kemal Pasha）的领导下，产生出新的民族精神。一个民族国家在土耳其的亚洲内陆突然诞生了。1921年，法国和意大利先后放弃了各自占领的地盘，与凯末尔讲和。苏维埃俄国与之结为盟友。只有希腊继续占领士麦那。自1920年康斯坦丁国王（King Constantine）复位以来，希腊人甚至失去了英国政府的欢心。[2]丘吉尔、伯肯黑德和寇松都希望与凯末尔达成协议。劳合·乔治拖延时间，私下里，他仍然打算支持希腊。1922年3月，印度事务大臣埃德温·蒙太古为抗议劳合·乔治的亲希腊态度而辞职。连希腊人自己都开始感到绝望。他们提出夺取君士坦丁堡，但是协约国没有同意。1922年8月，凯末尔进攻希腊并把他们击溃。士麦那在大屠杀中落入土耳其人之手。土耳其军队乘胜进军海峡，到达中立区前沿地带恰纳克，那里只有一小部分英军防守。

劳合·乔治接受了这个挑战。伯肯黑德与丘吉尔虽然以前对希腊人怀有敌意，但他们被战争的号角唤醒，响应了劳合·乔治的号召。英国将军哈林顿（Harington）接到指令，要求他坚守阵地。劳合·乔治虽然对法国和意大利不太信任，这次却要求他们成为自己的盟友。9月15日，劳合·乔治和丘吉尔请求自治领提供军事援助，但是回应冷淡。法国和意大利极想与凯末尔保持良好关系。自治领则对没有经过事先磋商就想把他们卷入其中的做法愤愤不

---

[1] 寇松因病离职的时候，贝尔福临时负责外交部的工作。寇松的离职是劳合·乔治粗暴对待他的结果。
[2] 他在1917年被协约国赶下王位，由儿子亚历山大（Alexander）继承。1920年，亚历山大被一只宠物猴咬伤致死。劳合·乔治青睐的首相韦尼泽洛斯（Venizelos）在大选中失败，通过公民投票，康斯坦丁重登王位。

平。[1] 答应提供支援的只有纽芬兰和新西兰。加拿大麦肯齐·金（Mackenzie King）的回复是坚决拒绝。自治领第一次显示出独立的姿态。接下来的几周局势紧张。9月25日，哈林顿受命向土耳其人发出最后通牒，命令他们撤退，但他睿智地决定不这么做。土耳其人也表现出同样的睿智，并没有进攻英军。在10月11日达成的《穆达尼亚协定》中，双方同意遵守中立区，直至达成和议。恰纳克危机结束了。这次事件被称作"第二次世界大战爆发前大不列颠最后一次挺身面对一个潜在的侵略者"[2]。这是一个戏剧性的结局。凯末尔只是要求归还土耳其的领土，他明白可以在和谈中达到这一目的，因此并不想与大英帝国开战。劳合·乔治只是确认：新土耳其不会对大不列颠友好。英国政府在国内得不到支持。英国人民认为，他们是被鲁莽草率地卷入一场没有必要的战争。

劳合·乔治和他的同事们错误估计了形势。他们自身充满了激情，想让这种激情燃遍整个国家。10月10日，内阁决定马上以两党联合的方式举行大选。只有默默无闻、总是沉默寡言的贸易大臣鲍德温持有异议。张伯伦在10月19日召集了一次议员会议，试图在保守党内部排除阻力。[3] 他认为，普通党员将会群龙无首："他们死翘翘了。"普通党员也是这么想的。包括鲍德温在内的很多人预计会被击败，从而远离公共生活。阿斯奎斯1916年12月所犯的错误又重演了：人们没有意识到，如果后座议员坚定不移的话，他们的意志是可以发挥作用的。无论如何，如上次那样，他们找到了一位领袖。

劳又一次捍卫了保守党的团结。他一直对劳合·乔治的冒险行为心存反感。他反对恰纳克政策，10月6日，他致信《泰晤士报》："我们不能独自充当世界警察。"即便如此，他还是对返回政坛犹豫不决。但他不断受到外界的敦促，这些人有年轻的保守党人，有《泰晤士报》主编维克汉姆·斯蒂德，最后起决定作用的是比弗布鲁克，是他帮忙建立了联合政府，也是他帮忙搞垮了联合政

---

[1] 丘吉尔忙中出错，更加剧了他们的愤怒。9月15日是个星期五，自治领的总理们到星期一上午才了解到英国政府的呼吁。9月16日，丘吉尔把消息发布给新闻界。他迟迟不把消息发布给英国的周日报，却忘记了自治领的时差。加拿大总理到星期天上午才在本地报纸上读到这个消息。
[2] 布斯比（Boothby）《我为生存而战》（*I Fight to Live*）第28页。
[3] 通常，保守党的会议由议员、贵族和议员候选人参加。张伯伦明白，贵族和候选人大多数都对联合政府怀有敌意，而他可以通过失掉议席对议员们进行威胁，因此，这次会议只允许议员参加。

府。[1]在最后时刻，劳同意参加在卡尔顿俱乐部召开的会议。鲍德温在会上攻击劳合·乔治"是精力旺盛之人。……是非常可怕的东西"。这些话预示了他自己在未来所作所为的精神状态。劳在讲话中赞同不再支持联合政府。投票结果为185∶8。保守党下定决心以独立政党的身份参加大选。

同一天下午，劳合·乔治辞职，此后再也没有任职。他是自诺斯勋爵（Lord North）之后第一位因为国会议员在私密会议上所作的决定而退位的首相，而不是议会投票反对或在大选中失利。[2]因此，他自始至终保持对成熟的宪政体制的蔑视。他是20世纪最卓越、最具创造性的英国政治家，但他也有着致命的缺陷。他诡计多端，不择手段。他激发了人们所有的情感，唯独没有信任。在他所有的重大举措中，都有自私自利的成份。总而言之，他欠缺稳定性。他不囿于任何个人、党派或某一项事业。鲍德温担心劳合·乔治会毁灭保守党是有道理的，正如他已经毁灭了自由党。随着他的下台，该党备用的精兵强将回归了。保守党排斥了劳合·乔治，工党的崛起使他没能成为左翼的领袖。这是亚瑟·汉德森对1917年"站在擦鞋垫上等候"的迟来的报复，当然，这并不是说如此善良的一个人有意想要报复。

劳仍然坚守原则。遵循独特的民主制规矩，他拒绝担任首相，直到10月23日召开的保守党会议[3]选举他为党的领袖。同一天，《泰晤士报》回到过去的老板约翰·瓦尔特（John Water）的掌握之中。他如今与"牛津大学新学院校友"约翰·阿斯特（John Astor）结盟，更为重要的是，约翰·阿斯特是一位美国的百万富翁。[4]这真是巧合。充满活力的年月过去了：劳合·乔治退出，诺斯克里夫已逝。加拿大人劳所承诺的是"宁静"。美国人阿斯特使《泰晤士报》重新获得人们的尊敬，但也变得"沉闷乏味"。人们求助于新世界，以恢复旧世界的道德。

---

[1] 比弗布鲁克虽然是劳的忠诚追随者，但他也有公开的动机。他的一个政治目标是帝国的自由贸易，他相信劳领导的保守党政府会推动自由贸易。
[2] 甚至阿斯奎斯的倒台是尼日利亚辩论之后的投票所引发的。不论怎么说，阿斯奎斯不是被赶下台的。他辞职是因为他估计（结果证明估计错了）这样做会加强他的地位。当然，首相们也有因为疾病、年老或（在早期）失去国王宠幸而辞职的。
[3] 这一次是议员、贵族和议员候选人全部参加会议。
[4] 见注解A。

注解

注解 A 《泰晤士报》的出售

诺斯克里夫在去世前不久收购了前老板约翰·瓦尔特的剩余股份，因此，去世时他完全拥有《泰晤士报》。诺斯克里夫的遗嘱执行人罗瑟米尔准备出售报纸。瓦尔特有权以市场价值买回报纸，但他没有资金。第一代阿斯特子爵的小儿子阿斯特同意支持他 300 万英镑。在最后关头，瓦尔特的一位朋友无意中听到一段电话通话。罗瑟米尔在通话中说，他想在拍卖中出价 325 万英镑。早已躲在乡下的阿斯特于是把报价提高到这个数字，赢得了拍卖。人们普遍认为罗瑟米尔被愚弄了。但是根据一份更加可靠的记载，罗瑟米尔无意收购《泰晤士报》，电话通话只是一个陷阱，是为了从阿斯特身上榨取更多的资金。阿斯特拥有报纸 90% 的股份，瓦尔特拥有 10%。双方签订了信托书，规定只有经过一些显要人物的同意，比如最高法院王座庭庭长和牛津大学万灵学院院长，才能向两大家族之外的人转让股份。因此，《泰晤士报》虽然是全国性的，但其品质保证却只是依靠两个家族，其中一个家族的财富来自美国。这种对家族传统的依赖并非是独一无二的，与此类似，《曼彻斯特卫报》的激进主义风格取决于斯科特家族一直延续下来的激进主义思想。

新老板马上行使权力。诺斯克里夫的主编维克汉姆·斯蒂德立即被解雇（虽然诺斯克里夫在神志不清的最后几个星期已经把他解雇了）。1919 年被诺斯克里夫解雇的前主编杰弗里·道森复职。他在给自己起草的工作权限中，赋予自己绝对的自由，但是人们普遍认为：他并没有用好这种自由。

约翰·阿斯特的哥哥，第二代阿斯特子爵，也是报界要人。他继承了《观察家报》和喜欢长篇大论的主编 J. L. 加尔文（1942 年被他解雇）。阿斯特家族的财富来自纽约的产业，随着美国的繁荣稳步增长。

第六章　三党政治，1922—1925 年

劳合·乔治下台后的政治局势根本不像劳所承诺的那样宁静。在不到两年的时间里举行了三次大选（1922 年 11 月 15 日，1923 年 12 月 6 日，1924 年 10 月 29 日）；可怕的是，工党有可能上台执政。混乱主要是由于程序性的规定。虽然工党成为占主导地位的左翼政党，但自由党拒绝退出舞台。英国的选举机制主要是单选区制，不适应三个党派参选的局面。1931 年的大选是唯一一次一党得票过半数（保守党）。[1] 除此之外，议会的多数多少有些偶然性。尽管如此，党派之间虽然有很多人为的互相攻击，却没有巨大的鸿沟。他们都执行战前惯用的老政策。工党主张社会改革；保守党提倡保护主义。自由党是 20 年代政策上的胜利者，但不是选举的胜利者。自由党一贯主张的自由贸易享受了最后岁月的荣耀。假如威廉·哈考特爵士（Sir William Harcourt）还在世的话，他一定会说："我们如今都是自由主义者。"到 1925 年，英格兰短暂地回归了格莱斯顿时代的快乐岁月。

劳组成的政府在构成上惊人地保守，甚至可以说是蒙昧主义的。这是自 1852 年德比的"谁？谁？"政府以来所绝无仅有的。该党的大人物们，如奥斯丁·张伯伦、贝尔福、伯肯黑德等，气愤地拒绝了在卡尔顿俱乐部作出的决定："今天的会议排斥了我们的忠告。提出其他建议的人必定要承受我们的负担。"除了劳本人以外，内阁中唯一有名望的人是寇松，他像抛弃阿斯奎斯一样成功地抛弃了劳合·乔治。考虑到劳合·乔治对他的羞辱，他这样做是有理由的。[2] 他留任外交大臣。劳试图让麦肯纳做财政大臣，对于一个倡导贸易保

---

[1] 自第二次世界大战以来，还没有任何党派做到这一点。根据《英国政治概况》(*British Political Facts 1900—1967*) 第 143 页，巴特勒（Butler）和弗里曼（Freeman）把国民工党和国民自由党的选票也包括在 1935 年保守党得票总数之内，使保守党占有多数。

[2] 第二次世界大战期间，劳合·乔治谴责了丘吉尔粗暴对待同僚的方式。他说："我从来没有像他这样对待战时内阁成员。"事后他又补充说："噢，是的，是有那么一个，那就是寇松。"

护主义的首相来说，这是一个奇怪的选择，但主张自由贸易的麦肯纳至少是仇视劳合·乔治的。麦肯纳怀疑这个政府是否能够持久，所以拒绝离开舒适的米兰德银行。于是，劳让鲍德温填补了财政大臣的空缺，但并不十分放心。不这样做的话，他只能勉强任命劳合·乔治前政府的副部长，或者是世家子弟。劳的内阁是这个时期最贵族化的内阁[1]，是唯一延揽了一位公爵的内阁（德文郡公爵）。丘吉尔称之为"二流角色组成的政府"；伯肯黑德则更加轻蔑地称之为二流智商的人组成的政府。

1918年大选时，公民投票是向着劳合·乔治的，但1922年大选的公民投票却是反对他的。劳在其选举宣言中，坚定地表达了对以前政策拨乱反正的决心。他宣称："国家的首要需求，是使各行各业步入正轨，把国内干预和国外干涉都减少到最低程度。"这意味着经济的起伏动荡和不干涉的外交政策。首相将不再干预其他各部门的事务。劳把外交事务交还给寇松。他拒绝会见一个失业者代表团，因为那是劳工部的事情。在第一批举措中，他宣布了撤消劳合·乔治对政府的所有创新性改革的意图，包括取消内阁秘书处。不久，他又改变主意，尽管撤消了劳合·乔治"花园别馆"的私人顾问团，但保留了汉基和秘书处。内阁的工作有事先准备好的议程，有决议记录，也有对实施决定的掌控，一切都井然有序地进行着。

保留内阁秘书处是劳在任首相期间对英国的历史性贡献。这个贡献相当重大，尽管在内阁记录公开之前难以估算到底有多重大。这样做使内阁变成了一个更加正规，或许也更加高效的机构。也可能有这样的现象：部分资深内阁大臣在已经决策之后才把既成事实提交内阁，就像麦克唐纳内阁的J. H. 托马斯和斯诺登，或者内维尔·张伯伦内阁的哈利法克斯、霍尔和西蒙那样。但是，这种现象是一直存在的。内阁中人人平等，能够充分讨论每个问题，只是想象中的黄金时代的传说。另一方面，在这个时期，首相的权力和权威毫无疑问加大了，他对秘书处的控制无疑是原因之一。这并不是绝无仅有的。在劳合·乔治之后，每位首相都掌控着强大的政党机器。[2]1931年之后，首相可以独自决定

---

[1] 劳的内阁有6名贵族，还不把大法官计算在内。劳合·乔治的内阁有4名贵族。之后的内阁没有5名以上的。内阁有3名贵族是正常的，两名也不鲜见。而且，劳内阁中的贵族有3名来自大领地家族（其他内阁从未超过1名）；5名是世袭的，而不是新封贵族。

[2] 1940年5月至10月之间的丘吉尔例外。

解散国会，[1]但1931年的形势非常特殊。总之，由首相分配的职务利益比贵族时代有着更大的诱惑，因为在贵族时代，很多政治人物已经拥有了巨大的财富和头衔。无论如何，不论是有意还是无意，是劳使首相的地位高于其同僚。

劳像往常一样悲观，担心保守党能不能在选举中获胜，甚至担心会在格拉斯哥丢掉自己的席位。因此，当受到德比勋爵等主张自由贸易的保守党人施加的压力时，他便放弃了贸易保护主义，令比弗布鲁克大吃一惊。他还作出保证，在第二次大选之前，不会对财政体系作根本性的改变。其他党派也一样消极。工党除了1918年的总纲领，还提出了征收财产税的具体议案。但是，在竞选过程中，他们认为财产税是个令人尴尬的话题，因此，像劳放弃贸易保护主义那样放弃了财产税议案。阿斯奎斯领导的独立自由党人只是如实地宣布：他们从来没有支持过劳合·乔治。联合政府派自由党如今叫作国民自由党，希望从保守党手中夺回选票。比弗布鲁克通过支持保守党候选人（有时候是财政上的支持）挫败了他们的计划。56个国民自由党人中，有54人遭遇挑战失败了。投票结果像各党派一样消极无为。550万选民投了保守党的票；400多万选民投了自由党的票（阿斯奎斯派250万，国民自由党160万）；420万选民投了工党的票。但是，这种奇怪的三角或常常是四角的竞争，产生了决定性的结果。保守党几乎保住了议会解散时的议席数量，赢得345个席位，比其他党派的总和还要多出77个席位。工党赢得142个席位。自由党虽然得到几乎同样数量的票数（但是候选人多出70多个），却只得到117个席位。[2]除了劳合·乔治在其口袋选区卡那封获胜外，所有的国民自由党领袖均遭败绩。刚刚做了阑尾切除手术的丘吉尔也在双席位选区邓迪落选，败于一位禁酒主义者[3]和民主监督联盟书记E. D. 莫雷尔之手。这真是一次惊人的命运大逆转。

保守党人和自由党人仍然一如既往。身为公司董事的议员数量减少了20个左右，这无疑是国民自由党人减少了一半造成的。工党则发生了巨大的变化，几乎变成了另外一个党派。在上一届议会里，工党议员都由工会提名，几乎没有例外（1918年只有1个例外，议会解散时只有3个例外），而且这些人都

---

[1] 理论上讲，决定权掌握在国王手中，但是，国王每次都会接受首相的建议。
[2] 很难分清独立自由党和国民自由党之间的席位分配。一种说法是阿斯奎斯一方为60个，劳合·乔治一方为57个；另一种说法是阿斯奎斯一方为54个，劳合·乔治一方为62个。
[3] 他是唯一一个为此获选的人。

是工人阶级出身。如今，工会分子只有一半以上（142人中有80名），中产阶级，甚至上流社会的人首次占据了工党的议席。[1] 在组成上，工党比以前更像一个全国性政党，而不只是一个利益集团。在观念上，缺少全国视野，或者说对经济等方方面面的现存秩序都充满敌意。老的工党议员们在战争期间支持劳合·乔治，除了阶级地位之外，没有表现出什么特殊性。新的工党议员则既抛弃了资本主义，也抛弃了传统的外交政策。

独立工党中有一些好战的工人阶级的社会主义者，主要来自格拉斯哥。他们被称作克莱德人，赢得了本地区28个席位中的21个。他们想着要发动一场社会革命。其中的工人代表大卫·柯克伍德后来成为上议院议员。他向送行的人群高喊："当我们回来的时候，这个车站，这条铁路，将属于人民所有！"来自中上层阶级的人加入工党，通常是因为反对当时的外交政策。在他们看来，这种外交政策导致了战争的发生和延续。他们不像民主监督同盟那样仅仅谴责秘密外交，而是认为资本主义制度才是战争的根源。在本次选举中进入议会的克莱门特·艾德礼[2]（Clement Attlee）清楚地说出了他们的态度："只要资本主义政府还存在，他们就不会放心把武器放在政府手里。"[3]

新旧工党之间的分歧并不是泾渭分明的。并不是所有的工会分子都是温和派，而实际上温和派在战后转而反对劳合·乔治，甚至为了制止对俄国的干涉，发展到了组织总罢工的程度。多亏了汉德森，所有人接受了几乎与民主监督同盟没有什么区别的外交政策。[4] 另一方面，也不是所有的独立工党党员都是极端主义者。比如，麦克唐纳和斯诺登二人，仍然是独立工党的被提名者。新人明白对工会资金的需求，并且认识到他们当选主要靠工人阶级的投票。工党的

---

[1] C.P.特里维廉（C.P.Trevelyan），后来的查尔斯·特里维廉爵士，是诺森伯兰郡最大的地主，麦考利的侄孙。亚瑟·庞森比（Arthur Ponsonby）是维多利亚私人秘书之子，还曾经是女王的侍从之一。二人都是前自由党议员，也都是民主监督同盟的创建者。
[2] 克莱门特·理查德·艾德礼（Clement Richard Attlee，1883—1967）：在黑利伯里和牛津大学接受教育；1913—1923年任伦敦经济学院社会科学讲师；1919年、1920年任斯特普尼市长；1927年任西蒙委员会成员；1930—1931年任兰开斯特公爵郡大臣；1931年任邮政总局局长；1935—1955年为工党领袖；1940—1945年为战时内阁成员；1940—1942年任掌玺大臣；1942—1945年任副首相；1945—1951年任首相；1955年被册封为伯爵。艾德礼是极少数因国内事务而成为社会主义者的中产阶级工党党员之一（1914年之前），在参加战争之后，转向了民主监督同盟。
[3] 1923年6月的工党年会。
[4] 大致如此，但不是全部。像汉德森这样的工会分子并不是和平主义者，而许多民主监督同盟成员是和平主义者。因此，后来他们在支持集体安全时并不感到为难，虽然集体安全意味着扩充军备甚至战争。

上层如今有了一些中产阶级的党员，但是中产阶级的投票者却极少。加入工党的中产阶级人士，几乎都在很短的时间内成为议会候选人。而且，甚至连最坚定的社会主义者也极少能够坚持连贯一致的社会主义政策。他们倾向于认为，如果以足够强的力度推动社会改革的话，将自然过渡到社会主义，因此，他们与温和派的不同只在于他们的推动力度更大。大多数工党议员有着做工会谈判代表或在地方政府工作的丰富经验，他们只是以不同的精神状态运行现存的国家机器，从而实现变革。红旗已经飘扬在克莱德、波普拉尔和南威尔士。社会主义者们期待着，当红旗也飘扬在威斯敏斯特的时候，就万事大吉了。

尽管如此，工党的进步与新的精神拉响了"布尔什维克主义"的警报，尤其是当两名共产主义者出现在议会的时候。他们都是在工党的支持下获选的。[1] 警报是虚幻的。这两名议员代表着英国共产主义运动的最高成就。工党一再拒绝共产党要求加入的请求，并且制定了自废除《宣誓条例》以来最详尽的制度，逐个把共产党人驱逐出去[2]。当然，在整个工人运动过程中都对苏维埃俄国保持着很大的兴趣，甚至是赞赏。俄国是"工人的国家"，正在建设社会主义。虽然那里发生的恐怖和独裁受到人们的普遍谴责，但是这些都得到了原谅，被视为协约国干涉和内战强加给俄国的。英国社会主义者从中得出了令人宽慰的结论：在民主国家，这样的残酷行径是不需要的。

民主即以多数人的意愿为准，这种信念流淌在他们的血液之中。他们相信，多数人不久就会站在他们一边。如今已经成为普遍思维模式的进化论，认为事物是不断运动的，并且总是向上发展。他们假定曲线图的曲线可以向一个方向无限延长。比如，国家财富将自动地持续增长；出生率在 30 年间从 30‰下降到 17‰，那么，在以后的 30 年就会下降到 7‰甚至零。同理，因为工党的得

---

[1] 一个富有的拜火教徒萨克拉特瓦拉（Saklatvala）作为工党官方候选人在北巴特西获选［基本上是约翰·彭斯（John Burn's）的旧席位］。前教友派信徒，陶特（Tout）教授的学生沃尔顿·纽博尔德（Walton Newbold）在工党没有派出候选人的情况下在马瑟韦尔获选。纽博尔德根据他于战前发表的小册子《欧洲是如何武装起来进行战争的》（*How Europe Armed for War*）的思路对资本主义利益进行了剖析，引起一定的轰动。他在 1923 年失去席位，不久之后就脱离了共产党。萨克拉特瓦拉在 1923 年失去席位，1924 年重获席位，一直到 1929 年。他从未有太大作为。
[2] 1924 年，工党不支持共产党人成为本党候选人；工党不吸收共产党人为个人党员（并于 1925 年重申此点）。1928 年，禁止共产党人作为工会代表参加工党年会。像《宣誓条例》一样，这个规定依赖的是那些被禁止的人的诚实，虽然把他们界定为不诚实之人。然而，这个规定确是行之有效的，正如《宣誓条例》曾行之有效一样。工会代表大会并没有侵犯各工会的自主权，因此除非相关的工会制定限制规则，否则共产党人可以作为代表参加年会。

票一直在稳步上升,那么还会以同样的比率持续上升。1923年,西德尼·韦伯在工党年度大会上郑重宣布:"从工党得票的上升曲线估算,工党将获得明显多数……大概在1926年。"[1] 因此,工党需要做的就是等待,革命将会自动到来。韦伯还说,这就是"渐进发展的必然性"。

议会开会的时候,工党议员选出拉姆齐·麦克唐纳作为领袖。这次选举是一次险胜:根据败选的克里尼斯的说法,他以五票之差落选;根据后来菲利普·斯诺登可能带有偏见的说法,只有两票的差距。克莱德人把票全都投给麦克唐纳,但后来颇有悔意。微弱的多数不说明问题,这主要反映了老议员抵制新人加入的嫉妒心理。麦克唐纳的确是上天注定的工党领袖。他早年为建党出了大力。实际上,他在战前领导过工党。亚瑟·汉德森一直不懈地为他的东山再起而努力。[2] 在某些难以言说的方面,他具备其他工党党员所缺乏的全国性名望。或许他是自负、阴郁和孤僻的,但正如欣威尔所言,他鹤立鸡群。他有着令人陶醉的嗓音和雄辩之才,是格莱斯顿风格的最后一位杰出演说家。虽然难以进行准确的分析,但他的雄辩风格恰如其分地反映了工人运动的情怀,身为领导人的他一直左右着那场运动。

在语言的云雾后面蕴含着真实的才能。他是一流的内阁主席,是技巧娴熟的成功谈判者。正如尤斯塔斯·帕西勋爵(Lord Eustace Percy)1935年客观地承认的那样,他还对外交事务具有特殊的把握能力。[3] 尽管有缺点,他仍然是工党有史以来最伟大的领袖,假如没有做那些不能胜任的工作,他会获得很高的声望。1922年,麦克唐纳的当选另有深意。工党的国会议员们不只选举下一个议会会期里自己的主席。他们要选出的是全国性政党的领袖,也就暗示着要选未来的首相。此后,工党再也没像1918至1922年间那样每个会期都换领袖。于是,直到领袖年老或者是因为政策上发生的巨变结束其任期,才会选举新的领袖。

拉姆齐·麦克唐纳为两次大战期间的岁月打上了印记。与他一起发挥了影响的斯坦利·鲍德温不久也登上了历史舞台。就职的时候,劳担心自己的身体状况,觉得坚持不了几个月时间。一开始,接替的人选很明显,那就是寇松侯

---

[1] 工党在大选中从未获得明显的压倒性多数。
[2] 虽然不是议会议员,但是他居然作为顾问和非正式领袖于1921和1922年受邀参加议会党团的会议。
[3] 尤斯塔斯·帕西《点滴回忆》(*Some Memories*) 第169页。

爵，[1]他是外交大臣，前印度总督，还是战时内阁唯一仍然在任的人（除了劳以外）。更为重要的是，在劳任首相的短暂时期，寇松的声誉提高了。唯一可能的竞争者鲍德温则声誉受损。寇松去洛桑参加会议，与土耳其人举行和谈。他以卡斯尔雷的风格，在几乎没有资源、得不到国内支持的情况下孤军奋战，大获全胜。[2]虽然土耳其人收回了君士坦丁堡和东色雷斯，但海峡地带保持了中立，而且海峡在和平时期对军舰开放，这是对传统英国政策的逆转，也是对苏维埃俄国的潜在威胁，虽然这一点从未成为现实。而且，土耳其人被寇松表面的温和所迷惑，把被劳合·乔治激起的愤怒放在一边。更重要的是，寇松成功地获得摩苏尔储油丰富的油井，为英国石油公司和卡路士第·古本基安（Calouste Gulbenkian）创造了巨大的利润，后者获得5%的收入，发了大财。[3]

同样寻求稳定的鲍德温去华盛顿解决大不列颠对美国的欠债问题。劳坚定地信守贝尔福照会中提出的原则，即大不列颠的还款数字只能限于其他国家还给它的欠债。他认为，任何额外的数额"都将降低这个国家整整一代人的生活标准"。[4]鲍德温受命只能以此为基础解决问题。但是在华盛顿，他却吓破了胆，或许是受到同行的英格兰银行行长、狂热地主张正统金融学说的蒙太古·诺曼（Montagu Norman）的压力才作出让步的。没有得到内阁的批准，鲍德温就无条件同意了苛刻的条款，[5]更糟糕的是，他在回国途中就公布了条款。劳不想接受这个协议，他说："如果接受那些条款，我将成为英格兰有史以来最遭人诅咒的首相。"[6]他向两名独立顾问比弗布鲁克和凯恩斯咨询，他们也同意他的反对意见。但是，内阁却主张接受。劳感到孤立无援。他想辞职，但在同僚的恳求下留了下来。他在《泰晤士报》专栏发表匿名文章，抨击自己政府的政策，以

---

[1] 寇松一直希望利用劳合·乔治辞职的机会得到公爵称号，但是事实令他失望了。
[2] 寇松只参加1922年11月19日至1923年2月4日举行的第一次会议。虽然随后离会，但他实际上已经达到了目的。1923年4月24日至7月24日举行的第二次会议只是在形式上巩固了他的胜利。
[3] 名义上，围绕摩苏尔油田的争端是在土耳其与大不列颠的保护国伊拉克之间进行。双方同意把争端交给国际联盟处理，深受大不列颠影响的联盟自然而然地于1926年把摩苏尔划归伊拉克。古本基战前从奥斯曼政府获得模棱两可的特许权，作为补偿，他得到5%。
[4] 布莱克（Blake）《默默无闻的首相》(The Unknown Prime Minister)第491页。
[5] 全部债务为每年4600万英镑，利息为5%。鲍德温争取到前10年利息为3%，后52年利息为3.5%，逾期利息增加1%，这样，前10年为每年3400万英镑，之后为每年4000万英镑。据说劳事先准备好的条件是2.5%（每年2500万英镑）。
[6] 布莱克《默默无闻的首相》第494页。

此来慰藉自己的良心。[1]

实际的情况是,大不列颠并没有因为偿还美国债务而崩溃,尽管令人生气的是,之后法国和意大利以更优惠的条件清偿了债务。在20年代,英国从债务人和战败国赔款中筹集到资金,大体与本国还款数额相平衡。真正的损害表现在其他方面。这个条约或许改善了与美国的关系,但却迫使英国催讨本国债务,坚持让德国支付对其他国家和英国的赔款。在1923年,情况已经很清楚了。当时的法国总理庞加莱(Poincaré)试图通过占领鲁尔来强迫得到赔款。德国人采取了消极抵制的态度,马克跌到零点,中欧的金融状况再度陷于混乱。英国政府先是抗议,然后默许。法国军队得到允许,通过莱茵兰的英国占领区。英国人虽然谴责庞加莱的做法,但无法反驳其动机。他们在反对法国诉求的同时,却和法国的诉求绑到了一起。

人们揣测债务问题会使劳转而反对鲍德温,但是还有其他重要因素需要考虑。劳了解寇松在保守党不受欢迎,因为他自高自大的傲慢,也因为他的优柔寡断。寇松虽然有着严厉的外表,却缺乏决断能力。他像一只老鼠。他逃避国会法案,对妇女投票权表示屈服。他许诺支持阿斯奎斯然后又抛弃之。对劳合·乔治也是如此。比弗布鲁克称其为"政治上的跳梁小丑"。在寇松和鲍德温之间作出选择已经迫在眉睫,劳比以往更加忧郁。他试图避免这种选择,请奥斯丁·张伯伦参加政府,并且有望在秋天成为他的继承人。但张伯伦清楚,在卡尔顿俱乐部投票时自己在保守党的地位已经被永久性地动摇了,因此拒绝了邀请。[2]

结局来得非常突兀。5月份,劳被查出得了不可治愈的咽喉癌,他马上辞职。受到1894年格莱斯顿辞职的先例的误导,他没有推荐自己的继承人。[3] 他认为会是寇松,并且为自己没有参与推荐而感到高兴。但是,不管事实如何,国王却认为劳倾向于鲍德温,于是,他遵从1894年以来的惯例,理所当然地

---

[1] 他的署名是"一个殖民地记者"。伊芙琳·伦奇(Evelyn Wrench)《杰弗里·道森与我们的时代》(*Geoffrey Dawson and Our Times*)第215页。
[2] 这样,奥斯丁·张伯伦两次拒绝接任首相,第一次是1922年2月拒绝了劳合·乔治,第二次是1923年4月拒绝了劳。这个纪录只有哈灵顿(Hartington)能够打破,他既拒绝成为自由党首相(1880),又拒绝成为统一党首相(1886)。
[3] 格莱斯顿是准备推荐继任者的(一个不称职的人),维多利亚女王故意没有向他征求意见。而劳的情况是:即使向他征求意见,他也不愿意推荐。

采纳了自认为是来自退休首相的意见。[1]劳的生命拖延到10月30日。他被埋葬在威斯敏斯特教堂，是继格莱斯顿之后第一位被葬在那里的首相，在他身后，迄今为止只有内维尔·张伯伦也葬在那里。[2]他得到此种殊荣的原因不甚明了。是因为他重新统一了保守党，还是因为他推翻了劳合·乔治？[3]

鲍德温没有像劳那样，当选保守党领袖之后再就职首相。他于5月21日就职，5月28日被选为保守党领袖。寇松用谄媚的言辞提议举行选举。私下里，人们议论他把鲍德温称作"最无足轻重的人"。这是鲍德温的优点。他看上去像个普通人，虽然事实并非如此。他展现给大众的是一个淳朴的乡村绅士形象，只对猪仔感兴趣。实际上，他是一位富裕的钢铁厂老板，与文学圈的名人颇有深渊。[4]朴素的外表掩盖了老练的政治家的实质。劳合·乔治在经过痛苦的体验之后，称他为"我所遇到的最难对付的对手"，当然这绝对不是赞赏。鲍德温在政治上随机应变。他很少阅读官方文件，根本不读报纸。他日复一日地坐在下议院前排席位上，嗅着议事日程的气味，打着响指，研究下议院的每一个动向。在他的头脑中，有一幅想象出来的在他父亲的钢厂里雇主与工人之间家长制关系的图画，他渴望在全国范围内与工党建立这样的关系。这种精神得到了工党的回应。早在1923年，麦克唐纳在谈到他时说："在所有根本问题上，他的观念与我们的非常接近。"很难说，在把工党纳入宪政轨道的问题上，鲍德温还是麦克唐纳出力更多。

鲍德温并非独自一人就确定了保守党的模式。偶然之中，他得到了一位助手内维尔·张伯伦，[5]两人以后再没有分开。两人不仅仅是合作者，更像是伙伴，把他们联系到一起的是对劳合·乔治的厌恶，而非其他。张伯伦比鲍德温更加严厉苛刻，面对批评和事件更加缺乏耐心。在鲍德温妥协的问题上，他采取对

---

[1] 见注解A。
[2] 这些获此殊荣的人都不是基督教徒，更不是英国国教徒。出身于长老会家庭的劳是个怀疑论者。张伯伦则是不相信三位一体的独神论派信徒。
[3] 其他首相也曾被提议葬在威斯敏斯特教堂，但是被他们的家属谢绝了。
[4] 拉迪亚德·吉卜林和他是表兄弟。他的演讲因其自身的文学素养而广受称赞。但是，这些演讲大部分是内阁助理秘书汤姆·琼斯执笔的。
[5] 劳任命内维尔·张伯伦为邮政总局局长，希望把他作为联系他的兄弟奥斯丁的纽带。卫生部长格里菲斯-博斯科恩（Griffith-Boscawen）因其不受欢迎的《出租法案》而在大选中失去席位，之后于1923年又在补选中失败。于是，内维尔·张伯伦接替了卫生部长的职务。1923年8月，麦肯纳同意就任财政大臣，但参选议员失效，内维尔·张伯伦再次得到提升，填补了空缺。

抗的立场。他也更加务实，更加迫切地希望解决问题。他对行政改革充满热忱。在两次世界大战期间，保守党政府几乎所有内政上的成就都应该归功于他，同时，所有的麻烦也几乎都应该归咎于他。积极的保守党人常常想摆脱鲍德温，让张伯伦取而代之，但他们没能成功。张伯伦违背了拿破仑的规则：运气不好。局势总是对他不利。在政治生涯开始的时候，他受到劳合·乔治的羞辱，在政治生涯结束之时，他又被希特勒欺骗。鲍德温不怎么费劲就使他居于从属的地位。

张伯伦的《住房法》(4月份提出，7月份立法) 是本届沉闷的政府的坚实之作。此法是在艾迪生规划结束、住房建设完全终止的情况下诞生的。像大多数人一样，张伯伦认为，艾迪生的无限制补贴是造成住房建设高成本的主要原因。作为一个忠实的保守党人，他也渴望向世人证明私人企业会比地方政府做得更好。他的有限制补贴方案（每年6英镑，持续20年）同时针对私人和政府建筑商，但更倾向于前者。这些建筑商建房的目的就是为了上市出售。简陋住房（专业名词叫"无客厅住房"）专门为那些没有更高偿付能力的人而建。总体上，张伯伦法有利于下层中产阶级，而不是产业工人。这种欺贫爱富的做法招来了太多的怨恨。张伯伦被视为穷人的敌人，他的《住房法》使保守党的选票得不偿失。

但是，政府缓步前进，似乎还颇有理由。政府在国会中拥有稳定的多数，经济状况没有显著恶化。在没有任何预兆的情况下，鲍德温召回了1922年被劳驱逐的鬼魂。10月25日，他宣布：只有在自己能够放手实行贸易保护主义的前提下，才能解决失业问题。作出这个突然决定的动机至今不得而知。多少年来，贸易保护主义一直是保守党的灵感所在，同时也是其失败的祸根。保守党议员中思维活跃、富有创意的人物无不持贸易保护主张。一方面，贸易保护主义不断招致党内不和与选举失败。因此，1910年，贝尔福发誓将其放弃，1922年，劳也是如此。如今，似乎没有什么理由重启可怕的争执。事实上，正在召开一次帝国会议，其主旨是确保英国政府再也不会提出像恰纳克那样的倡议。帝国会议诚挚地表达了其一贯的实行帝国特惠制的愿望。帝国特惠制是指英国对其自治领免除食品关税，而对其他外国食品征税。自治领对别国的关税已经高得出奇，如果对英国产品实行特惠制，其结果只能是进一步对别的国家不利。对于选民来说，这不是一个吸引人的提案，因而鲍德温没有尝试让选民表态。他发誓抵制这种"胃口税"，认为"小麦和肉类"不应该征税。于是，帝国特惠制没能通过。

后来，当贸易保护主义给保守党带来失败的时候，鲍德温为自己找借口说那是政治策略。他辩解说，因为劳合·乔治对北美进行了一次成功的访问，带回一个宏伟的帝国发展规划。鲍德温"必须抓紧时间"。他通过提倡贸易保护主义"打垮了山羊（劳合·乔治）"。[1] 曾经支持劳合·乔治的奥斯丁·张伯伦和其他保守党人又回到鲍德温一边。这种说法似乎是事后编造的。实际上，张伯伦和其他人已经回到鲍德温一边。也没有切实的迹象表明，劳合·乔治倾向于贸易保护主义。或许是还不太出名的鲍德温希望在普通保守党人中建立自己的声誉，或许是希望证明自己才是劳的继承者，而不是比弗布鲁克。最简单的解释反而可能是最真实的解释。像大多数钢铁制造商一样，鲍德温考虑的只是国内市场。他不了解出口事务，只是希望在外国供应减少的情况下，英国钢铁的销量会增加。这是鲍德温唯一一次主动出击，他从失败中汲取了教训，再也不会这样做了。

为了摆脱一年前劳所做出的保证，贸易保护主义成为大选的主题。贸易保护主义的喧嚣自然使劳合·乔治以前的同僚重新支持鲍德温，但其影响远远未能抵消提倡自由贸易的保守党人的怒火，尤其是在兰开夏郡。自由贸易的捍卫者最终重新与自由党联合。这虽然跟鲍德温没什么关系，但还是使劳合·乔治非常狼狈不堪。因自由贸易这个主要话题，劳合·乔治被打成了正统阿斯奎斯主义的残余。阿斯奎斯再次成为无可争议的领袖，而赢得了战争的劳合·乔治不情愿地成为他的助手。令人稍感安慰的是，劳合·乔治基金[2]支付了阿斯奎斯一派的费用。

1923年12月的选举像上次一样消极。这一次投票否决了贸易保护主义；[3]不作改变，意味着维持自由贸易这一过去的激进主张。尽管总投票数与上次大致持平，但结果却惊人地不同。保守党少了大约10万张票，[4] 自由党少了20万，工党多了10万张票。保守党失去90多个席位，自由党多得了40个席位，工党

---

[1] 另一方面，鲍德温还说，他的举措是"经过深思熟虑的"。有一个更复杂、更令人质疑的说法是：鲍德温故意促成选举失败，目的是当其他人把事情搞砸的时候，他可以卷土重来，声势更猛。
[2] 劳合·乔治基金为自由党支付了10万英镑的费用，另一种说法是16万英镑。工党主要是从工会募集了23565英镑资金。
[3] 这是英国历史上唯一一次专门针对贸易保护主义进行的投票。
[4] 得票减少得不多，只是因为增加了70多个候选人。他们在竞争议席中的得票比例从48.6%下降到42.6%。

多得了 50 个席位。[1]1918 年掌权的政党集团继续受挫，在一个方面是相对的，在其他方面却是绝对的。曾经无所不能的工会分子如今只是工党中的微弱多数（在 191 个席位中占据 98 个）。国民自由党人（劳合·乔治）在 1922 年已经减半，这次自由党虽然有所收获，但他们再次减半，只剩下 26 个席位。他们以前的席位几乎全部归于工党名下，这表明他们已经成了自由党左翼。最后的结果是纠结不清的：没有任何一个单独的党派成为多数，但是自由党因为一方面反对贸易保护主义，另一方面又反对社会主义而被排除于联合政府之外。

很显然，如果议会召开会议的话，政府将被击败。在这种情况下，根据宪政惯例，国王将邀请第二大党派的领袖拉姆齐·麦克唐纳。为了避免这一可怕的结局，到处散播着各种轻率鲁莽的传言。贝尔福或奥斯丁·张伯伦应该取代鲍德温做保守党首相；应该由阿斯奎斯领导自由-保守党联盟；麦肯纳应该组成一个"众望所托"的非议会政府。这些传言全都化为乌有。阿斯奎斯明白，工党必须参与进来，尽管他同时也在设想，如果工党被排除在外（不久后必定发生这种情况），那么他本人将会成为首相。无论如何，乔治五世要自行其事：必须给工党一个"公平的机会"。1 月 21 日，保守党政府以 72 票的劣势落选[2]。第二天，麦克唐纳首先在枢密院宣誓，然后就任首相，他是唯一一位需要履行这个预备程序的首相。乔治五世在日记中写道："23 年前的今天，可爱的祖母去世了。我在想她对工党政府会怎么想！"几周之后，他对母后说："他们（新上任的大臣们）都是社会主义者，和我们的想法不同，但是必须给他们一个机会，必须公平地对待他们。"[3]

麦克唐纳虽然缺乏当部长的经历，但是行政能力超强。他还具有多年在工人运动中平衡不同团体和派别力量的经历。某些时候他向大法官霍尔丹问计，主要是有关恢复了的帝国国防委员会的事宜。麦克唐纳在独立工党的老助手和竞争对手斯诺登成为财政大臣。麦克唐纳自己主持外交事务，这是他的最大兴趣所在。而且，只有他有足够的名声把 E. D. 莫雷尔排除在外。没有考虑革命的左翼。其中杰出的人物兰斯伯里被排除，在某种程度上是为了取悦讨厌兰斯

---

[1] 保守党 258 席，自由党 159 席，工党 191 席。有很多交叉。保守党有 67 席归入自由党，从自由党赢得 15 席；有 40 席归入工党，从工党赢得 3 席。自由党从工党赢得 11 席，失去 21 席。

[2] 10 名自由党人投票支持保守党，这显示了未来的发展趋势。

[3] 尼科尔森《乔治五世》第 384、389 页。

伯里的乔治五世，因为兰斯伯里威胁说，他要像克伦威尔对待查理一世那样对他。罗马天主教商人惠特利（Wheatley）成为卫生部长，他是政府中唯一的克莱德人。令所有人惊讶的是，事实证明他是最成功的政府成员。广义上说，内阁包括了工会分子和民主监督同盟成员。虽然温和有度，但这仍然标志着一场社会革命：工人阶级占多数，著名的公学和老牌的大学第一次失去了光彩。[1]

工党政府认识到，他们不能作出任何基本性的变革，虽然他们知道怎么做，因为他们"当政，但是不当权"。他们的目标是证明工党有能力执政，或许还可以以一种更加友善热情的方式执政。左翼不喜欢这种缺乏魄力的观点，他们建立了由后座议员组成的委员会来控制政府，但是收效不大。工党大臣们几乎不需要国王提出"谨慎与睿智"的劝告[2]。除了惠特利之外，他们都是急于表现恭敬之心的温和派人物。他们愿意从莫斯兄弟男装店租借宫廷礼服（虽然不是及膝的马裤）。一个更为严肃的难题是他们缺乏日常行政经验。只有两个人（霍尔丹和汉德森）曾进过内阁。20名成员中有15人从来没有担任过部长级职务。因此，他们不可避免地依赖各部门的公务员，而这些人虽然从个人角度讲是抱有同情心的，但是，他们对包罗万象的社会主义计划并没有热忱。

惠特利是唯一一位有创造力和进取心的部长。他的《住房法》更加令人意外，除了工党不喜欢恶劣的住房条件之外，还因为法案没有经过党内讨论或规划。与内维尔·张伯伦甚至与艾迪生不同的是，惠特利认识到住房短缺是个长期的问题。他提高了补贴，[3]把主要职责重新下放到地方政府，并且坚持住房建成后必须实行租赁的方针。更为重要的是，他许诺该计划将稳定运行15年，从而保证建筑行业的持续扩张。这几乎是和平时期政府和产业之间的第一次合作，第一次在和平时期展现了规划的用处。虽然惠特利的整体规划在1932年经济危机时期被短暂地打断了，但是从最狭义的意义上讲，住房短缺问题在那时已经得到了实质性的解决。当然，惠特利法没有全力以赴地消灭贫民区，而是有利于更富裕更有保障的部分工人阶级。贫民区的住

---

[1] 7名工会分子；9名民主监督同盟成员。20名成员中，有11名是工人阶级出身。如果忽略掉麦克唐纳延揽或新封的贵族，工人阶级在数量上所占的优势甚至更大。这些贵族中没有任何人与工党有密切关系，其中两名还公开宣称自己是保守党人。切姆斯福德（Chelmsford）在征得鲍德温认可后成为海军大臣。

[2] 尼科尔森《乔治五世》第387页。

[3] 从张伯伦的20年内每年6英镑提高到40年内每年9英镑；如果受管制的租金不足以弥补成本的话，地方政府还可以在40年内每年另外补助4英镑10先令。

英国史：1914—1945

户可以幸运地得到政府公屋住户搬出的旧房屋。法案经过了下议院一段时间的激烈辩论。几乎没有任何人公开反对其原则。因而各个党派虽然在完成任务的方式和速度上有不同意见，但是大家都不约而同地一致认为，提供住房是一种社会责任。

工党政府还确立了另外一座里程碑，仍旧是在几乎无人瞩目的情况下完成的。教育部的特里维廉坚定地表达了工党的政策，即《人人享有中等教育》。该政策由历史学家托尼（R. H. Tawney）起草。在那些年月里，托尼为工党提供了丰富的道德激励。特里维廉虽然也发现，工党要想在教育事务上卓有成效，不仅要掌握中央政府，而且要掌握地方政府，但是，他还是取消了格迪斯大刀阔斧地缩减中等教育开支的政策。不仅如此，他还指示亨利·哈杜爵士（Sir Henry Hadow）领导的教育部顾问委员会制定如何实施工党全部政策的方案。虽然顾问委员会直到1926年才提出报告，未来英国教育的发展大部分应归功于特里维廉。《哈杜报告》为英国公立教育确立了模式，其影响延续至今。其根本理念是把学生离校年龄提高到15岁。这一点未能做到（直到第二次世界大战后才实施），直接而又永久的创新举措是，以11岁作为初等和中等教育的分界线。[1]这样，就必须为以前在初级学校待到14岁的小学生提供其他地方，至少要提供特殊的"高级班"。这是一个伟大的成就，至少在原则上明确承认：全体人民，而不只是那些拥有特权的少数人，都有资格接受读、写、算基本技能以外的教育。方案再次不约而同地得到所有党派的接受。不太幸运的是，新的按"11岁以上"划分中小学的制度加剧了公立学校与私立学校的差异。私立学校是为付费的少数学生设立的，它们的年龄划分是到13岁。

惠特利和特里维廉的改革具有同样的优势：两项改革都需要在若干年内投入大量的开支，但是在不远的将来都不需要太多的资金投入。这一点足以使他们通过财政大臣菲利普·斯诺登的审查。斯诺登终其一生都在倡导社会改革，但他也坚信，收支平衡和厉行节约才是进行社会改革的唯一基石。不久，他搞清楚了一个道理，这些改革必须等到真正打下了牢固基础以后才能进行。他的预算应该令格莱斯顿大喜：开支减少了，税收减轻了，"免费早餐桌"正在恢

---

[1] 为什么是11岁？主要是因为，提供中等教育合理的年限似乎至少是3年，如果毕业年龄仍然是14岁，11岁就成了必然。另外，大多数初级学校的离校年龄都是11岁，它们的建筑面积只能满足那个年龄段的学生。11岁并没有什么特别之处。苏格兰的年龄一直是12岁，这是英格兰和苏格兰的差异之一。

复，[1]可怜的战时保护主义的残余——麦肯纳关税被废止了。毫无疑问，在一个少数党政府执政的环境下，不可避免地要执行"自由党的"预算，这在工人运动中并没有引发抗议。多数工党党员认为财政是个中立的话题，与政治无关。斯诺登曾如是评论蒙太古·诺曼："我对他的政治观点一无所知，我不知道他是否有政治观点。"工党根本不支持增加政府开支，更不用说提倡了。他们沿袭了一个激进的观点：国家开支很可能是花不好的、腐败的，会为贵族提供额外的救济，或者会像劳合·乔治时期那样，使牟取暴利者得到不应得的财富。工党的社会改革得到了提倡，尽管施行这些改革需要花钱，但不是为花钱而花钱，而且一旦出现开支问题，斯诺登可以轻易终止改革。

当时的失业人口持续超过100万。面对失业问题，工党政府尤其感到无计可施。工党的理论家们没有现成的答案，也没有能力解答。资本主义的原始罪恶是贫困，这赋予了工党一种道德力量，就像马克思主义者从中得到信心，认为随着贫困的不断加剧，资本主义将会"土崩瓦解"一样。社会主义者、马克思主义者和其他任何人，都不曾想到贫困可以通过资本主义提供的丰富资源得到根除。大规模失业是一个令人困惑的意外，或许甚至是资本家们玩弄工党政府的一种卑劣手段。人们并不认为大规模失业是现存经济体制不可避免的结果，只是在某个阶段是这样。工党朦朦胧胧地认为，社会主义将可以消灭失业，就像消灭与资本主义制度相关联的一切罪恶那样。将会出现对商品的大量需求，因此，一旦这种需求不再是"英镑、先令和便士"的问题，就可以实现全部就业。和资本主义制度一样，社会主义制度将会自然运转。几乎所有经济学家都持有资本主义制度自发运转的观点，工党则接受了他们的学说。凯恩斯正在形成这样的观点：通过发展公共事业，失业可以得到克服，至少可以得到缓解。在这一点上，他在众多职业经济学家中独树一帜。休·道尔顿（Hugh Dalton）本人是经济学教师，不久之后成为工党议员。[2] 他把凯恩斯的观点斥之为"一

---

[1] 这意味着茶、咖啡、可可、菊苣和糖的关税降低了。
[2] （爱德华）休·约翰·尼尔·道尔顿［(Edward) Hugh John Neale Dalton, 1887—1962］：在伊顿公学和剑桥大学接受教育；温莎教堂教士之子；1924—1931年、1935—1959年任议员；1929—1931年任外交部次长；1936年，是少数支持重整军备的工党党之一；1940—1942年，任经济战争部长；1942—1945年，任贸易部长；1945—1947年，任财政大臣；1947年，因泄露预算细节而辞职；1948—1950年，任兰开斯特公爵郡大臣；1950—1951年，任城乡规划部长；1951年，任地方政府与规划部长；1960年，被封为终身贵族；身居高位，绘声绘色地讲述政治佚闻。

无是处的劳合·乔治财政学",是该受诅咒的思想,有害无益,而且是不道德的。

经济难题更加急迫地出现在工党政府面前。劳资纠纷并未因工党执政而告终。拉姆齐·麦克唐纳刚就职,就迎来了一场机车司机罢工。幸运的是,这场罢工在工会代表大会总理事会的干预下得以平息。罢工始于码头工人,然后又有有轨电车乘务员加入,因而并不是能够轻易解决的。为了打击罢工,政府计划启动《紧急权力法》,而当时劳合·乔治提出这个法案时,工党是强烈谴责的。尤其具有讽刺意味的是,被提议的执行官,或者叫首席民事专员,却是兰开斯特公爵郡大臣韦奇伍德。普遍认为,与其说他是一个社会主义者,不如说是个无政府主义者。一些关系微妙的麻烦正在酝酿着。工会为工党提供了大部分资金,但是执政的工党必须证明自己适合执政。因此双方各退一步。政府没有真的命令军车开进伦敦的街道,[1] 工人领袖欧内斯特·贝文虽然对"不得不听从我们自己的人民的呼吁"而感到愤愤不平,但还是结束了罢工。[2] 罢工给人们留下了不愉快的记忆。工会代表大会总理事会和工党执行委员会的一个联合委员会谴责了政府提出的行动方案。麦克唐纳对此的回答是,"公共救济,波普拉尔主义,[3] 为提高工资而进行的罢工,限制产量,不仅不是社会主义,而且还会把社会主义运动的精神和政策导入歧途"。

麦克唐纳难以定义什么是社会主义运动的政策,他也没有尝试去定义。他最关心的是外交事务。1914年,他反对参战。为了原则,他遭受了数年的冷落和漠视。他坚信,如今时来运转的时候到了。国际难题可以通过"坚持不懈的善意的行动"得到解决。他幸运地赶上了那个时刻。虽然出于不同的原因,法国和德国都已经厌倦了在鲁尔河流域的冲突,准备接受劳合·乔治一直在敦促但没能达成的实际的解决方案。麦克唐纳的倡导更具有说服力。劳

---

[1] 当政府部门准备执行对付总罢工的方案时,工党的大臣们似乎视而不见。总之,他们没有为工会领袖提供任何信息。在这一点上,他们像在其他方面一样,是遵从宪政惯例的。有权指挥安全部门的麦克唐纳首相曾经要求查看战争时期关于自己的记录,在遭到拒绝之后,不再坚持自己的要求。

[2] 威廉姆斯(F.Williams)《贝文》(*Bevin*)第 122 页。

[3] 1921年,兰斯伯里领导的波普拉尔自治市委员会不同意伦敦富人区与穷人区救济金的不平等,并且拒绝为伦敦郡议会支付费用。30名委员被捕入狱。但是,他们达到了目的:伦敦的救济金负担变得更加平等。后来,波普拉尔主义成为地方当局(工党)对抗中央政府的代名词。这次事件的结果是:波普拉尔和其他的地方当局支付工资,监护人委员会支付高于卫生部所定标准的那部分救济金。公然反抗的委员们常常受到追罚(个人支付未经许可的费用),有时候还因为蔑视而被关进监狱。

合·乔治似乎只依靠一些权宜之计，麦克唐纳则把权宜之计转化成了崇高的原则。他宣称要不偏不倚地公正对待法国和德国。正如数年后他所说的那样，"让他们（法国和德国）提出这样的要求，使大不列颠对双方都可以表示支持"[1]。这种措辞是对麦克唐纳时期英国政策的典型定义。

麦克唐纳宣称，英国不会反法，也不会亲德。英国政策的制定者们普遍也是这种说法。即使持不偏不倚的态度，也是对英法协定的否认，意味着1914年8月以来发生的一切都是错误的。如果在法德之间不能作出选择的话，那么到底为什么要打这场战争呢？实际上，英国的政策根本不像它自称的那样公正。一直以来，总是法国人在提出赔款和安全要求，似乎阻碍了欧洲的和平。现在，是法国人保持着大规模军备，而且鼓励其东欧盟友也这样去做。像在中东那样，法国人有时候会与英帝国的利益发生冲突。他们的空军，有时甚至是海军，被认为对大不列颠构成威胁。反法的情绪超出了政界。在20年代中期，普遍的亲法情绪突然低落，被迅速兴起的与德国建立友谊的情感所取代，甚至希特勒的崛起也没能扑灭这种情感。

假如麦克唐纳没有偏向德国一方的话，那么他就超乎常人了。他意识到法国人心中怀有真正的恐惧，虽然在他看来，这种恐惧是没有根据的。他试图通过许诺英国的支持来消除这些恐惧，他自信地认为，这些许诺是永远不需要兑现的。"大大的白纸黑字"的许诺是镇定神经的安慰剂。麦克唐纳的策略马上获得了成功。以美国的道威斯（General Dawes）将军为主席的专家委员会已经在制定一个符合德国人偿付能力的赔款计划。多亏麦克唐纳在法德之间进行巧妙的调停，道威斯计划被接受了。麦克唐纳有理由夸口说"这是自大战以来第一个真正意义上协商达成的协议"。在此后的5年，道威斯计划使赔款问题脱离了政治范畴。德国支付了赔款，很显然是出于自愿的；法国同样心甘情愿地接受了少于其索赔数额的赔款。大不列颠是诚实的中间人，大家都同意它应该得一定比例。从德国得到的赔款数额，加上来自法国的款项，使英国得以支付对美国的欠债。麦克唐纳还试图使国际联盟发挥效力，他亲自参加了联盟大会，是英国外交部长第一次参加大会，也是英国首相唯一一次参加大会。他推动《日内瓦议定书》，这是协调英法对国际联盟盟约不同观点的诸多努力中最富独创性

---

[1] 1932年12月6日，五国会议记录。选自《英国外交政策文献》（Documents on British Foreign Policy）第二辑第四卷第211页。

的尝试。签署国保证在国际纷争中接受仲裁，还保证通过协商裁减军备。作为交换，他们承诺在遭受无端侵略的情况下互相支援。这是一个笼统的承诺，虽然已经在联盟盟约中得到确认。严格地说，这使大不列颠和其他签署国成为即使不是全世界范围的，也是整个欧洲所有边境的担保者。包括亚瑟·汉德森在内的某些工党党员可能对这个承诺非常认真，但麦克唐纳促成这个承诺只是为了诱使法国裁减军备和接受调停。他认为，这些只是保证安全的先决条件，永远不会真正需要那些担保者。

议定书没有通过。工党政府在其批准之前便已经下台，保守党则把它丢弃一旁。然而，麦克唐纳在其短暂的执政期间，为英国未来数年的外交政策奠定了模式，突出表现在：他把解决欧洲安全问题的思路局限在法德两国身上。几乎所有的英国人都认为，法国的恐惧心理是凭空想象出来的，几乎所有人都赞同向德国让步，并且相信通过这些让步，国际紧张局势会自动烟消云散。极少数人，或者说在19世纪20年代根本就没有人，主张全心全意地支持法国。有些人，尤其是工党的左派，希望站在德国一边，凡是牵涉到《凡尔赛和约》他们便愤愤不平，即使只是对其进行修改也是如此。比如，工会代表大会为此正式谴责道威斯计划。虽然德国人愿意支付赔款已成事实，但他们还在反对。大多数英国人都接受麦克唐纳的观点：对法国发号施令是不可能的，因此，必须逐步消减凡尔赛的影响。

麦克唐纳对国际联盟的态度也得到了普遍的认同。大多数英国人都和他一样相信，承诺不会产生任何义务，所以准备好欣然接受。有些保守党人鄙视联盟，希望只依靠本国的武装力量。另一方面，麦克唐纳在民主监督同盟的老同事们则谴责依赖制裁措施，进而谴责《日内瓦议定书》理论上所需的武装部队。该同盟的一位成员参加了1924年的日内瓦代表团，[1] 投票支持公约，"一路尖叫"。这两种观点互相抵消，麦克唐纳在两者之间左右逢源。用他自己独特的表达方式说就是，"只要你们寄希望于从国际联盟这样的组织得到保证，你们就是在否定和降低公约的军事价值，真正提升道德保证的有效价值，这个价值来自与你们有所关联的机构所作的调停、仲裁、公正与司法的判断"。劳合·乔治

---

[1] 斯旺维克（H.M.Swanwick）女士是民主监督同盟和国际妇女联盟的创建者之一。诺曼·安吉尔（Norman Angell）《归根结底》（After All）第242页。

抱怨说:"法国人有权利了解我们是什么意思。英国人有权利了解我们是什么意思,如果首相自己想了解我们是什么意思,我一点都不会感到惊讶。"在这一点上,劳合·乔治错了。麦克唐纳并不想明白自己是什么意思。含糊其词是他的政策精髓。联盟可以无所不是,也可以什么都不是。这是大多数英国人的观点,麦克唐纳的模棱两可反映了那个时代的精神。

麦克唐纳在另一方面的外交不太成功。工党在野的时候,大肆宣传与苏维埃俄国的友谊。工党有些成员建议通过奇迹般地打开广阔的俄国市场,从而消灭失业。长期以来,麦克唐纳因国内和国际社会主义运动中的共产主义暴力,成为主要的谴责对象,他并没有他们这样的热忱。执政不久,他承认了苏维埃政府,尽管不如他对墨索里尼那样热诚,墨索里尼是另一位身居高位的老社会党人。[1] 接下来双方陷入了僵局。英国想得到至少部分俄国革命前的欠债,而俄国要求英国政府保证为他们提供贷款,然后才能考虑这个问题。8月5日,谈判破裂。于是,主要来自左翼阵营的部分工党后座议员们开始为双方调停,制订了一份可以接受的折中方案。首先是马上签订一份普通的通商协议,接下来签订解决俄国欠债的协议,然后再解决担保贷款的问题。这是一个混乱复杂的戏法,政府如果按照左翼的授意行事,就会更加失去人们的信任。

保守党马上起而攻之。自由党还在犹豫不决。他们自己曾经支持向俄国提供贷款,而且,阿斯奎斯逍遥懒散,喜欢"不在其位而谋其政"。他的过人之处永远都是否定。感到自己可以击败工党是令人愉快的,如果不那么做,则更令人愉快。同时,责任将会使工党驯服。劳合·乔治却没有这样的好心情。他仍旧精力充沛,富于创造力而且雄心勃勃,他感兴趣的是自己的未来,而不是工党的成败。他还认识到,如果工党取得成功的话,就没有他自己的未来。面对乱局,他急于有所作为而不太在乎如何解决问题。与俄国的协议为他提供了良机。他可以左右逢源地谴责协议。借钱给布尔什维克是令人震惊的,而且贷款成为一个借口,这就更加骇人听闻。这是一个"虚假的……可笑至极的协议"。在夏天休会期间,劳合·乔治说服了其身后的大部分自由党成员。阿斯奎斯勉强同意在国会重开的时候对协议发起攻击。工党政府的日子看来屈指可数了。

确实如此,虽然导火线是一件比俄国贷款问题更加无关紧要的事件。8月

---

[1] 1921年,劳合·乔治允许一个苏俄贸易代表团进入大不列颠,但没有给予政治上的承认。次年,苏俄在拉巴洛的行为更坚定了他不这样做的决心。

5日，就在俄国协议让人手忙脚乱的这一天，一个名叫坎贝尔（J.R.Campbell）的共产主义者因为在《工人周刊》（Worker's Weekly）发表了呼吁士兵不要开枪的文章，而被控告违反了1797年《煽动叛乱法》。在工人运动中，这种呼吁是司空见惯的。经常发出类似呼吁的后座议员们向司法部长黑斯廷斯（Hastings）提出抗议，在麦克唐纳的催促下，黑斯廷斯撤消了起诉。显然，局势一片混乱。转向工党不久的黑斯廷斯事后意识到，一个工党政府为革命口号而大惊小怪是愚蠢的行为。[1]但是，保守党可以借机对政治干扰司法公正大加挞伐。当9月底国会重开的时候，他们提出了不信任案，[2]由名义上还是自由党人的约翰·西蒙爵士起草。[3]阿斯奎斯为了逃避这个问题，建议组织一个特别委员会。工党厌倦了作为一个少数政府而存在，尤其厌倦了对自由党的依赖。他们拒绝了阿斯奎斯的折中方案。保守党投票支持这个方案，工党政府以364票对191票被击败。[4]阿斯奎斯在保守党与工党之间搞平衡的策略受挫。他本来希望的是，在自由党弃权的情况下，工党被保守党投票击败，然后他可以作为不偏不倚的第三方成为首相。然而，似乎是他主动发起击败了工党政府，而麦克唐纳在自由党和保守党都明确反对他的情况下，可以要求解散政府。阿斯奎斯成立特别委员会的尝试再一次毁灭了自由党，就像莫里斯辩论一样，但这次却是永远的毁灭。很显然，鲍德温和麦克唐纳都不会因为累及阿斯奎斯而感到抱歉。自由党将以某种方式被挤出舞台。

围绕俄国协议和坎贝尔案的喧嚣，过甚其辞的背后隐含着严肃的意义。这两个事件提出了一个问题：工党表面上虽然温和有度，但私下里是不是对共产主义者怀有同情？就在选举日的前一天发表的一封信使这个问题变得更加尖锐。据传这封信是共产国际主席季诺维也夫（Zinoviev）写给英国共产党的，信中包括对各种煽动性活动的指导。这封"红色信笺"引起了轩然大波。工党被指责为共产主义者的同谋或傀儡。工党敷衍地回复说，这封信毫无疑问是伪造的。[5]工党的拥护者们并没有动摇，实际上工党的得票反而增加了100万。[6]季

---

[1] 见注解B。
[2] 阿尔斯特政府拒绝为爱尔兰边境委员会提名北爱尔兰代表，因此，议会专门开会，通过提名代表的法案。
[3] 麦克劳德（Macleod）《内维尔·张伯伦》（Neville Chamberlain）第167页。
[4] 14名自由党人和2名保守党人投票支持政府。
[5] 见注解C。
[6] 部分原因是因为工党多提名了90名候选人，这本身就证明了其战斗力。

诺维也夫来信只是在工党选举失败后才产生影响。之后，这件事变成了应付失败指责的借口，阻碍了未来的工党政府直面问题的努力。人们认为，在坎贝尔案和季诺维也夫来信之前一切都一帆风顺，工党是被骗出局的。因此，没有必要讨论失业或工党大臣与工会的关系之类问题。如果没有这些选举花招，那么，韦伯关于工党会不可避免地占据多数的定律仍然行之有效。再说，不管麦克唐纳愿不愿意，他再次成为左派的英雄。他没有得到乔治五世承诺的"公平竞争"。[1] 他再次成为不择手段的资本主义制度，甚至是外交部常任官员的阴谋的牺牲品。工党政府失败的方式使它在支持者中得到了身后的好评。

反社会主义造成的恐慌可能对中产阶级选民产生了影响。虽然候选人略少于 1923 年，但参与投票的人却多出 200 万，大多投票支持保守党。1923 年，投票的自由党人把工党选上了。如今，甚至包括自由党人在内的选民都希望把工党选下来。1924 年 6 月，鲍德温排除了阻止自由党为保守党投票的最大的绊脚石：他放弃了贸易保护主义，这一次，他甚至没有附加在进一步大选后恢复贸易保护主义的条件。贸易保护主义的问题必须等到"有了明确的证据说明公众舆论准备重新考虑"的时候再说。鲍德温最大限度地发挥了贸易保护主义的效益。1923 年，他首先利用贸易保护主义把其支持者，如奥斯丁·张伯伦等，从劳合·乔治身边离间开来。然后在 1924 年，他又利用放弃贸易保护主义离间了他的对手。温斯顿·丘吉尔在 20 多年之后回到保守党阵营，成为一支重要的力量。有了对自由贸易的保证，自由党还有什么可以捍卫呢？很明显，自由党境况不佳。候选人比去年减少了 100 多位，其基层选举组织土崩瓦解，还有，劳合·乔治拒绝从其基金中投入更多的资金。[2]

是自由党的没落，而非季诺维也夫来信，决定了选举的结果。自由党人失去了 100 个席位，基本都被纳入保守党囊中。阿斯奎斯本人也被击败（被一位工党候选人），进了上议院。虽然名义上还是自由党的领袖，但实际上是劳合·乔治在幕后操纵着自由党剩下的 40 个下议院议员，令阿斯奎斯颇为不快。工党失去 64 个席位，赢得 24 个席位，但还是比 1922 年大选后多了 10 个席位（151 个席位）。保守党独占鳌头：在 615 个席位中占据 419 席，得票率为

---

[1] 国王根据自己的常识，对季诺维也夫来信的真实性一直存有疑问。尼科尔森《乔治五世》第 402 页。
[2] 劳合·乔治很不情愿地提供了 5 万英镑资金。

48.3%,是 1874 年至 1931 年间保守党得票率最接近半数的一次。[1] 上次大选后对鲍德温的批评如今止息了。是他带领保守党走向了胜利。几乎没有人意识到,他是通过不让自己的支持者得到想要的东西才做到这一点的。将不会有贸易保护主义,也不会有阶级斗争,如果可能的话,根本什么都不会有。他有意将那些有悔悟表现而浪子回头的联合政府派任命在无法发挥才华的职位上。因不动产法改革而被人们永远记住的大律师伯肯黑德被任命为印度事务大臣。贸易保护主义的倡导者和前财政大臣奥斯丁·张伯伦被任命为外交大臣。对财政一窍不通的自由贸易者丘吉尔成了财政大臣。[2] 内维尔·张伯伦再次被安排在卫生部,只有他真正了解自己的业务,并且像以前一样为本届政府作出了创造性的贡献。

丘吉尔和奥斯丁·张伯伦虽然人岗不适,还是完成了鲍德温渴望实现的复辟大业。俄国协议自然不会再谈,张伯伦还抛弃了议定书,部分理由是自治领反对。但他为欧洲安全问题作出了自己的贡献,那就是自 1925 年以来一直在谈判、到 12 月 1 日最终在伦敦签字的《洛迦诺公约》。《洛迦诺公约》是法国、德国和比利时之间的互不侵犯条约,英国和意大利这两个公认的不偏不倚的大国提供保证。这样,1914 年以前格雷所渴望的、麦克唐纳曾经恳切倡导的公平正义终于实现了。这不是反对某一个特定国家的联盟,而是反对抽象的"侵略"的保证。英国对《洛迦诺公约》的承诺如之前的麦克唐纳一样,只是大大的白纸黑字。尽管对法德边境的承诺看上去是个极大的责任,但实际上不会产生任何义务。没有为实施协议作过任何准备工作。为什么呢?因为只有到了需要采取行动的那一刻,才会知道谁是"侵略者"。实际上,《洛迦诺公约》排除了英法之间任何幕僚层级的对话(当然,英德之间也是如此)。除非《洛迦诺公约》瓦解,否则英国战略家没有必要考虑英法合作的问题。保证在很大程度上只是麦克唐纳式"镇定神经的安慰剂"而已。

甚至这个书面保证在很大程度上也是为了强调:英国的承诺仅此而已。奥斯丁·张伯伦正式使英国与法国的东方盟国撇清关系,至于波兰走廊,"任何

---

[1] 1895 年和 1900 年保守党的多数是在自由统一党人的帮助下得到的。
[2] 据说,丘吉尔被任命财政大臣职务的时候,以为是兰开斯特公爵郡大臣,因此欣然接受。

英国政府都不会也不能冒牺牲一兵一卒的危险"。[1] 贝尔福称《洛迦诺公约》为"欧洲大众情感得到伟大提升的象征和起因"。说象征比起因更恰当。《洛迦诺公约》建立在所作承诺永远不会兑现的基础之上，否则，英国政府不会作出这样的承诺。从英国的角度看，《洛迦诺公约》标志着大不列颠自1914年8月开始承担的对欧洲的责任已经履行完毕。英国通过对莱茵河的承诺，背弃了欧洲——或者他们是这么认为的。光辉孤立再次出现了。

丘吉尔对金本位的回归使人们产生最后的幻想：战争岁月及其遗产都已成为历史。后来，这种回归导致了很多的决策，也产生了很多错误。其意义在当时并不清晰，或许本来就不清晰。几乎从放弃金本位那一刻起，回归就成了未曾明说的义务。1919年暂停实行金本位制的法案只实施了6年，英镑和美元兑率稳步地越来越接近过去的黄金平价。只有退休少校、工程师道格拉斯（C.H. Douglas）提倡"社会信用"和纸币。除了凯恩斯以外，那些有声望的经济学家都认为黄金是唯一可能的货币基础，甚至凯恩斯也基本上反对回归到过去的黄金平价。在他看来，英国和美国的货币价格有10%的差价。大多数专家认为差价要低得多，是2.5%，或者根本没有。[2] 几乎不值得为这一点点差价去吹毛求疵。法国和意大利等国家情况则不同，它们经过残酷的贬值之后以低汇率回归金本位制。这些国家中没有一个可以在出口方面真正与英国竞争。德国、美国等其他出口大国则没有被真正排挤出去。实业家们常常抱怨过去的黄金平价使英国货物价格过高，因而阻碍了出口。真正的障碍是大不列颠生产的还是旧式的产品，即使以更低的价格出口，其他国家也不会多买。但是英国可以以比过去更低的价格进口食品和原材料，它又赚回来了。

当然，这并不是问题的关键所在。英国经济顾问关心的是加强"伦敦金融城"的地位。他们夸大了金融交易所带来的利益，甚或认为这在保持稳定方面具有普遍的重要性。金本位制巨大的、致命的弱点表现在其他方面。战前，伦敦是个庞大的净债权人。如今，它必须借助外国存款来运行金本位制，而这些存款是可以轻易提取的。再者，金本位制要求资本和劳动力都具备灵活性：资

---

[1] 法国对这个公平正义的体系开了个口子。他们重申了与波兰和捷克斯洛伐克的联盟，把一项条款写进协定，即在这些联盟关系之下的行动不会构成对德国的侵略。这个口子只是理论上的。法国军队只是为防御战争作准备，因此即使在1936年之前莱茵兰一直保持非军事化，法国实际上是没有能力侵略德国的。

[2] 阿什沃思《经济史》（*Economic History*）第387页。

本随时从旧产业流动到新产业，劳动力也随时流动，甚至流向薪水更低的工作。这二者都不具备：一种形式的稳定破坏了另一种形式的稳定。就目前而言，回归金本位制是大不列颠所面临的困难中最容易做的事，甚至利大于弊。

1925年4月28日，丘吉尔在他的预算演说中，重点宣布了政府不准备继续执行1919年暂停实行金本位制的法案。这样，大不列颠自动回到过去的金本位汇率，但形式却与过去不同。没有恢复黄金货币。为收藏者铸造了一些一英镑金币，但无一进入流通。专门为国际交易出台了黄金汇兑标准。在国内，大不列颠终于建立了有管理的货币制度。[1] 金本位制成为装饰门面的东西，这是对大势已去的传统的一种模棱两可的尊重。手中有黄金的人过去非常重视金本位制，现在他们更重视保险卡上的印章。如果要在金本位制和生活水准之间作出选择，是很容易得到答案的。不温不火的金本位制是战后复辟大业的一个象征。从表象上看，自由贸易、金本位制，以及国内国外的稳定，一切的麻烦都已经过去，一切的激情都已经耗尽。但在这些表象的背后，人事比金钱问题更重要的观念正在形成中。

注解

注解A　任命鲍德温为首相

直到最近，人们还普遍认为乔治五世在选择新首相的时候，没有得到劳的任何建议。如果真是这样的话，这是一次独立行使特权的先例，因而可以说是一个重要的宪政事件。然而，事实并非如此，这个先例是不存在的。罗伯特·布莱克在《默默无闻的首相》（第518—527页）一书中，首次披露了事情的始末。劳希望寇松继任。他在给寇松的信中表达了这种期望，并且在谈话中也向鲍德温、克鲁勋爵（Lord Crewe）（驻法大使）和埃默里表达了这种想法。他未向国王提出人选，暗示应该咨询枢密院长索尔兹伯里。索尔兹伯里告诉国王的秘书斯坦福德姆说，劳"不愿意忽略寇松"，他自己正式推荐了寇松。但是斯坦福德姆还听到了其他建议。劳的秘书沃特豪斯（Waterhouse）给他送去了劳的辞职信，还带去一份支持鲍德温的备忘录，并且说这份备忘录"实际上表达了博纳·劳先生的看法"。实际上，备忘录是由一位保

---

[1] 为了实现独立货币的幻想，于1928年终止了流通券的发行，纸币的发行权只限于英格兰银行。

守党领导人、鲍德温的密友戴维森（Davidson）起草的。两天后，斯坦福德姆再次见到沃特豪斯，沃特豪斯重复了他宣称的劳亲口所说的话："总的来说，我觉得我应该向他（国王）推荐鲍德温。"斯坦福德姆还咨询了唯一的另一位保守党前任首相贝尔福，贝尔福也推荐了鲍德温。还有一些人表示反对寇松，工党也反对从上议院中选择首相。尽管如此，所谓劳的建议似乎起了决定性作用，因为这是唯一顺理成章的。已经不可能弄清劳是不是参与提出了这个建议。他的家庭成员和这一时期与他接触极多的比弗布鲁克都确信，劳对这份备忘录一无所知，对沃特豪斯的说法也一无所知。另一方面，劳曾对内阁副秘书长汤姆·琼斯说："如果国王向他咨询继任人选，他会首先推荐鲍德温。"琼斯还说："备忘录是昨夜由埃默里和戴维森在唐宁街10号起草的，毫无疑问，博纳·劳当时在场。"[1] 当然，琼斯是站在那些官员一边的，他的证词不能起决定性作用。劳不愿承担推荐继任人的责任，或者担心因为提名鲍德温而引起比弗布鲁克的愤怒。比弗布鲁克坚持认为，劳与其他政客不同，是不会玩弄奸诈手段的。其他人曾经暗示，当他在1916年12月未把3C的备忘录传达给阿斯奎斯的时候，他是玩弄了手腕的。无论如何，戴维森得到了自己的报偿。鲍德温任命他为兰开斯特公爵郡大臣。沃特豪斯也继续做首席私人秘书，直到1928年"超出他个人控制能力之外的力量"把他排挤出去。

注解 B　坎贝尔案

坎贝尔被指控的罪行是在7月25日发表了一篇文章，向士兵们发出呼吁，"让大家都知道，无论是在阶级斗争还是在军事战争中，都不应该把你的枪口转向你的工友们"。为什么在此时此刻发表这个呼吁呢？没有迹象表明，会在短期内动用士兵镇压劳资纠纷或者参加反苏战争——根据共产党的说法，后半句所谓的"军事战争"只能是指反苏战争。这个呼吁或许是为了给工党政府制造麻烦。起诉的决定是由检察长作出的。那么我们还是要问，为什么这样做？或许是出于愚蠢（检察长通常都是愚蠢的人），或许仍是为了给工党政府制造麻烦。黑斯廷斯的表白或许是真实的，他说他直到8月6日质询时才意识到本案的重要性。他向一位克莱德人咨询，得知坎贝尔是个退役军人，有着优良的战争记录，在战争中受伤而成为残疾，还得知他是《工人周刊》唯一的一位代理主编。因此，他感到起诉可能得不到陪审团的支持。麦克唐纳告诉他，"起诉从一开始就是不明智的"。因此，黑斯廷斯独自决定撤消起诉，内阁只是认可了他的决定。之后，麦克唐纳否认有人通过任何方式问过他此事，然后又否认了他

---

[1] 托马斯·琼斯《白厅日记》（*Whitehall Diary*）第1卷第236页。

曾经否认过这件事。黑斯廷斯列举了撤消起诉的充足理由，但还是有找寻借口之嫌。来自工党后座议员的抗议起了决定性作用，这使共产党有理由宣布"法庭上的司法公正第一次因来自外部的政治力量而改变，转变成工人阶级对资产阶级的胜利"。另一方面，自由党人和保守党人在抱怨政治干预的时候，却与自己的所作所为背道而驰。艾萨克斯（Isaacs）和西蒙都曾是阿斯奎斯内阁的总检察长，该内阁不断地讨论起诉卡尔森、F.E.史密斯和其他人，作为政治上的权宜之计。道格拉斯·霍格（Douglas Hogg）是1924年鲍德温内阁的总检察长，把起诉共产党人作为政治上的权宜之计。对黑斯廷斯来说，真正的理由是：起诉一开始就是愚蠢的。但这并不是不加修饰就可以使用的理由。或许他应该辞职。唯一有见识的麦克唐纳似乎暗示了这一点。这违背了工会道德规范，因此被内阁拒绝了。

注解 C　季诺维也夫来信

这封来信虽然在历史上并不重要，其真实性引起了一些好奇。有充足的证据证明它是伪造的。从来没有找到原件；有些术语被错用；信中的人物被张冠李戴。另一方面，信中没有任何内容公然违背共产党的政策，共产党人也未因为干扰了工党政府而感到不安。信件传播的方式也充分说明信是假的。如果像一种说法所说的那样是被情报机关截获的，或者由一位英国共产党领袖提供（几乎可以肯定，那时有一位共产党领袖是政府代理人），那么信只能到达官方的手中。但是，复印件到外交部的时候，或许在此之前，复印件就已经到了《每日邮报》和保守党中央办公厅。这表明，这是柏林白俄流亡者所经营的著名的文件工厂所为。外交部公布了这封信，再加上官方的一份抗议照会，引发了更多的问题。正在全国各地作竞选演说的麦克唐纳两周前就知道了这封信，很显然，他不想在选举前公开这封信。常务次长艾尔·克朗（Eyre Crowe）承认，因为知道《每日邮报》也有一份复印件，所以自己被催促尽快公布这封信。奇怪的是，他没有咨询政务次长庞森比和代理麦克唐纳执掌外交部的霍尔丹。但是，克朗始终认为自己比上司们更了解情况。

第七章 黄金岁月，1925—1929年

鲍德温的第二届政府平静地度过了5年的时光，中间只有一个令人恐慌小插曲（或许是没必要的），即总罢工。除此之外，鲍德温基本上顺风顺水。英国人更加紧密地团结在一起；阶级矛盾减弱了；以前摇摆不定的生产力、工资、生活标准现在都在稳定地上升。保守党和工党越来越趋于一致，至少在上层是如此。鲍德温也许可以得心应手地领导工党，而麦克唐纳靠他的浪漫主义气质，也非常适合领导保守党。他们达成的共识变得比分歧更重要，许多重大事件根本没有经过痛苦的党派之争就得到了解决。

国防问题是一个突出的例证。保守党在理论上讲是个主张大规模军备的党派。很多工党人士反对为"资本主义战争"而备战。实际上，保守党迫切地想发展经济，而工党则不顾党内和平主义者的反对，主张维持现有的军备。比如，1924年的工党政府建造了5艘新巡洋舰，以替代已经过时的巡洋舰。这毕竟没有什么可争议的。《洛迦诺公约》似乎在欧洲确立了稳定的和平。而且，大战已经完结。大不列颠比数个世纪以来的任何时候都更加安全。德国被击败并解除了武装，德国海军不复存在。俄国在布尔什维克革命之后显然已不再是一个大国；共产主义的宣传虽然来势汹汹，但无需用武力抗击。日本虽然已经不是盟友，但还是朋友。很少有人真的认为法国会重拾拿破仑的野心，或者美国会对帝国施以暴力。因此，任何大国都不可能威胁大不列颠或大英帝国的安全。英国的裁减军备并不是要给其他国家作表率。开始规划的时候，裁军并未达到危及英国安全的程度。放弃战争年代的大规模军备，只是因为人们颇为正确地认为：大规模军备已经不需要了。

1919年，劳合·乔治告诉三军首脑说，在今后10年之内，不必预作准备应对一场大战。1925年，三军首脑再次询问时，得到的是同样的答案：在今后10年之内没有大战。1926年和1927年，答案仍是如此。直到1928年，在丘吉尔的授意下，三军首脑被告知没必要再问这个问题：10年无大战的时间自动从

每天早晨算起。这个指令到 1932 年才被撤消。后来，当英国的裁军之路走得太远太久的时候，十年规则受到很多的责难。然而，开始的时候，裁军确实是个明智的政治判断，甚至裁军的不断延续也是有其道理的。当不存在假想敌的时候，维持大规模军备是没有什么道理的。甚至 1932 年的最后一次猜测也不是完全错误的。希特勒和墨索里尼都打算在 1943 年发动下一次大战，如果不是因为发生了一系列偶然事件和误会的话，第二次世界大战很可能就在那个时候爆发。无论如何，十年规则的持续是党派领袖之间达成了共识的。

保守党和工党在构建国防体系方面都作出了贡献。虽然劳合·乔治吹嘘自己的高效，但他把国防事务管得一团糟。内阁在战略问题上得不到系统连贯的信息。他们只能凭着有限的信息决策，帝国参谋长作为军方人士，是唯一的顾问。保留帝国防务委员会只是为了指导战争史的写作。劳试图用各种方法消减首相的独立地位。他使委员会恢复生机，并让寇松主持。在工党执政期间是霍尔丹主持。1924 年，再次由寇松主持。第二年他便去世了，于是按照贝尔福和阿斯奎斯的先例，鲍德温接任了职务。麦克唐纳通常是成员之一，即使作为反对党的时候也是如此。帝国防务委员会再次成为英国国防政策的中枢。现在它比 1914 年之前效率更高，这多亏了劳合·乔治随意留下的遗产。恰纳克危机期间，他首次征求三军的综合意见。这个联合的参谋长委员会在随后的两届政府里成了永久性的机构，曾经被称为"战争事务超级首脑"。理论上是这样，实际上并非如此。参谋长委员会不设独立的主席，而是由资深参谋长主持。三名成员之间的争执仅在私下进行，对喜欢打听的政客，甚至对自己的文职上司都会隐瞒他们的不同观点。他们向内阁的推荐意见通常都是无关痛痒的泛泛之谈。

帝国防务委员会的复苏，并得到参谋长委员会的加强，扼杀了成立国防部的计划，战后有很多人鼓吹成立国防部，特别是格迪斯委员会，其理由就是省钱。公开反对的论点是：这项工作太重要了，除了首相之外，交给别人谁都不合适。真正的障碍是各部门的相互嫉妒。特别需要指出的是，让海军部放弃传统上的独立地位是难以想象的。新部门的成立更加助长了这种嫉妒。1918 年 4 月 1 日，基于靠战略性轰炸可能会赢得战争的空想，皇家空军成为一个独立的部门。战后，一直存在着是否应该继续保持这个独立部门的争议。1919 年，丘吉尔身兼陆军和空军大臣的职务，但把重点放在前者。后来，虽然单独设置了空军大臣一职，但他没有自己的部门，也不是内阁成员。1922 年，皇家空军戏剧性地证明了自己存在的合理性。伊拉克发生了一场叛乱,皇家空军轰炸了骚乱部落的村庄,以比出兵远征小得多的代价镇压了叛乱。是独立的空中战略实现了这一点。从这一刻起,人们认为轰炸不仅可以镇压部落叛乱,而且可以赢得大规模战争。皇家空军成为一个完全独立的部门,这在大国当中是唯一的。1923年5月,塞缪尔·霍尔爵士作为空军大臣进入内阁。

1922年后,军备经费几乎每年都在下降,于1933年到达最低点。那时,军备经费只占国民收入的2.5%多一点,1913年为3.5%,如果把货币贬值考虑在内,军备经费少于战前。[1]但是,三军的命运各不相同。海军遭受的政治攻击总是最小。海军是,或者似乎是,真正的防御性部门。海军部提出绝对的要求,即使世界上没有其他的海军存在,也需要执行警务工作的船只。他们还把别国舰队作为建造军舰的参照标准,坚信如果不是在数量上超过别国,甚至不能指望最友好的国家保持友好。英国战舰仍然保持着对最邻近的两个欧洲竞争者法国和意大利的巨大优势。英国保持着与美国的均势,代价高昂却徒劳无功。保持均势实际上是海军将领们保留大型战舰的借口,他们热爱这些战舰,从中得到一种虚幻的强大之感。海军部把每年5000万英镑军费的四分之一花费在舰艇和新设备上面。[2]

日本是一个特殊的问题。在英国在马耳他以东没有可以停泊主力舰的海军船坞的情况下,不论日本多么友好,它都会在远东水域形成危险的霸权。华盛顿海军会议之后,海军部提议在新加坡建设第一流的海军基地。但是,只有当日本有了可嫌疑之处的时候,这种做法才是有理由的。英国找不到这种嫌疑,所以迟迟不能作出决定。因此,新加坡的工程轻易成为厉行节约的牺牲品:1924年,工党政府停止了工程,1926年,保守党不太热心地恢复了工程,1929年,工党再次停止了工程,后来削减开支的国民政府进一步拖延了工程,一直到1933年。新加坡还有一个特点:在这里只有海军事务,因此防务上只针对海上的攻击。海军部无意取得空军的支持,参谋长委员会并没有提出反对意见。毕竟,让海军部申请资金建设皇家空军而不是海军,是不可能的。

皇家空军也坚信压倒性优势才是最好的防御。做了10年(从1919年到

---

[1] 如果不算皇家空军(战前还不存在)的话,按货币计算,军备经费实际上是少于战前的。
[2] 海军军费最高的一年是1926年,为5970万英镑,最低的是1933年,为5000万英镑。

1929年）空军总参谋长的特伦查德（Trenchard）为一直到第二次世界大战爆发乃至二战期间的英国空中战略奠定了基调。他认为，仅凭借轰炸就可以赢得战争，这也是免受别国轰炸的唯一办法。特伦查德与其继任者长期忽视空中防御。一旦承认大不列颠可以抵御来自空中的攻击的话，他们就必须承认别的国家也可以做到这一点，这就意味着战略性轰炸政策是行不通的。其他两个部门的首脑并不赞同在未来的战争中，陆军和海军的角色只是像保卫航空母舰那样保卫大不列颠的观点。他们甚至诉诸道德原则，强调他们的反对态度。然而，按照惯常的"不向公务员公开"的做法，这种观点被限制在参谋长委员会。这一次，是不向文职大臣们公开。

空中优势理论被接受，皇家空军提出了建立52个飞行中队的构想，那样可能形成对当时唯一的竞争者法国的优势。但是理论并没有付诸实践。当时，尤其是在1925年之后，人们不会真的把法国当作敌人，皇家空军也只是个框架而已。到头来，这种明显的疏忽竟带来了意外的好运。舰艇持续使用20年，来复枪持续使用50年，飞机从设计到使用时已经过时。在20年代筹建起庞大的空中力量的法国和意大利，到第二次世界大战爆发的时候，发现自己拥有的只是大批陈旧过时的机器。甚至德国也有点过早地建设空军。英国无意而无奈地等待的时间最长，到二战爆发的时候，尽管大部分空中力量也是过时的，但却是当时最好的。

十年规则实施期间陆军所受损失最大。随着大战的可能性被排除，陆军除了保卫皇家空军赖以控制中东的空军基地，或者偶尔在国内外镇压民间暴乱之外，感到无所事事。虽然大不列颠率先发明了坦克，但坦克和机械化运输作为只用于大战的武器，被搁置一边。骑兵或许因为社会青睐，重获很高的地位。"新式武器既无人订购也无人研制"，[1] 陆军把为数不多的收入几乎全部用于为那些长期的志愿军提供过得去的条件。[2]

这样，10年真正的和平使三军走上了完全不同的轨道。海军订有规划，虽然受到限制，它还是为大战准备了一些装备。当战争到来的时候，这些规划证明是相当正确的。最新的装备还是欠缺，比如，海军忽略了航空母舰。但是，

---

[1] 波斯坦（Postan）《英国军工生产》（*British War Prodution*）第7页。
[2] 陆军收入从1923年的4500万英镑到1933年的3500万英镑不等。每年花费在新装备上的资金从来没有超过200万英镑。

刚好够用。空军也有规划，但只是攻击性的，直到最后时刻，他们连这方面的装备也极其不足。防御性的规划和装备只能到了最后关头才临时抱佛脚。陆军既没有规划也没有装备。他们事先没有做任何准备，规划和装备都是在战争的挑战之下开始着手的。所有这些问题在20世纪20年代都遥不可及。人们对军备的讨论不是根据需要，而是只关注费用。从更广泛的意义上说，防御，或者说缺乏防御，是各个党派达成了共识的策略。

另一个领域的共识，不经意间为英国人的生活作出了出人意料的贡献。这就是被称作"广播"的用无线电波对语言和声音的传导。诺斯克里夫在接受新发明方面表现出惯常的天赋。1920年6月16日，在他的倡议下，《每日邮报》资助了伟大的歌剧明星内莉·梅尔巴女爵士（Dame Nellie Melba）的一个歌曲节目。这是一个具有历史意义的日子，但是，资助并没有延续下去。按照1904年的一项法案，无线电台的管理机关是邮政局。一开始，他们想向互相竞争的生产商发放广播执照，后者关心的是销售收音机。但不久他们就改变了想法。因为对有限波长的竞争会引起令人难堪的徇私舞弊问题，所以只用一家公司更容易控制。因此，邮政局就简单采取了垄断的方式。1922年末，部分生产商出资建立的英国广播有限责任公司被授予发送无线电节目的独家执照。它的经营者是苏格兰工程师约翰·里斯（John Reith）。里斯生长在一个加尔文教徒家庭，性格粗暴冷酷，他把广播变成了传道。他的使命是把"人类每个领域最精华的知识、努力和成就"带入每个家庭。他用自己所说的"垄断的强大力量"在英国人民身上打下基督教道德观念的烙印。他还以同样的方式影响着他的员工。制作人，甚至是电工，只要与丑闻沾上一点边，就会失去工作。播音员在面对扩音器之前必须先穿上晚礼服。

1925年，克劳佛勋爵（Lord Crawford）领导下的调查委员会从道德立场上认可了垄断。议会没有提出异议。保守党喜欢权威；工党不喜欢私人企业。在总罢工期间，公司在如何避免政府干预的问题上遇到了一些困难，这意味着必须加强自身的独立性，尤其是为了抵制未来的工党政府，毫无疑问更需如此。1926年下半年，英国广播有限责任公司关闭了。根据皇家特许状成立了英国广播公司，资金来自无线电收音机的用户，首相提名一些知名人物组成董事会。这是令人愉快的闲差，实际上，里斯作为总裁，有着自行制定标准的独立性。在其他领域大力推进思想自由的时候，这种加强权威的做法是不寻常的。剧院、音乐厅和电影院全部建立在私人企业的基础上,并且有着不同程度的审查制度。[1] 印刷品只要不涉及淫秽和诽谤,则不受任何形式的控制。广播成为专制王国,好像弥尔顿(Milton)等人从来没有为言论自由辩护过。很快,这个垄断公司便成了"英国生活方式"的基本要素。

像所有的文化独裁者一样,英国广播集团的重要性更多地体现在对舆论的压制上,而不是其所取得的成就。在其等级体系中,主管比制作人有着更高的地位。令人不安的观点极少会被播放出去。英国广播公司认为,英国人民清一色地虔诚恭敬,总是保持着中间路线。无线电提供语言不提供图像,无声电影与此相反,只提供图像不提供语言。二者都是走下坡路的艺术形式,当技术进步把语言和图像合二为一的时候,它们注定要消失。英国广播公司输送着连篇累牍的语言,或许有利于英语的标准化。音乐是另一个重要的无线电收音节目,虽然减少了在家里自弹自唱的机会,但是古典音乐的知识更加普及了。收音机取代了前厅的钢琴。英国广播公司利用其强大的财力组建了自己的交响乐队,为其成员提供更优越的报酬和更有保障的条件。但是,官僚之手沉重地压制着创造性的艺术,英国广播公司交响乐队从来没有挑战在两次世界大战期间国际知名的曼彻斯特哈雷交响乐团的实力。在这个方面,托马斯·比彻姆爵士(Sir Thomas Beecham)一人为英国音乐所作的贡献要大于整个英国广播公司。他不仅是最伟大的英国乐队指挥,还是那个时代最伟大的经纪人,他持续地鼓舞世人,自然也为许多人所讨厌——除了欣赏他的听众之外。

英国广播公司自成立起,就开始定点播出新闻快报,希望像通讯社那样提供简短公正的新闻。这很好地适应了日报的变化。晚报发布赛马结果,所以仍然具有新闻价值,在发行上主要还是面向当地。晨报雄心勃勃地想成为全国性报纸。他们把晚间新闻留给英国广播公司,提前印刷,以便赶上驶向全国各地的邮车。[2] 地方报纸丧失了价值。《曼彻斯特卫报》转型为全国性报纸,不再代表曼彻斯特的声音。其他地方报纸的影响力和发行量都在减小。这种变化大大

---

[1] 伦敦的剧院和音乐厅由张伯伦勋爵审查,其他地区由地方政府掌握。电影业有自己的由志愿者组成的审查委员会,其审查证书被普通接受。但是,地方政府名义上拥有准许权,就像消防局(不可燃的电影不在他们控制之列)一样,因而可以不理睬审查者的裁决。因此,工党控制的地方当局有时允许放映因政治原因而被拒发证书的俄国电影。私人俱乐部也放映被禁的戏剧和电影。

[2] 《泰晤士报》的主编德莱恩很少在凌晨4点之前离开办公室。在现代,主编们晚上10点回家,不必担心午夜之后的电话铃声。一些报纸在曼彻斯特印刷北方版,以此扩大在全国的覆盖面。

增强了英国人民的整齐划一。

另一个变化随之而来。新闻为了表现其新颖，必须以更加生动活泼和耸人听闻的方式呈现出来。实现这种转变的动力来自比弗布鲁克勋爵。他继承了诺斯克里夫的事业，成为舰队街的巨人，尽管两人并不在一个级别之上。[1]与包括诺斯克里夫在内的大多数新闻业巨头不同的是，比弗布鲁克开始从事报业的时候已经是一个百万富翁。他进入新闻界不仅是为了盈利，还是为了扩大政治影响和觉得好玩儿。他的政治理想是帝国的自由贸易，在这一点上从未获得成功。娱乐性质还保留着。新闻标题加大，句子、段落更加简短。在内容上也有变化。最成功的记者往往是来自外部的特写作家：小说家阿诺德·贝内特（Arnold Bennett）；"忧郁的教长"英格（Inge）；挥金如土的爱尔兰贵族和绯闻王子卡斯尔罗斯勋爵（Lord Castlerosse）；稍后，汤姆·德莱博格（Tom Driberg）以笔名"威廉·希基"写作，后来成为坚定的工党议员。诺斯克里夫完全拥有普通人的趣味和世界观，因此而大获成功。比弗布鲁克相信，能够愉悦他的顽童精神的内容迟早也会愉悦他人，事实证明他是对的。他喜爱的作家吸引了数百万的读者，但作家们都是为比弗布鲁克这个"稍微有点老的读者"写作。

英国广播公司甚至发挥着更直接的政治影响：演讲可以通过无线电直接传送。做到这一点是费了一些周折的。政客们面对新式设备羞羞答答。一开始，即使在现场用麦克风向听众讲话，他们也不太愿意。渐渐地，他们不得不适应下来。男男女女在自己家里听到著名政治家发出的声音。他们不再去参加政治会议，但是，那些宣传少数观点的会议因为无法通过无线电广播，他们还得亲身到场。[2]公众舆论不能再以到场人数为判断标准，必须使用新的、更加科学的调查方法。演讲的风格发生了变化。广播要求演说风格更温和、更亲切。受过当众演说训练的老式人物没有能力把握这一点。曾经具有巨大魔力的劳合·乔治和拉姆齐·麦克唐纳面对无线电都丧失了魅力。鲍德温逐渐上了道。

---

[1] 诺斯克里夫一度拥有伦敦一半以上的发行量，而比弗布鲁克从来没有超过五分之一。他明智地把自己的目标限定在3份报纸上：《每日快报》是一份被遗弃的产业，是他使之成为大不列颠发行量最高的报纸；《星期日快报》是他创办的；《旗帜晚报》在他收购的时候也是一份被遗弃的报纸。

[2] 因此，两次世界大战期间最伟大的演说家都是极端主义者：如法西斯领袖莫斯利（Mosley）和独立工党的麦克斯顿（Maxton）。

在第一次无线电广播演讲时,当绿灯闪烁的时候,他擦亮一根火柴点着了烟斗——或许这只是传说而已。[1]放松下来之后,他围绕主题灵活发挥:"你们可以信任我。"简洁而坦率的言辞给人以信心,而他的行为却做不到这一点。

鲍德温希望为自己、为国家塑造平静的生活。他的政府被称作"老人统治的政府"。实际上,他的内阁堪称正常的中年,寇松,之后是贝尔福,是其中年纪较大的政治家。[2]1924 年,鲍德温 57 岁,只比阿斯奎斯成为首相时的年龄大 1 岁。他的同僚几乎像之前的工党内阁一样都是新手。其中只有两人(奥斯丁·张伯伦和温斯顿·丘吉尔)在 1914 年之前进过内阁,只有 6 人在 1922 年的劳政府之前进过内阁,而且为劳合·乔治工作过并不被认为是这些人的长处。保守党大臣的身份也有新的特色。只有海军部的布里奇曼(Bridgeman)是老式的乡村地主。其他人,包括鲍德温在内,都是有教养的商人,他是曾经担任首相的唯一的工业资本家。[3]如果说他们进取心不足,那是因为他们反映了时代的精神,而不是因为他们落后于时代。

不久,鲍德温便展现了自己的施政风格。1925 年 3 月 6 日,一位保守党后座议员提出了一项旨在废除工会的政治捐款的议案。政治捐款为工党提供了财政支持。鲍德温在讲话中一举否决了议案,他在结尾用非常独特的话结束了演说:"主啊,在我们的时代给予我们和平吧。"乍听起来,他的祈祷是能够实现的。战前引起英格兰分裂的很多矛盾已经平息下来。爱尔兰问题好歹已经有了答案。没有人在乎威尔士的政教分离,至少,威尔士教会已经被平等地接受为一个全国性教会。女性有了投票权,尽管投票的条件还没有完全平等。保守党放弃了关税改革。在自由党启动的时候引起剧烈争议的社会改革已经变得习以为常,保守党甚至扩大了改革。国民健康保险从来没有引起争议。失业保险只是在细节上有些争议。工党曾经想提高救济金,但被保守党拒绝了。另一方面,在 1928 年,他们放弃了保险原则,规定只要申请人"确实在寻找工作",那么就可以无限期地得到享受救济金的法定权利,这是对古老的《济贫法》的

---

[1] 还保留着一份广播录音。鲍德温演说的时候不可能嘴里叼着烟斗。或许是他吐了一口烟,然后把烟斗放下了。
[2] 如今,政治家的平均年龄一般比以前略高一点,因为成年后马上进入下议院的富人和世家子弟人数减少了。尤其是工党,他们必须通过工作赢得声誉。
[3] 道格拉斯·霍格曾以总检察长身份进入内阁,后任大法官,他没有受过大学教育。工党从来没能达到这一点。

一次重大打击。丘吉尔在他的第一期预算中，纳入了缴费型养老金计划，使贫困老人的收入几乎翻了一番。[1] 教育经费占国民收入的2.2%，在战前只有1.1%。根据惠特利法，公共住房一年增加了将近10万套。大不列颠正在向福利国家迈进。

丘吉尔把所得税降低到每英镑4先令。在其他方面，他在降低战争带来的对富人征收的重税方面所做甚少。遗产税和超级税[2]一直保持在"惩罚性的水平"。在天平的另一端，总体贫困情况在减少。1899年，西伯姆·朗特里发现，约克郡15.56%的劳动人口生活在基本贫困状态；30年后，这个比例下降到6.8%，这些人几乎都没有固定工作。实际工资的上升是造成这种变化的原因之一，家庭人口的减少是另外一个原因，很可能是更重要的原因。而且，政治家们达成了以前任何一个时代都没有过的共识，即贫困问题应该通过政府行为加以解决。内维尔·张伯伦像任何一位工党党员一样强烈地相信这一点，他也确实成了两次世界大战期间最富有成效的社会改革家。

保守党和工党的区别与其说是真实的，不如说是虚夸的。张伯伦在发放救济金的时候比较吝啬。工党有更多的承诺，但实际上遵循现行的规则。工党在政治上因1924年的经验而振作，更被自由党即将灭亡的希望而鼓舞。工党领袖们的衣橱里挂着枢密院顾问的制服，他们已经完成了革命，现在盼望的是在下次选举中自动成为多数派。麦克唐纳的威望达到了顶峰。独立工党确实在向左转，提出把最低生活工资作为下次选举的主要纲领。即使这样，也只是意味着加快消灭贫困的步伐，尽管希望在此过程中使资本主义破产。无论如何，自由工党已经丧失了活力。随着工党基层选举组织的建立，独立工党党员数量不断减少，最后竟成为中产阶级理想主义者的避难所，这些人一旦拥抱社会主义，就自然而然地支持极端路线。工人阶级工党的主体则支持温和有度。政治天气晴朗。

美好的前景被大规模失业的阴影所笼罩，这是一个任何人都不能提供现成解决方案的新问题。周期性失业并不新鲜，当1921年失业人口飙升到200万时，人们首先把这个史无前例的数字归因于工业革命以来最严重的经济萧条。

---

[1] 丘吉尔虽然是个自由贸易主义者，但为了筹措养老金，还是恢复了斯诺登一年前废除的麦肯纳关税。
[2] 1929年改名为附加税。

到 1925 年有所恢复。1924 年的工业生产总量达到了 1913 年的水平，1925 年则高出了 10%。由于劳动人口的自然增长，就业人数达到历史最高点。但还是有 100 万以上的人口失业，其中 75 万人来自大不列颠经济赖以繁荣的主要产业。面向国内市场的产业恢复了；进口不仅得到恢复，还有所提高，1925 年的进口量比 1913 年高出 10%；[1] 出口滞后，比 1913 年低 25%。[2]

我们现在可以认清造成这种状况的真正原因。出口商品的需求并没有扩大，因为贸易条件的变化，初级生产国买不起这些商品。那时，人们只看到出口业的衰落。他们错误地认为大不列颠在世界上没能做到进出平衡，并为此而震惊。他们相信只有通过增加出口才能减少失业，还认为只有通过降低价格才能增加出口，而雇主们则认为只有通过降低工资才能降低价格。当凯恩斯等人声言英国以过高的代价回归金本位时，反对高工资的抱怨增强了。我们知道，这种判断是错误的。各出口行业的工资已经最低，如果继续降低工资的话，将削弱国内市场，导致更多的失业，适得其反。这只是事后诸葛亮而已。鲍德温在 1925 年 7 月 30 日的讲话中表达了当时的普遍观点："这个国家所有的工人都必须降低工资，以帮助恢复本国的工业。"

这是对工会运动的直接挑战。如今的工会领袖们大多已不再是煽动者，而是技巧娴熟的谈判者。他们把罢工作为终极武器，就像国际联盟挥舞着制裁手段，却希望永远不会付诸实施。1925 年，因罢工损失的工作日不到 800 万个工作日，是自战争以来最低的，只是 1921 年的十分之一，比 1913 年还低。工会领袖们认识到：运用阶级斗争的方法，或许能解决贫困问题，但是不能解决失业问题。他们中的许多人，比如欧内斯特·贝文，为了工人和雇主的共同利益，迫切地希望与雇主合作重组产业。他们划定了不能降低工资的底线。他们准备好进行抵制，不在乎这样做是否违背工党政治家的温和度。工会领袖们在 1924 年工党执政的时候没有得到多少好处，贝文曾经敦促工党在没有获得多数的情况下不要重新执政，甚至在得到多数的情况下也不要执政，但他的敦促并不成功。他和其他工党领袖们毫无顾忌地表明：对工党而言，"直接行动"比麦克唐纳的所有言辞都更有用。

---

[1] 假设 1938 年进口量为 100，则 1913 年为 81，1925 年为 89。
[2] 还是假设 1938 年出口量为 100，则 1913 年为 173，1925 年为 130。

煤炭工业几乎不可避免地成为产生冲突的领域。迄今为止，煤炭工业是规模最大的独立工业，是唯一一个雇用了100多万工人的行业。[1]煤炭工业一直是阶级斗争的象征。大部分实业家似乎都是靠他们自身的技能赢得回报的，即使回报过于丰厚。但在工人阶级的眼中，煤矿矿主们没有技能，他们赚钱靠的就是运气好，坐在煤堆上。而且，煤炭广泛用于工业生活的每个部门。在罢工期间，很难确认一个"破坏罢工的"部门。煤炭没有这样的难题。工厂或者铁路的每个工人都清楚：如果在用黑色的煤炭，他们感到自己有工贼之嫌。对于工人们来说，支持矿工只是大规模的同情行为，而不是有意的政治威胁。1920年计划组织的总罢工就是政治威胁。

在1921年的抗争之后，煤炭工业发展之顺利出乎意料。欧洲的竞争者遇到各种各样的阻碍。波兰在战后还没有稳定下来。德国的煤炭生产在法国占领鲁尔期间实际上终止了。1924年5月，部分因为工党政府的倡议，矿工们达成了一个更加有利的工资协议。后来，波兰和德国煤炭打乱了欧洲市场，英国煤矿再次陷入亏损状态。矿主们除了降低工资和延长工时之外没有任何解决办法。矿工们像以往一样，甚至比以往更坚决地准备战斗到底。赫伯特·史密斯还是矿工联合会主席。对所有企图妥协的努力，他的回答是："不可能。"主张妥协的弗兰克·霍奇斯不再任书记一职。[2]他的位置被优秀的演说家库克（A. J. Cook）取代。库克以民主的方式阐释他的职责：根据矿工们的要求，不取得最优惠的条件决不让步。政府一方则拒绝给予任何新的补贴，帮助产业重组。

工会代表大会总理事会试图寻求出路，以为自己找到了解决问题的办法。他们打的算盘是，通过支持矿工，可以打破存在的僵局。是他们，而不是矿工们，去负责谈判，通过与政府合作，使矿工和矿主达成他们自己不能达成的妥协。这个计划有两个弱点。矿工们从来没有真正接受，尽管有时他们似乎接受了。在他们看来，其他工会应该无条件地支持矿工，发动一场总罢工，直至取

---

[1] 第二位的是纺织行业，雇用了50万工人。
[2] 霍奇斯于1924年辞去书记一职进入议会，成为工党政府的一个副部长。矿工们错误地把黑色星期五归咎于他，因此没有为他留位置。后来，他接受了中央电力委员会的一个闲职，在1947年去世的时候，他很富有。考伯特（Cobbett）称根深蒂固的英国体制为"那么回事"。霍奇斯是"那么回事"如何为自己服务的例证。霍奇斯失去矿工们的信任是因为他在其他领域的行为。

得全面胜利,或者彻底失败。在另一方面,政府不能强迫矿主们妥协。因此,他们宣布煤矿的争端与他们无关。这就造成了一种矛盾的处境。政府和总理事会默认彼此的做法但又不付诸实施。政府说煤矿的纠纷与他们无关,这样,支持矿工就变成了单纯的同情罢工,而不是像政府指责的政治威胁。总理事会并不真的希望把矿主们击败。他们想的是敦促政府加入到谈判中来,所以,他们的行为归根结底还是政治威胁。然而,当时没人进行这种逻辑推论。总理事会关心的是矿工,政府关心的是国家利益,二者都不能从所发生的事情中获得多大利益。

一开始,政府似乎是将要让步的一方。1925年6月30日,矿主们通知1个月后将结束现有的协议。他们提出的新条件中包括大幅度削减工资。矿工们予以拒绝。矿主们威胁在7月31日开始停工。总理事会指示不得运送任何煤炭。政府在再次拒绝提供补贴之后,在停工之前26个小时让步,同意提供9个月足以维持现有工资水平和标准利润的补贴,[1] 同时,一个皇家委员会将负责研究提高煤炭业生产效率的途径。这就是红色星期五,很显然,工人阶级的团结一致使他们轻松取得了胜利。没有人注意到的一点是:政府还是没有准备承担起煤炭工业的责任,他们只是在争取时间,或许希望达成和解,或许准备反对,或许是两者兼而有之。停工通知撤消了。皇家委员会及时成立,由前自由党大臣赫伯特·塞缪尔[2]领导,三名委员(一位经济学家,两位实业家)对煤炭工业都是一无所知。委员会用了一个冬天的时间进行听证和准备一份大约300页的报告。工会和总理事会则什么都没做。

但是,意想不到的舆论转向发生了。铁路和运输工会抱怨说,煤炭禁运的任务都落在他们身上;新型的团结协作必须有更广泛的范围。其他工会也同意这种说法,于是开始勉为其难地策划一场即使不是总罢工,也是全国性的罢工。政府采取了更加严厉的预防措施。部分是因为保守党错误地以为,工会受到共产主义的影响和煽动。持这种观点的代表人物是认为共产主义无处不在的内政

---

[1] 预计的补贴为1000万英镑,实际上是2300万英镑。虽然人们通常把这说成是工资补贴,实际上也是利润补贴。
[2] 赫伯特·塞缪尔(1870—1963):在大学学院学校和牛津大学接受教育;1914—1915年,任地方政府部长;1915—1916年,任邮政总局局长;1916年、1931—1932年任内政大臣;1920—1925年,任巴勒斯坦高级专员;1931—1935年为自由党领袖;1937年被封为子爵;业余哲学家。

大臣乔因森－希克斯（Joynson-Hicks）[1]。在他的授意下，12名主要的共产主义者因违反1797年《煽动叛乱法》的罪名而被指控。法官荒唐地提出：如果宣布放弃自己的政治观点，他们就可以得到自由。结果，他们都被判有罪而被关进监狱。不是因为实际行为，而是因为观点而受到惩罚，这在近代英国历史上是为数不多的实例之一。这个事件暴露了有些保守党人反布尔什维克的恐惧心理，或许这只是荒谬的吉克斯（内政大臣的绰号）的一种表演：帕特里克·黑斯廷斯没能干掉一个共产主义者，但吉克斯可以消灭12个共产主义分子。

内政部常务次长约翰·安德森爵士[2]（Sir John Anderson）负责做好应对罢工的准备工作，他经历了爱尔兰内战，并将在孟加拉获得更多的经历。发端于劳合·乔治时代的应急运输规划被重新提出并加以完善。英格兰被划分成10个地区，每个地区任命一个民事专员，如有必要，他可以在不通过伦敦的情况下行使任何政府权力。[3]政府在公路交通的快速发展中获得了巨大的优势。以前，一场铁路罢工可以在几天之内使社会生活陷于瘫痪，如今在任何情况下，公路交通都可以维持基本的食物供给。汽车司机不像铁路工人那样有组织性，而且，任何会开汽车的人都可以很快学会驾驶卡车。这使总罢工成为明日黄花，就像将军们在第一次世界大战之初使用的战术那样。政府还有一个优势：那时，工党只在少数几个郡级市占据多数，政府可以任命市政府书记员作为地方代理，而不会引起市议会成员的抗议。

1926年3月11日，塞缪尔领导的委员会提出了报告。报告中提出了改善煤炭行业的一系列措施：矿区使用费国有化；合并小型矿坑；改善工作条件，比如在坑口提供洗浴设施。但这些都是在未来才能实现。针对现在唯一的建议是立即降低工资。矿主们拒绝任何形式的重组：他们不仅要求降低工资，而且要求增加工时（因为涉及立法，所以把政府牵扯进来）。矿工们的回答，用库克

---

[1] 威廉·乔因森－希克斯（William Joynson-Hicks，1865—1932）：在麦钱特·泰勒斯学校接受教育；1923年任邮政总局局长和财政部财务次长（内阁成员）；1923—1924年任卫生部长；1924—1929年任内政大臣；1929年被册封为布伦特福德子爵；狂热的福音派教徒，反对修订祈祷书。

[2] 约翰·安德森（1882—1958）：在乔治·华生学院、爱丁堡和莱比锡接受教育；1922—1932年任内务部常务次长；1932—1937年任孟加拉总督；1938—1939年任掌玺大臣；1939—1940年任内政大臣；1940—1943年任枢密院长；1943—1945年任财政大臣；1940—1945年为战时内阁成员；1952年被册封为韦弗利子爵；丘吉尔曾推荐他在自己和艾登死亡的情况下继任首相。

[3] 议会的地位间接地得到维持，所有的专员都是下议院议员，只有克拉伦登勋爵（Lord Clarendon）一个例外，他是上议院议员。

的话说就是:"工资不减一分,工时不增一分。"当被问及矿工们对改善产业状况有何助益时,赫伯特·史密斯回答:"没有。我们不会提供任何帮助。"鲍德温和总理事会都想引诱矿工们接受降低一些工资的条件,然后再引诱矿主们作出某些让步。但是,如果矿主们不让步的话,矿工们绝对不会妥协,或许甚至矿主们让步了,矿工们也不会妥协。僵局一直持续到4月份。煤炭工业的现行协议在4月底终止了。矿主们要求达成地区性协议和降低工资,结果被矿工们拒绝了。5月1日,他们被禁止进厂工作。

同一天,在一次特殊的工会大会上,几乎全体一致[1]同意把权力交给总理事会,并且批准了于5月3日发动全国性罢工的计划。还存在着一些模棱两可的地方。矿工们认为,他们交给总理事会的权力只限于领导这次罢工,并没有赋予它在工资问题上作出任何让步的权力。总理事会则认为,如果政府接受并准备执行《塞缪尔报告》的话,他们则会在矿工工资问题上让步。他们艰难地与政府谈判到5月2日,每一方在对方让步之前都不想让步。午夜刚过,政府突然终止了谈判,理由是发生了一个"蓄意的行为":排字工人拒绝为《每日邮报》排版。[2]实际上,拒绝排版与总理事会无关,甚至也与印刷工人工会无关,工会领导实际上是反对这种行为的。

到了最后时刻,内阁似乎发生了意见分歧。鲍德温可能对采取决定性的一步产生了犹豫。伯肯黑德则自信地认为可以把总理事会和矿工们分裂开来。他听说《每日邮报》社论被终止的时候说:"真是太好了。"丘吉尔是那些渴望斗争者的领袖,战前任内政大臣时,他是以最具攻击性的姿态反对工人的大臣,在大战期间,他也是反德最力的大臣。战斗是他面对任何挑战时的本能反应,况且,他还可能希望把鲍德温赶下最高权力的宝座。如果真是这样的话,他未能如愿以偿。相反,他在工人当中种下了不信任的种子,一直延续到第二次世界大战爆发之后。无论如何,总理事会现在已经没有其他选择。于是,在5月3日午夜,一场全国性罢工按时启动了。并没有想进行总罢工。运输和铁路工

---

[1] 350万对5万,也就是说,所有的大工会都同意了。
[2] 这次抵制起因于政府征召志愿者的广告。其他报纸认为不应该审查广告,以此说服了印刷工人。《每日邮报》主编托马斯·马洛(Thomas Marlowe)因为发表季诺维也夫来信,已经在工人运动中有了坏声誉。他公然在社论中宣布支持该广告。于是,排字工人们停止工作。马洛立即将此事电话通知内阁。或许他是有意挑起事端,也可能是受到来自内阁的鼓动。

人被动员起来，还有印刷业、重工业、建筑业和燃气电力工人，后者的人数不如前者多。其他工人不参加罢工，作为"第二梯队"。

双方都完全按照计划行事，甚至比预期的做得还好。工会工人的反应是完美无缺的：接到号召之后，所有人都停止了工作，而且直到罢工结束，没有任何人回去工作。这些人正是那批在1914年集结在一起保卫比利时的士兵。第一次世界大战中的志愿入伍和1926年的罢工都是自发的慷慨行为，是任何其他国家无可比拟的。前者几乎受到所有公共舆论喉舌的鞭策，后者则是在公共舆论都不认可的情况下展开的。如此高尚的行为得到的不应该只是短暂的敬意。罢工者为自己一无所求。他们不是在挑战政府，更不是要推翻宪政。他们只是想为矿工们争取维持生活的工资。或许还不仅如此。他们忠诚于自己的工会和领袖，就像在战争期间忠诚于自己的国家和将军一样。他们再一次进入战壕，没有狂热，也没有多少希冀。

政府所作的准备工作也发挥了作用。公路运输完成了预期的任务，而且是在自愿的基础上完成的。公路运输者像平时一样运送食品，消费者以更高的价格购买。[1] 运货量最大的是马铃薯。因为干酪的生产被延误导致牛奶过剩，而牛奶是用运奶火车运到城里的，这是唯一还在运行的火车。志愿的火车司机、卡车司机，还有特别巡警都是从以前的军官和大学中招聘的。这是彬彬有礼地进行的一场阶级斗争。

尽管双方都把极端政策归咎于对方，但双方都没有来真的。总理事会正确地认为，他们可以通过电报与地方工会负责人沟通，从银行领取支付给罢工人的津贴。政府也正确地认为，不会发生严重的暴力事件，也不会发生企图干涉未参加罢工的卡车的行为。没有动用军队维持秩序，除了在伦敦码头，那里的劳资纠纷存在着走向暴力的危险。丘吉尔试图沿街道布置装甲车，但是没有成功。在某些地方，尤其是工人阶级集中的伦敦郊区，公共汽车受阻甚至被毁。有些公共汽车停开了，有些在警察的保护下继续运行。只有一个企图破坏铁路线的案例（在诺森伯兰郡）。在格拉斯哥和其他一些地方的矿区发生了暴力事件，通常是因企图开行公共汽车引发的。总共有大约4000人因暴力行为或煽动

---

[1] 公路运输花费了政府2万英镑。罢工耗费财政资金的总数为43.3万英镑（其中10万英镑是增加警力的费用，11.9万英镑用于组织食品分配）。

暴力行为受到起诉，约四分之一的人被判入狱。相对于数百万的罢工者，这个数字是微乎其微的。

在其他地方，警察和罢工者甚至一起踢足球。在一个地区还进行了深度合作。在泰恩河畔纽卡斯尔，地方罢工委员会与地区专员合作组织卸载和发放食品。政府不喜此举，很快就加以制止。总理事会同样对此不认可，因为维持秩序与保障供给不是他们的职责，而是政府的职责。一些极端分子提出建立一个替代性的、类似于苏维埃的政权，但这与总理事会的精神大相径庭。1926年的罢工没有重演1920年那种为了防止对苏维埃俄国发动战争所进行的威胁。那次威胁是一种有意的政治行为，工会领袖们准备接管国家的运转。1926年，他们的唯一目的是促使政府就煤炭工业进行谈判。如果实现不了，退却就是不可避免的结局。

总理事会的谨慎态度以其他方式表现出来。因为号召印刷工人参加罢工，他们对公众舆论的影响力受到了阻碍。连《每日先驱报》都停刊了。丘吉尔祭出了政府喉舌《英国公报》(British Gazette)（用《晨报》的机器及时印刷出来），在报纸上，他把英国工人指责为"敌人"。[1] 他提出的要求是"无条件投降"——在第二次世界大战抗击德国的时候，他又提出了这个要求，那次更加恰如其分。总理事会勉强通过《英国工人报》作出回应。严格地说，这只是一份罢工宣传单，被禁止发布一般新闻，甚至进行宣传。里斯竭力保持着英国广播有限责任公司（还未成为公营公司）名义上的独立性。他通过压制政府不想公布的新闻做到这一点。这为未来确立了一种模式：英国广播公司自吹自擂的所谓独立性只有在不独立的时候才最稳固。普通报纸只能压缩篇幅印刷，影响力大幅度降低。政府的声音占据了支配地位，他们把总罢工描述成对宪政的挑战。

要求和解与妥协的呼声被置之不理。坎特伯雷（Canterbury）大主教在其他宗教领袖的普遍支持下发出了这样的呼吁。劳合·乔治也持同样的立场，这让阿斯奎斯和其他令人尊敬的自由党人感到烦恼。他们认为，再次把他驱逐出党的时机已经来到。在下议院，攫取了劳合·乔治空缺的约翰·西蒙爵士郑重强调：罢工是非法的，不受1906年法案保护。这个后来被其他法律权威驳得体无

---

[1] 鲍德温后来说，让丘吉尔去指挥《英国公报》是"我一生做过的最聪明的事情"。或许他是别无选择。

完肤的观点并没有动摇总理事会（虽然有人认为曾一度使它动摇），政府也没有按此执法。一向奉行温和政策的乔治五世成功地抵制了惩罚罢工者或工会的企图。这个寻常的小人物（他自己的话）虽然持有古老的保守主义世界观，但他认识到，罢工者也是他的人民，而且是很好的人民。总理事会没有因为政府计划逮捕一批工会领袖的传言而恐惧屈服。毫无疑问，他们受到了工会资金枯竭的困扰，但是，既然罢工开始之前他们的目的是和解与谈判，那么，在罢工进行当中，他们继续坚持这个目标。

赫伯特·塞缪尔再次成为被选中的工具。他起草的建议案提出，在煤炭行业成立全国工资委员会落实降低工资事宜，但是要在塞缪尔委员会提出的重组建议被"有效采纳"时才能实施。尽管塞缪尔强调说，他只是代表个人讲话，并不代表政府，但对于总理事会来说，这已经是足够好的消息了。工会领袖相信，如果取消罢工，公共舆论会促成这种和解。矿工们却持反对意见：他们仍然坚持寸步不让。5月12日，总理事会无条件取消了全国性罢工。他们没有得到罢工者在不受迫害的情况下回去工作的保证。当雇主们，特别是铁路公司的雇主们，企图惩罚和排斥活跃的领袖人物的时候，罢工恢复了。这次他们取得了一些成功。政府是回避真正的阶级斗争的。鲍德温出面干预，保证罢工者圆满地回到工作岗位，维持原来的条件。

然而，矿工们的固执毁灭了他们。鲍德温提出，如果行业双方都接受《塞缪尔报告》，政府就会将它付诸实施，包括一项短期的补贴。矿工们拒绝了，于是政府免除了棘手的、根本不能实现的强迫业主接受的责任。之后，政府的唯一贡献就是通过了一项法案，煤矿在未来5年里暂停实施7小时工作制。即便鲍德温称他们是"愚蠢粗鲁的人"，业主们还是没有被鲍德温甚至丘吉尔的规劝吓住，他们随意地增加条款。在作了6个月的抵制之后，饥饿把矿工们赶回去工作。他们不得不接受更长的工时和更低的工资，最为糟糕的是，还有地区性协议。没有任何重组和行业的改善。因为长工时产生了大批失业矿工，业主们掌握了主导地位。煤炭业还是一个巨大的产业，是两次世界大战期间雇用劳动力最多的行业。即使在1938年，煤炭产量仍然达到1913年最高纪录的五分之四（22700万吨）。尽管如此，煤炭工业还是逐渐衰落。1926年业主们的胜利使得代价由矿工们支付，他们不得不在非人的条件下工作。最终，业主们被自己的胜利摧毁了。阶级斗争在别的行业消失了，在矿区却一直继续着。一旦权力转移到矿工手中,他们便坚定地支持国有化。当矿业主倒闭的消息传来,无人悲叹,他们是英国社会最不堪的人。

总罢工没有能够帮到矿工们。乍看起来,总罢工似乎也在总体上动摇了工会运动。自1916年以来,工会会员人数首次跌落到500万以下。工会资金因为支付罢工津贴而消耗殆尽。所有关于进一步组织总罢工的言论销声匿迹了。连单独行业的罢工也非常少见。1926年之前,每年参加罢工的工人平均人数超过100万,1926年之后的10年,却从来没有超过30万。这一切与其说是因为失败或者失望,不如说是因为精神的转变。会员和资金的流失问题不久就得到了解决。总罢工把贝文和托马斯等人引向前台,他们更注重和解,而不是斗争。一旦煤矿争端告一段落,他们便可以按自己喜欢的方式行事。而且,总罢工对其他雇主也是一个警告,他们比矿业主更聪明,更容易和解,当然处境也没那么困难。在煤炭行业之外,很少有降低工资的企图。在以后的3年,虽然生活费用下降了15个百分点,工资仍然保持稳定,直到经济大萧条开始。结果,在1929年,除了矿工以外,英国工人比以前任何时候都更加富裕。甚至在经济大萧条造成大规模失业的情况下,雇主们仍然逃避斗争,英国工资降幅比欧洲任何国家都小得多。工资差不多成了产业的固定支出,面对任何困境,首先考虑的并不是削减工资。

出口贸易仍然面临困难。情况最好的1927年至1929年,出口只达到1913年的84%,而进口上升到120%。如果不考虑失业问题,这似乎没有多大关系。因为无形的航运业和其他服务业的出口,还有海外投资的收入,大不列颠再次在世界上获得了不少盈余。盈余数额虽然少于战前(和战前的2亿英镑相比,如今每年从来没超过1亿英镑多少),但足以弥补战争期间损失的投资,而且还多出一点。但是对外投资如今在英国经济中的分量减小了。[1]战前,80%的新资本投向国外,而在1928年只有40%。迎合国内市场的新型行业迅速发展。1930年,100多万辆私人汽车被注册,在战争结束时只有20万辆,60%的汽车出自两家公司之手。新行业的领导者大多是新型的人物。老业主们创立了他们的产业,无情地渴望获得财富,而新人是有限责任公司的总经理们,他们更关心的是效率而非权利。

---

[1] 人们常说,更多的出口会导致更多的国外投资。很有可能,对国外投资兴趣的降低是出口减少的一个原因。

总罢工之后第一个提出劳资合作的是阿尔弗雷德·蒙德爵士（Sir Alfred Mond）[1]，他是帝国化工的负责人，一度追随劳合·乔治。在他的倡导下，于1928年成立了由业主和总理事会组成的一个联合委员会，旨在探索提高英国产业效率的方法。尽管这些讨论在当时并未产生什么结果，但代表了未来的趋向。特别是欧内斯特·贝文深受其影响。[2] 很多工会领袖都认识到，要想提高工资，唯一的途径是提高产量，而不是靠劳资双方的斗争。显然，工人群众已经不再群情激奋。共产党在总罢工那一年人数翻番，之后不久就失去了所有的新成员。从更广阔的角度看，总罢工似乎减弱了阶级对抗。在罢工过程中，来自中产阶级的临时出工的人，有生以来第一次也是唯一一次体验到体力劳动的艰辛，从而学会了尊重那些一直从事体力劳动的人。工人阶级则认识到，有闲阶级也是人。这就出现了看似荒谬的结果：这次总罢工是英国历史上最清晰地展现了阶级斗争的一次罢工，但它标志着阶级斗争已经不再决定英国劳资关系的形态。

在政治领域则并非如此。尽管罢工结束之后，国王立即发出了实现"永久性和平"的呼吁，但国会中的保守党人却迫不及待地向工会实施他们的胜利成果。鲍德温默许了，因而大大损害了他靠表面上的温和赢得的声望。1927年5月，政府通过了一项修改1906年《劳资争端法》的议案，并且以"径付表决"的形式予以通过，这是自1921年以来从来没有采用过的。其主要条款规定，任何同情罢工或任何"旨在或有意威胁政府"的罢工都是违法的。而且，政府还加入其他与总罢工毫无关系但却表达了保守党宿愿的条款。公务员被禁止加入附属于工会代表大会的工会。想交纳政治捐款的工会会员必须出具书面材料，与1913年法案正好相反。[3] 这项法案为工人运动带来了巨大的痛苦。下议院就此发生了激烈的争论，1945年工党胜利在望的时候得以废除。这是一个徒劳无功的举措。不管什么类型的罢工，人们都不会因为惧怕法律中的某个条款而止步。无法指控一个阶级，就像无法指控一个民族一样。在其存在的19年中，这

---

[1] 阿尔弗雷德·蒙德（1868—1930）：在切尔滕纳姆、剑桥和爱丁堡接受教育；帝国化学工业公司及其他大企业的创立者；提倡合作与和解；1916—1921年任第一工程专员；1921—1922年，任卫生部长；1910年，被封为从男爵，1928年，被封为梅尔切特男爵；狂热的犹太复国主义者。
[2] 虽然一系列会议以蒙德－特纳（Mond-Turner）对话而闻名于世，但本·特纳只是工会一方名义上的领袖，大部分对话是由贝文完成的。
[3] 这就是说，过去政治捐款是自动生效的，除非工会会员签字拒绝交纳；现在，他必须签字表示愿意交纳。

项针对同情和政治罢工的条款从来没有实施过,因为它既没有必要也没有用处。依靠富人秘密捐赠的保守党居心不良,对工党的财政问题下手,但从长远看收效甚微。尽管当时工党的收入减少了三分之一以上,但之后逐渐恢复过来。[1] 法案意在报复,但没有取得实质性的结果,因为工会已经成为社会不可或缺的一部分,法案是动摇不了其地位的。

法案附带产生了一个比较重要的后果,与《每日先驱报》与关。到1922年,兰斯伯里再也不能把报纸作为一个私人企业维持下去了,因此将所有权转为工党和工会代表大会共同所有。虽然从资本主义报刊大批招聘员工,主要是《每日邮报》,但该报还是继续亏损。或许正是这种做法导致了报纸的亏损。两家业主不得不弥补亏损。1927年,工党因为收入减少不能再支付应付的份额,因而报纸所有权转为归工会代表大会独家所有。对此负责的贝文渴望办出一份无愧于工人运动的报纸,达到大型流行日报的发行量。要做到这一点,他需要一个生意伙伴。他找到了奥达姆斯公司,这是一家随着《约翰牛》壮大起来的印刷公司,拥有一份受欢迎的周日报《人民》,并且希望在工作日也保持业务的繁忙。

1929年双方达成协议。奥达姆斯公司负责企业管理,工会代表大会任命的4名董事在政治问题上有决定性的发言权。《每日先驱报》正式成为大众喉舌。它有一个独具的特点:它是英国唯一一份专门为一个政党服务的日报[2](发行量很小的共产党报纸《工人日报》除外)。它不是靠这一点赢得自己的地位的。奥达姆斯的老板埃利亚斯(Elias,后来的索斯伍德勋爵)是最没有政治色彩的人,他纯粹靠商业运作赢得读者。以这种奇怪的方式,最理想主义的报纸凭借最实用主义的方法确立了自己的地位。《每日先驱报》从来没有成为工人运动的文化中心,那些想了解工人运动精神的人必须到其他地方寻找答案。

最后,总罢工对自由党产生了令人意想不到的影响。在罢工期间,劳

---

[1] 原因很简单:1927年,每个工会会员都必须在表格上签字,以表示愿意承担义务。工会秘书们花了很长时间落实此事。这似乎是让人承担新的责任,长期会员们自然积极性不高。新入会的会员得到各式各样的表格要他们签字,他们没有搞清楚事情始末就签了字。因此,到后来法案已经不再起什么作用。

[2] 虽然英国所有的报纸都或多或少有一些政治倾向,但只是取决于业主,或在较小的程度上,取决于主编的心血来潮。《每日先驱报》的章程规定:其宗旨是"随时执行工党会议的决定"。尽管如此,工党在董事会中并无代表。

合·乔治采取了大而化之的策略：支持政府，但同时要求谈判。"与暴力相比，我更愿意自由党依靠和解的政策。"当面临（想象出来的）社会革命的威胁的时候，资深的自由党领袖们忘记了他们的自由主义。阿斯奎斯（现在是牛津勋爵）把劳合·乔治从自由党的影子内阁排挤出去。看上去劳合·乔治再次置身荒野。罢工之后情况发生了转变。如果只是对保守党说"我也是"，那么自由主义是没有未来的，其唯一的机遇是为战后大不列颠的经济问题找出一个激进的，但不是社会主义的解决方案。劳合·乔治在研究这样的方案，年级更大的领袖则没有。站在他一边的有斯科特（C. P. Scott）和《曼彻斯特卫报》。也许更重要的是，他还拥有劳合·乔治基金，而执政党却资金短缺。1926年10月，阿斯奎斯放弃了。他辞去政党领袖一职，由劳合·乔治取代。自由党实现了转变，成为经济规划新思想的源泉，而不再依靠无力的情感诉求。[1]劳合·乔治挥金如土，在1927年至1929年间，自由党和其附属机构从他那里得到40万英镑资金。其他人却是想法满天飞。令人感觉奇怪的是，劳合·乔治最强大的灵感来源竟是他1919年时的对手J. M. 凯恩斯。这似乎对保守主义，对鲍德温"安全第一"的政策（或者说没政策），形成了危险的挑战。

　　在本届国会持续运行期间，拥有绝对多数的政府是安定无忧的。短暂的经济复兴诞生了一个黄金时代——真正的"鲍德温时代"。1928年，失业人数降到100万多一点，是1920年至1940年间最低的一年。1924年至1929年间，英国的生产总值增加了14%，达到历史最高点。政府踌躇满志，因为私人企业最后一次大显神威而受到赞誉。但他们甚至没有一个连贯一致的财政政策，一只手在紧缩通货，另一只手却在制造通货膨胀。为了保护金汇兑本位制，利率居高不下。但与此同时，丘吉尔的预算只是靠着戏法般的手腕在维持平衡。他挪用了已有盈余的公路基金，[2]在偿债基金上做手脚，把所得税的支付日期提前，放任失业保险基金的债务窟窿越来越大。他的预算演说为人们增添了很多乐趣，也提出来一些失败的权宜措施，比如试图征收博彩税。在丘吉尔丰富的

---

[1] 一个象征性的事件就是在早些时候（1923）辞退了一个老式的激进主义者马欣厄姆《民族》杂志主编的职务，继而聘用了知识分子色彩浓厚的经济学家休伯特·亨德森（Hubert Henderson）。同时，所有权从多愁善感的可可巨头朗特里家族转到以凯恩斯为首的知识分子群体手中。

[2] 第一次对汽车征税的时候，政府保证说税收收入将用于改善道路。自丘吉尔以来的历任财政大臣都没有遵守诺言。

职业生涯中,财政部岁月的确是干得最差的。他在财政管理上的反复无常使他在清醒的政治家眼中信誉扫地,也使英国财政在面临真正的经济困难时瘦弱不堪。

本届政府是有些成就可以展示的。他们理清了帝国内部的关系,使 1926 年成为英联邦发展的一个里程碑,就像劳资事务一样。因为保守党限制自由贸易,当年召开的帝国会议回避了帝国特惠制这个空洞的话题,而是转向了宪政问题。这个要求来自于加拿大总理麦肯齐·金,他认为(非常错误地)自己是帝国干预的牺牲品。[1] 他坚决认为,这种情况不应该再次发生,自治领实际上享有的独立应该得到精确的定义。其他自治领希望强调他们不愿奉行《洛迦诺公约》对英国外交政策施加的义务。南非和爱尔兰自由邦似乎预见到了帝国统治结束后给他们带来的好处。[2] 贝尔福高调完成了最后也是最成功的戏法。他把大不列颠和自治领定义为"英帝国内的自治实体,地位平等,在对内和对外事务的任何方面均不互相隶属,虽然以对英王的共同效忠关系而联成一体,却是各自作为英联邦的成员而自由结合在一起"。这个定义虽然没有实际的创新,但是表明实践已经远远走在了理论前面。

如今,理论与实际开始一致起来。帝国国会不再对自治领拥有主权。帝国政府成为大不列颠及其殖民地的政府。国王只是一个联系的纽带,与其说是现实的,不如说是象征性的。乔治五世登上王位后从没有访问过任何一个自治领。每个总督(自此之后都是在自治领政府的推荐下任命的)都是作为独立的立宪君主行事的。国王与他们友好地交流信件,就像他的祖先对以前的欧洲各国统治者所做的那样。作为进一步的表示,还成立了处理与自治领关系的独立部门,尽管殖民大臣埃默里[3] 兼任自治领事务大臣,之后工党政府的帕斯菲尔德(Passfield)也是如此。只在 1930 年 6 月分别任命。[4] 新部门的第一个任务就是

---

[1] 见注解 A。
[2] 1910 年成立的南非联邦受到《南非法》"确定的"条款的制约,爱尔兰自由邦受到 1921 年条约与随后的《宪法》制约。只有和英国议会合作,才能修改这些法律和条约。一旦自治领获得绝对的平等权,可能会单边改变那些确定的条款,单边改变爱尔兰《宪法》则是毫无疑问的。
[3] 莱奥波德·查尔斯·莫里斯·史坦尼·埃默里(Leopold Charles Maurice Stennett Amery,1873—1955):在哈罗公学和牛津大学接受教育;波尔战争中任《泰晤士报》驻南非记者;1922—1923 年任海军大臣;1924—1929 年任殖民大臣;1925—1929 年任自治领事务大臣;1940—1945 年任印度事务大臣。
[4] 这是出于英国内政的原因。J. H. 托马斯在失业问题上失败后,不得不给他一个重要的职位。为巴勒斯坦问题饱受折磨的帕斯菲尔德不再兼职。

把贝尔福的定义转化成简明的法律条款，这项任务直到1931年《威斯敏斯特条例》才告完成，条例是1778年诺斯《调整法》以来关于大英帝国宪政的第一部普通成文法。

印度没有受到这些争议的影响。在那里，虽然受到政治动荡和教派冲突的干扰，但一贯的统治并没有被削弱。1926年，鲍德温的朋友爱德华·伍德（后来的哈利法克斯勋爵）受封欧文勋爵，出任印度总督。从一开始，他就清楚地知道，目标必定是自治领。1927年下半年，成立了一个以约翰·西蒙为首的法律委员会，负责考虑印度的未来。其中有一名委员叫C. R.艾德礼，他受到任命的理由很简单，那就是他在下议院不忙。当时，没有人预见到，20年后艾德礼居然成为为印度赢得自由的首相。委员会按惯例访问印度，迎接他们的群众手里举着横幅，上面写着："西蒙，回去。"于是，他回去后刻苦地写报告，直到1930年才完成。同时，政府谴责苏维埃的宣传是造成印度骚乱的主要原因。1927年5月的时候，200名警察突然闯进苏联在伦敦的贸易组织——全俄合作社的办公室，希望找到一些反对共产主义的证据，但是一无所获。[1]为了掩饰错误，政府与苏联断绝了外交关系。后来，在1929年3月，印度政府开始对密拉特阴谋案中30名所谓的共产党特务提出起诉，为时长达数年之久。[2]

与苏联的交恶与奥斯丁·张伯伦的外交政策是一致的。《洛迦诺公约》以后的岁月是西欧国家和解的鼎盛时期。德国被允许加入国际联盟；战争赔款按照道威斯计划按部就班地进行；虽然没有圆满完成使命，但协约国监督德国裁军的委员会被撤消。张伯伦、施特雷泽曼（Stresemann）和白里安（Briand）经常去日内瓦参加国联大会的会议，国联大会正在成为欧洲的最高权力机构。苏联被排挤出世界事务似乎是件好事，美国也置身于世界事务之外。1927年8月，大不列颠、美国和日本召开海军裁军会议，海军部不顾美国的反对，[3]拒绝把巡洋舰的数量减少到70艘以下，致使谈判破裂。包括托洛茨基（Trotsky）在内的有些极端人士预言，下次世界大战将在大不列颠和美国之间进行。这种预言是愚蠢的。英国政策的指导者们认为，文明的欧洲已经从上次战争中恢复元气，

---

[1] 政府是收到了错误的情报才采取行动的，这个情报可能来自一个双重间谍（这种事情并不是最后一次发生）。据说，突击检查由鲍德温、奥斯丁·张伯伦和乔因森-希克斯决定，没有征求内阁的意见。
[2] 其中一个在密拉特案中受到起诉的人在1945至1950年成为左翼工党议员。
[3] 有意思的是他们只拥有50艘巡洋舰。争吵只是纯理论上的。

它仍然是世界的中心，可以不考虑别处那些与世隔绝的大国，独自处理好一切事务。"欧洲好人"是这些年月里最高的赞誉。获得嘉德勋章的奥斯丁·张伯伦爵士接受了这个赞誉。

奥斯丁·张伯伦的成就是短暂的。他的兄弟、卫生部长内维尔为英国人的生活留下了更加久远的印记。内维尔·张伯伦像他的父亲一样，有着长期在地方政府工作的经历。劳合·乔治公正地把他描述成"在不景气的年代里优秀的伯明翰市长大人"。他工作高效，头脑清醒，行动果敢，但这些品质却被冷漠的举止所掩盖。他的独特之处是就职之时向内阁提出了 25 项法案，有 21 项获得通过。他的第一个目标是"波普拉尔主义"，即工党占据多数的地方议会和监护委员会公然以借来的资金，在没有得到卫生部认可的情况下，支付更高的工资和更高的救济金。1926 年 7 月，一项法案赋予卫生部解除这些不听话的监护委员的权力，3 个委员会被立即撤销了。[1]这对地方议会也是一个警告。内维尔·张伯伦确立了一个原则，即社会改革只有在议会认可的情况下才可以实行。波普拉尔主义的始作俑者兰斯伯里以情绪化的言辞抗拒张伯伦的效率。工党大为震动，张伯伦被贴上了穷人的敌人的标签。然而，工党大臣们在执政的时候也是希望人们听从命令的。

无论如何，内维尔·张伯伦的愿望根本不是要削弱地方政府。相反，20 世纪在提高地方政府地位方面，他比任何人都做得多。《济贫法》和执行《济贫法》的监护委员会与国民医疗服务制度纠结不清，糟糕之极。各种特设机构与地方议会的工作互有交叉。1928 年，张伯伦进行了一次大清理。[2] 监护委员会被废除，其权力移交到郡和郡级市的公共援助委员会，就像贝尔福 1902 年法案把教育权从学校董事会移交到地方教育委员会一样。[3] 一个简洁干脆的模式诞生了。在卫生部的领导下，62 个郡和 84 个郡级市[4] 成为掌管几乎所有地方事务的唯一权力机构，农村及市区议会，还有非郡级市虽然重要性不及前者，也承

---

[1] 1926 年撤销了西哈姆（负债 200 万英镑），1927 年撤销了切斯特勒斯特里特和贝德韦尔蒂。
[2] 他于 1928 年 11 月提出议案，1929 年成为立法。
[3] 具有讽刺意味的是，为张伯伦开了先河的贝尔福法当年却遭到他的父亲约瑟夫·张伯伦的反对。
[4] 这些数字只包括英格兰和威尔士。1926 年，唐卡斯特升格，郡级市达到 84 个。这是最后一次新建郡级市。郡和郡级市的规模不平衡，是历史自然形成的产物。（1931）郡人口从兰开斯特的 500 万多一点到拉特兰的 1.7 万不等；郡级市人口从伯明翰的 100 万到坎特伯雷的 2.6 万人不等。

担这些职责。[1]一个世纪之前，它们只承担街灯和治安管理等微不足道的职责，如今已发展到教育、公共援助、社会福利、公共卫生、住房建设、贫民窟清理、公路建设和乡镇规划等各个方面。郡级市负责地方交通，供应电气。他们也负责供水，除了伦敦的首都水利委员会继续存在外。[2]

其他欧洲国家地方政府的职责大概都不如英国那样宽泛和多样化。对普通的英国公民来说，"他们"通常指的是市政厅，而不是中央政府部门。除了税收和司法之外，两个重要的例外是：邮政局除了履行邮政职责之外还负责分配养老金，劳工部负责管理职业介绍所。因此，地方政府议员的自主性虽然不如19世纪，但是仍然享有很高的威望和权力。地方议会成了执行国家政策的主要工具。他们的收入有五分之二来自政府基金（1930年，他们征收了1.56亿英镑地方税，从政府基金得到1.08亿英镑），这本身就使他们置于中央政府的掌控之下，而不需要法律上的约束力。[3]

张伯伦颇为违心地继续推动着这个进程。他在1928年至1929年的改革给财政部带来了大约300万英镑的额外开支。丘吉尔坚持实行更大规模的"减税"计划。根据这个计划，农业税被全部免除，工业和铁路税降低了75%。[4]财政部以每年2400万英镑的代价填补地方政府亏损的资金。这是牺牲纳税人的利益，以拐弯抹角的方式对工业进行补贴，而且，因为政府基金不能完全填补亏损，所以还同时牺牲了那些不太盈利的地方税纳税人的利益，包括房主、店主、公共机构等。张伯伦不喜欢这种不分经营效率、一概给予补贴的做法，但是丘吉尔却一意孤行。他把减税看成是关税的替代物，这无疑是令张伯伦厌恶的另一个原因。但是，这也背离了自由贸易原则：普通纳税人分担了财政负担，所希望的是工业会在国外市场做得更好。几乎无人对此提出异议。

不知不觉间，公共生活的一个根本理念在发生着变化。维多利亚时代的英国人为了消费者的利益提倡节俭，而他们的后人却随时准备花钱刺激生产。以前，贫困是巨大的社会罪恶，如今，失业取而代之。以前，党派之间，尤其是

---

[1] 管理警察的治安委员会受内政部监督指导，教育委员会受教育部监督指导。
[2] 伦敦在很多方面都是例外。伦敦郡议会管理电车，但不管地铁和公共汽车，不供应电和气。让人奇怪的是，先前积极提倡市镇要敢作敢为的工党，在第二次世界大战之后却通过电气国有化缩减了地方权力。
[3] 另外，地方当局还从服务中收取大约1.5亿英镑。这笔资金大部分花在相关服务上，虽然有时有少量利润。
[4] 铁路减税的条件是他们必须按比例降低煤炭和钢铁的运输费。

工会与雇主之间纷争不断，如今，他们却被团结在一起。以前，他们为分割一块蛋糕而战，如今，他们更关心的是保证有一块蛋糕可分。很少有人对思想观念的改变有全面的认识。人们一方面在敦促政府对工业进行补贴，另一方面还在谈论着，甚至在厉行节俭。没有人能比内维尔·张伯伦更清晰地揭示这些矛盾：渴望复苏却又敌视财政支出。不久，工党就发现自己同样在经济规划和自由贸易的问题上纠结不清。所有党派的人迟疑不决地走向格莱斯顿最为头痛的"建设主义"。

1924年至1929年的议会并没有把所有时间都花费在失业和减税这些单调乏味的现代问题上。面临回归传统的大声疾呼，议会置身于重要的历史时刻。1928年，下议院议员们支持某人反抗警察，迫使成立了调查庭，使苏格兰场很狼狈。[1] 但是，从总体上讲，个人自由已经不再像以前那样得到保障。战争期间，司法部门企图成为行政部门的看门狗而不是制衡者，这种态度以后被保留下来。随着英格兰越来越民主，无一例外来自特权阶级的法官们却变得越来越保守，"善意地"解释行政行为。法律观念在转变，也是在人们并无觉察的情况下发生的。

1927年和1928年发生的议会大动荡具有更强烈地回归传统的倾向，人们怀念的是伊丽莎白一世和查理一世时代的议会。英格兰国教会从战前就开始努力修订祈祷书，其目的是赋予英国国教的教义与实践更多的自由，这正是大多数正式英国国教徒所倾向的。祈祷书修订受到大多数正式教徒的欢迎。普通信徒则不太积极，他们带有更多的"新教"色彩，较少参加宗教仪式。当修订的祈祷书提交议会审批的时候，上议院予以接受，但是先后两次被下议院驳回。苏格兰长老会教徒和为"新教"事业而战的无宗教信仰者（包括共产党员、拜火教徒萨克拉特瓦拉）进一步助长了反对修订祈祷书的声势。乔因森-希克斯和英斯基普（Inskip）这两位政府官员激烈地谴责祈祷书。经验丰富的观察者认为，这次辩论展示出来的雄辩之才可以和本世纪议会的任何一场辩论相比拟。但是，争吵所得的效果甚微。大主教区会议非法地给主教授权，允许在"当前的紧急状态下"使用修订的祈祷书。这种紧急状态和非法性一直延续至今。众声喧哗不过是已经过时的主题的回声。没有人真正认为罗马教会是"纯粹的天

---

[1] 见注解 B。

主教",更不必说英国国教徒了。而且,从任何真正的意义上讲,英格兰已经不再是一个基督教国家。只有少数人还在光顾罗马教会、英国国教会或自由教会的教堂。政治家们还生活在过去的岁月里。

当然,代与代之间总是有所隔阂的。在20世纪20年代,这种隔阂可能比以前大部分时代都更加深刻。战争挖掘出一条几乎无可逾越的鸿沟。老年人回顾战前的岁月,希望回到过去。虽然服装风格比以前宽松了,但他们的思想还停留在战前。稍微年轻一点的人生活在战争体验的阴影之下,一直感叹自己竟然能够幸存下来。对于1918年之后长大的人来说,战争是一种记忆,但不久就变得模糊了。他们追求的不是回复旧规范,而是建立新规范。1919年,卢瑟福(Rutherford)预见了原子的分裂,虽然他没有想到这可能被转化为实际用途。爱因斯坦的理论动摇了牛顿的定律,后者赋予宇宙理性的框架。弗洛伊德以类似的方式撼动了人类头脑的理性框架。传统价值观念日趋薄弱,年轻一代开始丧失了方向。甚至连既定秩序的捍卫者也成了叛徒。不能再指望公学的学生继续保持传统。个性的解放首先从私人道德开始。政治反抗还要等到下一个年代。公学和大学中男女不同校的奇怪教育体制不免产生出同性恋。在维多利亚时代,这种行为被认为是感情用事、貌似无辜的,虽然也是下流的。在19世纪末,人们认为这种行为是邪恶的。而如今,同性恋既不无辜也不邪恶,在一个短暂的时期,它被当作一种正常现象。到20年代末,甚至原来公学的男生也开始发现,女性比那些浓妆艳抹的男孩更加迷人。伊夫林·沃丰富多彩的早期滑稽剧,为后人提供了这个不可思议的新时代的缩影。

这是一个黄金时代,人们的心中弥漫着喜悦,但幻梦很快就被驱散了。年轻一代躲过了战争,以为再也不会有另一次战争。1927年,世界上所有国家都签署了《凯洛格公约》,放弃以战争作为国家政策的工具。对德国人的仇恨被遗忘了。艺术家和作家不再去意大利或法国,而是去魏玛德国汲取灵感。德国的表现主义引领着先进戏剧和先进艺术的潮流。没人为政治或经济担忧。比如,那个年代的代表性剧作家诺埃尔·科沃德(Noel Coward)为科克伦(C. B. Cochran)写作(并谱曲)了一系列精彩的时事讽刺剧,无一片段涉及政治问题。开始于1924年的《今天与明天》系列描绘了方方面面的无限进步,比如科学、道德、幽默和人类自身的进步等。乌托邦不需要努力去争取,而是会自动到来。用马克思的话说,旧秩序将会自然而然地"消亡",虽然并非出于他所认为的原因。这些愿望都是短暂的。政治和社会问题不请自来,人们已经忘记了曾经充满自信的时代。30年代的特征是阴郁沉闷,由此回顾20年代最后几年的历史,必然蒙上阴郁的雾霭。时人并未显得忧郁悲伤,于是被谴责为肤浅轻佻,是的,他们无疑是肤浅轻佻的。但这仍然是一段美好的时光,无论如何,是两次灾难之间的喘息之机。

注解

注解 A　加拿大立宪冲突

1925年9月,当时的加拿大总理、自由党人麦肯齐·金向加拿大总督、维米的拜恩勋爵(Lord Byng of Vimy)提出解散议会的要求并得到允许。米恩(Meighen)领导的保守党以15票的优势战胜自由党。金认为自己可以在工党和进步党的支持下维持下去,因此继续执政。1926年6月,他受到不信任投票的威胁,要求再次解散议会,为拜恩拒绝,米恩就任首相。3天之后,米恩在下议院以1票之差失败,于是,拜恩允许米恩解散议会,虽然曾经拒绝金。在随后的选举中,自由党获得多数,主要是因为他们宣称英王室一直对他们不利。金重获总理职位,宣称自己是"殖民"统治的牺牲品。事实上,拜思虽然可能有所失误,但他是像英国君主那样独立行事的。当金教促他与英国政府磋商的时候,他甚至拒绝了。然而,金没有根据的抱怨为《威斯敏斯特条例》铺平了道路。可能金知道自己找错了批评对象。他是个行事不择手段的最精明的政客,难怪他比沃波尔以来的任何英国首相在位时间都要长。

注解 B　萨维奇案

萨维奇(Savidge)小姐在海德公园与劳合·乔治的一个副部长、后来的工党财政问题权威利奥·齐奥萨·马尼爵士交谈的时候双双被捕,被控为有伤风化。齐奥萨声言,当时他正在为萨维奇小姐提供职业生涯指导。二人被无罪释放。后来,萨维奇小姐在工作场所被侦探带走,并在苏格兰场受到5个小时的审讯。她向当地议员抱怨此事,于是在下议院发生了一场争论,调查庭谴责警察过度狂热。4年之后,齐奥萨·马尼又与一位年轻女士谈话,这次是在一节火车车厢之内。这次,他没有被无罪释放。令人安慰的是,与此同时,前苏格兰场情报处处长贝佐·汤姆森(Basil Thomson)也以类似的罪名被判有罪。

第八章 意想不到的危机，1929—1931年

英国的选举制度到1928年4月才实现了理论上的民主。政府在没有具体理由的情况下[1]推出了一项法案，把女性投票年龄从30岁降低到21岁，且女性选民的居住资格条件与男性相同。最终实现了成年人每人一票，但商业地产拥有者和大学选区例外——两者加到一起有大约50万人（主要是男性）拥有投第二票的权利，这个规定到1948年才被废除。[2]1928年法案增加了大约500万新的选民，人口的自然增长使1924年的选民总数增加了将近200万。人们认为，"妇女选举权"在1929年的大选中使工党受益，但这只是推测。工党多得的300万张选票可能来自过去的选民。从长远来看，更多的女性选民可能对保守党有利，而选民总数的提高可能损害了最不适合成为大众政党的自由党。1929年选举权的扩大并不为人瞩目，也没有影响到选举的性质。所有政党都没有刻意去吸引女性或年轻人。三大政党采取的方式都是老式的公共集会和挨门挨户的游说。

1929年5月的大选是英国历史上唯一一次完全的三角竞争。这是第一次，也是最后一次保守党、自由党和工党3个党派在大体平等的条件下博弈。每个党派都有500多个候选人，这是前无古人、后无来者的。每个党派都有清晰的纲领，大体团结在一个领袖周围进行竞选。每个党派都在追逐权力。保守党像往常一样，资金最为充足。富人为保守党基金捐款，是出于信念，也是出于对爵位的期待，虽然某些爵位不用掏钱常常也能得到。工党收入稳定，虽然数量较少，主要是来自作为其集体党员的工会的政治捐款，这笔稳定的收入可以保证两次选举之间工党组织的稳固。自由党面临着因财政状况不佳而日趋衰落的危险，他们能够支撑下去只是靠着将来上台执政的渺茫希望。1929年，劳合·乔

---

[1] 一贯极为保守的乔因森·希克斯在一次公共集会上一时冲动，承诺了妇女选举权。政府认为必须兑现这个承诺。丘吉尔和伯肯黑德反对这样做。
[2] 有一个小小的例外：那些搬家过于频繁的人（不到成人人口的5%）不能满足3个月居住期的要求。

治从他的政治基金中拿出 30 万英镑给自由党，为其注射了一支强心剂。这是暂时的，也是危险的疗法。这样可以帮助自由党人竞选，但对基层选举组织的帮助则微乎其微。

不是资金，而是基层选举组织维持着党派的存在，塑造了英国的政治体制。保守党和工党有某种形式的组织，虽然不是在每个选区都有一个领取薪水的代理人。自由党则差得多。很难弄清保守党和自由党的党员人数。工党有大约 30 万党员，有时候多一些，有时候少一些。[1] 并不是所有党员都是活跃的，而且，不同选区党员的数量差别很大，在大多数工人阶级集中的地区和中产阶级的左翼知识分子集中的郊区，工党的力量强大，在乡村的力量则很薄弱。一个地方政党如果能够拥有 50 个得到大家认可的人物，在大选中能够召集一二百人，那就很幸运了。除此之外，我们只能猜测政治赛场上各主角的实力。

区分政党的特征就比较容易了。在岁月的流逝中，保守党变化最少，基本上保持伦道夫·丘吉尔勋爵所塑造的模式。选区党派在决定政策方面基本上没有发言权。全国同盟的年度会议只是显示党员对领导者的信任，有时候则表示不信任。在另一方面，中央办公厅基本上不能控制选区党派。一个富裕的、得到地方支持的保守党议员可以几乎不受惩罚地独立行事，比如有的议员在离婚后仍然保住了席位。保守党所依赖的主要是他们的自然优势。著名的地方要人几乎总是站在保守党一边。大部分全国性媒体都支持保守党。1929 年，10 家日报有 7 家都支持保守党，所有周日报中只有 1 家没有支持保守党。保守党标榜爱国主义。他们开会的时候桌子上覆盖着国旗。帝国是他们的私有财产。大学、商会、行政部门、军队，像妇女协会这样名义上的无党派组织，还有英国国教会，都是戴着一层薄薄面纱的保守主义的支柱。在其他条件不变的情况下，统治者依然是统治者，被统治者只有默许。习惯是保守党最大的财产。

工党自诞生以来，更确切地说是 1906 年改名以来，发生了极大的变化。变化原因是 1918 年开始吸收个人党员，更大的原因是 1924 年工党的执政，他们自信不久就能出现另一个或许占多数的工党政府，而且工党还控制着很多地方议会。工党已不再是一个宣传组织或者向地方和国家当局施加压力的集团。其

---

[1] 作为工党集体党员的工会中还有大约 200 万党员。即使这些工会属于工会代表大会，它们不都是工党的集体党员。作为集体党员的工会也不是上交会员的所有政治捐款，他们把大部分政治捐款留为己用，比如，补贴工会议员的薪水，或者为地方工党捐款。

目标是获得政治权力，党员的观点必须放到次要的位置。1918年以前，政治性和产业性的集体党员可以不顾党的政策自行其事，而无需担心给未来的工党政府造成难堪。比如，独立工党可以反对战争，矿工们可以要求煤矿实行国有化。如今，工党领袖们需要的是忠实的追随者，而他们自己可以放手大干。

独立工党想把最低生活工资计划强加给工党，但工党年度大会拒绝了。于是，独立工党要求所有自己支持的候选人保证执行独立工党的政策，以此作为回敬。工党不能容忍任何与自己利益相违背的宣誓效忠。在财政方面，工党更加强大，有来自工会的捐款，而独立工党只有来自忠实会员的捐款。而且，工党作为民主的政党，坚定地维护多数人的意愿，即便这个多数要通过工会的集体投票也是如此。接受多数人决定的原则一开始被用于反对"自由党－工党联盟"，后来被无情地用于反对共产主义者，如今，又转过来反对独立工党，产生了毁灭性的后果。虽然1929年获选的工党议员中有140人属于独立工党，但是只有18人保证支持后者的政策，其中还有人没有信守自己的承诺。

这并不意味着工党像后来所说的那样成为一个"铁板一块"的政党。工党领袖中仍然存在着巨大的观点分歧，从极左到极右，在选区党派中更是如此，虽然领袖与选区党派之间的分歧不如人们平常认为的那样大。[1] 这些分歧从属于对政党的忠诚这一挑战"老板阶级"的唯一手段。工党把工会的实践转化成政治术语，如果持异议者做得太过分，就会被当成"工贼"。争执在很大程度上只是针对策略问题，领袖们认为工党依靠温和有度的政见就可以赢得选票，批评者则希望通过狂热的社会主义政策激发人们的热情。争执可能有误会。虽然有的工党领袖来自中产阶级，并且在不太成功地争取中产阶级的选票，但是，工党在本质上是工人阶级的政党，工党选民回应的是阶级情感，并不考虑这种情感会导致什么样的政策。而且，工党的温和有度总的来说是民主决策的结果，代表大多数工党支持者的愿望。左翼"民主派"像大多数极端主义者一样，都是没有士兵的军官。

工党虽然具有阶级特征，但是在日常事务中，也在不知不觉间变成了"全国"的一部分。对于抱负不大的普通人来说，工党像保守党一样，是产生影响

---

[1] 评论家们经常所犯的一个错误是，他们假定基层选举组织（而不是工会）代表的是党员个人的观点。实际上并非如此。基层选举组织本身是联合体，通常受到工会代表的控制。即使有党员个人的观点，工党也没有查明不同观点的机制。

力和获得荣誉的途径。如果他是一个工人，这是一条收益更大的途径。一个坚定的选区工党工作者获得爵位或大英帝国勋章的机会不如保守党人。但是，他有同样的机会成为市长、法官或者文法学校的董事。广义上讲，在大选中，保守党有更多的汽车把投票人送到投票站，工党则有更多的游说者说服投票人去投票站。两党的组织都不是专门为大选而设的，地方政治一直在支撑着政党组织。每年都有市镇选举（伦敦为每三年一次），除此以外，地方政党还要介入无休无止的地方问题。政党的核心成员不只是管理议会选举的机器，而是成为地方管理不可或缺的一部分，保守党和工党都是如此。

自由党没能实现这样的转型。当然，他们还有其他弱点。当教育问题不再存有门户之见的时候，他们的主要利益集团——非英国国教者，不但整体上失去了影响力，而且失去了对政治的兴趣，这样的事实使他们受到重创。自1916年12月以来自由党领袖之间一直纷争不断，使自由党人思想混乱，名誉扫地。他们的中央基金常常资金匮乏。然而，最大的障碍是不再在地方事务中作出独特的贡献。以前，地方政府可以自闯新路，比如，激进分子约瑟夫·张伯伦为伯明翰赋予了其他城市不具备的特色。如今，地方政府成了国家政策的代理人，仅限于如何执行这些政策。保守党为纳税人的利益代言，工党为穷人的利益代言，而有时候伪装成独立派的自由党地方议会议员们则倾向于追随保守党。[1]内维尔·张伯伦将公共援助交予地方议会的做法使这种划分更加清晰。到1930年，地方选举公开以党派为基础进行，虽然在威斯敏斯特还有3个党派，但是两党机制已经在地方政治中胜出。自由党选区组织在大选之间软弱无力，再也不能恢复活力。自由党在地方的根基被逐渐切断，自由党成了全国层面的事业。[2]

劳合·乔治希望克服这个缺陷，把自由党塑造成产生思想的政党，类似于非社会主义性质的独立工党。英国存在着产生思想的空间。其他两个党派有意绕道而走。保守党进行了强烈的抵制。他们正困于一项建设性的规划。关税改革曾经激发他们的热情，然而，这项事业即使在党内也招致反对。鲍德温曾经

---

[1] 曼彻斯特是个例外。那里一度存在一个秘密的自由党-工党联盟，这主要是欧内斯特·西蒙的功劳（后被封为威森肖的西蒙勋爵）。
[2] 政党组织与地方事务的联系也不利于独立工党，1918年后，独立工党放弃了地方政治事务，把它交给工党的基层选举组织。只有格拉斯哥例外。

为此吃过苦头，所以除了小心谨慎地提出实行连他自己都没什么信心的帝国特惠制外，不愿意再做这样的事。很多保守党人对鲍德温的无所作为感到不耐烦，但又无法反对他，因为他是唯一具有全国影响力的人物。印有斯坦利·鲍德温头像，写着"安全第一"的宣传画就是保守党提供的一切。工党也在抵制中证明了自身的强大，他们抵制来自独立工党的敦促。工党必须轻装上阵，进入未来的政府。麦克唐纳补充道，"绝对不能搞恶作剧"，这支大口径短枪同时对准了自由工党和工会。工党没有提出竞选纲领，而是由 R. H. 托尼撰写了一篇题为《工党与国家》的文章，阐述工党的总体方针。这是托尼的名著《贪婪社会》（*The Acquisitve Society*）的大众版，在语气上充满完美无缺的道德说教，但是比韦伯1918年的纲领隐晦得多。[1]

　　自由党至少在字面上提出了很多新思想。在过去的几年，劳合·乔治一直用他的基金资助研究。在劳合·乔治的倡导下，经济学家对煤炭、农业、城镇规划和不列颠的工业前景都进行了调查。1929年早期，他把研究结果转化成大众读物，取了一个响亮的题目《我们可以战胜失业》。3月1日，他在自由党候选人会议上宣布了这个誓言。这是一个引人注目的事件：从这一刻起，经济学家一直在摸索的新思维第一次进入大众视野。这意味着格莱斯顿的财政思想和自亚当·斯密以来一直延续的古典经济学的终结。劳合·乔治在纲领中否认了曾经使大不列颠强大起来，而如今已经僵化的自由放任和平衡预算的体制。取而代之的是有意地利用赤字，开展大规模公共建设，包括公路、住房、电力、电话、铁路等等。闲置资金和闲置人员将被利用起来创造繁荣，所投入的费用最终将被消化。这就是后来 F. D. 罗斯福在美国获得了一定成功的新政的雏形。大不列颠本可以成为世界上第一个这样做的国家。

　　在1929年，这样的新思维还过于新奇。大多数经济学家仍然对此无动于衷。例如，亨利·克雷（Henry Clay）所著的在20世纪20年代被广为接受的教材《大众经济学》（*Economics for the General Reader*）中就没有提及。后来被认为是基础理论创立者的 J. M. 凯恩斯也还没有完全弄懂这个问题。虽然他已经认识到储蓄有超过投资的趋向（马克思主义者很久以前就发现了这一点），但是

---

[1] 托尼不是政治家，而是道德教育家。他是工人教育协会的先驱，唯一的公职经历是在1919年的桑基委员会服务。虽然他是罗奇代尔和伦敦大学选区的议员候选人（当时他还谴责大学选区），但他从来没有在任何民选议会获选。

他还没想到"乘数效应",也就是说,让一个人就业不仅使他本人获益,而且通过提高他的消费,还可以让六七个人就业。因此,为失业者提供工作的代价似乎比实际情况更大。内维尔·张伯伦后来为此大作文章。他指出,为一个人找到工作每年需要的费用是250英镑,让他继续游手好闲却只需要60英镑。张伯伦忘了两者的差额还能带来更多的就业岗位。

对此,专家们踯躅不前,普通人则感到不知所措。劳合·乔治纲领中的新思维令人费解。减税可以增加纳税人的收入,这似乎是常识。如果说增加公共开支可以使个人受益更多,这是难以理解的。人们只从一个方面吸取了战争的教训,那就是,国家可以因庞大的开支而毁灭。没有人说,战争可以使国家繁荣,战时的投资可以在战后使国家继续受益。还有,人们普遍接受的说法是,英国出口滞后是生产成本过高造成的,为此,高税收像高工资一样受到责难。因此,从1929年开始,精辟的见解和普通人的想法之间出现了分歧,几乎延续至今。这种分歧存在于很多方面。爱因斯坦像凯恩斯一样,是无法理解的;而牛顿像亚当·斯密一样,一直是简洁、清晰的。常去音乐会的人可以哼唱莫扎特和贝多芬的主题曲,而不是斯特拉文斯基。他永远没能学会哼唱新经济的主题曲。

无疑,劳合·乔治自己也没有弄懂这些理论。他感兴趣的是行动,而不是理论。他的纲领是在没有充分准备的情况下抛给公众的,规划是秘密炮制的。劳合·乔治与工业福利的倡导者西伯姆·朗特里,还有凯恩斯和休伯特·亨德森等经济学家合作。没有经过公众辩论,也没有报纸头条报道,一场巨大的舆论转变之前通常需要这些东西。劳合·乔治党派意识不强,对他所领导和资助的政党也是如此。某些自由党领袖,年老的斯奎斯们,都是最拘泥于已有的经济秩序的人。1929年,大部分自由党候选人不太理解本党希望它们拥护的政策。假如发生了不可能的事情,自由党在大选中获胜,那也不会存在普通意义上的自由党政府。劳合·乔治还会和战时一样成为独裁者,只靠后座议员支持。他会靠临场发挥去面对每个问题。手下的官员将是超然独立的知识分子和无党派的商人。

劳合·乔治需要一场新的危机来打破政治与经济的惰性。但是,人们把失业看成是一种损耗身体的疾病,而不是危机,满足于所作的表面文章。另外两个党派对劳合·乔治的提议置之不理。它们各有自己的灵丹妙药,却又不敢提出。保守党对不要关税也可以拯救资本主义的想法感到恼火,工党为资本主义竟然有救的想法而愤愤不平。这些争论没有多大意义。起决定作用的是,战后劳合·乔治当权时积累起来的不信任。或许1929年5月的大选应该围绕失业和新政问题展开,但实际上并非如此。实属罕见的是,这是一次没有目标的大选。

从技术角度讲确实如此。1924年11月选出的国会是自1886年以来第一个基本完成任期的议会。[1] 即使在1929年,要不是因为法律规定,没有理由终止议会。[2] 尽管在补选中不断失败,但是政府仍然拥有绝大多数。[3] 没有热点问题可以激发起选民的热情。保守党没有威胁要自由贸易;工党显然不是共产国际的支部;虽然劳合·乔治作出承诺,但失业作为一种罪恶,是不可避免的。也没有引起恐慌的事情或噱头发生——没有季诺维也夫来信,没有兵临城下的选举,也没有吊死德国皇帝的呼声。虽然投票率和1924年(或1931年)一样,但是选民没有激动兴奋可言。如某些现代理论家认为适用于所有选举的理论一样,这一次,选举转向唯一的一个问题:谁应该是下任首相?更为罕见的是,各位候选人势均力敌。与1918年劳合·乔治参加的选举不同,也与1945年丘吉尔参加的选举不同,这次选举并不是巨人和侏儒之间的竞争。1929年,麦克唐纳和劳合·乔治都已经以不同的方式闻名全国,而鲍德温无论如何也不再默默无闻。

这样,在没有干扰也没有"红色信笺"的状态下,选民们的投票就像30年之后,也就是20世纪50年代那样:保守党和工党的得票数平分秋色,自由党显然处于第三的位置。保守党和工党的得票数都超过800万张,保守党比工党多30万张。但选区划分是过时的,它基于1911年的人口普查,未考虑人口不断地从苏格兰和英格兰北部流向南部,也未考虑人口从包括伦敦在内的城镇中心流向郊区。结果工党得到288个席位,保守党得到260个席位。因此,被认为是"人民的政党"的工党的成功来自相对来说有名无实的选区。自由党的得票增加了200万张,从300万到500万,完全是因为候选人人数的增加;在竞

---

[1] 当然,除了1910年选出的议会任期在战争年代被不正常地延长了。
[2] 根据1911年《议会法》,议会任期从7年减到5年。
[3] 1925年至1929年间,工党从保守党赢得11个席位,从自由党赢得2个席位。自由党从保守党赢得5个席位,从工党赢得1个席位。保守党从自由党赢得1个席位。

争激烈的选区的得票率实际上下降了（从 30.9% 到 27.7%）。增加的得票只为自由党赢得 19 个额外的席位，从 40 席上升到 59 席。[1] 让劳合·乔治雪上加霜的是，成功的自由党人都是仇视自己的阿斯奎斯式的保守派，比如朗西曼和约翰·西蒙爵士。年轻的冒险家们都失败了。然而，这仍然是一届新型的议会。公司董事有 96 名，在人们的记忆中是数量最少的。在工党党员中，工会干部有史以来第一次成为少数。保守党和工党正在变成由职业政治家组成的党派，不再是排他性的利益集团。这曾经是自由党的模式，当其他党派步其后尘的时候，或许一个特色鲜明的自由党已经没有存在的必要了。[2]

工党虽然是最大的一个党，但仍然没有超过半数。鲍德温马上就辞职了。他跟国王说，不这么做似乎"并不光明正大"。真正的原因可能是出于他从政的一贯动机：对劳合·乔治的不信任。他认定，劳合·乔治不应因赶走保守党而受到好评，如果保守党因他而继续留任，情况就更糟。6 月 5 日，拉姆齐·麦克唐纳第二次就任首相。令他不太情愿的是，他没有再次就任外交大臣。[3] 在与 J. H. 托马斯耍了一些手腕之后，这个职位由亚瑟·汉德森担任。托马斯愉快地去负责设计就业规划，以便盖过劳合·乔治的风头。兼任自治领和殖民大臣的西德尼·韦伯作为帕斯菲尔德勋爵进入上议院。劳工部长玛格丽特·邦德菲尔德（Margaret Bondfield）是第一个进入内阁的女性，并在枢密院宣誓。这一次，没有让保守党入阁。在其他方面，第二届工党政府基本跟第一届一样：出身低微的人占多数，没有一个伊顿公学的毕业生，而且用斯诺登的话说，内阁中"工人运动的右翼占压倒性的多数"。[4] 在第一届工党政府最成功的惠特利被排除在外，原因是他忠诚于独立工党，而且他在格拉斯哥的公司卷入了一场财政丑闻。第一工程专员乔治·兰斯伯里作为左翼发言人取代了他的位置。他与乔治五世的关系出奇地好。二人甚至愉快地交流各自的病情。他还在蛇形湖建造了一个豪华的露天浴场，从而为英国人的生活留下印记。这是第二届工党政府被人们

---

[1] 当作为自由党人获选的乔伊特（Jowitt）就任总检察长并加入工党的时候，数字马上变成了工党 289 席，自由党 58 席。
[2] 1924 年议会中唯一的共产党人萨克拉特瓦拉在工党没有派出候选人的情况下获选了，此次他在巴特西落选。1929 年至 1935 年间议会中没有共产党人。
[3] 麦克唐纳对国王说他愿意就任外交大臣，让别人（大概是汉德森）任首相。尼科尔森《乔治五世》第 435 页。对此没有其他佐证。
[4] 斯诺登《自传》（Autobiography）第 2 卷第 767 页。

记住的唯一东西。[1]

因为工党还是未过半数,所以即使其领袖们信仰社会主义并清楚社会主义的意义,但还是不可能实行社会主义纲领。尽管如此,工党怀着远大的希望迈开脚步。当他们开始执政的时候,大不列颠还很繁荣富裕,失业率低于10%。外交政策似乎比经济事务更加紧迫。对此,麦克唐纳和汉德森在第一届工党政府成功的基础上又有突破。多亏了他们,在两次世界大战期间,此时比其他任何时候都更接近于达成国际协定。奥斯丁·张伯伦执掌外交部的晚期,《洛迦诺公约》的动力已经大不如前。如今,它被再次唤起并向前推进。1929年8月的海牙会议针对德国赔款问题签署了一项新的协定,即《杨格计划》。这项协定把德国从协约国的控制下解放出来,使其重新获得与以前敌人的平等地位。以财政大臣身份参加会议的斯诺登拒不接受减少对大不列颠的赔款(每年200万英镑),几乎瓦解了这项协定。为此,这位"铁血大臣"获得了伦敦金融城荣誉市民的殊荣。但是,在不到3年的时间里,以如此英勇的行为得来的资金被证明是水中月影。汉德森恢复了会上的和谐气氛,并且保证协约国军队提前5年从莱茵兰撤出。

不久,汉德森成为国际联盟的主要角色。1929年,施特雷泽曼去世;白里安已经筋疲力竭。汉德森取代他们的位置,成为联盟的中坚力量。法国从来没有完全信任过麦克唐纳。他们还记得他的反战历史,而且怀疑他倾向于德国一方。或许是,他充满激情的演说与法国人过于相像。汉德森的历史则无可非议。战时他是战争的支持者,战后他是和解的支持者。他说话简洁直白,比麦克唐纳表现出更多的对法国安全诉求的同情。因此,他成为两次世界大战期间赢得法国和德国信任的第一位,或许是唯一一位英国政治家。汉德森发现联盟设立的裁军筹备委员会仍然纠结于细节问题,在他的推动下,1932年2月召开世界裁军大会。汉德森被选为主席,这是对一位拥有世界声誉的政治家应有的敬意。但是,等到大会召开的时候,欧洲事务已经变得更糟,汉德森也不再是外交大臣。但在一个短暂的时期,人们寄予厚望似乎是有道理的。

麦克唐纳亲自处理与美国的关系问题。保守党对美国一直怀有某种不愿承认的嫉妒心理。他们怀疑美国人想抢夺或瓜分大英帝国。他们对1922年《华盛

---

[1] 除此之外,英国的城市基本上没有修建露天浴场和太阳浴场。这是令人奇怪的,是对英国气候特点的漠视。

顿海军条约》对英国海军力量的限制感到愤愤不平。与此相对照的是,麦克唐纳因渴望建立英美友谊关系而显得不同凡响。他于1929年10月访问美国,打破了1929年日内瓦会议失败之后在海军裁军方面的僵局。第二年早期,他老练地在伦敦主持了一次海军会议。尽管面对海军部的抗议,他把巡洋舰数量限制在50艘之内,再以这个让步为基础,使大不列颠、美国和日本达成一致。这三大强国按照华盛顿会议提出的5∶5∶3的比例限制各自巡洋舰、潜水艇和驱逐舰的数量。此外,5年内暂停建造主力舰。意大利拒绝接受少于法国数量的任何规定,并未对这次外交成功有任何影响。《伦敦海军条约》和任何此类的条约一样,是以签约国之间持续的善意为基础的。如果考虑到日本1931年之后的作为,是缺乏这种善意的。但是,从更长远的角度看,同美国建立友好关系在后来应对来自日本的危险时还是挺有用的。

第二届工党政府使国际事务的和解达到顶峰。大多数英国人都认同麦克唐纳的观点,即不管各国是否认识到,它们之间其实是有共同利益的,所有的冲突都可以通过"不懈的善意行为"得到化解。1909年,自由党因为没有建造更多的无畏舰,而是寻求与德国达成海军协定,从而失去了大众的支持;1927年,保守党则因为没有跟美国达成海军协定,而是提议建造更多的巡洋舰,失去了民心。如今,人们相信第一次世界大战是被错误发动的。如劳合·乔治所说,"我们都是误打误撞地进入战争"。以古奇(G. P. Gooch)为首的研究战前外交的英国历史学家强调了这一观点。战争的过程和结果也证明了同样的观点。人们哀叹在1917年没有进行一次和平谈判,达成妥协。他们认为,战争没有解决任何问题。他们还自信地认为,所有人都认同这一观点。无知是唯一的危险,这种无知可以通过不懈的、公正的研究得到解决。战后不久,为此成立了皇家国际关系学会,针对很多国际问题开展研究。这是20世纪人们拥有共同观点的一个明显例子。这个观点就是:如果人们积累了足够的信息,就必然能找到问题的答案。推而广之,还有一个类似的观点:国际联盟的存在是为了在调查和探讨的和谐气氛下减少国际争端。只有通过裁军才能够圆满解决问题,工党政府所做的就是尽最大努力实现裁军。

在这个乐观的前景下,存在着一个难以处理的缺陷。统治苏联的马克思主义者拒绝承认与资本主义世界之间存在任何利益共同体。与此相反,他们鼓吹世界革命,并在亚洲结出了令人厌烦的果实。他们甚至认为,社会主义体制的成功有朝一日将暴露出资本主义经济秩序的缺陷或无序。因此，他们怀疑以大不列颠为首的资本主义势力正在筹划一场新的干涉战争。共产主义者自吹自擂，但英国政府没有被苏联吓倒，他们只是被激怒，并且因无法将苏联纳入乐观的计划而感到困惑不解。毫无疑问，国际联盟内没有苏联代表找麻烦，令他们非常高兴。但在另一方面，工党政府在1929年10月与苏联恢复了外交关系，这次没有引起波澜，后来也没有断交。[1]虽然乔治五世不情愿接待谋杀他堂兄弟的凶手派来的代表，但是索科利尼科夫（Sokolnikov）大使还是来到了伦敦。没有再提及英国向苏联贷款的事，也根本没提起俄国革命前的债务。双方还保持着猜忌与冷漠，但无论如何已经迈出了恢复正常关系的第一步。

同样的和解精神也表现在帝国事务上。在这个方面，人们同样期待着善意能够取胜。以中央集权为基础的帝国转变为独立国家自由合作的联合体，这个过程随着1931年《威斯敏斯特条例》的通过划上了句号。很多英国人忘记了过去的麻烦，把爱尔兰作为进一步实行和解的理由。埃及和印度应该走在同一条路上。显然，争议是存在的，为此发生了暴乱和监禁，但争议只是关于时间问题。英国当局和被统治地区的最终目标是一致的。如果双方经常坐在圆桌边进行磋商，这个目标是可以实现的。最终，各国的要求可以得到满足，而英国的根本利益不会受损。工党在印度问题上坚决执行了这一政策。1929年10月31日，印度总督欧文勋爵（Lord Irwin）没有等到西蒙委员会的报告出台，就对自治领的地位作出公开的承诺。

但是事与愿违。12月，印度国大党对此的回应是一份独立宣言。甘地发起了新一轮非暴力不合作运动。他横穿印度直至海滨，在那里自制食盐，消费未纳税的盐，反抗政府的食盐垄断行为。他因此被捕入狱。不久，又有5万名印度人被关进监狱。工党政府实行高压政治，跟自由党曾经在爱尔兰所做的一样。但他们还一直坚持和解。1930年6月，西蒙委员会提交报告，建议在各省成立负责任的政府，并建议英国政府、印度政府和土邦王公就未来的中央权力进行谈判。这对麦克唐纳的外交政策而言又是一个良机。1930年11月，在伦敦召开了一次圆桌会议。国大党拒绝参加会议。土邦王公的代表参加了会议，同意参加未来的印度联邦政府。这对国大党是个诱人的诱饵。甘地获释出狱，和欧

---

[1] 1924年英国承认苏联，1927年断绝外交关系的时候并没有撤消承认。

文勋爵展开了一系列会谈。这是一个奇怪的组合,为很多其他类似会谈开了先河:没落帝国的贵族统治者向民族主义的反叛者大献殷勤。经过持久而错综复杂的讨论之后,甘地同意参加第二轮圆桌会议。当圆桌会议再次召开的时候,工党政府和裁军大会都已成为历史。但无论进展如何缓慢,工党为此付出的努力得以继续,最终结出了印度独立的果实。

与埃及的谈判结果不佳。汉德森强令劳埃德勋爵辞去帝国高级专员职务。当因此受到保守党非议的时候,他成功地在下议院证明劳埃德勋爵一直与奥斯丁·张伯伦不和。然后,汉德森试图与埃及达成协定:大不列颠放弃对埃及内部事务的干预,并把军队撤退到运河区。埃及人还要求恢复对苏丹的共同管理。他们是1924年一个埃及民族主义者谋杀苏丹总督李·斯戴克(Lee Stack)之后被剥夺这一权力的。但是,英国还在计划着把苏丹变成自己的忠实属国。谈判因此破裂。表达民族主义不满的示威游行偶尔发生,未能阻碍英国人继续留在埃及。他们仍然自信地认为,控制苏伊士运河和埃及独立二者是可以调和的。他们在等待时机。

巴勒斯坦的问题更加棘手。贝尔福宣言作出承诺,英国要在那里为犹太人建立一个民族家园。与此同时,他们的统治还不能触怒占人口大多数的阿拉伯人。犹太人带着犹太复国主义者的资金来到巴勒斯坦。他们从阿拉伯人手中购买土地,并不讳言要把民族家园变成犹太人的民族国家的意图。阿拉伯人起而抗拒和反叛。面对这一问题,殖民大臣帕斯菲尔德运用了冷静理智的费边式思维。他得出了虽然不相干但是理性的结论:如果不强迫阿拉伯人背井离乡,那么让更多的犹太人进入巴勒斯坦是不可能的。因此,1930年10月的白皮书宣布,犹太人的移居入境必须终止,这在犹太复国主义者中引起了轩然大波。可怜的帕斯菲尔德发现自己成了自哈曼(Haman)以来犹太人的最大敌人。麦克唐纳用温和的话语暂时平息了风暴。犹太人和阿拉伯人之间的冲突被推迟了,直到因纳粹主义者的迫害,大规模的犹太人从中欧涌入,不可避免地造成犹太人人口暴涨。尽管如此,帕斯菲尔德的发现是令人尴尬的。他无意间发现,英国工党和几乎所有英国人的根本理念是行不通的。在巴勒斯坦、阿拉伯人和犹太人之间存在着不可调和的冲突,而不是错误地未能认识到彼此之间存在利益共同体。

1930年的时候,巴勒斯坦似乎还是一件小事,最多只是一团和气下一个令人头疼的个例。工党的外交和帝国政策总体上是让人满意的。保守党为1930年的三国海军条约和汉德森在国际联盟的所作所为而喝彩欢呼，几乎像斯诺登在海牙的立场那样得到交口称赞。鲍德温像麦克唐纳一样，深深卷入了使印度成为自治领地位的政策。裁军问题也是达成了一致的。1931年2月，帝国防务委员会下设的三党委员会讨论了即将召开的裁军会议，并制定了国民政府将实际遵循的政策："对英国军备的任何进一步裁减，只有在其他国家相应裁减，并且考虑每个国家的特殊义务和危险的前提下才可以在国际协定中予以承诺。"这个定义虽然在后半句有所保留，但还是接受了军备不应该只考虑到英国的国家需求，而是应该取决于国际协定的原则，这个原则在1914年之前，几乎不会被任何人所接受。

一些工党党员对和解进程不够迅速而感到不满。在保守党一方，丘吉尔几乎是独力对抗鲍德温-麦克唐纳的观点。像往常一样，丘吉尔想要采取的是进攻性路线，并且对工党采取坚定不移的敌对态度。他以帝国斗士的新姿态出现。他抨击裁军，甚至批评《威斯敏斯特条例》，理由竟然是：具有历史意义的词语"帝国"将被新词"联邦"（实际上这个词语的历史同样悠久）所取代。丘吉尔抨击最多的是与印度民族主义的和解。他支持印度土邦王公的事业，唤醒"各骁勇的民族"。1931年1月，他因此从保守党影子内阁辞职，开始了长达数年游离的生活，直到第二次世界大战开始。他的反对不仅没有效果，还使他获得了不切实际的黩武主义者的名声，使他来不及开始更有价值的事业就失去了人们的信任。我们可以确定地说，鲍德温虽然真心支持和解，他不会为除去自己心目中的危险对手而感到遗憾。

在国内事务上，虽然没有那么大张旗鼓，但也在走向和解与一致。工党一致认为，社会主义可以通过议会多数和议会立法的方式予以实现。而且，人们逐渐形成了一种信念，即国内事务和国际事务一样，都没有解决不了的冲突。人们还进一步形成了一种不太成熟的信念，即一个特定行业的人最了解如何运作本行业。作为社会基础的是机能，而不是财产，这正是托尼谆谆教导的中心内容，这个学说虽然有有益于工人的倾向，但是也证明了行业管理者的合理性。正如大多数工党党员不接受马克思主义者关于资本帝国主义是战争根源的观点，而是指责国际社会的无序状态一样，他们在国内逐渐偏离了社会主义者对腐朽的资本主义的控诉，只谴责经济上的无政府状态。如果主要靠生产厂商实现对现存秩序的管制,那么一切都会变得美好,甚至更加美好。

第一次世界大战期间,受管制的资本主义在没有任何清晰规划的情况下运作起来,但事后就终止了。和平时期的第一个模式是中央电力委员会,它是成立于 1926 年的一家国有公司,负责电力批发交易。[1] 据说,这样做既没有官僚主义,也没有工人专政的罪恶,体现了社会主义的优越性。工党政府虽然把更多的权力留给业主们,但是向前推进了一步。1930 年的《煤矿法》是他们在国内事务上取得的最重要成就,也是英国历史上的一个里程碑。工党的当务之急是通过废除自 1926 年以来的 8 小时工作制来满足矿工们的要求。经过独特的谈判折中,新法案没有恢复 7 小时工作制,而是规定为 7 个半小时。矿主们被制定最低价格和产量配额的权力所诱惑。更长远的计划是,一个产业重组委员会负责制定关闭低效矿坑和合并其他矿坑的计划。这个委员会没有发挥任何实际作用。相反,法案所保护的正是低效率。它牺牲消费者的利益,实行采煤限制,保持价格稳定。这就是 20 世纪 30 年代英国资本主义的模式。

劳合·乔治以前的支持者克里斯托弗·艾迪生制定的 1931 年《农产品购销法》也是同样的路数。法案授权生产者理事会制定价格和营销产品。他们的决定可以通过法定程序强加给任何持异议的少数派。交通部长赫伯特·莫里森[2](Herbert Morrison)针对伦敦交通成立了国有公司,其实际目的是让盈利的公共汽车为不盈利的地铁支付费用。这项议案在工党政府倒台的时候还没有被议会通过。1933 年,国民政府作了一些小的修改,然后予以实行。运输工会未能派代表参加伦敦乘客运输委员会[3]。私营地铁的董事长和经理成为新委员会的董事长和经理,并且享有越来越大的权力。对此怪现象,工党也没有提出任何异议。

在其他领域,工党重启 1924 年开始推动的事业。内维尔·张伯伦曾经试图终止惠特利补贴,卫生部长亚瑟·格林伍德[4](Arthur Greenwood)保住了

---

[1] 英国广播公司也提供公共服务,不受民主控制。
[2] 赫伯特·莫里森(1888—1965):一个警察的儿子;1929—1931 年任交通部长(1931 年为内阁成员);1940 年任物资供应部长;1940—1945 年任内政与国土安全大臣(1942—1945 年为战时内阁成员);1945—1951 年任枢密院长;1951 年任外交大臣;1959 年被封为终身贵族。
[3] 委员会成员由 5 类受托人任命:伦敦郡议会主席、伦敦数家银行行长、注册会计师若干、法律协会和伦敦交通咨询委员会的一名代表。
[4] 亚瑟·格林伍德(1880—1954):1929—1931 年任卫生部长;1940—1942 年任不管部部长(战时内阁成员);1945—1947 年任掌玺大臣;1946—1947 年任财政部主计长;1947 年任不管部部长;1935—1945 年任工党副领袖。

这个政策。房屋建筑补贴延续到1933年。在1930年《住房法》中，格林伍德率先提出清理平民窟。虽然这项法案被国民政府搁置起来，但在1934年还是开始实施了。多亏了亚瑟·格林伍德，在第二次世界大战前5年清理的贫民窟比之前的50年还要多。教育部的特里维廉试图把1924年的工作再推进一步，把学生离校年龄提高到15岁。他的议案受到身为罗马天主教徒的工党后座议员的阻挠。这是一种奇怪的现象，它显示：罗马天主教主要是下层阶级的宗教，工党已经吸收了一批宗教分子。[1] 这项教育法案于1931年3月被上议院否决，特里维廉辞职，是因为对政府的软弱无力感到总体上的不满，也是因为对法案失败感到失望。

失败的不仅是教育法案。取消1927年《劳资争端法》的努力因自由党的反对而失败了。工党试图恢复的是1913年自由党政府制定的法律，这表明1913年以后某些自由党人右倾得多么厉害。选举改革也遭受了挫折。自由党人想实行比例代表制，工党只接受顺位投票制——在其他两个政党之间分配自由党投票的方式，自由党勉强同意。虽有关于一人多票制和大学选区制度的争议，一项法案终于在下议院通过。工党希望根据成年人每人一票的民主原则，将上述两项制度全部废除。上议院使法案进一步弱化。1931年7月，工党政府梦想通过《国会法》的机制通过该法案，这就需要在自由党的支持下把少数派政府再维持两年。然而，一个月之后，政府垮台了，法案随之告吹。保守党继续从一人多票制和大学选区制度中获益，工党也同样从旧的选区划分制度中获益。自由党失去了以对自己有利的方式改革选举制度的机会。比例代表制和顺位投票制永远销声匿迹了。

党内之争伴随着这些争议，甚至常常使这些争议黯然失色。一切出于同样的原因。三个党派像传奇性的福特汽车一样，所依靠的是各自的声誉。在面对选举制度之类传统问题时，他们存在着政党路线的分歧，在针对时事问题时，他们则摇摆不定。保守党支持工党的外交和帝国政策。工党拥护资本主义垄断。自由党人，至少是劳合·乔治，比工党更积极，要求采取更多的行动，甚至更多的社会主义。后座议员们躁动不安地反对那些不能发挥明确的带头作用的领袖。用艾德礼的话说，1929年，自由党因普遍不信任自己的领袖而暂时重获统

---

[1] 麦克唐纳就此事试图安抚他的罗马天主教支持者，从而招致了丘吉尔给他的著名评语："没有主见的人。"

一。[1]鲍德温记忆中的1931年是"本党竭力想把我搞掉的一年"。[2]麦克唐纳更有理由记住1931年,那一年工党实际上抛弃了他,不仅使他失去领袖地位,还彻底把他赶出了工党。这3个表达不满的行动针对的都是个人。劳合·乔治不讲原则,只受权力的驱动;鲍德温懒散松懈;相对于无产阶级的追随者群体,麦克唐纳更倾向于上流社会,尤其是伦敦德里夫人的社团。在表面现象的背后,三个党派都在尽力发掘自身存在的理由。

劳合·乔治的处境最难堪:自由党几乎没有在他的领导下存在的理由。自由贸易是唯一能够给予自由党表面上的团结的问题,但是,即使这个问题不与劳合·乔治倡导的经济扩张规划互相矛盾,至少与其并不相关。而且,议会的状况使劳合·乔治面临一个几乎无法解决的策略问题。在以前少数派政府执政时期,比如,1886年至1895年间,第三党虽然恼火,但是他们很清楚自己希望哪个政府上台。自由统一党人支持了保守党,爱尔兰民族主义者支持了自由党。劳合·乔治希望在无损自己信誉的前提下使工党政府丧失信誉。但是,鲍德温迫使他支持工党政府,并且把工党失败的责任强加到他的头上。自由党再次分裂成3个部分,一些人投票支持政府,一些人投票反对政府,剩下的人则放弃投票。约翰·西蒙爵士领导的团体转而与保守党合作;劳合·乔治有意加入政府;赫伯特·塞缪尔领导的其余人马则孤立无援。如果自己的建议能被采纳,劳合·乔治肯定愿意送上自由党的投票。但他做不到这一点,那些与他讨价还价的人也清楚这一点。

鲍德温应该是如愿以偿了。他于1922年首次击败了"聪明人",现在胜利的果实得到巩固。丘吉尔在保守党内被孤立;自由党首脑劳合·乔治陷于困境。但是,鲍德温也有自己的麻烦。造王者比弗布鲁克重操旧业,这一次完全是他自己的主意,背后没有一个博纳·劳。他手中的武器也以旧换新:这是第一次,也是最后一次主要靠主流新闻栏目的攻击,试图改变政党的领导人和政策。比弗布鲁克这么做不只是出于野心,他对帝国的自由贸易事业有着真诚的信仰。这个纲领是幻想的产物,正如一位开明的新闻记者所说,比弗布鲁克是"一个

---

[1] 汤姆·克拉克(Tom Clark)《我的劳合·乔治日记》(*My Lloyd George Diary*)第81页。这个说法可能是来自艾德礼。
[2] 杨格《鲍德温》第162页。

梦想的贩卖者"[1]：自治领虽然可能进一步提高外国商品的关税，做做特惠制的样子，但是，他们不可能降低英国商品的关税。尽管如此，这项事业对许多保守党人有着强烈的吸引力，因为他们希望有更加令人振奋的事情，而不是鲍德温的"安全第一"政策。

1929年7月，当大选将近结束的时候，比弗布鲁克发起了帝国自由贸易运动。他与另一个报纸业主罗瑟米尔结成联盟，二人成立了联合帝国党，威胁说要推出候选人，与保守党的正式候选人竞争。与罗瑟米尔的联盟使他得到更多的资金，并且得到《每日邮报》的支持，但是还存在着一个软肋。比弗布鲁克自诩为一个政治家，罗瑟米尔则是一个更加迟钝笨重的人，比他已故的兄弟诺斯克里夫更不为人所信任。[2] 鲍德温把这种不信任发挥到了极致。一开始，他作出策略性让步，同意对食品税进行公民表决。他牺牲了他的支持者、保守党主席戴维森，让内维尔·张伯伦代替，这又是精彩的一笔。张伯伦是鲍德温最危险的对手，他是个彻头彻尾的贸易保护主义者，因高效而独树一帜，并且受到比弗布鲁克的青睐。他也有着鲍德温清楚的弱点：强烈的忠诚感，这或许是对他父亲在这个方面完全相反的行为的补偿；另一个弱点是他憎恨丘吉尔和劳合·乔治，这使他始终不能摆脱鲍德温的束缚。

保守党内部的风暴虽然有时和缓一下，但一直肆虐到1930年。10月份，主张帝国自由贸易的候选人在南帕丁顿的补选中击败了保守党正式候选人。保守党地方负责人汇报说，该党对在鲍德温领导下赢得大选感到绝望。1931年3月1日，张伯伦把这个消息转给了鲍德温。鲍德温同意马上辞职，张伯伦为了便于继任，也辞去了党主席的职位。但鲍德温又决定留下来。3月17日，他重演了劳合·乔治曾经用来对付诺斯克里夫的策略：煽动大众对新闻业巨头的反感。鲍德温用他的表兄弟拉迪亚德·吉卜林（非常奇怪的是，他是比弗布鲁克的朋友）的话，指责比弗布鲁克和罗瑟米尔贪求权力而不负责任，"这是古往今来娼妓的特权"。几天之后，官方候选人达夫·库珀在威斯敏斯特的圣乔治教堂的补选中获胜。[3] 这样，鲍德温胜利了。此后，他的领袖地位再也没有受到挑

---

[1] 这个记者是霍华德·斯普林（Howard Spring），马上被聘任为《旗帜晚报》（*Evening Standard*）的文学评论员。
[2] 罗瑟米尔另一次卷入政治更加滑稽可笑：他接受了匈牙利的修正主义主张。据传闻，作为回报，空缺的匈牙利王位将会传给他的儿子。罗瑟米尔接受了奉献给他的一个布达佩斯喷泉，感到心满意足。那个喷泉因此而改名。
[3] 起初，鲍德温想亲自参加补选，但可能只是随便说说。

战。帝国自由贸易成了垂死的事业,以后再也没有被放到首要位置。或许正是新闻业巨头的支持毁灭了帝国自由贸易。大众报纸提供新闻,更多的是提供消遣,而不是引导舆论。作为国家论坛的仍然是议会,而不是新闻界,尽管这个论坛有不少毛病。张伯伦感到自己上当受骗,确实如此。对此他无能为力。虽然他现在是鲍德温注定的继承人,但是不得不听天由命,继续等待。

自由党和保守党内部不和,工党政府得利。劳合·乔治不想把工党赶下台,鲍德温无力上台执政。比较而言,工党的分歧不大。独立工党不断萎缩,在工党的政策讨论中所占分量极小。欧内斯特·贝文极力想树立起工党政府只是工会代表大会的政治代理人的原则,但被麦克唐纳挫败了。不管那些有着后见之明的批评家如何评论,麦克唐纳对工党的大部分党员和工人群众具有不可抗拒的影响力。他只需利用丰富的辩才,就可以让反对派闭口。工党的难题不是因为内部的纷争,而是因为时运。工党执政的时候,尽管还有100多万工人失业,但整个国家处在繁荣昌盛的上升阶段。J. H. 托马斯在兰斯伯里和两个副部长奥斯瓦尔德·莫斯利(Oswald Mosley)和汤姆·约翰逊(Tom Johnson)的协助下,着手制定减少失业的规划。但实际出台的规划很少。使用公共资金的提议遭到最正统的金融家、财政大臣斯诺登的抵制。工党政府最多为6万人左右找到了工作。

1929年10月爆发的世界经济大萧条湮没了这些微小的努力。经济大萧条源于大不列颠之外,主要是因为全面依赖美国贷款和美国的繁荣。1929年10月24日,美国的投机泡沫破灭,美国资金停止周转。贫困的初级生产国变得更加贫困。他们停止购买英国商品,不再需要英国的航运服务。已经处于困境的英国出口业发现剩下的市场也消失了。失业率剧增,虽然不如德国或美国猛烈。1930年7月,失业人口达到200多万,到12月,增加到250万。据当时错误的估计,到1931年会达到300万。

经济大萧条在大不列颠表现为奇怪的不平衡。虽然进口价格剧烈下跌,出口价格(大部分是制成品)却没有。在包括1930年的一年多时间里,大不列颠在进出口价格比率中获利20%。它可以以大幅度降低的成本大量进口。在1929年至1931年间,在出口量差不多减半的情况下(从141减到88),进口量仍然稳定保持着99（1938年为100）。但大不列颠的国际收支只是多支付了2500万英镑。[1]工资仍保持稳定，但随着物价的下跌，实际工资增长了。那些工作的人（一直比1924年要多）比过去任何时候都富裕。因此，失业问题虽然从统计资料上看是可怕的，对那些经历失业的人来说自然是严酷的，但令人感到奇怪的是，这个问题一直远离社会大众，这与大规模失业的地区远离政治中心伦敦也不无关系。

工党马上开始批判资本主义制度。麦克唐纳像往常一样作出了最深刻的表达："站在审判台上的不是我们，是我们生活在其中的制度……它必将崩溃，实际上已经分崩离析。"但是，工党中极少有人明了应该从中吸取什么教训。伟大的费边主义者帕斯菲尔德陷入迷茫。欧内斯特·贝文建议货币贬值，兰斯伯里建议把退休金延迟到60岁开始发放，以维持该制度运转。只有加入工党较晚的富人奥斯瓦尔德·莫斯利直面挑战。他的建议比劳合·乔治更有创造性，为经济政策的大部分建设性构想规划了蓝图，其影响直至今日。已经不可能搞清楚莫斯利思想的来龙去脉。或许是他的独创。如果真是这样，这些思想可以说是惊人的成就，也是一个超凡脱俗的天才后来被糟蹋的证明。

莫斯利想要的是有计划的对外贸易、对工业的统一管理和系统地使用信贷来促进发展。这些思想是J. H. 托马斯所不能理解的。这对斯诺登和工人运动中残存的自由贸易情结是一种触犯，对正统的社会主义者来说也是几乎同样的触犯。1930年5月，内阁拒绝了这些建议，莫斯利辞职。托马斯也放弃了解决失业问题的工作，改任自治领事务大臣（他是第一个没有兼任殖民大臣的人）。麦克唐纳亲自承担了解决失业问题的责任，尽管没有完成这项任务。莫斯利把争议带到了议会党团。他在那里的演说得到了普遍的赞赏，然而，对麦克唐纳的忠诚和对外来富人的不信任情绪过于强烈，莫斯利的提议以202票反对、29票赞成的结果被否决。1930年秋天，莫斯利诉诸党代表大会，但再次被麦克唐纳挫败。莫斯利仍然坚信可以让工党跟他走。12月份，在A. J. 库克和17名工党议员的支持下，他发表了一份宣言。1931年2月，他失去了耐心，成立了新党。追随他的只有4名议员，其中一位是他的妻子。这是自伦道夫·丘吉尔勋爵失败以来所犯的最大的个人失算。莫斯利和他的支持者们被赶出工党。连最同情他的工党党员也不愿意失去政党的支持。莫斯利的政治生命毁了，他的思想也

---

[1] 英国的出口值从1929年的8.38亿英镑下跌到1931年的4.53亿英镑。进口值从12亿英镑下跌到8.61亿英镑。

随之毁灭。工党继续随波逐流，没有任何政策。

工党对莫斯利纲领的否决是英国历史上的一个重大事件，在英国人民糊里糊涂地决定墨守陈规的时候，它所起的作用是负面的。曾经使大不列颠和平、稳定的力量使它没能成为实行新政的国家。即使工党认真地听取莫斯利的意见，阻力也将是巨大的。他的思想必须靠那些不相信他的公务员和实业家去实践。英国人民还需要数年的经济论战和第二次世界大战的影响，才能放弃回归维多利亚女王岁月的理想。当权者对过去充满了骄傲，不相信大不列颠在未来能变得更好。劳合·乔治和莫斯利都不能激起人们对新思维的热情，而不久后，F. D. 罗斯福却在美国唤起了这种热情。旧观念过于根深蒂固，甚至连危机到来的时候，也不足以让人们摆脱出来。

危机并非直接源于失业，预算困境为危机的到来铺平了道路。斯诺登从丘吉尔那里继承的难题是：即使在繁荣时期也不能实现收支平衡。他试图实践更多的正统原则。[1] 斯诺登1930年的预算提高了收入税（提高到每英镑4先令6便士）和附加税。斯诺登在保护关税上的含糊其词激怒了保守党人。关于恢复古老激进的土地价值税的提议使他的支持者颇为不满。[2] 到1931年，情况变得更糟。税收减少，开支增加，尤其是失业开支。斯诺登盲目地相信，平衡预算是一个政府在克服大萧条的努力中所能作出的最伟大的贡献，而且在可能导致本党抵制的情况下毫不动摇。确实，他渴望再次做一个不受欢迎的英雄人物。

1931年2月，斯诺登接受了自由党的建议，成立了一个执行格迪斯路线的经济委员会，主席为最近就任保诚保险公司董事会秘书的乔治·梅爵士（Sir George May）。其中4名成员是大资本家，两名是工会分子。按照斯诺登的算计，该委员会提出的骇人听闻的报告会使工党接受厉行节约，也会使保守党接受提高税收。4月，他还制订了一个权宜预算计划，准备在秋季制定另一个更严厉的预算。斯诺登预料到会产生麻烦，所以大谈"全国团结"，希望各党派团结一致推动执行严厉的措施。

这样，秋季的危机几乎铁定要来了。1931年夏季，两个委员会提出了报告。一个是1929年财政部成立的，由麦克米兰勋爵领导的金融和工业委员会，凯恩

---

[1] 甚至把丘吉尔重新布置过的财政大臣办公室的家具恢复到原来位置。
[2] 土地价值税没有实际征收。斯诺登首次建立了为土地估价的机构。国民政府终止了土地估价，并在斯诺登辞职后，废除了土地估价机构。

斯和贝文都是其成员。他们所提的问题暴露出正统金融家的无奈，尤其是蒙太古·诺曼对失业问题抱着听天由命的消极态度，就像1917年4月杰利科对德国潜艇所抱的态度一样。"我们一事无成，我们无能为力。"《麦克米兰报告》后来在管理通货方面发挥了作用，但在当时产生了不同的效果。在讨论国际环境时，报告首先注意到的是大不列颠与世界其他国家的贸易差额问题。这是一个新的认识。人们模糊地认为，大不列颠是靠贸易生存的，用卖出制成品的收入购买食品和原材料，虽然事实上自1822年以来，贸易账目从来没有显示顺差。除了1847年、1918年和1926年以外，"无形的"领域，如银行、航运和对外投资的利息，总是能够使收支达到平衡。而这些正是经济大萧条中遭受打击最严重的领域，[1]《麦克米兰报告》让人们注意到衰退现象。而且，对贸易收支差额的估算首次公开，人们对这种"随意的猜测"给予了过度的重视。[2] 他们震惊于大不列颠在世界上不能自负盈亏的事实，并且把国际收支平衡中所谓的赤字与预算赤字混为一谈，二者显然没有任何共同之处。

对预算的恐慌就这样被强化了，梅委员会的报告更加剧了这种恐慌。这份报告充满了偏见、无知和惊慌失措。凯恩斯称之为"我不幸读到过的最愚蠢的文件"。[3] 一位经济史学家最近评价说："报告夸大了当时的财政状况，对隐藏其后的原因的分析判断是不准确的，提出的很多建议（包括其中最重要的建议）不仅严厉刻薄，而且很有可能使当时的经济状况变得更糟，而不是更好。"[4] 梅的报告认为，每年5000万英镑的偿债基金是不能动的，必须用税收支付；失业救济金必须从收入中支出；因而产生了12000万英镑的直接赤字，全年赤字则达到17000万英镑。委员会的5个富人建议，在这笔赤字中，只有2400万英镑应该通过提高税收弥补，9600万英镑应该通过节约弥补，其中三分之二应该通过把失业者的救济金砍掉20%来弥补。他们提出这样的方案并不让人感到奇怪。这甚至超过了格迪斯委员会提出的节约8600万英镑的数字。两位工党党员不同意这些结论，羞羞答答地提议政府应该支出更多的费用。他们的反对意见

---

[1] 1931年的航运业收入比1929年少了5000万英镑，对外投资的收入少了7000万英镑。
[2] 《银行家》（*The Banker*）杂志（1948年3月）说这种估算"比随意的猜测稍好一点儿，有负于国家，也与负责这项任务的人员的造诣不相匹配"。20世纪60年代，财政部引入了一个"平衡项目"（也就是说，允许出现的误差），显示一年中的误差可能有1亿英镑之多。
[3] 道尔顿（Dalton）《昨日重温》（*Call Back Yesterday*）第290页。
[4] 阿什沃思《经济史》第399页。

被忽略了,这也没有什么可奇怪的。斯诺登和财政部为严苛的预算方案找到了有力证据。

梅的报告于7月31日,即国会休会的第二天公布。内阁成立了一个5人经济委员会负责审议该报告。[1] 在议会秋季复会之前似乎没有什么紧迫问题,于是大臣们开始度假。原定8月25日召开经济委员会第一次会议。8月11日,麦克唐纳被突然召回伦敦,开会的银行家们告诉他发生了英镑抢购风潮,"我们的处境岌岌可危"。外国人大量出卖英镑。从技术角度讲,这与预算赤字和国际收支差额都毫无关系,与普遍的失业问题更没有关系。完全是出于伦敦银行家之前的行为。从第一次世界大战结束开始,伦敦金融城一直接受短期的外币存款,试图恢复其古老的世界金融中心的地位。部分存款是真正的交易资金,但有很多是"热钱"或"游资"。伦敦金融城还试图通过大量的,通常是长期的资金外借来恢复中欧的经济生机。这种行为无疑是出于高尚的动机,但也是一种诱惑:主要是从法国储户那里以2%的利息借到钱,然后以8%甚至10%的利息借给德国人。

1931年,法德之间政治局势紧张,很多法国人反对把钱用来帮助德国,因此把钱从伦敦取走。与此同时,中欧发生了金融崩溃。5月份,一家奥地利银行不能偿还债务,德国银行想予以救援,但自己也被拖垮。它们宣布中止偿付国际债务。伦敦的银行家们因此受到殃及,承认亏欠外国储蓄者2.5亿英镑的债务。实际上,他们可能亏欠6亿或7亿英镑。[2] 他们自己的资金大部分在德国被冻结,[3] 剩余的部分只有通过把危机转移到它处才能够收回。伦敦的银行家们决心勇敢地面对风暴。大银行家担任董事的英格兰银行允许他们动用黄金储备,在黄金储备耗尽之后,又寻求从法国和美国的银行家手中贷款。他们坚信,可以通过某种戏剧性的手段恢复英镑的国际信用。办法必定是平衡预算。

这种做法于事无补。第一次世界大战之后的金融混乱误导了大多数人,尤其是银行家们。当时,多数欧洲国家,如德国、奥地利、匈牙利、法国等,都经历了通货膨胀。这些国家的政府没能平衡预算,只能靠印刷纸币勉强维持。

---

[1] 委员会的成员是:麦克唐纳、斯诺登、汉德森、托马斯和格雷厄姆。
[2] 根据威廉姆斯(D.Williams)的估计[《经济史评论》(Economic History Review)第15期],1930年6月,伦敦的短期对外负债为7.60亿英镑,1931年12月为4.11亿英镑。
[3] 1939年第二次世界大战爆发的时候,被德国冻结的英国资金还有9400万英镑。

他们的货币有时候灾难性地贬值，一直到预算平衡之后才恢复稳定。大不列颠的物价在下跌，并没有疯涨。货币得到了英格兰银行的黄金支撑。政府的赤字很小，并且无论如何都可以靠真正的借款予以填补。借款把个人资金像税收一样有效地转移到财政部。事实上，政府常常利用像邮局这些有结余的部门的资金弥补赤字，特别是失业基金的赤字。这些措施都没有考虑。人们不能摆脱不久之前1900万德国马克兑换1英镑的印象。他们确信，如果英格兰银行停止实行金本位制，同样的厄运也会降临到英镑的身上，虽然这种典型的补救措施曾经在1847年和1866年遏止了国内的恐慌。英格兰银行行长蒙太古·诺曼认为应该印刷配给簿，以防货币崩溃，国家不得不回到以货易货的状况。这是当时的普遍看法。

有一些人，比如凯恩斯、贝文，还有一些工党大臣，看破了预算不平衡的警告的玄机。他们把警告转移到大不列颠国际收支预期的赤字上，提出通过对进口加以某种限制予以补救，征收10%的收入关税。所谓"收入关税"，就像此前的"保护关税"一样，纯为掩人耳目。这种补救措施也没有切中要害。抢购英镑是因为资本的流动，绝不是因为英国对进口商品的欠债——实际上欠债数额微不足道。英镑抢购风潮本来可能借鉴德国正在执行的某些措施而得到遏止，即控制国际汇兑和封锁外资。但在英格兰采取这些措施是不可想象的：人们会想，这可能意味着伦敦国际金融中心地位的终结。因此，恢复信心就成了唯一的选择。不管愿不愿意，英国的和外国的银行家们必须发出号令。伦敦的银行家们告诉麦克唐纳："麻烦不是源于金融，而是源于政治，是因为外国人对英王陛下政府完全失去了信心。"[1]

不仅必须实现预算平衡，银行家们和大多数其他人还认为，预算平衡不是靠提高税收，而是主要靠缩减通常被称作"浪费"的政府开支来实现。他们还认为，他们要缩减的最严重的"浪费"是失业救济金，尽管银行家们比梅的委员会更加慷慨，准备把失业救济金削减10%，而不是20%，以此来恢复信心。在这个经济观点的背后，隐藏着一个无意识的道德判断：在某种程度上，失业是靠救济生活的失业者本身的问题。一些商人进一步认为，削减失业救济金不仅是要缩减政府开支，而且还要打破"僵化"，为普遍降低工资铺平道路。面对

---

[1] 费林（Feiling）《内维尔·张伯伦》第191页。

危机，主管部门重新拾起了早些时候他们糊里糊涂地放弃了的偏见和模式。对他们来说，重新开始阶级斗争似乎是唯一的出路。

工党大臣们再次面临危机。没人敢提议终止金本位制和保持不平衡预算。有人反对靠牺牲失业者的利益来实现平衡。有人提出用 10% 的收入关税作为代替方案。斯诺登以辞职相威胁，否定了这个提案。无论在国内还是国外，事情的发展都不会让银行家们满意。要想拯救英镑，削减 10% 的失业救济金似乎势在必行，工党政府认为必须这样做。从 8 月 21 日到 24 日，内阁徒劳地为此事争论不休。斯诺登下定决心抛开同僚的意见实施削减。麦克唐纳没有明确的经济观点，他既支持削减开支又支持收入关税。他的目的是引导内阁，或者内阁大部分成员，达成一致的方案，然后使这个方案得到其他党派的认可。一开始，他似乎能够得手，就像以前常常发生的那样，但是，阻力越来越大，尤其是 8 月 20 日之后，贝文代表工会代表大会总理事会坚定地否决了对失业救济金的削减，甚至整个厉行节约的思路。8 月 23 日深夜，内阁最终否决了方案。其中 9 人宁愿辞职，也不愿意接受削减失业救济金。剩下的 11 人可能准备附和麦克唐纳。其中 6 人拥有中产阶级或上流社会背景，少数派只有 1 人，如果所料不差，他是在劳合·乔治手下开始政治生涯的。[1]

很显然，政府不能再维持下去了。9 位大臣是损失不起的，何况他们还是最有分量的大臣。克里尼斯（Clynes）是第二领袖。汉德森在工党的实力几乎与麦克唐纳势均力敌，在工会的实力超过麦克唐纳。然而，甚至连少数派也认为，失业救济金必须削减，尽管不是在自己手上完成。他们希望政府自动下台，由一个自由党－保守党的联合政府取而代之。一开始，麦克唐纳似乎同意这样的观点。一个在他领导之下的国民政府的备选方案在没有事先计划的情况下浮现出来，而且碰巧因为唯一一个也可能成为国家救世主的劳合·乔治因病暂时淘汰出局，这个方案更得到了加强。麦克唐纳与两位反对党领袖鲍德温和取代劳合·乔治地位的赫伯特·塞缪尔频繁会面：先是确保他们对工党厉行节约政策的支持，然后通知他们可能不得不接任，最后与他们讨论工党政府结束时将出现什么样的状况。塞缪尔第一个提出成立以麦克唐纳为首的国民政府，毫无疑问，这是希望自由党不再像劳合·乔治领导时那样成为保守党的玩偶。鲍德

---

[1] 见注解 A。

温附和他的建议,毫无疑问,这是为了分散不得人心的厉行节约的政策的压力。国王欣然接受这个建议。他总是全力支持现任首相,渴望留任他给予高度评价的麦克唐纳。而且,他像其他人一样认为正面临着一场全国危机,在这样的时刻,组成联合政府似乎是显而易见的一步。

对麦克唐纳来说,这也理所当然地成为决定性的因素。或许他疏远了自己的追随者,对他们的犹豫不决很不耐烦,或许他常常在寻求与其他党派和解。但是,为了保存工党政府,他是不遗余力的。到了难以实现的时候,按照法国模式成立一个救国政府似乎是恢复金融信心的最有效的手段。麦克唐纳希望这是一时的权宜之计,汉德森等人在一战期间参加联合政府后回归工党,他以为自己也能这样。[1] 事实证明,他的期待是错误的。不久,他的行为就被不公正地指责为蓄谋已久的背叛。与战争期间汉德森等人不同的是,麦克唐纳没有事先获得工党认可,未经"民主的"程序。当然,这是手忙脚乱造成的,虽然也有不愿接受政党会议指令的因素。更严重的是,麦克唐纳没有认识到:与反战或支持战争相比,在削减工资的问题上(还有间接地对失业救济金的削减),工人运动,尤其是工会,表现得更强大、更团结;工党在针对共产主义者和莫斯利之后,如今已经形成了除名的习惯。麦克唐纳最大的误判也是最情有可原的:他认为,即使工党不给他积极的支持,至少不会反对工党内阁中大多数人都接受的节俭计划。

无论如何,决定已经作出。8月24日,组成了以麦克唐纳为首相的国民政府。本届内阁是自小皮特以来和平时期规模最小的内阁,只有10名成员,包括4名保守党人、4名工党党员和两名自由党人,斯诺登仍任地位最重要的财政大臣。劳合·乔治身体不适,不宜任职,但表达了他的祝福,由他的助手(包括他的儿子)加入政府,而不是约翰·西蒙爵士领导下持不同政见的自由党人。温斯顿·丘吉尔被排除了。他已经主动从保守党影子内阁辞职,毫无疑问,能够排除丘吉尔使麦克唐纳和鲍德温都松了一口气。官方声明强调,这是为特殊目的组成的联合政府:"旨在应对现存的国家危机。"声明还说:"当这个目的实现的时候,各个政党将恢复各自的立场。"

各政党面临一个更紧迫的任务:明确各自对国民政府的态度。8月28日,

---

[1] 但是,他可能也从战后继续与劳合·乔治共事的巴恩斯等人的命运中得到警告。

自由党以一票反对的结果认可了国民政府。保守党中，虽然埃默里等人对鲍德温没能直接组成一个实行贸易保护主义纲领的政府感到遗憾，但还是一致认可了国民政府。[1]工党遇到了更多的困难。工党"四巨头"中的三位，麦克唐纳、斯诺登和托马斯，都在紧急内阁。[2]三人在第一次世界大战期间均持独立立场，为他们在工党中带来声誉，直至今日。[3]而且，前工党内阁的大多数人都赞同国民政府准备执行的政策。8月24日，麦克唐纳给副部长们讲话。他的讲话不像平时那样明确，先是请他们给予支持，然后又警告他们正在"把头钻进绞索里"。只有4名工党大臣支持麦克唐纳，[4]8名后座议员附和。8月26日，工会代表大会总理事会迫使工党采取不妥协的反对态度，这样做的经济理由贝文在8月20日曾经描述过。两天之后，议会党团开会，总理事会的成员为了"表示团结"也出席会议，这是他们唯一一次这样做。据说，他们没有参与会议上的行动，但即使保持沉默，他们的在场不可能视而不见。麦克唐纳和斯诺登都没有到会，由桑基和麦克唐纳的儿子马尔科姆（Malcolm）代表。汉德森以节约建议提出后尚未批准为由，为自己和犯了错误的同僚掩饰。按照他的说法，内阁在看到"整体画面"之前没有作出评判。汉德森被选为领袖，取代了麦克唐纳的位置。工党明确表示了反对意见，但他们反对什么——是整个节俭计划还是具体的细节——还不得而知。

工党的态度逐渐变得坚决起来。在银行家和大臣的封闭圈子里讨论着这场危机，大多数普通人都不了解当时的形势，公众舆论的反应，尤其是来自工人阶级的意见，也是模糊不清的。工党的普通成员自然比那些负有责任的人更加坚定，某些领导者倾向于认为，采取更具攻击性的态度可以使他们在大选中获胜。危机被解释成"银行家的敲诈"（确实如此，虽然是个比方）。大多数工党大臣对削减失业救济金的默许被遗忘或漠视了。麦克唐纳及其支持者们不再是

---

[1] 这两次会议的参加者为议员、贵族和议会候选人。
[2] 大法官桑基是另外一位进入国民政府内阁的工党大臣。虽然受到尊重，但他在工党中没有影响力。
[3] 麦克唐纳和斯诺登一直公开反战。托马斯虽然支持战争，但是拒绝加入劳合·乔治政府，强有力地反对征兵制度，并且支持发自内心拒服兵役者。
[4] 他们是航空大臣阿莫尔里（Amulree）、总检察长乔伊特、苏格兰总检察长克雷基·艾奇逊（Craigie Aitchison）和苏格兰总副检察长沃森（Watson）。虽然当时似乎并非如此，乔伊特后来得到了意外的好运。在所有国民政府的支持者中，他是唯一一个在大选中或大选后失去席位的人。1932年1月，他辞去总检察长的职位，这使他可以在无人注意的情况下悄悄回归工党，并且在战后工党政府中担任大法官。

犯错误，而是成了叛徒。[1]正在刮起的合作之风就此停息，阶级斗争的精神再次复苏。仇视态度的高涨引起了立场的转变。只有莫斯利和贝文理解扩张经济与管理通货的新办法。新党非常弱小，莫斯利是个无能为力的流亡者；贝文的影响力没有超出总理事会，他的思想在那里也不能被人理解。大部分工党成员都满足于强调危机是不必要的，或者只是个骗局。这些人仍然忠诚于倒台的政府，他们不久开始辩护说，只要工党的少数派地位还不能推行社会主义措施，那么那个政府什么都没做是正确的，或者说在资本主义框架之内什么都不做是正确的。金融危机起到了和1924年季诺维也夫来信同样的作用：它为转移对工党自身过失的注意力提供了全面的借口。工党再一次宣布，自己是因为中了冷酷无耻的资产阶级的圈套而下台的。

议会在9月8日召开会议通过斯诺登的紧急预算后，这种情绪变得更加强烈。现大臣与前大臣们为此争论不休。一方指责对方懦弱，一方指责对方背叛。斯诺登自然要面对和设法解决17000万英镑的赤字问题。他将支付偿债基金的款项减少了2000万英镑（工党政府曾经被告知不能这样做）；通过增加税收，主要是把所得税提高到每英镑5先令，解决了7600万英镑；剩下的通过节俭解决7000万英镑，比工党政府要求的最低数额少800万。由国家支出的部分，从内阁大臣和法官到军队和失业者，全部削减10%。警察意外地削减了5%。[2]像每次开展节约运动时一样，教师的结果最惨，他们失去了15%。这或许表明，相比其他公共服务，教育更像是一种奢侈品，或许只是因为教师闹事的可能性较小。[3]保守党和自由党几乎一致支持节俭计划。[4]12名工党党员与他们站在一起。还有5人放弃投票。其余的工党党员投票反对，政府以50票的优势获胜。

国民政府的成立得到了回报。巴黎和纽约的银行家们提供了8000万英镑的信贷。英镑抢购风潮停止了几天，但很快又恢复了。这与不平衡预算根本无关，其真正的原因和以前一样：外国人仍然想得到他们的钱，仍然在怀疑英国人能不能收回德国的债务。而且，抛售英镑的投机者把赌注押在英镑不稳上，不过

---

[1] 8月31日，麦克唐纳居住的汉普斯特德的工党"驱逐"了他。同一天，全国铁路工会接受了政治书记J. H. 托马斯的辞呈，并规定他没有资格领取退休金。
[2] 内政大臣塞缪尔错误地宣布为5%，之后坚持将错就错。但也可能是为了保持警察的忠诚故意而为。
[3] 法官们提出了有充分依据的反对理由：削减他们的薪水是对得到《王位继承法》保证的司法独立的打击。
[4] 5名自由党人和3名保守党人在9月8日的信任投票时缺席，他们的缺席是不是有意为之已经无据可查。

是冒套汇的危险。令人惊讶的是,当时在银行有存款的英国人没有把英镑兑换成美元。也许是对金融原则的无知,使他们避免了一场对爱国主义热情的考验。顽强的工党反对派提出了进一步的质疑。对信心的最后一击发生在9月15日,驻扎在因弗戈登的大西洋舰队为抗议削减下层舱工资而拒绝履行义务,某些人的削减比例超过了10%。海军部匆忙许诺修改方案,过分的削减事实上被取消了。[1]

但为时已经过晚。外国的英镑持有者惊恐不安。9月19日,英格兰银行报告说外国信贷已经枯竭。两天后,议会仓促通过了中止金本位制的法案。在外汇兑换中,英镑价值跌幅超过25%。[2] 在其他方面,什么事儿也没有。英国人使用纸币已经17年,他们已经忘记了金镑,对他们来说,纸币的价值一如既往。这种虎头蛇尾的结局令所有人感到惊讶。帕斯菲尔德代表所有的前同僚说:"没有人告诉我们可以这样做。"国民政府的大臣们也只能这样说。因弗戈登的"叛乱"激发了一种常识性的解决方案,而这个方案是政治家和经济学家们自己没能发现的。几天前,管理通货似乎还像计划生育一样可恶,而现在,管理通货像避孕一样平凡无奇。这是一个时代的结束。

注解

注解A 工党政府倒台

在工党政府下台前发生的事件后来招致了很多责难。令历史学家们遗憾的是,内阁争议的泄露使内阁保密规则收得更紧了。通常认为,内阁是不"投票"的。但这次至少有两次投票,或者说类似于投票的观点交锋。第一次"投票"(据帕斯菲尔德的说法)是8月19日针对收入关税。6人投反对票。他们是:斯诺登,韦奇伍德·本(Wedewood Benn),帕穆尔(Parmoor),科斯-史密斯(Lees-Smith),亚历山大,帕斯菲尔德。第二次"投票"(根据麦克唐纳给国王报告中的描述)是8月23日针对削减失业救济金。9人少数派是:汉德森,兰斯伯里,克里尼斯,格雷厄姆,亚历山大,格林伍德,约翰斯顿(Johnston),亚当森

---

[1] 所有的削减都严格限制在10%之内。教师出乎意料地成为这场"哗变"的主要受益者。

[2] 英镑先是从1英镑兑4.86美元跌到3.80美元,之后又跌到3.23美元,然后在3.40美元上下浮动。

(Adamson），以及艾迪生（唯一来自中产阶级的持不同意见者）。利斯－史密斯有时被错误地包括在这个名单之内。如果没有进行正式投票而只是表达观点的话，那么在明显的多数派中某些人可能不会表示反对。使斯诺登愤怒的是，事后有些人认为自己没有同意削减。兰斯伯里和约翰斯顿一开始就坚决反对，可能格林伍德也是如此。很快，克里尼斯也加入其中，然后是格雷厄姆。汉德森在8月20日之后才姗姗出面。其他人一直犹豫到最后时刻。虽然这9个勇敢的人当时失败了，但正如后来证明的那样，他们赢得了工人运动持久的钦佩。8月23日的"投票"成了他们终生的政治饭票。

第九章　中场

1931年9月是两次世界大战之间英国史的分水岭。虽然把时间段划定在某一年上是武断的，出于阿拉伯数字十进制的习惯，每10年为一个年代的做法似乎赋予它们独特的特征。当普通人有了更强的读写能力，并且更多地依靠书报知识而不是自身经验判断这个世界的时候，一开始只是为历史学家提供方便的年代划分就被他们接受为现实。即使在当时，"20年代"和"30年代"也被认为是截然不同的时期，而1931年9月在二者之间划出了一条分界线。[1] 这个分界可以通过很多方式定义，而金本位制的终结是最明显、最直接的。1931年9月21日之前，人们一直期望着恢复1914年之前曾经存在，或者认为曾经存在的自行调节的经济。自那天之后，他们不得不在货币领域实行有意识的调节。

也许是出于巧合，与此同时，国际事务上发生了同样的变化。[2] 20世纪20年代的英国一直在努力抹去世界大战的影响甚至记忆。和平被看作自然的秩序，是愚蠢的猜忌阻碍了它的正常运转。甚至那些看到1919年和约的某些益处的人，[3] 也希望边境纠纷和国家仇恨将"逐渐消失"。1931年9月10日，塞西尔子爵（Viscount Cecil）代表英国政府在国际联盟大会发言时说："在世界历史上，几乎没有任何一个时期发生战争的可能性比现在更小。"9月18日，日本军队进入满洲，中国在名义上对该地区拥有宗主权。9月22日，中国向国联投诉。这不是一场错误发动的战争，而是，或者应该说是蓄意的侵略。不能再奢望和平会自动到来了，必须对国际安全有所规划。

---

[1] 假使人们是从1到10计数，而不是出于可以理解的错误，从0到9计数，那么，这个起始日期的合理性就更加明确了。正因如此，马尔科姆·马格里奇（Malcolm Muggeridge）的《三十年代》（The Thirties）包括了1930年，但没有包括1940年。

[2] 人们禁不住会猜想：日本占领满洲的时候，利用了大不列颠金融困难的时机。实际上，其行动是逐渐发展的，从国内政治开始，或者在某种程度上是从日美关系开始的，根本就没有考虑到大不列颠的事件。

[3] 比如休·道尔顿的《走向各国和平》（Towards the Peace of Nations）（1928）。

正如一位敏锐的批评家所言，重建、恢复与复苏是20年代的主题词。[1] 这些词都意味着"回归"1914年是判断一切的标准。计划是30年代的主题词：经济计划，和平计划，家庭计划，度假计划等等。标准是乌托邦的。当然，两个时代的区别不可能泾渭分明。1931年之前也有某种计划，或者说在谈论计划，之后，人们对回归到一个自我运行的世界抱着很大的希望。令英国政府尴尬的是，第一次世界大战期间，政府主动制订了经济政策。在1925年至1929年间，贝尔福的贸易产业委员会发布了一系列报告，提出很多建设性的意见，其范围远远超出了关税问题。[2] 另一方面，甚至在20世纪30年代，也极少有人同意埃默里关于贸易保护只是计划经济的开端的看法。比如，内阁中最激烈的贸易保护主义者内维尔·张伯伦主张依赖"自然的"力量和私人企业，是一个纯粹的科布登主义者。大不列颠1933年之后的经济复苏的确主要是"自然而然的"，政府乏善可陈。

与此类似的是，在20年代，人们还在大谈特谈对世界和平的普遍保证；在30年代，包括英国政策制定者在内的很多人还在希望，一旦某些暂时的困难被克服之后，和平会自动到来。这些临时的困难制造者先是日本人，后来是墨索里尼，最不可能的是希特勒。那些最钟情于"集体安全"[3]的人也为"集体安全"的逻辑结果感到尴尬，不再从事为了永久和平进行永久性战争的说教。1931年11月，《曼彻斯特卫报》强调说，接受国联盟约意味着"最后的结果是（对日）作战"，但这一说法受到国际联盟联合会发言人吉尔伯特·默里（Gilbert Murray）的谴责，于是《卫报》解释说，这并不是鼓励战争，而是以学术的方式指出盟约涉及的内容。简而言之，在一套观念体系中长大的人现在被迫用另一套观念体系行事，他们不会因为生活在一个新的时代而改变自己的本性。

还存在着更加深刻的矛盾。政治领袖们在摸索新思路的时候，英国人民也在发生着变化，但他们走的道路与最开明的政治家们大不相同。30年代的经济计划旨在使古老的工业城镇重现生机，使大不列颠重新成为世界工厂。政治家

---

[1] 卡尔（E. H. Carr）《和平的条件》（*Conditions of Peace*）。
[2] 主席亚瑟·贝尔福爵士（后被封为里弗代尔勋爵）是谢菲尔德的钢铁大亨，与政治家A. J. 贝尔福无亲戚关系。
[3] 在20年代，抵制侵略的原则被轻描淡写地忽略了，以至于在1932年之前不再使用"集体安全"一词。据说，这个词语是捷克斯洛伐克外交部长贝奈斯（Beneš）创造的。法国人虽然欢迎这个原则，但认为这是拙劣的法语，所以反对使用。

和设计者首先关注的是英国的出口数字，以便了解他们的计划是否有效。重整军备的目标是使大不列颠作为强国，在远东和欧洲重新发挥主导作用。大不列颠的人民如果自觉地考虑政治问题，可能会认可这些目标。他们投票支持那些追求上述目标的政治家。他们通过失业者的反饥饿游行或为了支持外国事业的示威运动所表现出来的不满，都是为了更快、更果断地实现上述目标。

英国人民在不认可、不理解政治家所作所为的情况下，无意地否定了这些目标。他们用逃避的方式反对这些目标，就像列宁所说的 1917 年俄国士兵用逃离的方式反对战争一样。政治家们试图复兴萧条地区，而当地居民纷纷离去。公共政策集中关注主要产业和出口。资方和劳方从事新产业，为国内市场提供商品。政府极力鼓励新的国外投资。个人把钱花在国内消费上，随着分期付款方式的推广，他们花着别人的钱。同样，人们失去了对帝国的兴趣，表现得更加实际。20 世纪 20 年代，每年大约有 10 万人出国，30 年代，平均每年有两万人回国。[1] 用杰佛里·克劳瑟（Geoffrey Growther）的话说，英国人民"越来越反对计划"。

一个新的英格兰诞生了，并非出于事先设计，的确是自我生成的。《好伙伴》(Good Companions) 的作者 J. B. 普里斯特利是第一个发现新英格兰的人。1933 年秋天，在《英国纪行》中，他发现了两个英格兰，这在他意料之中。他看到了文学与历史书上描写的传统英格兰，到处是乡绅、猎狐和粗手粗脚的乡巴佬，显然更多地依靠股息生活，而不是收取农业地租，在相当程度上仍然与莎士比亚的英格兰非常接近。普里斯特利还看到了由冰冷的工业城镇组成的凄凉萧索的英格兰，已经远离传统：混乱贫困的街区，在拂晓前拉响的工厂汽笛，电车叮当作响，到处污垢狼藉。大多数英国人还生活在这个或那个英格兰，对他们的描述几乎与早些时候没有什么变化。上流阶层仍然追求乡村趣味，仍然归属伦敦西区俱乐部，仍然维护社会准则。工人阶级仍然去小酒馆。铁路工人仍然耕种分配给他们的土地，矿工们仍然豢养赛狗，赛鸽仍然风行。

普里斯特利还惊讶地发现了第三个英格兰，这个发现是偶然的、意外的。

---

[1] 当然，这些只是净数字。以各种各样方式移居的人要比这个数字多得多。20 年代，移居国外的总数为 101.3 万人。1931—1938 年移居英国的总数为 18.4 万人（没有 1939 和 1940 年的统计数字）。

这是20世纪的英格兰，不规整，也未经筹划，然而代表着所有英国人无意识追求的理想。[1]新英格兰诞生于工业革命时期，而这个英格兰主要是真正的新人创造出来的。后者的人数比前者多得多。20世纪的新英格兰人是改变了信仰的人，数量上变化不大。在两次世界大战期间，人口每年以不到0.5%的比例缓慢增长。到1931年，英格兰的人口接近4000万，大不列颠的人口接近4500万。[2]20世纪20年代，出生率下降到16‰多一点，而30年代的大部分年份不到15‰。

曾经对人口问题敲响警钟的专家们现在调转了方向，预测英格兰的人口会急剧下降，一直下降到比丹麦的人口还要稀少。但是，第二次世界大战之后的出生率上升证明了这是一个谎言。社会地位越高，出生率越低，比其他阶层更多产的煤矿工人和贵族是两个例外。这些来自优越阶层的专家对这个事实抱着悲观的态度。人口下降的事实被记录下来，人口下降的动机一直不得而知。是因为受到别人的宣传，认为性交的快乐高于生育的痛苦与负担？还是心理因素，人们都说英格兰不再是有着伟大前途的伟大国家，从而影响了人心？还是经济原因，认为生儿育女的费用可以用于享受日益丰富的商品？这些都是当时盛行的解释。"奥斯丁宝贝"[3]小汽车取代了婴儿，育婴园让位给了车库。

汽车无疑对新英格兰产生了重大的影响，与以前的铁路相比，它更加根本地改变了社会生活。1920年，注册私人汽车的数量不足20万辆。10年之后，超过了100万辆，到第二次世界大战爆发之前，已经接近200万辆。汽车予人非凡的自由。只要有路，几乎都可以行车。任何17岁以上的人都可以开车。唯一的要求（只是在1931年之后）是不需要医生开具的身体健康申报表。在1934年之前没有驾照考试，之后只要求新手考试。30年之后，肯定还存在着成千上万"老"司机。

1930年，每小时20英里的过时限速被废止，在4年的时间里，司机开车不受任何限制。[4]1934年，规定建成区的限速是每小时30英里，为方便起见，

---

[1] 普里斯特利还区分了第四个英格兰："领取救济金"的英格兰。这无疑属于第二个英格兰。
[2] 英格兰和威尔士：3995.2万。大不列颠：4479.5万。估计英格兰和威尔士的人口在1932年超过了4000万的记录。
[3] 奥斯丁公司1922年首次上市的一款7马力轿车。
[4] 地方当局受权在当地规定限速，但只有一个地方（牛津）这样做了。

建成区是根据街灯数量确定的（实际上，街灯数量并不多）。像其他的控制措施一样，限速很少被执行，结果增加了警方经费，而非增加了安全。没有成立管理汽车的警察专门机构。地方警察只是在本职之外增加了实施《道路交通法》一项，但并没有太多作为。在两次世界大战期间，私人汽车的数量增长了9倍，但因违反《道路交通法》而受到指控的人只翻了一番。30年后，汽车数量增加了6倍，但1934年因交通事故死亡的人数比30年后还要多。[1] 公共舆论支持这种态度。发生事故时，不是死亡的人，而是司机觉得"倒霉"，路上的行人受到责难。

两次世界大战期间，汽车的功能发生了根本的变化。之前，汽车是专门的娱乐工具，主要为富人所拥有。车主只是"驱车兜风"，偶而"驾车旅游"。如今，虽然汽车还是显赫的象征，但已经被用于日常交通。汽车税使汽车成为体现中产阶级特色的财产。在第二次世界大战之前，汽车税可笑地以马力的大小为标准，这种制度人为地鼓励了小型车的使用。生产商不得不把重点放在国内市场，而且是大众市场。因此，路面必须比别的国家好。按比例讲，英格兰在维护已有道路方面花费比别的国家更大，但在改善已有道路或修建新路方面花费较少。开快车几乎是不可能的。廉价的小功率汽车先是保留了陈旧的道路，继而又受到这些旧路的刺激。

两次世界大战期间，自己开车上下班远未成为惯常模式。大显身手的是公共服务交通工具，即巴士。在第一次世界大战结束之前，市区之外是不知道巴士的，实际上伦敦才有巴士。1914年之后几乎没有修建新的铁路，但是电车线的长度在1928年达到顶点。之后形势逆转。1928年，热衷于巴士的先驱者、曼彻斯特交通公司的经理第一个用巴士取代电车服务。不久，电车线开始拆除，不再铺设。出于爱国主义热情，优先使用国产电力而不是外国的石油，因此，借用已有电线的无轨电车似乎兼两者之长，顽强地延续了几年生命。但古老的文明生活模式正在从根本上土崩瓦解。到1932年，巴士的乘客已经超过电车。乡村巴士正在赶上铁路交通，甚至渗透到铁路没有达到的地方。

英国人从以前控制他们的铁轨和电车线上解放出来。城镇的地图显示了这种变化。20世纪早期的城镇以火车站为中心，沿有轨电车线向外辐射。电车线

---

[1] 1934年：交通事故死亡7343人，汽车130万辆。1963年：交通事故死亡6922人，汽车7300万辆。

终止的地方就是乡村开始的地方。现在，人们居住在任何汽车和巴士可以到达的地方。带状建筑成为这一时期的特色。新的房屋沿着主干道扩展，每100码左右有个缺口通向小路。这些新的定居点没有中心，没有意义，也没有社区精神。它们像是一辆辆汽车前来休息的地方。这些定居点不仅有沿着公路散开的私人住房，新工厂也沿着公路发展。[1] 部分原因是为了逃避城镇地区的重税，部分原因是为了逃避老城里更强大的工会。在总体趋势上，这代表着塑造产业格局的新动机：争取消费者。

以前，工厂在靠近原材料和煤田，或者靠近港口的地区发展起来。而新的工厂使用更轻便的材料，用电力提供能源，靠公路运输产品，不再依靠铁路和海运。他们主要关心的是尽量靠近繁华的大众市场。这个市场主要分布在伦敦附近，以及围绕伦敦的不列颠内陆地区，有保险的工人从1923年的46%增长到1938年的54%。人们争相到大城市工作，萧条地区的大城市也是如此。比如，当布拉克本和科恩衰落的时候，曼彻斯特发展了新产业并获得持续增长。在城市的边缘，这种增长随处可见。包括伦敦在内的所有城市中心，人口在稳步下降，远郊的人口则在增长。

新产业生产的是国内需要的生活设施，而不是基本的出口产品。比如，从1924年到1935年，按净产值计算，棉纺织业在英国工业中从第三位下跌到第十一位。汽车工业从第八位上升到第四位。按相同的标准，煤炭工业还是最大的独立产业，在1925年，其盈利是第二大产业的3倍，到1935年，则只多出20%。工人们虽然经常失业，但在经济大萧条之前甚至期间，仍然固守古老的行业。1933年开始的经济复苏使他们迅速转向。在两次世界大战之间，棉纺织业、造船业和煤炭业各失去了三分之一的劳动力，毛纺织业失去了25%的劳动力。[2] 电器制造工人增加了3倍，汽车制造工人增加了2.5倍，建筑工人增加了三分之一。萧伯纳曾经在《苹果车》(*The Apple Cart*)中预言：不久之后，英格兰将只靠生产巧克力奶油生存。这并不全是信口开河。[3]

---

[1] 当时处于典型的无序状态，为满足新增交通需求而修建的几条主干道两侧马上建起了工厂，这些道路比原有道路还拥挤阻塞。

[2] 当然，对个体来讲，"失去"这个词并不恰当。年长的工人留在原有的产业，他们的孩子未进入这个产业，或者只工作很短的时间。

[3] 就巧克力奶油、赛车、洗衣机、旋转式脱水机、电视机而言，预言已经成为现实。

新兴的轻工业没有受到经济大萧条的影响，这无疑是靠整体工资水平几乎没有下降来维持的。在大萧条的整个过程中，服务业（旅馆，饭店，娱乐）的就业人数实际上提高了。经济复苏的时候，总体就业率大约提高了 10%，而这些行业的就业率提高了 40%。这明显表明，尽管公众情绪低落，英国人却有着更多的娱乐。这也表明更多的英国人在离家度假。在 19 世纪，度假几乎是中产阶级的专利，甚至在 1939 年，不到一半的人有过一个晚上在外过夜的经历。这些没有出过远门的人第一次到海边或乡村游览，通常是乘坐大型游览车[1]参加一日游，这是内燃机带来的另一个解放。工人阶级也更多地前去度假。到 1939 年，1100 万人享有带薪假期。度假营地为更广泛的社会阶层提供服务。所有这些都属于公共服务。

即使在经济大萧条时期，私家佣人的数量也没有增加。在两次世界大战期间，只有 5% 的私人家庭拥有 1 个常住的佣人。愤世嫉俗的观察者不会忘记读到有闲阶级对文明衰落发出悲叹时的感受。这些悲叹只是意味着，职业人士开始自己洗涤餐具了。

富人们虽然从独栋住房移居到公寓，但他们仍然生活在伦敦西区。其他的人在城市工作，但渴望住在城外。"新"英国人居住在可以看到绿色田野的新住房[2]里，虽然景色被带状建筑所破坏，很难称之为乡村。住房是在住房协会的资助下以分期付款的形式购买的，在这种意义上属于个人财产。房主也会以分期付款的形式购买家具、厨房设备和汽车。分期付款是 20 世纪 30 年代一项令人瞩目的创新，手里没钱的人可以买到 10 倍于以前的日用商品，从而有效地刺激了国内市场。但分期付款还不是很体面的事。大的信贷公司用"普通小货车"运送家具，就像邮局用简易包装寄送避孕药具一样。

新房屋除了建造日期新之外，很少有什么现代特征。很少雇用建筑师，并非因为他们太新潮。投机的建筑商们赶工建房，和 19 世纪赶工建造工业住宅一样。每套房屋都有独立的花园，散发着中世纪的最后一点魅力。这是袖珍规模的豪华住宅，仍然保留着一个门厅和一个客厅（现在叫起居室）。还有一个单独

---

[1] 一种机动的敞篷长途旅游车。
[2] 房屋透露出了"新"英国人的数量。两次世界大战期间，大概建造了 400 万套住房，其中差不多有一半远离过去的中心地带。1939 年，有 1000 多万户家庭。

的厨房，虽然佣人已经不存在了。家庭成员每周在这里度过不少时光。楼上的房间在白天都闲置着。"一居室的公寓房"是个恐怖的字眼。窗户和门都关不紧。房屋到处漏风。冻疮仍然是英国独有的常见病。一个房间用开口的煤炉取暖，其他地方没有取暖设施。除了豪华公寓和旅馆之外，集中供热实际上是不为人知的。虽然电照明取代了煤气照明，但只有少数人用电做饭，更少的人拥有电炉。其他的电气设备正在缓慢地进入生活：电熨斗已经很常见，真空吸尘器在增多，[1] 冰箱仍很稀有。

唯一得到普及的是无线电收音机，它是两次世界大战之间的象征，尤其是在后期，取得许可证的有 900 台。换句话说，每 10 个家庭中有 9 个拥有无线电收音机。虽然英国广播公司 从 1936 年到第二次世界大战爆发期间一直在播放电视节目，但观众不多，战后电视才兴盛以来。尽管如此，如今世界已进入人们的家庭，而不是在家庭之外。去旧的社交中心的人数减少了。教堂、礼拜堂、俱乐部、文学社团都受到了影响。酒馆变得冷清。虽然在 20 世纪 30 年代人们越来越富裕，但是啤酒的消费并没有随之增长。喝啤酒主要是一种社交活动。在家里，英国人只喝茶，他们的家庭生活习惯甚至改变了公共生活。如今，一个典型的工厂工人工间休息时喝茶，而不是中午时去酒吧。只有矿工和从事重工业的工人仍然每天喝 6—8 品脱啤酒。对醉酒的判罪数量减少了一半以上，很少在大街上看到醉汉。

虽然被关在大盒子里倾听一个小盒子里传出的声音，但英国人仍然属于一个共同体。从收音机这个忠实的伙伴那里，了解不到他的情况。英国广播公司创立的初衷就是防止官僚主义。随着其官僚主义的膨胀，人们更加小心谨慎，在制作人上面设置了主管，上面还有资深主管，常常是退休的海军上将。人们彬彬有礼地讨论宗教、社会问题和公共事务。1932 年圣诞节的下午，国王乔治五世利用广播向备足了火鸡和葡萄干布丁的家庭传递问候。业余的弗洛伊德迷马上评价说：国王已经转换成了父亲的角色。他留着老式的胡须，说话声音沙哑，实则更接近一位祖父。乔治六世的加冕典礼是为数不多的打破和平气氛的事件之一。在报道晚间阅舰式时，海军评论员无疑因为见到了过去的同事而激动万分，反复念叨着："舰队已经灯火辉煌……如今一切都过去了……"直到他

---

[1] 从 1930 年到 1935 年，真空吸尘器的产量增长了 12 倍（从 37550 台到 409345 台）。

的麦克风突然关上。无从了解听众是否愿意继续听下去。或许他们主要关心的也是不要有令人反感的内容，希望无线电广播内容适合未成年的孩子们。或许他们只想从这个小盒子里听到一些声音，借以逃避现实社会，而不在乎听到什么内容。

印刷品仍然是严肃的传媒手段。英国人民现在普遍具有了读写能力，或者说有了大众教育所能给予他们的读写能力。绝大多数人都是仅此而已。1918年的费舍尔法是教育上的唯一进步。两次世界大战期间，学生离校年龄一直保持在14岁。政府时常许诺把离校年龄提高到15岁，但又总是拖延。最后终于把时间定在1939年9月1日，但事实证明这一天是非常不合适的。在当时，已经取得了一些成就。小学里超过60名学生的班级实际上消失了，[1] 超过50名学生的班级也正在减少。三分之二11岁以上的孩子都在某种形式的高级班。对超出义务教育年龄人员的教育没怎么增加。1931年，每5个青少年中只有1个接受任何形式的中等教育（其中大约一半由公共基金资助），在30年代，这个比例稍有下降。大学教育还是一如既往，精挑细选。在两次世界大战期间，创立了3所大学学院，[2] 在雷丁的一所发展成为大学。此外，就没有什么发展了。由公共基金支持的中等教育只把6%的学生送进大学。每千名初级学校学生中，只有4名能够接受大学教育，每千人中不到1人进入牛津和剑桥大学。当然，这虽然没有改变大学的特征，但还是使大学的构成发生了某些变化。1934年，三分之一进入大学的学生来自受公共资金资助的学校，其中大约一半，或者说总数的七分之一，是从初级学校开始接受教育。

教育随着年龄升高而缩减的趋势可以从另一个方面表现出来。1931年，有550万小学生，60多万各种形式的中等教育学生（当然，有些学生不到14岁），大学本科生不到3万。这些数字表明了伴随终身的阶级差别。但真是奇怪，主要为极少数特权阶级服务的大学却以全国性机构的形式存在着，它们一半多一点的收入都来自公共基金。不仅如此，比较新的市立大学，不管是世俗的还是非国教的，一开始的时候大多激进地否定牛津和剑桥大学，如今却越来越多地模仿提供上流社会的教育，与它们越来越相似。在大多数国

---

[1] 在1938年，只剩下56个超过60名学生的班级。
[2] 斯旺西、莱斯特和赫尔。

家和大多数时代，大学生的生活条件比较艰苦，可能不如在家里的生活条件。在英格兰，大学生的生活条件却超过了他们的社会地位，教师更是如此。绝大多数英国人并没有受到遥不可及的大学的影响，这一点并不令人感到奇怪。虽然几乎所有的英国人都能阅读，但他们阅读的并不是大学产出的内容。大学的产出极少。

普通男女主要是阅读报纸，比以往任何时候读得都多。在大约一个世纪的时间里，英国报纸的发行量经历了几次跳跃性的增长。每次跳跃发生在报纸提供了更有趣味的阅读内容之时。诺斯克里夫提供了更多更有效的新闻，比弗布鲁克使报纸提供了更生动的特写。报纸卖的是内容，靠读者支付的一便士半便士的零钱获利。但在报纸业主几乎没有察觉的情况下，逐渐出现了变化。报纸越来越多地依赖广告费。更大的发行量意味着更多的广告费。因此，发行量至关重要，即使在卖一份赔一份的情况下也是如此。不再是读者购买报纸，而是报纸购买读者。奥达姆斯公司的埃利亚斯发现了这一点。他承担着经营《每日先驱报》的重任，作为一个印刷商，而不是诺斯克里夫或比弗布鲁克那样的报人，他对报纸销售一无所知。因此，他采取了类似于推销保险或吸尘器的策略，通过挨门挨户推销为《每日先驱报》赢得读者。当时发行量最大的《每日邮报》为这种新颖的竞争方式所震惊，他们提高了提供给订户的免费保险金作为回敬。

一场激烈的报纸大战开始了。另外两家大众日报《每日快报》和《新闻纪事报》，[1] 加入战斗。战事正酣时注册的新读者可以为他的继承人提供 25 万英镑的死亡保险金。1932 年，报纸业主们制定了不得免费赠送保险的规定，实则发起了一场免费赠送礼品的新战争。订户家中储满了丝袜、家用商品、百科全书和显然是唯一具有普遍吸引力的作家狄更斯的作品系列。每个新读者要花掉《每日先驱报》1 英镑，花掉《每日快报》8 先令 3 便士。但读者不会跟着报纸一辈子，他只需注册一个月，然后转向另一家报纸，享受另一次免费礼品大赠送。1933 年，这次竞赛也叫停了。当大战平息下来的时候，《每日快报》和《每日先驱报》的发行量都突破了 200 万份，《每日快报》还保持了这个发行量。

《每日快报》不仅在发行量上是佼佼者，在读者的广泛性方面也是独一无二的。其他所有报纸都与特定的社会阶层相联系，比如，《泰晤士报》的读者来自

---

[1] 1930 年的一个下午，《每日新闻》兼并了《纪事日报》。

上流社会，而《每日先驱报》的读者主要是工会分子。《每日快报》不带偏见地吸引了每个群体的读者，大约每个群体中有三分之一的人阅读《每日快报》。业主比弗布鲁克没有囿于英国的社会制度，他来自加拿大，具有新大陆的视野，认为除了富人有更多的钱之外，贫富之间是没有差别的。《每日快报》针对的是没有阶级制度的英格兰。

受过教育的英国人更多地从周刊，而不是日报中吸取思想。这些周刊虽然发行量小，但影响巨大。《旁观者》(Spectater)继续吸引着开明的保守党人。主编威尔逊·哈里斯（Wilson Harris）是国联的坚定支持者，成了名副其实的无党派议员。《星期六评论》(Saturday Review)曾是坚定而活泼的喉舌，后来不幸停刊。主编杰拉德·巴里（Gerald Barry）跟业主闹翻，一夜之间创办了色彩鲜明的《周末评论》(Weekend Review)，但是并不成功，而是被《新政治家》(New Statesman)吞并。在此之前，《新政治家》已经吞并了激进的《民族》(Nation)。[1] 凯恩斯是《新政治家与民族》(New Statesman and Nation)的主要控制人，但该周刊并未如他所愿成为冷静理性的刊物。他所任用的主编金斯利·马丁（Kingsley Martin）虽然是个社会主义者知识分子，却来自一个激进的家庭，[2] 并继承了马辛厄姆在《民族》中体现的温和激进主义。没有人能够比他更好地表达20世纪30年代的复杂情感——集体安全与和平主义，对德国纳粹的敌意，对战争的仇视。他是那个时代的缩影，或者说至少是左派的缩影。就此而论，《新政治家》的文学栏目最全面地反映了英国文化。

然而，认为文学的趣味和普及代表了普通人的想法，这是草率的，实际上也是错误的。这种假定在早些时候或许成立，那时的历史只与上流社会和有教养的阶层有关，因此伟大的作品可以被看作时代的镜子。它还假定，那些流传下来或者后代给予高度评价的作品必然是他们那个时代最有影响力、最具代表性的。无论如何，在20世纪，当我们面对英格兰人的时候，文学告诉我们的东西微乎其微。比如，弗吉尼亚·伍尔芙（Virginia Woolf）的小说深受一小部分知识分子的青睐，它们对紧凑的叙事结构的破坏影响了后来的作家，但这无关乎历史学家。还有，30年代诞生了一群深切关心社会和政治问题的诗人，人们

---

[1] 1920年，《民族》兼并了著名的文学刊物《雅典娜神殿》。几年后，又为《新政治家》所兼并，报头改为《新政治家与民族》，副刊名为《雅典娜神殿：周末评论》。
[2] 他的父亲是个不信奉国教的牧师，亲布尔派的领袖。

很容易把他们的领袖奥登（W. H. Auden）看成像丁尼生（Tennyson）那样，发出体现时代特征的声音。或许奥登以诗歌的形式表达了很多英国人的所思所想，但这并不意味着后者读过他的诗歌，甚至听说过他。30年代的确是个缺乏文学权威的年代。没有人能够取代萧伯纳或阿诺德·贝内特，他们毫不犹豫地对所有重大问题发出自己的声音。

当然，也有成功的作家，与上个年代相比，他们更加理智清醒。20世纪20年代诞生了3位华而不实的著名畅销书作家。哈钦森（H.S.M.Hutchinson）的《如果冬天来了》(*If Winter Comes*)当时因其"高度的道德品质、力量和美"而受到赞誉。1922年的《纪事年报》(*Annual Register*)称其为"本年度小说创造最引人注目的成就"。虽然H. G. 威尔斯发疯之后继续写作，但其魅力和情感已经难以被人理解。玛格丽特·肯尼迪（Margaret Kennedy）的《坚贞的宁芙》(*The Constant Nymph*)以文学形式展示了一个青春期少女的白日梦：没有性描写的洛丽塔（Lolita）。迈克尔·阿伦（Michael Arlen）的《绿帽子》(*The Green Hat*)甚至更加非现实，刻意虚构了一个固执的亚美尼亚人，被社会批评家郑重地说成是对当代行为方式的刻画。这种奇思怪想的风格没有继承者，只有两个例外：普里斯特利1929年发表的《好伙伴》可以视为最后的余波，虽然其中的人物是真实的；达芙妮·杜莫里埃（Daphne du Maurier）1938年发表的《蝴蝶梦》(*Rebecca*)是一次孤独的复苏。30年代的畅销书作家的基调以现实主义为主。普里斯特利、克罗宁（Cronin）和路易斯·戈尔丁（Louis Golding）描写了单调乏味的环境下大量普通人的生活。或许是英国人的梦想少了，或许是在尽量跟上时代发展的步伐，但更大的可能是：不是读者改变了，而是作家改变了。

阅读习惯的一个发展方向是追求新奇，而不是寻求启蒙，出现了向历险故事或惊险小说转变的新趋向。识字不多的阶层如果阅读的话，总是选择惊险小说。塞克斯顿·布莱克（Sexton Blake）的历险故事每两周一次在报刊上连载，一直到第二次世界大战爆发。其读者是受教育阶层的男孩和受教育程度较低的成年人。萨伯（Sapper）、唐福德·耶茨（Dornford Yates）和约翰·布坎（John Buchan）创作的惊险小说更加成熟一点，混杂着高尚的道德规范和对外国人与犹太人的厌恶。如果说情节就是一切的话，那么沃德豪斯（P. G.Wodehouse）（起初也是为青少年写作）可以算是一个惊险小说作家。实际上，对沃德豪斯来说，重要的是他的风格。他与康格里夫（Congreve）和罗纳德（Ronald）齐名，被认为是精美绝妙的散文大师。牛津大学轻率地授予他荣誉学位，可能正是出于这一点。新的发展方向是侦探小说：通过朴素扎实的叙事，描写普通人的非凡体验——通常是谋杀案。阿加莎·克里斯蒂（Agatha Christie）是公认的侦探小说女王，在情节的精巧方面无人能够匹敌。根据包括普里斯特利在内的严肃作家的预测，侦探故事可能完全取代传统小说。当然，与文学性更强的作品相比，这些侦探故事常常为历史学家提供了更加清晰准确的社会细节。除此之外，它们没有其他的意义：像填字谜之类的智力游戏，当时的报纸普遍开设字谜栏目。尽管如此，如果排除阅读惊险小说、侦探故事和沃德豪斯，那么我们看到的两次世界大战期间的英国人，尤其是中产阶级的英国人的画面是不完整的。

当然，除了乘火车旅行之时，花费在阅读上的时间很少。英国人还在追逐大众娱乐。便利的交通，更多的休闲时间，报纸广告把人群赶向皇家婚礼和到伦敦访问的电影明星。体育运动，或者观看职业比赛的人数在稳定上升。赛马继续为人们提供主要的赌博渠道。据说1929年花费在赌博上的资金为2亿英镑。[1] 在20世纪30年代，试图预测足球比赛结果的赌金总数稳定增加。复杂的表格自然是晚上在家里填写的。1926年开始的赛狗相当于为大众提供了更公开、更廉价的蒙特卡罗绿色赌博桌。板球比赛因其自身的价值而被人观赏，受到社会的尊重。作家内维尔·卡达斯（Neville Cardus）把自己的文学才能贡献在板球比赛报道上，而在冬天集中精力写作古典音乐批评。职业板球选手是不能指挥球队的，当时，在英国的大多数行业中，指挥还是一个业余职业。网球在工人阶级中盛行，当然是年轻人。但观看网球比赛还属于中产阶级的爱好，就像一直如此的业余橄榄球比赛一样，只有威尔士是个例外。职业橄榄球是工人阶级所独有的运动，主要在英格兰北部。

英式足球凝聚了所有的阶层，部分原因无疑是最高贵的公学不屑于追随橄榄球和阿诺德博士的模式。国王喜欢亲自出席足球杯决赛，把奖杯颁发给获胜球队的队长。1923年乔治五世在温布利第一次颁奖的时候，观众超出了体育场的容量，甚至被挤到了场地内。英式足球是最民主化的比赛，也是最国际化的比赛。当英格兰在其他方面的影响消失殆尽的时候，它的印记可以通过英式足

---

[1] 这是一个总体数字。当然，有些赌博者赢回了他们的钱。

球留在这个世界上。作为回报,欧洲大陆贡献的则是豪华舞厅,之前舞厅为富人带来的浪漫情调现在更是四处扩散。

虽然大批的人群在周六下午观看英式足球比赛,在周六晚上光顾豪华舞厅,但是与每天晚上去电影院的人群相比,他们仍然相形见绌。看电影是那个时代不可或缺的社交习惯,或许是对私人的盒子的一种补偿:在天平的一端是玩偶之家,另一端就是电影院。电影院彻底打败了所有的竞争者,音乐厅受到的打击最重,伦敦之外的音乐厅几乎全部关闭。生于罗奇代尔的格雷西·费兹(Gracie Fields)是唯一的新星,最后一位新星,但即便是她,也不得不依靠电影和无线电来维持她在舞台上赢得的声誉。外省的剧院几乎以同样的速度消亡,只在一些大城市生存下来,但也只是上演在伦敦获得成功的剧目,或者伦敦上演之前的预演。在20世纪20年代,还有一些巡回演出剧团:两个演出莎士比亚戏剧的剧团,一个演出萧伯纳戏剧的剧团,两个演出浪漫剧的剧团[(其中之一由最后一个伟大的演员兼经理马丁·哈维(Martin Harvey)管理]。如今,他们全部消失了。莎士比亚退缩到伦敦老维克剧院和埃文河畔斯特拉特福的莎士比亚纪念剧院,主要靠美国游客和学校学生的支持来维持。顺便说一句,莎士比亚纪念剧院是为数不多的当代风格的建筑之一,是维多利亚中期风格的老剧院被1927年大火摧毁后重建的。

一些由固定剧团演出保留剧目的剧院仍然继续运转,但也不是一帆风顺。伯明翰和利物浦以此闻名于世。在曼彻斯特,霍尼曼小姐的快乐剧院曾拥有最优秀的保留剧目,却以失败而闻名于世。或许是哈雷管弦乐团耗尽了曼彻斯特市民的文化口味。伦敦各剧院提供的新的优秀戏剧越来越少。本世纪早期的戏剧文学复兴实际上终止了。1933年,高尔斯华绥去世。约翰·德林克沃特(John Drinkwater)也随斯蒂文·菲利普斯(Stephen Phillips)而湮没无闻。萧伯纳年老昏聩,措辞巧妙但言之无物。诺埃尔·科沃德在《乱世春秋》中转而展示了爱国主义情怀,但人们评论说,他只是浅尝辄止、言不由衷。电影威胁到了那些庸俗的娱乐形式。孩子们的聚会上放映电影,通常是查理·卓别林的,而不是魔术戏法。在星期六的上午为孩子们放映电影,木偶戏表演萎缩了。手摇风琴加上猴戏的表演在大街上销声匿迹了。

灿烂夺目的电影院遍布各地,在最贫困的地区也是如此。据统计,在利物浦,有40%的人每周去一次电影院,25%的人每周去两次。虽然没有社交的性质，但电影院兼有教堂和剧院的功能。在黑暗的大厅里看电影的人仍然是个体，除了相邻"座位"或"靠背椅"之外对其他观众一无所知。电影放映过程中还不能笑个不停，否则耽误后面的情节，悔之不及。到20世纪20年代末期，电影院安装巨大的电子风琴，试图弥补无声电影的不足，声音从地板下面发出来。这种不自然的声音存在的时间并不长。1927年，一位受到破产威胁的美国电影制作人投下赌注，要使声音和画面同步，获得了成功。演员艾尔·乔森（Al Jolson）以扮演黑人著称，以影片《爵士歌手》征服了世界。比他的歌声更轰动的是脱口而出的一句话："来吧，妈妈，听听这个吧！"

在3年之内，每个人都在用耳朵倾听。"有声电影"胜利，无声电影消亡了。新的形式不如旧形式轰动和有感染力。当声音必须和画面同步，人数众多的场景非常费钱。[1] 而且，有声电影的特征是有声，而大部分的有声电影产于美国。1927年，立法规定了电影院必须放映的英国电影的配额，据称，这是一种保护主义，既是文化上的，也是经济上的。但是取得的效果微乎其微。英国电影很少能显露头角。演员是从剧院借来的，一旦获得某些声誉，很快就会到好莱坞发展。只有两位英国导演表现突出，他们是匈牙利侨民亚历山大·科尔达（Alexander Korda），还有成功的无声惊悚电影制片人阿尔弗雷德·希区柯克（Alfred Hitchcock），他在有声电影上获得了同样的成功。除此之外，美国人称雄天下。

美国片的影响力令自封的英国文化监护人感到惊恐，这是没有什么道理的。美国的词语在增加，但是银幕上描述的美国习俗却很少被接受——没有嚼雪茄，也没有参加黑帮。极少有人从电影中学习道德观念，不论是好的还是坏的；更少有人追随影星们的私生活道德。语言障碍可能使英国人与大陆疏离，加强了他们与美国有着特殊关系的错觉，美国人却没有这种错觉。电影的真正影响逐渐加深：它提供了真实生活的替代品，帮助人们成为看客而不是行动者。失业者花几便士就可以忘却艰难的处境，进入由富丽堂皇的大厅、卑躬屈膝的仆人和大理石浴室（虽然没有冲洗式便器）组成的世界。为什么要为政治示威烦心呢？真实生活本身变成了表演。那个时候每个片子都要加演的新闻短片同样以

---

[1] 在《一个国家的诞生》中，D.W.格里菲斯使用了1万多名临时演员。英国电影《亨利五世》在拍摄阿金库尔战役时，使用500名爱尔兰军人为群众演员。诚然，这是战争时期的特例。

激烈和戏剧化的方式报道时事。很难区分纳粹集会的镜头和卓别林在《大独裁者》(The Great Dictator)中表现的同样主题的镜头。第二次世界大战期间，影片部分在前线拍摄，在银幕上出现的阿拉曼战役或斯大林格勒战役是完全真实的。人们对政治的兴趣更加浓厚；国际事件受到比以前更广泛的讨论。但是，随之得出的一个感受是：这些发生的大事件与每晚在电影院看到的一样，与真实生活没什么关系。

新的公共活动与古老的宗教信仰发生了奇怪的冲突。很多地方政府认为，它们的准许权可以扩展到允许在星期天开放电影院。1930年，一名普通告发人揭发，这一行为违反了1782年的《星期日遵守法》。经过一番大惊小怪之后，达成了极有特色的妥协。90个违法的地方政府被允许继续这样做。其他地区只有在当地民意调查之后才可以授权星期天开放电影院。直到二战期间普遍在星期天开放电影院，此前这样做的地方不多。作为财神向上帝的进一步供奉，星期天夜晚一定比例的收入用于慈善事业。因此，大多数电影院在星期天开放的时候，都上映劣等电影。作为回报，教堂本身也提供了星期天的娱乐素材。1926年的法律禁止公开报道离婚法庭的诉讼，但宗教法庭的诉讼不包括在内。它们成了最丰富的大众周日报的信息来源。那个时代引起最大轰动的是1932年审判斯蒂夫基的牧师哈罗德·戴维森（Harold Davidson）的案件。他更多的时间不是花在教区，而是花在合唱团的女孩身上。他被免去圣职，和之前的蒂奇伯恩（Tichborne）冒认者一样成为公众艺人，1937年和狮子一起表演的时候，被狮子咬死。戴维森为他的时代提供了一个寓言。他在有生之年吸引的注意力比坎特伯雷大主教科兹莫·戈登·朗（Cosmo Gordon Lang）还多。在历史书中，谁应该占据更多的篇幅呢？

同类的问题总是在重复。公共事务紧张严酷，私人生活却越来越轻松愉快。20世纪30年代被称为黑色的岁月，魔鬼的年代。可以用两个词语表达其整体形象：大规模失业和"绥靖主义"。自诺斯勋爵以来，没有任何一个政治领袖群体受到过如此轻蔑的评价。但与此同时，大多数英国人却在享受着有史以来最富裕的生活：延长的假期，缩短的工时，更高的实际工资。他们拥有汽车、电影、无线电收音机和电气设备。生活的两个方面凿枘不入。公众人物在装模作样。可以在新闻短片中看到参加会议讨论的国民政府官员：面对危机，他们表情严峻，咬紧牙关。为了拯救国家，拯救英镑，他们毫不迟疑、义无反顾。他们的勇气带来的结果是，失业者的孩子们面包上的人造黄油越来越少。作出果敢的决策之后，大臣们回到温暖舒适的家，享受丰盛的大餐。这就是"有难同当"。30年代末，学者卢卡斯（F. L. Lucas）出版了和平时期最后一年的日记，题名为《恐怖笼罩下的一年》（*A Year Under the Terror*）。作者把一个剑桥学院的教师联谊活动室与达豪和沃尔库塔集中营相类比。

从理论上讲，英格兰还是一个基督教国家。所有的学校学生每天都是从接受基督教教育开始的；不允许持怀疑态度者在收音机中发言；死刑或君主政体这些重大问题是从基督教原教旨主义的角度展开讨论的。然而，从1916年到1945年间，只有一位首相（鲍德温）是严格意义上的基督徒。而且，每个政治家都在赞美民主的美德，指责苏维埃俄国。虽然处于这样的语境之中，但麦克唐纳写给法西斯独裁者墨索里尼的私人信件态度还是友好的；奥斯丁·张伯伦与他交换过照片，参加过他的家庭度假；丘吉尔曾经在报纸上撰文，给予他和希特勒高度评价。

矛盾主要体现在外交事务上。1932年，丘吉尔曾说："我想不起以前有任何时候，政治家使用的语言与实际发生的事情差距如此之大。"[1] 当然，在这些事情上，总是存在一厢情愿的想法。或许只是现在对错误的惩罚更加严厉了。理论上，大不列颠致力于裁军，并且依赖国联。实际上，国联只是被看成可有可无的摆设，为政治家们提供合意的开会场所，处理无关实力的一些问题，比如白奴贩卖等。当英国的利益受到威胁的时候，比如1927年的上海事件，英国使用传统的方式，通过武力捍卫自己的利益。在与名义上的独立国家埃及发生争端时，英国政府没有向国联求助。他们更没有想过让国联托管苏伊士运河。决定英国军备的唯一因素是英国的需要。参谋长们从来没有明确地提问："为了履行盟约规定的责任，我们需要什么样的军备？"他们只是在为其他目的倡导增加军备时，才以支持国联为借口。私下里，他们把国联看成一件麻烦事，甚至一个危险。政治家们含糊其词。在他们的演说中，国联是"英国政策的备用大锚"。1935年，鲍德温靠表面上支持国联而赢得大选。他本人对国联并无信心。他从来没有参加过国联大会，有一次，他把自己政治上的不如意归咎于要求他认真对待国联的国际联盟联合会[2]。

---

[1] 丘吉尔《武力与盟约》（*Arms and the Covenant*）第43页。
[2] 杨格《鲍德温》（*Baldwin*）第129页。

国联的拥护者们做得也好不了多少。他们从来没有面对坚守盟约可能把大不列颠卷入战争的问题。他们最关心的是大不列颠不应该违背盟约，因此没有考虑到如果某个其他国家违背盟约，大不列颠应该怎么做。于是在1926年，工党年度大会通过了一个支持国联的决定，紧跟着又通过另一个决定，宣布工人"将通过组织全面的抵制，包括拒绝拿起武器，来面对任何战争威胁，不管是所谓的防御性战争还是进攻性战争"。支持国联与反对英国进行任何形式的备战携手并进。人们认为，战争是错误发动起来的，因此，如果没有军备的话，大不列颠至少不会犯错误。持有现实主义思想的人也宣称，道义谴责本身就可以阻止侵略。人们毫无理由地夸大第一次世界大战的教训，如果道义谴责不起作用的话，他们会依靠"经济武器"，即封锁，来解决问题。亚瑟·汉德森根本不是绥靖主义者，而是工党中最现实主义的成员，但是，一直到1933年在工党年度会议上解释集体安全的时候，他还在说"对一个违背和平承诺的政府，有义务不予任何支持……共同抵制破坏国际和平的犯罪行为"。

　　后来，当一切结束之后，统治者和被统治者互相责难。一种说法是，统治者是"罪人"，是无能的，经常有意欺骗英国人民。丘吉尔说鲍德温[1]"把政党放在国家之上"。另一种说法很大程度上是鲍德温本人的看法，认为错误在于"民主制度"，为了目前利益牺牲未来利益，很难集中力量，"总是比独裁制度落后两年的时间"。双方的责难都没有抓住要害。政治家的确是无能的，可能比平时更无能。鲍德温就是这样的人，他在1935年说过："我总是在犯错误。"同样，英国人民也不欢迎坚强有力的领导人，即使有这样的领导人。从本质上讲，统治者和被统治者有着同样的观点，属于同一个年代，都在一个变化的世界中固守旧的观念，都在期待风暴不会肆虐，或者至少在别的地方肆虐。

　　鲍德温慵懒的风格确实代表了那个年代。普通的英国人从来不去教堂或礼拜堂，家里可能也没有《圣经》，但是，他们毫无疑问希望自己的孩子全盘接受基督教教育。政治家们在演讲中支持国联，但却从来没有想过问问参谋长们如何支持国联。这两个方面是如此惊人地相似。对于在电影院中长大的一代人来说，表面现象变成了现实。人们相信听到的言辞，相信自己使用的言辞。丘吉尔真的认为有一个辉煌的印度帝国即将失去，鲍德温真的想象自己在捍卫民主

---

[1]《第二次世界大战》(*Second World War*) 第1卷索引。

的美德，左翼社会主义者真的期待在英格兰建立法西斯专制。因此，电影观众真的觉得，在屏幕的荫蔽下，生活一如既往。当然，没有人认为空洞的语言会产生实质性的作用，或者电影中最危险的人物会跑出来对观众迎头痛击。这就是 30 年代结束之前的现实。事实证明，借口不成其为借口，也许只是掩盖了真实的生活。

第十章 国家得救：经济问题，1931—1933 年

新的时代开端良好。一场无人能真正理解的混乱不堪的危机引发了一次无比混乱的大选。为了拯救英镑而成立的国民政府失败了，借助这次失败，他们证明了自己是这个国家的救世主，从而使他们的主张被大多数选民接受。政府是全国团结的体现，这种团结实际上表现为政府重要成员公开承认对一些基本问题的意见分歧，事实上，他们更急于强调与同僚的分歧，而不是提出自己的解决方案。另一件令人感到古怪的事是：第一个在 9 月 8 日明确呼吁为了加强国民政府和实行贸易保护制度而举行一次大选的人是丘吉尔，而他并不是政府大臣，而且还是个一贯的自由贸易者。最坚决地捍卫自由贸易的人，恰恰是在自由贸易盛行的时候从来没有予以重视的劳合·乔治。曾经被接受的标准崩溃了，人们以矛盾的方式对充满矛盾的处境作出反应。

在政治领袖们不遗余力的坚持下，国民政府组成了，持续"一个有限的时期"，为了"一个特殊的目标"：平衡预算以便拯救英镑。预算平衡了，虽然英镑没能获得拯救。但是，没有人提议国民政府应该就此消失。工党不能若无其事地再次执政。在英镑相比以前的黄金价值贬值了三分之二的情况下，必须要赢得国际信任。而且，更严重的问题引发了直接的金融危机，至少人们认为如此。抢购英镑风潮的原因被解释为预算赤字和国际收支赤字。在其背后，更深刻的原因是 20 世纪 20 年代长期的失业状况和世界大萧条带来的更严重的失业局面。大多数人认为，一定可以找到一个同时解决所有 4 个问题的答案。人们认为，因为工党政府没能解决更严重的问题，所以导致了金融危机。因此，为了解决金融危机而成立的国民政府应该面对更严重的问题。

在前两年，除了莫斯利之外，没人提出过如何解决问题的想法，但是，正像第一次世界大战期间所发生的那样，危机可能激发出新的想法。政治家们像其他人一样，半推半就地进入新时代。失业似乎是压倒一切的问题。更多的工作意味着更多的税收和更少的失业救济金支出，因此预算也就有了保障。更多

的工作也可能意味着更多的出口，使国际收支得以恢复平衡，从而使英镑坚挺。毕竟，国民政府有可能拯救这个国家，但如何实现这个奇迹呢？一些大胆的思考者提倡自给自足，实行封闭的经济体制，使大不列颠免遭世界风暴的袭击。大多数人仍然认为，大不列颠依靠进口而生存。在他们眼中，补救的方法是贸易保护主义。减少进口将为英国工业提供更广阔的国内市场，在此牢固的基础之上，它将成为世界市场更强有力的竞争者。实际上，这些论点在逻辑上是混乱的，有时候主张阻止外国商品的进入，有时候主张英国商品应该更多地出口。

也有更多世俗的打算。保守党人自信地认为，他们可以在国民政府的旗号下赢得一次大选；还自信地认为，赢得大选的方式是关税改革，这是最后的一片乐土。他们最大的资本是有一个解决方案，虽然可能是错误的，但是其他政党根本没有方案。麦克唐纳一方面坚决反对举行大选。另一方面，他更加坚定地认为需要一个以他为首的国民政府，如果需要通过一次大选来保留这个政府，他会接受进行选举的想法。虽然掺杂着名利虚荣的成分，但他的主要动力是爱国主义。当被授予救世主称号的时候，极少有人会拒绝。9月28日，工党全国执行委员会决定，那些与国民政府有关联的人不再是工党党员，这一决定给了麦克唐纳更大的压力。这个决定打破了战时联合政府的先例，表明这是一个政治阴谋，而不是真正的危机。通过这种方式，工党政府的记录被抹去了。从这一刻起，而不是更早，麦克唐纳、斯诺登和托马斯变成了"叛徒"，他们为工党所作的贡献被忽略不计，好像从来没有发生过。其他人都一清二白，令人尴尬的对削减10%失业救济金的支持也不再被提起。[1] 无论如何，如今的麦克唐纳除了做国民政府领袖外别无前途，他对以前的同僚和仰慕者心怀怨恨是有一定理由的。

自由党大臣们面临着巨大的困难。他们不能同意在贸易保护主义的旗帜下进行竞选。如果与国民政府的主张唱反调，他们也会失败。内部的分歧进一步削弱了自由党。以约翰·西蒙为首的大约20名自由党人无条件地支持贸易保护主义和国民政府。令人感到奇怪的是，包括朗西曼和西蒙在内、狂热拥护全国

---

[1] 一向貌似诚实的汉德森是唯一投票反对这一决定的工党执委。从技术角度讲，宣布国民政府的支持者不再是工党党员不等于驱逐出党，更类似于以前针对共产主义者发布的声明。

团结的人在 15 年前大都是"斯奎斯"反对派。另一方面,曾经倡导走中间党路线的劳合·乔治,如今却不惜代价地反对国民政府,尤其不愿与两个取代他的人——麦克唐纳和鲍德温合作。

政客们频繁往来:自由党代理领袖塞缪尔以及麦克唐纳拜访劳合·乔治;西蒙派在内阁办公室外面等候,徒劳地期待着塞缪尔和他的支持者们辞职;内阁内部无休无止地争吵。这似乎是由内阁而不是首相解散国会的最后一次机会。特殊的情况足以证明其合理性。10 月 5 日,有人——可能是内维尔·张伯伦,也可能是斯诺登,也可能不是一个具体的人——想出一个解决办法:每个党派都根据麦克唐纳提出的总路线提出自己的纲领,然后举行一次大选。对一个含糊其词的大师来说,这是轻而易举的。麦克唐纳对贸易保护主义和自由贸易并没有强烈的喜好。在他看来,不论是国际矛盾还是国内矛盾,都起因于误解而不是利益冲突,因此可以通过善意的方式得到解决。如果德国和法国之间的矛盾可以得到调和,那么为什么贸易保护主义者和自由贸易者之间的矛盾就不能调和呢?无论如何,解决方案是一定有办法找到的。不管这个观点如何荒谬可笑,但在当时却被普遍接受。提出这个观点的麦克唐纳是那个时代的代言人。

用更通俗的话说,麦克唐纳所要求的是"医生的权力",是国民政府可以执行任何决议的空白授权。这个词语别有深意,是麦克唐纳和任何其他人都没有意识到的。在现代治疗方法还没有出现的时代,对于大多数疾病,医生所能开出的药方就是休息,让病人自然恢复。国民政府最后所能做的也大体如此。其他任何方法都是麦克唐纳威胁要予以揭露的"江湖骗术"。或许是担心党派之间的妥协会破裂,马上举行大选。10 月 7 日,解散了议会。人们只要稍微想一想就会明白,如果保守党获胜,必然实行贸易保护主义。但是,实行自由贸易已经有三个世代之久,且一直使大不列颠获益,放弃自由贸易制度的问题从来没有坦率地摆在选民面前。保守党必须明白,在征收关税之前,应该本着严肃、公正、开放的态度组织调查;而自由党必须表面上相信他们。

另一方的结果也颇令人不可思议。工党捍卫自由贸易事业,希望借此得到自由党的选票,虽然在其仓促制定的纲领中包含实行经济计划的总体构想,而很多工党候选人并不理解这个纲领。劳合·乔治极力想使出自由贸易的最后一招,其他自由党领袖愤怒地予以拒绝。因此,他们没有得到劳合·乔治基金的资助，只能竞争122个席位。自由党不得不假装这不是"联票"选举，因此，当面临保守党竞争的时候，他们不能抱怨。实际上，保守党有很多人弃权，[1]造成了409个选区里一对一的竞选，而在1929年大选中只有109个。自由党惨遭失败，主要是由于缺乏候选人和资金，而不是来自保守党的敌意。

在其他方面，这次竞选类似于1918年的大选。同样是紧急状态下的呼吁，同样是对新思维的需求，更重要的是，同样强调参选党派过去的作为。这是决定性的问题。自由贸易和贸易保护主义的矛盾不是被掩盖了，而是彻底消亡了，因为人们考虑的是就业，而不是过于廉价的价格。这个时代的标准是生产，而不是消费，这就使雇主和雇员之间产生了共同的利益。恐惧确实存在，主要是工党制造出来的。麦克唐纳挥舞着德国通货膨胀时发行的百万马克钞票来证明他是如何拯救了国家，尽管纸币实际上并非他有计划地实施的政策。斯诺登把工党的纲领（与1929年他帮助起草的纲领没有明显不同）描述成"发狂的布尔什维克主义"，从而在无线电广播中产生了史无前例的政治轰动。朗西曼发出警告，说邮政储蓄银行的资金被用于支撑"破产的"失业基金，虽然从该银行诞生之日起，政府部门就从它那里借钱。所有这些问题都是毫不相干的，工党指责这些败笔，以逃避自己的失败。除了工党攻击麦克唐纳之外，竞选活动中并无恶语毁谤。相反，整个过程相当安静，在10月27日的选举日，投票人数不比以前的大选多。投票者的判断方式很简单。工党已经逃离；国民政府勇敢地面对危机。就像1914年年轻人为比利时所做的那样，选民们响应了无私奉献的号召。不管党派政治家们如何在背后勾心斗角，人民总是把国家置于阶级之上。

不应该把投票过多地看成是爱国主义的表现。直白地说，自由党的投票至关重要。大约300万自由党人没有自己的候选人，他们可能全部投了保守党的票。是麦克唐纳，而不是劳合·乔治，摸准了正确的旋律：国家的危机使自由贸易黯然失色。工党得票数几乎比1929年少了200万，其中大约50万票支持"国民工党"，据说主要是女性。剩下的150万干脆没有投票。因此，甚至在这次现代史上最关键的大选中，在选工党还是选其他党派这个最根本的问题上，胜负的消长不足2%。工人们对工党失去了信心，但他们没有转向其他党派。即使如此，结果充满了戏剧性。保守党在其不可分离的盟友——国民工党（麦克

---

[1] 在没有希望的选区，也有工党候选人弃选，以便使自由党和保守党之间进行一对一的竞争。

唐纳派）和国民自由党（西蒙派）的支持下，得到60%多一点的选票，他们是唯一曾经突破60%大关的胜利者。如果再加上关系不太密切的盟友——"纯粹"自由党的得票，则达到67%。像往常一样，这种制度夸大了投票的效果。保守党及其盟友赢得521个席位。[1]总投票数占三分之一的工党只得到52个席位。除了乔治·兰斯伯里之外，所有前工党内阁成员都失去了席位。自由党得到惩罚，只有33席，与他们的得票数相称。共产党和莫斯利的新党一无所获。劳合·乔治沦落到一个四人家庭党：本人，儿子，女儿和女婿。他的时代结束了。

国民政府显然要继续存在。紧急内阁的接班人是一个常规规模的内阁，这不可避免地意味着保守党占多数——20位成员中占11位。确实没有别人能出任内阁大臣。个人的变动加剧了不平衡。斯诺登到上议院做掌玺大臣，他把新的尊严和无产阶级的朴实结合到一起，用约克郡方言唱《不戴帽子走进伊尔克利沼泽》（On Ilkla Moor baht'at），甚至《红旗歌》（The Red Flag）。有家族传承的贸易保护主义者内维尔·张伯伦接替斯诺登做了财政大臣。西蒙派的朗西曼到了贸易部，希望他能抵制贸易保护政策。像以前的麦肯纳一样，他令人失望了。西蒙自己成了外交大臣。

后来，人们传言最有能力的人被忽略了。这样说是没有根据的。无人提议启用劳合·乔治。奥斯丁·张伯伦体弱多病，忽略他是出于善意。丘吉尔激烈地反对在印度的怀柔政策。麦克唐纳和鲍德温继续携手合作，部分原因就是为了维持这一政策。不久之后，丘吉尔轻蔑地反对裁军，这一远见卓识使他更加不得人心。还有一个值得注意的缺席者是埃默里：他也反对"国民"政府和大多数麦克唐纳与鲍德温所支持的事情。说实话，他虽然能力很强，却是个絮叨鬼，如果没有他，那些曾经与他一起在内阁供职的人一定喜不自禁。国民政府的当选应归功于自由党的票，更应像归功于爱国主义一样，归功于自由精神。在这里，没有好斗的帝国主义分子埃默里和丘吉尔的位置。

新的下议院呈现奇怪的面貌：比以前任何一次大选之后产生的新面孔都多，反对党的议席比自查尔斯·詹姆士·福克斯时期和反对法国革命的战争以来的任何一届议会都空。与福克斯不同的是，工党从来没有想到过退出，后来，鲍德温称赞他们"有助于使议会制政府的旗帜继续在全世界飘扬"。大多数工党党

---

[1] 保守党473席；国民自由党35席；国民工党13席。

员仍然认为，他们还会在未来的某一刻获胜。1931年的大选不久就和1918年与1924年的大选一样，成了一场骗局，一件怪事。工党甚至欢迎采取"紧急"措施——现在是厉行节约，有朝一日将实行社会主义制度。缩水的工党在性质上发生了变化。工会干部和其他人一样在选举中受挫：占工党议席的一半多一点（52个席位中占35个），而且都是次要人物。除了在第二次世界大战中处于非常地位的贝文之外，J. H. 托马斯是国会中最后一个大工会的领袖。自此之后，工会书记们自行其是，直接与雇主谈判。1931年8月的事件使工会代表大会总理事会遭受重创，再也没能在议会党团内重新获得信任。它在经济和国际事务方面的政策与工党相比，有时更极端，有时更中庸。除了收入方面，工党越来越成为一个常规的政党。

兰斯伯里是唯一胜选的前任内阁大臣，顺理成章担任领袖。这并不奇怪。他曾任第一工程专员，这个卑微的职位并不能体现他在工人运动中的真实地位。他早已是个全国闻名的人物，可以指挥麦克唐纳那样的大人物。假如不是麦克唐纳不喜欢他，他本可以成为工党四巨头或五巨头之一。他主编并支持了《每日先驱报》；在20世纪20年代，他拥有自己的左翼喉舌《兰斯伯里劳动周报》（*Lanbury's Labour Weekly*）。作为波普拉尔主义的主角，他在地方治理上拥有独一无二的能力，并且以自己独具的风格成为议会策略的大师。作为反对削减的领军人物，只要经济问题成为头等大事，他就是工党最适当的领袖。但当国际事务走进舞台中心的时候，则另当别论。有两个幸存的副部长在议会前座协助他：斯塔福德·克里普斯（Stafford Cripps）在当时几乎默默无闻，人们只知道他是个成功的公司律师，他的主要兴趣是重新统一教会；[1] C. R. 艾德礼也来自中产阶级，有着相当丰富的在伦敦东区工作的经验，而且因为是个"知识分子"而有点自命不凡。当时，无人预见到克里普斯会继承兰斯伯里成为左翼领袖，更无人预见到有朝一日艾德礼会成为首相——此时工党政府第一次占有明显多数。

当时，工党做什么并不重要。国民政府掌握着权力和权威，随心所欲地做任何他们想做的事，只是稍微顾及一下"全国"团结。保守党很清楚自己想做

---

[1] 理查德·斯塔福德·克里普斯（1889—1952）：在温彻斯特和伦敦接受教育；1930—1931年任副检察长；1939年被工党驱逐出党（1945年被重新接纳）；1940—1942年任俄国大使；1942年任掌玺大臣和下议院领袖（战时内阁成员）；1942—1945年任飞机生产部长；1945—1947年任贸易部长；1947—1950年任财政大臣。

什么：他们想要的是贸易保护主义。因为听信将要征收关税的谣传，进口商品大批涌入，因此马上通过了《非常规进口法》阻止进口。成立了一个贸易平衡内阁委员会，徒有公正调查的外观。内维尔·张伯伦任主席，贸易保护主义者占绝对多数。用塞缪尔的话说，调查"只是敷衍了事的"。委员会很快就开始工作了。

对任何人来说，不存偏见地讨论经济政策颇为困难。缺乏基本信息，没有中央统计部门，政府部门任意收集仅为自己所需的数据。有4个相互独立的工业统计部门；[1] 5个统计各类劳动力的部门；[2] 两个统计海外投资的部门提供了互相矛盾的数据。[3] 财政部和贸易部官员虽然情况不明，但独断专横。第一次世界大战期间，贸易部试图新建一个叫作普通经济司的文职幕僚机构。1919年，这个部门被并入能源交通经济司，后来被格迪斯大斧扼杀了。保留下来的只有一个总经济顾问，无力提出建议，实际上什么都没做。麦克唐纳一贯相信善意之人能够达成共识，他于1930年建立了一个经济顾问委员会，成员包括4位资本家、两位工会领袖和3位经济学家。这次尝试并不成功。商人提倡低工资和公共经济；工会分子和经济学家倡导增加公共支出；有些人倡导关税和货币贬值。1931年夏天之后，委员会没有再次开会。[4]

因此，内阁委员会除了收支平衡的框架之外，没有别的东西可以借鉴。他们无从向经济学家咨询，因为他们大多还是自由贸易主义者。凯恩斯等少数人更是被排除在外，他们转而支持关税，把关税和增加开支、不平衡预算联系在一起。对保守党来说，贸易保护的理由显而易见，无需多谈。关税会降低英国的进口，但不影响出口。朗西曼提出了与此矛盾的观点：关税收入将大幅提高，从而使预算得以加强，外国商品实际上会像以前一样多。

这些争论无关紧要。贸易保护主义的提倡是因其本身的价值。1932年1月初，委员会的大多数成员给出了结论。自由党大臣再次抵制，斯诺登站在他们一边。他们再次以辞职相威胁。再次找到了解决方案，这次是陆军大臣海利沙姆（Hailsham）提供的。应该可以"各自保留不同意见"。持不同意见者可以继

---

[1] 登记总局、贸易部、税务局和劳工部。
[2] 贸易部、劳工部、人口普查办公室、税务局和内政部。
[3] 贸易部和税务局。
[4] 经济顾问委员会理论上仍然存在，甚至发布了一些报告。1939年，该机构被中央经济信息局取代。

续留在政府中，他们有抨击最关键的政府政策的自由。自很久以前对"天主教解放"保留各自不同意见以来一直没有这样的做法，即使那次只是个"待决的问题"。这是最后一次恭恭敬敬地维持全国团结的表象，真是可笑。

2月4日，内维尔·张伯伦提出了他的《进口税法案》，其中饱含着对他父亲的虔诚怀念。自由党人照例反对，就像斯诺登在上议院所做的那样。但法案以压倒多数获得通过，[1] 3月1日起开始执行。将立即征收10%的普通关税。成立了以乔治·梅爵士为首的顾问委员会，负责提出税率调整的建议。乔治·梅是在前一年引发了金融危机的报告的主角。调整税率马上做到了，几乎总是向上调节。帝国商品暂时免税，原材料和几乎所有食品也免税："胃口税"仍然发挥着深远的影响。在旧的麦肯纳关税和保护关税下的进口也没有受到影响。最终，大约四分之一的英国进口商品仍然是免税的；大约一半进口商品缴纳10%—20%的关税。四五十年前，如果向贸易保护主义转变，将是轰动性的，甚至是革命性的。可能在公众中引起广泛的争议。而如今，除了内维尔·张伯伦之外，无人表现出强烈的情绪，甚至他的情绪流露也不足以令人相信。没有胜利的贸易保护主义者的庆祝集会，也没有愤怒的自由贸易者的示威游行。人们已无心争吵。在其鼎盛时期，争吵既围绕经济问题，也是关于政治权力的斗争，即使不是更多地侧重政治斗争的话。反《谷物法》同盟不只是为了废除《谷物法》，而是要结束土地贵族在政治上的统治地位。关税改革出于帝国主义情结，败于自由党的理想主义。如今，重大原则并未受到挑战。保护的思想早已经被接受，对病人、老年人和失业者都是如此。效益不佳的行业也得到保护，只是这个原则微不足道的延伸。有些保守党人认为，在关税壁垒的保护下，英国工业可以得到重建，或者如其所说的被合理化。一些人欢迎关税改革是因为借此提高生活成本，使实际工资的降低不被人察觉。这些是在常规理解下的认识深化。贸易保护并不是英国工业有意脱离世界市场，尽管从表面上看确实如此。与此相反，世界市场已经离英国工业而去，征收关税显然是为了把世界市场再拉回来。内维尔·张伯伦的想法是，征收关税后还可以与其他国家讨价还价，取消关税，这个希望在很大程度上没有实现。从人们的言论来看，一切都是颠倒的。实行贸易保护主义的是声称信仰自由企业制度的保守党，反对贸易

---

[1] 在下议院投票中，474票同意，78票反对。78票为所有工党成员和32名自由党成员加到一起的数目。

保护主义的是党纲中要求实行经济计划的工党。一旦姿态已经作出，国民政府又回头去依靠自然复苏的力量，继续采纳固执的自由贸易经济学家的意见，如果他们真的采纳任何意见的话。[1]

1932年4月19日张伯伦公布的预算典型地反映了国民政府的主场，后者声称要实行比斯诺登的紧急预算更紧缩的政策。这也是空话多于实际。虽然以前一直在谈论节俭，但张伯伦几乎找不到可以节俭之处。他姗姗来迟地从警察工资中补扣了5%，这是在1931年9月被偶然遗漏的。他制定了两次世界大战期间最低的军费预算，[2]在英国裁军方面比任何工党政府敢做的都更加彻底，这明显表明：裁军更多的是由于节省开支，而不是因为和平主义的推动。他依靠关税带来新的收入，在其他方面所作的改变很少。事实上，他的算盘打错了，在年终的时候，赤字数额为3200万英镑，被他欣然计入国债。这样，连张伯伦的财政政策也带来了轻微的通货膨胀，当他于1933年彻底终止偿债基金的时候，进一步加剧了通货膨胀。

使工党政府倒台的正统财政思想，这里是不存在的。在某种程度上，张伯伦依赖保护性关税收入的预算是反动的，与已经实行了将近1个世纪的依靠直接税的潮流背道而驰。该潮流在1917—1918年达到顶点，当时82%的政府收入来自直接税。之后，比例固定在三分之二，一直到1932年。张伯伦把直接税降低到55%，这种做法有利于普通中产阶级。即使在1937年课税再次上调的时候，一个年收入500英镑的人缴纳所得税的比例（5.5%）也没有超过第一次世界大战之前。而年收入只有100英镑的真正穷人缴纳的所得税比例却翻了一番。[3]国民政府是在这个意义上赢得了多数选票。

张伯伦最骄人的成就是调换巨额的战时公债（20多亿英镑），把利率从5%降为3.5%，大大挽回了民心。这是斯诺登在紧急预算中一直想做的事。在渴望爱国奉献的更有利的氛围下，这个规划被重新提起。在经济萧条达到顶点，很

---

[1] 一个奇怪之处是：经济史学家比经济学家更灵活。在20世纪初期，从经济史学家中产生了第一批贸易保护主义者（阿什利、坎宁安、修因斯）；在两次世界大战期间，他们通常是社会改革家或社会主义者（托尼、哈蒙兹兄弟、科尔）。

[2] 1.3亿英镑。

[3] 当然，年收入超过1万英镑的真正的富人纳税比以前多得多（39%，战前只有8%）。但是，纳税额的增加对资本的所有权并没有多大改变。1913年，0.4%的人拥有55.6%的总资本。1937年，0.95%的人拥有55.68%的总资本。

多工业股毫无收益的情况下，能得到安全的 3.5% 的利率无论如何都会让投资者们感恩戴德。或许这只是瞎猜。投资者的心理不再起决定作用。货币市场像其他领域一样，不复在一个自由企业的世界里运行。如果英格兰银行愿意，它可以"规定"借款利率。无论如何，利率降下来了，成功实现了战时公债的调换。政治家和债权人互致祝贺。

这样做的直接结果是节约了 2300 万英镑。到 1936 年，利率的普遍降低每年为国家财政节省 8600 万英镑。[1] 因此，政府节省政策是在牺牲债券持有者利益的情况下实现的，而不是失业者。可以肯定，所有债券持有者都是投了票的。没有人对这种充公表示抗议，如果工党政府执行同样的节省政策，情况可能完全不同。这似乎证实了俾斯麦法则，即在英格兰，一个进步的政府总是被迫去执行反动的政策，而一个反动的政府则会被迫去执行进步的政策。当然，这个变化只是为了节约资金和降低税收，后来则披上了崇高原则的外衣，被说成是为了工业复苏而开启了低息借贷的时代。如果说政治家们有什么新思想，那也是不情愿地接受的。

张伯伦最大的雄心还没有实现：那就是实现他父亲帝国自由贸易的梦想。4月份，在加拿大政府的紧急呼吁下，帝国商品暂时免除普通关税，就是为此所作的准备。如今是实现这个宏伟梦想的时候了：大不列颠即使不再是世界工厂，也还是帝国工厂；感恩戴德的自治领为母国提供食品和原材料。为了表示对这些自治领的感情，第一次（也是唯一的一次）在伦敦之外召开了帝国会议。会议从 7 月 21 日到 8 月 20 日在渥太华举行。鲍德温、张伯伦、J. H. 托马斯、朗西曼和另外 3 位内阁大臣跨越大西洋参加会议。麦克唐纳几乎孤身一人留在伦敦主持政府事务。这次盛会是个失败，是幻想的破灭。自身也饱受大萧条打击的自治领关心的是增加农民利益以及保护本国工业。鲍德温坚决反对"胃口税"；除了张伯伦以外，其他的英国大臣私下里都同意他的观点。主持会议的加拿大首相贝内特（Bennett）考虑的只是加拿大的困难，而不是他曾经为之呼吁的帝国事业。一方面反对食品税；另一方面坚持，对英国工业实行特惠制只能通过提高自治领对外国的关税来实现。这两个方面死死地阻挡了帝国自由贸

---

[1] 摩顿（Morton）《英国财政：1930—1940》（*British Finance: 1930—1940*）第 274 页。另一部权威著作——希克斯（Hicks）《英国政府财政》（*Finance of Br. Govt.*）第 380 页——给出的数字是：1929 至 1935 年间，每年节省了 1.31 亿英镑。

易之路。

最后没能产生帝国大宪章，只产生了12个大不列颠与自治领之间，以及自治领之间有关特惠制细节的单独协议。这些协议增加了大不列颠在关税问题上与别国讨价还价的难度，虽然当初实行关税的一个重要目标就是讨价还价。从其他意义上讲，"渥太华"只是走向封闭帝国的一个象征，虽然不是在实践上，却是在理论上抛弃了自由贸易原则。这是自由党大臣们和斯诺登所难以接受的。1月份，自由党人在关税这一重要问题（尽管不如贸易保护主义者所称的那么重要）上已经作了让步，而如今，他们却在为帝国团结的琐事而斤斤计较。尽管麦克唐纳恳求说，如果他孤身一人被保守党人包围，他的地位将"越来越低"，[1]但他们仍然坚持要辞职。不久，斯诺登开始像攻击以前的同僚那样刻毒地攻击现在的同僚。追随塞缪尔的30多名自由党人进入了不省人事的状态。在1933年11月之前，除了关税之外，他们在理论上支持政府的每一项举措；此后，公开承认全面反对政府，理由是政府在推动世界贸易方面不够尽力。

回顾过去，自由党人把他们的没落归咎于保守党在1931年危机期间和之后自私自利的党派伎俩。这个解释并不够深刻。自由党的没落是因为他们缺乏强大的全国性组织，缺乏资金，劳合·乔治基金不足以提供充足的支持，还有最重要的一点就是他们自身的不团结。假如塞缪尔在1931年10月大选之后能够为72名自由党人代言的话，那么他将是有一定分量的。但事实上，在下议院中只有不到一半自称为自由党人的议员支持他。国民政府派自由党人名存实亡，已经彻底变成了保守党人。麦克唐纳对自己会被孤立和蒙羞的预言变成了现实。他成了别人失败的替罪羊：对工党来说，他是谋划了1931年的重大失败的叛徒；对保守党来说，他代表着国家假象，为他们的短处提供了借口。

麦克唐纳本人陷入绝望之中。虽然并未成功，但他作了最后一刻的努力，倡导召开一次国际会议来寻求解决世界经济问题的办法，就像劳合·乔治1921年在热那亚所作的那样。这就是1933年6月12日在南肯辛顿地质博物馆举行的世界经济会议。开幕式由国王主持，与会者包括利比里亚在内的所有政府的代表。麦克唐纳主持大会。用他的话说，这是最后一次狮子（不论谁是狮子）和羔羊（不论谁是羔羊）同卧。所有代表都对关税、外汇限制和货币的不稳定

---

[1] 1932年9月11日麦克唐纳给乔治五世的信。尼科尔森《乔治五世》第498页。

提出非议。所有人都固守这个或者那个原则不放。自由贸易原则变成了古化石，只适合保存在地质博物馆里。7月5日，罗斯福总统拒绝稳定美元而使会议终止，他先前把取消金本位制和使美元贬值作为新政的举措。在一番埋怨叹息之后，会议永远休会了。麦克唐纳所称满口仁义道德的时代正在走向没落。推动加速实行关税和货币贬值的英国政府宣称，将重回美德的轨道，如果别人也这样做。当无人对他们的提议作出反应的时候，他们暗中松了一口气。

事实上，英国对国际义务体系又踢了一脚，让美国承担代价，并且再次辩解说这是不得已而为之。1923年鲍德温与美国解决英国战债问题，是旧世界正得以恢复的醒目象征，而如今否认这批债务，变成了旧世界未能成功恢复的醒目象征。1931年，英国对债务的偿付因胡佛总统（Hoover）提出国际债务全面延期偿付的提议而中止。一年之后，延期偿付债务期满。当时，德国对战争赔款的偿付实际上已经因1932年的洛桑会议而终止。并不在洛桑协定之内的法国和英国借债人也没有继续偿付债务。贝尔福照会许诺，即使无人偿付英国债务，英国也会偿还欠美国的债务。这样，英国政府就食言了。1932年12月，为了表示具有偿付能力，他们全额偿付了一笔分期付款。半年后，他们做了一次象征性的偿付。罗斯福总统说这不算违约，但是国会认为这是违约。在这种情况下，英国放弃了继续偿付。英国政府觉得自己是有正当理由的。大不列颠已经放弃向别国索款。它借钱是为了打一场共同的战争，美国实行关税增加了偿付的困难，黄金外流威胁了英镑的稳定。无论什么借口，英国都是单方面撕毁了国际协定。在德瓦莱拉和希特勒毁约的时候，他们却不遗余力地予以谴责。

整个1932年，英国政府都在努力行使"医生的权力"，寻求能让大不列颠摆脱大萧条的办法。到年底，通过零敲碎打的方式形成了新的体制。此后只是在完善这个体制，而没有增加新内容。第二年，也就是1933年，新体制带来了应得的报偿。1933年1月，失业人口接近300万，达到有史以来的最高点。[1] 当年，失业人数减少了50万。生产恢复到1930年的水平，到年底，超过了1929年的水平。虽然更多地依靠进口成本的下降而不是出口的增加，但大不列颠的国际收支正好达到了平衡。[2] 政府自然归功于自己。或许这是没有理由的。

---

[1] 这是记录在案的失业数字。如果把不再注册的人包括在内，1932年9月的失业人数达到375万。与此相反，当经济开始恢复的时候，就业人数的增速要快于注册失业人数的降速。

[2] 无论如何，进出口恰好平衡是一个巧合，以至于人们怀疑这些数字是人为操纵的。

索姆河战场上的掩体

伦敦贫民区

英国一战征兵海报，海报上的人是陆军大臣基奇纳

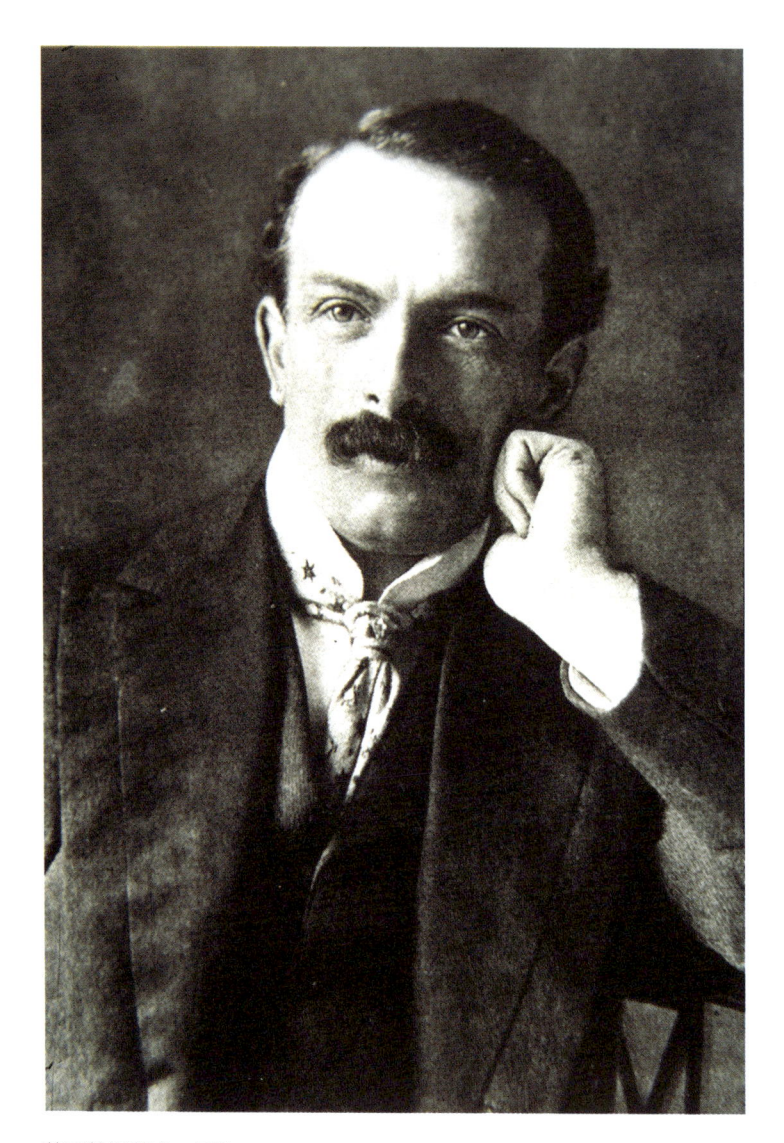

英国首相劳合·乔治

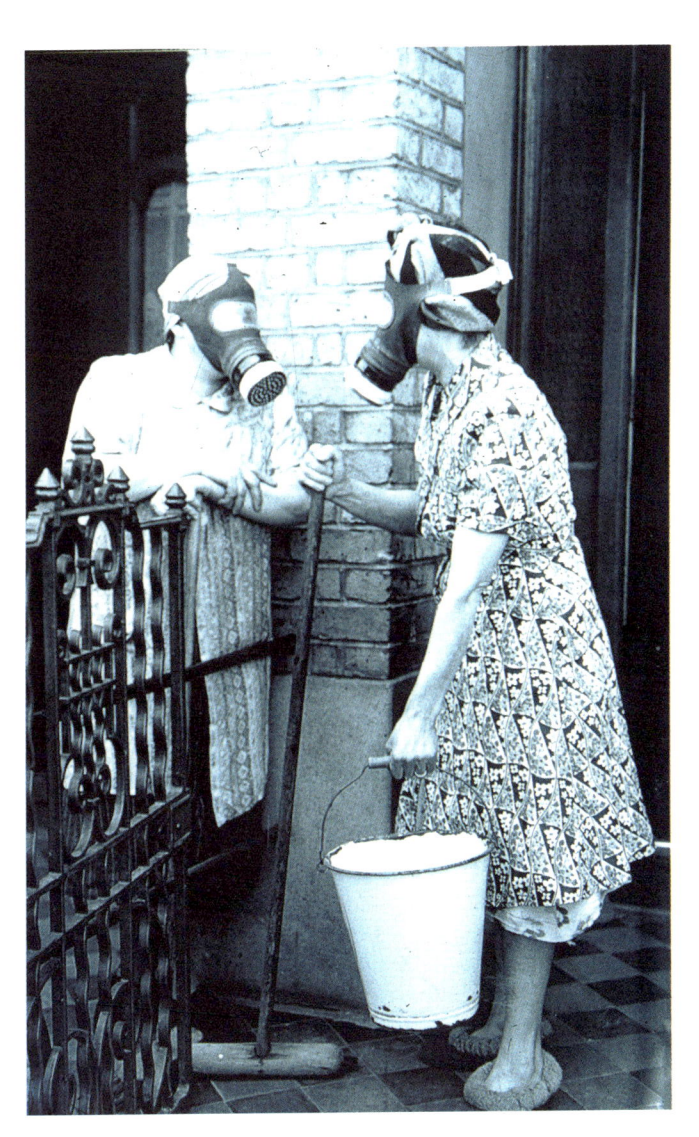

二战初期英国政府向民众发放防毒面具

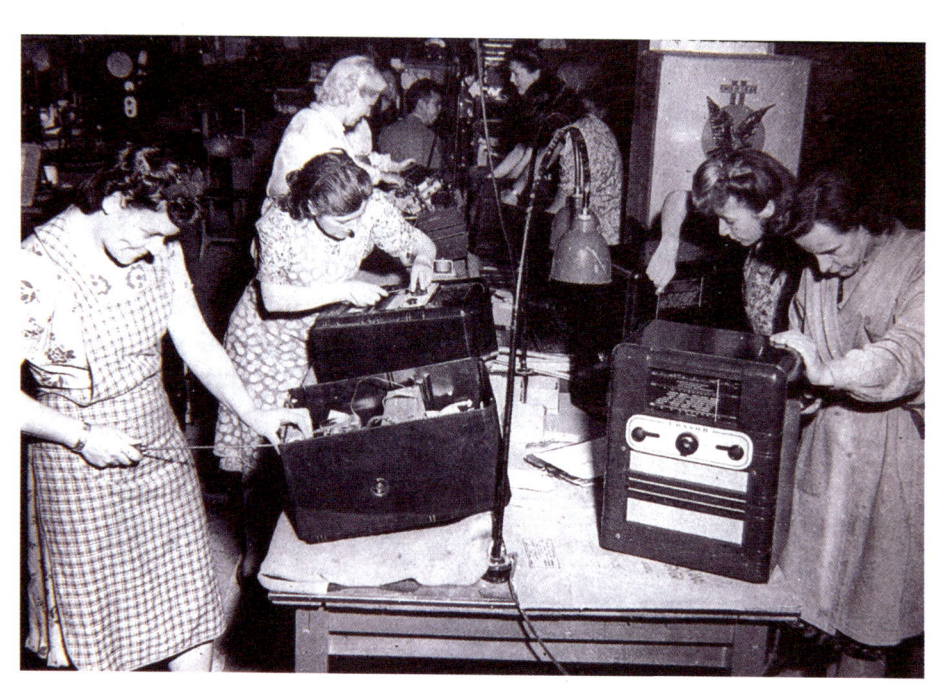

英国早期生产收音机的工厂

麦克唐纳首相

印度民族运动领袖甘地

麦克唐纳的第二届工党内阁

20年代的英国歌舞

1926 年的英国罢工工人

1931年大萧条时英格兰银行前恐慌人群

张伯伦挥舞与希特勒签署的慕尼黑协定,称其为是"我们时代的和平"

温莎公爵夫妇，公爵曾为英国国王爱德华八世

丘吉尔和罗斯福举行大西洋会谈

英帝国博览会，玛丽王太后参观缅甸展区

第十章 国家得救：经济问题，1931—1933年

1933年，世界贸易普遍得以恢复，并没有显而易见的原因。在经济大萧条中受到更大打击的德国和美国的经济也开始恢复，但他们采取的策略与大不列颠的完全不同，他们彼此之间也不同。[1]在经济变糟的时候，政治家们似乎没有任何好方法，而在经济变好的时候，他们也不能做得更糟。然而，不管国民政府的政策是否带来好处，但它肯定影响了英国经济生活的模式。

政策包括三个重要方面：英镑贬值和管理通货；低息贷款；关税。英国政府采取第一项措施是不情愿的，第二项是出于偶然，第三项才是下了决心的。英镑贬值，或者说英镑与黄金脱钩，是应对1931年8月金融恐慌的明显的答案。不久，这一措施受到人们的称颂，说是操纵国际价格、有利英国出口的天赐良策。就像一个滴酒不沾的人偷偷潜入小旅店的私用酒吧间一样，抱着正统财政思想的政府也在暗地里实行这一举措。1932年4月，成立了汇兑平衡基金，[2]表面上是为了缓解国际汇兑的暂时性动荡。在幕后，该基金却在故意使英镑贬值，结果积累了大量的黄金。[3]这种操控带来的长期利益不大。一方面，在英镑贬值的情况下，国外客户从卖给大不列颠的商品中得到的收入减少，因此不能买到和以前相同数量的商品，实际上是减少了。更重要的是，别人也可以玩同样的游戏。1933年4月，作为新政的一部分，罗斯福总统故意使美元贬值，最终跌至黄金平价的59%。1英镑可兑的美元尴尬地升到5.13美元，然后固定在不到5美元。1936年，法国和金本位货币集团的其他国家也取消了金本位制。

到了此时，英国政府更倾向于稳定汇率而不是竞争性的贬值，英国、美国和法国签订了一份三方协议，确定了一种类似的金本位制，一直到第二次世界大战爆发。很久之前，稳定汇率的优势已经在小范围里体现出来。1931年，大多数自治领和其他一些国家都追随大不列颠取消了金本位制。他们共同构成了英镑区，英格兰银行在此范围内扮演着自己的历史角色。理论上讲，与黄金脱钩意味着国内的价格水平是可以"规定"的，不必担心国际汇率的影响，反之

---

[1] 苏联虽然采取了五年计划的封闭经济模式，但在大萧条中也受到严重打击。1933年该国经济也得到恢复。
[2] 起初该基金发行了1.75亿英镑的国库券，1933年5月增加了2亿英镑，1937年又增加了2亿英镑。
[3] 1939年，黄金储备为6.5亿英镑。大不列颠放弃金本位制的时候，黄金储备为1.3亿英镑；开始实行汇兑平衡基金的时候，黄金储备为1.5亿英镑。（1914年之前，英格兰银行运作金本位制时的黄金储备为3000万到4000万英镑。）

亦然。实际上，政府及其财政顾问们不会有如此大胆的现代思维。通货不是在国内，而是在全世界范围内调控的。

然而，这对国内也产生了重大影响。保护英镑的传统方式是提高利率，如今，这种方式被放弃了。[1]1932年6月，银行利率被压低到2%，并且一直持续到1951年，只有第二次世界大战爆发后的几周出现恐慌外。这样做的最初动机只是要为调换战时公债扫清道路，接下来政府认识到低利率有助于减少自身的开支。或许他们正在接受凯恩斯关于食利者应该被送进毒气室，或者最终收益应该为零的学说。1933年，他们终于承认，低息贷款可以刺激经济复苏：鼓励实业家们开发新项目。现在的专家们似乎认为，这种做法是缺乏根据的。不管低息还是高息，在看不到盈利机会的情况下实业家们是不会借贷的。在1933年，很少有人看到这种机会。自1930年以来的投资锐减，一直到1934年才开始回升。那些有余款的人把钱投入到金边债券，进一步把利率拉低。[2]

政府不遗余力地阻止自己从低息贷款中获益。虽然确定了低息贷款，但他们并不使用，而且还阻止自己管辖的部门这样做。虽然没有严格按照纯粹的财政学说行事，他们希望1932年和1933年实现预算平衡。即便如此，他们帮助制造了厉行节约，而不是花钱消费的心理。政府拒绝考虑赤字，甚至连缓解失业问题的大规模公共建设项目也不考虑。工党政府已经开始执行的项目都被砍掉了。地方政府被严令限制开支。新学校的建设实际上中止了。新道路的修建彻底停止。下一代人将为交通拥挤付出代价。20世纪20年代新建了不少道路，[3]但30年代几乎没有新建任何道路。在后来经济恢复的时候，政府批准了更多的公共支出。因此，他们对低息贷款的利用是与现代理论背道而驰的。他们在经济滑坡的时候拒绝支出，在经济上升的时候鼓励支出，因此，他们不是在缓和，而是在加剧经济波动。地方政府无意间作出了更加明智的选择，他们启动了不能轻易中止的大规模项目，但被指责为"浪费"。

实行关税是国民政府最深思熟虑的创新，也是他们最引以为傲的事情之一。

---

[1] 甚至在1931年危机时期，由于担忧会对国内产生影响，蒙太古·诺曼对提高银行利率还在犹豫不决。这种方式无论如何都是不得要领的。"热钱"是30年代的祸根，它从一国首都转向另一国首都是出于政治原因，而非寻求高利率。

[2] 1936年到1937年，低息贷款甚至限制了扩张。因为利率过低，即使借贷人急于得到资金，出借人也不愿意借钱给他们。

[3] 比如，从利物浦到东兰开夏的道路、大西公路、北环路，更不用提默西隧道了。

但结果并未如其所愿。用一位官员的话说：[1]"没有迹象表明，当时这些保护性措施在总体上改善了英国外贸状况。"被大不列颠拒之门外的外国制造商的商品反而成为英国商品在其他地区更激烈的竞争者，德国在南美和巴尔干半岛，日本在远东都是如此。英国进口的大部分是食品和原材料，不可能大幅减少。它们主要来自基本上买不起更优质、更有利可图的英国商品的贫穷国家；然而，从这些国家进口的比例却被有意提高了。另一方面，进口制成品的减少意味着失去了更富裕国家的宝贵市场。因此最终的结果是，与减少进口相比，关税实际上更多地减少了英国的出口。

实行关税的政治意义比经济意义更重大。关税使英国贸易从外国转向自治领和殖民地，或者说帮助促成了这一转变。自治领曾经在渥太华表示同意。被唐宁街掌控的英国直属殖民地"应邀"为英国商品提供特惠，他们只能依令行事，别无选择。廉价的日本商品被排斥在外，但英国商品价格过于昂贵，无法取代它们的位置。英国人一向声称为了原住民的利益而统治帝国，如今迟迟还在使用原始的重商主义方式进行剥削，把临终忏悔转化成了临终犯罪。然而，当别人批评他们自私的时候，他们感到愤愤不平。需要再次强调的是，收获总是相对的。尽管帝国内部的贸易在英国海外贸易中所占的份额显著地提高了，[2]但是，英国贸易在国民生产总值中所占的比例还是在逐年递减。[3]贸易保护主义同时促进了帝国贸易的增加和海外贸易重要性的降低这两个方面。尽管如此，如果说国民政府有所成就的话，那就是促进了民族主义经济学和自给自足。如果别人这样做，他们是深恶痛绝的。

实行关税确实是受到了另外一个原因的推动，更严格地说是受到了另外一个民族主义的原因的推动，那就是在关税壁垒的掩护下帮助重新规划英国工业。关税壁垒被一种新的配额方式强化，这是一种更加野蛮的方式。在20世纪30年代，工业重组大行其道。所有这一切都反映了当时偏向于生产者而不是消费者的时代精神，生产者包括雇主和工人双方，消费者包括失业人员，一旦工人

---

[1] 阿什沃思（Ashworth）《英格兰经济史》（*Economic History of England*）第404页。
[2] 1931年，英国从自治领、印度和殖民地进口量占海外贸易总量的24%，1937年增长到37%。自治领比母国获益更大。英国从自治领的进口量从18%增长到25%，出口量从24%增长到29%。英国从印度和殖民地的进口量从10%增长到14%，出口量根本没有增长。
[3] 1907年，英国的出口占国民生产总值的33%，1924年占27%，1938年占15%。1913年，进口占国民收入的31%，1929年占25%，1938年占16%。

失业，马上就会被统计。重组计划具有两个不变的特征。它们都是由生产者本身实行的，往往得到立法的支持；通过征收普通税的方式支付削减产能的费用，以便保留下来的生产者获取较高的利润。这种方式残酷地发生在造船业，总共有100万吨位以上造船能力的泊位被毁，还有棉纺业，600万只纱锭被毁。即便如此破坏也赶不上市场的衰退。最后，在造船业，过剩的工厂和破坏开始的时候一样多，在棉纺业过剩的工厂更多。

煤炭业也大力实施了相似的计划，但并不成功。规模较小、效率较低的矿场拒绝被买断产权，不得不由效率更高的地区养着。政府虚张声势，几乎到了30年代末仍然一事无成。后来，他们在1938年开始实行矿区使用费国有化，在原则和方法上开创了先例。原则上，因为使用费可以国有化，那么煤矿也可以国有化。方法上，在政府和业主不能就费用达成一致的情况下，通过仲裁解决。[1] 钢铁行业是合理化的样板。在某些地区出现衰退，而在其他地区稳步发展。因此，在产量和效率上有所提高并不令人奇怪。经济计划既促进了发展，也延缓了衰退。钢铁行业的历史学家把20世纪30年代描述为"发展迟缓"的时期，总的说来，钢铁价格奇高，全社会为重建支付了代价。[2]

农业的情况特殊，感情与经济起了同样大的作用。自由贸易运动的核心一直是反对拥有土地的利益集团，贸易保护主义者则大力支持。对工业的保护似乎并不能证明"胃口税"的合理性，对外国食品征收关税虽然对农业政策起了一定作用，但是微乎其微。配额起的作用更大，因为它们有着随季节而变化的巨大优势。最令人瞩目的是食物津贴，虽然在煤炭业受到激烈的谴责，但很快就成为农业领域的一个永久的特征，在1936年之前，每年花费4000万英镑。津贴的巨大优势是，可以在不直接提高食品价格的情况下让农民收益。而且，由第二届工党政府设立的农业市场委员会被赋予了更大的权力。他们在牛奶和马铃薯方面取得了成功，但在食品和肉类方面不太成功。过去，英国主要是工业国，从世界其他国家进口食品，现在的做法戏剧性地改变了这一长期趋势。这种倒退荒谬之极。世界上食品充裕，价格被压得极低，大不列颠本来可以通过从贫困国家购买更多的食品，为恢复世界贸易（包括英国贸易）作出最大的

---

[1] 业主们要求得到1.12亿英镑，政府只出7500万英镑。仲裁者裁定6650万英镑。为了平息保守党的舆论，政府又加了1000万英镑。
[2] 伯恩（D. L. Burn）《英国钢铁制造史》(*Economic History of Steelmaking*) 第483页。

贡献，但事实却完全相反。

到底是什么原因呢？一直到1937年，几乎没人提到过战时自给自足的战略需要。每年花费550万英镑鼓励甜菜种植，只有在这件事上有时援引自给自足的依据。总之，正如一位经济史家所指出的那样，[1]英格兰仍然需要进口大量食品，而用在农业津贴上的一半资金足以建造4艘航空母舰，提供更大的安全保障。毫无疑问，人们觉得在保护其他行业的时候，农业不应该被置之不理。而且，自治领要求食品出口享受特惠，竟然以令人奇怪的方式强化了英国农业的诉求。人们觉得，只有在英国农民获益更多的前提下，自治领的生产者才可以受益。

更深刻的动机来自于政治和社会。虽然很少有选区完全是农业选区，但农业方面的投票在很多选区却起着决定性的作用。两个党派都尽力争取他们的支持，保守党比工党表现得更明显。再者，农业的繁荣对地主来说意味着更高，或者更可靠的租金。对保守党和牛津、剑桥大学这些有名望的机构来说，地主是传统的核心。虽然很少有人公开指出，人们对乡村生活的高贵品质有着最深刻的信仰。人们认为，乡村社区中珍藏着英格兰的历史记忆。一个越来越强调其历史特征的英格兰渴望保存这些记忆。但结果是令人失望的。30年代，农业生产增长了六分之一，但还是没能达到战前水平。有的农业社区没有保存下来。产量的增加不是因为投入了更多的劳力，而是依靠种植方法的改进和机械化手段。与此相反的是，从1920年到1938年，农业就业人数减少了25万人。平均每年有1万人不再从事农业。像其他地方一样，英格兰人民用逃离的方式反对自己政府的规划。

这样，虽然政府苦心规划的措施改变了英国经济的特征，但是对经济复苏并没有起多大作用。1933年，英格兰开始复苏，到1937年，生产和就业都达到历史的高峰。这并不是靠政府的协助，而是在与政府唱反调的情况下实现的。英格兰人违背了政府试图强加给他们的政策以及自己信奉的理论。他们不去节俭，而是去消费；不去为民族事业作出牺牲，而是改善自身的生活条件。虽然经济学家坚持认为工资必须下调，但工资却保持稳定。尽管政府极力想提高物

---

[1] 杨森（A. J. Yongson）《英国经济》（*The British Economy*）第120页。当然，杨森先生接着说，即使有这笔钱，海军部可能也不会建造更多的航空母舰。1939年完成了一艘。1940—1941年间有四艘交付服役。1939—1942年间没有造成新舰。

价，但是物价不升反降。外国的生产者为这一进程作出了贡献。贸易条款并没有受到英镑贬值的影响。贫困的初级生产国宁愿接受纸币的英镑，也不愿意一无所得。贸易条款不断向有利于大不列颠的方向发展。与战前相比，1929年出口额比进口额高出14%。30年代中期，出口额比进口额高出40%，只是在1938年滑落到30%。

英国人民在海外投资更少，使初级生产国更加贫困。1930年之后只有一次国际收支出现顺差，那是1935年，数额很小，只有3200万英镑。经济学家和政治家对此颇为无奈。这证明了英国的衰落，是"更大的不稳定的迹象"，[1] 是英国辉煌时代的终结。另一方面，这也是一个更加明智的年代。英国人民不是穷得没钱借给外国，他们只是不想这样做。一个英国人如果在20世纪20年代投资锡矿、阿根廷铁路或者国外政府债券，到了30年代发现自己拥有的是一大堆一文不值的花花绿绿的股票。一个英国人如果建造了精致而现代化的房屋，他就拥有这个房屋。统计表上的国际收支顺差是了不起的。对于个体来讲，这意味着他把货物提供给外国人，而不是由自己支配。国民政府告诫英国人民把自己的祖国放在首位。英国人在无意之间吸取了教训。国内状况也是一样。社会保障的提高意味着个体为了应付灾难和老年而大量储蓄。趋于平等的收入水平，或者说不平等程度的减少，意味着有余钱可以投资的富人越来越少。

无论如何，结果是清楚明白的。个体消费的增加使英格兰摆脱了萧条。在国内，所有增长的行业主要为个体消费者服务。电力供应行业是如此，用户从1920年的75万增加到1938年的900万，随之而来的是电器商品的繁荣。汽车制造工业是如此，除1932年之外，每年的产量都在提高，几乎只供应国内市场。人造丝和两个在第二次世界大战之后得到全面发展的新产品——尼龙和塑料，也是如此。但是，私人住房建设使这一切都黯然失色。建筑热潮是30年代复苏的最显著的原因。

政府没有发动建设热潮，相反，他们一直在阻止其发生。他们在1932年终止了惠特利法中的建筑规划，从来都没有启动1939年格林伍德提出的建筑规划。一直到1934年，他们才启动了贫民窟的清理工作，到1939年才拆除了25万套房屋，其中一半是格林伍德列入近期紧急行动的。与此同时，在20世纪

---

[1] 阿什沃思《经济史》第351页。

30年代，个人在没有政府资助的情况下建设了将近300万套房屋，几乎是20年代在政府资助下建造房屋数量的两倍。甚至连政府的低息贷款政策对这次建设热潮也没起到什么作用。住房协会并未降低建房费用，低息贷款最多以消极的方式发挥作用。投资建设出租住房比把钱借给政府盈利更大。因此，在20世纪30年代，住房投资占了全国总资本投资的四分之一，或者更多。

复苏到来的时候，建筑业的增长率是各行业平均水平的两倍，1932年至1935年间，30%的新增就业源于建筑热潮。其间接影响更加广泛。拥有新住房的人们购买了收音机、电气设备和新家具，提高了整体生活水平。很多住房有自己的车库，因此带动了汽车的销售。大多数不受资助的住房建于新区。当人们与旧住房告别的时候，往往也同时告别了旧的职业和旧的地区。像新住房和新产业一样，更高的社会阶层住在英格兰南部，因此产生了对新道路、新商店、新学校、新公共建筑和电影院的需求，而且档次更高。这就是靠自身的努力，或者说靠喜新厌旧，而拯救了自己的新英格兰。然而，当有朝一日这些变化被人注意到，人们给予的是责难而不是赞扬。像新行业一样，新住房和新住户存在着巨大的缺陷：每个单独的住房都很狭小，与衰落行业的大工厂和旧的工业城镇相比，它们并不起眼。而且，新英格兰并不令人鼓舞。当还有将近200万生活条件恶劣的失业者的时候，通过为自己消费而推动经济复苏似乎是错误的、自私的。对于时人以及他们的后代来说，难以解决的大规模失业和英国出口的停滞使20世纪30年代成了"黑暗的年代"。

政府继续依靠"自然复苏"的力量。1933年2月，张伯伦说，他们必须继续"坚持不懈地努力"——更加节约，更低利息的贷款，更低的税收。他们把希望寄托在旧行业的复苏，而不是新行业的发展上。"自然力量"在向相反的方向发生作用，但是速度不够快。在第一次工业革命中，过剩农业人口进入工业城镇花费了60年甚至更长的时间。如今，新的工业革命不可能在十年之内完成。长期以来，英国经济一直在下滑。变革的需要一直被掩盖着，先是1914年之前让人产生错觉的繁荣，之后是第一次世界大战，再后来是人们认为一旦消除了战争的影响，一切都会按过去的模式顺利发展。虽然一直在发生变化，但是新行业以及对新产品的需求增速不如旧行业，它们所依赖的出口贸易也衰落了。人们看到自己在竞争中失败了，没有意识到自己最终可能取得胜利。

也许最重要的是，社会改革的成功反而拖延了变革。工业革命的受害人除了摇摇欲坠的农舍之外一无所得。失业的矿工和棉纺业工人以前是劳动力中的贵族，在整洁的城镇拥有虽然老式但很体面的住房。他归属于一个社区，过着充实的生活，对社区怀有强烈的忠诚。他多年按期缴纳工会会费，在地方合作商店拥有自己的账户。他是卫理公会或浸信会唱诗班的一员。虽然失业了，他可以得到"救济"，可以保证自己和家庭生活下去。他得到经济会复苏的承诺，并且等待着这个承诺的实现。据统计，到 20 世纪 20 年代末，有 80 万失业者，或者说一半以上的失业人口是因为出口贸易的衰落。10 年之后，因同样原因长期失业的人数仍然有大约 50 万，占失业人口的三分之一。

失业人口因年龄不同产生了分化。45 岁以上的人工厂关门后，就永久失业了。没有工作的年轻人最终会改变行业或者到外地工作。阶级忠诚也发挥着作用。工会在衰落的行业力量很强，在新兴行业相对弱小。新兴城镇较少体现工人阶级特征。社会服务往往不能使工人受益。有补贴的住房到了富裕的工匠和中产阶级下层手中。公共教育的最大受益者仍然是更高的阶层。甚至对工人最有利的福利——公共卫生和失业救济金——也主要由工人自己支付。这应该归因于 1911 年劳合·乔治遗憾地接受下来的保险原则，或叫人头税。工人们希望得到解放，但是，新英格兰恰恰背道而驰，以他们为代价，或者说看上去是以他们为代价。

因此，经济复苏没能缓和阶级对立，而是使阶级斗争更加激烈。阶级斗争采取了新的形式。在过去，甚至在 20 世纪 20 年代，工会一直是阶级斗争的工具，工党表现得更加温和，特别是在麦克唐纳领导的时期。如今，这种局面开始倒了过来。在贝文和西特林（Citrine）的影响下，在整个 30 年代，工会一直贯彻在总罢工之后采取的与雇主合作的路线。无疑，他们是坚定和好斗的，但他们的斗争是为了和解，而不是冲突，他们的方式是冷静而实际的。与 1911 年至 1926 年间不同，这个年代没有发生工会批准的大罢工。另一方面，工党却变成了比以前更自觉的社会主义者。这部分是对第二届工党政府执政经验的自然反应。工党曾经试图使资本主义正常运行，但尝到的是一颗苦果。如今，根据 1932 年工党年会通过的一项决议，下一届工党政府不论是不是多数，都必须"立即提出明确的社会主义立法"。像往常一样，工党党员更急于决定执政的时候做什么，而不是研究如何才能执政。旧的信念仍很强大。工党是人民的党，当人民醒悟过来的时候，多数党的局面自然会出现。

新路线的产生还有更具体的原因。主要是由于工党内部产生了一个新的集团：左翼知识分子。在遥远的维多利亚时代，很多社会主义先驱自然是来自受教育、有地位的阶层。但工党几乎一直是工人阶级的天下，领导者是工人或出身低微的人。比较而言，很少有知识分子加入工党，而且除了韦伯和其他费边社成员外，加入工党的知识分子通常是由于外交政策的缘故。20世纪20年代的极端主义者或者是像A. J.库克这样的工会领袖（虽然库克本人不是，但其中很多人曾经是共产党员），或者是像独立工党中的兰斯伯里和麦克斯顿这样的深深融入工人阶级生活的人。共产党的领导者几乎是清一色的工人阶级。1925年被捕入狱的12名共产党员之中，只有温特林厄姆（T. H. Wintringham）一人来自中产阶级，他还是错误地被牵扯进来的。连独立工党都认为20年代的知识分子——韦伯，道尔顿，托尼，甚至柯尔——令人吃惊地温和。马克思主义者只有在"独立的工人阶级教育"的倡导者中才可以找到，包括平民联盟及其分支全国劳动大学理事会，实际上其中没有一人进过大学。[1]为数不多的马克思主义教材都是粗制滥造的，完全漠视大学里的资本主义经济和政治理论。[2]

受教育阶层的知识分子对"富裕之中的贫穷"感到羞耻，新人主要出于社会良知的反叛。年轻诗人奥登、戴·刘易斯（Day Lewis）、斯彭德（Spender）以文学形式表现了这种反叛。他们大多是在希特勒上台之前共产主义者与国家社会主义者斗争期间在柏林学习的马克思主义。克里斯托弗·伊舍伍德（Christopher Isherwood）的《诺里斯先生换火车》（*Mr. Norris Changes Trains*）传神地捕捉到那个时代的精神。但是，理论家们直接受到苏联的鼓舞。在那里，开始于1928年的五年计划似乎指出了一条摆脱资本主义无政府主义罪恶的道路。凯恩斯直到1936年才提出克服周期性失业的思想；美国未来的新政倡导者还没有付诸行动；瑞典经济计划的实验很少引起关注。因此，当人们谈起计划的时候，很多人认为共产主义是唯一的途径。

新的醉心于共产主义的人有着不同的起点。有些曾经是费边主义者，包括

---

[1] 沃顿·纽博尔德可称为马克思主义者，他是第一个共产党议员，曾经在曼彻斯特大学接受教育。这一点及其性格使他在共产党内部毫无影响力。

[2] 比如威廉·保罗（William Paul）的著作《国家》（*State*）。

韦伯等人，他们视苏联为新的文明。[1] 其他人通过先前与莫斯利的联系了解苏联的计划经济。比如，约翰·斯特里奇（John Strachey）就是如此。他的《正在来临的权力斗争》(*The Coming Struggle for Power*，1932）是新运动中诞生的最有影响力的著作，是用英文写作的最好的马克思主义著作。斯特里奇实际上是1931年大选时莫斯利新党的候选人。另一个如今转向左翼的温和派拉斯基（Laski）独辟蹊径。他的转变是因为政治，而不是因为经济。他编造了一个说法，说在1931年危机时期，宪政被人操纵用来反对工党，由此得出结论：现在的议会民主制度是不能带来社会主义的。不论是何背景，这些代表人物都有一个共同的特征：他们是受过高等教育的知识分子，他们的思想和作品吸引着同类人。

这些中产阶级马克思主义者当中，很少有人加入共产党，至少没有公开加入。或许是因为他们不喜欢共产党的呆板和教条主义，或许是因为他们想成为领袖，而不是炮灰。大多数人希望找到"一种英国的方式"，一种不是全面独裁的方式。出于偶然，他们找到了一个政治家园。1932年，独立工党最后与工党决裂。第二届工党政府执政时期，独立工党变得越来越难以驾驭，如今，他们在下议院拒绝接受工党的约束，自愿脱离工党。知识分子色彩更浓的的独立工党党员拒绝以这种方式断绝关系，[2] 成立了一个新的机构——社会主义者同盟，旨在保持与工党的联系，继续独立工党的工作。社会主义者同盟就是另类的独立工党。独立工党领导层虽然有若干知识分子，但是工人阶级占绝对优势。社会主义者同盟是清一色的知识分子，他们都是领袖，没有部下。它的支部无足轻重，它的思想纲领就是一切。它宣称为工党着想，尽管实际上它的大多数意见不被工党认可。[3]

开始的时候，社会主义者同盟的思维完全围绕着经济问题。失业问题促使他们制定更加积极进取的社会主义政策，也打开了共产主义影响向中产阶级渗

---

[1] 1935年，他们曾出版《新文明？》一书，1937年书名改为《新文明》。尽管此类书籍为数不少，但这是有关苏联最荒谬可笑的一本书。最好的一本书可能是比阿特丽丝·韦伯的夫侄马尔科姆·马格里奇（Malcolm Muggeridge）写的《在莫斯科的冬季》(Winter in Moscow，1933）。

[2] 中产阶级比工人更急于加入工党。一个工人不必为了证明他属于工人阶级而加入工党，而一个中产阶级人士没有别的办法可以证明这一点。

[3] 社会主义者同盟的建立对一个人产生了重要影响。脱离了独立工党的人决定与另一个机构——社会主义信息与宣传协会——合并。该协会主席贝文希望成为新机构的主席，但前独立工党党员坚持让爱德华·弗兰克·怀斯担任新机构的主席。贝文本人虽是知识分子中的独狼，但这件事使他永远都不会原谅这些"知识分子"。

透的通道。20世纪20年代，共产党的重点主要放在工会。专事破坏的组织——少数派运动如今已经到了崩溃的边缘。全国失业工人运动提供了更受欢迎、更加成功的选择。这场运动的领导权不可避免地落到共产主义者手中。社会主义者同盟不感兴趣，工会对各个单独的失业组织不屑一顾。共产主义者急不可待地填补了空白。共产党提名的该组织领袖瓦尔·汉宁顿（Wal Hannington）想出"反饥饿游行"的办法——这是古老的"背毡毯者进军"的回声。萧条地区的失业者分队集合向伦敦进军，虽然一无所获，但是，穿越全国的游行起到了巨大的宣传作用。参加反饥饿游行的失业者们揭示了资本主义制度的失败，这是统计数字和文学描写所不能做到的。中产阶级受到了良知的召唤，他们为游行者提供流动厨房，并在当地学校为他们提供住宿。

共产主义者不需要争辩。他们的理由是现成的。大萧条以及随之而来的大规模失业，证明资本主义制度已经崩溃。把阶级斗争进行到底，就会自动终结资本主义制度以及这个制度带来的一切罪恶。共产主义者与其说是在宣传一项政策，不如说是号召人们采取行动。1933年初，时局为他们提供了助力。1月30日，阿道夫·希特勒就任德国总理，不久他便确立了国家社会主义独裁制度。在马克思主义者眼中，他是资本主义制度的最后一次冒险，可能得到英国资本主义政府的帮助。面对纳粹暴政，已经被失业者激发起来的良知变得更加强烈。两种情绪合而为一。一天，反饥饿游行者充满了大街小巷，第二天，反纳粹的示威游行者也行动起来。无疑，反纳粹主义只是表面现象，对经济问题的不满仍然是其主要动力。但是，形势的基调和重点发生了变化。社会问题虽然仍然重要，但已滑落到次要位置。那些一开始为反饥饿游行欢呼喝彩的人，现在关心的是阻止资本主义向战争迈进。

第十一章　国家遗恨：外交事务，1931—1936年

　　1931年8月国民政府建立之际，全国上下似乎存在着很大的经济隐患，财政方面尤其不堪一击。到1935年6月麦克唐纳卸任首相之时，危机的来源转变为海外。尽管后来人将希特勒的掌权视为决定性的转折点，但实际上，重心的改变是渐进式的。那时候，人们听闻裁军会议上困难重重，听闻国际联盟是否有能力维持和平之大辩论，颇感惊愕。外交事务一直是少数群体的兴趣所在。对于大多数人来说，经济问题是第一位的，故而在失业问题上的争执暂时告歇之际，开始了对外政策问题的讨论。政府对于可以做到平衡预算已然感到满意，这更在某种程度上让人误解为可以等待经济的"自然修复"了。

　　1934年，张伯伦宣布英国已经走出了"荒凉山庄"[1]，现在可以坐享"远大前程"[2]。报业大战以后，狄更斯的免费样书家家可见，民众毫无疑问都理解这个典故。张伯伦将所得税的标准降低至4先令6便士，恢复了被削减的失业补助，又恢复了国家及地方公务人员减薪的一半。[3]1935年，他声称："大体上可以说，我们的国家已经恢复了80%的繁荣。"此言是过于谦虚了：对比1929年，生产总值高出10%；工资率下降3%，生活成本则下降13%。

　　旧工业地区的大批失业人员还是给这振奋人心的美好光景抹上了一缕愁云：在达勒姆、南威尔士和兰开夏的村庄里，男性劳动力几乎全部外出务工，贾罗（被称为"被谋杀的城镇"）的永久失业人口高达三分之二。失业成为了这些城镇的一种生活方式，沃尔特·格林伍德（Walter Greenwood）在《救济中的爱》（*Love on the Dole*，1933）中摹画了这一现象，这是英国为数不多的一部真

---

[1] 译注：《荒凉山庄》（*Bleak House*），英国小说家狄更斯的著作，以双重叙事的手法和错综复杂的情节揭露英国法律制度和司法机构的黑暗。

[2] 译注：《远大前程》（*Great Expectation*），狄更斯晚年作品。

[3] 另一半在1935年被恢复。

正的"无产阶级"小说。[1] 政府被迫有所行动，尽管有悖于它恪守的原则，尽管它是三心二意的。1934年11月，他们终于承认了四大经济萧条地区的存在，上议院后来赐名"特殊地区"：苏格兰，南威尔士，西坎伯兰和泰恩赛德。两位行政长官[2]被派往这些地方力图复兴，他们身携200万英镑的启动金。可是，没有取得多少成果。旧工业已经难以通过一点点审慎的刺激而重现生机。1936年，英格兰行政官马尔科姆·斯图尔特爵士（Sir Malcolm Steward）报告称，他"总体上来讲……失败了"。他希望能够加大官员的权柄，以吸引新工业。1937年，他的继任者如愿以偿地获得了这些权限；于是，在南威尔士和盖茨黑德附近，新兴工业区开始营建。总体统计下来，1.2万人由此解决了工作问题，这个数字实在是太少了。这些地区的失业问题大有改善是因为工人们迁往繁荣地区，其中有些人得到了公共基金的资助，但大部分人是没有的。"特殊地区"计划不过是摆出一副有计划的姿态，实际上还和往常一样，并非出于政府本愿。这事要是搁在1932年可能还会见些成效。但1937年的政府行为只是稍微延缓了移民寻求更稳定工作与更高薪资的步伐。

政府其实并不关心这个计划，甚至似乎盼着它失败。他们更关心的是如何收拾失业救济这个烂摊子。此时，内维尔·张伯伦再次成为驱动力，继续推进他从1929年便开始发动的地方政府改革这一未竟大业。从严格意义上来讲，在1931年政府削减失业保险金之后，失业保险从来不是问题：不论失业问题难解至何种境地，基金问题一直能予以妥善解决。令人头大的是长期失业人员，他们的保险缴费已经耗尽，依靠着名义上是某种"福利"[3]的救济金过活。资金是直接从国库里拨出的，并且在1931年，政府规定了"家产检查"制度，以节约开支。劳工部无力开展此项评审，因此委托给地方议会的公共援助委员会执行。家产检查一时成为社会争论的焦点。缴税阶层相当恼火，因为某些人即便拥有一些资产，却照样能从公共基金里得到救济。工人阶级同样义愤填膺，他们认为一个人已经不幸失去工作，若只是因为其生活节俭或者有家庭成员仍在工作

---

[1] 唯一可以和此书媲美的是罗伯特·特莱塞尔（Robert Tressell）的小说《穿破裤子的慈善家》（*Ragged Trousered Philanthropsts*）。
[2] 一个被派往英格兰，一个被派往苏格兰。
[3] 1921—1924年称之为"未承诺的福利"；1924—1928年为"额外的福利"；1928—1934年为"过渡的福利"；1934年以后规定为"失业援助金"（最准确的名字）。当然，这并非是任何保险意义上的"福利"。

就要接受检查，直与侮辱无异。工党控制下的地方议会所辖的公共援助委员会不愿执行此项家产检查，或是推诿地进行。各个地区的审核规则和救济标准又都迥然不同。波普拉尔主义重新出现了，且较以往有过之而无不及。激化的矛盾再次触及建立现代英国行政管理体系所倚仗的基本设想：即便人们在内心不认同某些规章，但在公共生活中也会依照行事，直到议会修改法律。

1934年，内维尔·张伯伦提出《失业法》，最终结束了这一切。该法使失业问题"脱离政治"——在顶层不与劳工部挂钩，在基层不与公共援助委员会挂钩。专门的法定委员会接手了处理失业保险的问题，并且严格行事，基金的设计以1934年的失业率16.75%为损益平衡点。实际上，英国以后的失业率再没有超过这个数值，劳动者支付的保险金永远不会有破产之日。以往所说的"福利"，现在被重新命名为"援助金"，它被移交到失业救助委员会手上，由6名远离政治的委员组成，在全国范围内拥有自己的办公室和全职员工。这是很不寻常的，因为常规模式是，地方选举产生的机构承担越来越大的职能，尽管其决定资金使用方式的权力越来越小。然而，就像查德威克（Chadwick）在一个世纪以前所想象的那样，自治的系统被建立起来，而英国失业救助委员会比萨默塞特宫的大佬们更难对付。显然，问题并没有这么轻易从政治中抽离。

新的全国救助金标准于1935年1月7日正式公布。在很多情况下，国家颁布的新标准比地方公共援助委员会所确定的标准要低，特别是在那些穷困地区。于是就开始了公众游行，反饥饿游行队伍再次出现。政府与他们崇高的原则渐相背驰，出手干涉了本该凌驾于政治之上的委员会；政府颁布了禁令，禁止削减此前确定的标准。也许他们意识到普选即将来临，也许他们在为别处的绥靖政策备战。无论如何，第二个"颁布日"于1937年4月1日降临了。此时的委员会已经学会巧妙圆融地行事。没有降低补助金标准，也没有新的抗议。很快，委员会接管了更多有关失业的社会事务。1940年，它有了一个简洁的名字：救助委员会。地方议会的公共援助委员会只需要为流浪汉和老人服务了。至此，内维尔·张伯伦实现了费边主义理想。《济贫法》退出了历史舞台。

1931年一系列事件所引发的政治怨恨不得消停，其最主要原因就在于围绕家产检查的讨论从未停歇。阶级斗争的战壕一直延伸到下议院。理论上来说，工党对国家的整个失业保险体系是备加谴责的。他们希望工作和生活福利都应由国家负责。直到物丰邦宁的那日（尽管即便在工党执政下，这一天也没有来临），他们始终都在争取更为丰厚的救济政策，视内维尔·张伯伦为人道救援的大敌。张伯伦站在自己的角度，同样把工党人士斥为感情用事的理想主义者。

围绕发展规划这个问题，党派之间的冲突缓和了，或者说矛盾不再那么尖锐。保守党一派的规划者有：秉持传统保护主义理论的埃默里，还有更为谨慎，也更为民主地实践莫斯利理念的哈罗德·麦克米伦（Harold Macmillan）等人。[1] 许多工党人士对此计划并不信任。工会认为里面包含类似于调配劳动力的内容，这是他们从根本上反对的。工党中主张规划的人员则有斯特里奇和社会主义者同盟，他们的马克思主义言论让温和派同僚颇不舒服。以凯恩斯为首的学院派经济学家逐渐倾向于赞成规划，但因为从前与劳合·乔治的关系而不被信任。其实，他们对于此种先进理念只是报以好奇而狭隘的揣度。萧伯纳的名言真是没错，在经济学和其他领域中一样适用："能作为者做事，无法作为者就去教书吧。"即使是凯恩斯，比同时代经济学家拥有更多商业经验的凯恩斯，了解的也只是金融世界。他曾经就职于财政部，担任过一家保险公司的董事长，搞过商品投机。但他对工业的理解仅限于书中的数字。劳合·乔治曾经有个讽刺性的比喻："城市中的企鹅"。凯恩斯就是一只异端的企鹅，并非其他鸟类。

因此，所谓新的想法不过是操纵或管理通货，以及为经济扩张而使用信贷手段。政府规划的唯一目的是降低失业率。提高产量成为了最重要的努力方向，具体生产什么是无所谓的，而老派经济学家一度关注的重点——财富——已经降至第二位。在一个高失业率的时代，这样的倚重方针没什么值得大惊小怪的。它还成为一种遗产馈赠给了后世，以至生产被视若上帝。另外，凯恩斯及其学派对大不列颠的形势严重误判。他们将失业者和未被利用的资源视为一潭多余的水，认为抽干这潭水的办法就是规划好公共基金的支出。这种分析对于当时的美国是适用的，现在也是一样。但当时英国的问题更简单，却也更棘手。老英格兰处于下降趋势的主要工业都资源过剩，难以再次投入使用，即使再慷慨

---

[1] 艾伦·杨格（Allan Young），起初是莫斯利的经济顾问，也是1931年新党的候选人，此后成为哈罗德·麦克米伦的经济顾问。

的信贷政策也无力回天。除了世界经济大萧条期，新英格兰后来几乎实现了全民就业。公共支出刺激了日益繁荣的工业，但没能改善日渐衰退的产业的失业率。但是，包括凯恩斯在内的流行观点，都拒绝选择另一种指令性经济或者计划经济方案。在这种情况下，议会中无休无止的经济问题辩论就像盲人摸象，占据了大部分时间，付诸了大量的热情，却只带来甚微的成果。

另一个问题也把人们的视线从外交事务上移走。那就是印度问题。确实，如果以《英国议会议事录》来衡量事情重要性的话，整个国家看起来似乎对印度复杂的宪政未来充满了兴趣。实际上不是这样。印度问题是应当抛给专家的问题，虽然一直很重要。麦克唐纳和鲍德温均承诺给予自治领的地位，并且紧密团结在一起。他们甚为谨慎：在1931年秋组织召开的圆桌会议第二次会议[1]上，甘地提出自治领的要求，甚至立即取得外部联合的地位；1932年的第三次会议几无成效；1933年全年，联合特别委员会进行审议。《印度政府法》在1934年下半年被提出，于1935年8月正式通过。各省将建立责任政府，至少接近于责任政府，国会议员可以搞政治而不致搞破坏；分区选举的把戏自有花样；而中央权力始终稳稳地掌控在英国总督手中。英国政府宣称要关心少数群体，特别是穆斯林。实际上，他们紧握统治权不放，希望直到种族之间的猜忌不复存在的那一天，但那一天永远不会到来。但是，旧有的统治正在他们眼前消失。英国人已经对印度失去了兴趣。日本——而不是兰开夏郡，为印度提供了他们自己无法生产的产品，譬如棉花。印度人开始进入行政部门和司法领域。印度的未来在于那些"棕色的英国人"，特别是尼赫鲁（Nehru），那个老哈罗公学人，《印度政府法》只是前行道路上的一个小插曲，没有多少实际意义。

其真正的意义在于国内政治。在劳合·乔治衰落之后，丘吉尔仍然是政治领域的巨擘。他独立为战、满怀愤懑，认为关于印度问题的讨论带来了良机。他打算在比弗布鲁克栽跟头的问题上再作尝试，并把鲍德温从保守党领导的位置上拽下来。当然，他之所以持反对立场，也是出于一定的信念。丘吉尔喜欢回顾那些华美的历史辞章，那铿锵金声仿佛振奋人心的鼓点与号角。现在，对他影响最大的可能就是第一任马尔伯勒公爵（Duke of Malborough）了，丘吉尔

---

[1] 关于第一次会议的情况，见上文第 225 页。

正在为这位祖先撰写传记。英国国旗迎风招展。由印度王子们资助的印度保卫同盟成立了。但除了一些言论骚动，未见得引发什么大动荡。多数保守党人士还是希望过平静的生活，他们被鲍德温谨慎渐进的让步主张所说服。此外，他们不信任丘吉尔也是有原因的，从其作为来看，他太过聪明，并且容易勃然发怒，严格意义上来讲，丝毫不像保守党的风格。在此次政治斗争中，鲍德温显得镇定自若，如同他和比弗布鲁克的斗争一样。他轻而易举就取得了胜利，通过了《印度政府法》。

丘吉尔承认失败。他既疏远了保守党，同时也加深了所有工党人士对他深深的敌意。1935年，他看上去像个没有前途的人。鲍德温和张伯伦各自在为下次大选筹措着，意图增强实力，他们把矛头瞄准了劳合·乔治，而非丘吉尔。劳合·乔治公布了他对英国新政的宏伟蓝图。实际上这毫无意义。他同样是个没有前途的人。内维尔·张伯伦对自己于1917年受到的耻辱始终耿耿于怀，他坚持说，倘若劳合·乔治进入政府，他就会离开。最终，张伯伦得偿所愿，他留了下来。劳合·乔治试图利用他原有的权力，就算能搞些破坏也行。虽然没有追随者，没有多少朋友，他的基金依然颇为雄厚，他本人也一直相信，金钱可以创造奇迹。他创立了一个老套的机构，称其为"行动理事会"——这是对1920年的尴尬呼应，彼时，那个真正的理事会与他形成了有效对抗。他花费了40万英镑，试图吸引不信奉国教者的良心，那也是他的初心所在。但这股力量已经不复存在，或者说未能集合成一股政治力量。劳合·乔治只能自说自话。现在轮到他守在电话前面了，去等待一个永不会到来的通话。

这些年，另外一个焦点问题出现风吹草动，虽然没有酿成大祸，但有死灰复燃的意思。当人们讨论《威斯特敏斯特条例》时，有批评者指出，自治领享有不受约束的主权的条款给了爱尔兰人拒不承认1921年条约的空子可钻。时任爱尔兰自由邦总理的科斯格雷夫（Cosgrave）以爱尔兰对于条约的信誓旦旦作为回应。这不过是他个人的承诺罢了。持反对立场的德瓦莱拉忍气吞声，进入爱尔兰国会下议院，于1932年出任自由邦的总理。他认为无坚守条约的义务，立即开始朝外部联合的方向努力。他冷静且合法地将条约的限制逐渐剥离。他抛弃了那曾经引发流血的誓约；他削弱了总督办公室的权力，让其形同虚设；他创造了独立的爱尔兰公民身份——二战后英联邦所有其他成员国纷纷效仿。

英国政府气愤至极，但又无济于事。枢密院司法委员会裁定他们手上的法律武器已经失效，而德瓦莱拉对于《威斯特敏斯特条例》谙熟于心。他提议将争端问题提交给国际法庭。英国政府坚持死抠文字，声明仅接受英联邦成员国的法庭审理。对此，德瓦莱拉斩钉截铁地拒绝。于是，英国政府求助于一种近年来颇受称道的方式——经济武器，或用国际联盟的话说，"经济制裁"。德瓦莱拉拒绝移交土地年金，这部分款项在条约中规定由爱尔兰自由邦负责收缴[1]。自治领事务大臣 J. H. 托马斯表现出了非凡的战斗力。当20%的进口关税被强加给爱尔兰，爱尔兰也以牙还牙。两国贸易迅速减少。双方的分裂加剧了，这正是德瓦莱拉想要看到的结果。

1934 年底，爱尔兰同意采购英国更多的煤炭，英国则采购爱尔兰更多的牛。这实际上是两个独立国家之间的协定。爱尔兰只是在名义上成为英联邦的一分子。条约签订后的内战被认为是爱尔兰悲剧史上最徒劳无功的战争；麦克尔·柯林斯和其他人白白牺牲。此外，失败的制裁仅仅加剧了双方的敌意和共同贫困——这个教训在更普遍的国际关系中往往被忽视[2]。英国政治家们在处理爱尔兰问题时是缺乏理智的，经济制裁是对这条老规矩的最后一次运用。大多数英国人都不再关心这个问题，除了小阿尔斯特游说团。J. H. 托马斯没有取消制裁，只是为了使自己继续活跃在政治舞台上。这种行径并没有帮到他什么忙。1936 年，他因泄露预算机密而终结了政治生涯，也许是为了一己私利，当然也为了别人[3]。——这是法庭逮到的最大一条鱼。

所有这些问题——失业率，印度，爱尔兰——让政客们手忙脚乱，出现在各大报端。外交事务只是穿插其中。然而，外交领域也充斥着无数的争论，

---

[1] 根据 1870—1909 年间制定的各《土地购买法》，爱尔兰人以向英国政府贷款的形式从前业主手里购买土地，以每年分期付款的形式偿还贷款和利息。英国政府则依靠征收年金来提供贷款。德瓦莱拉认为，英国人一开始就是从爱尔兰掠夺的土地，因此不应当获得补偿。这跟英国拒绝向美国偿还战争债务一样，两者可谓是绝佳的比照。但英国人对此置之不理。他们可以找借口违规，却不允许别人如此行事。德瓦莱拉扣下年金，充作爱尔兰国库，并于1936年减半收取。

[2] 制裁曾有一次取得成功。1933 年，苏联政府谴责一些英国工程师搞"破坏"。其中有两人被判处有期徒刑。英国政府对苏实施石油贸易禁运，苏联政府首先以反封锁作为反击；随后，由于监狱里己方公民很多，便悄悄地释放了那两名工程师。此后，双方恢复了贸易往来。

[3] 在这个时候，股票交易所借预算变动进行投机是正常的。所得税上升或下降6便士也是正常的。1936 年，张伯伦将其提高了3便士。为这一前所未有的变动下赌注的人显然不是仅凭猜测。舆论大哗，泄密的线索指向托马斯。这场赌局中的一个获益者向托马斯支付了两万英镑，作为其未写就的自传的报酬，他也可能得到其他奖励。

以及无数的困难，远比前十年来得多。确实，在劳合·乔治倒台以后，外交政策大体上成为党派共识，只有苏联问题除外，但即使在这一点上，分歧也没有表面上那么大。相较于苏联社会主义，大多数工党人士更不接受苏联的独裁；保守党尽管不喜欢苏联的政策，但仍寻求与他们的贸易往来。双方都希望苏联共产党将来变得温和一些，少惹些麻烦。工党无意与苏联结盟，保守党也没有计划与其开战。[1] 不论如何，这都是边缘问题了。真正重要的问题在于：与德国的和解，对国际联盟的谨慎支持。在这些问题上的分歧最多是侧重点的不同。

相较于鲍德温对保守党中亲法的"死硬派"，以及麦克唐纳对工党中亲苏维埃的"红色分子"的态度，鲍德温和麦克唐纳对彼此的认可更多。奥斯丁·张伯伦和亚瑟·汉德森也是如此，就像在英埃关系问题上所显现的一样。张伯伦也指责帝国主义者劳埃德勋爵（Lord Lloyd），后者曾任驻埃及高级专员，后被汉德森撤职；汉德森也坚决主张不能放弃苏伊士运河。整体上，工党是接受《洛迦诺条约》的，如果有什么反对意见的话，那就是英国作出的承诺太多，而非太少。保守党对于《伦敦海军条约》欢迎之至，尽管海军上将们叫苦不迭。所有政党都期待裁军谈判会议的到来，认同英国采取的方针路线。无论麦克唐纳在成为国民政府首相之时对经济事务共识曾经怀有何种疑问，他始终对自己能主导国家外交事务这一点信心满怀。

但事情并不如麦克唐纳所愿。相反，两党在外交事务方面的意见分裂严重，这在以前的英国史上可谓"前无古人"。这是国民政府组阁形式所导致的结果，实际也是经济问题争论的延伸。敌意继续扩散。一旦麦克唐纳近期的行动被工党人员当作"叛徒"所为，他就是彻彻底底的叛徒了。同样地，保守党在外交以及其他事务上也都成为"资本主义"的代理人，而不是人民的代理人。相反，国民政府的支持者认为，在经济危机中逃避国家责任的工党在外交事务上同样是不爱国的，不切实际的。人的个性也是重要因素。为了主持裁军会议，汉德森几乎从政治上退出了，甚至在1933年9月重新进入议会时，也基本没有参与其中。工党新的领导人并没有被接纳进入统治阶级的小圈子，他们决心在任何

---

[1] 虽然一些保守派人士谈及过此类战争，但除了保护印度之外，并没有作任何军事准备，而且，这个问题从来没有被参谋长们讨论过。

情况下都不会蹚足其间。很明显，作为反对党领袖的兰斯伯里和作为首相的麦克唐纳之间从来没有产生相互信任，而此前鲍德温和麦克唐纳（当时仍处于对立面）之间是存在相互信任的。

除此之外，双方在观念上存在更大的分歧。兰斯伯里是个和平主义者，或者说接近和平主义者。克里普斯是他的两个助理之一，坚定地信仰马克思主义。艾德礼虽然不是马克思主义者，但也宣称"在外交事务上，反对党工党和资本主义政府之间没有共识"。[1] 结果是令人吃惊的。1914年以前，贝尔福一直主持皇家国防委员会，自由党人还在执政期。麦克唐纳在反对党的时候，鲍德温曾向他请教。鲍德温和张伯伦在反对党的时候，麦克唐纳曾咨询他们的意见。即使是丘吉尔这种政府政策激烈的批评者，在1935年以后也服务于秘密政府委员会——最初是应麦克唐纳的邀请。工党既未被征求意见，也未被告知。鲍德温曾一度考虑过与工会代表大会的领导人会个面，但他后来没有付诸行动。直到1939年春天，工党没有一个人收到关于外交政策或英国军备状况的机密信息，此后收到的也只是最泛泛的信息。英国从未像在国民政府时代这样不团结。

分歧远远超越个性。19世纪20年代少数人持有的战争观点如今已经普及。实际上，它们很快成为30年代人们所广为接受的正统观点。20年代末突然掀起了战争题材书籍的流行浪潮。文学潮流难以捉摸，几乎所有流行至今的关于第一次世界大战的小说、回忆录，还有一部戏剧《旅途终点》（*Journey's End*），都出版于1928年到1930年之间。[2] 所有书籍宣扬的均是相同的教训：战争的无用和凄凉，将军和政客的无能，以及无辜牺牲的双方平民。美国和英国的历史学家以专业的视角，从学术层面上加强了这些教训，他们研究战争的外交起源，并重申了莫雷尔和民主监督同盟首先提出的观点。

如今，很少有受过良好教育的人相信战争是由德国的故意侵略引发[3]的，

---

[1] 艾德礼《透视工党》（*The Labour Party in Perspective*，1937）第227页。

[2] 1928年：埃德蒙·布伦登的《战争的阴暗面》（*Undertones of War*）；谢里夫（R. C. Sherriff）的《旅途终点》。1929年：理查德·奥尔丁顿（Richard Aldington）的《英雄之死》（*Death of a Hero*）；拉马克（E. M. Remarque）的《西线无战事》（*All Quiet on The Western Frout*）（由德文翻译）；罗伯特·格雷夫斯的《挥别所有》（*Goodbye to All That*）。1930年：西格里夫·萨松的《一名陆军军官的回忆录》；士兵19022号即弗雷德里克·曼宁（Frederic Manning）的《我们是在她的私处》（*Her Privats We*）。

[3] 罗伯特·恩索尔爵士（Sir Robert Ensor）仍然这样认为，也许是为自己在1914年前担任过一个反格雷委员会秘书书而赎罪。

第十一章　国家遗恨：外交事务，1931—1936年

尽管还有一两个人认为德国确实比其他国家更具有军国主义倾向[1]。普遍观点认为，战争是由彼此误会引起的——这是格雷勋爵（Lord Grey）的观点；国际联盟的谈判机制将在未来防止类似错误的出现。根据劳合·乔治的观点，这或许是由强大的军事力量引起的；解决办法是裁减军备。或许是由"冤屈"引起的；现在主要是德国蒙受冤屈，因此结论很明确：要纠正德国的冤屈。最后，也或许是由"资本主义"引起的；因此工党认为，为了和平必须结束资本主义。这种说法的改良版成为30年代的一个普遍信条，大家认为战争是由私人武器制造商故意挑起的——这一学说甚至于1935年推动英国组建了一个关于军火交易问题的皇家委员会，美国参议院也组织了一次调查。

这些解释常常被混在一起。无论采用其中哪一个观点，最后的结论往往都差不多。既然我们无法选择各自的政府，战争又是无意义的糟糕事情，那么和平爱好者们的责任就是监督政府的和平举措，阻止政府持有过强武器。因此，1933年2月，牛津大学学生俱乐部通过了著名的"议院将不会为国王和国家而战"的决议，这是忠于世界和平的一种姿态，而非狭隘意义上的于国不忠[2]。裁军成了更高级的忠诚——这不仅对一个国家来说是好事情，对全世界来说也是好事情。在1932年2月的裁军会议开幕式上，这种态度以一种更为实际和紧急的姿态出现。从彼时起，工党和自由党都强烈要求将裁军纳入英国外交的重要政策，主要是由于此问题，持反对政府的立场。由于政府的犹豫不决，塞缪尔和他的自由党成员正式成为反对党。工党因此谴责政府是"死亡商人"，应该对此负责。

政府及其追随者实际上在背道而驰，虽然步伐缓慢。在19世纪20年代，历任英国政府均在推动裁军，或是将军备力量保持在较低水平。彼时，大不列颠及其帝国毫无疑问是安全的，参谋长们的徒劳抗议只是空谈。当日本1931年

---

[1] 伍德沃德（E.L.Woodward）在《英国和德国海军》（*Great Britain and the German Navy*）中指出了这一点。尽管这是一部杰出的学术著作，这一点没有得到广泛关注。他的自传《短途旅行》（*Short Journey*）也有记载，同样无人注意。
[2] 这一决议以绝对多数获得通过，轰动一时。该俱乐部的一些成员试图否决该决议未果，这更加引起轰动了。该决议制造并维持了一个强有力的神话。没有书面证据表明外国政府注意到了这件事，或从中得出结论，英国在世界上已不再重要。另一方面，有人认为，这实际上是一场关于集体安全的投票，而非和平主义，这种论点缺乏充足理由。支持这项决议的主要发言人乔德（C. E. M. Joad），肯定是发表了和平主义演说。在1933年初，集体安全问题尚未引起争议。唯一的战争是所谓的帝国主义战争，和平主义似乎是仅有的选择。和平主义者们无比踊跃地支持国际联盟，因此裁军的反对者们义愤填膺地反对国际联盟。

9月入侵中国，以及希特勒1933年1月成为德国总理并宣布要让德国再次成为强国时，他们终于找到了实际论据。参谋长们可以用远东的日本海军和德国即将到来的空军力量作为有力证据了。就像"和平主义者"，他们认为军备是战争的起因，除非由英国人持有。他们声称除了英国以外，掌握了强大武器的各国，都在等待有朝一日使用这些武器。因此，英国必须重新武装起来，要么阻止即将到来的战争，要么当它到来的时候可以正面出击。另外，为了安全起见，他们常常夸大别国的武装力量，并提出要扩大本国的武装力量，因为他们知道，最后总是会砍一刀。参谋长们虽然也讲威慑，他们还是或多或少地相信，子弹一旦上膛，必将引发炮火，这就进一步促使战争的爆发，就像1914年那样。在两次大战以前，军事专家们都给出过专业的意见，认为德国在某一时间点，将为大战做好准备。不知不觉，专家们和其他人逐渐引申，产生这样一种政治意见，即德国已然作好战争准备，必将举兵开战。

参谋长们的职责是判断国际军事形势，如果他们的技术意见取代了政策，那就是其他人的错误。3位参谋长联席而坐，越过了他们的长官——陆军大臣、空军大臣、海军大臣。他们理论上是下属，但如今所谓的长官其实不过是他们的代理人。外交大臣也被搁置一旁，从事外交活动而不是制定外交政策。参谋长们直接向首相汇报，首相在其他职责之外兼任国防部长[1]。但他在尽此职责时敷衍了事，他的行为更像是在参谋长和政务官之间做调解人，而不是基于国防利益的发言人。他对参谋长们的意见一掠而过，在自己的脑子里先搅和一遍。稀释过后，他将其提交给内阁，内阁考虑到议会和国家的困难，再次将这些意见稀释一下。

麦克唐纳依然将他的希望寄托在裁军会议上。鲍德温成为处理国防事务的主要角色，他对于未来的战争抱着悲观的态度。1932年11月，他告诉下议院，"轰炸机迟早会掠过头顶"，他还总结出一个非凡的论述：如果战争来临，世界青年会因允许老一辈们把事情搞得一团糟，而受到后世的责备。"如果下一次战争来临……不要让他们归咎于老年人。让他们记住，他们自己，每一个人，要

---

[1] 有意思的是，在当时，备战的理由总是美其名曰"防御"。当然，广义上说也是对的，是为了保卫现存的帝国，而不是掠夺领土。但大多数战争都是进攻性的，使用的是主力舰、轰炸机部队，最后还有陆上远征军。严格意义上的防御措施总是姗姗来迟，困难重重，比如雷达和战斗机。选择什么名义在一定程度上是技术性的，因为军方的政治首脑已经开始了"战争"。但是，人们一般都不愿有一说一，从而讳言战争。

为降临到地球上的惨剧负责任。"这就好比给大学生们发送了邀请，让他们投票赞同"国王和国家"的决议一样。

在这种情况下，参谋长们变得很被动。首相和内阁接受了他们理论上很合理的建议，但是并没有实行。在表面上，参谋长们占了上风。1932年3月，政府放弃了未来十年不会有大战的判断，并且指示参谋长们为最为薄弱的部分提出修补意见。紧接着，英国财政大臣内维尔·张伯伦提出了两次大战期间最低的军备预算数字。本届政府的组建就是为了重建良好的财政体制，它不愿意在失业问题上投钱，也不愿在军备力量上花钱。无论如何，参谋长们耗费了将近两年的时间准备他们的意见建议。大臣们仍然声称对裁军有信心，虽然私下认可三军首脑的警告。与此同时，收到参谋长们发来的意见稿后，他们尽力回避。他们对两方都闪烁其词，蒙骗过关，实际上自己同样迷惑，自然而然地就把对环境和自己的怨恨转移到批评者身上。由此，英国重整军备神话的破灭就归咎于工党了，尽管工党在下议院只有50个议员席位。

1932年2月裁军谈判会议开始讨论后，这个问题逐渐走向公开化。英国政府此阶段应该相对比较轻松。他们无需削减海军，华盛顿条约和伦敦条约已经对海军力量作了规定，除了海军上将，所有人都感到满意。按欧洲观点来讲，英国并不存在一支真正的陆军，他们对陆军的兴趣仅在于法、德之间达成协议。并且，既然伦敦在防空领域特别薄弱，可能会乐于接受禁止所有空战的想法。但是他们把事情搞错了。越进入裁军问题的细节讨论，越暴露出之前一直被忽略的危险关节，参与者对更强大的武装力量渴求愈甚。这次会议也不例外。三军首脑对国际协议没有任何信心，并且以英国的一贯论调认为，除了英国没有人可以遵守他们的诺言。英国皇家空军害怕在禁止轰炸的同时也带来皇家空军命运的终结，因此坚持声称轰炸中东的村庄是必要的、有益的维持治安措施——空军大臣伦敦德里勋爵（Lord Londonderry）在日内瓦严肃地阐释了这一观点。这在英国政府的反对者中激起了强烈的愤慨。当然，这和裁军会议的失败没有任何关系。

一开始就存在的真正僵局在于法德之间，这个问题从未得到妥善解决。德国人希望获得平等，法国人希望获得安全。此事在1932年12月曾达成一次巧妙的妥协，即承认德国"在安全体系内享有平等地位"，但僵局并未因此就被奇迹般地打破。英国政府并不相信法国受到了任何来自德国的威胁——无论如何，他们在公开场合是如此宣称的,为的是不惹毛德国人。另一方面,他们又并不能命令法国接受平等,法国人也不可能遵从这样的命令。1933年9月,法国提出了一个比谈崩更令英国政府难以接受的解决方案。他们提出,平等对待德国是应当的,但同时,在德国背信弃义的时候,英国应以切实的军事力量保障法国的安全,而不是洛迦诺的纸上谈兵。

英国政府拒绝了这项提议。他们首先是出于财政方面的考虑:英国经济正在康复,政府不能增加支出,冒一点儿可能打破预算平衡的风险。进一步说,欧洲大陆的军事承诺将遭到英国各派舆论的一致反对,无论是帝国主义者,还是和平主义者。因此法国提出,军备平等要有4年的试行期,在此期间,德国应该证明它的诚意。但希特勒又拒绝配合。1933年10月14日,德国从裁军会议中撤出。一周后,德国退出国际联盟。裁军会议实际上就此夭折,虽然它苟延残喘地活到1934年4月,最后,法国结束了这段痛苦的旅程。

一位独立观察者可能会将此次失败归咎于法国。他也可能认为责任方是德国。或者,他还可能从哲学的角度去探讨,认为诸国之间的协议本就是不可能达成的。但他们——更确切地说,那些信奉裁军的人——指责的却是英国政府。毕竟,指责外国政府无济于事;只有把矛头对准自己的政府,政策才能改变。再者,从浅层去解释失败,比如约翰·西蒙爵士的冷酷无情、强词夺理,或者武器制造商的所谓阴谋诡计——都比面对真正的困难容易得多。此外,从某种意义上来说,英国政府受到指责也不冤枉:他们曾承诺要调和法德之间的关系,但失败了。即便是现在,他们也无法自圆其说。他们仍然希望和解,但又踌躇无措,是谴责法国的固执,还是对德国表示不信任?另一方面,如果政府为德法协议背书,承诺给予法国以军事支持,因裁军失败而批评政府最猛烈的那群人会更为愤慨,更遑论让英国政府兑现承诺了。这又是一次"打太极"的比赛。政府私下里是认同他们的军事顾问的,确实需要更多武器,但他们不敢这么说,甚至想都不敢想[1];反对党对于政府的不作为表示谴责,而倘若政府有所作为,他们只会谴责得更厉害。

无论如何,反对党暂时赢得了胜利。德国退出裁军会议12天后,在东富勒姆举行的递补选举中,工党候选人从此前的大输14000票,转为大赢5000票。

---

[1] G.M. 杨格(G.M. Young)对于鲍德温的看法,《鲍德温》第200页。

第十一章　国家遗恨：外交事务，1931—1936 年

这被普遍认为是"和平主义"的胜利。这种观点可能是被误解了。内维尔·张伯伦怀疑东富勒姆选举中对手"最主要的攻击点在于家产检查"[1]，随后的调查证实了他的判断。选民和政治家不同，他们真正关心的是失业和住房问题，而不是外交问题。无论如何，在1931年不正常的选举结果之后，命运的钟摆自然会重新荡向工党。几天之后，在11月1日，工党在市政选举中赢得了200个行政选区的控制权，并且在次年3月控制了伦敦郡议会。这些成功和裁军显然无甚干系。事实上，工党在伦敦取胜的主要成果是，伦敦郡议会拆除了约翰·伦尼设计建造的滑铁卢桥，尽管议会认为应该保留[2]。

然而，东富勒姆使政府吓破了胆，尤其是鲍德温。用他自己的话来说，"这就是一个噩梦"，他的传记作者补充道："我常常感受到一种神经紧张，1933年10月在东富勒姆受伤的神经，从未完全愈合。"[3] 事情当然并非如此简单。政府本应发挥坚定的带头作用，如果他们清醒地知道带什么头的话，遗憾的是他们没有。大臣们也都是着眼于当下的人。1931年的危机成为他们最重要的经验，他们情不自禁地相信，经济和平衡预算比军备力量更重要。他们仍然希望裁军有朝一日会成功；他们依然向国际联盟信誓旦旦地表达着信仰，一种只是存在于口头、并不根植于内心的信仰。

这些年来，国际联盟成为是外交政策的另一个大问题，围绕这方面的争论甚至逐渐取代了裁军问题。在20世纪20年代，即使大家的政见大相径庭，也能在这里达成表面上，而不是行动上的一致。国际联盟还提供了一个有用的会议场所，在这里，政客们可以夸夸其谈，充分彰显善意。麦克唐纳说有人养成了国联习惯，这句话将时人的感受描绘得恰如其分。他坚持说，战争即将过气。关于"给盟约装上牙齿"的讨论虽然用时颇多，却只有学术意义。就算它没有牙齿，实际上也没需要攻击的对象。历任政府，不论是工党还是保守党，都将国际联盟视作军备的替代品，而不是保持军备的原因。除了以罗伯特·塞西尔和吉尔伯特·默里为首的少数狂热分子以外，对国际联盟怀抱信仰之人所剩无几。许多社会主义者认为在资本主义体制下，战争是不可避免的。许多保守党

---

[1] 麦克劳德《张伯伦》第179页。
[2] 这座桥已经不适合现代交通。伦敦郡议会想把它推倒重建。议会则希望重新整修，拒绝为新桥拨款。最后，在没有获得国家财政资金援助的情况下，伦敦郡议会自行动手。
[3] G.M. 杨格《斯坦利·鲍德温》第200页。

成员将国际联盟视作战时理想主义的残余，只是勉强敷衍一下。实际上，陆海军将军们将国际联盟视作威胁他们地位的组织，而不是为他们提供美好将来的平台。但是理论上，3个党派仍然承诺支持国际联盟。

1933年左右，大家寄希望于国际联盟能够解决裁军争端。倘若武器用于支持国际联盟，那么工党可以同意增加军备；通过向国际联盟表忠心，政府可能已经找到了拥有武装力量，且不被诟病的借口。但事实却向着相反的方向发展。因为实际上没有人表示：重整军备是为了支持国际联盟。[1] 支持国际联盟——即所谓的"集体安全"——与重整军备被认为是互相冲突的政策，二者水火不容。1935年5月，艾德礼准确地表达了工党的政策方向："我们通过国际联盟来捍卫集体安全。我们拒绝将军事力量视为一种政策工具……我们的政策是通过裁军，而非重整军备，去寻求安全。"集体安全，作为一个短语来说，似乎振聋发聩，但它只在52名国际联盟成员的军事力量汇集在一起的时候才真正具有意义。工党对此没有提出任何实际的提议。事实上，不管是工党、保守党政府，还是国民政府，历任英国政府都拒绝建立任何性质的国联军队。无论如何——国际联盟支持者忽略了这一点——除了英法两国，其他联盟成员都没有实质性的海军力量可以贡献。[2] 裁军是工党政策的核心要求，集体安全不过是一个借口。鲍德温在演讲中同样清晰地表达了相反的观点，他从国家安全的角度，为小心翼翼地迈出重整军备的步伐辩护，几乎不提国际联盟。三军首脑更是直言不讳。一旦提及联盟，可以说是骂声一片。那些靠打仗吃饭的人对联盟根本没有信心，甚至颇为鄙夷。自然，支持联盟的一方不相信军备力量，更遑论军方人士的论点了。

实际上，双方都在两面下注。只有少数由兰斯伯里领导的工党成员是不折不扣的和平主义者。只有埃默里和兰斯伯里等少数保守党成员公开批判国际联盟。几乎所有人都相信封锁——国际联盟的说法是"经济制裁"——将是一种出路。工党没有必要支持一场战争；保守党不必将宝贵的军备付诸理想主义的事业。这样，和平才能不费吹灰之力地实现。"经济制裁"将令侵略者望而却步，打道回府。这种观点一方面来自一战时期对德国开展经济制裁的经验——

---

[1] 尽管丘吉尔在1936年说过类似的话，但他在1932年或1933年肯定没有这么说。当时，没有人比他更直言不讳地谴责国际联盟的"幻想"。
[2] 意大利拥有实力相当强大的海军，但不是在远东地区，而且无论如何都不可能为联盟所用。

第十一章 国家遗恨：外交事务，1931—1936年

德国人不想承认自己的军队战败，有意渲染这种夸大其词的说法。另一方面也和当时的现实情况有关。世界还未走出大萧条阴霾的时候，经济问题看起来比其他任何问题都重要，如果一个国家的外贸被切断，人们很容易认为，这个国家将被打倒在地。

在裁军会议仍在进行、毫无进展之时，国际联盟在日本入侵满洲的问题上进行了一场预演。在当时，这件事并没有引起足够的注意，人们还为经济问题焦头烂额，在他们得闲思考一下外交事务时，也仅仅考虑裁军问题。后来，它被赋予神话色彩，被认为是跨出了走向二战的第一步。这些事后的判断往往言过其实。1931年9月18日，日本军队霸占了满洲，这个地区理论上是中国的一部分。中国政府向国际联盟呼吁求救。联盟的决策责任主要落到英国政府身上。英法两国实际上控制着国际联盟，虽然还有其他三个大国——德国，意大利，当然还有日本。在这种情况下，英国具有决定性的领导力量。英国是唯一在远东地区具有重大利害关系的联盟成员国[1]。英国的目标是和解——几乎任何条件均可，只要能结束战争。英国政治家们对于坚守道德准则没有分毫兴趣，或者，他们认为，相较于抽象的正义，和平是更重要的原则。

此时，我们不能翘首期盼英国的国民政府会采取什么果敢的行动，他们正被迫退出金本位货币制度，且面临一场激烈的大选。另外，他们也没有采取行动的理由。《华盛顿海军条约》赋予了日本在远东地区的优势，而英国历届政府推迟建设新加坡海军基地，更进一步确定了这种优势。并不是说英国政治家们对这些实际困难考虑过多。实际上，所有人都将国际联盟视为和解而不是抵抗的工具，并且，他们认为薄弱方——中国——将在此次较量中付出代价。譬如1923年希腊与意大利的纠纷最后结果便是：希腊因为国力薄弱，而向意方支付赔款。即使是高尚的爱德华·格雷爵士，在塞尔维亚问题上也持相同的态度（尽管在比利时问题上不是如此，这次争端最终引爆了第一次世界大战）。他认为，为了世界和平，塞尔维亚必须接受奥匈帝国的要求，不管对方是多么无理。

---

[1] 尽管法国也是远东地区的强国，但他们的利益仅限于中南半岛，虽然法国在上海有租界。当时，中南半岛似乎离日本的行动区域尚远。

而这次，即便正义的言论也不是站在同一边的。不管怎么说，中国的中央政府力量不强，未能有效地统治满洲，该地区处于一种混乱无序的状态。日本的贸易利益遭受了巨大损害。还有，在中国擅自采取军事行动的做法屡见不鲜——最近一次是 1926 年英国部队登陆上海。日本人践踏法律甚为不妥，这是约翰·西蒙爵士所言，但其实是英国人把恢复满洲的和平状态这个原则踩在脚下。毋庸置疑，不少英国人民领教过中国的麻烦，他们对于日本的同情甚于抽象的正义需求。1932 年 3 月，日本扩大了侵略，尽管英国政府兵力薄弱，但还是毫不犹豫地向上海派遣部队和船只。约翰·西蒙爵士作为外交大臣，在日内瓦调解中日关系，认为自己是按英国政策最高传统的规矩办事的，并且已征得所有政党的允许。在他的倡议下，国际联盟建立了一个以李顿勋爵（Lord Lytton）为首的委员会，以调查事情的是非曲直；同时，委员会推迟了作出结论的时间。西蒙爵士并没有忽视道德的要求。在他的再次倡导下，1932 年 3 月，国际联盟大会全体一致通过了一项决议，要求各国不承认以武力造成的改变。

李顿委员会不辞辛苦地在到远东考察。1932 年底，委员会提交报告。调查发现，日本人的大多数抱怨是有道理的。与此同时，报告谴责了日本纠正这些不公的方式。在西蒙爵士的动议下，国际联盟通过了这份报告。日本因在用尽一切和平手段之前诉诸武力而被谴责。在日内瓦，没有人指责日本触及了盟约中"侵略者"的条款。无人援引第 16 号条款——制裁条款——来指控日本。无丝毫证据显示，其他各国的代表是迫于英国政府的施压如此行事。他们认为西蒙爵士提出的政策是唯一可行的。李顿勋爵的报告得到通过后，日本退出国联，以示抗议。不过，英国的政策目的还是达成了。中国被迫接受丢失满洲的事实，这个地区他们本就失控多年。1933 年 5 月，中日两国签署了《塘沽停战协定》，大致恢复了远东的和平。但这结果并不值得称道：强势方最终得逞了。不过，这终究是一次和解。此外，国际联盟表现得颇为体面：它提供了调解的机会；当调解遭拒时，它拒绝接受使用武力解决问题。

事态尚在发展之时，批判之声渐渐四起。西蒙爵士虽然天赋异禀，却有个缺点，导致他无法很好地胜任英国外交大臣一职。他太冷静、太理智了。他身上缺少一种貌似正直的气质，像格雷或哈里法克斯那样，即使从道德制高点走下来，也不会招致抱怨甚至注意。因为处事过于冷静，面面俱到，西蒙爵士让理想主义者颇为不快。但是，批评者们除了表达世界性的愤怒（例如，主张从日本召回大使）之外，别无他法。许多工党成员甚至怀疑政府利用国际联盟捍卫英国在上海的利益。他们更钟意的解决办法是向远东下武器禁令——之所以鼓吹此种意见，是因为这样可以伤害到英国的武器制造商，同时也有益于缓解冲突[1]。争端一旦了结，此前主张集体安全而排斥重整军备的人，必须阐释为何集体安全已然失败。他们的答案是，集体安全从未被尝试过，这是英国政府故意犯下的错误。唯有采取其他措施——通常的办法是与美国联手对日本进行封锁——日本才会撤兵。

可以说这个论断肯定是不对的，任何未经检验的论断都是如此。其他因素暂且不谈，单说与美国的合作，无论是什么时候，可能性都微乎其微。美国人在日本对外贸易中所占的份额比其他任何国家都大得多，美国政府一再明确表示，他们不会容忍别国对美日贸易的任何干涉[2]。然而，英国政府的辩护人不愿指责美国，特别是双方在战争债务问题上存有争执的期间。因此，他们提供了另一种无法求证的说辞作为回答：如果对日封锁，日本将与国际联盟各成员国开战，以示报复。这项论断可能也不正确。但这是满洲事件的遗产。一方面，理想主义者认为英国政府故意背叛国际联盟；另一方面，现实主义者认为支持国际联盟将导致英国陷入不必要的战争。

希特勒上台后，随之出现了德国可能扩张军事力量的前景，这一遗产变得很重要。在此之前，工党在德国问题上的解决办法非常简单：德国应当被信任。许多工党成员认为德国已经对称霸欧洲失去兴趣；少数人同凯恩斯一样，认为承认德国的经济主导地位才是解决欧洲困境的最佳方案。不论遵从何种意见，我们都可以得出一致的结论：德国应当被平等对待。战争赔款应该就此作罢；德国应被允许重建军事力量，或者，其他国家裁军至德国同等水平；奥地利应被允许与德国联合；波兰和捷克斯洛伐克的边境应以有利于德国的方式进行调

---

[1] 政府于1936年2月实施武器禁运，工党表示赞成和惊喜。

[2] 有一个满城风雨的传言。1932年2月，美国国务卿史汀生（Stimson）宣布，美国将不承认武力导致的领土变动，并请其他国家同样接受这一原则。3月西蒙在获取其他国际联盟成员国的支持之前，对美方迟迟未予回应。"不承认"最终成为国际联盟的原则之一。与此同时，胡佛总统指责史汀生给美国带来卷入国际事务的风险，警告他不得再犯。当西蒙告诉史汀生他已成功获得国际联盟的一致认可时，只得到一个含糊的回应。然而，又一个传言很快不胫而走，说史汀生提议对日采取联合行动，而西蒙拒绝了这个建议。这个传言完全是不真实的，即使史汀生后来重申此说，也绝非史实。

整；德国此前的殖民地应该归还。许多保守党成员不喜欢这一主张，尤其是关于德国殖民地。从根本上说，他们不知如何回应。他们也不愿插手欧洲事务；他们还认为法国有失理性而且难以交涉。丘吉尔总是因出言不逊而不讨人喜欢。1933年3月23日，他慷慨陈词："感谢上帝，多亏有法国军队。"这句话最让人出离愤怒。事实上，保守党还是遵循工党的路线，但希望他们不必走得太快或太远。

希特勒的现身本来可能促进英国人民的团结。工党成员不满于其独裁，保守党成员不满于其对英国国家安全造成的威胁。然而，就像裁军以及集体安全问题一样，希特勒使得英国人民再次分离。他们出于不同原因而讨厌他，更增加了相互之间的猜疑。工党成员依旧同情德国的冤屈，他们确信无疑，认为正是德国的这些遭遇导致了希特勒的上台。他们因此继续主张对德的不公政策应得到纠正。他们对于希特勒的厌恶，以当时的话来说，是意识形态层面的。希特勒是一个"法西斯主义者"，英国应当引导一次反法西斯的征伐，一次理想主义的征伐，与英国利益及安全之间没有任何自私自利的关系。但即便如此，工党依旧不主张增强军备力量。法西斯主义被认为是资本主义面临崩盘的一种自白，倘若希特勒私下里没有接受伦敦金融城的财政支持，他会迅速垮台。这种看法激怒了保守党。他们不愿被卷入任何意识形态征伐中[1]。其中少数人同情希特勒的强势，丘吉尔一度也是如此。多数人更倾向于国家社会主义，而非共产主义，共产主义被认为是国家社会主义的替代物。

即使在国内，保守党也将共产主义者视为更大的威胁。1934年，政府将约翰·威尔克斯（John Wilkes）的成就一笔抹去，并且恢复了任意搜查令，以防共产主义者在部队中进行宣传[2]。1932年，莫斯利建立了英国法西斯联盟，联盟最初被不少受人敬仰的保守党人看好，同时也得到罗瑟米尔爵士的青眼相待。联盟成员（最多时达到20000人）身穿典型的意大利黑衫和制服。他们的运动

---

[1] 讽刺的是，许多现在鼓吹不干涉的人，如塞缪尔·霍尔爵士，曾在1919年鼓吹讨伐苏联，当时工党站在不干预的一边。

[2] 《煽动背叛法》（The Incitement to Disaffection Act）授予高级法院法官签发普通搜查令的权力，该法案最初规定任何治安官均可提出。学界权威们认为，1765年的一项判决已宣布普通搜查令为非法。事实上，这种权力没怎么使用。

第十一章　国家遗恨：外交事务，1931—1936 年

方式是游行、暴力，而不是演说。随着时间的推移，这种暴力甚至连保守党成员也受不了。1936 年的《公共秩序法》禁止政治制服，以及授权警察制止政治游行，几乎消灭了他们的运动。保守党成员对于希特勒的态度大体上也是如此。最初，他们将希特勒视为拯救德国远离共产主义的救世主，欢迎之至。渐渐地，他们因希特勒的血腥手段，特别是他对犹太人的处理方式，开始疏远。他们逐渐采取传统的预防手段——某些人主张增加军备，某些人试图与希特勒和解，某些人试图建立防御性联盟。工党这方面，则依旧坚持认为，英国政府如果同时忠于集体安全和裁军，那么一切都会安然无恙。

1934 年，分歧越来越大。参谋长们升级了警告，并且在侧重点上有了变化。早前的 1932 年，他们声称日本是更直接的威胁，尽管德国最终将成为更强劲的大敌。因此他们的燃眉之急在于海军建设。但到了 1934 年底，参谋长们开始认为德国是更加迫在眉睫的敌人，同时也更加危险。因此，也考虑到其他原因[1]，鲍德温向政府保证维持"空中均势"，也就是说，保持与德国同等程度的空军力量。这导致了一个出乎意料的结果。在裁军时期，海军及空军一直保持着比陆军更优良的装备[2]。如今，政府决定建设强大的海军以及空军，但将陆军排名在外。他们依然厉行节约，近乎决定不要陆军了。仅保留一支"有限义务"的部队，用于殖民地防御。在这种奇怪的方式下，重整军备的举措实际上更加深了英国的孤立：英国对于欧洲大陆的干预在意志和手段两个方面都可谓匮乏。

重整军备的准备很大程度上还是纸上谈兵。军备预算几乎没有变化。1934 年，他们比 10 年前还要低；1935 年，也没有高多少。文官领袖不喜欢这种定位，参谋长们也一样。他们正在为全面战争制订计划——配给制，汇率控制，疏散大城市人口，征用劳动力。然而，这些计划所针对的公众，对此还不知情。高级文官于是草拟了一份白皮书，表达了对于集体安全的消极态度，并且阐释道，正是德国军备力量的再次崛起，让英国提升军备显得更为必要。所有的政府专业顾问几乎一致同意白皮书中提出的假设：一旦德国重新武装，战争或多

---

[1] 英国政府希望通过这一警告"阻止"希特勒。丘吉尔夸大德国空军力量，让政府头疼，当然，这使他比以往任何时候都更不受工党的欢迎。
[2] 每年海军装备的花费从未低于 1000 万英镑，空军从未低于 800 万英镑。而陆军能得到 200 万英镑就是万幸了。

或少不可避免[1]。白皮书是一项了不起的创新。当然，文官和军队中的事务官经常提出政策倡议。他们在幕后奔走。他们说服责任部长，后者的任务就是向公众介绍这项政策。通过白皮书，公务员直接向公众发表意见，而不是向部长或者内阁汇报。

部长们勉强同意。内阁担心触怒希特勒，淡化了白皮书中公然敌视德国的表述。接下来，他们同意了白皮书的发表。1935年3月4日发布了《关于国防的声明》，这是英国政策的里程碑。它表明英国政府已经不再信赖集体安全之说，开始转而信赖武装力量这一传统的安全筹码。白皮书是麦克唐纳签字的——他在首相任上所作的最后几项举措之一。这好像是一个苦涩的讽刺：早前被谴责为和平主义者的这个人（不论是怎样的误会），如今却发出了军备竞赛的新讯号。事实上，麦克唐纳一直认为，如果裁军会议失败，重整军备以及战争将不可避免。

白皮书并没有像公务员们预想的那样引起轰动。部长们自己对此都是半信半疑。之前反对裁军的人根本没有动摇。政府需要用更多的官方公文改变一代人的思维方式，高级公务员们想不到，他们与公众舆论的隔阂竟然如此之大。观察人士可能会抱怨说，公务人员正在蚕食政策，行政正在取代政府权威，英国正在重蹈昔日奥地利的覆辙。这个抱怨并非毫无根据。总之，公务员们面临一项重大约束：他们的意见只能囿于办公室。许多公务人员当属人中翘楚；一些内阁部长根本比不上。但在应付公众或下议院时，部长从容应对的能力就凸显了出来，公务员则相形见绌。在随后的二战期间，一些公务员当上部长；这些人因而遭受政治上的失败。部长依然在英国议会制度中占据着必不可少的地位。除非他们在前头带路，否则没有人会跟着走。现在就发生了这样的事。白皮书从政客以及公众身边飞过。

然而，白皮书在国外产生了负面效果。3月16日，希特勒以英国白皮书作为借口，恢复征兵。国民政府又以此作为新政策路线的正当理由。4月，麦克唐纳勉强能够站起来，他会见了墨索里尼（Mussolini）以及法国总理赖伐尔（Laval），三人建立了斯特雷萨阵线（Stresa front）以防国际秩序的瓦解。这次会议是国际盛会的最后一缕夕照——劳合·乔治借此闪耀于欧洲政坛。它也是

---

[1] 政府首席产业顾问贺瑞斯·威尔逊爵士并不认同这一观点。因此，张伯伦后来对他多有依赖。

一次尴尬而微妙的会议——三位背叛社会主义之人宣称将捍卫"以战止战,并为世界民主保驾护航"的一战的成果,其中两位都曾反对战争,第三位则摧毁了本国的民主。希特勒说得对,"斯特雷萨阵线"只有在掩盖其内在软弱时才是"勇敢的阵线"。国民政府很快又给这一论断送上了新的证据。6月,他们与德国签署秘密协定,将后者的海军舰艇总吨位限制为英国的35%,潜水艇为45%,甚至可以达到100%(面临俄国威胁时)。虽然比无所作为强一些,这也是对国际裁军协定以及《凡尔赛和约》的抛弃。[1]

政府以一种更富有魅力的方式发出全国呼吁。5月6日,为庆祝乔治五世登基25周年举行了前所未有的隆重庆典。这是一种经过深思熟虑的尝试,以重现昔日的辉煌,回应维多利亚女王的庆典;也是一种传统的忠诚信念的宣言,对两年前"国王和国家"决议的回击。在这一点上,庆典其实已经失去了政治意义。工党和国联迷以同样的热情参与进来。英国人非常聪明地将这一庆典变成对国王的个人赞颂,这位国王温和而保守地行使立宪君主的权力,做得比自威廉三世以来的任何君主都好[2]。然而,对大多数人来说,其实并没有什么可以庆祝的:依然有150万人失业;国际局势乌云密布;英联邦并不稳固。与澳大利亚的关系很不稳定,譬如,1933年,一场板球测试赛中的粗野动作引发了外交危机——拉伍德(Larwood)在英澳快速投球系列赛中的投球[3]。大多数人可能只是将典礼看作一个公共假期。他们并非在庆祝麦克唐纳或是鲍德温的统治。

此次庆典肯定是麦克唐纳作为首相的最后一次亮相。他的身体状况每况愈下,他的政治影响力日趋衰竭。6月7日,他和鲍德温对调了职位。麦克唐纳成为枢密院长。鲍德温则成为首相,终于开始承担这份权力所赋予的责任。此前,他曾在幕后行使权力,就像新闻界的大佬——他口中的"娼妓"一样。西蒙因处理满洲事件而名誉扫地,颇为委屈调往内政部。霍尔成为外交大臣,他成功通过《印度政府法》而赢得了自由派的名声。伦敦德里勋爵也因对于轰炸机的辩护而不被信任,其空军大臣之位被坎利夫-利斯特(Cunliffe-Lister)代

---

[1] 也有人认为,和一个不守承诺的人讨价还价是没有意义的。事实上,希特勒是信守诺言的——也许是为了诱使英国人保持中立,也许是想节约海军开支,就像英国人对待自己的陆军那样。
[2] 乔治五世在威斯敏斯特大厅向议会两院发表的庆典演说,表达了绝妙的辉格党观点。这并不令人意外。这是麦考莱(Macaulay)的侄孙特里维廉(G. M. Trevelyan)撰写的。
[3] 拉伍德被控向击球手投球,而不是向三柱门投球。在自治领事务大臣 J. H. 托马斯的坚持下,拉伍德以后不得参加板球测试赛。内阁大臣亲自规定某人不得成为板球队员,这是历史上唯一的一次。

替，后者曾用名为劳埃德-格里姆（Lloyd-Greame），很快又被称为"斯温顿勋爵"（Lord Swinton），但不久也会像他的前任一样不被待见。"国民政府"的平衡被小心翼翼地维持着，任命麦克唐纳的儿子马尔科姆为殖民大臣。桑基因此被排挤，他被海利沙姆勋爵（Lord Hailsham）夺走大法官之位。此外，对于青年们唯一的让步就是安东尼·艾登（Anthony Eden）的升职，任命其为"国际联盟事务不管部部长"。因此，集体安全被认为是英国政策的第五个车轮，仅有噱头而无实际用处。

"第五个车轮"以一种不被欢迎的、出人意外的方式向前滚动。当重整军备的计划和白皮书在准备阶段时，关于裁军的宣传也并未停止。他们也向公众呼吁，但比公务员更具有技巧。国际联盟联合会组织了一场挨家挨户的游说，效仿正在兴起的盖洛普调查的方式。每个户主要回答5个问题，当然，这些问题的措辞提问方式都是为了从应答者口中得到正面的回应。1934年10月，当这些问题被设计时，裁军似乎依然是燃眉之急。只有第五个问题是后来添加的，问到是否应当以经济制裁来制止侵略者，以及如果必要的话，是否应该以战止战。这不是所谓的和平投票，如果和平投票意味着和平主义。这是为国际裁军和集体安全而投票，虽然和平主义的情绪混杂其中。投票的组织者并非和平主义者。他们大多是无党派人士或前自由党人，都来自中产阶级，而投票实际上遭到工党左翼的反对。来自社会的反响是强烈的，大大超出预料。超过1150万人作了回复——占户主总数的绝大多数。超过1000万人对每个问题都表示同意，除了最后一道题的下半部分——是否应该以战止战。对于这个问题，675万人表示应该，超过200万人表示反对，还有200万没有回答。结果于1935年6月28日公布。此时，国际裁军已经死亡，仅仅第五题的答案还有价值。真是无心插柳，和平投票响亮地宣布，民众愿意采取"除了战争以外的一切手段"来支持集体安全，而他们对战争的态度是犹豫的。

国民政府要解决的难题来了。他们正在背弃集体安全；他们的专业顾问敦促他们在大选中支持重整军备和部署国防力量，这事不可能长期拖延。但是，要想维持议会中的多数席位，他们需要自由党的投票，并安抚自由党的情绪。除此之外，相较于公务员和三军首脑，大部分部长并没有清晰的观念。一些人还在追求集体安全；更讽刺的是，少数人寄希望于利用它来对付德国。鲍德温风度翩翩地演绎对国际联盟虔心而抽象的忠诚，本可以使他们满意。不幸的是，这一切都于事无补。侵略的血雨腥风正在降临。墨索里尼已经决定攻打阿比西尼亚——国际联盟的一个成员国,而他的动机此处不予讨论。国民政府没有丝毫对抗意大利的意愿。他们毫无工党那种对"法西斯主义者"墨索里尼的敌意。他还是斯特雷萨阵线的宝贵伙伴。面对日本以及德国的问题,三军首脑坚持不应将意大利列为潜在威胁。艾登被视为集体安全的支持者,他去了趟罗马,意图收买墨索里尼。他给出的条件是,意大利可以不战而获得阿比西尼亚的低地;英国将通过放弃部分英属索马里兰的土地来获得阿比西尼亚的同意。墨索里尼拒绝了这一方案:他坚持认为,在阿比西尼亚问题上,意大利必须拥有与英国在埃及的同等地位——这是一个尴尬的类比,英国政府予以拒绝。

国民政府陷入了务实计算与和平投票之间的两难境地。霍尔继其在印度问题上的把戏之后,又想出了一个天才的解决方式。英国应当宣布全力支持集体安全,条件是联盟的所有其他成员国都要像它一样全心全意。霍尔常常为自己的绝顶聪明所误,这次尤其如此。他似乎在孤注一掷。如果集体安全有效,国民政府的威望将得到提高,可以有效地利用国际联盟对付德国;如果失败了,其他成员国可能会被指责,重整军备将再次提上日程。

1935年9月11日,霍尔在日内瓦宣布了他的政策。国际联盟目前拥有了更好的行动条件。满洲事件发生以后,关于经济制裁的组织工作已经有了详细的规定。10月3日意大利袭击阿比西尼亚之后,它们正式生效。意大利信贷被切断;所有来自意大利的进口贸易以及一部分出口贸易遭到联盟成员国的一致抵制[1]。英国保守党人灰心至极。三军首脑怨声载道,外交部也牢骚满腹。整个秋天,温斯顿·丘吉尔都不在国内,因此避免了表态支持或反对意大利。埃默里对国际联盟发出谴责,并站在意大利一边。这些声音是很难被听到的。国民政府重新恢复了自由派的声誉。集体安全终于步入正轨。侵略者正在遭受"除了战争以外的所有制裁手段",或大部分制裁手段,正如和平投票者们所要求的。

这次轮到工党陷入尴尬的境地。一直以来,他们太顺风顺水了,深信公民在和平投票中表达的情绪会自动将胜利双手奉上。相反,鲍德温和国民政府无

---

[1] 意大利的3个卫星国——阿尔巴尼亚、奥地利和匈牙利——拒绝实施制裁。德国和美国在国际联盟之外,也未参与。在实践中,它们对意大利的支付能力产生了怀疑,因此也减少了对意贸易。这些制裁足以使意大利陷入严重的经济困难。

意中抢了他们的风头。他们应该做些什么呢?难道要比政府更激进,不惜冒战争的风险,要求进一步的制裁,使和平主义者疏远自己吗?或是谴责国际联盟的虚伪,使自己失去国联迷的认同?最终,工党把这两件事都做了,留下了两方面都虚情假意的印象。9月初召开的工会代表大会给出了明确的回答:即使冒着战争的风险,也要遏制意大利。10月初举行的工党会议进行得十分艰难。正式决议赞同《盟约》所提供的一切必要措施"。道尔顿、莫里森,以及不情愿的艾德礼对此表示支持。另一方阵营里则响起了大声的吼叫。克里普斯采取的是传统的马克思主义路线[1]。他认为国际联盟是"国际窃贼联盟":"资本主义政府参与的任何战争都是,且必然是一场是资本主义和资国主义战争。"或者,像另一位社会主义者同盟成员梅洛(Mello)所说:"我们的敌人就在这儿。"兰斯伯里依然是名义上的领导者,他把以前忍住没说的和平主义原则大声说了出来,声称倘若其他人不实践这些原则,他将会消极抵抗。

持有这些意见的往往只是工人运动中的少数派。虽然他们的主张没有多少信徒,他们依然被人们所尊重。特别是作为工党领袖的兰斯伯里得到了自工党领袖基尔·哈迪(Keir Hardie)以来前所未有的拥戴。另一方面,在1931年分裂之后,工党成员处于边缘状态,苦于理想主义者的不切实际。欧内斯特·贝文在粗鲁地回应兰斯伯里时表达了这种激愤之情,而在一战期间,他从未如此无情地指责拉姆齐·麦克唐纳。贝文说出了老工党人的忠诚——对国际联盟的忠心就像对工会一样,对党的决定的忠诚,而党的决定是由贝文和少数人控制的大工会投票确定的[2]。理论上,贝文是赢家。支持《盟约》的决定以200万票对10万票的巨大优势取得了胜利。

这一决议得到许多人的称许,尤其是在工党之外,它表示工党在外交事务上开始采取务实政策了。但除此之外,一切还是老样子。左翼虽被击败,但没有保持沉默,工党依旧维持着原来的党内风貌——一个充满分歧意见的联盟,而非一支纪律严明的军队。即使只就眼前最迫切的问题来看,这场胜利也毫无意义。关于和平还是战争的重大问题——或者说,以战争方式实现和平——没

---

[1] 已不再被共产党所采用。苏联于1934年成为国际联盟一员后,英国共产党毫无保留地支持联盟。
[2] 贝文在两方面都不以忠诚。兰斯伯里被指责为工党执委却反对己党政策;克里普斯出于同样的原因辞职而遭人非议。贝文声称反对"知识分子"。但是,他自己却持有一种非常书生气的、不切实际的意见——国际社会对原材料的控制可以阻止战争的发生。不管别人有什么意见,他都要反对。

有得到正视。几乎所有支持集体安全的工党成员还坚称：集体安全能够阻止侵略者，因此没有必要重整军备。少部分人已经看出，固守集体安全可能会导致战争，即便他们不准备将武器交于国民政府之手。混乱局面立刻显露出来。年度会议之后，兰斯伯里辞去了领导之职。在议会党团选举中，克里普斯不为人所喜，艾德礼成为唯一可能的候选人，从而顺利当选为接班人。在1939年战争爆发之前，对国民政府的所有扩军主张，艾德礼都持批判态度。

事态转而向着有利于国民政府的方向发展，他们可以批评工党，称其为"和平主义者"或"好战者"，这两项指控本就来自工党领导人内部的分歧。他们声称支持国际联盟，同时用它为重整军备辩护。10月25日，鲍德温解散议会，这并不出人意料。普选定于11月14日举行，这是一次混乱的选举。除了少数极端分子以外，工党及参加国民政府的各党说的都是同一件事情：除了战争以外的一切制裁手段。工党暗示政府没有严肃对待制裁这件事情；保守党则宣称，一旦工党执政，战争将无可避免。双方党内都是一片混乱，因此胡乱地指责对方。国民政府希望获得重整军备的授权，在理论上他们是需要的。实际上，他们低调地道出了事实，但就像劳合·乔治于1918年处理赔款时一样，希望这声音无人听到。鲍德温仅仅要求获得"弥补国防中的缺陷"的权力，他还补充道："我向你保证，将来不会有大规模军备。"正因如此，他后来被指控欺骗了选民[1]。事实上，他和政府的其他成员，甚至是三军首脑，都没有意识到等在前面的是什么。例如，在将重整军备列为选举的中心议题方面，内维尔·张伯伦比鲍德温急切得多。他建议，在接下来的4至5年，有必要增加1.2亿的军事拨款[2]。1937年5月，张伯伦就任首相，在接下来的5年里，军事预算涨到15亿，但事实证明，这仍然不够。

无论如何，一旦竞选开始，重整军备和外交政策都成为次要问题。选民们对这些问题兴趣寥寥，各政党的主张充其量也就相互抵消了。住房、失业，以及特殊地区问题依旧是主要论题。保守党缺乏紧张氛围，工党则缺乏竞选热情。鲍德温是唯一的"全国性"角色，他偏好泰然自若，而不是激情洋溢。选举日的投票人数为1923年12月以来最低。保守党得票和1931年差不多；工党重新

---

[1] 见注解A。
[2] 根据张伯伦日记，1935年8月2日。麦克劳德《张伯伦》第182页。

获得 1931 年未投票选民的选票。工党增加了 100 多个席位，尽管跟它的得票数相比，议席数还是少了[1]。工党有 154 名议员，支持国民政府的有 432 名议员。自由党的席位进一步下跌，从 33 席降至 22 席，其中 4 席与劳合·乔治沾亲带故。国民工党也苦不堪言。拉姆齐·麦克唐纳与其子马尔科姆双双失去席位，尽管二人在补选中获胜了。拉姆齐在一个大学选区当选，他过去曾撤销这个选区。此间还有个小插曲，一位名叫威廉·加拉赫（William Gallacher）的共产党人重新当选；他是唯一坚决反对希特勒政府的人，直到 1939 年 8 月 23 日那个不幸的日子——德苏条约的签订表明，第二次世界大战根本不是一场反法西斯战争。

如今，国民政府拥有了重整军备的授权。他们手上还有阿比西尼亚事件。经济制裁被当作虚张声势的策略，一种对于墨索里尼的严肃警告，但并未奏效。当下需要采取进一步行动对抗意大利，或者研究其他出路。大家普遍认为，切断意大利的供油——"石油制裁"——将会有效。然而政府犹豫了。墨索里尼曾经宣称将以战争方式应对石油制裁——战争的幽灵在应付日本时曾经出现过。法国将不会支持英国。那么英国海军就要孤军奋战，他们对于意大利的空军力量有所忌惮。对于英国人来说，既已宣称对地中海地区的控制权，却又抱怨战争将落到他们头上，有点不讲道理。这就是帝国的代价。一切都是借口。英国政府及英国人民曾经说过：除了战争以外的一切制裁手段。因此，任何可能蒙上战争阴影的制裁都被自动排除。另外，英国政府并不想打倒墨索里尼。相反，外交部希望与他结成反对希特勒的联盟。那么，唯一的选择就是仿效满洲模式作出让步——给墨索里尼足够的好处以停止战争。

霍尔把战前曾提供给墨索里尼的方案找出来，作了有利于意大利的修改；12 月 7 日，在鲍德温的同意下，来到巴黎。赖伐尔提出了对意大利更有利的条件。意大利将得到富饶的平原。阿比西尼亚的皇帝将在山区保有他的古老王国。此二人商讨出"霍尔–赖伐尔计划"。英国内阁予以批准。墨索里尼准备接受。下一步就是在日内瓦宣布这一决定。然后，阿比西尼亚皇帝要么接受，要么听天由命。霍尔兴致勃勃地去瑞士度假，他信心满怀，以为自己大功告成。然而事实并非如此，有人向巴黎媒体泄露了这一计划。于是，英国掀起了一场舆论风暴。品格高尚的国际联盟支持者刚刚在大选中支持了国民政府，他们义愤填

---

[1] 保守党 1180 万，工党 830 万。

膺，感到被玩弄了。国际联盟联合会、两大主教、《泰晤士报》、奥斯丁·张伯伦爵士，以及众多年轻的保守党人，纷纷表示抗议。政府先是试图硬干，后来将责任都推给霍尔——称其为"一个疲惫的人""一个生了病的人"。刚刚加入内阁担任掌玺大臣的哈利法克斯（曾被封为欧文男爵）想出了这个主意。霍尔从瑞士回国后，伤心地辞了职。艾登取代他成为外交部长。"霍尔—赖伐尔计划"就此夭折了。

国际联盟随之死亡。在英国，反对"霍尔–赖伐尔计划"的呼声是多年来最严重的外交怒火，也许是自1876年反对"保加利亚惨剧"以来最严重的一次[1]。与1876年一样，这场运动只有在跟政府作对的时候才有力量。"霍尔–赖伐尔计划"一泡汤，运动也就没了声音。问题还和以前一样：如何通过非战争方式阻止墨索里尼的侵略行为，答案并没有找到。石油制裁被反复提出，当遭到墨索里尼的反对时，又一再拖延。妥协还是没有放弃，另一个版本的"霍尔–赖伐尔计划"尚在孕育之际，一场大雨宣告了阿比西尼亚作战季节的结束。此时正相反，墨索里尼雷霆出击，迅速赢得战争。1936年5月1日，皇帝海尔·塞拉西（Haile Selassie）离开阿比西尼亚。一周后，墨索里尼宣布建立新的罗马帝国。海尔·塞拉西在日内瓦现身，发表抗议；安东尼·艾登在维多利亚车站迎接他；他以流亡身份暂居巴斯。6月10日，内维尔·张伯伦第一次就外交事务独立发表讲话，他谴责继续制裁是"如烈日般的极度疯狂"。6月18日，制裁被撤消。

在那之前，阿比西尼亚问题已经因为其他更大的事件而不再紧要。1936年3月7日，希特勒派遣德国军队重新占领莱茵兰。他只有一支象征性的军队，于是向将军们保证，一旦外国予以反击，他就撤军。但是这些并没有发生。法国的部队只是防御性的，其政见的防御色彩更浓。他们将问题丢给伦敦[2]。名义上，英国难以脱身。英国和意大利本来是洛迦诺的保证国，保证反对"公然侵略"。但用当时的话来说，"进入自己的后院"是否算是公然侵略？很少有英国人作出肯定的回答。鲍德温噙满热泪地坦言，英国没有足以兑现诺言的部队，并且，公共舆论无论如何也不会容许。他是对的。3月26日，对德抨击最激烈

---

[1] 1876年的抗议遍及全国，比下议院更激烈。1935年的抗议在政界最为强烈。群众则很少关心，也很少有公开示威活动。
[2] 见注解B。

的工党政客休·道尔顿表示:"我国的公共舆论目前不会支持对德国采取军事制裁,即使是经济制裁。当然,工党也不会支持。"英国政府只能给法国和比利时一个新的反对德国侵略的保证,从而通过效力不足的对未来的承诺,逃避现在就应兑现的许诺。这一范例以后还将使用。

这份保证即使在幕僚谈判中被反复强调,也被认为是暂时的——这是第一次世界大战以来的新情况。人们希望德国能在它的不平等地位已经结束的情况下安分守己。例如,工党副领导人亚瑟·格林伍德发现,当前形势"孕育着未来世界崭新而巨大的可能性"。这一希望没有实现。国际联盟行政院在伦敦开会。只有苏联代表李维诺夫(Litvinov)提议对德国进行制裁,而由他来倡导这件事足以毁掉这个建议。行政院通过决议(虽然不是一致通过),认为《凡尔赛和约》和《洛迦诺条约》已遭破坏。希特勒被邀请参加关于欧洲安全的新谈判,来取代他之前撕毁的条约。他如此回应:他"对于欧洲没有领土要求",希望和平,并提出和西方列强签订一份为期25年的互不侵略条约。英国政府提出一份详尽的问题清单,寻求进一步的解释。但希特勒未予回复。随之而来的是沉默。"国际无政府状态"再次出现。

注解

注解A 鲍德温与重整军备问题

鲍德温在很多时候都是一个狡猾的投机取巧者,但在这个问题上,对于他的指控有些过分。他被指控在大选前,一直对重整军备问题保持沉默。但他在1936年11月12日实际上所说的是:在东富勒姆补选之际,他不可能持重整军备的观点参加竞选,必须等到1935年公众舆论觉醒之后。然后,他得到了"一项在12个月之前没有人会相信的授权"。他可能也说过,在重整军备计划准备好之前,一切都是枉谈。

他也被指责(尤其是丘吉尔)在1934年11月28日的一次讲话中低估了德国空军。1935年5月22日,鲍德温本人认了错。当初他说的是,德国空军实力比英国弱,但是实际上已经达到了同等水平。荒谬的是,鲍德温说得没错。平等是一件很难判断的事情。你是指前线力量、飞机总数、飞行员数量、飞机的性能吗?比较的角度是无止境的。然而,在1935年5月,从任何方面比较,德国空军都没有达到与皇家空军同等的实力。唯一相反的观点来自希特勒本人，1935年3月24日，他告诉约翰·西蒙爵士，德国的空军实力强于英国。希特勒的说法让关注他的人相信了，时至今天仍被普遍接受。通常情况下，政府宣称的武装力量总是有隐瞒。可能是为了欺骗外国政府，如1909年在海军实力方面，德国可能试图欺骗英国；也可能是为了欺骗本国民众，在民主国家中这种做法并不罕见。一个政治家对本国拥有的武装力量夸大其词，是前所未有的，但这就是希特勒的方式：他希望以虚张声势取胜。英国情报部门估计，德国在战争前的军备开支几乎是对外宣称的两倍，这些信息大部分是德国人灌输的。起初，大家落入了希特勒的圈套：对他产生一种夸张的恐惧。后来，也许发挥了另一种作用：对他采取夸张的防备措施。

注解 B 法国与莱茵兰的重新占领

从法国1964年公布的文件（《法国外交文件集1932—1939》第2辑第1卷）中可以看出，法国从来没有反对德国重新占领莱茵兰的意思。法国军事当局认为，他们的军队连非军事化的莱茵兰都没有能力入侵，故而德国人重新占领是无关紧要的。法国的政客们只关心如何利用这一事件，从英国人那里争取到未来支持的承诺。因此，后来有一种传言说法国政府急于抵抗，被英国人阻拦下来，纯属无稽之谈。还有一说，认为这是"丧失机会"的沉痛教训——丧失了避免大规模战争情况下推翻希特勒的最后机会。法国军队是唯一可用的力量，但领导人无意出兵。在第二次世界大战之前的那些年里，外交和战略是割裂的。外交官们，或者说有胆量的外交官们，还有丘吉尔等非官方批判者讨论的是，如何将各国意志强加于希特勒——例如，禁止他重新占领莱茵兰，或者禁止他入侵波兰。军方领导人则担心希特勒会把他的意志强加于己——尤其是提防他入侵法国。这一矛盾在斯特雷萨已经出现。那时候的政治协议是反对进一步破坏和约。军事计划（从未落实过）则是为了共同防卫阿尔萨斯和南蒂罗尔。

第十二章 绥靖，1936—1939年

拉姆齐·麦克唐纳的声望逐渐下降，鲍德温的声望也突然下跌。他的传记作者略带夸张地写道：在1936年春天，"他从大众景仰的至高位置，一落千丈，摔到谷底。"[1] 不管在1931年还是1935年，国民政府都没有兑现他们的承诺，两者的结果大不相同。虽然麦克唐纳的国民政府没能成功拯救英镑，而这是组建国民政府的目的所在，这次失败实际上提升了他们的声誉。鲍德温的国民政府作为集体安全的支持者赢得了普选，却未能兑现诺言，他的失败无从挽救。公众的疏远让鲍德温感到非常困惑。他失去了对下议院的控制，在处理小事的时候犹豫不决，屡屡失误。他不得不呼吁进行信任投票，这对政府来说总是一个坏兆头，只是在党鞭的大力运作下才得以过关。在演讲的气势上，他被打垮了。一个反对他的国防联盟似乎正在形成。在议会中，有老资格议员丘吉尔、奥斯丁·张伯伦、埃默里，劳合·乔治则随时准备向他发难；而在议会之外，还有贝文领导的工会人士。

鲍德温还是挺过了这段艰难时期。大多数保守党成员依旧不信任这群"聪明人"，他们在1922年就不买账；工党对他们更无信任可言。情况还是老样子：出色的领导者带着为数不多的追随者。讽刺的是，大部分的焦虑搞错了对象。1936年，英国开始重整军备，尽管此时支持者寥寥无几。这一趋势并不能从军备预算中看出来——军备预算只是提高到1.59亿英镑[2]——根据当时的计算，只占德国此项费用的五分之一；根据后来更为准确的信息，不到德国的一半。针对成立物资供应部的大声要求，鲍德温退让了一步，在1936年3月建立了国防协调部，这也没有显示出重整军备的迹象。鲍德温并没有任命温斯顿·丘吉尔为国防协调部的新部长，他害怕会惹怒希特勒。他也没有

---

[1] G. M. 杨格《鲍德温》第226页。
[2] 1936—1937年实际的军备开支是1.86亿英镑。

第十二章 绥靖，1936—1939年

把职位安排给塞缪尔·霍尔爵士，虽然后者一再争取。新部长是个职业法律人——托马斯·英斯基普爵士（Sir Thomas Inkskip）[1]，其任命被称为卡里古拉（Caligula）提名自己的马进入元老院[2]以来最不寻常的事情，这一说法不新鲜，但颇有道理。新部门形同虚设，没发挥多少作用。英斯基普爵士坐拥一间办公室，两位秘书，却没有实际权力。事实上，他只是财政部的新工具，给三军提出的需求踩刹车。

大动作发生在台后。1935年11月，为了准备一场大战，军备计划重新改写了，不再填缺补漏。接下来，切实有效的军备整顿立即开始了。毫无疑问，进展非常缓慢。而在此之前，根本没有进展。随后，即便是批评人士的声音也会推动它加速前进——当然无法马上达成目标。于是，在政府声誉最低的时候，奠定了国家实力的基础。更重要的是，少数科学家改变了历史面貌。自第一次世界大战以来，人们普遍认为，没有任何措施可以抵御来自空中的轰炸。高射炮实际上是无用的。战斗机虽然可能有效，但总不能一直在空中巡逻。"轰炸机随时可能掠过头顶。"最大的城市将迅速夷为平地。美国的比利·米切尔将军（Billy Mitchell）宣传这种主张，意大利的杜黑将军（Douhet）详细作了阐述。

在特伦查德的训练下，英国皇家空军的领导者抱以同样的观点。他们援引成功轰炸伊拉克村庄的事例，声称唯一的防御力量就是轰炸机，唯独它能以恐制恐，甚至有可能先发制人。有位科学家以一人之力否定了这种理论。1935年，沃森·瓦特（Watson Watt）发明了一种装置，后来被称为"雷达"，可以通过无线电仪器探测到空中的遥远物体。沃森·瓦特把他的发明交给亨利·蒂扎德爵士（Sir Henry Tizard），此人是科学家和三军之间老练的中间人。在他的帮助下，雷达最终问世。1939年，雷达覆盖了绝大多数的东部地区。敌军轰炸机的到来可以被准确预见。战斗机有了足够的升空时间。此外，战斗机的改进也在独立进行中，米切尔设计出喷火式战斗机。空中的防御终于有了可能。

---

[1] 托马斯·沃克·霍巴特·英斯基普（Thomas Walker Hobart Inskip, 1876—1947）：在克利夫顿和剑桥大学接受教育；1922—1923年、1924—1928年、1931—1932年任副总检察长；1928—1929年、1932—1936年任总检查长；1936—1939年任国防协调部长；1939年任自治领事务大臣；1939—1940年任大法官；1940—1946年任最高法院王座庭庭长；1938年受封考尔德科特子爵。

[2] 译注：罗马皇帝卡里古拉曾牵了一匹他最喜欢的种马去元老院，对他们说："我要提名这匹马进入元老院，成为你们的同僚。"后因暴政被刺身亡。

空战战略由此发生了革命性的变化。

不过即使对此知情的人，也不看好这一武器革命。皇家空军的首脑始终不能断绝轰炸的念头。他们缓慢而勉强地一步步退让。1936年，英国的空中防御力量被分为轰炸机指挥部和战斗机司令部，道丁（Dowding）成为战斗机司令部司令。准备工作的重心仍在轰炸机上。1937年末，英斯基普坚持要求增加战斗机的比重。内阁支持他的决定。这并非出于战略上的考量：纯粹是因为战斗机比轰炸机便宜。1939年，皇家空军增加战斗机的拨款，空军参谋部却"重拾旧爱"，把钱用于采购更多的轰炸机。奇怪的是，预备的轰炸机并未如愿完成任务。1923年最初的计划是针对法国的，同时也针对更遥远的潜在敌国德国在作准备。在战争爆发前不久，几乎没有哪架轰炸机能够直接飞抵柏林。其中的七分之二可以从英国机场抵达德国鲁尔。七分之三则必须使用法国或比利时基地，军备开销都用于飞机后，就没有经费用于保护这些基地的军队了[1]。除此之外，空军参谋部忽视了防御技术的进步，而德国却正好相反，尽管他们没有雷达。

奇怪的是，皇家空军的指挥官们偏好进攻型战略，而非防御型战略，但在试验中进攻型战略失败了，防御型战略则取得成功。他们的这种战略选择既有信息掌握的问题，也有心理因素，与一战期间将军对于机枪的排斥非常相似。有人声称，强调国防，势必会削弱胜利的意志。然而，皇家空军有的只是意志，不是手段。当战争爆发，"轰炸机指挥部对敌军造成的打击微不足道，此外百无一用"[2]。在英国皇家空军的指挥官中，道丁是唯一由炮兵出身的，也许这并非偶然。其他所有人，从特伦查德起，几乎都是骑兵军官，他们的战略还是轻骑兵式的。

部长们也无法理解形势的改变。空军大臣斯温顿（Swinton）为雷达提供了经费，也许听进去了蒂扎德爵士的解释。大多数的部长们没有，他们连听都懒得听。他们始终相信轰炸机能成。丘吉尔对新发明一直很赞赏，尽管公开批评政府，他加入了蒂扎德爵士的私人委员会。丘吉尔还带来了他的科学顾问林德曼（Lindemann）[3]。林德曼虽然比蒂扎德爵士更有创新的头脑，却显得不耐烦、

---

[1] 剩下七分之二的轰炸机即便利用法国领土，也无法到达重要的德国目的地。
[2] 韦伯斯特和弗兰克兰（Webster and Frankland）《战略空中攻势》（*The Strategic Air Offensive*）第1卷第125页。
[3] 后来被封为切尔韦尔勋爵。

第十二章 绥靖，1936—1939 年

不好相处，并且对于不同意见无法宽容——而他自己的主张有时却愚不可及。林德曼与蒂扎德之间的争执让委员会出现了分裂。蒂扎德利用他在文官中的影响力，将丘吉尔和林德曼踢出委员会。雷达的开发得以继续。其代价后来才显现出来。丘吉尔当时还不知情，他依然相信轰炸。他的这种信念对于战时的英国战略产生了决定性影响。同时，个人也付出了代价。当丘吉尔成为首相，林德曼也进入政府，蒂扎德在战争期间就不得志了。但是，蒂扎德、沃森·瓦特，以及他们的同僚已经为战争的胜利奠定了基础。倘若没有他们，不列颠之战不可能取胜，英国也不可能幸存。用一位历史学家的话说："雷达可能是英国政府有史以来最好的投资"。[1]

当然，在 1936 年，这些都还是未知数。因为某些其他原因，鲍德温和其政府熬过了不得人心的日子。时间的流逝就是其中一个因素，此前它一直是鲍德温依赖的盟友。下议院无法对武器不足的问题展开继续讨论。议员们总是会扯回到吸引他们的话题——家产检查，特殊地区问题，英国农业状况。另外，鲍德温的敌人也不团结。保守党成员攻击他重整军备速度缓慢，大多数工党成员则从根本上反对他重整军备。贝文以及其他少数工会领袖可能是支持重整军备的，道尔顿也是。艾德礼则继续持反对意见，他在大选后继续担任工党领袖[2]，在这个问题上，他更能代表工党意见。1936 年 6 月，鲍德温将霍尔召回内阁，任命其为海军大臣。这是一个重要的姿态。霍尔—赖伐尔计划对国际联盟的背叛倘若没有被原谅，就是被遗忘了。中产阶级的理想主义者拒绝加入工党，也许是出于阶级意识的考虑，也许更因为工党不能发挥明确的带头作用。因此，从长远来看，他们别无选择，只能回到犹疑地支持国民政府的立场。

1936 年夏，一个新的问题加深了党派之间的分裂。这就是西班牙内战。1931 年，西班牙共和国成立。1936 年早期，合法性有些可疑的普选使左翼联盟"人民阵线"获得多数席位。7 月 16 日，控制了大部分正规军的将军们举起了

---

[1] 科利尔（Collier）《保卫英国》（*Defence of the United Kingdom*）第 430 页。
[2] 这是自 1922 年麦克唐纳当选以来，该党领导层首次有竞争的选举。艾德礼的挑战者是赫伯特·莫里森，他是第二届工党政府的资深官员，但自 1931 年起就退出了议会。他出身于工人阶级，并非工会分子。亚瑟·格林伍德是一个备受尊敬却没什么能力的人，分走了部分选票。他当时名列第三，他的选票都转给了艾德礼。艾德礼的当选是温和左派的胜利，当然，也是 1931—1935 年议会元老们的胜利。莫里森的败选使他失去了出任首相的机会。虽然他的行政能力高于艾德礼，但他缺乏艾德礼的那种才干，把全党上下团结在一起，并发挥艾德礼自己所说的"中间偏左"的领导作用。

反叛的大旗，向马德里挺进。他们期待着一场不费吹灰之力的胜利，其他人也希望如此。共和国政府则将工人进行了武装，令所有人吃惊的是，他们竟然使佛朗哥将军（Franco）麾下的叛军陷于困境。内战因此久拖不决。法西斯意大利和纳粹德国向佛朗哥将军提供了军事援助。不久之后，苏联也向共和国提供军事援助，但规模更小。

这些干预让西班牙内战变成了国际大问题，严肃地摆在英国和法国政府面前。它们是西方的两大强国，又是西班牙的邻国。两国政府都不愿干涉西班牙内政，并且希望其他国家持同样的态度。毫无疑问，他们的主要动机是希望避免全面战争——外国"志愿军"为支持西班牙交战双方而战斗，对国际安全显然是一种威胁。当然，这里不存在什么高尚的动机。在法国，莱昂·布卢姆（Leon Blum）刚刚成为人民阵线联合政府的首脑，担心法国对西班牙共和国的军事援助可能在法国引发类似内战。英国政府对西班牙共和国没有好感。大多数西班牙问题"专家"——外交官、军官、商人，都站在佛朗哥一方。莱昂·布卢姆先是同意向西班牙共和国提供武器，后来在温和派支持者的警告下又犹豫不决，他的出尔反尔得到了英国政府的支持。

英国和法国政府提出了不对西班牙任何一方予以支持的一般性协议，其他大国勉强同意。值得注意的是，没有人想到向国际联盟呼吁，后者只是收藏了来自西班牙普拉多博物馆的画作。在伦敦成立了不干涉委员会，煞有其事地开展工作。它的所作所为可谓是一个闹剧，所有国际决议被弃之不顾。意大利和德国从一开始就公然行骗。不久，苏联政府宣布，它将不受不干涉协议结束，援助共和国政府，只要其他国家不停止军援佛朗哥。外国武器开始运给西班牙内战的双方，佛朗哥一方较共和国政府所得更多。意大利将数个整师遣往西班牙，总共约有10万兵力。争论再次到来——英国政府又一次采取了胆怯的姿态，以牺牲国际义务和英国利益为代价。在布卢姆的要求下，工党最初是支持不干涉政策的。当发现这招不能奏效时，他们就转向反对不干涉政策。倘若还是在传统的政治框架内，那么他们的反对不会有多少意义。现在，工党的官方领导层不得不采取一种似乎会增加战争风险的政策，感到多少有些难堪。工会会员中的罗马天主教徒都倾向于支持佛朗哥，或者不管怎么说，都不喜欢西班牙共和国，这尤其让工会领导人陷入尴尬。

但是，西班牙问题已经超越了一般意义上的政治问题。这种争议见证了30

第十二章 绥靖，1936—1939年

年代那一代人一生中奇妙的情感体验。有人正确地指出，法国大革命以来，还没有什么别国问题能让充满智慧的英国人[1]如此分裂，或者说令他们激动。有一种普遍观点，认为叛乱是法西斯阴谋的一部分，佛朗哥是墨索里尼或者希特勒的傀儡。事实上这种看法是毫无根据的。佛朗哥不是任何人的傀儡。他的行动并非出于罗马或者柏林的煽动，后来他在维护西班牙独立上表现出显著的独立性。单纯地以法西斯主义或者民主来解释对立双方的主张是不妥的，更不用说社会主义和资本主义了。然而，彼时人们所持的想法比事实更重要。西班牙成为敌对意识形态的战场。英国的内部情绪也是复杂的。"社会主义"的反对者大多数是罗马天主教信徒，他们将佛朗哥视为安全的守卫者，而他们对是否要歌颂希特勒是犹豫的，即便仅仅出于爱国主义立场，希特勒也是一个潜在的敌人。譬如，温德姆·刘易斯（Wyndham Lewis）就支持佛朗哥，他的兴趣不再是攻击其他艺术家和作家了。大多数知识分子则持相反意见。西班牙内战真正拉开了反法西斯战争的序幕。

迄今为止，大家都在等待机会。自1931年开始，反法西斯斗争一词就在知识分子中颇为流行，特别是1933年1月希特勒掌权以后，声势愈大。英国并没有什么法西斯主义。尽管15名知名作家在他们的散文集中抱怨，"濒死的社会制度"让他们的思想处于枷锁之中，但他们大多有优渥薪水、稳定就业。知识分子为反饥饿游行而欢呼，并且不时在伦敦东区骚扰莫斯利的黑衫军。否则，用奥登的话来讲，他们只有"短命的小册子以及无聊的会议"——苦行很快就令人厌倦了。公学的学生对工人阶级的斗争贡献甚少，他们也不会进入工人阶级的生活。例如伊顿出身的乔治·奥威尔（George Orwell），尽管曾住在维根而不是伦敦，他也不会因此属于工人阶级。现在，对于西班牙内战，确实有一些事情值得去做，知识分子为支持西班牙共和国而游行。他们要求"为西班牙提供武器"。其中一些人造访西班牙。一些年轻人甚至为共和国作战。一些著名知识分子的子弟、颇有成就的知识精英因此被杀害。"布鲁姆斯伯里团体"[2]一度

---

[1] 格雷夫斯和霍奇（Graves and Hodge）《漫长的周末》(*The Long Week-End*)第337页。说是"知识分子"更为准确。
[2] 译注：Bloomsbury文化有点类似于中国的五四文化，是号称"无限灵感，无限激情，无限才华"的知识分子小团体。20世纪初叶，包括弗吉尼亚·伍尔芙在内的众多才子文人，聚集在了大英博物馆附近的地区，每周在自家的花园里会谈。这个小团体以其自成体系的审美，在当时的英国独树一帜，因此被人称作"布鲁斯伯里团体"。

聚集到西班牙,那曾是远离政治是非的文艺天堂。这种热情绝不仅限于中产阶级。工人阶级里也有初具马克思主义意识的知识分子。在支持西班牙共和国的2000多名英国居民中,绝大部分是工人,尤其是失业的矿工。中产阶级多被铭记,只是因为他们有影响力。[1] 志同道合之人踏上正义之战的征程。

> 你们想干什么?建立正义的城吗?好,
> 我同意。或者立自杀公约,浪漫的死亡?
> 那也不错,我接受,因为
> 我是你们的选择和决定:我是西班牙。[2]

西班牙内战为左翼人士提供了灵感,给工党带来的是困难。在共和派中,西班牙共产党占有主导地位,并且迅速取得控制权。共产主义的苏联向西班牙提供了援助。英国共产党也为西班牙事业奔走疾呼。就在西班牙内战爆发以前,出现了一个受共产党影响的组织。这是出版商维克多·戈兰茨(Victor Gollancz)创建的左翼图书俱乐部,每月"选择"两本新书,以低廉的价格出售给会员。俱乐部有3位选书人。第一位是戈兰茨,此时的他还没在左翼树敌;第二位是斯特里奇,听命于共产党的指示,尽管本人并非党员;第三位是拉斯基,他是一个马克思主义者,也是工党的重要成员。他们选择的书籍通常都是遵循共产主义路线的。

俱乐部拥有大约6万名会员,其中不少人建立了地方小组,讨论每个月的书目,表达左翼观点。戈兰茨进一步为他们提供政治宣传刊物,即《左翼书讯》。总体而言,他们的成就是令人敬畏的——拥有比共产党和独立工党多十余倍的会员,以知识分子为坚实的群体基础,特别是学校教师,遍布全国。[3] 对于工党来说,左翼图书俱乐部是一种令人不快的存在。如何赢得强大的中产阶级的支持,

---

[1] 国际纵队的500名英国人遇害。起初,遇难者主要是共产党人。后来,该党意识到,它正在失去精英分子,于是把他们从前线调往指挥所。

[2] W.H.奥登的诗歌,《西班牙》。

[3] 让共产党人渗透到中产阶级知识分子的还有另一种刊物,叫作《一周》。这是一份誉印的报纸,声称提供"新闻背后的新闻"。有时它确实如其宣传所言,有时是在表达主编克劳德·考克伯恩(Claude Cockburn)的内心想法。考克伯恩曾是《泰晤士报》的记者,现在也以弗兰克·皮特凯恩(Frank Pitcairn)为名担任《每日工人》的主要撰稿人。

对他们来说一直是个关键问题，以前，该党在很大程度上依靠外交事务来实现这一点。现在，左翼图书俱乐部正把思想先进的学校教师们吸引到共产主义的小册子上，他们本应该是要加入工党，并为之献身的。

西班牙内战引发了进一步的威胁。对西班牙人民阵线的支持似乎意味着在国内也要搞人民阵线，这样又与共产党发生了联系。早前的阿比西尼亚事件让左派产生分裂。共产党支持制裁，遵循苏联的政策；独立工党出于和平主义考虑予以反对；社会主义者同盟则坚持马克思主义的论点，同样反对。西班牙内战使三方人士再次团结起来。共产党领袖波立特（Pollitt）、独立工党的麦克斯顿、社会主义者同盟的克里普斯发起了一场团结运动，他们共同在曼彻斯特自由贸易大厅开展宣讲。工党立即予以回击。社会主义者同盟于1937年1月27日被逐出工党。为避免给其成员带来日后的麻烦，社会主义者同盟于两个月后解散了[1]。支持"团结运动"的人受到开除出党的威胁。运动由此消沉下去，就此告败。但其精神遗留下来。人们一直怀疑，工党领导人更关心的是执行党的纪律，而不是从事"反法西斯斗争"。反法西斯人士经常通过与工党领袖对抗的方式来表达愤懑。

西班牙内战的争论带来广泛的影响。全国团结起来反对希特勒的努力显然受到了遏制。鲍德温的保守派批评人士对西班牙共和国均不抱同情，一些人还对它怀有强烈的敌意。在下议院，工党在其左翼的推动下，指责政府亲近法西斯主义。鲍德温及其大臣回敬工党，称他们是战争贩子。大家只顾怒目相向，相互攻击。这些争议分散了人们对重大外交问题的注意力。保守派人士表示，如果不干预的假象能够维持到佛朗哥获胜，那么世界的和平就能保全。左翼工党人士则似乎相信，西班牙共和国的胜利也能顺势将希特勒推翻。政客们就西班牙问题争论不休，无暇顾及英国的军备状况。然而，对少数人来说，这依旧是个大问题，这是思想史上的一个插曲。在反法西斯斗争的事业中，有许多"奇怪"的人士：譬如伦敦动物园的前园长查默斯·米切尔（Chalmers Mitchell）；哲学家科林伍德（Collingwood），他将自传的结尾写成激进的反法西斯宣言；作曲家沃恩·威廉姆斯，他放弃了民间音乐的创作，转而谱写反法西斯交响曲。但大多数英国人表现出的是漠不关心。他们想要的是和平。他们

---

[1] 同盟解散时有3000名成员，其中很少是产业工人。

不喜欢共产主义。在这方面，鲍德温满足了他们。他的困难时期终于结束了。

　　1936年底，意料之外的事态发展进一步对鲍德温有利。自从安妮女王去世以来，或者说维多利亚女王守寡以来，君主制第一次成为社会争论的焦点。乔治五世病倒后不久，于1936年1月20日驾崩。他最后的遗言是："帝国怎么样？"他一直是践行宪政的模范，在私人生活中也是保守、正直的模范。新王爱德华八世在作为威尔士王子时，已经积累了不错的名望。他相当我行我素，希望让君主制和这个国家变得更具有冒险精神。他对那些"老头"——老臣们的刻板乏味感到不满。他们也不喜欢他。在执政初期，内维尔·张伯伦起草了一份抱怨性质的备忘录，敦促国王"安定下来"。他应该穿着朴素一点的衣服，在王宫里工作，不要公开谈论贫民窟或失业问题。鲍德温压下了这份备忘录。和往常一样，他让时间成为他的盟友，等待事态的发展。

　　爱德华的处境有一点很致命。他41岁了，依然单身。他现在打算结婚。未婚妻沃利斯·辛普森夫人（Mrs. Wallis Simpson）天性乐观，聪慧，充满魅力。但作为王后人选，她浑身缺点。她是个美国人；她还是个平民——十足的平民，连富家女也算不上，更不要说贵族血统了；她已经离过一次婚；现任丈夫是欧内斯特·辛普森（Ernest Simpson）。国王和辛普森夫人保持亲密关系已有一段时间了。同其他生活在父亲阴影下的孩子一样，在父亲掌权期间，爱德华没有自我。如今，他想要属于自己的皇家荣耀；他也想恪尽职守，尽管对例行程序缺乏点耐心；更重要的是，只要辛普森夫人离婚，他就想马上同她完婚。他对于将要遇到的困难一无所知。他的私人朋友们也没有提供任何有益的意见或建议。辛普森夫人只了解美国的生活习俗，在美国，婚姻是重要的，离婚则是一件无伤大雅的事情。爱德华像他的同龄人那样认为，可以将自己的私生活独立于公共形象以外，同时，对于传统伦理的解放程度，他的期待过高了。

　　英国相比30年前更为自由开放了。但是公众形象依然要保持完美无瑕。离婚还是被视为道德污点，它会摧毁一个男人的政治生涯，对于国王来说尤其如此。君主制与国教会不可避免地纠缠在一起，教会对于离婚的态度也是坚决反对——与罗马教会反对节育的立场不相上下。当爱德华还是威尔士王子的时候，英国公共生活的引导者已经为他争取声誉作了很多情感投资。他们不希望投资被浪费。如果他不当这个国王了，那么这就是浪费；另外，在他们看来，如果他还威胁到英国既有的道德体系，损失就更大了。只要国王和辛普森夫人仅仅是男女朋友，大臣们就不会说三道四。爱德华七世的先例让人无话可说。此外，在这方面，许多公众人物的家丑恐怕有过之而无不及。1936年几乎整整一年，国王和辛普森夫人不管到什么地方，都公然形影不离。英国媒体缄口不报他们的花边新闻——显然是自发地避免尴尬的话题。外国报纸在到达英国民众手里以前，则被严格审查控制。

10月27日，辛普森夫人在伊普斯维奇获得离婚中期判决书，她在那儿有个名义上的住所。再婚之旅将要启程，道德的舆论如大山压来。国王的私人秘书亚历山大·哈德金爵士（Sir Alexander Hardinge）是第一个奋勇相劝的人——这件小事奇怪地表明，这个很私人的职位具有宪政上的地位[1]。《泰晤士报》的主编道森敦促鲍德温采取行动，道森举证说，美国舆论也因此事受到了干扰。鲍德温无情地要求国王作出抉择：和辛普森夫人断绝关系，或者退位。辛普森夫人的回应同样坚定：无论付出什么样的代价，都要结婚。她的坚决态度让事情简单了许多，她理应得到更多的尊敬。因为国王动摇了。他想鱼和熊掌兼而得之——与辛普森夫人完婚，同时保住头顶的皇冠[2]。他未作出任何明确表态，就像工会领导人在面对罢工时那样。随后，鲍德温决定绝不退步。虽然总是慢条斯理，他一旦下定决心，就会向着目标决绝前进。

爱德华敬畏"宪政"。他只能遵从鲍德温的游戏规则，即在幕后把问题迅速解决掉，不再拖延[3]。他提议通过广播讲话将此事诉诸全国人民，但被鲍德温否决。国王最后放弃了。他迫切地希望妥协，提出可以实行某种贵庶通婚的方式——让辛普森夫人成为他的妻子，但不是王后。鲍德温在与各自治领商议后，回复称他们一致反对这项提议。国王无比懊丧地被迫退位。12月1日，一个对

---

[1] 私人秘书后来像主教和其他公职人员一样，需要在首相的建议下任命人选。

[2] 爱德华的犹豫不决是有实际原因的，当时还不为人知。他在位于温莎大公园贝尔维德城堡的私人住宅里度过了危机时期，远离社会纷扰。在那里，他接见了鲍德温，态度有所软化。每天深夜，他开车去伦敦，和辛普森夫人会面。而后，结婚的决心再次坚定起来。

[3] 没有明确的证据显示，国王为何会允许自己陷入如此被动的处境。鲍德温曾威胁说，如果不接受他们反对此项婚姻的意见，内阁将辞职。如果爱德华拒绝承诺未来不与辛普森夫人结婚，然后回到温莎或巴尔默勒尔，他们也很难，或者不可能真的辞职。另一方面，大臣们手中握有有力武器，尽管他们没有威胁要使用。在当时的英国法律体制下，关于辛普森夫人离婚的判决在6个月内还不能成为定论。在此期间，它可能会被推翻。一位名叫斯蒂芬森（Stephenson）的法律人士曾经"介入"，爱德华退位后又退出了。斯蒂芬森服务的公司受雇于鲍德温。然而，最大的原因可能是爱德华急于结婚。作为退位代价的一部分，他得到承诺，议会将通过特别法，让辛普森夫人立即获得最终离婚判决。在最后时刻，内阁认为这项交易不当，没有兑现承诺。爱德华和辛普森夫人直到1937年6月3日才正式结婚。

辛普森夫人毫不了解的无名主教，随口说了一句：国王急需上帝的恩宠。地方主要报纸的编辑随即以此为借口，打破了长期的沉默。伦敦报纸在次日跟随作了报道。至此，事情基本告一段落，辛普森夫人离开英国，宣布"退出公众视野"。爱德华则只愿跟随她。

有人试图鼓动支持爱德华八世，甚至想要组建一个保皇党，但姗姗来迟。罗瑟米尔和比弗布鲁克在他们的报纸上表示支持贵庶通婚。丘吉尔像往常一样秉持着浪漫精神，在议会上提出可以推迟决定。在白金汉宫外，出现了支持国王的示威游行，共产主义者和法西斯分子首次携手。这样的支持对国王其实没有好处。鲍德温的决心牢不可破。大多数保守派也支持他。工党几乎一致认为，[1] 根据宪政，国王必须始终接受大臣们的建议。据说，大约60位议员已经作好支持"国王政府"的准备。这可能夸大其词了。议员们周末回到各自的选区，他们感受到的是对爱德华的强烈抗议，尤其是在英格兰北部。毫无疑问，突然出现的新闻舆论使公众情绪更加强烈了，就像很久以前的帕内尔（Parnell）一样。讨论时间长一些，公众的情绪可能会缓和。

关节点在于责任，而不是离婚。如果"他们"认为爱德华不应该迎娶一位离异妇女的话，那么接受这项决定是他的责任，就像过去那些军人一样（他自己就当过兵），只要接到指令，就不加思考地参与屠杀。爱德华的弱点在于，他也有这样的热情。他并不是要打破体制，最多只是心有不甘而已。他现在急于安静地离去，在他短暂的统治中，只有这个决定最像他自己。12月11日，爱德华八世退位[2]，由其弟约克公爵阿尔伯特继位，是为乔治六世。乔治五世的遗孀玛丽太后对此评论道："约克夫妇将会做得很好。"他们也如其所言。乔治六世紧紧跟随父王的脚步。他身体虚弱，神经紧绷，又缺乏经验，但他尽其所能，任劳任怨，担心过早离世。

许多人担心——有一些人则是希望——爱德华八世的退位将永久地削弱君主制。事实并非如此。爱德华先前的人气像电影明星一样，眨眼就烟消云散。他离开英国；虽然改封温莎公爵，但当他和辛普森夫人结婚时（由一名国教会的牧师主婚），后者不得拥有殿下的头衔。这位落难国王对于小事十分看重，因

---

[1] 乔赛亚·韦奇伍德是一个例外，他本人曾离过婚。工党内其他怀疑论者都是共和主义者，对君主制和国王的事情漠不关心。社会上对爱德华前恭后倨，他们颇不以为然。
[2] 议会在一天之内完成所有程序，通过了一项法案，退位在法律上生效了。

此流亡的时候依旧耿耿于怀。在第二次世界大战期间，他被任命为巴哈马总督[1]。当乔治六世于1937年5月12日加冕时，爱德华八世和他的退位几乎已被遗忘。乔治没有他哥哥的魅力。他喜欢平静的生活，尽管口吃的毛病被部分克服了，他在公开场合演讲时依然难掩焦虑。尽管如此，他也有更多的实力可以展示。他作为军人参加了日德兰海战。多年来，他一直经营着约克公爵的学营，在那儿，公立学校的男学生和来自底层阶级的男孩子们不分彼此。他就像父王一样，给予内阁大臣们十足的支持，也在战争来临的时候树立了光辉的榜样。他和伊丽莎白王后在白金汉宫每天坚持工作，冒着空袭的危险，吃着配给的食物，手捧金盘却节俭度日。

退位完全是英国的事。爱德华的婚姻问题完全在英式语境下展开讨论，与英国国教会也有关系。在讨论中，无人提及国王治下还有数百万穆斯林和印度教徒，他们不会在乎一个离婚的女人当王后。国王兼有苏格兰国王的身份，而苏格兰国教会原则上不反对离婚。印度的居民一夜之间就接受了新的国王（也是最后一个国王）。自治领现在成为主权国家，各自制定立法使退位生效。在爱尔兰自由邦，德瓦莱拉利用这个机会实现了爱尔兰的"外部联系"地位，国王字样不再出现在爱尔兰宪法中，除了在涉及国际关系时称之为"机构"。一次离婚竟影响了爱尔兰的历史，可谓怪谈。英国国王的私人生活削弱了1922年的爱尔兰条约，或者说其残余部分。

对离异准王后的反对可能会带来一个道德僵化的时期。那些为爱德华的退位做工作的人——鲍德温、道森，还有最重要的坎特伯雷大主教朗——谈起此事，就好像战胜了从20世纪20年代的轻狂中延续下来的放纵。但胜利的意义寥寥无几。的确，1937年还发生了另一场运动，它甚至被认为带有一种赎罪和致歉的姿态。牛津大学选区无党派议员赫伯特（A. P. Herbert）在推动婚姻法改革中取得了罕见的成功，这是在离婚于1857年成为法定程序后，婚姻法第一次放宽了规定[2]。除了通奸，遗弃和精神错乱也被作为准许离婚的理由；等待期则从6个月减少为6个星期[3]。另一个人也得到了报偿。1937年，在对部长们的工

---

[1] 他欣慰地获得一笔丰厚的资金，据说是每年25000英镑，是乔治六世给他的私人安排。
[2] 译注：1857年《婚姻诉讼法》将离婚的管辖权由教会法庭交给世俗法院，但当时唯一合法的离婚理由只有通奸。1937年，赫伯特的议案通过，即1937年《婚姻诉讼法》。
[3] 赫伯特也付出了代价，法律规定，结婚头3年不得离婚。

资进行合理化时，反对党领导人也获得2000英镑的年薪[1]。他于1936年支持维护宪政的努力。作为回报，宪政也正式认可了他。

退位一事在英国政坛上留下了重要印记。通过推翻爱德华八世的王位，鲍德温重新赢得了自己的公众威望。毫无疑问，他始终想要智胜国王，却给人以克伦威尔的印象：环境恶劣，形势所迫，他也是不得不如此。他似乎是勉为其难地反映人民的心声。那些逼迫爱德华退位的高尚之人，如道森和朗，12个月前还在大声疾呼反对霍尔—赖伐尔计划，正如支持爱德华的是对国际联盟持怀疑或蔑视态度的名声不佳之人。逼迫爱德华退位是鲍德温为霍尔—赖伐尔计划的赎罪。他的对手被击败了，包括最主要的劲敌丘吉尔。在这次事件中，丘吉尔犯了很多错误。他对于公共舆论的判断有误，或者是被某些人操纵公众舆论的技巧所蒙骗；他对国王的决心估计得不对；他在下议院被人轰下台来。丘吉尔曾经抓住一切机遇，试图推翻鲍德温和他的软蛋政府，但权力之门似乎永远不会对他敞开。现在轮到他成为失意之人。

在新王的加冕礼之前，鲍德温一直坐享荣耀。然后，他从公众的视线中高调离场。拉姆齐·麦克唐纳那会儿没他那么招摇。[2] 从个人意义上来说，这两个代表人物的离场也标志着两次世界大战之间时代的终结。内维尔·张伯伦终于坐上了觊觎良久的最高位置。在历任首相中，他是最没有魅力的：高效，认真，缺乏想象力。他的政府也很平实，没有鲍德温和麦克唐纳偶尔彰显出的那种光辉。大臣们还是"老面孔"，只是稍微改组了一下：约翰·西蒙接替张伯伦成为财政大臣，这是最重大的改变了。政府只是名义上的"国民政府"。西蒙（唯一一位在1914年之前担任过大臣的人）没有明显的"自由党"痕迹，马尔科姆·麦克唐纳也没有特别"工党"。其他的部长们同样也并不"保守党"。只有哈利法克斯曾有家族封号，祖上在19世纪身为辉格党人时获得封号。

大臣们都是像张伯伦一样可敬的行政官员，大多在国内事务方面具备良好的声誉。只有艾登能和外交部的职业外交官相处融洽。另一些人对外交官们不抱信任，两位前外交大臣西蒙和霍尔的情绪尤其强烈，他们俩被认为是失败的外相。反过来，外交人士也对政府缺乏信心。担任常务次长的罗伯特·范西塔

---

[1] 《英王大臣法》还有其他宪政上的价值。这是第一次从法律上承认内阁的存在，并对首相的地位作了明确规定。
[2] 鲍德温获得伯爵封号和嘉德勋章，后于1947年去世。麦克唐纳没有获得爵位，1937年出国旅行时在海上病逝。

特爵士（Sir Robert Vansittart）决意反抗德国。他以华丽的文辞和不循常规的方式展示自己的决心，比如将信息传递给丘吉尔，招致媒体对政府的批评。然而，范西塔特和其他职业外交官的态度又不切实际。他们只是反复重申，应该抵制希特勒，却不知道如何付诸行动。毫不奇怪，张伯伦已经厌倦了这种"吹毛求疵"，范西塔特原本光鲜亮丽却毫无意义的"首席外交顾问"头衔被取消了。

大臣和外交部之间的冷淡关系使人们开始怀疑，认为张伯伦和他的同僚不负责任，属于外行。其实，在实际问题上，本国政府是有史以来最能与专业的公务员和谐相处、密切合作的。首席产业顾问贺瑞斯·威尔逊爵士成为张伯伦最亲密的伙伴——几乎在一切大小事务，尤其是外交事务上，他的影响力超过了内阁许多成员。1938年，出于指挥空袭预防措施的需要，杰出的公务员约翰·安德森爵士进入内阁（作为掌玺大臣）——这是现代史上公务员第一次转为政务官。在某种程度上，可能是公务员把政客挤到一边。无论如何，战争的技术要求和备战阶段不可避免地给了解这些要求的人带来更大的影响力。战争还是和平？它取决于政治家。一旦决定准备打仗，很大程度上就需要官员们预先谋划怎么打。

张伯伦的政府有着良好的行政记录，这可以从他之前的地方政府改革和公共援助中看出来。要是在和平时期，他们的工厂法、住房法、体育训练法和刑事司法改革预案都值得详细叙述。1939年，客运航空服务成立公营公司，由约翰·里斯爵士担任董事长。1938年将矿区使用费国有化，这是战后煤矿国有化的前奏。张伯伦本人对地方政府还有进一步的计划。他是一个很注重细节的管家，擅长处理"家事"。他狭隘却又理性，认为大多数的怨恨和争端都可以通过合理的妥协来消除。

张伯伦坚定地解决了爱尔兰遗留问题。1937年，由德瓦莱拉起草的一部新宪法让南爱尔兰（或称"Eire"）实际上实现了独立。英国政府毫无争议地接受这一宪法，各自治领也是如此。他们将新的爱尔兰继续视为英联邦的一员，并给予爱尔兰人公民地位——爱尔兰人欣然接受。何必为最后的琐事烦恼呢？1938年初，土地年金的问题得到判决，爱尔兰一次性支付1000万英镑，英国当局放弃了理论上的1亿英镑补偿金，实则它无法强行夺取。爱尔兰和英国之间的大部分贸易障碍都被扫清了。这些都是合理的讨价还价。

张伯伦也作了更大的让步。处于南爱尔兰的3个海军基地被移交给爱尔兰政府，劳合·乔治曾坚持不能放弃。一些英国人对这次妥协感到痛心。丘吉尔抱怨说，失去这几个港口将给战时的英国海军造成灾难性的困难。另一方面的意见来自参谋长们，他们认为，如果爱尔兰成为敌国，那么这些港口就无法发挥作用，放弃它们以换取盟友是值得的。这也是张伯伦的用意。他是约瑟夫·张伯伦的儿子，他纯粹从实际出发考量爱尔兰问题，使它不再成为英国政治问题。他想爱尔兰人也会这么做。但张伯伦没有想到，现实的冤屈即使真实存在，它的背后往往有着深层次原因，那才是不容易满足的部分。爱尔兰正是如此。德瓦莱拉只想统一整个爱尔兰，这一想法被北爱尔兰政府毅然决然地拒绝了。1938 年的协议对张伯伦来说是最终的解决方案，对德瓦莱拉来说则是一笔账单。事实上，这些谈判提供了"绥靖"既有好处也有局限的经验教训——张伯伦对此视而不见，最后导致了他的失败。

巴勒斯坦问题带来了一则新教训。就像欧洲的某些地方，两个民族混居在同一个共同体中，这里混居的是阿拉伯人和犹太人，他们之间的敌意无法通过超脱的中间人组织的理性调查得到缓解。在 20 世纪 30 年代，随着德国和其他国家的反犹主义措施将犹太移民的数量推向高峰，双方的敌对情绪激化。阿拉伯人发动暴乱，其暴力程度有如当年的爱尔兰。1937 年 7 月，皮尔勋爵领导下的皇家委员会建议将巴勒斯坦划分为一个阿拉伯国、一个犹太国、英国委任统治下的耶路撒冷与伯利恒以及一条通向海边的走廊。犹太复国主义者们义愤填膺。英国政府在日内瓦的托管委员会上饱受指责，而这些国家不需要承担维持秩序的责任。1938 年，约翰·伍德黑德爵士（Sir John Woodhead）领导的分治委员会报告称，两大民族深度混居，分割清楚是不可能的。1939 年 3 月，英国政府尝试以圆桌会议的方式进行探讨——这种权宜之计毫无效果，就像在爱尔兰和印度问题上一样。最后，1939 年 5 月发布了一份白皮书，承诺再有 7.5 万犹太人完成移民后，就禁止犹太移民了。20 年来，不可调和的矛盾始终未能消解，《贝尔福宣言》由此作废。让巴勒斯坦的阿拉伯人对反犹主义这个世界问题支付全部代价，无疑是不合理的。另一方面，英国政府曾经一再向犹太人作出承诺，但现在违背了诺言——要兑现承诺太难了，代价过于昂贵，令人担忧。最重要的是，阿拉伯人正在使劲地闹事，英国人需要（或者以为自己需要）阿拉伯国家的友谊，以维持他们在中东的地位。他们向暴力屈服，然后用道德的说辞掩饰投降。这是另一个经验教训。绥靖政策意味着向强者的主张低头，然

第十二章 绥靖，1936—1939 年

后证明这些主张是有理的。

这些问题成为议会辩论的话题。住房、教育和极度贫困地区的老问题仍然存在。但在此前的和平时期，不会有外交麻烦的频繁介入[1]。在麦克唐纳国民政府任内，下议院第一次会期（1931 年 11 月至 1932 年 11 月）在外交事务上的讨论占据两个半天的时间，还有一个半天讨论裁军。在张伯伦政府任内，在下议院第一次会议（1937 年 11 月至 1938 年 11 月）上，外交事务则占据了整整 31 天，还不包括讨论军备的时间。同样，外交政策的问题也成为工会代表大会年会和工党历次大会的主要议题。新闻报纸和周刊也密切追踪。针对外交事务的小册子和书籍比以往任何时候都多。出于主战和绥靖的巨大分歧，人们甚至与老朋友断绝关系。社会生活被打乱了，就像此前不久在爱尔兰问题上的痛苦日子那样。

只有具有清醒头脑的人表现出对于外交事务的关注：政治家、工会书记、作家和高级刊物的读者，凯恩斯称之为"小圈子里的人"。普通男女在 1938 年 9 月底陷入捷克斯洛伐克的危机以前，几乎意识不到欧洲大战即将来临。即使在此之后，民防和国防义勇军的新兵主要来自受过教育的中产阶级。《旗帜晚报》每日刊登大卫·洛的漫画，他们把希特勒和墨索里尼描绘成好战分子。《每日快报》秉承"报喜不报忧，才有好结果"的原则，在慕尼黑事件后的头版通栏标题写道："英国今年不会，明年也不会卷入欧洲战争"。虽然外交事务占据政治舞台的中心，但整个剧场几乎空无一人，舞台工作人员也浑浑噩噩。直到 1940 年 5 月，外交事务引发灾难性的错误，全民才开始参与到国家公共事务中。

争论和行动在两个层面上展开：军备（通常称为"重整军备"或"国防"）和政策。虽然这两个层面明显相关，但少有重叠。三军首脑把德国的军备，或者假想的德国军备作为标尺，准备反击。他们不去分析英德两国之间可能发生冲突的原因，也不去分析如何解决冲突。他们认为，既然德国再次崛起为军事强国，一旦双方的军备计划成熟了，就会开战。他们没有清楚地意识到，在这场战争中，英国将不得不主要以一己之力单独应战。他们没有考虑结交盟友的可能，因此通常还会贬低他们。例如，1939 年 2 月，当政府把与法国的联盟关

---

[1] 当然不是指第一次世界大战之前。在 1911 年阿加迪尔危机和 1914 年战争爆发之间的两年半时间里，下议院没有组织过一次关于外交事务的正式辩论。

系拉得更紧密时,参谋长们却预言法国军队可能要战败。另一方面,外交政策的制定几乎不考虑军备状况。妥协还是抵抗都是就事论事予以考量,即使援引军事理由,都是事后用于为所作决策找借口。因此,对于英国如何走向1939年的战争,有两种不同的叙述——两种说法都是正确的,但似乎又互相矛盾。其中一种说法称,英国不断加速备战,以应对一场不可避免的战争。另一个说法称,英国在不断摸索,试图防止战争,这些努力出了岔子,令人遗憾地失败了。

1935年大选之后,大规模的军备建设开始了,当然,它早前已经在理论上提出。政治动机加入进来。选举本身给予政府某种扩军的授权。阿比西尼亚危机以及此后德国对莱茵兰的重新占领,粉碎了战后从容、安全的岁月。然而,主要的动机还是技术上的:德国日益增长的实力需要得到抑制,尤其是其空中力量。英国空军的首脑们反复修改他们对德国军备的预判,不断提出新要求。1935年3月糟糕的某一天,希特勒对约翰·西蒙爵士声称,德国的空军力量已经与英国齐平,英国的三军首脑们信以为真,甚至认为德国人还有保留。事实恰好相反:德国虚张声势,拥有的军事力量从未如对外宣称的那样强大。战后不久,美国调查人员对德国经济进行过调查。他们的结论是:"世界大大高估了德国的(空军)实力。"[1]尽管这一结论得到了史官的准确记录,但还没有写进关于战前历史的大众读物中。

事实上,德国正忙于准备再次成为欧洲大陆的军事强国。即便如此,它也没有时人以为的那样急迫。它的努力几乎全部花在建立陆上作战的力量上。直到1940年,它还没作好与英国开战的直接准备。它没有作战舰队,没有登陆艇,潜艇极少。它的空军是为配合陆军作战而设立的,而非一种独立的武器。当然,德国人和其他所有人都认为,任何飞机最不济也可以执行轰炸城镇的任务。然而,德国空军并没有为此做什么计划或训练,尽管希特勒威胁要狂轰滥炸。英国空军参谋部认真对待这些威胁。他们不加深入探讨,就假设所有的德国轰炸机都能轰炸英国目标,会在战时投入使用。他们进一步高估了德国已经拥有的飞机数量,还大大高估了它即将拥有的飞机数量。例如,1938年,他们估计德国的前线力量是英国的两倍,未来的产量也是英国的两倍。当时德国前

---

[1] 来源于美国轰炸调查。

第十二章 绥靖，1936—1939年

线力量的优势实际上只有60%，预备队比英国少，训练有素的飞行员也少于英国。英国的飞机产量几乎达到德国的水平，在1939年的时候超过对方[1]。

英国的专家们也夸大了轰炸的影响——当然既包括自己方面的损失，也包括德方的损失。1937年，他们预计袭击将持续60天，造成60万人死亡，120万人受伤。根据这些专家的建议，卫生部于1939年计算得出：战争爆发之初，将急需100万到300万张病床。在近6年的战争中，英国因空袭造成的平民实际伤亡人数为29.5万人，其中6万人遇难[2]。

空军首脑坚持认为，大规模报复是唯一的防御办法，轰炸机必须优先于所有其他形式的武器。海陆两军的首长们担心自己的计划受到影响，试图抵制这种意见，但未见成效。1935年，英国皇家空军获得的经费不到陆军的一半，比海军的四分之一多一点。到1939年，空军得到的经费是最多的[3]。大臣们原则上接受了皇家空军的主张，只是出于费用原因在实际操作中加以限制。在他们看来，稳定的货币、外国信贷和轰炸机编队一样重要。战争爆发后不久，约翰·西蒙爵士称金融为"第四支国防力量"[4]。此外，大臣们不想因为大幅增税而影响民望。他们也不想打破社会繁荣，希望军事经费成为无人注意的"额外"支出。他们逐渐向空军长官们摆出的骇人数字让步，但要砍上一刀。

即便如此，大臣们和空军长官们还是忽视了飞机制造面临的困难。他们被1914年之前与德国的海军竞赛误导了，大多数人记得、并且想象，只要有了钱，飞机就会自然而然地出现。过去造战列舰确实如此，或者几乎如此。当时，英国拥有不计其数的船厂和造船工人，只要政府下令就可以开工。但飞机的情况不可相提并论。英国没有庞大的民用市场基础，没有大型的航空工业。

---

[1] 关于德国军备状况的估计普遍夸张了。1936年，根据丘吉尔的说法，德国正在重新武装，每年投入120亿马克。实际投入是50亿。希特勒本人夸口说他在军备上花费了900亿马克。但截至1939年3月，6年里，实际支出为400亿马克。1938年，德国被认为军备投入占国民生产总值的25%，英国的相应数字是7%。德国的实际比例是15%，慕尼黑后减少了三分之一，英国在年末则达到15%。坦克的状况和飞机很像。战争爆发后，英国的坦克产量超过了德国，而德国的实际产量仅为英国情报部门估计的45%。伯顿·克莱因（Burton Klein）《德国开战的经济准备》（Germany's Economic Preparations for War）第17—20页。
[2] 蒂特马斯（Titmuss）《社会政策的问题》（Problems of Social Policy）。见注解A。
[3] 1935年：空军1700万英镑；陆军4000万英镑；海军5600万英镑。1939年：空军1.33亿英镑；陆军1.21亿英镑；海军1.27亿英镑。
[4] 一位经济学家在1939年后期注意到英国大量的黄金储备和海外证券，总结道："在敌对状态下，这样一种财政实力的储备给英国带来了巨大的（即使不是决定性的）优势。" E. V. 弗朗西斯（E.V.Francis）《英国经济战略》（Britain's Econmic Strategy）第382页。

资源和工人不得不从其他领域调配过来。工厂必须新建。事实上，项目越大，实际生产的飞机数量越少。一切都用于准备工作；几乎没有什么可以用于生产。大臣们都很困惑，投入的钱越多，反而越生产不出东西。

在白皮书宣布改变立场之后，英国军备的发展明显跨越了四步。第一步是1935年秋决定充分武装。纸面上制定了一些数字目标，但几乎没有效果。鲍德温信守了他的诺言：不会有大规模的军备。毫无疑问，他会为此感到惊奇和遗憾。接下来，内维尔·张伯伦在最后一次政府预算（1937年4月）中，放弃了传统的和平时期财政政策，出台了一项特别的税收：国防贡献税，专门针对从武器制造中获利的商人[1]。他还提出，4亿英镑的额外经费应分5年借贷来筹集，而不是通过征税——自1889年《海军防御法》生效后，在和平时期这还是首创[2]。每一次，他们的假设都是一样的（尽管每次都是错误的）：这是一次性的开支。大家期望新造的飞机（1889年时则是船只）足够用，还能长期使用[3]。无论如何，钱已经有了。

然而，飞机依旧步履维艰。一年后，政府采取了第三个更严厉的措施。1938年3月22日，军方可以不受限制地干预"正常"的商业行为了。自此之后，例如，虽然汽车的民用市场需求很大，制造商受到鼓励转而制造飞机。第二天，工会代表大会的领导人来到了唐宁街10号，同意放松机械制造业的工会限制，这是1931年以来他们的首次到访。这相当于1915年3月27日劳合·乔治的财政部协议——不过这一次是在战争爆发前18个月，而不是7个月之后。这两个政策标志着战时经济的真正开始。虽然发生于希特勒吞并奥地利10天后，那纯属巧合。技术上的理由在那个时候已经成熟了。

最后一步在时间上与任何政治事件都不重合。1939年2月22日，政府授权空军"无限量生产"，也就是说，工业可以只顾生产，不考虑钱的问题[4]。另一方面，战争的爆发对经济没有影响。1939年2月22日以来，生产不曾间断，直到1940年5月的巨大灾难导致生产加速。事实上，如果我们仅仅从军备的角度判断英国的政策（正如通常只以希特勒的军备来衡量他的政策），那么就会发

---

[1] 人们强烈反对这项税收政策，认为它是行不通的。张伯伦将其取消，换成对所有利润征收5%的无差别税率。
[2] 1938年，借款款额有所增加，1939年又增加了。
[3] 那时候常用"重整军备"一词，仿佛军备总有一天会完成的。
[4] 美元支出还是有限制的，相当于每年不超过1.5亿英镑。

现英国正清醒地走向战争，一直抱着坚定的决心。

然而，政治的叙事全然不同。当然有一些政治家认为，军备竞赛必然会导致战争。丘吉尔基本持这种观点。他和他的少数支持者认为，德国决心发动一场大规模战争，英国必须作好抵抗准备。少数工党人士继续把军备视为战争的起因，尽管他们的结论正好相反。他们希望通过削减英国军备，让一切都好起来。工党的普遍观点更加模棱两可。现在该党正式接受这样一种观点：军备的适当增加对于他们深信不疑的集体安全是必要的、有利的。1937年7月，议会党团决定在军备预算问题上弃权，而不是投反对票。他们希望通过这种方式免于责难（民众指责他们鼓吹强硬行动，却没有实施的手段），也表明他们对政府的政策缺乏信心。

即使这样的路线变化也不如看上去那么引人注目。以45∶39票的微弱多数得以通过，支持者主要来自不善言辞的工会成员。领导人大多数还是表示反对[1]。艾德礼本人投了反对票，他的两个主要副手莫里森和格林伍德也是如此，当然，左翼党员如克里普斯和贝文，都投了反对票。这些人才是工党在议会的发言人，他们不愿改变态度。他们时而声辩，军备永远不会用于正义的目标，即集体安全；时而又称会作为邪恶的用途，比如帮助德国对付苏联。无论哪一种情况，公众舆论的印象都是一样的，即工党似乎反对重整军备。因此，它仍然容易受到指责，被认为只有强硬的言辞，而没有强硬的手段。

工党的混乱态度阻碍了全国合作的可能，当然，工党越受冷落，它就越可疑。内维尔·张伯伦并不感到遗憾：他总是把分歧变得更尖锐，而鲍德温则试图化解矛盾。张伯伦在外交政策上，与其他事情一样采取务实的立场。他对于鲍德温的行动迟缓、犹疑不决早就不满。他不满足于表面言辞，无论是工党的，还是法国所依赖的公约和协议。他不喜欢虚伪和暧昧。他是第一个主张放弃对意大利的制裁的大臣，当时制裁显然已经失败了，他也是给爱德华八世施加最大压力的大臣。是他一步步带领英国走上重整军备的道路，事实上，他为英国二战期间的战斗力打下基础，比任何人都功不可没。另一方面，他对那些浪费在军备上的钱表示不满，也不希望国外事务干扰他和政府的国内改革项目。他认为，欧洲的独裁者如希特勒和墨索里尼，都是像他一样理性的政治家，无论

---

[1] 工党党员休·道尔顿支持大规模军备的声音是最有力的（多重意义上）。

如何，必须如此对待，他们的不满可以通过理性对话来平息。因此，他急于展开对话，希望欧洲重新确定新路线。

张伯伦的财富就是敏锐的理性主义。他以如下问题粉碎批评的声音：还有其他选择吗？现在几乎没有人相信，国际联盟的现状还能发挥作用，尽管大多数人不承认——德国、意大利和日本均已退出；阿比西尼亚问题的失败使制裁遭受极大打击。丘吉尔大言不惭，似乎认为英法仍然可以主导欧洲；一些外交官员则认为希特勒应该受到"当头一棒"。张伯伦对这一政策毫无信心。他认为法国在马格诺防线的保护下不会被入侵，英国作为海上强国也是安全的，他同样认为，德国也是安全无忧的。至少，德国只可能被一场持续数年的大战所驯服，这场大战将把欧洲撕成碎片。他和所有英国人一样，希望避免这样的战争。[1] 那些认为希特勒虚张声势的少数人，可以用三军首脑提供的估计数字来回应，或者用丘吉尔本人的数字来回应。张伯伦也没有对英法在东欧影响力的下降感到遗憾。这正是包括他的哥哥奥斯丁在内的英国政治家所大力提倡的。

当然，德国将成为东欧和巴尔干半岛的主宰，这一点在他和任何人看来都是显而易见的。一旦德国被公认为一个强国，这就不可避免。张伯伦是否在更进一步等着一场德国和苏联之间的战争，好让大英帝国摆脱所有麻烦？这种复杂的论调是当时一些极端社会主义者提出来的，对张伯伦来说是一种抹黑，后来偶尔还有人因此赞扬他。这种说法可谓无稽之谈。张伯伦是活在当下的那类人。他只想解决眼前的问题，不会看得太远。毫无疑问，他希望德国和苏联能够相互抵消、相互制衡。但它们如果开战，不论哪一方获得决定性的胜利，对于英国来说都是一场灾难。在这个问题上，张伯伦只要仔细想想，就会祈求平安无事。

张伯伦是否曾设想过与德国结盟对抗苏联，这个问题倒是值得考虑。他厌恶与苏联结盟共同对抗德国，这一点是可以肯定的。与英联结盟是极左派——

---

[1] 绥靖政策的反对者及其支持者对"阻止"希特勒和通过一场大战击败希特勒往往不作区分。希特勒只有在英法军队能够进入的区域才能被阻止，特别是法国军队（假设它能发动进攻，但事实并非如此）。例如，希特勒对莱茵兰的重新占领理论上能够被法国阻止。德国和意大利对西班牙的干预本可以被英法海军阻止。如果墨索里尼仍然站在西方大国一边，法国和意大利军队本可阻止希特勒吞并奥地利。奥地利是最后一个可能直接对抗的机会。英法两国不可能阻止德国入侵捷克斯洛伐克。它们只能对德国的边境作出进攻威胁，无论正确与否，它们认为这些边境有重兵把守。同样，他们也无法阻止德国入侵波兰，只能发动一场无法给波兰人提供任何援助的全面战争。因此，出现了两个不同的问题。开始是，我们要帮助这个或那个国家吗？后来是，我们要不要发动一场推翻德国的全面战争？当然，在实践中，这两个问题总是牵连在一起的。

左翼图书俱乐部、未公开的人民阵线，以及那些为西班牙共和国而战的人最希望看到的。大部分工党人士则不情愿地、缓慢地朝这个方向走。有理由推测，只是到了后来，或许直到希特勒对苏联开展进攻之时，大多数英国人才认为共产主义的苏联不如纳粹德国那么邪恶。此外，在1937年及其后几年里，另有实际原因。苏联面临斯大林的大清洗，当所有的主要军事领导人都被枪杀之时，它很难被视为真正的军事强国。英国三军首脑对苏联军事能力的评价非常低，他们的观点很有分量，其中既有信息依据，也有政治偏见。退一步说，即使拥有足够的军事能力，只要东欧的封锁线存在——它们是反俄的，苏联也不能对德国采取有效行动。欧洲的和约必须以某种方式修改。修正和约、适应德国比适应苏联听起来更为实际，结果也没有那么痛苦。苏联想赤化欧洲。德国则寻求纠正民族遭受的冤屈，然后与西方列强建立伙伴关系，携手走向繁荣。

这是张伯伦自行作出的有几分理性的考量。关于英国外交政策的激烈辩论并未围绕这些考量，而是以道德的形式展开的。大多数英国人仍然认为，英国是第一流的强国，尽管军备存在不足。因此，英国可以自由选择道德之路，如果它作此选择，这条路势必走向胜利。事实上，英国人更关心的是上帝的旨意，而不是随时备战。有一种道德舆论极力为德国辩护，自第一次世界大战结束以来，尤其被左派所强调。该观点是这样的：《凡尔赛和约》是不公正的、惩罚性的、不可行的。德国有权在军备和其他方面实现与其他国家平等。奥地利、捷克斯洛伐克和波兰境内的德意志人应该像其他民族一样有权自治，即使这意味着德国实力的提升。更广义一点来说，德国有权屹立于欧洲和世界，它应在人口、经济资源和文明等领域获得与其相称的伟大地位。此说长期以来一直是工党外交政策的惯词。当希特勒重新占领莱茵兰时，工党还是坚持这一主张。即便是后来，他们也没有下决心全盘放弃。他们困惑而尴尬地认为德国的要求是正义的，尽管希特勒无权提出这些要求。

当工党抛弃了道德诉求时，保守党却接了盘。20世纪30年代的保守党已不再是一战期间咄咄逼人的帝国主义者了。凯恩斯对和约的谴责使他们逐渐接受了教育。第一次世界大战似乎动摇了英国在国内外的地位。任何一位有理智的人都不希望重蹈覆辙。英法两国的友好关系显得有些紧张和虚伪。不喜欢法国的部分军方人士，总是说英国站错了队。相较于靠不住的法国人，商人们更喜欢勤劳的德国人。他们钦佩希特勒取得的经济成就，就像早前墨索里尼让意大利的火车准点运行，他们也印象深刻一样。当然，人们也对德国的实力和它的经济竞争力感到担忧。但是，要想驯服德国，最理性的方式看起来就是解决其正当的冤屈——肯定比一场战争更为理智。良心的愧疚无疑是其中最重要的因素：渴望弥补过去的错误，希望赎罪能带来和平。《泰晤士报》的主编杰弗里·道森就是一个突出的例子。就像很久以前南非"米尔纳幼稚园"的成员一样，他总是倾向于同情德国人——这就是诺斯克里夫在1919年1月将他解雇的原因[1]。但是道森认为自己无可指责。他对爱德华八世的敌意难以消解。他现在同样顽固地站在德国一方。他把《泰晤士报》变成了宣传手册，毫不犹豫地压制或歪曲同僚们的报道。

而另一方也有强有力的道德论点：德国政府的性质。1933年1月，希特勒就任总理后，德国不再是一个民主国家。用现代的话语说，它成为一个极权国家。除了国家社会主义党，所有的政党都被镇压了。政敌们未经审判就被强行押入纳粹组织的劳改营——效仿英国在布尔战争期间的做法，纳粹称其为集中营。宗教遭到了打击。大选变成了人为操控的全民公投。英美两国记者对德国正在发生的一切进行了充分甚至是完全的报道。纳粹的独裁统治并不比其他某些国家更糟糕，尤其是苏联，而左翼势力正在鼓吹与苏联结盟。但是德国的情况被广泛报道。此外，德国曾经是民主法治国家；但苏联不是。德国从道德高地跌落下来，成为它的特殊罪行。

共产党领导的工党左翼人士在最开始就谴责德国法西斯主义。极少数人公开宣扬正义之战、解放之战的论调。其实他们离这也不远了。他们夸大经济制裁对意大利的影响，故而认为道德上的反对和经济上的抵制会让德国法西斯主义垮台。基本上，他们大多接受马克思主义理论，即法西斯主义会不可避免地导致战争，因此，他们与三军首脑之间存在难以逾越的分歧，后者对于战争产生的原因另有看法。在实践中，认为战争不可避免和鼓吹战争没有多大区别。反法西斯运动加深了工党和政府支持者之间的隔阂。保守党人不受意识形态的裹挟。他们的反应是为希特勒寻找借口，当社会主义者在国民政府的政策中发现了"法西斯主义"时，他们更是卖力地寻找借口。大多数英国人不想干涉别

---

[1] 诺斯克里夫说："道森天生就是亲德的。他就是忍不住。"诺斯克里夫去世后，阿斯特和沃尔特的第一个举措就是恢复道森的主编职务。洛西恩勋爵（原名菲利普·克尔，劳合·乔治的私人秘书之一）和莱昂内尔·柯蒂斯（Lionel Curtis）也是米尔纳幼稚园的成员，他们现在支持绥靖政策。

国事务，认为德国的事情"不关我们的事"。

漠然的态度再也维持不下去了。所有阶层和所有党派的英国人都被纳粹对待犹太人的行为激怒。犹太人在其他国家也遭受恶待，甚至经常是更糟——比如和英国交好的波兰。在这个问题上，英国也存在悄无声息的反犹太主义。犹太人被拒于许多社会组织门外，比如高尔夫俱乐部，一些最著名的公立学校对他们施加入学限制。确实，在希特勒上台之前，德国给予犹太人在产业界和专业界发展的机会比大多数国家还多。此外，这是一种野蛮行为，也是对野蛮行为的回归，这一点使纳粹德国招致极度憎恨。一些曾私下认同反犹主义的英国人现在必须将它抛弃，毫无疑问他们为此恼怒不已。

此外，德国犹太人并不是穷人，就像波兰或罗马尼亚的大多数犹太人一样。他们是著名的作家、音乐家、银行家和科学家。现在他们被有计划地驱逐出公共生活。许多人离开了德国——尤其是有经济能力的人。他们在英国受到热烈欢迎。早在1933年，就有一项基金专门用于给英国大学里的学术难民。一些难民建立了自己的企业，这有利于英国。一些人成为了记者和作家。每一个难民都是活生生的反纳粹宣传者，即使他一直沉默——这些宣传能让远离左派的群众听到。最不讲政治的教授也为新同事的悲惨遭遇所打动。当某位罗斯柴尔德（Rothschild）被囚禁在维也纳时，伦敦金融城里的银行家们也成了自由的捍卫者。德国吞并奥地利之后，精神分析的创始人西格蒙德·弗洛伊德（Siegmund Freud）被准许进入英国，他不需要办理任何正常手续，在第二天就成为了英国公民[1]。英国皇家学会的成员名册被直接送至弗洛伊德的家中请他签名，此前名册从未离开过学会办公楼。鲍德温退休后唯一一次在电台发表演讲，是为了支持一个安置犹太人的基金。纳粹对待犹太人的行径比其他一切事情都更激起英国人对德国的道德反感，这种道德情感反过来又让英国人主动走向战争。

张伯伦也有这种感觉。但他很少让情绪主导政策。无论如何，他认为绥靖是使德国回归文明行为的最佳方式。我们有理由推测，他的观点被工党之外的绝大多数英国人所接受，而工党似乎拥护没有武力支持的集体安全，无人理睬。在1937年5月加冕期间的帝国会议上，自治领代表进一步支持张伯伦。对于如

---

[1] 从法律上说，内政大臣在入籍问题上拥有不受约束的自由裁量权。一般的做法是要求提供5年居住和良好品格的证明。

何应对欧洲独裁者，他们一致赞成绥靖政策。澳大利亚和新西兰尤其渴望看到欧洲的稳定，这样一来，英国就能增加兵力对抗远东的日本了。1937年7月中日战火重燃时，他们的这种渴求越发强烈。约瑟夫·张伯伦的儿子对此作出了回应，这不足为奇。张伯伦也得到内阁主要成员的大力支持；张伯伦单打独斗的说法根本不是事实。内阁的两位前外交大臣西蒙和霍尔都与他密切协作；哈利法克斯现在是枢密院长，他在与甘地的漫长谈判中认识到了绥靖的价值。面对这个强大组合，现任外交大臣艾登独自一人与之抗衡，偶尔得到次长们的微弱支持。

艾登此前并没有采取坚决的行动。他一直充当首席调解人的角色，在欧洲四处游说，兜售裁军会议与和平公约。作为外交大臣，他曾在公众强烈反对霍尔—赖伐尔计划时放出理想主义的烟雾弹，以挽救鲍德温。他默许意大利对阿比西尼亚的要求，并劝阻法国在莱茵兰地区的行动。他发起成立虚伪的西班牙不干涉委员会。他依赖道德谴责法：言辞强硬，却不见行动。他相信，如果安东尼·艾登继续发出警告的话，希特勒和墨索里尼迟早会乞求宽恕。这实际上是边发牢骚边退让。独裁者得其所愿，并且越来越有信心，认为通过威胁，他们可以得到更多。脸面可能得以保全，但其他的一切都丢了。张伯伦不喜欢这种态度。就像一位优秀的商人一样，他急于止损，以便将来处于更有利的地位。

1937年夏，艾登一度主动采取行动。一艘"未知"潜艇（实际上是意大利潜艇）击沉了英国、法国和苏联的航船，船上载有运往西班牙共和国的食品和民用物资。英法在尼翁召集了一次地中海国家的会议，并建立了反潜艇巡逻机制。击沉船只的行动停止了。这证明，有力的措施在有利的环境中可以发挥作用，事实上，希特勒和墨索里尼经常对顾问们说，如果西方各国有此要求，就停止对西班牙的干涉。但这次行动所获得的经验没有得到重视。意大利部队继续为佛朗哥打仗。艾登则继续抱怨。他在回忆录中写道："如果我必须选择的话，我宁愿选择（西班牙）政府取胜。"[1] 他没有作出选择，更确切地说，他选择了一条实际上通向佛朗哥胜利的路线。

1937年11月，流于空谈再次暴露无遗。中国人向国际联盟控诉日本侵华。国际联盟匆忙地将烫手山芋递给在布鲁塞尔召开的九国会议。这一次，英国

---

[1]　艾登《面对独裁者》(*Facing the Dictators*) 第441页。

第十二章　绥靖，1936—1939年

政府先发制人：他们表示愿意支持美国参与的任何行动。美国只会夸夸其谈，除了继续与日本进行有利可图的贸易外，没有采取任何制裁行动。大会以一贯的方式表示对日谴责，然后就散会了。艾登继续相信言语的力量。他认为，他和罗斯福总统之间的对话将使独裁者们有所顾虑[1]。1938年1月，罗斯福希望召开世界会议，将所有的冤屈都摆到台面上，但同样不保证美国会采取行动。艾登此时在法国南部度假。张伯伦更希望与独裁者直接谈判。在他的鼓励下，哈利法克斯已经访问了德国，并向希特勒保证，如果没有"影响深远的动乱"——没有战争，但泽、奥地利和捷克斯洛伐克将以有利于德国的方式得到解决。因此，张伯伦对美国给予了消极回复，美国人本来就没有什么想法，于是欣然接受。艾登回来以后大为光火，他误以为张伯伦错失了争取美国支持的大好机会[2]。站在个人立场，他更有理由愤怒，因为此次外交行动没有征询他的意见。

2月份，发生了更激烈的冲突。独立的奥地利陷入困境。张伯伦认为，可以诱使墨索里尼来节制希特勒，即使不能拯救奥地利。艾登还是无力地表示反对。1937年1月，英国和意大利之间已经达成一项"君子协定"[3]，此项协定由艾登亲自推动，双方同意尊重地中海的现状。在出任首相后不久，张伯伦曾与墨索里尼交换过友好信件。张伯伦现在希望再往前推进一步；艾登则岿然不动。他们的争论保持在小范围内。墨索里尼想让意大利帝国在阿比西尼亚的地位得到法律上的承认。一旦意大利的"志愿军"从西班牙撤出，张伯伦和艾登准备同意。张伯伦希望将这一有条件的协议记录在案；艾登则表示反对。事情就是这样。艾登一方没有任何实质性行动——没有阻止意大利对西班牙的供给，也没有帮助西班牙共和国采取任何反干涉措施。争论仅限于言辞——是否要有个特别的说法。讲究言辞是外交部门的习惯，毫无疑问也是必要的。张伯伦虽然自称是个讲求实际的人，却也有这个作风。他甚至向意大利大使格兰第

---

[1] "它能发挥重要的作用，稳住独裁者。"艾登《面对独裁者》，530页。

[2] 美国的提议仍然被认为是另一个伟大的"错失的机会"。兰格（Langer）和格利森（Gleason）是美国最著名的历史学家，他们对于罗斯福的提议写道［《对孤立主义的挑战》（*The Challenge to Isolation*）第31—32页］："可以看到，美国政府对于英国的坚定支持可能改变事件的进程，但是……华盛顿方面甚至没有考虑过这种情况。罗斯福先生和他的顾问对英国人表示同情，并希望他们在和平调整的方向上竭尽所能；但从来不存在关于同意或支持他们的具体政策的问题，当然也没有考虑过在政治或军事方面作出与之相关的任何承诺。"

[3] 这一荒谬的说法是巴本（Papen）从商业用语中搬来的，用于描述1936年7月奥地利和德国之间的协议。在此之后，并非君子、也不会遵守诺言之人签订协议，也常使用这个词。

(Grandi）寻求帮助，试图说服艾登，言辞能发挥作用。首相竟然与外国大使会谈，艾登感到进一步受到冒犯。

张伯伦向内阁呼吁。没有人支持艾登，尽管有人想平息这场争论——也许不明白这是怎么回事。张伯伦坚持要决出个结果[1]。2月20日，艾登辞职。哈利法克斯无奈地成为外交大臣。回想起当总督的时光，他说："我这一生已经受够了羞辱。"但直到最后，他做得很好，唯有他从绥靖政策中解脱出来，声誉清白，甚至得到褒扬。希特勒和墨索里尼吹嘘，是他们迫使艾登辞职的，许多英国人竟然信以为真。艾登是一个言辞强硬的人，后来获得了主张采取强硬行动的虚名，成为反对张伯伦政策的代表人物。在有关艾登辞职的辩论结束后，25名保守党议员弃权——这是政府多数派的第一道裂痕。

对于绥靖政策来说，这其实是一个糟糕的开端。张伯伦曾想制订一个宏伟的计划，结束欧洲的紧张局势。但他又很胆怯，不断让步，最后一无所获。墨索里尼并没有被模糊的表述打动。[2] 对于拯救奥地利，他什么也没有做。3月13日，希特勒攻入维也纳，将奥地利并入德国。要是在过去，这会被当作民族自决权的胜利。现在，许多英国人接受了3月14日丘吉尔对下议院的警告，称欧洲"面临着一项侵略计划，它是经过精心计算和布置的，正一步步展开"[3]。张伯伦也相信希特勒会再次发动进攻，除非其正当的冤屈在此之前得到纠正。张伯伦同意普遍的看法，捷克斯洛伐克是其下一个猎物。他现在急于满足希特勒。张伯伦认为捷克斯洛伐克的独立无关英国利益，他和希特勒一样反感它与法国结盟，尤其是与苏联结盟[4]。他还认为，境内有300万德意志人的捷克斯洛伐克在道德和力量上都不稳固。

---

[1] 张伯伦的说法是："14人无条件支持我，还有4人……有条件或有保留地支持我。但没有人支持安东尼。"麦克劳德《张伯伦》第216页。

[2] 墨索里尼也不应受到指责。英国外交行动迟缓，尽管张伯伦在与艾登争论时，坚持要尽快行动。与意大利的新协定直至4月16日才签字，将在"西班牙问题"得到解决，即意大利志愿军撤出后生效。但是，英国政府于1938年11月2日放弃了这个前提条件。哈利法克斯解释说，在墨索里尼看来，只有佛朗哥取胜才能解决西班牙问题；英国政府准备接受这一观点，因此将容忍意大利志愿军继续留在西班牙，直至战争结束。

[3] 丘吉尔《第二次世界大战》第1卷第212页。在我看来，这种观点是错误的。我认为希特勒并没有明确的侵略计划，只是有此意图。他与大多数德国人一样，都希望德国再次成为欧洲最强大的国家，并随时准备因应事态发展善加利用。我相信，一旦这个问题从历史而不是政治的角度讨论，这一解释的正确性将得到承认。幸运的是，英国史学家不必讨论这个问题。当时对德国军备的估计以及希特勒所谓的计划，塑造了英国的政策，至于估计得对还是错，都与政策无关。

[4] 捷苏条约只有在法国率先行动时才会生效。因此，法国的迟疑使苏联无须承担义务。

第十二章 绥靖，1936—1939年

这些观点非常流行。直到不久以前，几乎所有有政治头脑的英国人，尤其是左翼人士，都持有这种观点。大多数保守党人也一样，很久以后才转而接受开明观点。张伯伦也有实际的动机。他认为，从军事角度看，英国和法国在捷克斯洛伐克问题上什么也干不了。他甚至怀疑目前的空军力量是否有能力保卫英国。参谋长们表示同意。在他们看来，"现在对德国发动进攻，就像'枪未上膛就去打虎'"[1]。然而，张伯伦似乎未向军事顾问寻求正式建议。他事后用军事论据来支持既定的政策。他最主要的动机是，坚信和平修约可以避免第二次欧洲战争。

英国的外交政策向来满足于对外国的行为作出反应。在捷克问题上，英国人一度采取主动。张伯伦试图主导事情的发展，而不是坐等问题发生。他没有独自行动。政策由外交大臣和外交部研究制定，直到9月中旬张伯伦才介入。这项政策得到了英国主要大使们的支持——一些人翘首以盼，尤其是在柏林的内维尔·亨德森（Nevile Henderson），另一些人怅然若失。这就是彻头彻尾的英国政策，目的是在希特勒以武力解决问题之前，迫使捷克斯洛伐克政府作出让步，满足德意志居民的要求。这项政策的一部分是容易完成的。法国方面没有费多大劲，就撤消了对捷克斯洛伐克的无条件支持。尽管他们声称希特勒是在虚张声势，一旦遭到联合抵抗，就会落荒而逃，但他们在英国承诺给予坚定的支持之前，不会要求希特勒摊牌。当英国拒绝作出承诺时，他们勉强同意让捷克斯洛伐克作出让步[2]。政策的其他部分难以做到。捷克斯洛伐克的贝奈斯总统和境内的德意志人无意真诚地寻求和解。在西方诸国看来，他们谈判的目标只是互相诋毁对方，即使朗西曼勋爵作为调解人于7月被派到布拉格，也未能成功调停。另一方面，希特勒看到英国人卖力地让捷克让步，自然不会理睬如下警告：如果谈判破裂，法国可能支持捷克，英国可能随后支援法国。

9月，危机爆发。9月4日，贝奈斯总统对捷克斯洛伐克境内德意志人的要求一律应允；之所以如此，完全是因为他知道，即便如此也不能满足这些德意

---

[1] 明尼（Minney）《霍尔-贝利沙的私人文件》（*Private Papers of Hore-Belisha*）第146页。
[2] 这也是见后之明，当时的情况确实很难理解。法国人实际上是对的。希特勒经常告诉他的心腹，只有确信英法两国不会干预时，才会对捷克斯洛伐克采取行动。甚至是针对英法的防御战争，他也几乎未作任何准备。但是，曾对德国军备发出警告的丘吉尔等人，是最无权断言希特勒在虚张声势的。究竟是由于希特勒力有不逮，我们有把握与之对抗？还是因为他过于强大，必须予以坚决抵制？这两种观点出自同一个人，经常令人困惑。

志人。9月13日，捷克斯洛伐克的德意志人试图暴动。但他们失败了。捷克斯洛伐克政府毫不费力地恢复了社会秩序。在巴黎，法国政府的神经崩溃了[1]。总理达拉第向张伯伦发出紧急信息："必须不惜一切代价，阻止德国军队进入捷克斯洛伐克。"张伯伦现在可以放开手脚，纠正德国的冤屈。他相信，这将给欧洲带来稳定的和平。9月15日，他飞往慕尼黑[2]，在贝希特斯加登与希特勒会面。唯一的陪同人员是贺瑞斯·威尔逊爵士。张伯伦立刻提出将苏台德[3]和捷克斯洛伐克其余地区分开。希特勒接受了这一提议，但他怀疑张伯伦是否能兑现诺言。

张伯伦回到伦敦。几位副部长不满他屈从于希特勒的号令。作为回应，朗西曼写了一份报告，主张给予德意志人自决权[4]。这一想法在新闻界得到强烈支持，例如《新政治家》和《泰晤士报》[5]。英国内阁争论不休，最后勉强同意了。法国人更为难缠。达拉第和博内于9月18日来到伦敦。达拉第认为，希特勒真正目的是称霸欧洲。他问道，倘若张伯伦相信希特勒的诚意，英国会向新的、肢解后的捷克斯洛伐克提供保证吗？张伯伦作茧自缚。他和3个幕僚[6]显然没有同内阁商议就作出了保证。以此种奇怪的方式，英国政府保障的是一个疲软无力、毫无防御能力的捷克斯洛伐克，而此前当该国全副武装时英国却宣称不可能支持它。贝奈斯总统最终于9月21日接受了最后通牒，否则他将失去英法的支持。

张伯伦认为他赢了。9月22日，他再次飞往德国，在莱茵河畔的哥德斯堡与希特勒会面。张伯伦以为，此次前往只是进一步商榷细节问题。希特勒已经不再满足于谈判后再进行领土移交；他想立即占领。希特勒提高要价的理由不得而知——也许是为了羞辱西方诸强国，更可能是因为波兰和匈牙利也提出了

---

[1] 实际上，法国有6名部长主张抵抗，4名主张投降。4人包括外交部长博内（Bonnet）。总理达拉第（Daladier）未能发挥领导作用，最后也倒向后者。

[2] 虽然不是第一次乘飞机，但这是他第一次乘飞机旅行（那时他69岁）。

[3] 当时，捷克斯洛伐克的德意志人通常被称为"苏台德人"，尽管他们中的许多人生活在远离苏台德山脉的地区。张伯伦的原话是："苏台德人自己想住在德国之内还是德国之外，我根本不关心。"麦克劳德《张伯伦》第238页。

[4] 朗西曼的报告是捏造的。第一次起草时，它列出了德意志人同意留在捷克斯洛伐克的条件。当他被告知希特勒要求自决权并得到承诺时，重新写了报告。

[5] 8月27日的《新政治家》；9月7日的《泰晤士报》。主编道森亲自操刀将决定性的话语写进《泰晤士报》社论。

[6] 哈利法克斯、西蒙和霍尔。

领土诉求，他预计捷克斯洛伐克将分崩离析。事情再次陷入僵局。最后，希特勒承诺在 10 月 1 日之前不采取任何行动[1]，实际上，在此之前，他的军事计划尚未成熟。张伯伦又一次打道回府。他在离开哥德斯堡时对记者说："现在要看捷克了。"

他发现，伦敦的氛围已经有所变化。大多数人在 9 月中旬以前未注意到捷克事件。现在，他们突然意识到一个民主小国正在被欺侮，就像早些时候突然意识到德国人怀有正当的冤屈一样。工党和工会都主张对抗。哈利法克斯一直对国家良知非常敏感，他再次遵循道德路线，就像在霍尔—赖伐尔计划时期那样。西蒙和霍尔都认为哥德斯堡的要求不能接受。备战工作正在进行。在伦敦的公园里，人们挖出简单的战壕，用于空防。为数不多的高射炮被搬了出来——总共 44 座。收音机里开始试播警报。参照总罢工模式，地区专员被"秘密"派到各自岗位。3800 万个防毒面具被发往各中心地区[2]。疏散伦敦学童的紧急预案被仓促草拟出来。83% 的父母申请疏散他们的孩子。

9 月 26 日，外交部发出警告："如果德国进攻捷克斯洛伐克……法国有义务出手援助，英国和苏联必定站在法国一边。"[3]9 月 27 日，在张伯伦的命令下，军舰接到了动员令。实际上他的观点并无改变：对捷克还真是爱莫能助。法国人和以前一样混乱不堪：博内希望投降；达拉第提倡对抗，却不知道如何对抗。当张伯伦派贺瑞斯·威尔逊再次与希特勒交涉时，他们大大松了一口气。直接对话失败了。英国国民的情绪又发生了变化。公园里的战壕已经大功告成。决心不再，忧虑袭来。9 月 28 日，张伯伦在下议院发表讲话。议员们紧张地坐着，像大多数选民一样，相信伦敦即将迎来悲惨的命运，正如格尔尼卡和毫无防御能力的其他西班牙村庄。张伯伦沮丧地讲述了这次谈判，他那刺耳的嗓音越来越忧郁。他还留有一手。他已经向墨索里尼提出请求，知道墨索里尼与希特勒

---

[1] 当时哈利法克斯坚持认为霍尔必须辞职，尽管政府已经批准计划。"除非山姆辞职，否则政府将失去其全部道德号召力。"麦克劳德《张伯伦》第 189 页。

[2] 在 1939 年之前，人们对空中投放毒气是非常恐惧的。事实上，在第二次世界大战期间，任何交战方都未使用此种战争手段。关于其中的原因，未见有任何权威讨论。这可能是因为各方都认为它不道德，因而不使用毒气。但他们不惜使用其他残忍的战争手段，这个理由不太可能成立。也可能是德国人被英国一再的报复威胁吓住了。但最有可能的解释非常简单，即等重的烈性炸药比毒气杀人更多。

[3] 这份声明是在丘吉尔的敦促下、哈利法克斯在场时，由外交部的一名外交官起草的。哈利法克斯对此有"授权"，但没有签字。在巴黎，博内拒绝接受，认为它是伪造的。张伯伦事实上未予承认，他宣称英国政府仍在准备满足希特勒的要求。哈利法克斯没有作声。这是典型的行为。

的斡旋很可能会成功。最后一刻，一则消息被多位议员辗转递给了张伯伦[1]。墨索里尼的回复来了。在他的沟通下，希特勒同意在慕尼黑召开四方会议。大家立刻站了起来，欢呼雀跃，喜极而泣[2]。艾德礼、自由党领袖辛克莱、独立工党的麦克斯顿祝福张伯伦好运。只有共产党人加拉赫严加指责。

9月29日，张伯伦再次飞往慕尼黑。他拒绝与达拉第协调政策。几个小时的会议喋喋不休。墨索里尼扮演了公正的调解人角色，尽管他提出的方案实际上是德国外交部提供的。张伯伦就财务细节问题进行了一番争论。除此之外，该方案原封不动地得以通过。与希特勒哥德斯堡要求的不同之处仅在于，10天内移交苏台德领土，而不是一蹴而就——在技术上无论如何都是行不通的[3]。当波兰和匈牙利少数民族问题得到解决后，缩小版的捷克斯洛伐克将得到四个大国的保证。午夜过后不久，协议签订了。随后，张伯伦和达拉第看到了在大厅等候的捷克斯洛伐克代表，告诉他们，他们的政府必须无条件地立即接受协议。张伯伦打了个哈欠。他"很疲倦，然而是舒心的疲倦"。

第二天早上，张伯伦又见到希特勒。他带来了一份声明："我们将昨晚签署的协议以及英德海军协定视为两国人民希望永不走向战争的象征。我们决定，以协商的方式解决一切可能涉及两国的任何其他问题。"希特勒表示热烈欢迎。两人在上面签了字。当张伯伦抵达英国机场时，他挥舞着与希特勒签署的声明，大声地说："我成功了。"当天傍晚，他现身唐宁街10号的窗户旁，向振奋的人群宣告："这是第二次从德国带回唐宁街的光荣的和平，我相信这是我们时代的和平。"[4]

---

[1] 消息来自坐在贵族旁听席上的哈利法克斯。经由张伯伦的议会私人秘书邓格拉斯勋爵［Lord Dunglass，后来的霍姆勋爵（Lord Home），再后来仍是亚历克·道格拉斯－霍姆士（Sir Alec Douglas-Home）］传给霍尔；又由他传给西蒙，西蒙递交给张伯伦。绥靖政策的链条是完整的。

[2] 谁坐着不动？当然是加拉赫。据坐在旁听席上的塞顿·沃森（Seton-Watson）的描述［《捷克和斯洛伐克史》（History of the Czechs and Slovaks）第367页］，还有丘吉尔、艾登和埃默里。据当时未在场的惠勒－贝内特（Wheeler-Bennett）的描述，"艾登走出议会，脸色苍白，面带羞愧和愤怒……哈罗德·尼科尔森（Harold Nicolson）尽管面对周遭的威胁，还是坐着不动。"尼科尔森不记得自己是否留在席上，但他记得第二天遭到一个保守党议员的指责（尼科尔森是国民工党1935年唯一的新成员）。工党和自由党的议席并无动静。当艾德礼发表讲话时，保守党党员再次欢呼，于是工党议员们纷纷站立。《纪事年报》（对张伯伦颇为敌视）记录道："大臣席位一侧的议员和旁听席上的许多人都站起来疯狂地欢呼。"

[3] 相比希特勒在哥德斯堡的要求，慕尼黑协定在领土划分上对捷克斯洛伐克更不利。前者准确地反映了德国的诉求。慕尼黑协定将细节问题留给由四个大国组成的委员会，他们在柏林举行会议。实际上，这个委员会由德国和意大利代表主导，对每一个争议点所作的决定都对捷克斯洛伐克不利。

[4] 张伯伦指的是1878年比肯斯菲尔德勋爵带回的《柏林条约》。

所有的媒体都对慕尼黑协议表示欢迎,除了发行量很小的《雷诺新闻》(Reynold News)——一家左翼社会主义的周日报是个例外(当然,还有共产党办的《工人日报》)。海军大臣达夫·库珀宣布辞职,宣称英国应该上阵作战,不是为了拯救捷克斯洛伐克,而是制止某个国家以野蛮之力统治欧洲大陆。在漫长的下议院辩论(10月3—6日)中,没有人主张他的观点。许多人为英国的耻辱和软弱发出哀叹。但所有人都勉强同意。工党在下议员分组表决中投票反对批准慕尼黑协定的动议,大约有30名保守党人投了弃权票;无人投票反对政府。根据当时的估计,大多数普通民众对张伯伦所作的决策都表示赞同。自治领政府同样赞成。如果战争在1938年10月爆发,南非和爱尔兰肯定会保持中立;加拿大可能会中立;澳大利亚和新西兰将勉强跟从母国。

然而,绥靖政策的胜利也标志着它的失败。所有事情都朝着错误的方向发展。张伯伦的本意是希望以绥靖政策疏解德国合理的冤屈。但它变成了一份降书,屈服于恐惧。这主要是张伯伦自己所为。他在道德立场上表现欠佳,虽然他自己无疑也意识到了。他很容易钻进实际的争论中,不管是处理失业问题,还是德瓦莱拉、爱德华八世(国王的犹豫不决"阻碍了商业和就业"),亦或希特勒问题。他自己对苏台德的德意志人毫不在乎。他更多地宣扬自己拯救了捷克人[1]、法国人,最后将英国人民从战争的恐怖中解救出来;他宣扬最多的是英国的军备状况使得战争成为不可能。在下议院的辩论中,这些都是他的论据。只有约翰·西蒙爵士坚持老套的道德立场,该立场现在已经无人相信。

大多数英国人可能以同样的方式来判断。这场危机出乎他们的意料[2],就像爱德华八世的婚姻大事一样,他们的反应是又气又恼。他们无法理解打仗的意义,"为了遥远的国家里与我们不相干的人之间的纠纷。"[3] 然而他们也为自己的所作所为感到羞愧。希特勒本人帮助撕毁了《慕尼黑协定》和绥靖政策。他对

---

[1] 人们往往对张伯伦的这一成就视而不见。英国拒绝支持捷克斯洛伐克。大约有10万捷克人在第二次世界大战中被杀,布拉格未遭破坏。1939年,英国向波兰提供保证。625万波兰人死于第二次世界大战;华沙惨遭蹂躏。

[2] 这是否有意为之?人们很容易认为,9月下旬的空袭预防演习是为了制造恐慌,而在9月28日张伯伦演讲结束时,墨索里尼的信息是为了制造戏剧性的舞台效果。当然,这些观点没有证据。可能是恐惧之人导致了别人的恐惧。9月28日,张伯伦知道墨索里尼的消息随时会到来。他相当肯定那将是个好消息。要是能弄清楚旁听席上的哈利法克斯在张伯伦演讲的尾声是否真的收到信息就好了,或者他是否一直坐着,直到那一刻的来临。无论如何,要么是事态发展,要么是人为导演,引起了轩然大波。

[3] 9月27日,张伯伦在广播中如是说。

待捷克的方式绝非他早些时候宣称的那般公正。他把《慕尼黑协定》视为德国实力的胜利，而不是对过失的纠正。反对他的约翰·西蒙爵士是谁？他才不放在眼里。张伯伦在心底里也不知道应当作何感想。他对希特勒的诚意半信半疑。他声称，《慕尼黑协定》是迈向欧洲新和平体系的第一步，同时辩解说，这也是英国拖延时间养精蓄锐的工具，直到英国的军备足够大。据称，在张伯伦宣布"我们时代的和平"前几个小时，他在欢呼的人群中对哈利法克斯说："这一切将在3个月内结束。"[1] 张伯伦并非虚伪的两面派。他代表了大多数英国人的思维混乱。《慕尼黑协定》是恐惧和善意交织的产物。回想起来，还是恐惧占了上风。

从捷克斯洛伐克危机中得出最清醒的教训是，无论是为了谈判还是战争，英国都应该拥有更强大的武装力量。[2] 一向主张重整军备的张伯伦着重强调了这一教训，希特勒抓住这一点为借口，认为他在绥靖政策上并不真诚，正如希特勒本人的诚意也饱受诟病。毫无疑问，从《慕尼黑协定》到战争爆发之间的12个月里，英国的军备增加了很多，使人产生误解，把它归因于《慕尼黑协定》发出了警报。事实上，各项计划早就开始执行了，逐步见效，不管有没有《慕尼黑协定》都是一样。例如，1936和1937年计划的工厂使飞机产量从1936年每月240架提高到1939年的每月660架。更早的计划预备到1939年9月给英国皇家空军配备26支高效轰炸机中队（到1940年6月47支），而1938年9月只有6支。此外，雷达完全放任自由地发展。1938年9月，它只覆盖泰晤士河口。12个月后，雷达链条从奥克尼群岛延伸到怀特岛。海军的计划也几乎没有受到慕尼黑危机的影响。即使不将法国军力计算在内，英国海军力量已经远远超过德国，甚至超过德国与意大利总和。针对潜艇的防御措施也有所增加。除此之外，在战争爆发之前，海军政策的唯一变化是把欧洲水域的危险摆在第

---

[1] 费林《张伯伦》第382页。哈利法克斯大概是唯一证人，后来他在给《泰晤士报》的一封信中否认了这一说法。根据他的说法，哈利法克斯建议张伯伦不要通过大选来赢取声望，并延揽艾登和丘吉尔进入政府。张伯伦接受了建议的第一部分，未接受第二部分。

[2] 1938年9月，有关相对实力的争论在两个不同的层面上被混淆了。反对战争的主要理由是，英国面对空袭不堪一击。这是正确的。因为那时候几乎没有现代战斗机，没有应对空袭的预防措施，也没有回击的手段。没有人想到德国轰炸机远距离空袭的效力远不如预期。支持战争的主要论点是盟军有巨大优势。这也是正确的。法国有80个师，捷克斯洛伐克有36个，还不包括苏联人。德国人只有21个，还有14个在整编过程中。德国只有2个师在西线，与法国面对面。真正的问题在于，法国是否愿意，是否能够采取攻势。答案几乎是确定的：不会。捷克斯洛伐克将不得不独自作战。没有人能说清楚，他们会不会独自作战，能不能独自作战。

二位。1939年夏初作出决定,转而实施两洋标准,即在远东建立一支独立舰队与日本抗衡。

乍一看,《慕尼黑协定》似乎对陆军的计划产生了更为直接的影响。法国人迅速敦促英国军队补位,法国与捷克斯洛伐克联盟的终结意味着丢失了捷克的36个师。陆军长官们支持法国的意见。他们一直反对"有限责任"原则,它实际上是把陆军排除在战争的主要武器之外。现在,他们准备宣称,无论是轰炸还是法军,都无法彻底击败德国。他们甚至暗示法国可能会战败,英国将不得不独自作战。无论哪种情况,它都需要一支适应大陆战争的军队,虽然不是第一次世界大战的规模。然而,这些争论都是多余的,是为了增加分量的砝码。陆军长官们的真实想法是,海军已经满足,空军几乎已经满足,现在该轮到陆军花钱了。政府接受了他们的理由。1939年2月有了一次大飞跃。有限责任被放弃了,目标是建立32个师——6个正规师,26个国防义勇师。

但这一决定没有收到立竿见影的效果。要制造坦克和枪支,先得建立工厂。劳动力和资本必须从飞机制造上转移或挪用过来,不可能不影响民用航空业。目标只能预计到1941年9月,甚至是1942年的某个时间才能达到。陆军长官们又提出了两项建议。一旦真正开始扩充陆军,就不能依靠志愿兵。因此,他们希望采取某种强制措施,保障未来军队有充足的、有所训练的士兵。他们也希望建立一个物资供应部,应付陆军发出的新订单。政府警惕地审视着这两项提案,没有作出任何决定。一直以来,自负的英国坚信,大规模的战争只有在他们准备好的时候才会到来。

《慕尼黑协定》还直接影响了平民的安全保护措施:空防。这个话题在学术界已经讨论多年。自1935年以来,英国内政部一直在准备相关计划,但未见行动。一方面,卫生和教育部门负责伤亡和学童问题,关系最密切,而内政部稍显疏远。另一方面,问题似乎严峻之极。官方预计将有数百万伤亡,令人沮丧绝望。1938年9月底匆忙制定的几步措施,更说明缺乏真正的准备。有些事情必须要去尝试,即使永远不会有充足的准备。1938年11月,约翰·安德森爵士进入内阁,掌舵空防事务。他是同时代人中的杰出管理人员,迅速取得了成绩。慕尼黑前一年的空防支出是950万英镑,1939年至1940年升到5100万英镑(包括消防费用)。卫生部致力于提供30万张病床——虽然远没有达到期望的数百万病床，依然聊胜于无。[1]

　　这是一项果断的措施：对大城市的部分人员进行疏散。全国分为疏散区、中立区和接收区。所有学童、带有 5 岁以下孩子的母亲需从大城市撤离，安置于接收区的私人住宅。特别列车和旅途上会有食品供应。这些计划被谨慎、犹豫地公之于众。人们担心紧急情况会引起恐慌，政府也害怕战争爆发时人们惊慌失措地逃离大城市。他们设想用军队来控制这些人群，并咨询了一名前印度军官，请他就应付失控人群提出建议。那些被疏散者的名单仍然很不完整。5 岁以下儿童只有三分之一登记在册。在伦敦的学童有 69% 登记了；纽卡斯尔和盖茨黑德的情况最好，略低于 80%。没有人知道其中差别的原因。然而，空防措施在实践中并没有引起恐慌。相反，如同大多数的预防措施，它起到了镇定人心的作用，就像房主采取了预防抢劫和火灾的措施一样，更有信心房子不会遭受抢劫或火灾。1938 年 9 月，大家对空袭的恐惧挥之不去。一年后，当局（或许还有人民）不再那么害怕了。

　　三军首脑认为，战争或多或少是不可避免了。批评人士对英国重整军备行动迟缓进行了猛烈的抨击。政府不为所动。张伯伦拒绝采取任何可能加剧欧洲紧张局势的极端措施。至少这是他公开宣称的原因。事实上，他并不打算承认自己的失误，如果把艾登或者丘吉尔请入政府[2]，那就表明他公开认错了。此外，大多数人——包括不少批评人士在内——认为《慕尼黑协定》已经实现了原定目标。虽然协定暴露了怯懦，甚至是不道德，但它避免了战争。大家都认为，1919 年的和约应以有利于德国的方式进行修改，使德国因此而满足。当然，东欧的小国将不再与法国结盟，正如波兰已经做的那样[3]。他们将落入德国的经济圈。德国将更为强大。但英法还是安全的，尤其是英国的军备力量有所增强以后。战争的暴风雨如果来临，将会向东刮，直指苏联。许多英国人认为，希特勒会以某种方式攻击苏联，而不是首先征服东欧[4]。

---

[1] 当卫生部就此问题展开调查时，他们发现自己根本不知道这个国家有多少张病床。考虑到民营医院和地方政府医院的混乱状况，根本无法给出准确的数字。
[2] 张伯伦唯一邀请的人是贵族院的自由党领袖塞缪尔勋爵——一种不给自己惹麻烦的姿态。但塞缪尔勋爵拒绝了，他在 1916 年 12 月同样拒绝了劳合·乔治的类似邀请。
[3] 用哈利法克斯的话来说："波兰可能只会越来越陷入德国的势力范围。"1938 年 11 月哈利法克斯致菲利普斯，《英国外交改革》第 3 辑第 3 卷第 285 页。
[4] 在某种程度上，他确实如此。无论是罗马尼亚还是匈牙利，都不需要德国出手征服，把他们拉进对苏联的战争。克罗地亚和斯洛伐克也愿意合作。

第十二章 绥靖，1936—1939年

这种观点并没有被普遍接受。慕尼黑的兴奋之情消失之后，希特勒的反对者们鼓起了勇气。人们对于联合政治行动又有了新的期待。这次的形式完全不同。1937年的运动是为了团结极左派——工党、共产党和独立工党，人称"工人阶级的团结"。1938年冬天的"人民阵线"集合了工党、自由党，甚至是张伯伦的保守派批评人士。保守党人没有参与。即使是丘吉尔，也从未在投票或发言中反对政府，尽管他经常批评政府。他一直力求改变政府的政策，而不是推翻政府。"自由党－工党联盟"重新焕发生机。他们在两次补缺选举中采取联合行动，其中有一次实际上打败了政府的候选人[1]。

此后这个运动消停下来。它怀揣着对《慕尼黑协定》的愤怒揭竿而起，但缺乏积极的内容。抵抗希特勒似乎已失败，人民阵线考虑更多的是防止英国参与希特勒的反苏战争——对大多数英国人来说，这个危险远在天边。此外，工党领导人不喜欢这一运动。对他们来说，"自由党－工党联盟"是另一种旧的逃避方式，中产阶级选民转而反对国民政府，而不是投奔工党。他们坚持认为，能取代张伯伦的只有工党政府，而且他们还有工会金主的大力支持。支持人民阵线的地方工党被"效忠者"们破坏并重组。克里普斯被驱逐出党，因为他拒绝放弃拥护人民阵线，随后其他知名的左翼分子也被开除，如安奈林·比万（Aneurin Bevan）和查尔斯·特里维廉。工党以这种奇怪的方式参与反对希特勒的斗争，陷入与最直言不讳的对手的冲突。

工党的内部斗争使政府可以放手行动。重整军备温和、缓慢地推进，恢复了与法国的幕僚谈判，并向法国左翼提供一支英国远征军，就像1914年一样。1939年1月，张伯伦和哈利法克斯拜会墨索里尼。他们离开时颇有信心地认为，墨索里尼可以对希特勒产生一些正面影响。墨索里尼得到了回报。2月27日，英国政府承认佛朗哥是西班牙的合法统治者（尽管共和派一直抗争到3月底）。左派哀叹这是对民主最终的背叛。政府相信，可以勉强接受法西斯的胜利，只要不危及和平或英国的利益——在西班牙问题上，这看来是正确的。他们对希特勒就没那么有信心了。1938年11月，他发起了一场更加激烈的反犹大屠杀，他的声望在英国急剧下跌，即使原本对他怀有同情之心的人也动摇了。外交部

---

[1] 人民阵线在牛津大学没有取得成功，贝利奥尔学院院长A.D.林赛（A. D. Lindsay）是其候选人，奎尼汀·霍格（Quintin Hogg）则是慕尼黑的辩护人。人民阵线在布里奇沃特取得成功。维农·巴特利特（Vernon Bartlett）是这里的胜利者，他是唯一一个在战争前完全依靠精彩的广播演讲赢得议会席位的人。

的专家们认为他有立即发动侵略的计划（其实没有）——也许是针对苏联，也许是针对荷兰、瑞士，最荒谬的是针对英国舰队。事实上，希特勒一直保持沉默：没有新的要求，没有新的威胁。似乎已经转危为安了：独裁者们无需通过全面战争就心满意足了。理想主义者对法西斯欧洲的前景感到绝望。奥登是左翼最具影响力的文学巨擘，他启程前往美国，很快在那儿退却了政治热情。迪伦·托马斯（Dylan Thomas）作为诗坛新星，从未在写作中表现出任何政治倾向。3月10日，霍尔像过去一样草率地向切尔西的选民们表示，新的黄金时代即将到来：英国的重整军备已经结束，欧洲大国（很奇怪，也包括苏联）之间的合作将把英国人的生活水平提高到前所未有的高度。绥靖政策已经完成任务了。

注解

注解A 轰炸造成的影响

对轰炸影响的错误估计有多重原因。第一，正如文中所述，德国飞机的数量被夸大了。第二，人们假设，所有德国轰炸机都能抵达英国，并统统击中目标。专家们预计，德国将在14天内投放10万吨炸弹。实际上整个战争期间，在伦敦投下的炸弹总量都没有达到这个数字。第三，炸弹的杀伤力被夸大了。专家们假设"杀伤系数"为50，即每吨炸弹会造成50人伤亡。这个数字来自第一次世界大战期间德国的轰炸效果，一次命中目标的轰炸导致十分之一的总伤亡人数，但数据不充分，也不正确。在预估中，每颗炸弹都会落在人口稠密地区。空旷地区的炸弹投掷、无效的重复投弹、人口的疏散、躲避均未考虑在内。西班牙内战时的杀伤系数为17.2。大家无视这一点，却把重点集中在格尔尼卡，附近的德国战机在人流密集的集市日轰炸了这个没有防御的村庄。第二次世界大战期间，伦敦的实际杀伤系数为15—20。

从早期开始，所有关于空中战略的讨论都过于耸人听闻。因为符合每个人的利益，现在它被赋予更合理的精度。空军长官们希望证明，要求更多轰炸机是合理的；政府希望为绥靖政策辩护；批评政府的声音希望证明，增加军备开支或采取防空措施的要求是合理的。事情总是如此，技术性的评估是由非技术性的动机决定的。即使最公正的法官也会出错。谨慎而独立的权威人士利德尔·哈特（Liddell Hart）在1939年写道（《保卫不列颠》第154

页):"在新战开打的第一周,预估可能会有将近25万的伤亡。"

相比之下,专家们大大低估了物质损失,尤其是轰炸造成损坏的房屋。在修理残破的房屋或安置失去家园的人们方面,几乎毫无准备。英国的空中战略必须在战争期间仓促修订,轰炸的目的意在摧毁房屋,而不是射杀平民。

第十三章　勉强应战，1939—1940 年

《慕尼黑协定》的签订使捷克-斯洛伐克遭到削弱和肢解。1939 年 3 月 15 日，该国解体了[1]。斯洛伐克成为独立国家。外喀尔巴阡乌克兰落入匈牙利囊中。在《慕尼黑协定》之后，哈查（Hacha）接替贝奈斯担任捷克斯洛伐克总统，他将自己国家的命运交到希特勒手中。德国成为波西米亚或"捷克"的保护国。德国官员纷纷进入——包括盖世太保在内，他们很快将德国的纳粹独裁政权复制过去。3月15日，希特勒在布拉格的哈德卡尼宫度过一晚，这是他唯一亲自到访的记录。捷克-斯洛伐克的分崩离析并非完全出自希特勒一人之手。实际上，突发的事件令希特勒也感到意外。一直以来，斯洛伐克人（或者说其中的大多数）是一元化共和国的反对者，慕尼黑危机一旦动摇了捷克的权威，局面就很难维持了。毫无疑问，希特勒添了一把柴火，但其实，他们不需要这把柴火，希特勒可能会满足于获得一个顺从的卫星国。斯洛伐克独立，希特勒只是乐观其成罢了。

英国人的看法又不同，他们信以为真的事情，而不是实际发生的事实，影响了事态的发展。张伯伦、其他大臣、希特勒都告诉他们，《慕尼黑协定》就是最终协定。苏台德地区是希特勒"在欧洲最后的领土要求"。他只希望让所有的德意志人都属于大德国，而捷克-斯洛伐克放弃他那尴尬的德意志少数民族后，从此将享有独立。1938 年 9 月，各国愉快地给予的保证是不必要的——对法国人来说是一种无伤大雅的良心发现，对捷克人可不是。希特勒未经警告和挑衅，肢解了弱小的邻国，而且将它最具价值、工业化的部分占为己有。这是蓄意侵略的最好证据。希特勒的承诺再也不可信了。就像过去的德国皇帝，他正走在称霸世界的道路上。除了坚定抵抗之外，没有什么可以阻止他的脚步。这几乎是英国舆论的普遍反应。绝大部分保守党人曾经支持张伯伦。他们忠诚地陈述着绥靖政策

---

[1] "捷克斯洛伐克"（Czecho-Slovakia）中的连字符本身就是一个预兆。马萨里克领导的捷克人坚持捷克斯洛伐克是一个一元化的国家，捷克斯洛伐克人同属一国国民。斯洛伐克人对此予以否认，1938 年 10 月，"捷克"和"斯洛伐克"之间加上了连字符，表示他们的否定意见被接受了。

的论调，热情地驳回懦弱和背叛的控告。现在看来，似乎丘吉尔、达夫·库珀、自由党和工党反对党一直是正确的。英国和强有力的国民政府一直以来都被愚弄了，或者说部长愚弄了他们的追随者。当然还有更深层次的因素。绥靖政策从未在保守党的肩上稳如泰山。它在精神和根源上都是左翼的，其领导人有不信奉国教的背景。[1] 真正的保守派很容易就能恢复对英国实力的信心。

政府的行动还要迟缓。哈利法克斯松了一口气，因为他未参与"英法所作、有点尴尬的承诺保证"。[2] 3月15日，张伯伦在下议院推测说，捷克斯洛伐克的瓦解"可能是不可避免的，也可能不是不可避免的"，西蒙解释说，对一个已经不复存在的国家来说，履行保证义务是不可能的。地下的隆隆声很快响彻了地面。也许执政党的党鞭将后座议员们的不满作了报告。也许哈利法克斯在夜深人静之际听到了良心的召唤。[3] 或者没有那么明确的原因，只是一连串的怀疑和怨愤动摇了张伯伦先前的信心。3月17日，他在伯明翰保守党协会上作演讲，置身于自己人——钟表匠、锁匠、锅碗瓢盆制造者之中。他事先准备好的演讲是对《慕尼黑协定》的精心辩护：没有人"能够拯救捷克斯洛伐克免于入侵和毁灭"。在最后一刻，他将两天前发生的事情抛了出来。听众们对他的辩解报以热烈的掌声。在每一次振臂高呼中，他即兴的豪情越来越高涨。"任何试图以武力统治世界的企图都是民主国家必须抵制的。"绥靖政策和《慕尼黑协定》黯然失色了。西蒙在下议院所作的道歉似乎发生在另一个世界。张伯伦已经颠覆了英国的外交政策。

革命并不像乍一看那样势在必为，也不像许多英国人所想象的那样。毫无疑问，张伯伦也对希特勒占领布拉格感到气愤，就像一年前德国吞并奥地利一样。同时，他无疑认为英国更强大了，因为更多的钱砸进了军备建设[4]。但以往的顾

---

[1] 内维尔·张伯伦属于独神论派；约翰·西蒙爵士是公理公会牧师之子；塞缪尔·霍尔爵士来自英国教友会教徒家庭。哈利法克斯是个例外，他是一位英国天主教徒。加上其他原因，他一直是绥靖集团中一个心有旁骛的成员。
[2] 1939年4月14日哈利法克斯致菲利普斯。《英国外交政策》第3辑第4卷第234页。
[3] 这是惠勒·贝内特的说法。战时，他从英国驻美大使哈利法克斯处听说此事以及其他类似的故事。
[4] 有时候，这被认为是张伯伦改变政策的主要原因。然而，没有证据表明他在3月15日至17日手忙脚乱的时候曾向参谋长们咨询过。据说，英国政府一直希望希特勒攻打苏联，以捷克斯洛伐克为其要道。外喀尔巴阡乌克兰被匈牙利占领后，这条要道被匈牙利"关闭"了。英国人的希望就这样化为泡影。现在，英国政府预计希特勒会攻打西方。这种观点也没有什么确凿的证据。它完全源于共产党人的论调：这些年来，英国的政策有意识地推动德国攻打苏联。从历史档案看，英国人自顾不暇，并没有这样或那样的"大政策"。无论如何，在布拉格事件之后，他们仍然期盼希特勒把目标放在东边——波兰或罗马尼亚。他们眼下最不担心的就是德国对西欧发起直接攻击。

虑很快涌上他的心头。在他看来，战争仍然是一场不折不扣的灾难。英国从战争中得不到任何好处，相反，会损失惨重。德国的失败将使东欧在苏联面前任凭摆布。如果绥靖政策能够奏效，那么它仍然是最明智的选择；只是现在，战争的替代方案必须更明确地摆在希特勒面前。正如霍尔后来写道："布拉格的教训并不表明进一步的和平努力是徒劳的，而是说，如果没有更大的力量在背后支撑，任何与希特勒的谈判和协议都没有终极价值。"[1] 英国的大臣们希望希特勒理智一些，能够被吓退（当然，他也会得到奖赏）。他们也害怕疯狂的希特勒被激怒。他们在期盼和恐惧之中饱受煎熬。3月17日以后改变的是重点，而不是路线。

当前要强调的是坚定性，这不难理解。新的警报接二连三地响起。3月16日，驻伦敦的罗马尼亚公使蒂莱亚（Tilea）告知外交部，该国即将遭到德国入侵。这是一个神秘的插曲。德国其实没有这样的计划或准备。这一警告被罗马尼亚政府和驻布加勒斯特的英国公使否认了。英国政府倾向于选择相信蒂莱亚。3月19日，张伯伦起草了一份联合抵抗宣言，并邀请法国、波兰和苏联政府共同签署这份宣言。法国同意了。苏联也同意了，条件是法国和波兰首先签署。波兰拒绝：他们不会在苏联和德国之间做任何站队。英国政府现在又有了惊慌失措的新理由。如果要在东欧建立针对德国的第二战线或任何形式的抵抗，波兰是必不可少的盟友。然而，波兰人似乎又像在慕尼黑危机中那样，与德国周旋，当时他们从捷克斯洛伐克的地盘上夺取了捷欣。这确实是波兰政府的意图。他们正在秘密地与希特勒就但泽（1919年设立的自由市）问题进行谈判，相信在没有外界援助的情况下，他们有能力通过这些谈判独善其身。波兰外交部长贝克（Beck）愿意与英国单独签约。他拒绝与苏联结盟，即使穿上集体安全的外衣。

在这人心惶惶的时刻，关于德国进军波兰的谣言（现在看来是毫无根据的）使英国人更加惊慌。他们担心波兰会被迫加入德国阵营。3月29日，刚被德国驱逐的《新闻纪事报》驻柏林记者将此谣言带到伦敦。内阁接见了他。他那些来自德国将军们的故事被采信了。无论如何，波兰滑向德国的倾向必须被遏制。3月31日，张伯伦亲自给波兰写了一份保证：如果他们的独立受到威胁，"英王陛下政府和法国政府将立即全力支持波兰"。当天下午，贝克"在弹了两下烟

---

[1] 坦普尔伍德（Templewood）《窘困的九年》（*Nine Troubled Years*）第377页。

灰之间"接受了英国人的保证。他很傲慢，并不满足于单边承诺。他坚持平等伙伴之间的联盟关系，英国也同意了。

在英国现代史上，和平时期与东欧大国的联盟从未有过先例。后慕尼黑时代对捷克斯洛伐克的保证是一种暧昧不清的外交姿态，没有带来任何实质性的影响。与波兰结盟让英国卷入了东欧事务。然而，英国政府没有办法履行这份契约。实际上，他们的许诺只是意味着，法国人不会像抛弃捷克斯洛伐克那样抛弃波兰，而这一承诺并未事先与法国人磋商。但是张伯伦和他的同僚未能从实际情况出发考虑问题。他们想要作出一些姿态，给希特勒施加压力，让他温和一些；与此同时，他们还希望必要时利用波兰开辟第二战场。他们没有打算给波兰在但泽问题上的顽固做法背书，实际上，他们同情希特勒的修约要求，认为这是他所有主张中最合理的部分。

英国政府没有考虑如何给英波联盟装上牙齿。他们没有牙齿可以提供。显然，他们不能提供军事援助。波兰请求财政援助，英国人闪烁其词。波兰人希望获得6000万英镑的现金贷款。英国人先是回答说，没有现金，只能提供信贷；后来又坚持说信贷必须在英国国内使用；最后，这个数字减少到800万英镑。他们解释称，英国军工厂全部投入生产，因此不接受信贷。战争爆发时，没有使用过任何信贷，也没有一枚英国炸弹或一枝步枪被运往波兰。同样地，英国在政治方面也拖沓不前，直到8月25日，也就是战争爆发前不到一周，联盟才得到正式批准。

尽管如此，与波兰结盟是一件具有决定性意义的事件，虽然这与英国政府的意愿背道而驰。希特勒以此为借口，在4月28日废除了1934年与波兰签订的《互不侵犯条约》和1935年的《英德海军协定》。人们经常说，这可能就是一份宣布推迟作战的战书。或者，希特勒可能希望英国或波兰神经崩溃。他以前常常通过使对手饱受惶恐焦虑的折磨而获胜，也许他现在依旧依靠这个把戏。他在此一击之后，便忽而沉默了，没有提出新的建议，也没有提出新的要求。外交机器在空虚中暗哑无声。在战争爆发之前，德国与波兰之间没有关于但泽或其他任何问题的进一步交流。在8月中旬之前，德国与英国之间也没有直接的对话。

这个联盟对英国政治产生了深远的影响。主张采取强硬立场的人高呼，他们的正确主张终于得到验证。希特勒似乎终于"受到当头棒喝"了。英国雄狮昂首咆哮,即使那些支持绥靖政策的人也振奋起来。张伯伦大受鼓舞。所有的公众人物都喜欢掌声,张伯伦喜欢上新的强人角色,就像他曾喜欢和事佬角色一样。此外,此时还是一个很好的机会,可以采取陆军首脑们一直敦促的措施了,政府以前因为害怕引起公众的恐慌而畏手畏脚。4月底,他们宣布打算建立物资供应部,实行义务兵役制。这两件事都被视为抵制希特勒的进一步举措。确实如此:毫无疑问,他们是在为遥远的未来作准备,与即将到来的迫在眉睫的危机没有关系。

直到7月1日[1],物资供应部长才正式任命,8月,机构才设立起来。即使在当时,他根本不是批评家们所希望的战时经济的大总管。海军部坚持要保持传统上的独立,皇家空军也是一样的态度。因此,新部门只剩下陆军补给这一块,与第一次世界大战期间的军需部同出一辙。它的权力比后者略大一些。它接管的陆军军服业务过去是陆军部的职能。它负责供应三军共同的储备物资,但没有权力决定某个兵种的采购数量是多是少。物资供应部长一开始不过是个采购代理人,自吹自擂的所谓创新不过是让工作人员搬了个办公室。

强制兵役制度不过是个姿态。它只适用于将要达到20岁的青年人群[2]。第一批(后来被证实是唯一的一批)"民兵"直到6月才登记上簿。他们直到7月才被征召入伍,而且只能服役6个月,为1941年或1942年[3](如果需要的话)真正应召入伍作准备。即便如此,和平时期的征兵对自由党和工党来说都是不可接受的。这两个反对党极力抗议,强烈反对与军国主义同流合污。贝文说:"我们输了,希特勒赢了。"艾德礼的语气则温和得多:"满足将军们的一切要求是非常危险的。"工党再次遭受大众的谴责,被认为肆意鼓吹抵制希特勒,却反对使用抵制的手段。当这种谴责来自丘吉尔之口时,它越发显得可信。工党成员对此回应道:如果想要及时遏制希特勒,英国需要的是盟国,而不是未来应征入伍的士兵。

外交政策仍然是争论的主要焦点。如果希特勒攻击波兰,英法两国也许可

---

[1] 为了取悦自由党人——他们特别希望出一位物资供应部长,新部长的人选就被定为国民自由党人莱斯利·伯金(Leslie Burgin)。这不是一个富有创新能力的人选,与卡里古拉的种马属于同一类。
[2] 强制兵役制度没有涉及北爱尔兰,这是一种奇怪的豁免,令那些免服兵役的人不满,其目的是为了取悦爱尔兰。
[3] 为了安抚公众舆论,给他们发了睡衣,这是普通士兵也没有的福利。

第十三章　勉强应战，1939—1940年

以自卫。他们可能给德国施加一些经济压力。但他们无法向波兰提供任何真正的援助，除非苏联也站在他们一边。迄今为止，英国政府一直在回避苏联问题。他们和波兰人一样，希望能在德国和苏联之间不做选择而独善其身。在捷克危机期间，他们没有认真争取苏联的支持。在慕尼黑，没有苏联代表参会，他们松了一口气。如今，问题被摆上了台面。4月3日，在下议院宣布对波兰的保证时，这个问题被当堂提出。丘吉尔说："我们已经开始建立一个对抗侵略的大联盟，就不能失败。如果失败，就将陷入致命的危险。"劳合·乔治更加强调道："如果我们在没有苏联援助的情况下卷入战局，无疑是自投罗网。"他想告诉波兰人，除非他们也接受苏联的援助，否则便得不到英国的援手。对工党来说，与苏联结盟的想法有如天赐。这有助于解决内部争端。即便是"帝国主义"战争的反对者，考虑到与"占世界六分之一领土的社会主义国家"结盟的前景，也改变了立场。这场战争终究是一场人民的战争。不过，地理因素依旧是要考虑的决定性因素。地图一看就明白，切合实际的论点如今是反对张伯伦的，而他在过去是非常务实的。在此之前，张伯伦的批评者因鼓吹反对希特勒的意识形态战争而被谴责。现在，张伯伦似乎正在以意识形态为由拒绝苏联极为宝贵的援助。

混乱不堪的局面促使政府向波兰提供保证，他们其实对此并没有多大信心。现在，公众舆论正在把他们推向与苏联的结盟，而实际上，他们对此毫无信心可言。他们的怀疑既是现实的，也是意识形态的。张伯伦在3月26日私下里清楚地表达了这一点："必须承认，我对俄国极不信任。我不相信它有能力保持有效的进攻，即便它有心这么去做。我也不信任它的动机，在我看来，它的动机与我们的自由理念并不相符，它只关心把别人搞得人人不和。"[1] 参谋长们也证实了对苏联军事实力的怀疑，不过并没有基于多少证据。其实，如果没有共产主义的阴影，这些疑虑可能不会那么强烈。

当然，在这个令人绝望的时刻，英国政府非常欢迎一种含糊不清的苏联威胁论，这可以唤起对希特勒的反抗。用哈利法克斯的话说："最好不要让苏联感到疏离，而要让它一直留在戏局里。"[2] 但这只是一笔单边交易。"如果需要"，

---

[1] 费林《张伯伦》第403页。
[2] 哈利法克斯1939年4月26日对贾芬库（Gafencu）说的话。《英国外交政策》第3辑第5卷第280页。

随时可以得到苏联的援助——就像一个水龙头，无论是英国、波兰，还是几乎任何一个小国，都可以随意打开或关闭水龙头，但苏联政府自己偏偏不能。当时的苏联政策完全不为人知。一些人撰文指出，斯大林和他的同僚们一直想与希特勒达成协议；另一些人则希望建立"和平阵线"，但随着幻想的破灭，他们也逐渐放弃了。有一种猜想可以大胆地提出。苏联政府唯一可能接受的条件是与英法两国缔结直接的军事联盟——在这个联盟中，3个盟国都有权决定其利益是否受到威胁。但英国政府是坚决不会提出这个建议的。

因此，回顾过去，旷日持久的谈判似乎从一开始就注定要失败。谈判分为三个阶段。第一阶段是从4月15日到5月14日，英国公开寻求苏联单方面保证提供援助，条件是"如果需要"。苏联政府要求"对等互惠"。5月中旬，谈判陷入僵局。法国人不像英国人那样信任波兰的实力，迫使英国政府再次尝试谈判。英国的公众舆论也在推波助澜。在第二阶段，即5月27日至7月23日，英国尝试设计一种表述，让英苏关系看起来像一个直接联盟，同时又不让苏联掌握主动权。表面的障碍是"间接侵略"问题——苏联是否有权从希特勒手中拯救任何一个波罗的海国家，即便这个国家不愿意。真正的障碍是更深层次的：只有波兰受到攻击，并同意接受苏联的援助，英国才会与苏联合作。这种僵局也无法打破。5月3日就任外交人民委员的莫洛托夫（Molotov）随后建议举行军事会谈，希望"间接侵略"问题能以某种方式得到解决。英国和法国的军事代表团被派往列宁格勒，他们走海路悠哉游哉地前往目的地。

8月12日至21日的军事会谈是最后阶段。英国代表接到指示，要"慢慢行动……就提出的许多问题达成协议可能需要几个月的时间"[1]。事实上，英国政府仍然不断地用粉笔把红色妖魔画在墙上，希望吓跑希特勒。然而，苏联领导人伏罗希洛夫（Voroshilov）在8月14日突然提出决定性的问题："苏联红军能跨过波兰北部吗？并且越过加利西亚，以便与敌人交锋？"英国人和法国人无法回答。会谈陷入僵局。[2] 波兰拒绝准许红军进入。贝克说："现在要求我们签字，这是对波兰的一次新的瓜分。"法国人试图绕过障碍，办法是告诉苏联

---

[1] 1939年4月英国军事代表团接到的指示。《英国外交政策》第6卷附录5。
[2] 1942年，斯大林告诉丘吉尔（《第二次世界大战》第1卷第305页），苏联必须提供300个师，而英国提供2个，以后再增加2个。如果谈判进展到这一步的话，这种失衡可能也会成为决定性的绊脚石。实际上没有。波兰许可问题直接导致谈判破裂了。

第十三章 勉强应战，1939—1940年

人可以在未经波兰允许的情况下自由通过波兰。英国人拒绝参与这个行动。不管怎么说，苏联人对此没有兴趣。伏罗希洛夫说："我们不希望波兰夸口说它拒绝了我们的援助，我们无意强迫它接受。"军事代表团的最后一次会晤是在8月21日，他们个个无话可说。

没有哪个结盟的努力像他们这样缺乏热情。英国政府的表现好像他们手里的时间多的是。苏联摆在眼前的每一个方案，他们都要用几天，有时甚至是好几周的时间来作出回答。哈利法克斯被邀请去莫斯科。他本人声称谢绝了邀请，而张伯伦在下议院中则否认接到过邀请。艾登提议去莫斯科执行特别任务，被张伯伦拒绝了。英国政府更关心的是安抚公众舆论。同此前一样，他们依旧希望给希特勒制造隐约的恐慌。任何时候，实际上他们都不会寻求苏联的军事援助。这不仅是出于对苏联完胜和德国大败局面的担忧，也因为他们一直以来的诉求就是与希特勒达成协议，希望奋起而战的前景能让希特勒变得温和，达成协议的大门随时开着。与当时的许多人一样，他们认为德国真正的冤屈在经济领域，因此，他们考虑建立一种英德经济伙伴关系：德国可以在东欧和东南欧占据主导地位，共同管理、开发热带非洲殖民地，英国向德国提供10亿英镑贷款以度过裁军困难时期。在此等良好氛围之下，政治问题将失去力量：英国人会把他们对波兰的保证抛诸脑后；德国人将以更文明的方式善待欧洲的弱小民族，但泽则会从天而降，落入它的囊中。正如霍尔在3月10日预言的那样，世界将会一片歌舞升平。整个夏季，这些讯号不断地释放给德国人[1]。希特勒是否收到这些消息，倒也不得而知。如果有，那么他将更坚定地相信：面对危机，英国人会作出更大的让步。无论如何，他未予置评。

因此，英国政府空手而归。他们未能与苏联建立联盟关系，也未能使希特勒相信，英国将抵抗德国。同样地，绥靖计划也未能让希特勒感到满意。当然，犯错误的不只是他们。苏联政府也误判了，认为英国和法国足够强大，足以制衡德国，因此自己拥有进局或旁观的自由选择权。希特勒错在过于自信，以为进攻波兰不会激怒英国和法国。英国历史学家必须从英国的角度出发看问题，并反思历史。在诺斯勋爵痛失美国殖民地之后，政府的无能与疲软前所未有。在这两个案例中，人们都将责任归咎于个人。张伯伦被指陈腐、狭隘、对批评

---

[1] 见注解A。

意见充耳不闻；哈利法克斯被指懒惰、懦弱、面对问题一味逃避。人们往往指责绥靖主义者无视大英帝国的伟大，甘心当一个懦夫。

不过，这些指责小觑了政府面对的困境。张伯伦和同僚的能力并不低于正常时期的平均水平。只是当时属于非常时期。德国和苏联不被当成大国的反常时期应该终结。凡尔赛体系轰然倒塌，英国的大臣们对此束手无措。他们本应与文明的德国结成伙伴关系，可是德国无此意。他们并不认为，与苏联结盟能使希特勒变好——恰恰相反。他们进退两难，没有作出选择。但也不能坐以待毙。英国舆论的骚动敦促他们假装寻求与苏联的联盟。对英苏结盟的反感使他们寄希望于和改过自新的希特勒达成和解，这同样是一个假象。他们漫无目的，庸庸碌碌，等待着事态的发展，更确切地说，希望什么也不要发生。

然而这个希望落空了。尽管希特勒一直保持缄默，但泽的紧张气氛与日俱增。英国政府没有向希特勒发出新的警告。他们也没有敦促波兰人让步。8月21日晚，一颗炸弹投入时局。据公开消息，德国外交部长里宾特洛甫（Ribbentrop）将应邀访问莫斯科。8月23日，他和莫洛托夫签署了德苏条约。苏联承诺，如果德国发动战争，苏方将保持中立；此外还有秘密条款，限制了德国在波兰的所得。希特勒几乎可以断定：一旦失去苏联的联盟，西方列强必定作鸟兽散。斯大林可能也作同样的设想。双方似乎都预期在不发动全面战争的情况下削弱、肢解波兰。法国人大体上有此想法。外交部长博内提议与波兰断绝同盟关系，选择一个更有利的时机恢复与苏联的军事谈判。对法国其他部长来说，这个想法太要不得了。他们没有想过给波兰人警告，或是咨询英国政府。他们决定什么也不做，由波兰人或英国人去作决定。在法国命运攸关的那些日子里，法国政治家们站在一边，听天由命。

英国人的反应则截然不同。在他们看来，德苏条约是一种侮辱，是对伟大的英国的挑战。政府素来宣称，与苏联结盟不过是不必要的奢侈品。这让他们表现出处变不惊的姿态。曾经将希特勒视为西方文明捍卫者的保守党人，现在怒火冲天。工党也对斯大林怒目而视。左翼图书俱乐部的成员们坚决表示，无论如何，他们的反法西斯主义之心是赤诚的。"群情激愤"主要发生在议会内部。在战争爆发前一周，没有大型的公开集会，也没有出现要求"支持波兰"的大规模游行。很难说议员们是否真能代表英国人民。无论如何，议员们非常坚决，而政府令人失望地跟在下议院后面。

8月22日，政府宣布，德苏条约不会改变英国对波兰的政策。8月24日，议会召开会议，匆匆走完程序，通过了《紧急权力法》。8月25日，《英波互助条约》终于签署。一项秘密条款将保证扩大到但泽。然而，张伯伦、哈利法克斯，或许还有其他资深部长们仍然心心念念地想作出让步。所以这个条款是保密的，以免触怒希特勒。张伯伦恳求罗斯福对波兰施压，因为他自己不能这么做。美国驻英大使肯尼迪在报告中写道："他说，此事一无所获委实可怕。他们终究还是无法拯救波兰人。"[1] 当这些尝试都失败后，张伯伦和哈利法克斯派一位瑞典商人达勒鲁斯（Dahlerus）前去游说希特勒：如果不发动战争，他将可以享用一席"盛宴"。

希特勒回应了。在德苏条约订立不久的兴奋情绪中，他将德国攻击波兰的时间定为8月25日。《英波互助条约》的消息使他取消了这一计划。[2] 他要求波兰派出全权代表前往柏林。内维尔·亨德森认为，德国提出的和解条件"并非不合理"："在我看来，这些条件看起来很温和；鉴于德国希望与英国建立良好关系，这一点是确定无疑的。"[3] 哈利法克斯同意了。他在战争爆发前的最后一项行动是敦促波兰人与希特勒谈判。贝克却拒绝了。8月31日，希特勒下令进攻波兰[4]。9月1日凌晨4点45分，德国军队穿过波兰边境。清晨6点，德国飞机轰炸华沙。波兰人向盟友求助，得到的回应却很冷漠。内阁决议，如果德国停止敌对行动并撤回军队，避免战争的解决方案仍然是可行的。晚上，希特勒收到了包含这种意思的警告（"不要认为这是最后通牒"）。[5]

9月2日，哈利法克斯获得了新的资源。据报道，墨索里尼正在提议召开一次会议。博内急切地支持这个想法。此外，法国将军害怕德国空袭，希望在宣战前完成全面动员。这为拖延行动提供了借口，也掩饰了希望通过墨索里尼的斡旋来阻止战争的想法。英国内阁则更为固执。他们坚持要求在会议举行之前，德国军队必须从波兰撤出。9月2日下午，他们再次开会，最后失去了耐

---

[1] 1939年4月23日肯尼迪对霍尔说的话。《美国对外关系》（*Foreign Relations of United States*）第1卷总论。
[2] 这似乎是最为可能的解释。没有人知道确切的答案。
[3] 1939年8月31日亨德森对哈利法克斯说的话。《英国外交政策》第3辑第7卷第587页。
[4] 见注解B。
[5] 卡多根的备忘录，1939年9月1日。《英国外交政策》第3辑第7卷第652页。哈利法克斯致亨德森，同上第664页。

心:"一致决定,最后通牒应在午夜前到期。"[1]最后通牒并未发出。哈利法克斯继续交涉,主张召开会议的前提是德国军队撤兵,但无时间限制。张伯伦害怕在法国之前采取行动,于是踌躇不前,后来才追悔莫及。

晚上7点半,他出现在下议院。议员们期望听到最后通牒。然而,张伯伦却拿出拟议中的会议来糊弄:如果德国人同意撤军(这和真正的撤兵是不一样的),英国政府将尽释前嫌,重启外交活动。张伯伦一声不吭地坐了下来[2]。当工党代理领袖[3]亚瑟·格林伍德站起来发言时,埃默里在保守党议席上大喊:"为英格兰说句话,亚瑟!"格林伍德竭尽全力。"现在每一分钟的拖延都意味着生命的葬送,危及国家利益",想了一下,又加上一句[4],"危及我们国家荣誉的根基"。会议厅内一片混乱。格林伍德去找张伯伦,告诉他说,除非第二天早上宣战,否则"议院将岌岌可危"[5]。一些内阁大臣[6]聚到约翰·西蒙爵士的房间,西蒙将他们的意见转达给张伯伦:必须立即宣战。由此,这位因抗议第一次世界大战而辞职的人,最终推动了第二次世界大战。内阁在晚上11点召开会议。一些成员表示,在亲眼目睹发出最后通牒之前,他们不会离开会议厅。张伯伦忧心忡忡地同意了。哈利法克斯又一次拖沓不前,他将最后通牒的发布推迟到第二天早上——大概是出于习惯,而不是出于能免此一举的侥幸。

英国于1939年9月3日上午9时向德国政府发出最后通牒。德国人没有回应,最后通牒于上午11点到期。下午5时,法国人步其盟友之后尘,步履蹒跚地宣战了,真是令人失望。英国的宣战书自然地把印度和殖民地带了进来,就像1914年那样。然而,自治领现在可以自行决定了。澳大利亚和新西兰政府在没有征询议会意见的情况下,立即效仿英国的做法。加拿大政府等待着议会决议,最终在9月10日宣战。南非总理赫尔佐格(Herzog)希望保持中立。国会以80票对67票决议出战;总督拒绝赫尔佐格解散国会的请求;史末资在9月6

---

[1] 明尼《霍尔–贝利沙的私人文件》第226页
[2] 后来人们普遍认为,张伯伦只是为了迎合法国人,他自己也不希望和平解决。这种观点制造了全国团结的假象,却与当时的历史记录有偏差。
[3] 艾德礼当时未参会,他手术后在家休养。
[4] 在丘吉尔的保守党支持者布斯比的提示下,格林伍德加上了这些话。
[5] 埃默里《我的政治生涯》第3卷第324页。
[6] 根据明尼《霍尔–贝利沙的私人文件》第226页,参加者有西蒙,霍尔–贝利沙,安德森,德·拉·沃尔,伯金,科维尔,多尔曼–史密斯,斯坦利,华莱士,艾略特。

第十三章　勉强应战，1939—1940年

日继任首相并宣战。对爱尔兰来说，现在是推行德瓦莱拉"外部联系"主张的绝佳时机，爱尔兰在整个战争期间保持中立。

究竟是什么导致了第二次世界大战？答案可能有很多：德国对于1919年和约的不满，未能得到修正；各国未能接受普遍裁军；未能接受集体安全原则并付诸实施；在国际政策的算计中普遍存在对共产主义的恐惧，苏联则对资本主义心怀忧虑；德国的实力打破了欧洲的力量平衡，德国将军们对上一次的失败耿耿于怀；美国远离欧洲事务；希特勒个人的勃勃野心——这是某些历史学家青睐的万能的解释；最后，也许只是由于双方的虚张声势。下议院将战争强加给了不情愿的英国政府，英国政府又将更不情愿参战的法国政府拉上了战车。英国人民毫无怨言地接受了议会和政府的决定。很难说他们对此决定是否欢迎，或者希望有别的选择。战争一爆发，争论就几乎停止了，即便疑虑还未消散，也只是置身于暗夜之中。

后来有很多人谈论说，全世界为自由和反法西斯而战。然而，只有法国、英国和自治领主动向德国宣战。所有其他参战国都是在受到希特勒进攻后参战的，两个世界大国苏联和美国也不例外。也许这种差异仅仅是技术层面上的；也许英法两国可以自豪地说，他们出于自由意志而参加自由之战；也许英国人民对扣在头上的高贵帽子感到惊奇。

第二次世界大战的爆发以另一种方式令英国人民感到惊奇。虽然宣战了，但战争并未真的发生。9月3日，张伯伦宣战不久，警报拉响了，这是第一次空袭警报。伦敦居民顺从地成群结队进入避难所，以为华沙的命运降落到自己头上。但这不过是虚惊一场。当时并没有炸弹落在英国的土地上，此后好几个月内也没有。希特勒需要他的空军为波兰战事服务，并盼着一旦侵吞波兰，英国和法国就能取消宣战。因此，他没有主动挑衅，"莫名其妙"的战争是他故意制造的。盟国政府同样尽力避免挑起德国的攻击，并以道义之名予以掩饰。1939年3月，他们达成了一致意见，"不会针对纯粹的军事目标（在最狭义的角度上）之外的目标发起空袭行动……攻击目标不会导致平民丧命"。[1] 英法两国政府成立了最高战争委员会，由两国首相、参谋班子和他们选择的若干部长组成。委员会在9月12日的第一次会议上通过了这项空军战略。英国政府宣称，即使进行无限制的空

---

[1]　巴特勒（Butler）《大战略》(*Grand Strategy*) 第2卷第17页。

战，他们"不会伤及平民，以打击敌方士气"。[1]因此，皇家空军停止了已作好准备的唯一行动——不过后来的事态表明，这是一项无法实施的行动。

然而，对空袭的预防措施全面展开。所有的市民都收到防毒面具，装在盒子里随身带了好几个月。9月1日，路灯全部熄灭。宵禁开始了，一直持续到德国战败。9月期间，机动车被禁止使用前灯，道路上的死亡人数翻了一番。[2]最大的行动是从划定的危险区域撤离，包括小学生、教师和5岁以下儿童的母亲。计划撤离400万人，但结果只撤离了150万名学生——占学童总数的47%，以及大约三分之一的母亲。同时，200万人自行外迁。这是一次大迁徙。特别列车准时运行，紧急食物补给也安排得很成功。当撤离人员到达接收区域时，困难开始出现了。城里的孩子们没有御寒的衣服和结实的鞋子，更不用说能让他们免受乡村污泥困扰的橡胶靴子。超负荷的地方当局没有资金保障衣物供给；即使能联系上城里的父母，他们又经常拒绝掏钱；通常，寄宿家庭的经济情况本身就很困顿。城里的孩子经常惹上寄生虫病，许多远离家乡的孩子还会尿床。

这些麻烦降临到那些最无力应付的人身上。穷人接济穷人。正如一位官方历史学家所言，在战争期间，较为富裕的阶层反而逃避责任[3]。撤离人员所涉及的财政责任仍然由流出地区的地方当局担负，多年来，数千名工作人员忙于募集用于接收区域的款项[4]。留下来的人情况也很糟糕。社会服务停止了——不再提供免费的牛奶，学校也不供应晚餐了。学校一直关闭到11月，及至1940年春，伦敦仍有超过一半的学童没有接受全日制教育。医院的病床空着，等待空袭造成的伤员入住。甚至产科病房也不接收待产的孕妇了。当炸弹没有落下时，人们用脚投票反对撤离。至1940年1月，将近100万人返回家园。而乡下人，以及某种程度上的富人，第一次了解了城市贫民的生活。英国人变得比以前更交融了。空袭导致了第二次撤离（这次在计划之外），随之而来的还有一场社会革命。纳粹空军成为福利国家的强大传教士。

---

[1] 巴特勒《大战略》第2卷第20页。
[2] 此后，规定车前灯要加罩。
[3] 蒂特默斯（Titmuss）《社会政策问题》（Problems of Social Policy）第393页。
[4] 当小学生们达到应该接受中等教育的年龄时，混乱的局面尤其不堪。这当属流出地当局的财政责任。孩子们只能记住他们从哪里来，而不是他们父母的"定居地"，因为中间又搬家了。同样地，适合他们的中学经常被疏散到全国其他地区。

第十三章　勉强应战，1939—1940年

在战前，许多其他的行政准备工作已经就位——就像飞机制造和军工生产的"影子"工厂，战时政府也有一个"影子"体系。这些"影子"现在显露了真身。张伯伦要求现行内阁辞职，建立战时内阁。新的部门闪亮登场，人员配备齐全：经济战争部，组织封锁；粮食部，配给册已经印发；航运部，对商船进行指导并扩大船只生产；新闻部，向媒体提供新闻，进行对敌宣传，提高国内士气。另外两个新的部门并入现有部门。约翰·安德森爵士管理的国家安全部与内政部进行合并。劳工部已经在开展义务兵役登记工作，因此它成为国民兵役部，获得了比第一次世界大战期间大得多的行政权力，尤其是征兵制面向人群现在扩大到了41岁。财政部实施外汇管制，成立了一个委员会审查资金问题。纸面上看，政府比劳合·乔治的权力巅峰期更有效、更坚定地作好了战争的准备。奈何这只是纸上谈兵。这台战争机器就像一辆昂贵的豪车，擦洗得光洁如新，每一个细节都完美无瑕，但是油箱里却没有汽油。1939年，一名政府顾问指出，人力资源政策不够给力（事实上，战时的任何其他类型政策都是如此），缺乏"对国家面临问题的普遍认知，民众对政府的支持，政府足够强大、足够有力地利用民众的支持"[1]。在第二次世界大战的头9个月里，这些方面都是不足的。

张伯伦志在成为一名伟大的和平首相，却常常要为外交事务和备战工作分心，他经常为此顾影自怜。命运从其所愿，即便在战时，他仍是一位和平首相。战时内阁除了在规模上有所缩减外，其行为举止与任何普通内阁毫无二致。它由老的绥靖派核心成员（哈利法克斯、霍尔、西蒙）和三军大臣组成，还有汉基，他现在是不管部部长，使人回想起一战时的传统[2]。加上其他大臣，内阁成员共有15人左右。战争的指挥工作交给参谋长们，实践中似乎有三场各自为战的战争，就像有三项独立的军备计划一样。

在内政方面，内阁坐等各部门的建议，但因为害怕引起公众的恐慌，通常又会拒绝这些建议。起初，内阁未批准食品配给计划。它也无意限制民用工业或调配劳动力。富人们仍然可以把资金转移到美国，很多人确实这么做了。征

---

[1] 汉考克（Hancock）和高英（Gowing）《英国战时经济》（*British War Economy*）第62页。
[2] 1932—1938年间的第一海务大臣查特菲尔德勋爵（Lord Chatfield）接替英斯基普担任国防协调大臣，他也是内阁成员，尽管他的任务是在和平时期发挥未来战时内阁的作用。他现在没有任何职能了。他于1940年4月辞职后，该职位就取消了。

兵行动推进缓慢[1]。在军队有足够的装备迎接新人入伍之前，征兵其实没有多少意义。有一项工作永远也没有完成。已经制定了把政府部门迁出伦敦的计划——议会搬往外地，战时内阁转移到另一个地方，内阁各部门散落在全国各地。炸弹没有从头顶落下来，各项计划被搁置，最终被遗忘。海军部去了巴斯。粮食部搬到科尔温湾。玛丽太后接受劝说，移驾巴德明顿的博福特公爵府。除此之外，伦敦仍是首都。

宣战的决定在议会几乎得到一致认可，也得到举国上下的支持。战前的和平主义者虽依旧不在少数，但影响力已经式微。在第二次世界大战期间，约有5.8万名男性和2000名女性发自内心拒服兵役者。其中，4万人获得有条件豁免，2900人获得无条件豁免。大约5000人被起诉，他们中的大多数因此沦为阶下之囚。但不再有一战时期的那种怨恨。对于这些发自内心拒服兵役的人，公众的态度是宽容的，而前者申说异议的时候抱着遗憾的态度。此外，平民和战士之间的差异也没有一战时那么大，在闪电战中表现英勇的拒服兵役者们不能被视为逃兵。他们反对的是泛泛的战争，而不是这场特定的战争[2]。独立工党仍旧坚守老路线，但已成强弩之末。共产党起初认为这场战争是一场反法西斯的正义之战，但几周后接到莫斯科的命令，态度发生了急转。该党领袖波立特被削职，被迫承认错误。结果只能是败坏该党的声望。党员减少了三分之一（从17000人减少到12000人以下），它的左翼伙伴愤然拂袖而去，如戈兰茨。此前，共产党一贯反对希特勒，有着无与伦比的声望。好名声如今毁于一旦，再也没能恢复。

政府对国民情绪无动于衷，仍然保持着"国民政府"的假象。张伯伦将两位坚决主战的保守党人带入内阁——丘吉尔就任海军大臣，艾登就任自治领事务大臣。自由党和工党拒绝加入，张伯伦对此不以为意。他从来就不是个对批评者既往不咎的人。张伯伦未能团结全国上下，这不仅仅是私人恩怨问题。他和同事们既无法解释战争的原因，也无法解释为何种目标而战。他们的政策彻底失败了。他们曾幻想与希特勒达成某种合理协议，失败后把苏联当挡箭牌推了出去。现在，他们又承诺保卫波兰——一个无法履行的诺言。波兰被征服后，希特勒提议和谈。经过一番犹豫之后，两院代表政府正式拒绝。但是，现

---

[1] 到1940年5月，只有不到27岁的男性才登记。

[2] 一些社会主义者声称不能参加资本主义战争，这个理由也使他们得到了豁免权。而在第一次世界大战中，只有出于宗教立场拒服兵役才能被豁免——这种情况很少发生。

在怎么办？英国政府要在整个欧洲推翻法西斯主义？抑或，摧毁德国这个强国？再或者，仅仅是让戈林（Goering）或者其他纳粹分子取代希特勒成为德国的独裁者？他们没有答案，英国人民则或多或少地被告知不应该问这样的问题。故而，大部分人都觉得战争事不关己，这并不奇怪。

政府无法获得民众的支持。更重要的是，他们也无意获得。一场基于公众热情的战争似乎会唤醒左翼人民阵线的幽灵。这将是西班牙内战的重演，也许不会有焚烧教堂，或强奸修女。但工会和工会谈判代表将联手合作，社会秩序受到威胁，某种形式的社会主义统治世界。普通公民随身携带防毒面具，阅读官方指示，然后静观其变，还是这样最好。一幅呼吁国民储蓄的海报，就像基奇纳在第一次世界大战中怒目而视的脸一样，成为二战时期的一个特征："**你的决心将给我们带来胜利。**"第一次世界大战的将士们为国王和国家而战，而在第二次世界大战中，大家则是为满足高级公务员的要求而战。

民众的支持似乎是不必要的。关于战争的一切自行运转，令人满意。空袭并没有发生。皇家空军对德国舰队发动了几次不痛不痒的无效进攻，然后就止步于投放传单。面对放火焚烧德国森林的提议时，英国空军大臣金斯利·伍德[1]（Kingsley Wood）愤然吼道："你知道它们是私人财产吗？什么意思！下一步是要我去轰炸埃森吧！"[2] 地面上也未见战争的硝烟。一支4个师编制的远征军顺利进入法国。陆军大臣霍尔-贝利沙[3]（Hore-Belisha）与帝国总参谋长戈特（Gort）水火不容，匆匆派遣后者担任远征军的指挥。艾恩赛德（Ironside）接任帝国总参谋长。但他同样不适合担任这一职务，他将大把时间消耗在抨击政客上。第一次世界大战中联军混乱不堪的教训得到吸取。英国远征军被无条件地置于法国最高司令官甘末林（Gamelin）的麾下[4]。此时一切都很平静。就在

---

[1] 霍华德·金斯利·伍德（Kingsley Wood, 1881—1943）：受教于中央基金男童学校；某卫斯理公会牧师之子，曾任保险专家；1918年接受爵士称号；1931—1935年任邮政总局局长（1933年进入内阁）；1935—1938年担任卫生部长；曾建议张伯伦在《慕尼黑协定》之后举行大选；1938—1940年任空军大臣；1940年任掌玺大臣；1940—1943年任财政大臣；1940年10月3日至1942年2月19日在战时内阁任职。

[2] 斯皮尔斯（Spears）《敦刻尔克的序幕》（*Prelude to Dunkirk*）第32页。

[3] 莱斯利·霍尔-贝利沙（Leslie Hore-Belisha, 1893—1957）：在克里夫顿和牛津大学接受教育；国民自由党议员；1934年至1937年担任交通部长，要求在人行横道安装交通指示灯，被称为"贝利沙灯"；1937—1940年担任陆军大臣；1945年担任国民保险部长。

[4] 就像此前的黑格一样，如果戈特认为军队的安全受到威胁，他有权向英国政府求助。1940年5月，戈特使用了这个权利。英国政府认为戈特直接受甘末林指挥。然而，甘末林把他的权力下放给乔治将军，后者是东北前线地面部队的指挥官。乔治又把权力下放给北方军的指挥官。因此，戈特从来就不知道他应该从哪里接受命令。

希特勒忙着处理波兰时，法国军队悄无声息地越过了德国边境。德国军队向他们开火，法军撤退。这就是第一次交战的全貌。法国军队驻守马其诺防线。部分英国士兵过去轮岗，12月13日，第一位英军在那里牺牲。于是，英国远征军在尚未设防的法国与比利时边界上匆匆修建了一些防御工事。霍尔－贝利沙提出警告说，这些防御措施依然不够，将军们怨声喋喋，张伯伦最后将霍尔－贝利沙解职了[1]。

英法两国政府在战争开始前就制定了大战略。他们准备有条不紊地积累军事资源。与此同时，向轴心国中实力较弱的国家意大利发动牵制性攻击——首先攻打阿比西尼亚和北非，然后是意大利。这被称为"击倒台柱子"。实际上，目的是制造战争的轰动效应，以低廉的代价获取胜利。最后，在某个遥远的时刻，一举攻克德国——盟国将几乎不费力气地夺取胜利，因为德国这时候已经处于经济崩溃的边缘，而盟国还完好无损。这一战略现在得到了应用。英国政府宣布，他们正在计划一场为期3年的战争：看上去是英勇奋战的决心，实际上只是给自己一副宽慰剂，即在1942年之前，无需作认真的准备，比如组建22个师。艾伦比的助手阿奇博尔德·韦维尔将军（General Sir Archibald Wavell）被任命为中东地区的指挥官。[2] 英国的物资储备和部队在埃及汇集起来，相当一部分海军集中在地中海。不幸的是，墨索里尼并不是一个容易盯上的目标。相反，他宣称自己的立场是"不战"，此举对于希特勒的贡献比他后来参战要大。不久，同盟国就将对意大利的作战计划抛诸脑后，重新回到寻求墨索里尼的中立甚至善意斡旋的无望的老路上。

英国政府仍然保持盲目的乐观。他们相信时间站在自己一边。内阁大臣们普遍有一种错觉，认为德国经济已经到了山穷水尽的地步[3]。经济战争部专家信

---

[1] 张伯伦提议让霍尔－贝利沙担任新闻部部长，哈利法克斯否决了这个提议，称"因为他是个犹太人"。霍尔－贝利沙随后拒绝担任贸易部长。他曾向丘吉尔求助。但丘吉尔自身难保，未能给予支持，反而相信了对霍尔－贝利沙的非议。因此，在整个战争期间，霍尔－贝利沙没有担任政府职务。

[2] 阿奇博尔德·珀西瓦尔·韦维尔（1883—1950）：1918年在艾伦比的参谋部工作；1939—1941年任中东英军总司令；1941—1943年任印度英军总司令；1942年任西南太平洋盟军最高司令；1943—1947年任印度总督；1943年被封为子爵；1947年被封为伯爵。

[3] 利德尔·哈特在1939年夏天《保卫不列颠》第41页）写道："如果现在发生战争，这些国家（德国和意大利）人们的营养不良程度将与德国在一战两三年之后的营养不良程度相当。"事实上，1939年，德国人的生活水平比以往任何时候都高，直到1943年秋天才有所降低。在战争结束前的几个月里，德国的民用产品产量下降幅度也小于英国。

第十三章 勉强应战，1939—1940年

心满怀地认为，德国将在不久之后陷入石油短缺的泥沼，其战争机器将濒临瓦解，德国整个工业将因缺乏其他重要原材料而难以为继。他们认为，封锁本身就能赢得战争。1940年3月，张伯伦称其为"主要武器"。但这些算计完全是幻想。战争爆发时，德国经济还未进行动员。用克莱因的话说，直到1943年，德国仍保持着"和平时期的战时经济"。[1] 德国人并不缺乏原材料，他们从第一次世界大战中吸取了教训，橡胶等可能短缺的原材料已经找到了替代品。此外，英国的封锁计划只是纸上谈兵，未见实际行动。意大利的裂缝难以利用，而苏联根本无法利用。通过德苏条约，德国从苏联手中获得了许多他们（英国一样）在战前没有充分储备的物资。就像反复上演的剧目一样，经济战争部一手谋划的策略对英国自己造成的伤害可能比对德国要大得多，而德国本是打击的目标。

很快，英国人就惊慌失措了，他们发现陷入经济困境的是自己，而不是德国人。在战前，他们认为进口量能维持和平时期的水平。尽管亚瑟·索尔特爵士（Sir Arthur Salter）发出过警告，但政府并未增加储备。比较宽松的汽油配给是限制市民生活消费品的唯一举措。海军部相信，他们的潜艇探测器能够制服德国的U型潜艇。人们认为，船运能力还有富余。黄金和外汇储备很充足。但这些过高的期待未能成真。尽管U型潜艇为数不多，但它们带来了极大伤亡。商船纷纷被击沉，海军也遭到重创。9月，一艘U型潜艇成功击沉了"勇敢"号航空母舰。10月，另一艘潜艇穿越斯卡帕湾的防御工事（这是一战时期未曾有过的），击沉了"皇家橡树"号战列舰。英国舰队不得不再次撤退到苏格兰西海岸，挨到新年的到来。

德国袖珍战列舰"斯佩伯爵"号在南大西洋海域发起袭击，击沉了8艘货船。12月，它终于被英军发现。英国军舰虽然不如它披坚执锐，但因勇于主动出击，使该船遭到严重毁损，不得不向蒙得维的亚寻求庇护。在那里，"斯佩伯爵"号受希特勒之命，在港口自沉。这一丰功伟绩，如1914年12月的福克兰群岛之战一样令人瞩目。但是，对战U型潜艇的形势没有这么乐观。此外，德军用磁性水雷造成了大面积伤亡，这个秘密直到年底才被揭开。在真正开战前的9个月里，英国损失了80万吨商船。灾难本身并不严重，船是从中立国租来的。闲置的船只被投入使用，继续建造新船。到1940年，英国拥有的船只实际

---

[1] 伯顿·克莱因《德国开战的经济准备》第173页。

上比战争爆发时更多。

承运力严重不足,而非船只,这是战前未曾预料到的。战争爆发后,护航队迅速建立,事实证明,它们与第一次世界大战时一样成功。[1]但是,这意味着船只航行的次数减少了,航行所需的时间增加了。不久后,船只不得不停留在港口,用"消磁线"(一种环绕船体的金属线)保护它们免受磁性水雷的攻击。中欧和波罗的海市场对英国关上大门。因此,必须从更远的地方运送补给。考虑到这是一场为期3年的战争,财政部将对美支出限制为每年1.5亿英镑。必须在英镑币区内寻找物资,即那些能够接受英镑付款而不需要英国出口商品交付外汇的国家。这些国家往往不近,这是导致长途航行的另一个原因。即便如此,外汇储备很快陷入短缺。1940年初,政府启动了一项出口运动——又一次偏离了进口必需品的主业,但收效甚微。

不过,有一意料之外的乐观情况。战争爆发之前,大家预料,伦敦和东海岸的港口一开战就会因遭受轰炸而停止运作。之前使用这些港口的船只都将转移到西海岸。随着伦敦和东海岸港口逐渐恢复运营,船只转场只持续了两周时间。然而短暂的喘息中隐藏着危机。尽管几乎所有的专家都自信地认为,西海岸的港口能够承载比和平时期多75%的船舶交通流量,但是,正如交通部某官员所言,这一估计"完全是胡说八道"[2]。一年后,此言被实际情况验证。铁路理论上属政府管辖,但实际上由铁路经理人组成的一个委员会负责运营,战时基本上保持正常运作。

尽管在文书上做了不少工作,但英国其实没有为应对战争的爆发作好准备。研究食品的历史学家指出,如果遭受与1940年至1941年一样规模的空袭或潜艇袭击,"英国可能挨不到开战后的第一个圣诞节,就已经奄奄一息了"[3]。在尚未战火纷飞的时期,国家已经遇到众多困境。航运部一开始很自信,仅英国籍船只一年就可以承载480万吨的物资,外加中立国船只的货运量,这一数字可达到550万吨。不久,有报道称,通过不同途径运输的物资最多只能达到470

---

[1] 1939年9月至1940年5月间,229艘船被潜艇击沉。其中只有12艘是有护航的。
[2] 这一计算失误是错误累积所致。最基本的错误在于,计算时没有意识到,虽然每个港口各自都能比平时多处理75%的交通流量,当所有的港口都超负荷运行的时候,它们的设施——尤其是连接到内陆的铁路——将崩溃。
[3] 哈蒙德(Hammond)《粮食》(*Food*)第1卷第77页。

万吨，但这一估算随后也被证明过于乐观[1]。英国也没有相应的机械设备来完成进口物资的分配工作。航运部武断地决定，将食品进口限定在198万吨，其他物资进口限定在239万吨。分管部门均未注意到这一规定。相反，它们都选择增加进口订单，以应对未来可能出现的短缺情况。[2]

粮食部发出警报，呼吁实施粮食定量配给。政府茫然不知所措，民意调查显示，公众实际上支持定量配给，政府才同意粮食部的建议。粮食部发现，要在短时间内落实这一政策颇为困难。尽管配给簿都已印刷好，但是政府仍未决定采用什么形式，是规定个人配额，还是恢复一战中使用过的定点采购模式。维维安（S. P. Vivian）现任登记总局局长。早在1917年，他就设计了原计划在全国范围内实施的个人票证，但这一计划最终流产。他极力争取，希望采用这一制度。现在，他有一个现成的工具：9月30日进行全国身份注册。通过这次注册，英国公民均获得一张身份证——在第一次世界大战中，他们幸免于这一有伤尊严的行为。

粮食部记错了，以为维维安的计划在1917年已被证明是失败的。粮食部还认为，由于全国身份注册是落实义务兵役政策的基础，粮食配给与其扯上任何联系将让公众难以接受——又一次对民众态度奇怪而典型的误判：相比于第一次世界大战中混乱不堪的自愿参军，民众事实上更加希望国家有组织地征召士兵服役。因此，粮食部在1940年1月开始实施的粮食配给制度使用了定点采购模式。然而，粮食部基于身份注册情况分配配给簿，使得定点采购模式毫无必要。因此，在整个战争期间，英国受困于一个运作缓慢、无效且"明显更适合消耗战"[3]的配给制度。受第一次世界大战遗留下来的传统的影响，不计其数的人力资源被浪费在跟踪消费者的行踪上。

粮食部推广配给制度是为了有效地分配物资。其他部门，包括一些政府官员在内，则认为配给制度的落实是为了减少消费——"勒紧裤腰带"（或更准确地说，勒紧其他人的裤腰带）。卫生部认为，食物供给的减少意味着工厂产量的下降。卫生部的科学顾问设计了一张合理且更加经济的餐单。在这份餐单上，

---

[1] 根据1939年10月至1940年6月的实际数字折算，年均进口量为4540万吨。
[2] 粮食部比物资供应部更为成功地规避了进口限额管制。粮食部（1939年10月—1940年6月）进口额为2200万吨，物资供应部的进口额为2260万吨。
[3] 哈蒙德《粮食》第2卷第756页。

优质红肉减少了,而包括丘吉尔在内的许多人认为,红肉就是正餐。此外,虽然遭到粮食、卫生和航运部门的反对,农业部决心大力生产更多的肉类。直到战争的第二年,农业部才承认这个简单的事实:与用作动物饲料相比,供人类直接消费的谷物的食用价值整整高出 10 倍。因此,与其他领域一样,在粮食供应问题上,数个月不干正事,浪费了时间。

实际上,政府唯一的大胆举措就是在战争期间全年使用夏令时。[1] 除去这一点微不足道的改进,民众的生活在其他方面不受影响。奢侈品的生产依旧进行。1940 年春天,英国仍有超过 100 万人失业。1940 年 5 月 4 日,丘吉尔有充分的理由谴责,军需行业的人力仅增长了 11%,仅满足实际所需的六分之一。技术工人短缺。女性与年轻工人对成年男劳动力的比率仅为 1∶12,而这一比率在第一次世界大战中为 1∶3。政府既不敢挑战工会,又不愿意与其合作。"历史学家因感到错失良机而沉闷压抑。"[2]

财政领域的困境加重了这种感觉。1929 年,财政部开出一张"平稳经济"的药方:提高税率,控制价格、利润和薪资,并对消费者实施配给制度。这些措施基本都未落实。税率进行了微调:所得税提高至每英镑 3 先令 6 便士,还有 1 便士的啤酒税以及 60% 的超额利润税。不到一半的战争支出是由税收承担的,这还跟工厂未能充分满足政府订货的军需品有关。政府只对 20% 左右的商品实施了不同程度的价格控制。进口商品价格因不受控制而极速上涨。政府也无法压制工人加薪的要求。与第一次世界大战开始的几个月相比,在第二次世界大战的同时期,商品价格与工资水平上涨得更多。[3]

懦弱的政府无意中推进了一项极其重要的政策创新。1939 年 11 月,粮食部声称需要提高粮食价格,生活成本指数将因此上升 7 个点,否则该部门每年要承担 6000 万英镑的损失。粮食价格的提升意味着新一轮普遍加薪,而政府此时正致力于稳定薪资水平。粮食部最后妥协,同意"暂时"承担损失。1940 年 1 月,政府决定延长粮食补贴 4 个月,同时发出警告,长此下去,"支出负担将

---

[1] 从 1941 年开始,英国夏季数月实施双重夏令时。
[2] 汉考克和高英《战时英国经济》第 149 页。作者写道:"政府与人民不合拍,国家从内部分裂了,男男女女们的头脑也是分裂的。"这句话只有前头是正确的。
[3] 批发价格:1914 年 7 月为 100,1915 年 7 月为 129,1939 年 8 月为 100,1940 年 7 月为 142。工资:1914 年 7 月为 100,1915 年 7 月为 105—110,1939 年 9 月为 100,1940 年 7 月为 112—113。

不可阻拦地持续上升，直到完全超出控制能力之外"。但没有人注意这个警告。战争期间，粮食补贴一直未取消，由此带来的财政支出不断激增（1940年为7200万英镑，1945年为25000万英镑），生活成本则相对稳定，保持在比战前高25%—30%的水平上[1]。结果，产业界的和平局面未曾被打破。这可能是张伯伦战时内阁最宝贵的遗产，尽管不是有意为之。

英国政府一直不愿意直面问题，颇不情愿地进入战争。丘吉尔是个例外。有如巢中的杜鹃，他极力反对政府的不作为。他也像阿斯奎斯政府时期的劳合·乔治一样，拼命地为政府提供政策建议。在策略方面，丘吉尔与劳合·乔治却大相径庭。后者在第一次世界大战前声名卓著，且在自由党内有众多支持者。他无需隐藏自己的不满，尽管在重大决策面前容易动摇。丘吉尔却是孤身一人，直到战争爆发前，他的追随者减少到两个人。他的声誉在安特卫普、达达尼尔以及其他不负责的事件中有损。保守党仍然没有忘记丘吉尔为抵制印度法案而发起的运动，以及在爱德华八世退位时对国王的支持。工党则对他在总罢工中表现出的对立态度耿耿于怀，甚至想起托纳潘迪的暴乱（丘吉尔在这一煤矿暴乱中向南威尔士发兵）。

议会的情况也对丘吉尔不利。在第一次世界大战中，两大政党势均力敌。一旦自由党出现分裂，劳合·乔治可以在保守党支持下执政。但1939年，保守党拥有绝对优势。如果只有两个反对党的支持——这一假设本身就不可能实现——和部分保守党党内反对者的支持，丘吉尔仍然无法与保守党对抗。他必须要驾驭整个保守党，而不是试图分裂它。这正是丘吉尔想要做的。劳合·乔治的前车之鉴，加上丘吉尔自身的痛苦经验，都让他意识到组织支持的必要性。此外，不管早前他显露出怎样的激进倾向，丘吉尔现在已经是保守党的成员了。他刚刚完成了一部4册的英语民族史（战后才发表），因此深谙传统之价值。尽管丘吉尔热衷于拯救英国，他希望尽其可能地拯救的其实是旧制度下的英国。

因此，丘吉尔小心行事，不搞阴谋诡计，表现为一位忠心耿耿的同事。张伯伦曾经提出，三军大臣只让他一人进入内阁，使他成为事实上的国防部长，

---

[1] 生活成本指数只是名义上一直较为稳定，它建立在已经过时的个人支出估算办法基础之上。因此，政府有时特意对权重大的物品给予补助。

但后来，又拉了两位大臣进来，降低了他的地位。丘吉尔并未抱怨，他不能对战争事务置之不理。他慷慨激昂地劝说战时内阁，用长篇政策建议"轰炸"张伯伦。他对为德国制造经济困难提出了两条直接建议。一是从阿尔萨斯沿莱茵河布置浮雷。二是在挪威水道布雷。当波罗的海因冬天结冰无法通行时，德国船只常常通过挪威领海的一条长航道从瑞典运出铁矿。法国政府对行动表示欢迎，以便争取到国内对战争的支持。但他们希望战争尽可能远离法国——因此无法接受在莱茵河布置浮雷。此外，法国与一些英国保守党人士一样，期盼战场能从德国转移至苏联，甚至异想天开地计划轰炸巴库的油井——显然意在减少德国的石油供给。英国政府对此不感兴趣，丘吉尔尤其如此。他对自己的观点坚信不疑，现在他坚信，苏联是一个具有爱国热情的民族国家，并非如他之前所宣称的国际革命的中心。1939年10月，当苏联部队占领波兰东部时，丘吉尔称许道："希特勒向东的通道被关闭了。"

因此，局面变成：法国不赞成在莱茵河布置浮雷，而英国反对轰炸巴库，只剩下在挪威水道布雷这个选择。最北方的事态发展吸引了人们的注意。苏联为波罗的海地区的安全状况感到担忧，这在其与英法结盟的谈判中便能观察到。现在的苏联不再依赖于外交，而是转为采取武力行动。波罗的海三国——拉脱维亚、爱沙尼亚和立陶宛——胆怯地接受了苏联的军事占领。芬兰拒绝了，于是在11月30日遭到苏军入侵。国际联盟对德国入侵波兰视而不见，却在其自身难保之际，将苏联除名——这是唯一被开除的侵略国。芬兰军队成功抵抗，击退了苏联军队。举世对芬兰的热情支持瞬间高涨起来。不出意料，保守派遍地高歌，颂扬芬兰军队打败红色政权的赫赫战绩。许多工党人士加入其中，显示他们与共产主义并无关系。部分工党人士则因反对这一做法而被逐出党外[1]。一时间，为芬兰提供援助的声音不绝于耳。盟国政府作出回应，英法共同组织的10万远征军仓促集合起来。

法国部长们希望能领头发起一场反布尔什维克的征伐，他们甚至幻想德国人能推翻希特勒政权，自觉团结在法国的旗帜下。[2]一些英国保守派人士同样不反感抵制苏联，甚至将其视为需要出拳击倒的另一根支柱。其他人则认为，

---

[1] 其中一些被开除的人，例如普里特（D. N. Pritt），再也没有回到工党。

[2] 他们希望其他国家响应号召，参加讨伐。美国人坚决支持芬兰，后者是唯一持续偿还战债的国家。意大利法西斯曾支援芬兰飞机和军火，后被希特勒叫停。

第十三章 勉强应战，1939—1940年

如果英国同时对抗苏联和德国，这将显出其敌视任何独裁政权的公正立场，无论是共产主义还是法西斯主义。丘吉尔则有一个更为精明的想法。英法远征军需要取道挪威和瑞典以抵达芬兰。因此，他们可以首先夺取挪威港口纳尔维克，德国的铁矿从此港运出。然后，远征军便能顺势摧毁其在瑞典的铁矿产地。以这样巧妙的方式，法国人本意是抵抗苏联，实际上是对德国作战。德国的铁矿供应将被切断，其工业体系将受到沉重一击。至于远征军是否能抵达芬兰，似乎没有那么重要了。盟国内部对这一计划的讨论意见十分混乱：在反苏和反德之间举棋不定。有不少声音认为，应该利用英军拥有制海权的战略优势，但这一建议没有得到海军部的赞许。最重要的论据仅仅是：是时候采取行动了，不管从哪里开始，对手是谁。芬兰问题将是达达尼尔战役的重演，而且此次形势更为严峻[1]。

支援芬兰的作战计划也如此前派兵前往达达尼尔时一样草率马虎。历史再次重演，没有地图，没有情报分析，也没有系统的准备。英法联军仅登陆纳尔维克就耗时3周，然后又磨蹭11周才继续前进。与此同时，他们假定苏联和德国在这一时期按兵不动。只有一条铁路从纳尔维克通往瑞典，两地间没有公路。该计划如能成功，必须有挪威和瑞典政府的积极配合。但很难想象，两国政府会欢迎远征军破坏它们国内重要的经济资产，或同时与德国和俄国交恶。盟国无视这些琐碎的难事。1940年1月，盟国请挪威和瑞典政府允许远征军取道两国进入芬兰，并参加参谋人员会谈。挪、瑞两国均表示拒绝。

战时内阁对此问题犹豫不决，先后讨论了60次。3月初，内阁终于决定执行作战计划，乐观地告诉司令员们不会遭遇重大抵抗。但在最后一刻，作战计划惨遭失败。3月12日，芬兰同意苏联的要求，握手言和。英法两国政府深感羞辱。两国又一次大张旗鼓地宣示其希望帮助遭到入侵的弱小国家的善意。然而，两国又一次无法兑现承诺。在法国，期盼与苏联或德国一战的人均大失所

---

[1] 远征芬兰的动机不符合理性分析。英法两国在与德国交战时还挑起与苏联之争，似乎是疯狂之举。有人提出一项更为险恶的计划：把战争转向反布尔什维克的道路，这样对德战争就可以被忘记，甚至结束。某些法国领导人当然倾向于此，无论如何，这足以证实苏联政府在结盟判中的疑虑。英国大臣们也不惜公开他们的反苏情绪，这种情绪自从德苏条约签订以来，已经在英国相当普遍。然而，他们的主要动机仅仅是模糊地希望有所行动。"莫名其妙"的战争使大臣们名誉扫地，激怒了公众。芬兰似乎为在某个地方开始战斗提供了机会，还有一个好处，就是它远离西方前线。对英国和法国的档案进行全面系统的研究可能会让事情真相大白。目前，唯一可以得出的结论是，英国和法国政府已经失去了理智。

望。达拉第政府随后倒台。新总理雷诺（Reynaud）虽然政治地位不稳，但更为坚决。他上任后的第一个行动就是与英国签署协议（迄今未被重视），或和或战，法国都将同英国站在一起。

英国国内的舆论一时间铺天盖地。4月4日，张伯伦尝试平息公众议论，大谈重整军备的进展，宣称"希特勒已经错过了班车"。登陆纳尔维克或在挪威水道布雷这两个作战选项仍未放弃，雷诺极力推动。丘吉尔予以支持。4月8日，战时内阁决定在挪威水道布雷[1]。被解散的远征军被再次召集起来：一旦德国干预此次行动，远征军就将出征挪威。担忧化为了现实，来得比预料的更快。希特勒早就料到盟军会在挪威有所部署，尤其是在2月16日的事件之后。当日，英军在挪威领海阻截德国军舰"阿尔特马克"号，救出船上的英军战俘。希特勒计划对挪威和丹麦实施全面占领。德军在4月8日晚开始行动。此时，英军正在挪威水道布雷，完全措手不及。德军在没有抵抗的情况下占领丹麦，并夺取从奥斯陆至纳尔维克一线所有的挪威港口。英国曾错误地以为自己对北海有控制权。现在，其制海权遭到德国的公开挑衅。丘吉尔宣称，"所有经过卡特加特海峡的德国船只都将被击沉"——一个没有实现的夸夸其谈。

不可避免地，英国政府答应了挪威发出的援兵请求。毕竟，不像捷克斯洛伐克或者波兰，挪威在英国视野之内。兵败如山倒，一发不可收拾。地面部队没有为登陆受阻作好准备，也没有准备好立即行动。他们大多由缺乏足够训练的国防义勇军组成。德军已经控制了挪威大部分机场，英国人吃惊地发现，他们的海军与陆军无法在德国空军的攻击范围内展开部署，这正是英军惨败的决定性原因。指挥部混乱的指令让情况雪上加霜。丘吉尔希望集中火力，夺回纳尔维克，战时内阁则希望对挪威的旧都特隆赫姆发动进攻，彰显政治意义。海军部和陆军部向各自的下属发布了相互矛盾的命令。例如，在纳尔维克城外，科克勋爵（Lord Cork）和海军上将奥雷里（Orrery）按照指令准备发动进攻。但麦克西将军（Mackesy）得到的指令却是面临反击时不得登陆。

纳尔维克直到5月28日才被攻陷。此时，另有大事吸引了注意力。要想保住纳尔维克，英国海军及其船运资源显然将承受太大的压力。6月8日，英军

---

[1] 作为交换，法国同意在莱茵河上布置浮雷，后来又反悔了。有关这一问题的争论使得挪威水道布雷日期从4月5日推迟到4月8日，后来的事实表明，这是一个致命的延误。

撤离，其航母"光荣"号和两艘驱逐舰在撤离过程中被击沉。英军在纳姆索斯和安达尔斯的主要行动已经惨败：5月2日最终从这两地撤出。英国在此次惨淡战绩中的收获包括：挪威国王及其政府撤至英国，成为盟国。总数超过100万吨运输量的挪威船只供英国使用。德国海军同样损失严重，丧失了3艘巡洋舰和10艘驱逐舰，2艘重型巡洋舰以及2艘袖珍战列舰之一都因受创而暂时无法作战。1940年夏，能够参与作战的德国海军舰船减少至1艘装有8英寸主炮的巡洋舰、2艘轻型巡洋舰，以及4艘巡洋舰。英国成功撤离敦刻尔克，并挫败德国入侵英国的计划，在一定程度上应归功于挪威战役。

5月初，这一切对于英国民众来说，算不上什么大的安慰。英国的战败有其深层次的技术原因：部队数量不足，空军力量匮乏。但英国民众并不这么看，他们归咎于高层领导。他们将满腔怒火抛向张伯伦，将满腔热情投给丘吉尔。但从刚刚过去的历史看，这是有失偏颇的。实际上，在挪威战役的问题上，丘吉尔比张伯伦关系更大，不少最为疯狂的主意来自于他。张伯伦在政治上是一个出色的战术家，他已经把大部分防卫责任交给丘吉尔了，虽然不是防卫的权力。[1] 但公众舆论忽视了这些细微之处，仅仅根据人的精神状态去做判定。张伯伦因绥靖政策而付出代价，丘吉尔则因长年发出孤独的警告而备受好评。历史值得玩味的地方在于，主要由丘吉尔指挥的挪威战役，使得张伯伦狼狈不堪，丘吉尔声名大震。

5月7日，议会开始了对挪威战役的辩论，为期两日，张伯伦首先发言。对张伯伦最强烈的攻击来自保守党的后座议员。保守党的议员中有许多是国防义勇军的军官，因此，他们也替在挪威战役中遍体鳞伤的国防义勇军讲话。泽布勒赫一战的英雄罗格·凯斯爵士（Sir Roger Keyes）身着海军上将服，厉声谴责政府。埃默里察觉议会内的气氛，发言结束时，他引用克伦威尔对残余国会说过的话："走吧，我说。我们已经受够了。以上帝的名义，走！"工党当时并未打算提出分组表决，他们担心保守党议员会屈从于党鞭，让张伯伦继续掌权。当晚，他们下定了决心。[2]

---

[1] 4月4日，丘吉尔担任军事协调委员会主席，但对陆军和空军并无实际权力。十天后，他要求张伯伦给予支持——真是一个奇怪的安排。5月1日，丘吉尔担任首相的助手，特别负责"参谋长委员会的指导和命令"——也是一个责任大于权力的差使。

[2] 鲜为人知的是，他们的行动受到了下议院女性议员的推动。她们有自己的不分党派会议室，在讨论中商定，如果没有其他人推动，她们就会要求投票。

5月8号，莫里森宣布工党建议分组表决。张伯伦寻求党内及"朋友们"的支持。这让劳合·乔治翻了身，历经多年的排挤之后，他终于复了仇。他警告丘吉尔："不要为了掩护同僚免于攻击，使自己变成一个防空洞。"劳合·乔治同时劝说张伯伦应该作出牺牲，因为"没有能比他交出相印，更有助于获得这场战争胜利的举动了"。丘吉尔仍然坚持自己的老路，尽最大努力为政府辩护。但大势已去，仇恨与羞辱已经扎下了根。在分组表决案的投票中，[1] 41名原本支持政府的议员投了反对票，约60名议员弃权。[2] 政府在议会的优势从240席减少至80席（281票支持政府，200票反对）。

5月9日，张伯伦尝试争取埃默里和其他保守党内反叛者的支持。这些人拒不加入政府阵营，除非工党和自由党也都加入。尽管张伯伦渴望留任首相之职，但他想到工党和自由党可能会拒绝在其手下工作。在这样的情况下，他应该向王室推荐谁作为继任者呢？最理想的人选是丘吉尔，但张伯伦仍然犹豫不决，原因是：丘吉尔性格冲动，许多保守党人对他并不买账，工党也不好说；此外，张伯伦担心丘吉尔可能不会打一场适度的战争。首相的另一个人选是哈利法克斯伯爵，他是绥靖政策的主要倡导者，却巧妙地避开了公众指责。现在我们知道，所有政治领导人都会接受这一人选。事实上，他们中的大部分人，包括张伯伦和艾德礼在内，都倾向于哈利法克斯。对哈利法克斯而言，唯一的对手就是丘吉尔。丘吉尔似乎无还手之力，他曾多次宣称，在国家危急之际，他愿意与别人共事，或者在他人手下工作。

有人试图动摇丘吉尔的崇高决心。比弗布鲁克又耍起了造王者的老伎俩。他比张伯伦和老帮派更为敏锐，意识到丘吉尔是唯一的救世主，甚至对保守党来说也是如此。他四处游说，疲于争论：丘吉尔不能走。布伦丹·布雷肯（Brendan Bracken）是丘吉尔在惨淡岁月中最坚定的支持者。他带来了一则消息：他从艾德礼那里得知，虽然工党更中意哈利法克斯，但不会拒绝为丘吉尔政府工作。5月9日下午，张伯伦会见丘吉尔、哈利法克斯和保守党党鞭马格

---

[1] 很多书把这次投票称为谴责投票或不信任投票，严格地说是不对的。实际上，是就"本院现在休会"的动议进行分组表决。当然，结果没有多大差别。

[2] 投票结果44张反对票和80张弃权票是当晚的估计数。分组表决名单显示，33名保守党人、4名国民自由党人、2名国民工党人和2名通常支持政府的无党派人士投了反对票，65名保守党人缺席。8名工党人也缺席。自愿弃权的保守党人可能有60人左右。

森（Margesson）。[1]张伯伦问道："我应该对国王说什么？"马格森提议哈利法克斯为首相人选。丘吉尔本为雄辩大师，这次却保持了沉默。沉默持续了两分钟。在这段时间内，这些"鞠躬尽瘁的男人"（埃默里对他们的称呼）选择直面现实。所有这些人都在丘吉尔的掌握之中。如果他未进入政府，这些人都将被全国愤怒的唾沫所淹没。哈利法克斯率先打破沉默，他谦虚地表示，在"当前这场战争"面前，作为一个贵族，难以出任首相。至此，哈利法克斯的首相梦永远破灭了。

如今，只有张伯伦本人可以让丘吉尔出局。下午稍晚时，他接见了艾德礼和格林伍德两位工党领导人，邀请他们加入政府。他们不愿承担责任，表示听取全国执委的意见后才能给予回应。工党正在伯恩茅斯举办年会，不过，这个答案预计是否定的。张伯伦于是委曲求全，转而询问他们是否愿意在别人手下效力。问题是开放性的。当晚，最后一个机会摆在张伯伦面前。德国入侵荷兰和比利时。当然，已经没有时间临阵换将了，政府应当继续前进。张伯伦现身内阁，"状态很好，来自低地国家的消息激励了他。……如果得到鼓励和授权，他将随时行动。"[2]但金斯利·伍德把美梦打破了：他坚持认为，较之以往任何时候，张伯伦现在更应该离开。金斯利·伍德是保险专家出身，此前一直是张伯伦的桑丘·潘沙，但他知道什么时候该为未来开出临时保单。新政府成立时，他获得了应有的回报。下午，工党的回复从伯恩茅斯传来。他们称，愿"在一位新首相的领导下"服务。这是最后的一击。张伯伦前往白金汉宫辞职。国王建议提任哈利法克斯为首相。张伯伦回答"哈利法克斯对此并不热情"。[3]国王随后便同意了唯一的人选丘吉尔。下午6点，丘吉尔出任首相。第二天，国王会见哈利法克斯，"我对他说，很遗憾他未能当上首相"。

尽管丘吉尔也有一些忠实的追随者，他能够上台靠的是人民对高层领导的反抗。此前他评论劳合·乔治的话，如今对他同样适用："他追求权力。也许权力就

---

[1] 惠勒－贝内特《乔治六世》。丘吉尔（《第二次世界大战》第1卷第597—598页）错误地将会议记在5月10日。这个无意中犯下的错误很容易解释。写书时，丘吉尔是保守派领袖。通过会议日期定为5月10日，丘吉尔制造了这样一个假象：他的上台是希特勒推动，而非他个人暗中推动。出于同样的原因，他将马格森排除在出席人员名单之列。
[2] 里斯（Reith）《迎风而入》第382页。
[3] 惠勒－班尼特《乔治六世》第444页。

是为他而生。"张伯伦比 1916 年 12 月的阿斯奎斯更为大气,同意在取代自己之人手下工作。但一直支持张伯伦的保守党人并没有这么容易屈服。议会于 13 日开会,大家起立鼓掌,向张伯伦欢呼。对丘吉尔的欢呼之声只来自工党。在演讲中,丘吉尔化用加里波第(Garibaldi)和克里孟梭的语句,[1] 说道:'我除了鲜血、奋斗、眼泪和汗水,没有什么别的可以奉献。你若问我,我们的政策是什么?我会说:我们的政策就是用上帝给予我们的全部能力和全部力量,在海上、陆上和空中进行战争……你若问我,我们的目标是什么?我会用一个词来回答:胜利——不惜一切代价去争取胜利,无论多么恐怖也要争取胜利,无论道路多么遥远和艰难,也要争取胜利。"这恰恰是丘吉尔的对手所担心的地方,甚至他自己也不能清楚地预料其中所涉及的一切。胜利,即使意味着大英帝国成为美国的棋子;胜利,即使苏联主宰了欧洲——以一切代价取得胜利。这也许正是英国人民的意愿。无论如何,丘吉尔 5 月 13 日的讲话勾画了英国未来 5 年的蓝图。

注解

注解 A 沃塔特-威尔逊谈话

英德之间的谈判是秘密、非正式的。部分英国商人接近执掌德国经济大权的戈林,瑞典商人充当中间人。最重要的会谈是与沃塔特进行的,他是戈林手下负责德国 4 年计划的专员。沃塔特于 7 月 18 日至 21 日在伦敦停留,会见了贺瑞斯·威尔逊爵士和海外贸易部政务次长 R.S. 哈德森。根据他的叙述(《德国外交政策》D 辑第 6 卷,第 716 号),两人都向他提出了英德合作的详细方案。威尔逊声称,他只给了沃尔特一份哈利法克斯几天前发表的演讲稿的副本,并称,沃尔特所谓 7 月 21 日举行的第二次会议实为子虚乌有(吉尔伯特和戈特《绥靖者》第 226 页)。哈德森则仅仅否认 10 亿英镑贷款这个确切数字。沃塔特关于英国正式建议的说法可能有所夸张。另一方面,8 月 3 日,威尔逊几乎逐字逐句向德国大使德克森复述了他的方

---

[1] 1894 年 7 月 2 日,加里波第在罗马宣称:"我提供不了工资、营房和给养,我给你们的是饥饿、干渴、强行军、战斗和牺牲。"1917 年 11 月 20 日,克里孟梭说:"最后你们问我,战争目标是什么?先生们,非常简单:胜利。"1918 年 3 月 8 日,他又说:"我的回答万变不离其宗。国内政策?打仗。外交政策?打仗。不管什么时候,打仗。"丘吉尔喜欢重复使用名言警句。1940 年 1 月,他号召反对希特勒:"让我们携手共进,使这些重大问题经受检验。"第一次使用这一名句是 1914 年反对阿尔斯特和统一党的时候,现在他可是该党头面人物。

案要点（《德克森文件》第 2 卷，第 24–II 号）。这次谈话没有受到质疑。

注解 B　希特勒的开战决定

希特勒为何作出这个决定尚不清楚。当然，那些认为希特勒是疯子，或者一心想挑起世界大战的人不会有这个疑问。但这些观点与希特勒以前的行为不一致。希特勒是个手段高明但寡廉鲜耻的战术家，他通过威胁和恐吓，让德国几乎称霸欧洲。他的军事准备似乎表明，他打算对轻量级对手进行进一步的恐吓——也许最坏的情况是跟轻量级对手打一场速战速决的战争。若说他要对英国和法国发动全面的战争，这是让人难以置信的。也许正因如此（这是我所倾向的观点），他错误地判断了形势。他认为，英国已经抛弃了盟国波兰，或者即将抛弃它，对波兰的攻击将迫使英国接受新的"慕尼黑"，就像前一年对捷克斯洛伐克的威胁一样。另一种解释是，德国将军已经被告知准备 9 月 1 日向波兰发兵。在进攻捷克斯洛伐克一事上，他们不太情愿，此次他们则毫不勉强。直到 9 月 1 日，希特勒才有通过外交手段取得成功的机会。但他不得不下令出兵，否则在将军们眼里将信誉扫地。此时他还没有获得 1944 年那样完全的统治权。然而，我们不能下定论，而且永远也不能下定论，正如我们不能有把握地说，为什么德国的统治者在 1914 年 7 月底作出战争决定。最重大的决定总是最难用几句话解释清楚的。

第十四章 尖峰时刻，1940—1941年

正如1916年12月的劳合·乔治那样，丘吉尔是通过后座议员的抗议声上台的。这次的叛乱是公开的，就发生在分组表决的大厅。这里没有什么密谋的成分，或者说没有太多密谋的成分。然而，事态当属平和，无论如何，至少在表面看来是这样。劳合·乔治想制造一切推倒重来的印象，夸大他的创新之举。而丘吉尔则急于隐瞒发生的意外之事。他崇敬传统的制度，设法使它们继续保持生机活力。在整个战争期间，他向国王和议会示好，比张伯伦做得更好[1]。此外，丘吉尔坚信没有人能单枪匹马对抗政党制度。劳合·乔治指责其政府是"各党及其当权者的联盟……不是真正意义上的战争指挥部"[2]。尽管在组建政府时，丘吉尔表现为一位超越党派的国家领袖，但他还是尽快摆脱了这个角色。1940年10月张伯伦辞职后，他当选保守党领袖。另一方面，除了丘吉尔，工党领袖艾德礼是唯一一个与战时内阁相始终的人。保守党和工党的党鞭们建立了一个联合办公室。工党前部长（起初是利斯－史密斯，后来是格林伍德）作为反对党领袖，着力加快推进下议院的事务。选举再次告停。根据政党实力，主要职位由公认的政治家担任。尽管战时内阁的党派分配是均衡的（两名工党成员，两名保守党成员，加上丘吉尔），但在内阁之外，有15个内阁部长级的职位归保守党及其盟友所有，只有4个属于工党，1个属于自由党[3]。

没有出现新面孔。丘吉尔坚决反对放逐绥靖者。只有霍尔又一次成为替罪羊，就像他在阿比西尼亚事件中一样。他出任驻西班牙大使。其他人继续戴着荣耀之冕：西蒙在等待了25年后，终于成为大法官；张伯伦和哈利法克斯都在战时内阁任职。丘吉尔甚至想推举张伯伦为下议院的领袖，但工党表示反对，

---

[1] 例如，张伯伦没有得到国王的首肯就去贝希特斯加登见了希特勒，并对议会的批评和调查表示不满。
[2] 欧文《风暴之旅》(Tempestuous Journey) 第748—751页。这就是劳合·乔治不加入丘吉尔政府的表面原因。深层的原因在于他不待见张伯伦，更深层的原因是他身体不好。
[3] 自由党在这次大规模洗牌中惨败而归。他们的领导人辛克莱（Sinclair）未能跻身战时内阁，尽管他被告知，可以参加讨论"任何影响基本政治问题或政党联盟的事情"（丘吉尔《第二次世界大战》第2卷第8页）。

丘吉尔于是亲自接手这项工作。[1]反对绥靖政策的保守党人没有得到什么回报：例如，真正的慕尼黑英雄达夫·库珀只在新闻部谋得一职。丘吉尔带来两位新成员：比弗布鲁克现在成为他的亲密顾问，担任飞机生产部长；运输和杂务工工会书记贝文任劳工部长[2]。除了丘吉尔本人以外，在接下来的两年里，此二人冲劲十足，也带来不少麻烦，这并非偶然。当然，这个美妙的政党协议颇具迷惑性。工党的群众（虽然不是工党的领导层）想要的不仅仅是政府的洗牌，而保守党则躲在丘吉尔的全国性威望的庇护之下。在丘吉尔这一边，他希望在战争结束时能利用这一威望实现保守党的目标——但并未实现。

制度的变化不大，就像人员的变动一样。从战时内阁到地方农业委员会，战时政府的各种机构已经存在，只需要注入一种新的精神。劳合·乔治新建了6个部门，而丘吉尔仅建立了一个新部门：飞机生产部，为皇家空军所设，就像物资供应部为陆军服务一样——显而易见，这是一次创新；要是没有这位新部长的话，也不会伤害别的部门[3]。同样地，政府已经在纸面上拥有了一切力量，它们是在第一次世界大战中艰苦卓绝地创造出来的。配给、强制兵役、外汇管制、进口许可已在运行中。劳动力调配计划和有效的战时财政计划等均已制定，虽然尚未实施。5月22日，《紧急权力法》在一天之内得到通过，赋予政府对所有英国公民及其财产几乎无限的权力。这虽然是一种崇高的反抗姿态，但实际上并没有给现行政府增加什么权力。一旦公民权利受到侵害，人们还会争议不休，就像5月22日的法律并不存在一样。

尽管表面上一片平和，实则发生了巨大的变化——正如丘吉尔所说，这些变化"比表面上更真实"[4]。最大的变化看似波澜不惊：丘吉尔给自己加了一个头衔：国防部长。他没有征求议会的批准，也没有获得法定的权力。除了战时内阁秘书处的军事班子外，他没有其他手下。负责该班子的伊斯梅将军（General Ismay）作为丘吉尔的"看门狗"，跻身于参谋长委员会。有这个头衔就够了，

---

[1] 实际上，艾德礼通常代他参会；当丘吉尔不在时，也代他主持战时内阁。
[2] 一些"无党派"人士（通常效忠保守党）已经由张伯伦带入：战前，约翰·安德森爵士已经进入政府，目前担任内政大臣；安德鲁·邓肯爵士（Sir Andrew Duncan）任贸易部长；1940年1月，约翰·里斯爵士任交通部长（前新闻部长）；伍尔顿勋爵（Lord Woolton），4月出任粮食部长。
[3] 后来很少有新部长的任命，只有创建于1942年的生产部才是真正具有重要意义的。其他的要么是重新安排，要么是为战后做准备。
[4] 丘吉尔《第二次世界大战》第2卷第15页。

它使丘吉尔成为军事方面的最高战争指挥官。三军大臣被排除在战时内阁之外，失去了指挥权。他们只不过是管理各自军队的高级行政官员。他们是如此微不足道，以至于 1942 年詹姆斯·格里格爵士（Sir James Grigg）被任命为陆军大臣时，没人注意到有什么区别。丘吉尔向下议院通报各项失败和胜利，任免各将军、海军上将和陆军元帅。命令是以他的名义下达的，或者说，是以"我们"的名义下达的——与其说是集体命令，还不如说是圣旨。参谋长委员会不能向上级要权，也不能质疑上级。

作为国防部长，丘吉尔不会像劳合·乔治那样，以平头百姓的姿态，从外部批评战略。他是个战争专家，至少他自己是这么认为的。他曾是一名现役军官，在两次世界大战中执掌海军部——参加过的军事行动比任何一位海军大臣都多。现在，他经常身着空军准将的制服，两旁挂满勋章——除威灵顿（Wellington）以外，这是唯一一位在任期间穿着军装的首相。他书写过从马尔伯勒到福煦的伟大将领的历史。他的头脑里充满了新颖的但往往是危险的想法，他可以用技术论据来支持这些想法。参谋长们难以违抗。直到战争后期，才有英国将军拥有基奇纳、黑格甚至弗兰奇的威望。对于公众来说，他们只是一个名字，随时可以抛弃，除了丘吉尔。对于丘吉尔的意见，参谋长们不得不以同样技术性的，甚至经过更周详思虑的反对意见来回应。这是一件让人备受折磨的差事，尤其是当丘吉尔异想天开地声称，如果某些将军甚至参谋长被枪毙，那么战争的指挥将大大改善。无论如何，第一次世界大战期间政治家和将军们之间的分歧不是这样的。这是业余战略家和职业军人之间的冲突。参谋长们都钦佩丘吉尔，即便反对他的冲动，仍对他忠心耿耿。当专业意见像他自己的观点那样条理清晰地表达出来时，丘吉尔也会遵从——但这个条件很难满足。

丘吉尔对三军的影响是不同的。海军部本身就是一个作战指挥部，直接向本土舰队下达命令，有时甚至向地中海舰队下达命令——并非总是英明决策。丘吉尔也许有点敬畏第一海务大臣、海军上将达德利·庞德爵士（Admiral Sir Dudley Pound）。无论如何，海军战略在很大程度上可以自行决定。改造海军是不必要的，也不需要问：我们应该让它做什么？它的任务很明确：遏制敌军，尽可能地为英国船只保持海道畅通。空军也倾向于自行其是。它的两支主要部

第十四章 尖峰时刻，1940—1941年

队的总部都在伦敦附近：战斗机司令部和轰炸机司令部[1]。他们的指挥官可以绕过三军参谋长。作为战斗机司令部总司令，道丁是唯一一位曾向战时内阁申诉，反对丘吉尔命令的军官，而且他如愿以偿。1942年成为轰炸机司令部总司令的亚瑟·哈里斯爵士（Sir Arthur Harris），后来利用近水楼台的机会（海威科姆离丘吉尔在契克斯的周末度假胜地很近），亲自向国防部长提出他的战略。考虑到战前确定的空军部队的特点，空军战略在很大程度上就由其自身决定了。一旦德国对英格兰的轰炸被击退，皇家空军决心执行独立轰炸，也就是所谓的"战略轰炸"。哈里斯一直在推动这一战略。丘吉尔同意了。从1940年10月起担任空军参谋长的查尔斯·波特爵士（Sir Charles Portal）也赞同，除了少许保留意见。在盟军进军法国之前，没有发生过重大的争执。

然而，军事计划经常需要重新考虑。1940年6月，英军被赶出欧洲，损失了几乎所有装备。它必须被改造成一支进攻性的力量。但关于进攻的目标放在哪里，或者是否应该进攻，存在着旷日持久的争论。即使在最黑暗的时刻，丘吉尔也勇猛突进。从1940年5月到1941年底担任帝国总参谋长的约翰·迪尔爵士（Sir John Dill）深感压力，不胜其苦。他的继任者艾伦·布鲁克爵士（Sir Alan Brooke）表现得更为优异，只在战后的回忆录中发泄自己的不满，不致影响战事。在争论的背后，其实存在着根本的共识。丘吉尔想起了索姆河和帕森达勒。他想要一场没有重大伤亡的进攻，实际上是以迂回的方式，从后门进入德国。这一次，与帝国总参谋长不谋而合。直接攻击和间接攻击的原则后来成为与美国的争端，而不是国防部长和帝国总参谋长之间的分歧。

丘吉尔的战争决策并非不受民众监督。从理论上讲，他对战时内阁的意见言听计从。他有权主持国防委员会（军事行动）——由两名战时内阁成员[2]、三军参谋长和三军大臣组成。这个委员会在早期经常开会，尽管只是批准丘吉尔的提议。后来，随着他的控制更为强势，随着原则性决策变得不那么必要了，这种形式就弱化了[3]。成立了类似的国防委员会（物资供应），负责协调三军的

---

[1] 战斗机司令部在斯坦莫尔，轰炸机司令部在海威科姆附近。
[2] 起初是张伯伦和艾德礼，后来是艾德礼和比弗布鲁克。
[3] 国防委员会（军事行动）于1940年举行了52次会议，1941年举行了76次会议。1944年举行了10次，当时只讨论次要问题。同样，国防委员会（物资供应）的会议从1940年的18次减少到1944年的8次。另一方面，参谋长委员会每年举行400多次会议，1942年为573次。艾尔曼《大战略》第6卷第325、331页。

需要。实际上,三军作为竞争对手,都在尽力为自己争取。

在战争的非军事领域,组织机构复杂,有不少于 5 个委员会存在,除了一个之外都由战时内阁成员掌管[1]。丘吉尔似乎一开始就有这样的想法:他自己手握军事大权,而张伯伦作为枢密院长,实际上是民政首相。于是,设立枢密院委员会,以控制和协调其他委员会。行将就木的张伯伦无所作为。张伯伦去世后,安德森接任枢密院长。该委员会让其他委员会黯然失色,最后纷纷解散,仅有一个幸存。安德森逐渐成为民政方面的最高权威,掌管战争的一切非军事事务。丘吉尔承认了他的卓越才能,1945 年作出一个决定,一旦艾登和他本人遇难,提名安德森接任首相[2]。

这一非同寻常的提议表明,在战争期间,政治家和政治体系完全被弃之不顾,尽管丘吉尔对他们还是尊重的。即便如此,这个提议有一个无法弥补的缺陷。安德森不曾独立行事。他不为公众所知,甚至几乎不为同侪所知,仅仅是首相的代理人,在作出任何重大决定时,他都得把丘吉尔抬出来。事实上,除了贝文,所有的大臣都是丘吉尔的工具。所有委员会,包括军事的和民政的,最终都按照他的指示行事,服从他的决策。丘吉尔是体制中人,即使对这个体制怒气冲天。与劳合·乔治不同,他的工作是在书面上完成的。甚至连演讲都是事先读过或背过的。他不停地写"便函"处理战事,让手下人写备忘录,自己作进一步的书面回复。在会议上,他不予讨论的机会。他滔滔不绝,其他人或耐心或不厌烦地聆听他的独白,便是所作的贡献了。

丘吉尔有一句动听的话,描述自己的工作方法:"我无非是想,经过理性的讨论,事情能如我所愿进行。"[3] 这甚至适用于战时内阁。理论上,内阁是至高无上的。实际上,它的决定是丘吉尔或某个委员会制定的,只是需要它最后批准一下,就像法国大革命期间雅各宾派代表声称以"共和国的名义"一样。劳合·乔治的战时内阁是一个真正的公共安全委员会,共同决定所有重大事务。丘吉尔的战时内阁很少提出动议,反对他意见的情况更是少之又少。的确,很

---

[1] 住房政策委员会于 1942 年撤销;粮食政策委员会于 1942 年撤销(均在艾德礼的领导下);生产委员会于 1941 年撤销;经济政策委员会于 1941 年撤销(均在格林伍德的领导下);民防委员会(在安德森的领导下)。1941—1942 年间由生产主管部门取代生产委员会,后被撤销。
[2] 惠勒-贝内特《乔治六世》第 545 页。
[3] 丘吉尔《第二次世界大战》第 4 卷第 78 页。

难从档案[1]中探究战时内阁在战争期间所做的一切，除了像西哀士神父（abbé Siéyès）那样多活几年。丘吉尔把战争扛在自己肩上。他肩膀宽阔，但负荷过重。丘吉尔提供政治灵感和领导力。他制定战略，解决国内政策中的争议问题。此后在战争中，他与各大盟国，有时也与小的盟国开展外交往来。不仅如此，他对一切琐事都很关心，从果酱定量的多少到外国地名的拼写。他从不停下来喘息。在这些风尘仆仆的活动中，他也犯下某些大的错误，还有很多小的错误。没有人能像他有那么大的作为，像他那样热情永不消退。

事态发展赋予丘吉尔的权力和责任，远远超出了他就任时的设想。挪威的惨败把张伯伦拉下了马，这毕竟是一件微不足道的事情——加里波利也算不上，更不是意味着全面失败。大事很快降临了：希特勒——而不是英国人民——将丘吉尔变成一个独裁者。5月10日凌晨，德国军队毫无预兆，也没有任何借口，入侵荷兰和比利时。这次袭击是德国谋划已久的，也是盟国早就预料到的。由于荷兰和比利时没有在邻接法德两国的边境地带设防，希特勒担心它们将给前往鲁尔区的盟军让出一条捷径——一条不是以陆军突破，就是以轰炸开辟的道路，而鲁尔是德国工业的重镇。1939年10月，他的初衷是占领这两个国家，然后封锁道路。根据施里芬计划，他准备先进攻最右边，然后向左转，与盟军正面交锋。但他的计划逐渐改变了。希特勒现在将他的重心力量放在中线，马奇诺防线的终点。在那里，他将突破法国的防御工事，直捣海上。荷兰和比利时将被切断，失去盟国的援助。希特勒没有预见到，同盟国的主要作战力量也会被切断，他将一举赢得西线的战争。他的收获远大于预期，以前他经常有这样的好运，但这是最后一次了。

从战前开始，盟国一直在考虑如何对待荷兰和比利时。显而易见的方法是事先与他们协调防御。但两国政府均拒绝放弃其中立立场。同盟国威胁中止一切援助，但无法付诸实施。首先，有一种光荣的义务。英、法两个大国曾经许诺援助波兰，并试图援助挪威，现在不能对家门口的小国置之不理。最高指挥官甘末林实际上另有打算。向比利时推进将缩短盟军战线，从而节省人力。与

---

[1] 查看资格很重要。虽然大多数部门的工作都被官方历史学家写过，但战时内阁的工作仍不为人知，大概要到1970年至1975年，30年档案封存期结束之后才能见天日。如此一来，正如经常发生的那样，保密也会伤害它本应保护的人。

比利时和荷兰的军队联合起来，将进一步弥补盟军对德国的劣势[1]。这个问题从来没有被盟军最高委员会认真讨论过。甘末林的权威不容置疑。戈特没有提出反对意见，因此英国政府也就勉强同意了。甘末林又作了一个左右命运的决定。他的预备役部队装备着最重型的盔甲，在盟军战线的最左边，位于英国远征军和海洋之间。他决定把这支部队派遣到荷兰去，这个决定也没有人质疑。英国和法国为这种对最高统帅的愚忠付出了惨痛的代价。[2]

5月10日，盟军如期挺进荷兰和比利时。这对荷兰于事无补。荷兰军队于5月15日投降。威廉敏娜女王（Queen Wilhelmina）在英国建立了流亡政府。荷兰的东印度群岛和商船队可以为英国所用。德军进攻期间对鹿特丹进行了轰炸，生灵涂炭。作为报复，英国放手打击工业目标，5月15日轰炸了鲁尔。远离军事行动战场的战略轰炸攻势，就这样不经意地开始了。在比利时，盟军起初还能坚守防线。而后，5月14日，德国人在色当成功突破。法国已无后备军可以抵抗。不到5天，德国就占领了亚眠，随后抵达阿布维尔的海口。驻扎在比利时的盟军被切断了联系。甘末林和法国政府绝望地看着事态的进展。雷诺呼吁英国增派飞机，丘吉尔同意了。道丁坚决反对，终于得逞，尽管是他亲自出现在战时内阁，并威胁要辞职之后[3]。无论如何，德国很快就占领了机场，其战机有了施展拳脚之地。而一心想实行独立轰炸战略的英国，和法国一样缺乏战术轰炸机。

5月16日，丘吉尔前往巴黎。甘末林冷静地对情况作了解释：法国没有战略后备军，德国将在几天内抵达巴黎。丘吉尔敦促对德军走廊的侧翼发动联合进攻。甘末林表示支持，但什么也没做。3天后，福煦的老部下魏刚（Weygand）取而代之。魏刚在调查情况后进一步推迟了行动。5月19日，英国政府获悉，戈特准备撤退到海上。当时还担任帝国总参谋长的艾恩塞德被派去传达严肃的命令，要求戈特往南向亚眠发起进攻。戈特解释称，他的9个师中有7个师在

---

[1] 1940年5月，德军在西线有134个师。法国有94个，英国有10个，比利时有22个，荷兰有8个，波兰有1个——总共135个，如果他们有效协作，并且全部装备齐全的话。法国和德国都有2500辆左右坦克。巴特勒《大战略》第2卷第177页。
[2] 丘吉尔和蒙哥马利等权威人士为英军离开预先布置的防御位置，向前挺进而哀叹。肯尼迪和埃利斯等人则相信，否则英军将被德军切断，无法退到海边。这些推测无法下定论。
[3] 争论失败后，道丁把铅笔放在战时内阁的桌上。这个小动作实则是非常严重的警告。战时内阁妥协了，道丁的铅笔赢得了不列颠之战。

些耳德河与德军交战，向南进攻是不可能的。艾恩塞德表示赞同。戈特由此启动了终结英法联盟的步伐，也拯救了英军。

魏刚慢腾腾地制订了一份联合进攻的计划。丘吉尔于5月22日再度来到巴黎，表示支持。随后依旧没有任何行动：魏刚的攻势只是纸上谈兵。到5月25日，戈特已经放弃了任何配合执行最高指挥官的战略的打算[1]。5月27日，英国政府也要直面现实了：戈特被告知，他的唯一任务是"尽最大可能撤离部队"。这似乎是一道艰难的命令。在英军的一侧，加莱在顽强抵抗后沦陷。另一方面，比利时于5月28日凌晨投降[2]。5月27日，"发电机行动"——从敦刻尔克撤离——开始，尽管那天只有7000人被转移。丘吉尔警告称，英国要为"苦难而沉重的消息"作好准备。

"发电机行动"出乎意料地成功了。战斗机司令部的部队毫无保留地投入战斗，削弱了德军在海滩上轰炸的威力。驱逐舰承载了大部分士兵，还得到各类船只的协助——游船、渡船、捕鱼船，共有860艘船参与其中。另一个优势是，气象状况一直对撤离有利。5月31日，由于兵力减少，戈特[3]将指挥权移交给资深的师长亚历山大[4]。6月3日，最后一批士兵被转移。总共有338226人从敦刻尔克撤回英国，其中139097人是法军。敦刻尔克大撤退是一次伟大的救赎，也是一个巨大的灾难。英国远征军几乎全部得以保全。[5] 英军几乎损失了所有的大炮、坦克和其他重型装备。许多士兵丢弃了步枪。6艘驱逐舰沉没，19艘受损。皇家空军损失了474架飞机。

法国战役的其余部分不过是一个尾声。法国人只剩下50个师守卫索姆河

---

[1] 5月23日，英军南面的德国装甲部队停止前进。这是德国史，而不是英国史应该研究的问题。一些人指责指挥官伦德施泰特将军（Rundstedt），其他人则认为责任在于希特勒。也许两人都难辞其咎。德国没有正确估计法国的溃败程度，希望节约兵力以继续战斗。他们对5月21日在阿拉斯同英国装甲旅交战造成的损失感到忧虑。戈林声称，德国空军可以在没有地面部队协助的情况下摧毁敦刻尔克的英军。希特勒还被指控对英军过于温和，意在为和平谈判作准备。这一点无从证明。他大概没有想到，即便法国战败，英军还要继续战斗下去。5月23日，英军似乎走投无路，只有在英军撤离后，暂停装甲部队的决定才显示其意义。
[2] 不像威廉敏娜女王和其他统治者，利奥波德国王（King Leopold）留在国内。但比利时政府反对他的决定，带着来自刚果河的财富去往伦敦。
[3] 戈特于1941年至1942年任直布罗陀总督，1942年至1942年任马耳他总督。
[4] 哈罗德·利奥弗里克·乔治·亚历山大（1891— ）：陆军元帅；1939—1940年指挥第一师；1940—1942年任南方军区司令；1942年任缅甸英军司令；1942—1943年任中东战区总司令；1943年为北非战区总司令；1943—1944年为意大利战区盟军总司令；1944—1945年任地中海战区盟军最高司令；1946年被封为子爵，1952年晋升伯爵。
[5] 在1940年5月至6月的法国战役中，英军的总伤亡人数为68111人。

的防线。5月31日，丘吉尔再次前往巴黎，发现魏刚和加入雷诺政府的贝当元帅（Marshal Pétain）已经在谈论停战。丘吉尔坚持说，无论如何，英国将继续战斗。英国政府将尽其所能维持法国士气。在法英军只剩下两个师还有战斗力，由艾伦·布鲁克将军指挥。布鲁克很快了解到法国的战役已经结束，并于6月14日获得独立行动的授权。6月12日，第51师在圣瓦勒里覆没，大雾阻碍了撤离。英军的其他士兵和两万名波兰人成功撤离[1]。差不多4年之后，英军才再次踏上法国的土地。

与此同时，雷诺一再请求与丘吉尔会晤（6月11日、13日见面了，6月17日的会面未实现）。讨论的问题不再是关于抵抗，尽管争取美国援助的呼吁徒劳无功。魏刚和贝当希望停战，雷诺则主张继续打下去。英国最担心的是，法国舰队会否落入德国手中。6月16日，正当法国政府在波尔多进行商议时，英国政府准备发出一则严厉的信息，要求法军舰队调往英国港口。在最后一刻，这一信息被撤回，取而代之的是一项关于两国不可分割的联盟的建议案——单一的政府、共同的公民身份和联合的议会[2]。法国人对这个建议反映不佳，认为这是把法国贬为英国的自治领。雷诺辞职。贝当组建了新政府，立即要求德国停战。至6月22日，法国北部和它所有的海岸线一直到比利牛斯山脉，都被德国占领。英国现在面对的是一个充满敌意的大陆，而火上浇油的是，意大利由于担心迟了分不到战利品，已经于6月11日宣战。

英国人民依然泰然自若。熟悉历史的人会记得英国独自对抗拿破仑的漫长岁月，而法国人回顾1814年、1815年和1871年的历史，认为战败之后必是停战。敦刻尔克的成功撤退使人们走进自信的误区：尽管前期估计可能大难临头，但几乎所有的远征军都得救了。海上霸权和孤悬海外的古老信念不会在刹那间烟消云散。毫无疑问，许多人继续着他们的日常工作，他们会勉强接受和平谈判，正如他们勉强接受继续抵抗一样。尽管如此，仍有相当多的人公开表态，秉持一贯的信念：英国人（或部分英国人）曾谴责它国没能抵抗希特勒，现在

---

[1] 从索姆河和波尔多之间共有191800人撤往英国，其中14.4万人是英国人——有些是布鲁克麾下的部队，更多的是在远征军后方服役的人（交通、行政、通信、医疗）。在法国战役中撤回英国的士兵总数是558032人，其中368491人是英国人。

[2] 这项建议案由范西塔特、戴高乐（de Gaulle）和法国经济专家让·莫内（Jean Monnet）共同起草。莫内后来设计了共同市场。丘吉尔对英法联盟毫无热情和信心，但依然接受了。

轮到英国人以身作则了,这种认识仅仅是出于人之常情。起初几乎无人认为英国能赢得这场战争。也许没有多少人认为它能坚持下去,但不少人都想尝试一下。丘吉尔表达了当时的精神。他在战前的广播演讲并未受到很高的评价。洪亮的声音和浮夸的词句与时兴的广播语调不相协调。但在1940年5月和6月的黑暗日子里,作为首相,必须向大众传递信息,丘吉尔把当天早些时候他在下议院发表的演讲又讲了一遍。

令专家们大吃一惊的是,他的演讲非常成功。它们侈丽闳衍,毫不谦逊,麦考利的诗句和流行语混合夹杂,就像丘吉尔有时穿着维多利亚时代的长大衣,更多时候穿着一套极其实用的警报服[1](让人想起孩童穿的"连衫裤")。丘吉尔不再是激进分子,如果他曾经是的话。他是个特立独行的人,这恰好符合英国人民的口味。他们喜爱他的浪漫措辞,尽管他们自己说话的语气仍然偏于平淡。强敌被贬低为"小老头希特勒"——一个被蔑视甚至被取笑的形象。丘吉尔并不是一个人在说话。小说家J.B.普里斯特利在广播中拥有几乎同样多的忠实听众。在令人愉悦的调侃方面,他的演讲更具有代表性。他也传递出一种信仰:人民战争之后,人民将得享和平。

持续作战的问题从未被正式讨论过。5月27日,在战时内阁拒绝了法国关于向意大利让步的提议后,哈利法克斯提出,如果希特勒提出合理的和平条件,该如何应答。丘吉尔表示这是不可能的,讨论没有继续下去。实际上,他决定未雨绸缪,不让旧事重提。5月28日,他会见内阁的所有大臣,在考察了一番形势后,漫不经心地说道:"当然,不管敦刻尔克发生什么事,我们都将继续战斗。"大臣们高呼:"好极了,首相!"一些人热泪盈眶。另一些人拍了拍丘吉尔的背。[2] 这是最接近讨论或决议的会议方式。7月19日,希特勒在公开演讲中提出和平建议。[3] 丘吉尔希望议会两院作出正式决议予以拒绝,张伯伦和艾德礼反对,哈利法克斯接受任务,在广播中驳斥了希特勒的提议。几天后,丘吉尔发布了一项综合指令,明确界定了英国在战争结束前的战争宗旨。必须赢

---

[1] 这种衣服是为空袭时的管理员专门设计的。敌机逼近时,政府会发出警报。
[2] 丘吉尔《第二次世界大战》第2卷第88页。道尔顿《致命之年》第336页。道尔顿的说法不同,不过相较而言,他的话真实性要小一些。
[3] 希特勒虽然"承认"大英帝国,但还是要求将伊拉克和埃及据为己有。他还考虑过恢复温莎公爵的地位,并期待霍尔或劳合·乔治担任首相。

取彻底的胜利，或者反过来说，敌方无条件投降。德国必须放弃所有的战利品，并以"行动而非语言"作出"有效的保证"，即在英国屈尊与他们谈判之前，保证此类事情绝不再犯。[1] 英国政府，大概还有英国人民，无论身处顺境还是逆境，都没有动摇过这些原则。

从 1940 年仲夏的情况来看，这可能被认为是鼓舞人心的、傲慢自大的，或者仅仅是无从避免的，当时英国人还在讨论能否在接下来的几周生存下来。5月 27 日，三军参谋长提交了一份沉闷的评估报告，预料希特勒将正式入侵英国。报告称，没有空中支援，英国海军不可能无限期地抵抗入侵；一旦德军安全登陆，陆地部队将无力击退。"关键是空中优势"，虽然道丁认为自己的前线力量足够强大，但参谋长们担心，德国的轰炸可能会摧毁皇家空军赖以生存的军工厂。[2] 像往常一样，军事顾问们夸张了轰炸的后果——对敌我双方的预估都是如此。

显而易见，迫切需要更多的飞机。比弗布鲁克作为飞机生产部长，是当时的风云人物。他生产飞机就像他以前制造报纸一样。他任命新人，下达电话指令，激励他们，并且制订了几乎不可能实现的计划目标。"行动就在当下"是他的一贯主张。他撕毁了稳步扩充一支均衡的空军的旧计划，目标是立马生产更多的战斗机。他在资源优先权问题上毫不礼让其他部门，把手伸到备件库存上，拆用配件，用于制造飞机。正如一位历史学家所说，"比弗布鲁克勋爵攻势之猛，猛烈地冲击着他所认为的行政部门和空军元帅之间的障碍"[3]。在此基础上，还可以加上另一项官方结论："军工生产历史上最壮观、最重要的独立事件获得了圆满成功。"[4] 比弗布鲁克无疑打乱了行政部门的计划，阻碍了一支强大的轰炸机部队的发展。但是，很大程度上还是要感谢他，当不列颠之战结束时，战斗机司令部拥有的飞机比开始时多。

---

[1] 丘吉尔在 8 月 3 日（《第二次世界大战》第 2 卷第 231 页）清楚说明了英国的条件："德国以实际行动而非口头作出有效的保证，确保恢复捷克斯洛伐克、波兰、挪威、丹麦、荷兰、比利时，尤其是法国的自由和独立，并确保大不列颠和大英帝国在全面和平中的有效安全。"德国提出的停战要求只有在"以行动"提供这些保证时才予以考虑。这些条款提前挫败了后来所谓的德国抵抗运动。这些德国人想在推翻希特勒之前得到德国能够被宽大对待的保证。英国的态度始终是，希特勒必须被推翻，被侵略的国家必须恢复主权，然后才能进行任何谈判。
[2] 丘吉尔《第二次世界大战》第 2 卷第 79 页。
[3] 巴特勒《大战略》第 2 卷第 253 页。
[4] 波斯坦《英国军工生产》(*British War Production*) 第 116 页。

第十四章 尖峰时刻，1940—1941 年

比弗布鲁克也对公众产生了影响。他呼吁利用废弃金属。花园的铁栏、厨房里的铝制锅碗瓢盆都失了踪。劳工法规被漠然无视。飞机制造厂的工人每周工作 7 天，每天 10 小时。贝文在确保这种新的合作精神方面起了很大作用。他决心成为劳工的独裁者[1]，在整个战争期间贯穿这一立场。他小心翼翼，在劳工做好心理准备之前，从不动用法律权力。即使在战争时期，人们也花了很长时间理解现实的经济状况，他们更愿意牺牲自己的生命，而不是牺牲自己的生活水平。这样的例子有很多。现任英国财政大臣金斯利·伍德于当年 7 月向多数消费品征收消费税。工党成员发出低沉的吼叫，大众已经陷入贫困，所得税提高到每英镑 8 先令 6 便士更是雪上加霜。全民振奋之时，公共财政依然疲软。财年赤字为 21.15 亿英镑。收入增加了，失业消失了，而购买力增强带来的压力很难通过增税来缓解。这场金融战争直到 1941 年才取得胜利，而不是在 1940 年。

英国人民情绪高涨，无暇顾及增税事宜。6 月 18 日，丘吉尔警告说，德国的进攻一触即发，他总结道："因此，让我们勇敢地承担自己的责任，我们要勇敢地承担，以便在大英帝国及其联邦存在一千年之后，人们也可以说，'这是他们最辉煌的时刻。'"公众纷纷响应。几乎没有人意识到这一决定将取决于空军，而且，在任何情况下，除了工厂工人，大家能作的贡献微乎其微。英国人想自己干一番惊天动地的事情。他们满脑子装着低地国家和法国发生的事情，预见德国坦克将在第五纵队和伞兵的协助下，占领英国各地[2]。匆忙之下，在英的所有德国人都被关押起来，尽管事实上他们几乎都是犹太难民，其他大多也是纳粹的政敌。[3] 一些英国法西斯分子和亲德派也被拘留，包括奥斯瓦尔德·莫斯利爵士、他的妻子和一名议员。[4] 周密的预防措施布置停当，以迷惑入侵的德军。

---

[1] 他最初的行动之一就是接管内政部的工厂监察员。
[2] 伞兵在攻占鹿特丹的战斗中发挥了作用。第五纵队，即叛徒，是想象的产物，见德容（de Jong）《荷兰的第五纵队》。
[3] 对难民的怀疑导致了戏剧性的结果。战争开始的时候，英国物理学家大多从事雷达研究，这被认为是最紧急也是最机密的任务。难民科学家被排除在这项工作之外，因此可以自由地继续从事核物理方面的研究，该研究预计不会对战争有任何实际应用。然而，正是他们首先发现了如何控制核爆炸——制造原子弹的关键一步。难民科学家发现这一现象之时，他们仍然不得拥有自行车，前往伦敦需要获得当地警方的特别许可，以便向政府的科学顾问报告。
[4] 共有 1769 名英国人被拘留，其中 763 人是英国法西斯联盟的成员。后来释放了 1106 人。1943 年，内政大臣赫伯特·莫里森不顾极左分子的强烈抗议，释放了莫斯利一家。比弗布鲁克促成了这一行动，丘吉尔颇为赞许。

道路标志和火车站站牌被拆掉。甚至在商店的门面上，地名也被涂掉了。出版商销毁了他们的地图库存——尽管德军可能有自己的地图，能够看懂的地图。

一支辅助部队在法国战役开始时就已成立：起初被称为地方防卫志愿军，不久便获得更为响亮的称号："本土自卫军"。到1940年夏，有100多万男性参军。一战老兵踊跃参加。但从战斗力上衡量，这支队伍价值不大。在夏末以前，几乎没有枪支可供使用，即使发了枪，也没有弹药。本土自卫军只能为难无辜的民众，要求他们出示身份证；建造原始的路障，留下令未来考古学家兴奋的痕迹；有时还用汽油罐做炸弹。如果德国真的入侵英国，这支军队集结起来，恐怕会全军覆没。虽然装备简陋，但他们的精神是亢奋的。丘吉尔称，如果德军登陆，"你总能拿把菜刀吧"。屠杀和破坏的策略也许会实行。我们不能确定。

当权者对英国人民缺乏信心，这是过虑了。人们因发表不满舆论遭到起诉，后来丘吉尔予以制止。新闻部长达夫·库珀派出调查人员调查公众舆论（被调查人员斥之为"库珀的窥探者"），并试图通过在电台播出麦考莱关于无敌舰队的诗歌来唤醒全国的斗志。一些迹象表明，恐慌的正是身居高位之人。政府试图把伦敦东区的孩子送到海外，这是合情合理的。只有2664个舱位。与此同时，来自富裕阶层的1.1万名妇女儿童自费前往。政府成员和大学教授们也让他们的家人卷入这场不体面的争夺战[1]。逃亡行动在丘吉尔的命令下中止了。每个地区秘密提名了三四名受人尊敬的公民，以备侵略期间维持治安，他们会合作到什么程度无从知晓。德军在每个征服的国家都找到了一些当地代理人。也许英格兰是个例外，但海峡群岛的例子并不令人鼓舞。他们是唯一被德国占领的英国领土。大约一半人口逃到英国，其余的留在原地。警察和行政当局在整个战争期间继续发挥作用。法院仍然以国王的名义办案，实则奉德国的命令。解放时期因触犯德国人而被判刑的人被送到温彻斯特监狱，继续服刑[2]。也许幸运的是，英国的爱国主义没有受到最严峻的考验。

德军并没有像预期的那样蜂拥而至。希特勒对自己的成功一时来不及反应。他没有为进攻英国作任何准备，法国沦陷一个月左右才决定下一步怎么办。与此同时，英国政府努力巩固其在目前和未来战役中的地位。他们最担心的是法

---

[1] 王室树立了一个完美的榜样。英国王后说："没有我，孩子们走不了。而我不能离开国王，国王当然不会走。"国王在白金汉宫的庭院里练习手枪射击，并打算在战斗中献身。
[2] 罪行当然是普通的犯罪行为，特别是走私。但在德国统治期间，罪行都是抵抗行为。

国舰队。它强大的战列舰如果为敌方所用,将扭转力量对比,对皇家海军不利。停战协定规定,法国船只将在德国和意大利的控制下解除武装,战争期间,德军不得使用这些船只。法国指挥官接到秘密指示,要求凿沉船只,不致落入德国人手中。英国人并不知晓。德国的承诺似乎是他们唯一的安全保障,而这种保障并不可靠。

战时内阁作出决议,必须让法国舰队失去战斗力。丘吉尔称这是"一个可恨的决定,是我经历过的最不近人情、最痛苦的决定"[1]。经过短暂的交锋后,夺取了停在英国港口和亚历山大港(经过谈判)的法国舰只。米尔斯克比尔(奥兰)的主力较为顽固。法国军官对他们的荣誉所受到的暗中诋毁表示愤慨。对英国扶植桀骜不驯的军官夏尔·戴高乐(Charles de Gaulle),他们也怀恨在心。戴高乐试图在伦敦重建"自由法国"。英国海军上将詹姆斯·萨默维尔爵士(Sir James Somerville)同样反感这一行动,他的麻烦在于,他没有明确提及这些船只也可以开往美洲水域。来自伦敦的命令是不容更改的。7月3日,萨默维尔摧毁了两艘法国战列舰和一艘战列巡洋舰,相当多的船员葬身大海。可以理解,法国对此次袭击感到义愤填膺,断绝了外交关系,尽管没有宣战。1942年11月,当德军开进还未被占领的法国地区时,法国人及时地凿沉了剩余的船只。这一事件在1940年7月是无法预见的。英国政府以残酷的手段增强了自己的海上力量,向世界表明,他们将不惜一切代价对抗希特勒。不幸的是,这次示威是以牺牲前盟友为代价的。英国人民当然赞成。当丘吉尔在下议院宣布有关奥兰行动的决定时,他第一次赢得了保守党议员们的热烈掌声。"在这庄严的响彻云霄的和声中,大家都联合在一起了。"[2]

英国在失去旧盟友的同时,获得了新的盟友。波兰、挪威、卢森堡、荷兰和比利时的流亡政府都建立在英国领土之上,他们带来了战斗人员、财政资源和300万吨的航运能力。7月3日,前总统贝奈斯成为捷克斯洛伐克临时政府的领袖[3]。戴高乐将军虽然不是政府首脑,却在组织一场"自由法国"的运动。起初,英国人对这场运动寄予过高的希望。自治领受到英国决心的鼓舞[4],尽管

---

[1] 丘吉尔《第二次世界大战》第2卷第206页。
[2] 同上第211页。
[3] 然而,英国政府直到1942年8月才废弃《慕尼黑协定》。
[4] 自治领不是全都站在同一阵线。1939年10月,一些自治领政府希望以和解的方式回应希特勒的和平提议。加拿大与维希的贝当政府保持外交关系。澳大利亚和新西兰忧心忡忡,不希望远东的安全因埃而受到危害。

英国史：1914—1945

它们没有什么可以提供。英国也转向了苏联和美国这两个中立的大国。克里普斯出任大使，被派往莫斯科，因为政府错误地认为左翼社会主义者会与共产主义者谈得来。斯大林坦率地解释说，他预料德国会在1941年发动进攻，决心尽可能不惹麻烦。[1] 在苏联，别的就无事可做了。

丘吉尔从一开始就盯住美国这个民主的兵工厂[2]。他还在海军部任职时，就开始与罗斯福总统私人通信，首脑之间个人联系的加强成为整个战争期间沟通英美关系的重要渠道。[3] 这种关系从一开始就是单方面的。英国可能认为，捍卫自由是一项共同的事业。事实上，英国处于战争状态，需要美国的援助。美国是个中立国，希望保持中立，尽管对德国获胜的未来也感到担忧。罗斯福本人一开始也怀疑英国能否生存下去，并试图让英国人作出保证：如果德国入侵成功，英国皇家海军将开往大西洋对岸。即使后来信心满怀的时候，罗斯福仍然怀疑自己是否能够让美国人民投入战争，也许他不希望这一刻到来。

英国必须让美国相信他们可以继续战斗。必须进一步表明，为此他们需要美国的援助。美国政府仍然坚守一手交钱一手交货：英国要用自己的钱购买武器和其他物品，并以自己的船运走。船只不是问题，钱是个问题：宝贵的美元储备和可出售的证券将行之不远了。英国只能赌一把，希望出现转机。丘吉尔取消此前对美元支付的限制。5月15日，他写信给罗斯福："我们将继续支付美元，只要我们还有能力。但是，我希望得到保证，当我们无力支付时，还能给我们东西。"

说起来容易，做起来难。罗斯福在11月的总统大选前还在犹豫，是否采取什么果断行动。英国必须破釜沉舟，继续前进。加拿大商人亚瑟·珀维斯（Arthur Purvis）在华盛顿领导英国的采购委员会，逐渐理顺了各军种相互竞争的乱糟糟的订单。他即刻接手了法国此前在美国签订的所有协议——价值6.5亿英镑[4]。珀维斯是一位天才的谈判者，是为英国取胜立下赫赫功劳的一流角色，直到1941年8月去世。但他不能创造奇迹，虽然离奇迹也不远了。订单是

---

[1] 兰格和格利森《对孤立主义的挑战》第644页。
[2] 兵工厂是潜在的，不是现实的。美国工业还没有投入军工生产，即使军工生产发展起来后，美国的军事需求也是优先的。就像早些时候的英国一样，大家很难理解一个工业大国何以不能在一夜之间生产出武器。
[3] 这些信件对丘吉尔还有一个好处。由于是私人信件，它不受《官方保密法》的限制，为写作六卷本《第二次世界大战》提供了主要材料。
[4] 有的订单并未交货。英国最终在此项目下花了3.5亿英镑。

一回事，交货又是另一回事。美国的工业还没有为战争作好准备，英国的钱主要用于建造工厂，而不是购买飞机或坦克。这似乎没有尽头：新工厂大量占用英国原本希望拥有的机床。结果真是具有讽刺意味。英国的国库支出重新武装了美国，而不是加强英国。[1] 罗斯福找了一个借口。他证明某些武器"超出了美国的需求"，将其转移到英国。这个借口为本土自卫军提供了50万支步枪。英国还想要50艘超龄驱逐舰，并在9月得遂心愿。这是一项复杂的交换，英国允许美国在英属西印度群岛和纽芬兰建立基地。1941年之前，只有9艘驱逐舰正式入役。和其他许多东西一样，驱逐舰是一种同情的姿态，意味着未来还会提供大家伙。美国在目前可以提供的东西寥寥无几。英国独自面对迫在眉睫的危险。

在长达数周的等待中，英军的防御能力有所提高。指挥本土部队的艾恩塞德[2]起初只有实力不足的15个师，坦克不足以配备半个师。他计划用传统的线性方式进行防御，在英格兰东南部设置了原始的反坦克障碍物[3]。布鲁克于7月20日接替艾恩塞德，他在现代战争中更有经验。他从海岸撤回军队，打算用反攻把德军驱逐出去，但他的部队装备欠佳，这个要求可能太高了。海军对于德国有压倒性的优势，并决定不冒险使用主力舰，除非德军重型火力出现。就这样，海防任务被相当自信地交给了轻型巡洋舰和驱逐舰。

战斗机仍然是决定性的武器。道丁有55个中队，他认为已经足够了。我们现在知道，德军在现代战斗机上并不具备什么优势。道丁最缺乏的是训练有素的飞行员，而不是飞机，这在战斗开始后给他增添了压力。他有两大宝贵的资产。首先是雷达。这根链条现在完全投入运行，英国飞行员只有在空袭者接近时才需要起飞，而不会在无休止的巡逻中消耗得精疲力竭[4]。第二项资产就是他自己。和所有伟大的指挥官一样，他对即将进行的战斗以及制胜之道都有清晰的认识。他和他的下属、第十一空军大队指挥官帕克中将（Air Vice-Marshal Park）决心节约使用兵力，在有利的条件下与德军交战。包括丘吉尔和空军参谋长在内的最高军事当局经常敦促他们采取更激烈的行动。但他们坚持己见。

---

[1] 直到1941年底，英联邦花了约10亿英镑的资金，其中只有7%的军需品是从美国采购的。
[2] 5月27日，更为杰出的将领约翰·迪尔爵士接替艾恩塞德担任帝国总参谋长。
[3] 在泰晤士河上游的山谷里，在丛生的杂草中，现在还能看到一些障碍物。
[4] 人们通常认为德国人对雷达一无所知，这是不正确的。他们知道，但并不重视。

一位历史学家对英国的胜利作了这样的评价:"事实证明,道丁和帕克有能力抵制那些给他们下错误命令的人,但他们的德国对手却没有能力抵制戈林。"[1]

7月16日,希特勒下令准备入侵大不列颠。德国将领们建议在北岸岬角到莱姆湾的广阔战线上登陆[2]。德国海军总司令雷德尔宣布,他只能支持在比奇海角附近的狭窄地带登陆,还要求制空权得到保证。德国将军们表面上勉强同意,实则认为雷德尔的计划是烹制灾难的配方,他们仍然集结兵力,准备在莱姆湾登陆。希特勒为了减轻将领们的恐惧,保证只有在空袭摧毁英国的防御力量后才会登陆。事实上,他有时认为,德军的任务不过是占领一个已经投降的国家。希特勒也夸大了轰炸的效果,并且像戈林一样,夸大了德国空军的力量,而德国空军从来没有遇到过真正的敌人。德国空军肩负着三项任务,难易有别。第一项任务最为艰巨,即剥夺皇家空军的空中优势,这样登陆部队就不会遭受来自空中的袭击。二是建立自己的优势,以打击英国陆军和海军。第三个目标是单独通过空中轰炸来削弱英国。如果德国空军集中力量于第一个目标的话,可能会有些眉目。但三措并举,加上道丁当机立断的果敢策略,将给他们带来彻底的失败。

据英国的记录,不列颠之战开始于7月10日,德国的记录是开始于8月13日[3]。在最初阶段,德军袭击护航队,当时英国海军部仍然派遣军舰护送商船通过多佛海峡。道丁饱受压力,要求他不惜一切代价,做好保护工作。但被他拒绝。护航不得不停止,这似乎是德国的胜利。然而,在此期间,德国损失了300架飞机,英国损失了150架。此外,道丁从工厂接收了500架新战斗机。8月13日,德军开始对英格兰东南部发动全面轰炸,派出由战斗机保护的轰炸机编队。道丁集中火力摧毁敌军轰炸机。到8月18日,德国空军显然已经不可能轻易取胜。德军损失了236架飞机,英军损失95架。德军已无可能取得空中优势,除非英国轰炸机司令部被炸毁。

德军现在采取了最具威胁力的战术。他们开始轰炸肯特的战斗机基地,差

---

[1] 科利尔《不列颠之战》(*The Battle of Britain*)第19页。
[2] 英国的三军参谋长一开始预计德军会在东安格利亚登陆,在那里尽其所能地建立起防御工事。现在还能看到很多遗迹。东安格利亚海滩确实是唯一适合大规模登陆的地方,但离斯卡帕湾的本土舰队很近,超出了德国空军的覆盖范围,而且由于缺乏海上力量,德国将军们无法应付长途航行。他们选择了英吉利海峡。随着德军准备工作的推进,英军意识到东安格利亚不是德军的目标,于是将防御转移到南海岸。
[3] 6月19日,剑桥发生第一起严重"事件",9人死亡。

一点就成功了。双方损失几乎不相上下：8月30日至9月6日期间，德国损失飞机225架，英国损失185架。道丁忧心如焚。9月7日，奇迹般地出现了喘息的机会。德军转而去轰炸伦敦。这是对失败的委婉承认，尽管德国空军的理由是，道丁也得使用战斗机保卫伦敦。此外，希特勒现在很着急：秋季将临，气候条件将成为入侵的阻碍，他希望在此之前能将英国摧垮。他还有更为直接的动机。8月25日，英国开始对包括柏林在内的德国城镇进行夜间轰炸，希特勒认为必须捍卫自己的威望，实施报复。[1] 德国对伦敦的轰炸扰乱了市民生活，死伤无数。但它拯救了肯特机场。

英国人相信，危机已经到来。他们知道在敌方控制的海岸上，已经有数百艘驳船虎视眈眈。他们正确地算出，从潮汐和月亮看，只有在接下来的几天里，德方才可能登陆。奇怪地发生了一件倒霉事，参谋长们无法命令军队"进入紧急待战状态"。他们只能发出"克伦威尔"的信号，意思是"入侵行动箭在弦上"，时在9月7日晚上8点7分。本土自卫军武装起来。在一些地区，教堂的钟声响起，这是德军已经侵入的信号。然后，一切平静如水。德国侵略者久候不至。德国空军在9月15日作了最后的努力，这一天现在成为庆祝英国胜利的传统节日。英国损失了26架飞机，德国损失了56架到60架。英国宣称有185架德国飞机被毁，使英国公众的自豪感大增[2]。即使不如所宣称的多，也已经足够了：德国空军没有赢得空中优势。9月17日，希特勒推迟入侵，"直到另行通知"。10月12日，他取消了冬季入侵计划。

德军的准备工作一直持续到1942年3月，此后的很长一段时间里，英国都保持着防御姿态，特别是本土自卫军的力量大为增强[3]。但9月15日是决定性的时刻，表明英国不会被军事征服所打倒。战斗机飞行员得到了应有的认可。丘吉尔表达了所有人的感受："在人类争战的历史上，如此之多的人受惠于如此之少的勇士，这是史无前例的。"但有一个人的功勋被遗漏了：道丁，是他成功

---

[1] 英国的这一行动虽然是英国战略的合理发展，但其本身就是对8月24日德国轰炸伦敦的报复。德国飞行员并未接到命令，而是自作主张投弹轰炸。
[2] 双方飞行员在战斗激烈时自然会夸大自己的战绩。英国声称在不列颠之战中摧毁了2698架德国飞机，实际上摧毁了1733架。皇家空军损失了915架飞机。战斗机司令部在7月10日有656架飞机，在9月25日有665架飞机。
[3] 1942年，本土部队有85万人，本土自卫军有160万人。

地抵制了丘吉尔之命。他的防御策略冒犯了某些空军元帅。[1]1940年11月25日，道丁被解除指挥权，消失于人们的视线之中。然而，他是"唯一一个要么已经赢得、要么即将赢得一场大空战的人"[2]。

战争现在有了新面貌。德国和英国成为唯一对阵的敌手。显然，双方都无法使对方一招致命。德国无法入侵英国。英国也没有入侵欧洲大陆的军队。双方退回到消耗战，空中力量重新成为封锁的武器。这是艰苦的拉锯战。德国还没转向以战争为目的发展经济，还可以利用已占领的欧洲各国的资源，更不用说包括苏联在内的其他中立国家了[3]。英国迅速开始经济动员，到1941年，其军火生产在许多方面，包括坦克和飞机，都大大超过了德国。它也可以利用外部世界的资源，并有相当可靠的前景——美国的工业力量不久就会为它所用，不受财力的限制。然而，在1940—1941年的冬天，它仍然举步维艰。

德军发动了最出其不意，但并非最危险的夜间轰炸，很快在英语流行说法中被称为"闪电战"[4]。这是意气用事，先是出于希特勒对英国马上投降的期待，后来为报复英军的对德轰炸，加上其他原因，便继续进行轰炸。轰炸成了急就章。德军没有专门为独立远程轰炸设计的飞机，也没有为此特训过飞行员（尤其是在夜间），试图达到什么目标也没有清晰的图景。起初，轰炸集中在伦敦，从9月7日到11月2日，每晚都对伦敦进行轰炸。然后，主要转向外省的工业中心，最后转向西方港口。1941年5月16日，德国对伯明翰发动了最后一次猛烈攻击。此后，德国空军忙着准备配合陆军进攻苏联。在英国，防范空袭比空袭德国更为疲累。

一开始，英军的防御能力和德军的进攻能力一样糟糕。他们的战斗机在夜间几乎毫无用处，高射炮数量太少，而且无用。冬天过后，技术逐渐得到改进。物理学家在丘吉尔的私人顾问林德曼教授的支持下，发明了辅助战斗机和高射炮的机载雷达。当德军开始用无线电波，而不是星星导航时，英国人已经做好了干扰德国电波的准备，德国的很多炸弹落在旷野上，并未造成危害[5]。德军错

---

[1] 他的继任者在法国发动了一场白天攻势，损失的飞行员人数超过不列颠之战，仅为阻止几百名德国飞行员进入东线。他声称歼灭了731名德国飞行员，但战后统计的德国实际牺牲人员是103名。
[2] 科利尔《不列颠之战》第158页。
[3] 占领的国家必须得到供应和控制。德国与中立国瑞典和瑞士的合作对它最有利，这两个国家拥有不少优势，包括未受到英国的空袭。
[4] 流行的说法当然是错误的。"闪电战"应该是速战速决的，事实却非如此。
[5] 1941年5月30日，都柏林遭到轰炸，据说是被当成贝尔法斯特误炸。

在没有对选定的目标重复轰炸，譬如考文垂。他们也无法精确轰炸，因此未能摧毁重要的铁路枢纽。最重要的是，轰炸力度不足。一次大轰炸使用100吨左右的炸弹。3年后，英军每晚向德国空投1600吨炸弹——即便如此，也没有起到决定性的影响。57次空袭一共给伦敦投下13561吨炸弹。后来，英军的投弹量经常在1周内就能超过这个数字。

尽管如此，"闪电战"还是造成巨大的破坏，尤其是当德军从投放烈性炸弹变成燃烧弹的时候。超过350万间房屋被毁。每有一名民众丧生，就有35人无家可归。下议院被毁，[1]白金汉宫被炸。伦敦金融城、伦敦东区和许多郡府城市——最著名的是考文垂，都遭到破坏。通常，一个观察者只能从街道的走向判断出住房和商业建筑曾经矗立在这片空旷的土地上。但对生产的影响不那么严重。国土安全部报告称，"全国的战争努力并未遭到严重的有效破坏"。即使在惨遭蹂躏的考文垂，工厂在遭受袭击5天后也恢复了全面生产。1940年10月，比弗布鲁克下令将工厂分散，尽管立即导致产量的下降，但使后来的安全得到加强，而且当老工厂恢复生产时，产量还大大提高了。死亡人数甚多，虽然比人们担心的少得多。在"闪电战"中，约有3万人葬身炮火，其中略超过一半是在伦敦。直到1941年9月，死于敌手的平民数量一直多于士兵。

国民的士气是希特勒最初想要挫败的目标，现在成为政府的主要牵挂。人们又一次从大城市撤离，这次是自发的，几乎没有计划。离开伦敦的人比战争爆发时少了大约三分之一。在全国，大约有125万人搬家。在外省，很多人每晚艰难跋涉到农村，第二天早上返回城市工作[2]。伦敦人不顾官方的反对，冲进地铁站，在那里安营扎寨——几乎在整个战争期间。当然，只是一小部分——大约七分之一的人。十分之六的伦敦人即使在"闪电战"最糟糕的日子里也选择在家避难。人们做了许多事来振奋精神。在严重的空袭之后，丘吉尔或国王通常会出现在公众面前。9月23日，乔治六世为表彰公民的英勇行为而设立了乔治十字勋章。10月接替安德森出任内政大臣的赫伯特·莫里森发挥了坚强的领导作用。为了应对燃烧弹，他下令对以前夜间无人看守的商业和其他建筑实施强制防火监控。原来由地方管理的消防队改组为国家

---

[1] 下议院搬到了上议院，上议院搬到了威斯敏斯特教堂。
[2] 在普利茅斯遭到重创之后，每天晚上有5万人转移。

消防队。[1] 此外,撤离本身就是一种改头换面的福利计划,战争最危险的时期反而成了社会政策最卓有成效的时期。学校膳食标准提高了;平价的牛奶向儿童和孕妇开放供应;维生素和鱼肝油成了配给的一部分(尽管有领取资格的人只有49%实际领取)。

英国人民坚定不移的决心可以从两个例子中看出来。1940年12月,独立工党的议员提出了一项通过谈判实现和平的动议。它以341票对4票被否决。1941年1月,共产党召开了"人民大会",表面上要求改善防空洞条件,实际上是煽动反战。莫里森下令《每日工人报》停刊,没有遭到鸡飞狗跳的反对[2]。党内最坚强的成员,有的忙于当防空管理员,有的忙于指导本土自卫军如何打游击战[3]。当然,突袭造成了诸多苦难。[4] 从长远来看,他们巩固了全国的团结。他们是阶级对立的强大溶剂,确保战士和平民之间不存在第一次世界大战期间那样的敌意。"闪电战"逐渐进入尾声,使人们产生了一种错觉,认为希特勒已经计穷力竭。英国人民相信,他们"能够经受考验",已经踏上了赢得战争的道路。

德军的海上袭击虽然没有空袭那么耸人听闻,但实际上对英国人民的生活构成了更为严重的威胁。在这方面,德国也没有充分准备。战争开始时,他们只有22艘远洋U型潜艇,训练有素的船员寥寥无几。希特勒直到1940年7月才批准新的建造工程,但在12月德军准备进攻苏联时,又将其砍掉。德国空军没有接受过袭击船只或与潜艇联合战斗的训练。大型水面舰艇的攻击极有杀伤力,被希特勒视为珍贵的财产,在海上航行了很短的一段时间后,就被拖回了家。另一方面,德国拥有在第一次世界大战中所没有的巨大地理优势:他们可以从法国的大西洋港口出发,可以向远洋发起攻击。英国也有劣势:位于爱尔

---

[1] 所有的反空袭人员开始时是自愿征募的。1940年6月20日,警察和消防员被禁止辞职,7月9日救援队和急救队被禁止辞职,10月是防空管理员,1942年1月22日是兼职人员。后来开始强制征用,虽然主要是为了抵制产业部门和军队的用人需求。

[2] 下议院以297票对11票通过了这项禁令。

[3] 事实证明,对英国共产党来说,《每日工人报》的停刊是一件始料未及的幸事。美国共产党直到希特勒进攻苏联的那一天,才真正摆脱了反战的尴尬立场。

[4] 被记录下来的只有袭击的直接影响:死亡、受伤、住房和公共建筑的毁坏。间接影响无法估量。有些人疯了;人们的健康受到影响,例如结核病的增加;政治家、参谋人员和行政人员必须在艰苦的条件下展开工作。许多政府办公室设在地下,采光和通风条件都很差。其他的则没有窗户,也没有暖气。上下班出行非常困难,公共餐饮场所极为短缺。只有那些周末去乡下避难的人才能不受打扰地睡上一夜。这些都是不能用数字或百分比来说明的。

兰南部的前海军基地现已关闭；尽管受到英国甚至美国的强烈施压，爱尔兰政府坚决保持中立态度。英国还有其他弱点。法国把最有价值的潜艇探测器的秘密泄露给了德国。它探测不到水面船只。因此，U型潜艇在白天常常暗中尾随护航船队，夜晚对水面发起攻击。直到1943年底，英国仍然严重缺乏用于护航的驱逐舰。此外，对德军水面舰艇的恐惧意味着，战列舰必须伴随重要的护航舰队。一心想轰炸德国的空军部不愿为海岸司令部提供飞机，更不愿意将这一司令部置于海军指挥之下。在海战最糟糕的时期，战时内阁不时为海军出手干预。没过多久，空军部就故态复萌，回到他们沉迷已久的战略轰炸攻势。

这不是唯一的战略定势。护航虽然是保护航运业最有效的方式，甚至是最有效的摧毁潜艇的方式，但似乎过于保守，缺乏攻击性。丘吉尔总能得到海军部的支持，他希望采取更具进攻性的方法。他们鼓励驱逐舰离开所护送的船队，追击潜艇。轰炸机司令部有理由怨声载道，因为让他们转向攻击法国境内的潜艇基地。袭击造成许多法国人伤亡。英国损失了不少飞机和飞行员。在整个战争过程中，只有一艘潜艇被摧毁。英国逐渐吸取了教训。可当美国卷入战争后，他们还要从头再学一遍。海上战争不像"闪电战"那样有清晰的开始和结束。在整个战争中，它经历了起起伏伏。1941年3月至7月，即丘吉尔所称的"大西洋之战"，海上战事首次达到顶峰。仅4月份，就有将近70万吨位的船只被击沉。秋季到来后，迫在眉睫的危机才有所缓和。

沉船的减少有许多原因。最主要的原因是，随着海岸司令部的护航舰和飞机密切合作，护航日益成功。沉船地点不再是英国港口，而是大西洋。在那里，德国潜艇遭遇了一个新的劲敌：美国海军，它在罗斯福的命令下扩大了巡逻范围。1941年6月，美国接管了冰岛驻军任务，一年前英国占领了冰岛。9月，美国第一次与U型潜艇交战。希特勒对破坏中立的行为视而不见。如果没有商船海员坚贞不屈的精神，这些行动是毫无意义的。3万多人在战争中丧命[1]。1942年他们受到当之无愧的赞扬："到目前为止，士气还没有受到影响，在这个问题上，我们唯一可以肯定的是，这种精神令人钦佩，确实了不起。"[2]

---

[1] 贝伦斯（Behrens）《商业运输》（*Merchant Shipping*）第184页。根据她的计算，包括战争间接造成的死亡在内，实际死亡人数应该是50525人。
[2] 战时运输部副司长语。同上第176页。

1941年5月，英国本土舰队经历了最大规模的旧的作战模式。德国战列舰"俾斯麦"号重达4.5万吨，是当时装甲最为严密的战舰。在重型巡洋舰"欧根亲王"号的护送下，它突然出现在大西洋。英国整个本土舰队出海准备围攻，同时调动了直布罗陀的战舰。"俾斯麦"号证明了它的实力，在第一次交锋中重创了"威尔士亲王"号战列舰，第五次齐射击中了"胡德"号战列巡洋舰，后者发生爆炸，沉入海底。尽管"俾斯麦"号的船体油箱被炮弹击破，但它还是摆脱了向它逼近的英国舰艇，消失在大西洋中。海军部一片昏天黑地。"俾斯麦"号似乎正在追踪一支大型护航船队。最不济，它会驶入法国的某个港口。"俾斯麦"号于5月26日再次被"皇家方舟"号的飞机发现，并被鱼雷击中。第二天早上，英军大型舰艇发起围攻，将其摧毁。德国于是只剩下一艘战列舰"蒂尔皮茨"号，它未曾充分投入使用。另一方面，也有不容乐观的地方。"胡德"号的覆没所显示出的缺陷与近30年前日德兰海战中的英国舰艇如出一辙。如果没有"皇家方舟"号上的飞机，英国海军的力量就会被挫败。英国的海上力量似乎恢复了。事实上，"俾斯麦"号的沉没发出了一个未受到重视的警告：旧式的海上力量正在走向终结。

空袭造成的破坏和海上损失并不是导致经济困难的唯一原因。1940—1941年冬，铁路也面临危机。各线路的承运量更大，各不相同，铁路公司无力应付。轰炸造成的实际损失是他们最不挂怀的，事实上，轰炸造成的混乱不如伴随的空袭警报那么多。把进口物资转运到西岸港口，长期以来受到威胁，现已开始落实，被忽视的瓶颈很快凸显出来。铁路部门必须运送冷冻肉和钢铁等货物，但没有合适的运输设备。[1] 煤炭运输是最大的负担。东海岸和英吉利海峡都关闭了，必须依靠铁路为英格兰东南部提供煤炭，这在以前是由沿海轮船运输的。最要紧的是，随着私人汽车的减少，普通乘客更多地使用铁路交通。塞文隧道被来自南威尔士的煤炭和运往南威尔士的工业用品堵塞了。面对新的需求，受到空袭威胁的泰晤士河各大桥无论如何无力满足。此外，英格兰还为维护4个独立的铁路系统付出了沉重的代价，这4个系统之间的联系不够，尤其是兰开夏郡和约克郡之间，以及中部地区的班伯里和拉格比之间。装载货物的车厢积

---

[1] 粗钢只能用特殊的长车厢来运输，而这种车厢很少。1940年9月至12月间月均钢铁进口量为116.3万吨，而战前为5万吨。

压在港口或者附近，每多一辆这样的车厢，就意味着装卸任务的进一步延误。

因此，炮火、封锁和铁路面临的压力造成了越来越多的短缺。与此同时，随着英国工业开始为一支强大的军队生产飞机和装备，需求也在增加。人们也必须保持适度的健康和快乐。于是，在英国经济生活中产生了一场革命，直到最后的指导和调控使英国变成一个社会主义国家，比苏联有意规划所取得的成就更充分。从某种意义上说，这个过程很轻松。现在不会有人相信，自由放任主义是应付战争的最好方法，甚至是潜在的战争。英国实业家在两次世界大战之间养成了遇到困难时求助于政府的习惯，现在他们欢迎政府来调控增产，就像以前限产一样。工人们这次没有觉得自己是在为老板们的战争而卖命。他们也作好了牺牲的准备，尽管他们期待能够"公平分享"，总体而言还是如愿以偿了。战时社会主义是人人同意的社会主义，也就是说，排除了困难的社会主义。

战时社会主义的管理比第一次世界大战期间高效得多。那时一切都要临时应付。现在，大多数计划都是多年前制订的，即使部分计划制订得不好。此外，在第一次世界大战中，存在着3个群体的力量：既有老资格的公务员，也有商界从业人员，还有知识分子——主要是大学教师。这3个群体几乎没有什么共同之处，于是内斗纷争不断。现在，行政部门同样掌握在这3个群体手中，只不过这次增加了工会干部。但他们不再争吵不休。两次世界大战之间，他们的关系日益密切。公务员有了与工业界打交道的经验，也接触了现代思想，尤其是在经济学方面。商人们不再是"海盗"，除了比弗布鲁克和他带进来的几个人。大多数人是大公司的总经理，他们管理起政府部门，也得心应手。同样地，大学教师也研究实务，经常参加实践活动。许多人曾经是议员候选人，对公务员制度表示满意，在战后继续长期担任公务员。工会干部是熟练的管理人员，而不是阶级斗士。因此，大家秉持共同的理论和观点，愿意以同样的方法，朝着相同的目标前进，愿意相互合作。在英国各地，人们不再询问一个人的背景，只会问他为战争做了什么。在公务员体系中尤其如此。[1]

战斗部队也受到影响。与第一次世界大战期间相比，正规军对临时军官的怀疑少了很多。指挥官们认识到需要听取科学家和知识分子的意见。特别

---

[1] 担任要职的人数相对较少。战争之初，担任高级行政职务的有2000人多一点；战争结束时略少于5000人。1945年，非产业部门的公务员（不包括邮政局）超过就业人口的2%。

是皇家空军，常常向科学家寻求帮助研制新设备，其他军种紧随其后。蒙巴顿（Mountbatten）在担任联合作战部负责人时，依靠两位科学家伯纳尔（J.D. Bernal）和索利·祖克曼（Solly Zuckerman），并把他们派往前线。蒙哥马利（Montgomery）的首席情报官是一名大学教师威廉姆斯（E.T. Williams）。当然，也难免犯了不少错误。但总的来说，英国方面精心组织第二次世界大战，发挥了人类智慧的最高水平。

另一方面，更高层的指令仍然是破碎、混乱的。无法根据对资源或需求的精确估算，制订未来的计划。上一次生产普查是在1935年，而在丘吉尔的私人情报班子的负责人林德曼手上，武断的猜测经常被当作事实，使情况变得更糟。贸易部在着手监管零售贸易时，对零售商店的数目没有掌握。无论如何，战争的动荡不安使很多战前信息变得一文不值。在战争期间，英格兰和威尔士有3400万人次的地址变更（其中当然有一人多次变更的）。疏散者提出了新的要求。200万军人也有新要求，不限于军事装备。军事当局更为贪婪。例如，1941年，陆军提出1942年需要1亿枚炮弹，比1916年多出25%，比1918年多35%。到1942年，它拥有的步枪数量可用10年，运送部队的车辆可用4年。除了丘吉尔本人，谁也没有最高协调权。1941年1月设立了生产主管部门，由3位供应部长[1]和劳工部长贝文组成。这里变成了比弗布鲁克和贝文之间的战场。两人把斗争带进战时内阁[2]。在档案公开之前，冲突的起因尚不清楚。也许比弗布鲁克像对待其他一切事情一样，不顾既定的劳工规则，而贝文却不允许有人侵犯他的领地。也许，在天马行空的个人主义者比弗布鲁克和慢条斯理的贝文（他对所有资本家，尤其是新闻界大佬，一向抱有根深蒂固的偏见）之间，存在原则性的对立。

无论如何，这场内斗是整个1941年英国政府秘而不宣的重大主题。丘吉尔偏向比弗布鲁克，当时比弗布鲁克是他最亲密的朋友，他想让比弗布鲁克成为生产领域的掌权者。这个想法失败了，也许是因为比弗布鲁克的健康状况不佳，

---

[1] 物资供应部长、飞机生产部长和海军大臣。
[2] 比弗布鲁克作为丘吉尔的追随者和激励者，于1940年8月加入战时内阁。10月，张伯伦辞职时，伍德作为保守党的代表接任枢密院长，贝文在同一时间加入内阁。12月发生了进一步的人事变动。哈利法克斯成为驻美大使，但理论上仍是战时内阁成员。艾登接替他担任外交大臣和战时内阁成员。艾登只对外交事务感兴趣。伍德则谨小慎微，不敢卷入斗争。另一方面，格林伍德效率低下，艾德礼把自己定位为副首相。因此，比弗布鲁克和贝文不可避免地成为主要的对手，更何况性格和观点的冲突。

更有可能是出于贝文的反对[1]。比弗布鲁克能生产货物。但只有贝文能提供劳动力，这赐予了他一杆铁鞭。比弗布鲁克肯定对物资供应部感到满意，坦克源源不断地生产出来，就像他以前生产飞机一样。在这种情况下，计划就是在现有成就的基础上继续加码——比弗布鲁克称之为"胡萝卜原则"——然后等着部门之间你争我夺，火花飞溅。

不知怎么的，一切问题最后都解决了。任命了港口主管，协调码头上的进口货物配送问题。铁路车厢集中使用。直达列车开通于不同铁路公司的线路之间。1941年5月，莱瑟斯勋爵（Lord Leathers）出任战时运输部长，合并了交通部和航运部。投入500万英镑建设新的编组场和连接线路[2]。到1941年夏天，铁路货运已经清理一空。贸易部承担了规范零售贸易的艰巨任务，这是第一次世界大战中未曾尝试过的任务，其工作人员只从2000人增加到6500人。民用工业主要通过自愿协议集中起来。部分工厂全天候开工。未开工的工厂被转产，或用于储存物资，特别是烟草。建立了消费需求部，调研发现最迫切的短缺问题。贸易部为家具等许多家用产品设计了一套"实用"方案，即制定了还算不错的统一标准。

贸易部最显著的成就是服装配给，在供应减少的情况下确保公平分配——战时压力和福利如何结合，这是一个显著例子。定量配给按人头积分进行，而粮食部迟迟才认识到，这一制度终究是可行的[3]。当定量配给制度扩大到果酱和罐头食品时，它也依靠积分制。粮食部在其他方面也发挥了建设性的作用。它计划制定最为科学的饮食方案，而不仅仅是依靠供应。这一次，由于营养学知识的进步，获得了成功。英国人比战前吃得更好，尽管不那么可口。农业部发挥了作用。它勉强承认农作物比动物更经济实用。1939年至1941年间开垦了近400万英亩土地，主要依靠自愿协议。据估计，到1941年底，由于直接供人们消费的粮食的增加，2200万吨的航运量得以节约。[4]

---

[1] 1941年5月1日，比弗布鲁克不再担任飞机生产部长。6月29日，出任物资供应部长。在这期间，他是"国务部长"——第一个拥有这个空头衔的人，后来这个头衔变得很常见。这可能是模仿法国的官衔，就像以前的"部长"一样。当比弗布鲁克被授予这个头衔时，他回答说，他准备兼任"教会牧师"。（译注：英文中"部长"和"牧师"均为minister，这是双关语。）

[2] 在战争期间的铁路改造问题上，总共投入1150万英镑。

[3] 粮食部长伍尔顿曾从事零售贸易，一直认为积分制行之有效，最终得以在粮食部推行。

[4] 进一步推测，整个战争时期大致节约4350万吨航运量。

金融业呈现的新面貌令人诧异。尽管身为财政大臣的伍德对理论知之甚少，但他却足够精明，能够听取凯恩斯和其他经济学家的意见。1941年4月的预算摒弃了政府收入和支出的狭隘概念，取而代之的是国民收入概算，当然是基于科学的预测。伍德现在公开接受这样一条原则，即发放的补贴（如有必要，可扩大至食品以外的其他商品）应当使生活成本比战前高25%—30%。他无意平衡预算，尽管这一次55%的战争支出来自英国人民缴纳的税收——这个数字比第一次世界大战时高得多。伍德的主要关切在于缩小财政支出和收入之间的"通胀缺口"。据凯恩斯等人估计，缺口约5亿英镑。其中一半是通过将所得税提高到每镑10先令以及降低免税额，这使得大部分产业工人第一次成为所得税纳税人。部分财政收入借自纳税人，将在战后偿还——凯恩斯提倡用这种方法对抗战后的失业，伍德之所以接受这个策略，是因为这样的话，增加税收让人更易于接受[1]。伍德希望剩下的缺口通过自愿储蓄来弥补，这一希望基本得以实现。人们存钱的部分原因是出于爱国，更多的原因是，配给制和普遍短缺使他们有钱无处花。1941年，个人消费比战前减少了14%，除了啤酒、烟草、电影和公共交通，人们的所有支出都减少了[2]。伍德的计算并非严丝合缝：差距从未完全填平。尽管如此，他的财政政策保证了排队现象和工资增长——通货膨胀的两个特征——从来没有威胁到大局。

这是一项决定性的成就。它使得劳资关系容易处理，这是战时经济的关键点。虽然航运部在战争的第二年只能承载3050万吨的进口量，但这已经足够了。粮食从不短缺，"战争机器在任何阶段都不会因为缺乏原材料而停止运转"[3]。粮食部和物资供应部都对此感到惊讶。两部门对进口的减少均感到失望，宣称他们的工作举步维艰。然而两部门都因自己的失误而幸免于难："最低食品需求估计过高，原材料需求则被严重夸大。"[4] 计划阴差阳错地走向成功，这也是常有的事。劳动力短缺却不可能那么容易得到解决。到1941年夏，英国全部就业人口的49%从事着这样或那样的政府工作[5]。需求仍在增长。很快就会出现

---

[1] 战后的失业状况其实不太严重，信贷问题一直是财政部的沉重负担。无论如何，这一设计是笨拙的。从本质上讲，还贷往往使富人（即缴纳所得税之人）受益，而不是那些真正需要帮助的人。
[2] 食品支出减少了20%，服装支出减少了38%，家庭用品支出减少了43%，私人汽车支出减少了76%。
[3] 赫斯菲尔德（Hurstfield）《原材料控制》（*The Control of Raw Materials*）第245页。
[4] 汉考克和高英《英国战时经济》第267页。
[5] 1944年，美国只有40%的劳动力在军队服役或从事与战争相关的非军事工作。

劳动力缺乏。经过丘吉尔的同意，陆军的需求排在最后：从今以后，它只能靠200万人勉强维持了。更多的需要亟待满足。

为应付极端情况，出现了两项伟大革新。首先是劳动力的计划和分配，其次是年底开始征召妇女。其他交战国都没有有系统地这样做过。多亏了贝文在管理上的才智——他对战争有巨大贡献——这两项工作都进展顺利。贝文坚持认为，控制和招募劳动力不应用作控制工资的手段。1938年到1947年间，体力劳动者的工资收入[1]增加了15%，而财产性收入下降了16%，非体力劳动者的工资下降了21%。劳工们自然表示满意。更重要的是普遍的合作意愿。工人们希望被告知该做什么，并对军工生产动员很是欢迎。1941年又有了进一步的进展，但尚未付诸实施。约翰·安德森爵士制定了人力预算，这成为战争末期英国经济的决定性因素，它首次承认劳动力是一切财富之根本的战时社会主义理论。

这些封闭经济的生产要素，使英国在逆境中生存下来。英国人民希望自己不会永远孤立无援，为此兴奋不已。罗斯福总统意识到英国的财政需求。1940年12月17日，他提出了"租借"的想法，通过这种方式，美国货物可以不用现金支付。1941年3月11日，《租借法案》成为美国的法律[2]。这是对未来的一个伟大承诺：英国不会因为缺乏美元而溃败。目前，它还没有提供任何帮助。在租借美国的货物之前，还需要进行长期复杂的谈判。即便到了租借之时，也需要订购和制造。与1940年的最后4个月相比，1941年英国从美国的进口只增长了3%[3]，主要集中在食品和钢铁行业。1941年，英国仍然用现金购买它所获得的大部分美国武器。例如，在1941年飞往埃及的2400架美国飞机中，只有100架源于《租借法案》。

此外，另一方面也要付出高昂的代价。租借是一种"促进美国国防"的行为。英国仍然是一个穷亲戚，不是平等的伙伴。并非资源共享。相反，英国被无情地剥夺了剩余的美元。美国坚称，援助英国是为了帮助英国对抗德国，而不是让英国保持工业强国的地位。任何租借的货物都不能用于出口。而且，由于担心来自美国的竞争者的抗议，即便并非由这些货物制造的出口产品，也必

---

[1] 根据1947年不变价格计算。
[2] 见注解A。
[3] 1940年9月至12月英国从美国的进口额占进口总额的51%，1941年占54%。

须削减。因为《租借法案》，英国实际上不再是一个出口国。[1] 为了战争，它牺牲了战后的前途。正如凯恩斯所说，"我们把勤俭持家的道理抛诸脑后。但我们拯救了自己，也帮助拯救了世界。"

《租借法案》使得英国把所有的资源尽数付诸战争。即便如此，它也难以与德国抗衡，后者的力量建立在几乎整个被征服的欧洲之上。在这种情况下，生存本身就是一项了不起的成就，事实证明，英国对击败德国作出了决定性的贡献。但是，英国人民和政府并不满足于坚持下去，直到苏联和美国以某种方式介入，从而扭转对德局势。英国人想要赢得胜利，更了不起的是，他们确信自己能够做到。这在一定程度上是对第一次世界大战的呼应，4 年来德国似乎已经取得了胜利，但在 3 个月之内突然轰然倒塌。不管是否属实，英国仍然认为自己是一流的强国，能够打败任何国家。他们夸大了自己的力量，更夸大了帝国的力量。当然，帝国在人力和经济资源方面都有所贡献。例如，加拿大首先提供了 10 亿美元的赠款，然后以互助的方式资助英国，就其在经济总量中的占比而言，加拿大比美国《租借法案》的贡献更大。英镑区变成了单行道，其他成员国在伦敦积累了数不尽的英镑余额。这实际上是强制贷款，贫穷的印度人民贡献了 11.38 亿英镑，可不是一笔小钱。

另一方面，英国当局不断夸大德国的经济弱点，以及这些弱点可以在多大程度上不断恶化。经济学家们一致认为，纳粹的自给自足本身就是面临崩溃的征兆[2]。支撑这一信条的是德国难民提供的信息，他们自然不会说希特勒的任何好话。一位官方历史学家说："经济战争部在战争初期的猜测往往过于乐观。"[3] 德军的石油供应相对不足，到了战争的最后阶段，对德国合成炼油厂的空袭成为一记重创。而在 1940 年和以后很长一段时间里，皇家空军无此能力。除此之外，德国经济安全无虞，没有承受太大压力。事后来看，在没有获得苏联和美国鼎力支持的情况下，打败德国的希望确实是一种幻想。但是，幻想具有重大的历史意义。任何人、任何政府都不能在缺乏最终胜利召唤的情况下继续前进，在战争中做错事总比坐以待毙要好[4]。在英国人民最黑暗的时刻，德国力有不逮

---

[1] 以 1938 年为 100，1943 年英国的出口额为 29，而进口额为 77。
[2] 基利波（C.W. Guillebaud）的《德国经济体系》（*Germany's Economic System, 1933—1938*）是个例外。正因为道出了实情，他的学术名声再也没能恢复。
[3] 汉考克和高英《英国战时经济》第 216 页。
[4] 当然，比如 1916 年和 1917 年的索姆河和弗兰德斯战役。

的幻想鼓舞了他们。此外，相应的决策继续影响英国的战略，即使形势有所改变。坦克和登陆艇的制造不能立即被轰炸机取代，地中海战役也不会因准备登陆法国而中止。

英国的信心以一种非比寻常的方式表现出来：5月27日，参谋长们提交了赢得战争的计划，当时英国军队似乎在敦刻尔克一败涂地；9月4日，修订版准备就绪，就在不列颠之战的巅峰之前[1]。这两项计划建立在同样的基础上：认为德国的经济困难会在1941年底前引发危机和崩溃。因此，英国陆军不必面对第一次世界大战那样大规模的战争。它只需要在1942年作好准备，当德国分崩离析的时候在欧洲大陆上恢复秩序。这在一定程度上是一厢情愿。考虑到飞机和船只的生产能力，一支由32个师组成的军队——这个数字已经确定[2]——在1942年以前无法完成装备，于是参谋长们全力以赴。与此同时，德国解体的进程必须加快。三军参谋长提出两种方式：颠覆和轰炸。英国在很大程度上夸大了被侵略的欧洲国家的不满情绪，更夸大了颠覆的效用。例如，丘吉尔认为，一旦登陆，就可以通过武装当地居民来击败德军。[3] 最初，人们对戴高乐和他的"自由法国"运动寄予厚望，尤其是在法兰西帝国未被德国控制的情况下。1940年9月，一支英国远征军与戴高乐合作，企图占领达喀尔，这是法国在非洲西海岸的一个重要港口。这次尝试一败涂地，损失惨重，名誉扫地。[4] 在这之后，英国仍然相信，法国其他殖民当局会积极响应"自由法国"的呼吁。1941年5月，德国似乎要夺取叙利亚作为空军基地。英国再次依赖"自由法国"，再次失望。他们终于明白，需要出动英国军队。这一次大获成功。英国军队占领了叙利亚，不久戴高乐就大吵大闹说法国主权受到侵犯。

这些经历并没有削弱英国人的信念，他们依然认为希特勒的帝国可以被舆论动摇。为开展政治斗争，设立了一个特别机构。英国广播公司播出43种语言的节目。许多飞机铤而走险，给各抵抗运动运送宣传品，许多人献出了生命。所有这些努力收效甚微。毫无疑问，由英国广播公司播出的可靠消息，有

---

[1] 5月27日和9月4日的报告摘要见巴特勒《大战略》第2卷第212—215、343—345页。
[2] 加上印度和自治领的部队，共55个师。
[3] "不必假定需要大量人力。如果装甲部队成功入侵，当地人民（必须给他们提供武器）的起义将成为解放攻势的主要力量。"丘吉尔1941年12月18日的备忘录，见《第二次世界大战》第3卷第593—594页。
[4] 法国军舰最近通过直布罗陀海峡，加强了达喀尔的防卫力量。允许他们过境的英国海军上将成为替罪羊，未经听证就被解职。

助于被侵吞的欧洲维持士气。抵抗运动是情报和信息的丰富来源。但是德国无需增加占领军的力量,除了后来在南斯拉夫山区。无论如何,必须维持现有军力,主要由不适合服现役的中年男子组成。希特勒的"新秩序"只能通过战场被推翻,而不是通过政治战。然而,这些活动倒也没有大碍,也许还有一点好处。这些活动主要由难民执行,只需把他们留在拘留营中即可操作。它们还为政治头脑灵光的英国人和规划者们提供了有益的消遣,否则后者可能会制造麻烦。德国也发动了政治战,同样收效甚微。他们的首席英语播音员威廉·乔伊斯(William Joyce)有口音,被人称为"霍霍勋爵"(Lord Haw-Haw)。他眉飞色舞,从容不迫,不过这并没有妨碍在战争结束时因捏造的罪名被处决[1]。

英军对德国的轰炸是更为重要的事件,也是战争的有力武器,关乎人类未来的命运。轰炸机司令部在英国军工生产中占有的份额最大,并在二战期间提供了最独特的战略。虽然许多国家的专家认为,只靠轰炸可以赢得战争,但只有英国皇家空军将这一理论作为其战略基础。例如,德国空军被定位为陆军的辅助力量,艰难地临时组织"闪电战"。而皇家空军的司令官们总是把独立轰炸放在首位,不愿受到战斗机和海岸司令部讨人厌的干扰。他们认为,英国有两项特殊资产:岛屿地位和工业实力。这将使它能够用空中力量击败陆上劲敌。关于目标,他们的态度是模棱两可的。空军首脑时而表示要摧毁敌人的武装力量,时而把摧毁德国工业作为目标。本质上,他们的目标是摧毁敌人的战斗意志,这就意味着对平民的肆意攻击。英国政府和各参谋长(虽然并非空军参谋长)不敢公开作此表态。

战争一开始,英国三军参谋长制定了一项应一贯遵守的原则——避免为打击敌人士气而袭击普通民众。张伯伦曾在下议院宣布:"不管其他人的所作所为如何,英王陛下政府不会出于纯粹的恐怖主义目的而蓄意袭击妇女、儿童和其他平民。"英国逐渐从这一道德高地上后退。他们声称德国"树立了榜样",理应以彼之道还施彼身。倘若仅用这套说辞为轰炸辩护[2],那便难以说服人,于是英国以纳粹的丧心病狂为自己辩护。集中营、侵略战争、对被侵略民族的虐待,以及后来的大规模屠杀,使纳粹成为人类的共同敌人,英国有权使用任何武器

---

[1] 见注解 B。
[2] 见注解 C。

对付他们。作为道德卫士的英国各团体第一个将义愤的矛头指向纳粹，就道德良知的高度而言，他们独占鳌头。就空中战略的恐怖性而言，英国首先在理论上超过了德国，后来在实战中超过。英国宣称自己是在为一项道德事业而战，又以其行为的不道德之极而自豪。到 1945 年，所有使空战文明化或控制其影响的努力均化为泡影，英国在其中起了领导作用。

关于实际问题的争论往同一方向推搡着英国。在"闪电战"的影响下，英国人民要求报复，他们并不关心此战的发动者是英国还是德国。此外，随着法国的沦陷，轰炸似乎是英国的唯一手段。丘吉尔在 1940 年 7 月 8 日写道："有一件事能打倒希特勒，那就是这个国家的重型轰炸机，让它们对纳粹的国度进行毁灭性打击。我们必须以这种方式战胜他们，否则，我看不到出路。"[1] 轰炸将表明，英国仍在顽强作战，决心取得胜利，即使在其他方面毫无作为。也许，在这个举国振奋的时刻，英国急于表明，他们推翻希特勒的决心不容置疑，哪怕背弃道德。支持无差别轰炸最有力的理由也是最简单的：在 1940 年和 1941 年，轰炸机指挥部对其他事情无能为力，而事实证明，无差别轰炸它也做不到。在战争之前，空军战略家认为轰炸应在白天进行。轰炸机编队如果未受敌方战斗机攻击，可以对确定目标进行精确打击。经验立刻表明，如果没有制空权，白天轰炸是不可能实现的。皇家空军也没有信心，他们认为：远程战斗机永远难敌短程战斗机。轰炸机司令部因此不得不在缺乏空中指挥、必要装备和有效训练的情况下开展夜间袭击。

起初，试图（或者可能是假装的）对军事目标采取行动。1940 年秋，英国原定的空袭目标瞄准德国的编组场和合成炼油厂——非常合理的选择，只要皇家空军能够击中这些目标。但后来，目标逐渐改变，部分是为了满足公众报复的要求，部分是认识到精准度不够。1940 年 10 月 30 日，战时内阁同意"必须让目标地区周围的民众感受到战争的压力"。6 周后，它批准对一座德国城市进行"集中轰炸"。英国新闻部确信，"德国尽管目前信心满怀、狂妄自大，但将无法忍受英国所展示出的四分之一的轰炸实力"。轰炸机司令部的雄心壮志没有实现。在很长一段时间内，它对飞行员们的报告信以为然，深信已经造成了巨大的破坏。但怀疑之声渐渐累积。

---

[1] 丘吉尔《第二次世界大战》第 2 卷第 567 页。

1941年8月，战时内阁秘书处的巴特（Butt）开展了一项独立调查，并对空中拍摄的照片进行了研究。他报告说，派遣出去的飞机中有三分之一没有攻击目标，而攻击目标的飞机只有三分之一能飞到距离目标 5 英里以内的地方；没有月亮的情况下，这一比例降至十五分之一。战后收集的资料显示，"这些年处于战略轰炸之下，德国战时经济受到的影响微乎其微"[1]——损失不到 1%，也许连这个数字都没有。与此相反，1941 年，每投掷 10 吨炸弹，就损失 1 架轰炸机。1940—1941 年，战略空中攻势导致的皇家空军飞行员死亡人数比德国平民还多。再加上用于生产轰炸机的人力、工业资源和原材料，突袭对英国造成的破坏显然大于对德国的破坏。

当时，这一切并不完全清楚。1941 年 11 月，人们意识到，不能再继续空袭了。官方历史学家写道："这已成为正式的意见，轰炸机司令部所取得的成果与它所遭受的伤亡是不相称的。"[2] 然而，这并不意味着战略轰炸不再作为一种战争手段。人们领会到的教训截然相反，认为轰炸机司令部在重新执行任务之前，必须变得更大、更强。1941 年期间，飞机生产部的需求急剧增加，1942 年更是如此。1942 年 2 月，轰炸机司令部有了一位雄心勃勃的新长官：空军元帅亚瑟·哈里斯爵士，他是战略轰炸的最高倡导者。大规模战略轰炸的决定是英国独自为战时留下的两大重要遗产之一。

另一项更为偶然的遗产，是地中海成为英国海军和军事活动的中心。战争开始时，英国在埃及派驻有相当多的海军和一小支陆军。如果意大利参战，这些军队将与法国合作，称霸地中海，从而确保法国与北非的交通线，以及英国与印度及远东的交通线。1940 年 6 月，意大利正式参战，但法国退出。现在，无需再保护法国的交通线，地中海也对英国商船关闭。[3] 马耳他处于意大利空袭的阴影之下，地中海舰队已经撤退到亚历山大港，那里不具备建成一流海军基地的条件。第一海务大臣庞德担心，即使在亚历山大港，舰队也难免受到意大利飞机的袭击。因此，他于 6 月 16 日请地中海总司令、海军上将安德鲁·坎宁安爵士（Admiral Sir Andrew Cunningham）封锁苏伊士运河，并将大部分舰

---

[1] 韦伯斯特和弗兰克兰《战略空中攻势》第 299 页。
[2] 同上第 187 页。
[3] 从此时起直到 1943 年 5 月，英国前往埃及、印度和远东地区的所有船只都必须绕行好望角，这极大地消耗了运力。

队撤回直布罗陀，其余舰队撤回亚丁。坎宁安反对说，这将是对英国威信的严重打击，丘吉尔也表示反对。庞德没有再坚持，继续留在埃及的原则从来没有被三军参谋长或战时内阁讨论过。那里的3位总司令[1]宣称，只有得到增援才能保住阵地。8月16日，战时内阁决定派遣增援部队。从那时起，大不列颠致力于在地中海进行一场规模日益扩大的行动，其中暗含一个消极的决定。澳大利亚和新西兰被告知，如果受到日本的袭击，英国为保卫它们将马上放弃地中海，"牺牲一切利益，除了保卫和供养英国本岛"[2]。事实上，英国政府决定赌一把：日本会保持中立。远东正是从这一刻开始被忽视了。

当然，留在埃及有着比维护声誉之说更微妙的理由。德国缺少石油。因此，人们认为希特勒打算染指伊拉克和波斯，英国必须加以阻止。实际上，这种说法毫无根据。希特勒没有征服中东的计划——只有在小比例尺地图上看，这个计划才合理。他后来对希腊和北非的干涉是防御性的，是对英国威胁的回应，而不是侵略计划的一部分。希特勒进攻苏联时，人们担心他会突入波斯，这种担心有更多的理由。波斯和高加索防线需要直接防御，而沙漠战争非但没有帮助防御，反而把唯一可用的部队撤走了。英国自己也意识到，一旦德军到达高加索，他们将不得不放弃埃及——因此英军留在埃及对希特勒没有影响，不管它有无别的用途。

英国还希望，如果留在地中海，能以某种方式获得盟友：一端是北非的法国人，另一端是土耳其。这些也是空想。魏刚是法属北非的统治者，虽然反德，但他对维希政府忠心耿耿，无论如何，他的目的是维护北非的独立，不受任何外部势力的影响。他只会在英国极其强大的时候与其合作，那时他的援助就没有必要了。此外，英国和后来的美国都没有认识到，北非几乎没有打仗的资产。1942年11月盟军登陆后，法国不得不依靠美国的资源重新武装起来，重新武装带来的麻烦远远超过了它的价值，除非从政治的角度看——美国人很多，武装自己更加方便。土耳其有一支庞大的军队，但几乎没有现代武器装备。如果可以避免的话，他们不想与德国作对，只有在战争已经胜利的时候才会投靠英国。

---

[1] 任命最高指挥官的提议遭到否决。在很大程度上，由委员会来指挥战争是英国的传统。在埃及问题上，存在特殊的困难。坎宁安驻在亚历山大港，经常随舰队出海。韦维尔将军和空军元帅朗莫尔（Longmore）驻在开罗。此外，每个指挥官都有自己的利益，不容易调和。

[2] 丘吉尔《第二次世界大战》第2卷第386页。

与土耳其结盟是丘吉尔坚定不移追求的目标。他的梦想没有实现,这也许反倒是幸运。相比于参战,土耳其的中立对德国来说是一块更大的绊脚石。

意大利军队留驻利比亚和阿比西尼亚,是英军留在中东一个更强有力的理由。英国只能在空中对德展开攻击。但他们可以攻击意大利,更重要的是,他们将面对一个与自己实力相当的对手。即便没有其他益处,对意大利战争的胜利也能鼓舞英国人的士气,从丘吉尔到全国上下。何况,据说还确有其他益处。意大利的战败将是对希特勒威望的打击,甚至削弱他的实力——这种观点实为荒谬,考虑到英国摆脱了与法国的联盟后,反而力量更强了。此外,在地中海的胜利能让英国入侵意大利,从而打开进入欧洲的大门。新的加里波利诱人地显现在地平线上。传统在此发挥了作用。多年来,英国人一直被教导,苏伊士运河是大英帝国的关键,即使苏伊士运河没有被用作贸易通道,他们仍然坚信不疑。在屡次与拿破仑和德国皇帝的抗衡中,地中海的海上霸权被认为有着决定性的意义。事实上,这些解释都很牵强。英国军队之所以防守地中海,因为他们本就在那里。这一简单的事实决定了直至二战末期,英国军事努力的重心所在。

1940年8月,连打败意大利似乎都遥遥无期。英国希望自己处于守势。意大利在利比亚有30万兵力,在阿比西尼亚有20万兵力。韦维尔总共不到10万人,其中只有3.6万人在埃及。从表面上看,意大利海军和空军力量也明显更胜一筹。[1] 8月19日,英军从英属索马里兰撤出,索马里兰是英国在非洲唯一被敌军占领的领土,尽管只有7个月。9月初,意大利攻入埃及[2],一直前进到西迪巴拉尼。他们在那里停了下来,缺乏穿越沙漠长途运输的车辆,他们的护航队穿越地中海时受到驻扎在马耳他的英国潜艇和战机的袭击。英国政府果敢地派遣一支装甲旅前往埃及,绕道开普敦——即便德国随时可能入侵英国。这可能表明,他们认为入侵的可能性没有宣称的那么大;也可能是一种默认,如果战斗机司令部被打败,那么一切都完蛋了。

---

[1] 意大利有6艘战列舰,7艘装备8英寸口径舰炮的巡洋舰,至少12艘装备6英寸口径舰炮的巡洋舰,50艘驱逐舰。英国有4艘战列舰,8艘装备6英寸口径舰炮的巡洋舰,20艘驱逐舰和1艘航空母舰。意大利皇家空军在非洲有600多架轰炸机,英国皇家空军有96架。

[2] 地中海战争有个奇怪的地方,埃及名义上始终保持中立。然而,埃及国王不止一次受到压力,罢免坚决主张中立的首相。埃及收获了5亿英镑的外贸顺差。

第十四章 尖峰时刻，1940—1941年

丘吉尔不耐烦地"催促"英军指挥官，对他们的困难视而不见——他们对此非常恼火。无论如何，坎宁安不需要任何催促。他多次带领舰队进入危险水域。意大利军队恪守"留得青山在，不怕没柴烧"的信条，因此，尽管具有明显优势，每当他们进入到英国战列舰的射程时，总会掉头而去。坎宁安步步紧逼。11月11日，"光辉"号航空母舰上的飞机在塔兰托港袭击了意大利舰队。3艘战列舰被鱼雷击中，一半战舰报废了。英国相信，自己已经恢复了对海洋的控制。他们没有想到，他们依靠空中力量赢得胜利，他人也可以反过来利用空中力量来对付他们。

韦维尔推进得更慢了。大家都说他是第一流的将军。但资源短缺、责任巨大，使他步履沉重。虽然在官方的说法中，他只是3位总司令中的一位，但实际上，他必须为整个中东地区提供战略决策和政治指导[1]——包括地中海东半部、东非和直到印度边界的亚洲广大地区。和许多将军一样，他在讨论中沉默寡言，固执己见。1940年7月，他奉命回国接受指示，丘吉尔立刻对他的进攻精神表示怀疑。不过，他又被派回指挥岗位。10月，陆军大臣艾登亲自抵达埃及，督促韦维尔。这实际上是不必要的。艾登回国时带回了韦维尔准备攻击的大秘密。结果超出所有人的意料。韦维尔原意是发动一场乱敌阵脚的进攻，一场"有力的突袭"。不料，整个意大利军队在一支小型装甲部队的冲击下一触即溃。12月8日，奥康纳将军（O'Connor）率领的沙漠部队发动进攻，总兵力达25000人。西迪巴拉尼在3天之内就被攻下。1941年1月5日，攻取巴尔迪亚；1月22日，托卜鲁克；2月5日，班加西。整个昔兰尼加都掌控在了英国手中。他们俘虏11.3万人，缴获枪支1300支，摧毁了意大利10个师。438名英国士兵阵亡，其中355名是澳大利亚士兵。这是一次伟大的胜利，但也招致了报复。德国军队现在进入了地中海战役。

1940年6月，墨索里尼对意大利的实力本没有抱过分幻想。但他以为自己是在对付两个注定完蛋的国家，一旦参战，他的虚荣心就膨胀起来。他坚称，自己可以在没有德国帮助的情况下攻入埃及，10月份又对希腊发动进攻，这在很大程度上是给希特勒添麻烦。希腊在1939年4月得到英国的保证。然而，希

---

[1] 在第二次世界大战期间，意外地没有近东地区。韦维尔的中东司令部最初负责埃及和巴勒斯坦战事，与叙利亚的法国人相邻。1940年6月以后，情况发生了变化，范围扩展到了赤道、突尼斯边境和希腊。近东地区被排除在外。

腊独力支撑，没有求助于英国，因为害怕引发德国的干预。希特勒从未认真对待地中海和中东地区，他的向东推进的周密计划只是英国的想象。1940年9月，他曾想借道西班牙拿下直布罗陀，但很快就放弃了，因为佛朗哥坚决不同意。看到墨索里尼受挫，他或许不会在乎。希特勒现在一心想进攻苏联，不能冒背水一战的危险。不过，1941年初，他终于下定决心，必须拉墨索里尼一把。数个德国空军中队被派往西西里，很快动摇了英国对地中海中部的控制。隆美尔（Rommel）领导的非洲军团为攻占利比亚作好了准备，希特勒还准备攻取希腊。保加利亚已倒向德国，希腊的另一个邻国南斯拉夫似乎也有此倾向。

德国的这些准备工作，英国政府是清楚的。英国在利比亚和东非的战线过长。现在，他们还面临一场希腊战役。现任外交大臣艾登和帝国总参谋长迪尔被派去激励中东的指挥官们。随之而来的是乱七八糟的建议。艾登和迪尔想要证明，他们可以像丘吉尔一样勇往直前。韦维尔被先前过分谨慎的指责弄得身心俱乏，一心只想着避开新的批评。丘吉尔和战时内阁一度犹豫不决，埃及的驻军将其视为一种挑战——这无疑是一种挑战，他们宣布准备继续前进。没有系统的军事评估。干涉希腊的决定是基于政治和情感理由作出的——挪威事态的重演。对希腊坐视不管将损害英国的名誉。出手干预也能对土耳其和南斯拉夫有所激励，更使英国军队有机会直接与德军作战。当南斯拉夫在3月27日与希特勒决裂时，积极行动的渴望对英国来说变得不可抗拒。希腊拒绝撤退到韦维尔最初坚持的防线上去，灾难将无可避免。史末资抵达开罗后，发挥所长，发表了一番响亮的空话："哪条路线会让热爱自由的国家心生向往？"诸如此类。

一切都错了。隆美尔只打算像韦维尔先前那样，发动一次有力的突袭。3月30日，他发动进攻。他也惊喜地收获成功。英国战线崩溃了。到4月11日，除托卜鲁克以外，英军已经失去了昔兰尼加的所有土地。托卜鲁克作为一个孤立的驻防区，后来给他们带来麻烦。更糟糕的是，英国坦克速度太慢，发动机太弱，无法与德军竞争。英国正在为他们在两次世界大战之间忽视坦克的发展而付出代价。希腊的战役同样是灾难性的。4月初，德国占领南斯拉夫，在英军开始行动之前抢先一步到达希腊。孱弱的英国军队根本没有与敌军正面交战。他们一直在撤退，几乎一上岸就撤退了。62000人在希腊上岸，5万人撤回，大部分装备都遗弃了。结果令人难以置信，即便当初拒绝援助希腊，也不会让英国遭受如此奇耻大辱。韦维尔早先在昔兰尼加一举成功所带来的希望被阴霾笼罩。英国似乎回到了最初的状态：长期处于守势，几乎看不到取得最终胜利的希望。

英国人灰心丧气，一些人转而想把气撒在丘吉尔身上。丘吉尔决心向那些批评他的人，发起挑战。5月7日，下议院以477票对3票的结果对他投了信任票，"给予他前所未有的掌声"[1]。这是一次与众不同的掌声。丘吉尔曾经被指摘为"加里波利的老丘吉尔"：一个贪婪的赌徒，试图用不充足的资源做超负荷的事情。但英国人民不怀疑丘吉尔是他们拥有或可能拥有的最好的战时首相。从此以后，尽管他有缺点，他们还是接受了他。他犯了很多错误，正在他们的意料之中。在希腊问题上，不是丘吉尔一个人的错。但从各方面情况看，最终责任确实属于他。指挥官们知道，如果自己敢于冒险，就会受到表扬；如果自己犹豫不决，就会受到谴责。他们需要政治技巧才能生存下去。驻埃及空军司令朗莫尔于5月17日被召回。"他似乎怀疑政府是否在尽最大努力帮助他，这引起了首相的不满。"[2] 坎宁安也遭遇了麻烦。3月27日，他的舰队在马塔潘战役中击沉了3艘意大利重型巡洋舰和两艘驱逐舰。当他违抗封锁的黎波里港口的命令时，这些成绩没有说上话。他唯有通过轰炸的黎波里才能得以保全——令人惊叹的是，这次行动几乎没有造成损失，不过也没有什么效果。丘吉尔最为激烈地敦促韦维尔，指望几乎无兵可派的他在每个领域都能采取行动。韦维尔也取得了一些令人称道的成就。意大利在东非的部队已被击溃。5月5日，阿比西尼亚的皇帝重新回到首都——在被轴心国侵略的受害者中，第一个重新掌权。除此之外，韦维尔在保卫埃及边界方面感到力不从心。

丘吉尔对此不会满足。一个亲轴心国的政府在伊拉克建立，韦维尔必须进行干预；德军正在使用叙利亚的空军基地，韦维尔必须同"自由法国"合作，进行干预；德国准备进攻克里特岛，英国在那里建有海军基地，韦维尔必须捍卫基地。韦维尔认为这些任务都是不可能达成的。在伊朗和叙利亚问题上，他都建议放弃，但都被否决了，他最后表示服从。这两项行动其实没有他料想的那么麻烦。在伊拉克，亲轴心国的政府几乎没有经过任何斗争就垮台了。

---

[1]《纪事年报，1941年》(*Annual Register*，1941)。
[2] 普莱费尔(Playfair)《地中海和中东》第2卷第236页。朗莫尔的继任者特德(Tedder)在政治上更为精明。他是一个颇为罕见的空军指挥官，相信空军要与陆军合作。

在叙利亚，法国军队虽然忠于维希，却被英国军队击败[1]。克里特岛的情况则完全不同。英国已经在那里驻守了6个月，但没能使这个岛更加安全（他们还有其他迫切的忧虑）。他们依赖海上力量，没有预见到空中袭击。无论如何，他们拨不出多余的战机，但没有派出足够的地面部队驻守克里特岛各机场，纯属无知。德军对克里特岛的进攻确实是一种新型的战争：就德军而言，这是第一次，也是唯一一次，以空军击败了海军。德国于5月20日使用降落伞部队发动攻击。两天之后，他们控制了马里姆机场。就这样，克里特岛之战失败了。5月27日，英军撤出。剩下的12000人成为俘虏。海军损失了3艘巡洋舰和6艘驱逐舰。德军的降落伞部队也被摧毁了，尽管这个消息当时并不为人所知。

英格兰再度陷入沮丧，6月10日再次展开了一场牢骚满腹的辩论，尽管这次没有进行分组表决。丘吉尔本人对中东事务的处理深感不满。韦维尔意识到自己危险了。他希望在接下来的3个月里保持守势。丘吉尔要求立即采取行动。6月15日，韦维尔向隆美尔发起进攻，冠以"战斧计划"这个响亮的名字。这是一次彻底的失败，两天后就被击退了。韦维尔的辉煌到此结束。6月21日，他被派往印度担任总司令，此前任驻印总司令的克劳德·奥金莱克将军（Claude Auchinleck）来到中东，接替了他。韦维尔没能满足的要求，现在都提供给了奥金莱克，这也是动荡局面出现后的常事。政治和经济事务从奥金莱克的肩上卸了下来。奥利弗·利特尔顿（Oliver Lyttelton）作为国务部长来到开罗，代表战时内阁。更具讽刺意味的是，奥金莱克把沙漠进攻推迟了5个月，而韦维尔只要求推迟3个月。

奥金莱克的迟疑有更有力的新理由。6月22日，在他被任命的第二天，德国入侵苏联。[2] 大多数英国的权威人士以为苏联很快就会败下阵来，奥金莱克由于有印度的经历，十分忧虑地注视着高加索地区的边境线。英国至多希望能有一小段喘息的时间。丘吉尔预先制定了策略[3]，并于当晚通过电台发布：在对抗希特勒的战争中，毫无保留地与苏联团结一致。他说，"苏联的危机就是我们

---

[1] 支持戴高乐被证明是无中生有，德军对叙利亚空军基地的使用也被证明子虚乌有。在英国人进攻之前，所有的德军飞机都已经离开了。
[2] 拿破仑的入侵几乎是在同一天。没有证据表明，希特勒知道这一令人沮丧的巧合。
[3] 根据霍普金斯（Hopkins）的说法，丘吉尔主要是与比弗布鲁克和克里普斯商量。谢伍德（Sherwood）《哈利·霍普金斯文件》（*Papers of Harry Hopkins*）第305页。

第十四章 尖峰时刻，1940—1941年

的危机，美国的危机，苏联人为自己的家园而战，世界各地的自由人民同样如此"。毫无疑问，丘吉尔毫不困难就作出了这一决定。他一直主张与苏联结盟。他发誓要不惜一切代价取得胜利，正如他在私下里说的："如果希特勒侵略地狱，我至少会在下议院为魔鬼申辩。"[1]

不管怎么说，丘吉尔别无选择。在"闪电战"和中东大败之后，英国人民不会拒绝任何盟友[2]。早在丘吉尔之前，就有许多人拥护与苏联结盟。这一决定对世界历史而言，也是一个重大事件。在此非常时期，对共产主义的恐惧被搁置一边。自本世纪初以来，人们为究竟是与德国还是苏联站在一起争论不休，战前这一问题还困扰着英国政策。如今，已经确定选择苏联，这是事态发展，不得不然。如果苏联在德国的攻击中幸存，它将在英美勉强认可下成为世界强国，甚至得到他们的支持。丘吉尔6月22日的广播讲话决定了世界未来的命运。

英国对新盟友助益不大。他们当然不可能答应第二战场——斯大林马上要求英军登陆欧洲。他们甚至不能对德国发动有效的空中进攻。他们只能提供物资供给，而且主要是在未来。比弗布鲁克以他一贯的热情成为与苏联结盟的主要倡导者——开始是援助，很快也成为第二战场的倡导者。9月，他和罗斯福的代表哈里曼（Harriman）一起前往莫斯科，以慷慨的承诺赢得了斯大林的欢心。其他人抱怨纷纷。"军事部门感觉好像剥了他们的皮"[3]。甚至那些最希望苏联取胜的人也信心不足，而苏联战败的可能性则会开启灾难的未来。德国似乎很快就会在经济上坚不可摧。因此，对美国援助的需求比以往任何时候都更大、更迫切。

1941年8月，丘吉尔在纽芬兰普莱西亚湾与罗斯福举行了第一次会晤（二战期间共9次）。英国热衷于讨论未来的战略。美国却兴趣不大。他们指责中东是"英国应该放弃的一个负担"[4]。他们不相信，不进行大规模的陆上交战，空中轰炸就能击败德国。罗斯福也不愿讨论战争，除非是关于苏联的供给问题。他想要一份响亮的原则性宣言。英方已经拟好草稿。罗斯福加了一句话，轻描

---

[1] 丘吉尔《第二次世界大战》第2卷第331页。
[2] 一些保守党人士的态度和美国参议员杜鲁门（Truman）一样，认为应该让德国人和苏联人互相残杀。飞机生产部长穆尔-布拉巴松（Moore-Brabazon）在公开场合轻率地说了这番话，因飞机制造厂工人的抗议被迫辞职。
[3] 丘吉尔《第二次世界大战》第3卷第420页。
[4] 格怀尔（Gwyer）《大战略》第3卷第1部第126页。

淡写地否定了渥太华协议和帝国特惠制,而后表示同意该宣言[1]。

这就是《大西洋宪章》。毫无疑问,让美国了解英国这次没有签订任何秘密条约,这是有益的。交战的英国和中立的美国发表某项共同宣言,也许是有价值的姿态,尽管没有杀伤力。除此之外,《大西洋宪章》几乎没有留下什么印记。在战后政策的讨论中,它鲜少被提及。苏联如果注意到这个文件的话,不会被英美抛开苏联讨论世界未来的这个建议案所吸引。英国人民希望得到美国的实际援助,而不是道义上的祝福。亚瑟·珀维斯在人生的最后几天(就在他死于空难之前)为未来胜利所作的努力,远胜过普莱西亚湾那些显赫的朝圣者。他向美国展示了一份资产负债表:一面是需求,另一面是英国和美国的贡献。英国的巨大努力和美国的落后之间的悬殊震惊了美国的专家们,他们制订了胜利计划作为回报,该计划描绘了美国在接下来几年的经济扩张图景。比弗布鲁克对此亦有贡献。在普莱西亚湾,他告诉美国人民要把眼光放得远些,他们懵懵懂懂地追随他。

此时此刻,苏联的行动比美方的言论甚至计划都更为重要。尽管遭受了巨大的失败和惨重的损失,他们仍然坚守阵地。到 10 月,很明显,德军不可能抵达高加索地区,至少要到明年。奥金莱克虽然仍不情愿,决定冒险发动沙漠进攻。英军于 11 月 18 日发起进攻,但没有成功。战地指挥官艾伦·坎宁安将军(Alan Cunningham,阿比西尼亚的征服者,海军上将坎宁安的兄弟)希望停止进攻。奥金莱克不敢同意,担心国内政府会大加斥责。他来到前线,驳回了坎宁安的建议,命令参谋长里奇(Ritchie)带领大军继续进攻,而里奇将军并没有指挥经验。隆美尔比奥金莱克更精明,他决定保存实力,从昔兰尼加撤退。1942 年 1 月,英军回到了一年前韦维尔获胜后的状态。

成功是一种幻觉。英军没有击溃敌军,也没有稳固的防御阵地。他们的补给线又长又弱,隆美尔此时回到了自己的基地。此外,在秋季,地中海舰队蒙受了灾难性的损失。"皇家方舟"号航空母舰和"巴勒姆"号战列舰被德国 U 型潜艇击沉。另外两艘战列舰在亚历山大港被意大利的"人操鱼雷"击沉。巡洋舰部队几乎全军覆没。坎宁安的舰队,除了驱逐舰外,只剩下 3 艘轻型巡洋舰和 1 艘防空巡洋舰。[2] 向马耳他运送补给是不可能的,马耳他不但无力侵扰

---

[1] 见注解 D。
[2] 当时意大利有 4 艘战列舰,7 艘重型巡洋舰和 12 艘轻型巡洋舰。

轴心国的补给，现在自身难保。与此同时，希特勒向西西里岛和北非派遣了整支空军大队。1942年英国悲剧的舞台已经搭好了。

这绝不是英国唯一的焦虑。苏联败给德国的大势似乎只是推迟了，而不是避免了。高加索和波斯的威胁没有解除。美国参战之路停滞不前。9月，一位接近他的观察者指出，罗斯福总统"对于必须打击德国、摧毁德国的任何主张，感到害怕"[1]。德国潜艇即使遭到美国军舰的攻击，希特勒也没有对美宣战。还有雪上加霜的事。在远东，日本利用欧洲战争之机大肆扩张。他们控制了法属印度支那。他们急于结束与中国的战争。1941年7月，美国政府几乎中止了与日本的所有贸易。英国和荷兰政府尽职尽责地效法美国。日本的石油和原材料供应不足。它必须对某地出击，除非接受美国提出的从中国完全撤军的条件，而这是不可能的。马来亚和荷属东印度群岛的宝贵资源，日本伸手可及。只有英国在新加坡的基地挡住了它的去路。

新加坡在战前被忽视了，战争期间更是如此。最初的设想是，由于日本远在天边，英国主力舰队可以在日本发动攻击之前，从欧洲水域抵达新加坡，以防不测。现在日军已经到了印度支那，就在新加坡门口了。因此，它决定依靠空中保护。但是，中东的飞机和空袭德国的轰炸机都无法调用。无论如何，也没有富余的军力来保卫机场，而这些机场的建设实际上对日本有利——日军在战争爆发后立即占领了机场。在丘吉尔的敦促下，"威尔士亲王"号战列舰和"反击"号战列巡洋舰被派往新加坡，发出了"模糊的威胁"。显而易见，一旦战争爆发，他们将不得不从新加坡撤退。

唯有美国的坚定支持才可能让日本畏惧，但很难实现。11月10日，丘吉尔作出洪亮的承诺："如果美国卷入对日战争，英国将在一小时内宣战。"美国政府没有作出反应。对于邀请美军舰队友好访问新加坡的建议，美国也没有回应。英国忧心忡忡，担心日本向新加坡发起进攻后，美国还不愿参战。他们的另一个噩梦是，美国可能会被拖入对日战争，而对德国保持中立，因此将把所有的战斗力量投入远东。这两个噩梦都不是天方夜谭。

最可怕的恐惧很快就烟消云散。12月4日，德国停止了对莫斯科的攻击。苏联在短时间内发起了进攻。12月7日，日本在珍珠港偷袭美国舰队，大部分

---

[1] 兰格和格利森《不宣而战》（*The Undelared War*）第735页。

舰艇沉没。希特勒为了支持他的日本盟友，[1] 对美宣战，墨索里尼步其后尘。一连串可怕的事件接踵而至。日本也对英国发起猛烈的攻击，摧毁了英国在远东的势力。但这些损失是值得的。对于英国的事业而言，珍珠港事件发挥了无与伦比的作用。罗斯福总统和美国人民不再疑虑：无论愿意与否，他们都已置身于战争之中。[2] 英德之间的两家战争就此结束。一场真正的世界大战开始了，战争的结果似乎是肯定的。唯有丘吉尔发表了恰如其分的评论："所以，我们最终还是胜利了！"

注解

注解 A 《租借法案》

用罗斯福的话来说，租借的目的是"不用美元交易"。该法案规定，只要符合美国的国防利益，总统在可获得资金的范围内可授权为任何国家的政府生产或采购任何国防物品，可向此类政府"出售、转让、交换、租赁、出借或以其他方式"处置任何此类国防物品，只要该国国防对美国的国防至关重要。此类援助的条款和条件应为"总统满意，对美国的利益回报可以是实物或财产的支付或偿还，或总统认为满意的任何其他直接或间接利益"。

这项法案产生了重要的影响：(i) 美国政府通过军事部门或特别采购机构采购物资。受援国政府只能提出要求，但不一定能满足。(ii) 国会提供特定数额的拨款。(iii) 不能将现金转移给受援国政府——因此，英国进口未列在租借名下的货物仍存在美元问题。(iv) 美国政府从未要求以现金偿还。归还实物主要是为了打击共同敌人，这是苏联唯一接受的义务。然而，1942 年 2 月 23 日的总协定要求英国政府承诺在战后降低贸易壁垒和消除歧视。

英国的互惠援助和加拿大的互助不要求归还。它们从一开始就颇为"高尚"。

---

[1] 希特勒对美宣战是出于对盟友的无端忠诚。日本没有向他透露作战计划，他并无支持日本的承诺。尽管美国多次挑衅，希特勒巧妙地避免与美作战。他对日本未能支持德国抗俄非常生气，德国不会作出这么不讲义气的行动。也许，他是向承诺支持美国的丘吉尔看齐。希特勒的宣战实际是虚幻、空洞的表态。德国帮不了日本。另一方面，除了美国目前已经采取的措施外，希特勒不相信美国还能有什么打击德国的办法。事实上，希特勒宣战对于英国的意义仅次于珍珠港。几乎所有美国人都急切希望将所有美国军事力量投入到对日作战中。完全是由于希特勒，罗斯福才确立了打败德国为第一要务的原则。喜欢"假设"的人可以猜想一下，如果希特勒没有宣战，或者打着黄祸论的旗号，站在美国一边向日本宣战，历史会怎样发展。

[2] 丘吉尔为了支持美国而对日本宣战的诺言超额实现了。由于伦敦和华盛顿之间的时差，英国在 12 月 8 日对日宣战，实际上比美国国会的正式决议早了几个小时。

注解 B　处决威廉·乔伊斯

乔伊斯出生在纽约。他的父亲加入了美国国籍。乔伊斯从未获得过英国国籍，尽管他一生大部分时间都在英国度过，是一个狂热的爱国者。他成为法西斯分子，比"浑蛋"奥斯瓦尔德·莫斯利爵士还要极端。1938年，乔伊斯谎称自己是英国公民，申请并获得了一本英国护照。1939年8月，他续签了一年护照，然后去了德国。1940年9月，加入德国国籍。乔伊斯从来不是英国公民，似乎可以免于叛国罪的指控。然而，有人认为，乔伊斯通过获得英国护照寻求英王的保护，因此在持有护照期间，必须效忠英王。但对乔伊斯的指控没有得到证实。没有证据显示他在德国保留了护照，尽管他可能这么做；也没有任何可靠证据证明他在护照有效期间为德国广播。名义上，乔伊斯因在申请护照时作了虚假陈述而被处以绞刑，而通常对此罪的惩罚是小额罚款。他真正的罪过是拥有"霍霍勋爵"的虚名。事实上，大部分所谓乔伊斯的广播都不是他或其他什么人做的。例如，没有一个德国广播员提到德国空军第二天晚上要轰炸的英国城镇的名字，也不会报道班斯特德的时钟慢了10分钟。这些传说是战时神经质的产物。

敌方电台的广播还引起了其他歇斯底里的事件。小说家沃德豪斯（P. G. Wodehouse）被德国抓捕并拘留。他通过德国电台作了一次轻松愉快的演讲，描述在拘留营的生活（在艰难的条件下继续写作）。他在60岁时被德国释放，回到法国。解放时，他被逮捕，送到英国受审。一位理智的英国情报官员保护了他，将他送到瑞士。但多年来，英国出版商一直对沃德豪斯的小说避而远之，他再也没有回到自己的祖国。

注解 C　无差别轰炸

所有的战争都是邪恶的，交战国之间只有一场谁更邪恶的竞争，谁也不会有好心肠。当然，如果希特勒忽视了无差别轰炸的手段，那是出于战略判断，认为飞机与陆军联合作战更有价值，而非出于道义上的考虑。尽管如此，英国主动发动轰炸的结论是相当明确的。德国对华沙和鹿特丹的轰炸是其军事行动的一部分，是此前对设防城镇炮击行动的延伸。"闪电战"是在英国轰炸德国城镇5个月后开始的，也是为军事占领作准备。英国空军部司长斯帕特（J.M. Spaight）写道："在德军开始轰炸英国大陆之前，我们已经开始轰炸德国大陆上的目标了……如果可能的话，德国会呼吁停战……事实上当看到一丝机会，它确实曾经呼吁。"（《为轰炸辩护》第73—74页）同样，利德尔·哈特在《战争革命》第85页写道："希特勒在拥有比英国强大得多的轰炸能力时，非常不愿意向敌国的城市发动全力以赴的进攻，在其权力顶峰时期，一再寻求在城市轰炸中达成休战。"

注解 D 《大西洋宪章》

"所谓的《大西洋宪章》显然是会议的副产品，而不是其主要目的。"[1]美国希望禁止任何新的"秘密条约"，也希望英国在战后不再搞封闭经济圈。英国希望美国加入某种形式的国际组织。8月10日，外交部的亚历山大·卡多根爵士（Sir Alexander Cadogan）起草了一份草案：

1. 他们的国家不寻求任何领土或其他方面的扩张；

2. 他们不希望看见发生任何与有关人民自由表达的意志不相符合的领土变更；

3. 他们尊重各国人民选择自己愿意生活于其下的政府形式之权利；……

4. 他们将努力实现基本产品的公平公正的分配……

5. 他们寻求的和平不仅将永远推翻纳粹暴政，而且将通过有效的国际组织使所有国家和人民安居乐业……

美国认为第四条过于含糊，第五条过于具体。经过协商，英美宣言定稿共有八条：

1. 他们的国家不寻求任何领土或其他方面的扩张；

2. 他们不希望看见发生任何与有关人民自由表达的意志不相符合的领土变更；

3. 他们尊重各国人民选择自己愿意生活于其下的政府形式之权利；……

4. 他们将在尊重现有义务的基础上，努力促使所有国家，不分大小，战胜者或战败者，都有机会在同等条件下，……参加世界贸易和获得世界的原料；

5. 他们希望促成所有国家在经济领域内最充分的合作……；

6. 在纳粹暴政被最终消灭之后，他们希望建立和平，使所有国家能够安居乐业……；

7. 这样的和平将使所有人能够在公海上不受阻碍地航行；

8. 他们相信，世界上所有国家，……必须放弃使用武力。如果那些在国境外从事侵略或可能以侵略相威胁的国家继续使用陆海空军装备，则未来的和平将无法维持；所以他们相信，在一个更广泛和更持久的普遍安全体系建立之前，解除这些国家的武装是必要的。……

英国对第四条的保留意见是为了捍卫渥太华协议。第八条令英国满意，它暗示战后英美两国组建世界警察部队，并且更加模糊地暗示未来要成立一个国际组织。"实际上，《大西洋宪章》不过是一份新闻稿，没有正式签署、盖章的文本。"[2]

---

[1] 兰格和格利森《不宣而战》第 677 页。
[2] 兰格和格利森《不宣而战》第 688 页。

第十五章　大联盟，1942—1944 年

从法国沦陷到珍珠港事件，英国独力肩负起对德国的战争，以及理论上与意大利的战争。从 1941 年 6 月 22 日起，俄国与德国处于战争状态，理论上也与意大利处于战争状态，英国很早便与美国一道向俄国运送补给。但自那时及此后很长一段时间内，没有任何协调计划，直到 1942 年 6 月才结成正式联盟。英国和美国的关系走得更近了。他们在《大西洋宪章》中发表了原则性的联合声明。美国提供了物资和一些海军援助。1941 年 1 月 29 日至 3 月 27 日期间，英美两国幕僚人员举行会谈，讨论美国"如果被迫参战后"的联合战略。双方认为，"由于德国是轴心国的老大，因此大西洋和地中海地区被认为是决定性战场"。

这项被称为 ABC-1 的协议对未来而言很重要。不过它对当时的战局并无影响，在整个 1941 年间，英国独自负重前行。珍珠港事件改变了战争的局势。美国的力量现在加入进来，保证了对轴心国的最终胜利。英国一直在从事战争，随着美国参战，它的独特贡献就此告一段落。丘吉尔意识到他的伟大工作已经成功了，表示要退居幕后，也许只是嘴上说说。很快，他又重新思考，找到了作为合作伙伴和外交家的新角色：维系大联盟。

12 月 13 日，丘吉尔在参谋长们的陪同下前往华盛顿参加阿卡迪亚会议[1]，这是真正意义上的世界大战拉开帷幕后的第一次国际会议[2]。在这次会议上，英美两国为了战争而更全面地融合在一起，似乎从未有过如此紧密的联系，这当然远远超过轴心国之间的关系[3]。这是通过轻松的、个性化的方式实现的。协约

---

[1] 布鲁克刚刚被任命为帝国总参谋长，在幕后"操持一切"。他的前任迪尔前往参会，因此幸运地在华盛顿成立的联合参谋长委员会中担任英国的主要代表。
[2] 第二次世界大战的会议和行动都有代号，部分是为了方便，部分是为了安全，尽管肯定不是很贴切。丘吉尔的文学天赋也体现在名字的选择上。
[3] 德国和日本之间从来没有任何协调计划。甚至德国和意大利之间也没有联合战略。德国只是偶尔前往解救意大利，颇不情愿。

国在第一次世界大战末期、英法在第二次世界大战的头几个月里建立的最高战争委员会，都没有恢复。罗斯福和丘吉尔之间的个人关系巩固了英美的伙伴关系，他们每个人都可以代表国家，另一个好处是，其他参战国可以被排除在外。英国和美国之间从来没有正式结盟，只是以间接的方式联合。罗斯福为各参战国起了一个更宏大的名字——联合国家。1942年1月1日，所有参战国共同签署一项宣言，宣布将共同作战，不单独签订停战或和平协议[1]。除此之外，除了苏联，各联合国家也遵守英美两国的计划。执行这些计划的指挥机构也是临时成立的。美国人与英国人不同，希望每个战场都能统一指挥，特别是东南亚地区设立最高指挥官。英国人勉强同意了这个新想法，而当美国人提名韦维尔担任这一职务时，英国人就不勉强了。谁应该给韦维尔下命令？英国人说：谁都不行。美国人建议成立一个联合委员会。罗斯福把委员会的权力扩大到战争的各个方面。如此，联合参谋长委员会诞生了。

他们很快成为这场联合战争的指挥中枢。政治首脑们决定战略，由联合参谋长委员会执行。[2]从理论上讲，委员会由两个参谋长委员会组成。[3]一般来说，英美双方只在重要的国际会议期间会晤。在其他时间，联合委员会定期在华盛顿开会，美国人亲自出席，英国人由联合参谋团代为出席，丘吉尔的个人代表迪尔担任团长。出于这一点和其他原因，美国显然是主角。他们拥有未来所需的庞大资源。另一方面，除远东外，目前只有大不列颠在与敌军作战，美国人不得不适应一场已经在进行的战争。因此，1940年6月至1941年12月间独自抗战的英国，即便局势有所变化，仍然是一个大国。

英美两国在战争物资分配方面的不平等更加明显。美国人有大量富余物资，或者说很快就会有。英国人是接收方，他们甚至担心美国三军把所有东西都拿走了。事实证明，这是杞人忧天。罗斯福意识到有必要维持英国的正常运转，采取了一些措施约束三军。尽管如此，还是存在很多困难。美国三军拒绝提供

---

[1] 宣言将美国、英国、苏联——以及在美国的坚持下，中国——排在其他参战国之前，从而预示了这些大国在战后联合国组织中的主导地位，法国后来亦占据主导地位。

[2] 每一场战役的行动指挥通常在联合委员会的指导下，交给有关国家的参谋长委员会。于是美国人对远东战场下命令，英国对地中海战场和德国轰炸下命令。

[3] 为了达成这一安排，美国人必须首先建立自己的参谋长联席会议，这是以前没有的机构。美国只有两个参谋长（陆军和海军）。增加了1位空军将军［阿诺德（Arnold）］，以便和英国模式相符。美国海军反对说，陆军现在有两名成员，他们只有1名。幸运的是，罗斯福的幕僚长李海（Leahy）是一位海军上将。他被任命为联席会议的负责人。如此一来，便对等了。（"联席"用于国家委员会，"联合"用于英美委员会。）

战斗计划，也拒绝将自己的需求明确化。另一方面，英国则必须为每一项事由列出正当理由[1]。经战时内阁授权的英国代表也代表他们的政府；而美国代表只能提供一种"安排"，还要将这种"安排"以不惹人注目的方式在国会和军方那里获得通过。从来就没有真正的资源共享。《租借法案》继续成为提供援助的法律基础，但在美国人看来，这是对穷亲戚的施舍。英国人试图通过毫无保留的合作来改变这种气氛。英国对美国的援助随着时间的积累也变得相当可观[2]，这不是反向租借政策，而是不附加任何条件的互惠援助。

英国人也作出了其他努力。1941年9月，为了平息美国人的抱怨，他们主动发布了一份白皮书，其中规定不得将租借物资用于出口。他们得到唯一的"致谢"方式就是一个美国委员会的成立，以确保白皮书的承诺能如约遵守。更令人惊讶的是，英国向美国移交了大量用于战争的科学技术机密，包括受控核反应。美国拥有足够的工业资源来开发核武器，因而，在英国机密技术的支援下，在1945年造出了原子弹。英国没有得到任何肯定或回报，只有罗斯福个人对丘吉尔作出承诺，表示英国将能够充分共享所有的核进展成果。然而，罗斯福去世后，这个承诺就被世人遗忘了，英国不得不自己重新开始。事实上，英国期待两国或多或少可以永久地密切合作下去。但美国只接受短期的合作，而且建立在商业的基础上。这给后来带来了麻烦，但在战争期间显得无关紧要。美国希望英国作为一个重要的参战国能够继续维持，当然，许多英国人正有此意，坚定不移。

阿卡迪亚会议还决定了未来的战略。英国担心美国在珍珠港事件的影响下，会把主要力量用于对抗日本，任由欧洲战场听天由命。这是虚惊一场。美国坚持的是ABC-1原则，即必须首先打败德国这个主要敌国。这个决定奠定了第二次世界大战的格局。这个决定似乎是未经讨论就被采纳的，没有证据显示它是如何达成的。这自然是出于思维定势，当时德国处于战争状态，而日本没有。它可能也受到误导，认为存在一个宏大的轴心国计划。或许英美两国担心，如

---

[1] 与苏联不同。苏联在未经审查的情况下，得到了所要求的一切，直至供给和运输能力的极限。

[2] 美国租借名下的支出总额为436.15亿美元。大英帝国得到300.73亿美元，其中联合王国大概得到270.95亿美元。英国提供18.96亿英镑的互惠援助，美国收到12.01亿英镑，约56.67亿美元，在租借总额的五分之一至四分之一之间。美国11%的战争开支提供给英国，英国则有9%的战争开支提供给美国。两国都把国民收入的4.75%用于援助其他国家，这当然包括英美两国彼此。

果他们袖手旁观，欧洲的命运将何去何从。无论是德国取胜，苏联取胜，还是妥协的和平，都非他们所愿。或许，动机非常简单，也更实际。太平洋战争牵涉的是海军，而美国陆军也想行动起来。陆军尚未开始动员，只能通过支持致力于欧洲战场的英国人来实现。这样带来的结果就很奇怪了。英国只在空中展开对德战争，主要是和意大利作战。美国人如果不与日本作战——日本在轴心国中不甚重要，实际上会被卷入对意大利的战争，而意大利的重要性比日本还不如。

丘吉尔从华盛顿回来时非常高兴。他已取得美国的充分合作，并决定在法属北非尽早采取行动。这个决定未能实现。远东的灾难迫使英国转移目光。第一批灾难甚至发生在丘吉尔去美国之前。12月8日，驻新加坡的海军上将汤姆·菲利普斯（Tom Phillips）获悉，日本人即将在马来亚海岸登陆。在新加坡，没有几架英国的飞机。菲利普斯手下也没有航空母舰，他意识到应该立即把他的两艘大型军舰转移到澳大利亚达尔文港，以躲避危险。但是，陆军空军已经介入，海军如果一枪未发就抽身离开，那太不可思议了。于是，菲利普斯决定攻击日本入侵者，"依靠出其不意之策来弥补军力的薄弱"[1]。他立刻出海，不久之后收到消息说，由于日军正在占领马来亚北部的机场，空军无法提供掩护。12月9日，日军飞机发现了英国船只，"出其不意"的战略曝光了。菲利普斯先是调转航向，然后决定继续前进，以迷惑日本人。

12月10日，日本轰炸机袭击英国军队。两个小时之内，"威尔士亲王"号和"反击"号就沉没了。2000多人获救，包括菲利普斯和旗舰舰长在内的600人葬身大海。英国不再称霸远东的海洋了。1941年12月10日是英国在二战中最为黑暗的一天。英国人民受到历史教训的熏陶，能够对军事上的失败忍气吞声。但他们还是为损失两艘巨舰而感到震惊，忧郁气氛过于沉重。英国的海上力量在20世纪的远东地区从未成为现实。英国起初依赖与日本结盟，后来又抱有一种模糊的幻想：如果出了问题，主力舰队将设法及时抵达新加坡。他们也不需要用这场灾难来证明，没有飞机支持的战列舰时代已经结束。甚至，两艘军舰的沉没也不是决定性的。远东地区最严重的短缺是战斗机，而不是主力舰，这是由于英国一直把注意力集中在重型轰炸机上。对战略的痴迷是它在二战中

---

[1] 格怀尔（Gwyer）《大战略》第3卷第1部第308页。

遭遇不幸的主要原因。

　　灾难接踵而至。在利比亚，在丘吉尔的刺激下，奥金莱克的步伐已经超出了资源允许的范围，马耳他的虚弱使他的处境雪上加霜，问题也出在战斗机上。隆美尔的增援部队赶到。英国军队领导不力，坦克装备低劣，1月底被逐出昔兰尼加，回到加萨拉和托卜鲁克的防线。新的物资运不进去。日军大步前进，逼近新加坡。此前的疏忽和海军部的坚持（认为新加坡完全属于他们的事务，防御工程只针对海上战事而设）如今得到了惩罚。日军沿着马来半岛向前推进，虽然兵力不多，但作战技术高超。澳大利亚政府发出了力图自保、不愿为帝国分忧的呼喊。尽管清楚新加坡难逃一劫，还是有更多的英军涌入。2月15日，珀西瓦尔（Perceval）将军和6万名英军投降。这是英国历史上规模最大的一次投降。一些人认为，这次打击使英国在远东的声望一蹶不振。

　　长期以来，这种威望其实建立在虚张声势之上。英国人希望在一个响亮的名号和一支不在其位的舰队庇护下，就可以维护它。与德国开战后，他们就押注（不得不如此）日本将保持中立。在珍珠港事件之前，新加坡不可避免地排在名单的最后。丘吉尔犯了典型的错误。他先是试图用强硬的言辞阻退日本，然后试图用两艘没有空中力量支援的战舰完成这个任务。由于工作缠身，他没能亲自调查新加坡的防御情况，一如既往地把自己的意志当作行动[1]。最后，为了安抚澳大利亚，他又派遣更多的军队，最后成为敌人的俘虏。他再度在资源不足的情况下野心太大，但这一次并不只有他是如此。为了在所有领域保持世界强国的地位，英国人民——或者至少是英国政府，心有余力而不足。要不是英国这样的大国，新加坡的沦陷一定会带来灭顶之灾。

　　事态已经足够棘手了。1942年2月到11月这几个月是政治上最动荡的战时岁月。在此期间，支持政府的政党在四次补缺选举中败给了无党派人士。人们普遍对战事失利感到不满，某些有政治见识的人渴望有一位独立的国防部长，丘吉尔只作为善于雄辩的挂名首脑留下来。从华盛顿回国后，丘吉尔立即对这种私底下的怨声载道提出挑战，1月29日以464票对1票赢取了信任投票。[2] 无论丘吉尔犯了什么错误，没有更适合的人选了——当然不会是欣威尔或温特

---

[1] 丘吉尔在《第二次世界大战》第4卷第43页写道："我应该了解情况。我的手下应当了解，应当告知我，我自己也应该问一下。"
[2] 只有三名独立工党党员（其中两人担任计票员）投票反对政府。

顿勋爵（Lord Winterton）[1]，他们不过是不公开的反对派的可恶领导人罢了。因此，丘吉尔经受住了当时无数次的考验——新加坡，马来亚和缅甸的沦陷，在中东也没有任何胜利。2月12日，两艘从布列斯特撤回德国的德国战列巡洋舰"沙赫霍斯特"号和"格尼索"号穿过英吉利海峡，无视英国皇家空军和皇家海军，这一事件给英国舆论火上浇油，群情激愤。事实上，这是德国人的撤退，大大减轻了英国人在大西洋战场的焦虑。

然而，引起舆论不满的深层次原因在于阶级对立和战前的冲突，即忠于美国还是忠于苏联之争。丘吉尔和几乎所有身居高位的人，把一切赌注押在英美伙伴关系上。但底层人民，尤其是工厂工人，只对苏联充满热情。因为希特勒的攻击，苏联又一次成为他们心目中的理想。1941年6月22日以后，英共党员人数激增了3倍之多。共产党的工人谈判代表现在成了罢工破坏者。他们和左翼舆论普遍希望"立即开辟第二战场"，即立即出兵欧洲大陆。毫无疑问，有充分的技术理由表明这是不可能的，但这些原因不能公开说明。无论如何，一般人都会用缺乏意志，而不是缺乏手段来解释失败。民众怀疑统治阶级对苏联的需要置若罔闻，害怕它的成功。不能对这些怀疑置之不理：没有知足的、愿意合作的军火工人，就打不了仗。于是，向苏联示好的友好姿态出现了。丘吉尔夫人为对苏援助筹集了一笔资金。红军纪念日由将军、主教和市长大人共同主持庆祝。英国广播公司把《国际歌》加入每晚的盟国国歌联播曲目中。[2] 要求开辟第二战场的呼声丝毫没有减弱。

这时，斯坦福德·克里普斯爵士未经授权便从驻苏大使的职位上回来了。作为把苏联拉进战争的人，他得到广泛的、完全不相配的尊敬。他对自己的能力非常自信，甚至有些自负。尽管仍被排除在工党之外，或许正因为如此，他成为了左派的英雄。丘吉尔试图用物资供应部的职务来收买他。克里普斯要求增加权力，并希望在战时内阁中占有一席之地。丘吉尔另有所图。即使只是为了同美国人协调计划，也需要一位生产部长，现在正可借机重启设立最高部长的计划，负责确定原材料的优先和分配。这么一来，物资供应部长、飞机生产部长和海军部供应部长，将像三军大臣那样仅仅沦为行政官。克里普斯还嫌官

---

[1] 此二人被调侃为"毒药"和"老妇"，出自当时正在伦敦上演的一出戏的名字。
[2] 英国广播公司很快就摆脱了这一窘境，认为此种联播节目播出的时间太长，无法实现每晚播放，因此根本就没有播放。

第十五章　大联盟，1942—1944年

小。另一方面，比弗布鲁克的机会似乎又来了。1942年2月4日，他成为军工生产部长——英国战时经济的实际独裁者。这是一场短暂的胜利。

比弗布鲁克赢得了战时运输控制权，但却未能控制劳工。他即兴发挥的天分在欧内斯特·贝文身上不管用。比弗布鲁克有一个致命的弱点：没有政治追随者。他在议会和国内都没有广泛的支持。用他自己的话来说，他是朝廷的红人，他的地位归功于丘吉尔的友谊。然而庇护之手如今已经收回。比弗布鲁克的离任是以身患疾病为借口的。毫无疑问，背后另有原因。丘吉尔不能与贝文作战，他也不想这样做。比弗布鲁克对苏联和第二战场的热情不亚于任何一位工人。丘吉尔压制了他的热情。这把比弗布鲁克击垮了。他离开了政府。奥利弗·利特尔顿接任生产部长[1]。利特尔顿属于与工会领袖合作的现代总经理。他没有声称要控制劳工。起初，他甚至没有声称要控制原材料的优先和分配，尽管他通过控制来自美国的供应逐渐实现了这一点。与此同时，丘吉尔找到了一种办法，能解除克里普斯的敌意，甚至将他利用起来。克里普斯作为下议院的领袖，成为众人瞩目的焦点，但没有实权。向左派示好的姿态更加明显。艾德礼被正式任命为副首相。战时内阁中唯一一位坚定的保守派金斯利·伍德退出内阁，理由是格林伍德的失败，后者也被逐出内阁。尽管丘吉尔尊重党派制度，但1942年2月之后的战时内阁是由个体组成的。艾德礼是唯一的党派中人，其他人都是圈外人或曾经是叛党者。[2] 正如在第一次世界大战期间那样，平息公众舆论的需要再次战胜了政党制度。

克里普斯是目前的领军人物。他一本正经地对下议院说："个人的奢侈行为必须彻底杜绝。"他为引入紧缩措施而欢欣鼓舞：禁止汽油用于休闲驾驶，减少服装配额，减少体育赛事，在餐馆吃饭的消费金额限制在5先令以内。丘吉尔给了他可以上吊的绳索，一根结结实实的绳索。远东地区的灾难传言越来越多。3月9日，在荷属东印度群岛建立反日海军阵线的企图在爪哇海战后流产了。日本侵略并占领了缅甸。他们率领一支比萨默维尔率领的舰队强大得多的舰队潜入印度洋。人们担心他们会越过海洋，占领锡兰。4月初，日方出人意料地停了下来。日本主要关心的是太平洋。除了保卫侧翼，他们对印度及印度洋不

---

[1]　出于某些原因，"军工"两个字被拿掉了。
[2]　克里普斯是工党的叛乱者，丘吉尔是保守党的叛乱者，艾登在某种程度上也是如此。贝文、安德森和利特尔顿是外来人。

感兴趣。他们从来没有考虑过英国人设想的那种不切实际的计划，即跨越中东广大地区与德国人携手合作。他们在科伦坡附近遇到几架英国战斗机，日本舰队的进一步推进受到阻碍。1942年4月以后，日本海军在印度洋没有发动进攻，印度边境的日军直到1944年才发动进攻。印度并不像人们想象的那样处于迫在眉睫的危险之中。日本在别处忙得分身乏术。

这在当时是无法理解的。似乎迫切需要赢得印度的理解。采取和解姿态还有一个动机。罗斯福和大多数美国人一样，对英帝国主义深表怀疑。他认为，如果联合国家为自由而战，印度也应获得自由。克里普斯显然是最适合处理此事的人。他是一名左翼社会主义者，长期以来与印度国大党领导人关系很好。3月22日，他带着一份声明草案飞往印度，声明称，如果战后制宪会议提出要求，英国政府将给予印度完全独立。谈判无果而终。穆斯林和印度教徒之间的古老冲突再次抬头。同时，国大党要求立即实行自治，且印度的国防部长享有充分的独立权限。甘地说："这似乎是一张过期支票。"[1] 4月10日，谈判破裂。克里普斯回到英国。国大党的意见实际上存在分歧。如果获得自治，尼赫鲁准备支持对日战争。甘地和大多数国大党人愿意寻求和解，但如果和平目标难以达成，他们将依赖非暴力抵抗。

与克里普斯谈判的失败挫败了尼赫鲁的爱国主义。他和甘地站到同一阵线，国大党宣布非暴力反抗英国当局。新的混乱产生了。8月，甘地、尼赫鲁和许多其他国大党领导人再次被监禁——直至战争结束。英国人不顾印度政治领导人的意愿，坚持不愿意放手印度，为此付出了代价。印度的所有战争费用都记到英国账上，日支100万英镑。这是帝国顽固不化的可笑表现：英国人为了一个承诺将在战后离开的国家而欠下巨额债务，还造成许多伤亡。当然，英国需要印度作为重新征服缅甸和马来亚的基地，而重新征服的意义在于证明英国仍然是一个世界强国。从本质上说，死守印度只是出于习惯。就像在地中海一样，英国人留在印度，因为他们已经在那里了，并继续以帝国主义的方式行事，尽管已正式宣布很快将放弃这种方式。别指望丘吉尔能作出别的让步，但包括克里普斯在内的工党领袖们，响应了英国统治的最后一次召唤。

克里普斯从印度回来后，他的地位动摇了：保守派现在对他甚表钦佩，但

---

[1] 有位旁观者补充道："并且是在破产的银行提款！"

左派的好感有所改观。保守派后来也很快感到不安。美国的参战并没有改善英国的状况。相反，航运情况变得更糟。美国人忽视护航，U型潜艇很容易就击沉了他们的船只。美国造船厂直到1942年12月才能弥补损失。英国人的需求已无法满足。英国的军舰为开往苏联的船队护航已颇感压力，随着白昼变长，损失也在增加。6月份，因为对德国大型舰只在海上出现的误报，英国海军部命令不幸的P.Q.17号护航队在海上散开，34艘无防御能力的船只中有23艘轻易地葬身大海。英国当年的进口总量低于2500万吨，它之所以能勉强度日，只是因为粮食部和物资供应部像往常一样大大高估了需求。[1] 即便如此，生活依然变得更加艰难。3月，小麦的出粉率提高到85%。英国人直到战后才再次吃上白面包。

现在，新的短缺又出现了。煤是1942年最主要的问题，就像1940—1941年冬天的铁路问题一样。矿山老旧，矿工变老。劳工数量比战前下降了10%，这并不出奇。矿工们的工资也很低：1938年，在100个行业中，他们排在第81位，4年后，地位没有多大改善。年轻的矿工进入军需行业，8万人在军队服役。1938年，煤炭产量为2.27亿吨，现在有下降到2亿以下的危险，而来自工厂的需求却在不断上升。虽然煤矿仍掌握在无能的私人手中，但责任落在社会主义者身上：作为下议院领袖的克里普斯和作为贸易部长的道尔顿。3月，道尔顿委托不知疲倦的规划师威廉·贝弗里奇爵士（Sir William Beveridge）为国内消费者制订一项配给计划。该计划在5月份就已准备就绪，但与其他配给计划不同，开始实施之前就泄露出去了。保守党发出一声怒吼。贝弗里奇的计划打击的是拥有大房子和电炉的居民——换句话说，打击的是富裕阶层。同样，在煤炭问题上，一向争强斗胜的保守党也怀疑道尔顿准备偷偷实行国有化。

这是战争中唯一一次成功的保守党起义。政府最后妥协了。煤炭配给制被取消，取而代之的是控制，结果消费者的所得比以前更少了[2]。但是矿业并没有完全置身事外。在自由派人士格威林·劳埃德·乔治（Gwilym Lloyd George）的领导下，成立了一个新的燃料电力部，这个部门从贸易部分出来。格威林成

---

[1] 粮食部的需求是1240万吨，物资供应部的需求是1510万吨。实际进口量是粮食1140万吨，原材料1330万吨，并不存在严重短缺。
[2] 国内消费者最终的煤炭消费量是战前的三分之二，但电力消费增加了10%。无论如何，不搞煤炭配给或许是明智的。配给制意味着保证供应，但煤炭难以做到这一点。"公平共享"在实践中做不到。

了煤炭生产的掌门人，尽管他声称自己有着反社会主义的倾向。格林勋爵领导下的一个委员会马上大幅提高矿工的工资，并制定全国最低工资标准。尽管产量没有增加，但矿工们的不满情绪得到缓解。对于矿工们并未饱含爱国热情投入工作，舆论也感到恼火。这是为何？他们以前是社区中最贫穷的一群人，对于跟其他人享受同等待遇感受不深。他们要的是未来的安全，而这是一个依赖保守党选票的政府给不了的。

在煤炭问题之外，除了偶尔发生的几个具体事件，没有引起经济上的骚动。在战争的关键问题上，全国上下团结一致，比英国历史上任何一个时期都强，比任何一个其他国家都不逊色。独立工党的议员以和平主义的理由反对这场战争，一些高尚人士认为，如果提供足够慷慨的条件，德国人也许会转而反对希特勒。他们的传道水波不惊，无人响应。一位英国政治家如果不追求彻底的胜利，就会被公众不满的风暴所吞噬——在这场风暴中，连工厂工人和家庭主妇都会像记者或政治家一样坚决。这种爱国主义不仅深厚，而且理智。在第一次世界大战中，女人们给没上前线的男性寄送白羽毛，在第二次世界大战中，她们兼职为生产军火服务。现在没有博顿利之流了。无党派人士不顾选举休战的规则，他们虽然对战争的运作方式持批评态度，但在其他方面与下议院普通议员并无不同。其中一人布朗（W. J. Brown）曾在 1929 年至 1931 年担任工党议员；另一位是汤姆·德莱伯格，他后来当上工党主席，颇受尊敬。

现在没有《约翰牛》之类的廉价报纸煽动仇恨。这场战争在报界产生了一个重要的结果。广大民众——普通士兵和工厂工人——开始阅读日报，《每日镜报》成为发行量最高的报纸。《每日镜报》在特殊的意义上受人欢迎。以前的流行报纸《每日邮报》和《每日快报》是由老板诺斯克里夫和比弗布鲁克创办的，他们都是大人物。而《每日镜报》没有老板。[1] 它由公司普通员工，尤其是哈里·盖伊·巴塞洛缪（Harry Guy Bartholomew）创办。巴塞洛缪从办公室勤杂工一路升到编辑部主任的位置。用《每日镜报》最喜欢的词来说，它是傲慢的，但它也是一个严肃的民主舆论机构，它的成功同样归功于见多识广的专栏作家

---

[1] 1942 年 3 月，《每日镜报》煽动性地提出要更积极地从事战争，从而激怒了政府。政府试图找出其业主或主要股东（荒谬地以为可能是敌国公民），但发现不存在。丘吉尔当时想取缔这份报纸。内政大臣莫里森在比弗布鲁克的支持下，以严重警告了结此事。

卡桑德拉（Cassandra）[1]，以及连环漫画中的脱衣女郎"简"。《每日镜报》以前所未有的方式展示了普通民众最普遍的想法。英国人终于找到了自己的声音，历史学家更加感激它，因为第二次世界大战不同于第一次世界大战，没有产生任何独特的文学作品。战争期间，没有出现战争诗人，战争结束后，也甚少有战争小说或回忆录。[2]也没有战争歌曲，只有从德国人那里借来的《莉莉·玛莲》（*Lili Marlene*）。沉默本身就很重要。战士们一如既往地有所抱怨，但这次他们并不认为战争是徒劳的。他们甚至对自己的领导人怀抱信心，至少对其中一些人是如此。这是一场真正意义上的人民战争。参加第二次世界大战的英国人民认为，这场战争值得一打。总而言之，他们也相信会取得胜利。

与第一次世界大战时相比，战士们像一个共同体，而不是一个分裂的种族。许多人驻扎在大不列颠——海军和空军的大部分一直驻扎在大不列颠，陆军为发兵法国而积蓄兵力。另一方面，本土自卫军、民防或即便是被轰炸的民众显然也置身于战争之中。在埃及或印度的海外军人通过短波广播与英国取得联系，和国内的听众们收听相同的节目。其中有一个出类拔萃的节目，其影响力和鼓动力仅次于丘吉尔的演讲，到战争后期甚至超过了他的那些演说。ITMA（又是那个人，"It's That Man Again"）对于二战的意义，有如《来自阿尔芒蒂耶尔的姑娘》对于一战的意义，甚至远远超过后者。ITMA是一个难以形容的闲聊节目，焦点在汤米·汉德利（Tommy Handley）身上。全国人民都在收听，千门万户都熟悉这些虚构的人物：下巴勒伯上校、莫娜·罗、芬夫、莫普太太。每个人都重复着他们的口头禅："我要是这样做了，我也不介意"；"别忘了潜水员"；"我现在可以为您效劳吗，先生？"汉德利歌艺不佳，怎么看，表演能力也不行。但他理应得到威斯敏斯特教堂的一席之地，尽管他并未得到。

二战期间另一个受人青睐的广播节目叫作"智囊团"（Brains Trust），1941年开始了为期几个星期的试播，此后在整个战争期间一直播出。听众可以在节目中提出问题，由三位嘉宾给予回答。经典的三人组合是科学家朱利安·赫胥黎（Julian Huxley），哲学家约德（C. E. M. Joad）和指挥官坎贝尔。早期的问题都是实际问题，后来变得具有推测性和道德性。这三个健谈之人从来不会不

---

[1] 卡桑德拉（威廉·康纳，William Connor）一开始负责占星专栏，后来逐渐成为一名知名的作家。
[2] 一些已经成为诗人的年轻人在服役期间继续写诗，但这并没有使他们成为布伦登、萨松或欧文那样的战争诗人。同样，也有一些关于二战经历的回忆录，但没有蒙塔古、格雷夫斯和曼宁那种风格的回忆录。

知所措[1]。尽管"智囊团"是一个娱乐节目,但它也是战争期间日益增长的智力和文化活动的一部分。其他活动包括迈拉·赫斯女爵士(Dame Myra Hess)在国家美术馆[2]举办的午间音乐会,还有更为人称道的陆军新闻局。该局每两周发一份小册子给各军事单位,各单位在一名副官的指导下开会讨论。当然,里面有一些假消息。大多数普通士兵只是愉快地坐下来抽上半个小时的烟,就像伦敦的文员们在午餐时间寻去处一样。但是这些项目,或者音乐与艺术促进委员会精心设计的活动,也是真实的。他们表达了一种真诚的意愿,要把一切最好的东西带给人民,而人民也提高了他们的口味。在这个短暂的时期里,英国人民感受到自己生活在真正的民主共同体中,爱国主义和"智囊团",抗击纳粹和午间音乐会,不过是英国人民表达情感的不同方式而已。

当然,人们的满足感并非仅仅来自于爱国主义和民主精神。大多数人的生活得到了改善。自1938年至1942年,真正的生活成本上升了43%,周平均收入提高了65%——此后又有所提高。1944年的生活成本比1938年高出50%,而周收入则高出81.5%。一般而言,所有人都过上了熟练技工的生活。对于富裕阶层来说,生活水平倒退了:私人汽车或出国旅行没有了,几乎没有佣人,美衣华服少多了。对群众来说,他们过上了以前不曾享有的安稳生活。1942年年中以后,国家的整体健康状况有了稳定而显著的改善。原因无从知晓。是因为医疗服务使用量提高了吗?有了更好的食物?或者仅仅是忧虑减少了?当然,也存在许多困难。住房状况可能是最糟糕的问题。私人住宅的建造实际上已经停止了[3],被炸弹毁坏的房屋直到1943年才开始认真修复。家庭主妇的日常生活不方便了。尽管实行了定量配给,商店内的供应还是出现了短缺,而且商店越来越少。大多数购买的东西必须自行携带回家,不能送货上门。不过,正如运输史学家所言,"这些计划之所以能够奏效,是因为公众相信它们既合理又有必要"[4]。

公众偶尔也会有所抵触。他们不顾政府的劝告和假日火车的停运,拒绝宅在家里过节。1942年秋,另一个转折点出现了。战时运输部停运了从康沃尔和

---

[1] 最初的三人组合后来逐渐退出,尽管"智囊团"持续播出了数年,实则与当初大不相同了。
[2] 国家美术馆的收藏品被送到威尔士的一个山洞,这座建筑空空如也。
[3] 1943年仅建造了9000套住房,而1938年为36万套。
[4] C.I.萨维奇(C.I.Savage)《内陆运输》(*Inland Transport*)第506页。

第十五章　大联盟，1942—1944 年

锡利群岛运送鲜花的专列。这项禁令遭到挑战。胆子大的商人纷纷乘坐客运列车，行李箱里装满了鲜花。1943 年 3 月，丘吉尔出面干预，专列恢复。毕竟，既然能提供无限量的烟草（主要是通过租借法案），为什么鲜花就要喊停呢？赛马活动也得到善待。1944 年 5 月，皇家赛马会一天就卖出 1 万张票，纽马克特的吸引力导致了利物浦街车站的拥堵，正好发生在钢材产量因运输困难而被削减之时。正如某位官方历史学家所说，"赛马是不受现在紧绷的战时运输网络影响的少数几项活动之一"[1]。在一个全力投入战争的国家里，这些例外都属于细枝末节。

阿卡迪亚会议确定了英国的战略：欧洲第一，尽管帝国在远东地区摇摇欲坠。英国参谋长们审查了详细的计划，作了一个消极的决定：1942 年 3 月，他们放弃将颠覆活动作为一种有效武器。丘吉尔可能仍在梦想将叛乱分子武装起来。参谋长们的观点更为现实，积极的决策更为重要。1942 年 2 月 14 日，空军部向轰炸机司令部发布了一项新指令："当下的主要目标应该集中在敌方民众的士气上，特别是产业工人。"这一指令的直接推动力是一种名为"羁"（Gee）的导航装置。据估算，这种装置可以在未来 6 个月内攻破德国的防御。更深层次的决策基础在于，他们相信仅凭独立的战略轰炸攻势能够赢得战争。该指令的通过并非毫无争议。海军部希望以轰炸敌方军舰和潜艇为主要目标。陆军部在组建地面作战部队，不愿让他们占用工业和航运资源。丘吉尔本人对此持怀疑态度，倾向于将独立轰炸视为英国孤立无援时的依靠。另一方面，也有一些重磅支持者。林德曼现在是切尔韦尔勋爵（Lord Cherwell），担任丘吉尔的亲密顾问，他依据错误的统计数据提出了强有力的论据[2]。轰炸机司令部的新长官亚瑟·哈里斯爵士是一位好战的斗士，他的激情辩护压倒了理性的分析。最重要的是，他们认为，除非英国发动一次轰炸攻势，否则在实施登陆行动之前漫长的几个月内，它都无法对德国采取任何行动。这是无法反驳的。哈里斯出场了。

---

[1] C.I. 萨维奇《内陆运输》第 599 页。
[2] 切尔韦尔有时被认为是轰炸攻势的唯一或主要责任人。这就夸大其词了。他只是提出论据，支持空军部和轰炸机司令部长官强烈要求的主张。切尔韦尔夸大了可用轰炸机的数量，也夸大了它们击中目标的准确性（哪怕目标是一个城镇）。此外，与几乎所有其他人一样，他认为德国经济已经处于全面紧张状态，工人们必须放下军需生产，去维修房屋。他还错误地认为，德国人的士气不如英国人。

哈里斯以两个理由要求实施无差别轰炸，或他所称的"谷仓门轰炸"。他真诚地相信，可以从空中威吓住德国人民，就像他曾经拿下伊拉克部落一样。他还认识到，那些仓促训练的士兵无法精确地进行轰炸，如果能击中什么东西，至少能击中谷仓的门。这种观点实际是自我矛盾的：越多机组人员被用于无差别轰炸，精确的轰炸越被推迟到不确定的未来，实际上永远不会到来了。哈里斯知道，以他现有的部队，无法在1942年取得决定性的成果，但他不能守株待兔。除非他立即行动，否则，轰炸机将为海军部征用，军火生产将从轰炸机转向战斗机、坦克和登陆艇。因此，他的攻势是一场给政府、公众和美国人留下深刻印象的宣传战。对德国人的影响并不重要。轰炸的目标是经过精心挑选的，必须考虑宣传的价值。吕贝克（3月28日）和罗斯托克（4月24日至27日）在德国经济中的角色无足轻重，但它们是中世纪的老城镇，到处都是木结构建筑，极易燃烧。更为壮观的是，5月30日，哈里斯出动1000架轰炸机飞临科隆上空。轰炸新闻轰动一时。作为报复，德国人开展了"贝德克尔"（Baedeker）行动，袭击英国历史悠久的老城镇，埃克塞特遭受到的袭击最为严重——也是对德国资源的浪费。除此之外，所得甚微。到1942年秋天，轰炸机司令部已经力不从心，损失再次变得难以控制。根据美国在战后的调查，德国经济生产总值在1942年遭受了2.5%的损失。英方调查数据是生产总值下降0.7%，军工生产下降0.5%。[1]尽管当时人们还未掌握这些数字，但已经得出一个必然的结论：独立的轰炸攻势没有赢得战争的希望。

于是，对某个地方的进攻重新成为作战计划上的头等大事。但是，进攻哪里？在阿卡迪亚会议上，美国漫不经心地对登陆法属北非的想法表示赞同。他们以为，登陆行动将马上进行。日本的进攻使资源转向太平洋。美国发现，即使是不遭遇抵抗的登陆——法国人是否会反抗还不得而知——所需的部队也不可能凭空变出来。包括陆军参谋长马歇尔（Marshall）和陆军部长史汀生在内的大多数美国领导人，对英国的边缘蚕食策略不感兴趣。他们希望对德国发动直接攻击。1942年5月，苏联外交部长莫洛托夫来到伦敦和华盛顿，迫切要求建立第二战场，美国人的主意更坚定了。丘吉尔不敢直接对抗美国。如果这么做，美国可能会放弃欧洲，把注意力集中在太平洋战场上。因此，4月14日，

---

[1] 韦伯斯特和弗兰克兰《抗击德国的空中战略》第1卷第479页。

第十五章 大联盟，1942—1944年

英美两国达成一致意见，同意为在法国的大规模登陆展开准备。美方坦承，准备工作需要到1943年才能完成。他们还希望1942年在唐科坦半岛实施小规模登陆，占领瑟堡。英国表示赞同，但有一个未声明的保留意见，那就是只有在德国已经崩溃的情况下，才采取行动。与此同时，丘吉尔敦促奥金莱克采取攻势。西部沙漠的胜利将使建立第二战场的要求黯然失色。但奥金莱克拒绝执行。由于马耳他几乎瘫痪，隆美尔一方源源不断地获得大量物资，英国军队无力发动进攻。

丘吉尔决定通过直接向罗斯福呼吁，实现自己的主张。6月17日，他第二次前往华盛顿。他带来了一个诱饵：英国核研究进展的更多细节。他还提出一个要求：在北非登陆，而不是法国。丘吉尔的计划流产了。在隆美尔（而不是奥金莱克）的主导下，战斗已于5月下旬在昔兰尼加打响。经过一个月的激战，英军阵地被突破了。6月20日，托卜鲁克沦陷，33000人投降。现在不是丘吉尔把战略强加给美国人的时候。他一无所获地打道回府。

然而，事态已开始迫使政府作出决定。为了支援奥金莱克，美国调拨300辆谢尔曼坦克到苏伊士——性能优于德国坦克，这些坦克本应用于第二战场。丘吉尔在英国还有政治麻烦等着他。继新加坡之后，托卜鲁克的沦陷加剧了公众的不满，左派有理由怀疑，1942年不会开辟第二战场。批评者贸然推动举行不信任投票——这种敌视的态度在第一次世界大战中从未出现过。7月1日和2日，议会展开辩论。攻击是杂乱无章而令人困惑的。最主要的批评者、颇具影响力的保守党人士约翰·沃德洛－米尔恩爵士（Sir John Wardlaw-Milne）建议任命格洛斯特公爵（duke of Gloucester）为总司令。此言一出，哄堂大笑。除了失败的记录，评论家们还指摘丘吉尔自作主张的做事方式。他们想要一位独立的国防部长，但又没有人选。在政党机器的支持下，丘吉尔依旧站得很稳当。不信任案以476票对25票被否决，约40票弃权。但是依然乌云蔽日。丘吉尔必须打胜仗，而不是止步于在投票大厅里获得多数票。

事实上，最糟糕的时刻已经过去。奥金莱克亲自上前线，从里奇手中接过指挥权。英国军队撤退到阿拉曼，这是一个容易防守的阵地，距离亚历山大只有60英里。现在轮到隆美尔物资匮乏了。墨索里尼渡海来到利比亚，准备骑着白马，率领大军凯旋进入开罗。但迎接他的只有失望。7月25日，隆美尔试图

443

突破英军在阿拉曼的防线，但未能成功。他的巅峰时期已经过去。丘吉尔在战略领域也取得了胜利。7月初，他和参谋长们正式否定了1942年登陆法国的可能性。这是对美国的公然蔑视。美国的三军参谋长提议转向太平洋，但为罗斯福拒绝。他想要的是一场轰轰烈烈的军事行动，也许只是为了影响即将到来的国会选举，如果法国北部被排除在外，"那么我们必须选择次优选项——绝不是太平洋"[1]。马歇尔，海军上将、海军作战部长金，以及罗斯福的亲信霍普金斯，奉命来到伦敦，提出在法国登陆的要求。英国人解释说无法做到，而美国凭现有的资源无法独立完成登陆，尤其是缺乏船只。马歇尔继续坚持[2]。罗斯福不再支持他，7月25日决定支持在北非登陆。

支持这项决定的战略理由不少。控制地中海将拯救航运业，尽管非洲战役大大增加了航运的需求。如果苏联战败，希特勒继续永久掌控欧洲，征服北非可以给英国和美国带来某种补偿。此外，德国还得支援意大利。他们的军事和空中资源将从苏联前线和法国北部转移。因此，北非战役既可以有效地取代第二战场，也可以作为第二战场的准备工作。[3] 这些论点其实无关紧要。丘吉尔想要一场胜利来平息英国舆论的不满情绪。1942年，罗斯福想让美国军队有所"行动"。北非是双方愿望交会的唯一之地。联合参谋长委员会认识到，这项决定将把真正的第二战场推迟到1943年。事实很快证明，它将被推迟到1944年。政治需要先于战略，并决定战略，这在战争中是平常事。

为了取悦美国人，丘吉尔提出让他们为北非提供一名最高指挥官。艾森豪威尔将军（General Eisenhower）接到了任命。丘吉尔的任务就没那么轻松愉快了。他不得不向斯大林通报，1942年将不会开辟第二战场。他还必须在埃

---

[1] 谢伍德《哈利·霍普金斯文件》第2卷第603—604页。
[2] 马歇尔甚至引用威廉·罗伯森爵士《士兵与政治家》（Soldiers and Statesmen, 1914—1918）中谴责远征达达尼尔的一段话来反驳丘吉尔。丘吉尔干脆地回答道："这里的士兵和政治家们意见完全一致。"（巴特勒《大战略》第3卷第2部第633页）在第一次世界大战中，罗伯森领导下的英国参谋军官们满意地看到，德国通过陆路向巴尔干或意大利前线转移兵力的速度，比英国通过海路转移兵力要快。第二次世界大战期间，让布鲁克指挥的英国参谋军官们颇为自得的是，英国和美国通过海路向北非和意大利运送军队比德国通过陆路运送军队要快。
[3] 通过打击其他地方的德国军队为第二战场作准备，这一想法反映了英美两国观点的分歧。英国只愿意在德国已经濒临崩溃的时候登陆法国。美国则希望在德国最强大的地方发起攻击，将其击败。英国军队内部也存在分歧。布鲁克作为帝国总参谋长，极力主张在地中海采取行动，主要是为了推迟第二战场，后者实际上是他根本不支持的。他从前者看到唯一积极的收获是，地中海开通后航运能得到缓解。丘吉尔还怀有加里波利的老观点，他倾向于认为地中海的后门是进入欧洲的捷径。

及鼓舞英国军队的士气。为了英国和他自己的声望,丘吉尔需要在那里取得胜利,而不仅仅是在美国的指挥下成功登陆法属北非。8月初,丘吉尔飞往开罗。他发现,英国陆军被混乱不堪的领导搞得晕头转向。奥金莱克肩负沉重的责任,忧心忡忡地回头注视着一支德国军队抵达高加索地区。放弃埃及和苏伊士运河的准备已经作好了[1]。奥金莱克拒绝过早发动进攻。丘吉尔决心更换领导人,恢复英军信心。也许,他也希望找几个更顺从的将军。哈罗德·亚历山大将军(General Sir Harold Alexander)从缅甸边境被召回,接替奥金莱克之位。伯纳德·蒙哥马利将军[2](General Sir Bernard Montgomery)从英国调任指挥第八集团军[3]。这是一个很合适的组合。没有什么能激怒亚历山大,无论是敌人、政客,还是他自己的将军。蒙哥马利则是继威灵顿之后最出色的英国陆军指挥官:他是20世纪唯一一位懂得如何激发部下热情的英国将军,也是唯一一位不仅能应战,还能主导战事的将军。

丘吉尔从开罗前往莫斯科。二战期间,他与斯大林一共举行了4次会晤。这是奇怪的相会:丘吉尔曾经推动反布尔什维克主义的干涉战争,而在世界眼中,斯大林现在就是布尔什维克主义的化身,两个宿敌很快将再度成为敌人。首轮会晤出人意料地取得成功。没有讨论任何实际的政治问题。斯大林虽然对未能开辟第二战场颇有微词,但对登陆北非却颇感兴趣。也许他认为,让英美两国在任何地方作战都是巨大的成就。也许他被丘吉尔"明年对希特勒发动致命攻击"的言论误导了[4]。又或者,两人仍然一心与希特勒为战,都具备不能窝里斗的理智。无论如何,一切进行得很顺利,苏联的奢华款待令西方人大开眼界。丘吉尔希望与斯大林建立起真正的个人关系。他可能想错了。但至少他可以代表英国周游世界,到华盛顿,到开罗,现在到莫斯科,在东西方之间扮演决定性的角色。直到第二年,罗斯福克服宪法和身体上的困难,也开始奔走于

---

[1] 奥金莱克有时为此受到谴责。事实上,他只是在执行三军参谋长于7月底下达的指示:"如果出现最坏的情况……你们必须坚守阿巴丹地区,即使冒着失去埃及三角洲的风险。"普莱费尔(Playfair)《地中海和中东》(*The Mediterranean and the Middle East*)第3卷第365页。

[2] 伯纳德·劳·蒙哥马利(1887—),陆军元帅;1939—1940年指挥第3师;1942年在东南司令部(英格兰);1942—1943年在北非、西西里和意大利指挥第八集团军;1944年任法国北部英军集团军司令和盟军集团军司令;1944—1945年指挥第二十一集团军。1946年被封为子爵。

[3] 实际上,丘吉尔最初任命的是戈特将军(General Gott),他在沙漠作战中表现突出。但两天后,戈特在一次空难中丧生。无论如何,他已经精疲力尽,而且可能没有在统帅部工作的能力。

[4] 丘吉尔《第二次世界大战》第2卷第433—434页。

世界各地。

回到开罗，丘吉尔获得一个坏消息，似乎确认了英国不能在 1942 年开辟第二战场。8 月 19 日，英国和加拿大部队在迪耶普登陆。这次袭击遭到失败，损失惨重。超过一半的加拿大士兵被杀害或俘虏。对迪耶普的突袭已经酝酿了好几个月，一部分是为了获得登陆遭到抵抗时的经验，另一部分是为了给加拿大军队派任务，这些加拿大军队在英国无事可干[1]，总得做些什么。最初由蒙哥马利负责指挥，他坚持要有空中掩护和猛烈的海军轰炸。然而，皇家空军称没有多余的飞机，海军部拒绝提供任何大型舰只。蒙哥马利前往中东赴任，幸运地保全了名声。登陆计划自行发展的势头很猛，尽管成功的条件还不成熟，仍然发动了突袭。加里波利、挪威和希腊之殇覆辙重蹈：仓促之中一片混乱，再次带来了可耻的失败。据称，对迪耶普的突袭为未来的登陆提供了宝贵的教训。教训的成本实在太高，但我们学到了一个深刻的一般性教训，尽管不需要通过这次新历练。迪耶普的突袭表明，仅仅说"晚上登陆将一切顺利"是不够的，勇气和主动性不能代替周详的计划。从这个意义上来说，迪耶普的失败成为 D 日成功之母。这一次，英国的战略家们确实提前谋划了。否则，迪耶普就与第二战场毫无关系了。由于缺乏装备，第二战场的问题遭到斩钉截铁的否定。一个致力于援助苏联的左翼政府，可能会把重点从轰炸机转移到登陆艇上。事实上，独立轰炸攻势和地中海战役使第二战场处于饥馁状态。

无论如何，地中海优先的决策已经作出。人们现在不得不等待计划成熟。正如丘吉尔所说，又是一段"焦虑和紧张"的时间。8 月 30 日，隆美尔作了最后一次尝试，试图突破阿拉曼防线。他再次失败。蒙哥马利拒绝贸然发动袭击。某位将军因行动不力而被解职后，继任者的行动往往更为迟缓，这是常态。在英国，克里普斯失去了对议会的控制权。9 月 8 日，他谴责那些在丘吉尔演讲时表现出厌倦情绪的议员。主要议员尖锐地予以回应。克里普斯有他自己的不满。他希望战时内阁能真正掌控战事，就像劳合·乔治时代那样。他还希望建立一个战争规划委员会，让参谋长们不用考虑枝节问题和日常事务。这似乎有道理。参谋长对每一项行动负有直接责任，几乎没有时间考虑战争的总体情况。但这样就会结束丘吉尔的独裁统治，他将无事可干。

---

[1] 加拿大政府对中东不感兴趣，不允许加拿大军队参加中东战役。

克里普斯辞职了，不过，他同意将辞职推迟到即将到来的埃及战役之后。正如比弗布鲁克预言的那样，群众对克里普斯的热情支持是一种"转瞬即逝的激情"[1]。蒙哥马利获胜后，丘吉尔已经不需要掩护人，而克里普斯实则什么也不能提供。他离开了战时内阁，诚恳地发表了一番关于道德领导的演说，而后担任飞机生产部长。比弗布鲁克留下的是一片狼藉，他恢复了秩序，尽管生产速度有所放缓。[2] 艾登成为下议院领袖，内政大臣莫里森在战时内阁中接替了克里普斯，这是对党派平衡原则的回归。此后，战时内阁继续靠边站，这是克里普斯试图改变的。

蒙哥马利坚持不懈地等待契机，直到在坦克和枪炮方面建立压倒性的优势。10月23日晚，他发动阿拉曼战役。蒙哥马利与之前的指挥官不同，后者秉持骑兵精神派遣坦克穿越沙漠，而蒙哥马利计划了一场精心部署的战斗。他把全部装备尽数投入一场艰苦的战役中，打击敌人最强劲的地方。这就是罗伯森所谓的"有钱好办事"。蒙哥马利损失的坦克比德国和意大利损失的要多。实际参战人员的伤亡比例和索姆河战役一样大[3]。蒙哥马利能够承受这些损失，多亏经过苏伊士运河源源不断的供应。但隆美尔无力承受损失，因为英军从马耳他打击轴心国护航队。直到敌军疲惫不堪，蒙哥马利开始了包围行动。

11月4日，隆美尔未听从希特勒的命令，开始撤退。蒙哥马利的追击没有那么成功，或许是因为英国军队太墨守成规了。隆美尔放弃了昔兰尼加和的黎波里，但他和他的军队得以脱身。尽管如此，这仍然是一场伟大的胜利。埃及永远安全了。第八集团军由此凯旋而进，直至意大利。阿拉曼的胜利来得正是时候[4]。它是在11月4日迎来胜利的。11月7日，英美部队在法属北非登陆，后来英国的军事行动并入了联合作战。11月15日，英格兰教堂的钟声响起——这是向阿拉曼致意，不是为登陆北非而鸣。他们在庆祝胜利，也唱响了英国独立战略的离歌。

具有讽刺意味的是，登陆法属北非发生在美国国会选举4天后，他们原本

---

[1] 1942年2月17日，比弗布鲁克致丘吉尔。丘吉尔《第二次世界大战》第4卷第73页。
[2] 克里普斯制订了飞机生产部实际上可以达到的最低计划，代替比弗布鲁克的"胡萝卜"计划。
[3] 现在，从事前线补给的人大量增加。因此，总的损失比例要小得多。
[4] 从战略的角度看这场胜利是否可取，是另一回事。英美两国控制法属北非后，如果隆美尔的交通线仍延伸至阿拉曼，他的处境将更加危险。

是想借此影响选举的。取胜的速度慢于预期。现在，不同于既往的角色，英国想更深入地向地中海推进，美国则小心谨慎，踌躇不前。德国占领了先前未占领的法国其余部分。法国舰队在土伦港自沉。而德国有时间在突尼斯站稳脚跟。为确保北非安全，马歇尔预计需要的 6 个星期变成了 6 个月。政治上存在麻烦。达尔朗上将（Admiral Darlan）是贝当最亲密的助手之一，盟军登陆时，他正在阿尔及尔——也许只是偶然。经过一番讨价还价，美国承认他为法国当局的代表。这纯粹是军事上的决定。美国想迅速结束法国军队在北非的抵抗，只有达尔朗有能力发布必要的命令。[1] 但这在英国引起舆论大哗，连国王也感到不安[2]。

人们一直怀疑，丘吉尔只想与德国打一场民族主义的战争，而不是与"法西斯主义"打一场意识形态的战争[3]。他与法国"法西斯分子"达尔朗的交易似乎证实了这些疑问。但这一次有所误会。丘吉尔实际上也不信任达尔朗，他对被美国牵着鼻子走感到难堪——尤其是，英国军队承担了大部分战斗。圣诞节前夜，达尔朗被一名法国保皇派暗杀，这根最棘手的刺被拔去了。但很明显，英、美两国需要解决政治目标问题——既涉及法国，也涉及更广泛的领域。北非和西部沙漠的战役既然胜利在望，那么更为急迫的是，必须决定未来的战略。

斯大林称，自己离不开莫斯科。苏联刚刚在斯大林格勒歼灭了一支德军，并开始为赢得胜利而谋划。因此，1943 年 1 月 14 日至 25 日，罗斯福和丘吉尔及其随行的顾问在卡萨布兰卡会面。二人煞费苦心地希望调和法国将军吉罗和戴高乐的矛盾。事实证明，这是毫无意义的行动。吉罗缺乏政治手腕，而戴高乐颇有政治手腕，很快就成为法国抵抗派的唯一领袖。另一项重大的政策行动也许更为重要。罗斯福提出了结束战争的条件：无条件投降。丘吉尔表示赞成，他曾试图将意大利排除在外，但没有成功。战时内阁也表示赞同[4]。后来的诸多争论都集中在这个词上。它或许给了斯大林某种安全感，以防西方列强和

---

[1] 美国一开始看上的是吉罗（Giraud）将军，他参加过一战，二战中从德国监狱逃了出来。但很快，他就威信不再，美国对戴高乐是坚决反对的。
[2] 惠勒·贝内特《乔治六世》第 556 页。
[3] 丘吉尔确实只对推翻希特勒感兴趣。他不想在西班牙挑衅佛朗哥，也不想推翻墨索里尼。他写道："即使在战争的结局已经明确无疑的时候，墨索里尼仍然会受到盟国的欢迎。"丘吉尔《第二次世界大战》第 5 卷第 48 页。
[4] 见注解 A。

德国达成和解。它没有像十四点计划那样,引起盟友之间的争论和德国的抱怨。一位著名的美国历史学家写道:"在我看来,'无条件投降'一天也没有使战争延长。"[1]

同盟国已决心取得彻底胜利。德国和日本将失去他们征服的所有土地,意大利将失去它的殖民地,此三国都将被解除武装。对此,正如丘吉尔后来(1944年2月22日)所言:"无条件投降意味着胜利者可以自由行动。但这并不意味着他们有权野蛮行事……如果说有什么约束,我们受到良心和文明的约束。"轴心国的领导人继续幻想着得到妥协条款,而事实上,意大利和日本后来投降却是有一定条件的。"无条件投降"可能会导致同盟国忽视对战后政策的考虑。《大西洋宪章》已被遗忘,新的提法填补了空白,这才是重要的。从根本上说,什么都没有改变。对于第一次世界大战,人们面对这样一个问题:"我们为何而战?"但对于第二次世界大战,答案很明显:胜利。同盟国除了摆脱轴心国造成的灾难外,别无所求。

同其他会议一样,战略决策是卡萨布兰卡会议的重点。英美两国不得不面对这样一个事实:北非战役的时间比预计的要长——尽管他们还没有意识到究竟要耗费多长时间。他们回到那个老问题:下一步怎么走?很明显,在北非的持续消耗使得1943年大规模进攻法国不可能实现了。马歇尔因此建议将美国的资源转移到太平洋地区。丘吉尔试图以在法国北部登陆把他留在欧洲。马歇尔不相信他。但罗斯福一如既往地不愿放弃欧洲。最后的结果是妥协。地中海战役一直进行到征服西西里岛为止。然后,英美两国又要斟酌了。美国打算就此收手,英国则希望进一步在此处行动。与此同时,美国在太平洋上继续前进,英国承诺也将在缅甸发动进攻——实际上未能兑现。

德国并没有完全被忽视。美国空军将参加英国的战略轰炸攻势。这里又出现了不一致的意见。哈里斯和部分美国空军人士认为,空袭的目的是不靠地面行动击溃德国。马歇尔和其他大多数人则认为,空袭是为登陆欧洲作准备。在卡萨布兰卡会议上还有另一个问题,虽然不是讨论得最多的,但却是最为紧迫的。航运的短缺是"对所有进攻行动的牵制"。罗斯福在没有告知美国航运当局的情况下,承诺将一些美国的航船从太平洋转移到英国。丘吉尔已调走了一些

---

[1] 莫里森《两洋战争》(*The Two Ocean War*)第239页。

从事军事用途的船只，用于增加储备。现在，为了维持地中海战役，他将前往印度洋的航次从每月100次减少到40次。这个决定产生了灾难性的后果。孟加拉地区粮食歉收，急需进口粮食，却久盼不至。白人们在北非的争论，使得150万印度人活活饿死。[1]

胜利被推迟了。隆美尔从利比亚撤军后，在突尼斯边境上占据了新的防御阵地。希特勒派出了增援部队。向东挺进的盟军被击退了。直至蒙哥马利穿越沙漠提供支援，情况才得以改善。这两支军队后来合并了：艾森豪威尔仍然是最高统帅，亚历山大作为他的副手，执掌陆战部队。[2] 5月12日，轴心国放弃抵抗。超过25万人成为俘虏（其中约三分之一是德国士兵），希特勒在战局已定的情况下，依旧遵循新加坡模式，加强突尼斯的力量，因此自食其果。在英国，教堂的钟声再一次响起。[3] 5月17日，自1941年以来第一支穿越地中海的护航队离开直布罗陀，于5月26日抵达亚历山大港。

关于下一步怎么走，有了新的争论。丘吉尔再次前往华盛顿（5月12日至25日）。他再次要求挺进西西里岛，然后出兵意大利本土。美国的要求是，一切都要服从于第二战场的准备工作。丘吉尔还握有一些"资产"。北非的大部分军队是英国的，英国有权决定其使用方式。此外，如果不动用英军，1943年就不会有大型战事。正如马歇尔所担心的那样，地中海战役实际上已经形成了自行发展的势头。双方又一次达成妥协。艾森豪威尔奉命制订进攻意大利的计划，但这些计划不一定会付诸实施。作为回馈，英国同意于1944年5月1日在法国北部实施"霸王行动"。丘吉尔再度发力，说服马歇尔共同前往阿尔及尔。马歇尔发现，现在即便是美国将军也渴望进攻意大利。他勉强同意关照这一计划。英国似乎仍在决定战争的进程。

局势变化莫测。1943年，世界领导权从英国转移到美国。英国的力量正在耗尽，美国的力量则在大规模增长。1943年夏，海上摧毁德国潜艇的努力出现了决定性的转折。1943年3月是战争中最糟糕的一个月：在北大西洋，47.7万

---

[1] 贝伦斯（Behrens）《商业运输与战争的需求》（Merchant Shipping and the Demands of War）第345—353页。缅甸的大米供应被切断后，印度不免会发生饥荒，而孟加拉粮食歉收的严重程度则不得而知。尽管如此，"北非战役几乎不可避免地导致了印度歉收地区的饥荒。"

[2] 空军司令特德和海军司令坎宁安也是英国人。艾森豪威尔的任命主要是为了装点门面，取悦美国舆论。

[3] 这一次的钟声不如阿拉曼战役后的那次引起轰动。4月19日，在教堂敲钟做礼拜的禁令被取消。

吨位的船只沉没，只有12艘U型潜艇被击沉。然后，发生了戏剧性的变化。7月，只有12.3万吨位的船只沉没，37艘潜艇被击沉。在当年的最后一个季度，有14.6万吨位的船只沉没，53艘潜艇被击沉。这场胜利背后的原因是复杂的。美国支援了大批驱逐舰——1943年有260艘之多。英国不顾哈里斯的反对，将轰炸机转移到比斯开湾执行护航任务，攻击U型潜艇。不久后，美国从无限的资源库中派遣航空母舰，执行护航任务。最后，英国最古老的盟友葡萄牙——尽管在战争早期关系较为疏远——允许英美两国使用亚述尔群岛作为空军基地，补上了大西洋中部的缺口。德国的水面舰只也无法发挥作用。9月23日，德国唯一的战列舰"蒂尔皮茨"号在奥尔滕峡湾抛锚停泊时，遭到两艘英国小型潜艇的重击，再也无法执行任务[1]。12月26日，德国仅存的一艘战列巡洋舰"沙赫霍斯特"号[2]被"约克公爵"号击沉。受益于这些胜利，英国2700万吨的进口量比前一年有了很大的增长。

进口的需要变得更为迫切。英国再也无法依靠自己的资源维持大国地位了。致命的短缺在于人力资源。英国的动员比任何其他参战国都更为彻底，现在已无法再进一步。人作为一切力量的基础，正在消耗殆尽。1942年制定第一个人力预算时，仅仅是根据需要来分配劳动力。政府以为还处于人力富余的时代，只需有效地予以分配即可。1943年初，一项新的调查显示，情况并不乐观。三军和军需行业要求增加100多万劳动力。这些要求无法得到满足。劳动力总数减少了15万。由于两次世界大战之间出生率的下降，年轻人越来越少，不足以弥补不断退休的老年人。可以动员的妇女也没了，即使是兼职。也不能从民用工业中抢夺更多的劳动力。相反，民用生产必须得到加强，因为家里的储备——比如衣柜里多余的衣服——已经用上了。

人们确信不会再遭遇德国轰炸机的猛烈袭击，民防设施日渐破败。许多领域的军需生产都可以减少。三军的惯例是，几乎一切物资都多多益善，于是工业生产的数量超过了实际需求。炸弹的生产在1942年底以后逐渐减少，枪炮的生产在1943年初减少，坦克的生产稍后也减少了。炮弹的生产规模比第一次世界大战时大得多，尽管激战却少多了。结果，产品大量过剩。每条乡村道路一

---

[1] "蒂尔皮茨"号此后多次遭到轰炸机攻击，最后于1944年11月12日沉没。
[2] 1942年2月12日，她的姊妹舰"格尼索"号在通过英吉利海峡时遭到了致命攻击。

侧都堆着弹药。司机开着车,有时会经过一英里又一英里的弹药堆。在法国北部登陆后用了一些弹药,但大多数直至战争结束都未曾使用。

然而,尽管这些方面的情况得到了缓解,至关重要的装备仍然短缺,要想装备齐全就得削减武装力量。只是在美国的援助下,庞大的英军才得以维持。《租借法案》实施之初,英国租借的是食物、烟草和机床。除了飞机之外,他们的军火仍然自给自足。如今,必要的军事需求开始依赖美国。[1] 英国一半的坦克、四分之三的坦克运输车和三分之二的运输机由美国提供。美国还提供了大部分登陆艇,弥补了英国商船和海军船只的损失。1941年,美国仅为大英帝国提供10%的军火。[2] 1943年,这一比例上升至27%;1944年,继续攀升至28.7%。1943年,美国商船规模首次超过了英国。1942年初,美国的军需品产量还低于英国。到1943年底,美国的这一数字是英国的4倍,1944年达到6倍。美国人的生活水平也比战前提高了,但在英国,消费品产量萎缩至54%。未来前景更为不堪。英国已经耗尽了外汇储备,而美国依据《租借法案》,不会让他们重新积累。英国累计的贸易逆差已将近20亿英镑,出口不到战前的三分之一。因此,只有在美国的援助下,英国才能在战争期间继续作为一个大国存在,并且,它似乎失去了战后保持大国地位的机会。

英国人民并不作此观想。就连丘吉尔也认为,信心以及他与罗斯福的个人关系是取胜的利器。无人意识到,击垮希特勒的是美国和苏联,英国则舔舐着伤口。于是出现了无意识的退缩——部分原因是疲累了,部分原因是对国内事务重新提起的兴趣。在北非和后来在意大利的胜利太遥远了,无法重振国民的士气。从1943年年中到1944年6月6日登陆法国的这段时间里,罢工次数等同于第一次世界大战最糟糕的时期。共产党的工会谈判代表无力阻止。劳工部对所谓托洛茨基分子的起诉同样无效。矿工们又坐立不安了。什么也不能使他们满意,除非实行国有化。10月13日,丘吉尔拒绝了这一要求。他说:"一切为了战争,不论它是否发生争论;凡是战争并不真正需要的事,都不必争论。"

---

[1] 1941年,美国给英国的租借物资中军需品仅占31.7%(相当于1942年军火租借额的四分之一,1943年的八分之一)。1942年,军需品占租借物资的53.6%,1943年占70.3%。1944年,包括烟草在内的许多民用物资被完全禁止租借了。

[2] 租借名下仅有2.4%。

矿工们得到的只是根据全国标准实行的加薪。[1]丘吉尔的原则在许多方面都没有被遵守。人们谈论重建，就像第一次世界大战期间一样。这一次，他们决心不再受骗，因此要求在战争期间制订出切实可行的计划。

这一要求难以抗拒。统治阶级展现了最好的行为，部分是由于算计，部分是出于信念。在这举国欢欣鼓舞、众志成城的时代，人们很难意识到，这种激情和团结将会消失。英国人民毫无怨言地作出了空前的牺牲，他们毫不迟疑，视死如归。他们理应得到嘉奖。在这些奖励中，最重要的是威廉·贝弗里奇爵士制订的一项全民社会保障计划[2]，最终实现了韦伯夫妇在第一次世界大战前制订的费边计划。它迟到了大约40年，如人们所料，它提供了对付过去种种罪恶的药方：赤贫和大规模失业，一种是1914年以前的社会问题，另一种是两次世界大战之间的。1945年后，这两个问题都解决了。此外，自由主义规划者贝弗里奇认为，资本主义将继续发挥作用，并未采纳由社会提供社会保障的社会主义学说。他还规定了固定费率，1911年劳合·乔治极不情愿地接受了这一原则。早在1381年，英国人就反抗人头税，现在落后的人头税原则似乎要永久施行下去。

无论如何，贝弗里奇报告是一个长足的进步。1943年2月，政府的态度颇为冷淡。工党提出更多的要求，发起了战争期间唯一的一次反抗。一项要求加大政策力度的修正案以338票对121票被否决。除了两位，所有不在政府中任职的工党成员都投票赞成修正案。同年秋，新的压力接踵而至。新成立的民富党制定了理想主义的社会主义纲领，赢得了3次补缺选举。政府必须有个姿态了。1943年11月，伍尔顿勋爵出任重建部长，并参加战时内阁，他曾是一位成功的食品部长，此后他对贝弗里奇计划发表了更为正面的言论。政府怀着崇高的决心，承诺"战后将保持较高的、稳定的就业水平"。

政府还公布了其他项目，有些得到了落实。当人们开始谈论经济规划，他们进而讨论更实际的规划：城市规划和土地利用。1943年2月初，组建了城乡规划部。1944年11月的一项法案提出为社区争取土地开发权——对地价征税的旧激进提案的修订版。后来的历史显示，这些项目属于夸夸其谈。有一处进

---

[1] 为了处理全国工资问题，英国矿工联合会于1944年11月改组为全国矿工联盟。
[2] 贝弗里奇的这份工作并不称心。他想做劳动力的规划，但贝文不待见他，把他推给格林伍德。

步是实实在在的。1944 年由巴特勒（R. A. Butler）推动的《教育法》比 1918 年费舍尔的《教育法》又前进了一步。离校年龄被提高到 15 岁[1]，而后又增长到 16 岁[2]。三种类型的中等教育——文法学校、技术学校和现代学校——将免费提供，不受家产检查或其他限制。这在无意中造成了一种新的阶级划分：足够聪明的孩子进入"11 岁以上"的文法学校，不够聪明的则不然。还有一项重要规定。以前《教育法》的制定者认为，所有学校都会自觉组织礼拜活动，无需法律规定。《教育法》只需确保公立学校的礼拜不属于教派性质。1944 年的新法首次规定了强制的宗教教育。每一所公立学校，无论小学还是中学，每天必须以无教派的集体礼拜开始。这一规定不是出于基督教的坚定信念。理由恰恰相反。教师或父母的基督徒信仰已不再可靠。基督教必须得到立法的支持。然而，英国人民将显示，他们对当下世界的关心甚于来世。

二战时期的政治改革需求不如一战时期。除了商业场所和大学选区两个例外，选举权已经相当民主化了。工党希望废除这些例外，并进一步削弱上议院的权力。保守党不同意。双方之间的讨论没有结果。最终出台了一项临时措施，只是更新了选民登记册，将 10 万多名选民的选区一分为二，从而为 1945 年的选举创造了 25 个新席位。民主选举权的完全实现必须等到 1948 年。[3]奇怪的是，工党在不完全民主的选举制度下第一次获得多数席位（1945 年）。

有一项政治决定产生了重大的消极影响。这就是未能将在战争期间发展起来的新的地方行政制度永久化。1939 年任命的地区专员本为应付德国入侵而设，幸运的是，他们无需行使原来分派的行政权力。实际上，他们成为一个庞大区域体系的中心人物。负责规划国家生活的各部——粮食、运输、燃料电力、劳工、物资供应、贸易、新闻等——都设立了区域办事处，这些办事处由地区专员统筹协调。如果贸易部关闭了一个民用工厂，物资供应部就会知道军工厂可以雇用更多的工人；劳工部就会知道，一个新的军工厂将要开张；粮食部就会知道，在某个新地区，粮食配给的需求将会增加。地方当局在未待中央政府安排的情况下及时应付危机，例如在大规模轰炸之后：粮食和衣服的紧急供应、紧急住房以及当地新闻办公室的意见建议，都准备就绪。没有这个制度，战时

---

[1] 自 1947 年生效。
[2] 1970 年起实施。
[3] 保守党后来提出，1944 年的妥协对工党永远有约束力。

第十五章 大联盟，1942—1944年

社会主义是行不通的。从行政上说，这是历史的巨大进步，当时白厅的中央各部和各郡、各市的民选地方当局之间没有任何中间层次。然而，地区专员有应急管理的嫌疑，工党怀疑他们搞独裁统治，地方当局对自己的权力受到侵犯感到不平。结果，地区专员在战争结束时被撤销，尽管许多政府部门保留了各地区办公室，但英格兰却失去了建立地区政府的机会。

当时，赢得战争仍然是第一位的。随着第二战场被推迟到1944年5月1日，英军迎来了最后一次证明自己价值的机会，尽管现在接到了放弃的通知。事实证明，1944年3月之前的几个月是对独立战略轰炸的最后一次充分考验。哈里斯声称，卡萨布兰卡的指令授权他开展无差别的地区轰炸[1]。美国表示反对。他们相信他们全副武装的轰炸机可以在白天作战，打击精确的目标。空军参谋长查尔斯·波特爵士在联合参谋长委员会的领导下负责军事行动，他在这两种战略之间犹豫不决。美国特立独行，无法改变他们的主意。无论如何，对于地区轰炸的威力，波特没有哈里斯那么肯定——不过他有点畏惧哈里斯，因而不敢这么明说。

因此，形成了两种不同的空中攻势，而不是联合行动。美国的进攻遭到了失败的。他们的"空中堡垒"不敌德国战斗机。哈里斯由此得出结论，美国应该参加夜间袭击。美国的结论却不同：应该立即对德国空军发动空战。在1943年5月的华盛顿会议上，这项政策得到了确定。但哈里斯一点也不沮丧。他认为，地区轰炸也有助于击败德国空军。无论如何，"主要目标"仍然是摧毁德国工业，继续这样做是有意义的，而不是浪费时间无力地对抗德国空军。他继续抨击选择性轰炸是对"万灵药"[2]的追求，经验似乎证明他是对的。

1943年，英国轰炸机仍在执行无差别地区轰炸任务，这是非常了不起的。从3月到6月，鲁尔的工业城镇遭到袭击；7月至11月，汉堡；1943年11月至1944年3月，柏林。哈里斯在谈到袭击柏林时写道："如果美国空军轰炸机参加进来，我们可以摧毁整个柏林。我们将付出400—500架飞机的代价。而德国

---

[1] 哈里斯巧妙地曲解了这个指令。指令中写道："你们的主要目标是逐步破坏和扰乱德国的军事、工业和经济体系，以及削弱德国人民的士气。"哈里斯代之以："逐步破坏和扰乱德国军事、工业和经济体系，旨在削弱德国人民的士气。"韦伯斯特和弗兰克兰《战略空中攻势》第2卷第14页。

[2] 1943年，有两次"万灵药"的尝试。英国轰炸了鲁尔水坝。两座被击垮，而第三座未被击中，阻挡了洪水，因此一无所获。美国轰炸了施魏因福的滚珠轴承厂，德国人惊奇地发现，库存足够6个月之用，库存用完之前工厂便恢复生产了。

的代价是整场战争。"[1]然而，这些雄心壮志没有实现。无差别地区轰炸只能瞄准城镇的中心，而大多数工厂都在郊区。许多房屋被毁，但很少有工厂。在被摧毁的工厂中，大多数是生产民用产品的老厂。军工厂已经安全疏散。英国预计，德国经济已经完全绷紧了，而实际上还有富余生产力。1943年的空袭迫使德国减少了富余产能，平民的生活水平第一次下降，当然，从未降至英国的水平。[2]1942年初至1943年底，德国军需品产量翻了一番。这种情况一直持续到1944年第三季度。1944年6月，德国的军需品储备比战争期间的任何时候都要充足。

当然，如果没有轰炸，德国的军工生产可能会增长得更多。出于防空的需要，德国将生产从轰炸机转向战斗机和高射炮。在此情况下，德国军工生产受到的损害最多为9%，或许更少。而轰炸对盟国军工生产的需求要大得多：英国约为25%，美国约为15%。[3]官方历史的判断过于温和了："地区轰炸远没有给敌人造成任何重大或决定性的损失，也没有阻止这一时期军备的大量增加。"[4]1944年3月，哈里斯仍不为所动，尽管他承认，德国夜间战斗机造成的伤亡人数不断上升，延续现有模式加强攻击已不可能。[5]无论如何，哈里斯的日子到头了。这其中有技术层面的因素。美国完善了英国一直认为不可想象的技术：远程战斗机，与德国空军直接战斗现在成为可能。战略方面的原因更能说明问题。登陆法国北部的时间很快就要到了。1944年4月13日，哈里斯得知轰炸机司令部已由霸王行动的最高统帅艾森豪威尔指挥，这令他大为愤慨。独立轰炸攻势就此终结。

经过多次争执和耽搁，英、美两国军队蟹行般向法国前进。1943年7月9

---

[1] 1943年11月3日，哈里斯致丘吉尔。韦伯斯特和弗兰克兰《战略空中攻势》第2卷第190页。
[2] 以1939年德国的消费品产量为100，以1943年下降到91，1944年下降到85。英国1943年、1944年的相应数字均为54。
[3] 英国轰炸调查（韦伯斯特和弗兰克兰《战略空中攻势》第3卷第287页）提供了不同的计算方法："英国对西欧的战略空中攻势平均动用了战时直接参与作战的军事人员的7%。"这句话的确切意思不好理解。即使依据这个有利的数字，直到1944年秋之前，英国轰炸对英国造成的损失要大于德国。官方历史似乎持有如下观点：不断的失败和失望都是为最后取胜作准备，因此是有价值的，正如索姆河和帕森达勒对于1918年8月8日的意义。官方历史最后作了一个神秘的结论："战场轰炸发挥的间接作用（这是主要的）的累积，以及最终发挥的直接作用，加上战略轰炸机的其他功能，使它们（对战争）作出了决定性的贡献。"（同上第310页）
[4] 韦伯斯特和弗兰克兰《战略空中攻势》第2卷第268页。
[5] 在1944年3月28日对纽伦堡的空袭中，轰炸机司令部的795架飞机损失了94架。

日，盟军在西西里登陆。意大利向德国求助无果。7月25日，墨索里尼被推翻。在巴多格利奥元帅（Marshal Badoglio）领导下，意大利新政府立即开始试探和平。看来，盟军几乎不用打仗就能赢得整个意大利。无论如何，从西西里推进到大陆的诱惑是不可抗拒的。丘吉尔和罗斯福及其顾问于8月14日至24日在魁北克举行会晤。美国同意在意大利登陆，但他们要求回报。霸王行动不仅被赋予"优先权"。弗雷德里克·摩根将军（General Sir Frederick Morgan）在伦敦拟订的详细计划获得批准，付诸实施的命令也已发出。美国还坚持，必须在法国南部有一次登陆。[1]同时，他们要求英国在缅甸采取行动——他们希望这是另一种把登陆艇从地中海调走的方式。丘吉尔默许了，但内心有所不快。会议结束后，他与罗斯福和美国三军参谋长一起回到华盛顿，希望最终能动摇他们对霸王行动的坚定决心。

意大利传来的消息说好也坏，说坏也好。9月7日，意大利签署了休战协定。意大利海军驶往马耳他投降。但德军乘机进军意大利。盟军只能在极南端登陆，未能拿下罗马。但控制了那不勒斯，已算幸运。丘吉尔在华盛顿力推一项更为灵活的战略，利用不断变化的地中海局势。但被断然拒绝。罗斯福突然回到自己的家乡，留下丘吉尔同马歇尔作无谓的争吵。丘吉尔所坚持的地中海战略，并非出自任何抢在苏联之前捷足先登巴尔干半岛的想法。[2]实际上，他并不主张出兵巴尔干地区。他仅仅是持有一种幻想，一个保持了30年的幻想，寄望有什么便道从后门进入德国，寄望奇迹般地赢得这场战争，无需付出沉痛的代价。加里波利之战在他的脑中挥之不去——作为一个范例，而非一个警告。即便是现在，他依旧不改初衷。他煽动中东英军总司令、亨利·梅特兰·威尔逊将军，要他夺取爱琴海的意大利岛屿。威尔逊依言行事。美国拒绝派遣援军。英军力量被德军压垮了，大多数人成了俘虏。这不仅是一场不必要的灾难，还粉碎了丘吉尔的另一个梦想：将土耳其拉入战争。

至少在名义上，第二战场现在已经板上钉钉了。当丘吉尔回到英国时，态势更为明显。比弗布鲁克作为掌玺大臣回到政府任职。他曾是"第二战场"煽动者的代表性人物，他的报纸曾发动反对政府的激进宣传活动，令上层人

---

[1] 此事照例也有模棱两可之处。美国人建议的目的是阻止丘吉尔在东地中海的任何行动。丘吉尔之所以同意，是因为他想把登陆艇留在地中海，而不是调往英吉利海峡。
[2] 见注解B。

士颇为不满。[1] 现在他似乎赢了。他的回归被政府大洗牌掩盖了。金斯利·伍德在 9 月 22 日遽然死于任上[2]。财政大臣一职由约翰·安德森爵士继任。艾德礼接任安德森的枢密院长一职。[3] 比弗布鲁克的回归相形之下就不那么扎眼了。战时内阁地位如此低落，以至于他不愿费心再度加入。这没有影响他担任各种部级委员会的主席，负责相关重大问题。实际上，比弗布鲁克很快重新成为丘吉尔的亲密顾问，正如大家最后在 1945 年的普选中所看到的。横在他们中间的只有一件事。丘吉尔还没有在第二战场上下彻底的决心，延揽比弗布鲁克部分是为了装点门面。

实际上，丘吉尔已意识到，对英国来说，时间已经不多了。11 月 1 日，他问了一个极其重要的问题：能否在 1944 年挫败德军？倘若能，那么他们只需维持现有的武装力量，不必考虑今后军需品的供应。倘若不能，武装力量必须立刻减少。英国决定对 1944 年能够取胜下一个赌注。这本可以激起丘吉尔对于第二战场的渴望。恰恰相反，丘吉尔对于地中海的坚持毫不含糊。他希望与罗斯福再次会谈，使他能够支持地中海战略。会面的机会出现了。罗斯福早已希望与斯大林建立友好的私人关系。显然，丘吉尔也必须到场。丘吉尔建议，他与罗斯福先在开罗会面，协调未来的战略。实际上，他打算利诱罗斯福放弃霸王行动。

罗斯福另有所图。他并没有对丘吉尔单方的热情作出回应。他曾经把丘吉尔用作顺手的工具，如今准备下一个更大的棋局，他才不会"结伙"对抗斯大林。丘吉尔抵达开罗后，发现中国的独裁者蒋介石也在那里，他们花费大量时间商议在印度洋区域合作对抗日本的事宜，英国方面对此极度反感。在 11 月 28 日至 12 月 1 日罗斯福和丘吉尔于德黑兰共同会见斯大林之前，欧洲战略方面没有达成任何共识。罗斯福主持德黑兰会议。他按兵不动，提出先听取斯大林的战略指导意见。斯大林在击败德国的问题上有很大的权威，他给予了坚定的答复：霸王行动。倘若存在第二个行动，那应当是在法国南部登陆，而非地

---

[1] 有个小故事可以提供佐证。多年以来，《观察家报》老板阿斯特勋爵一直容忍主意多变的加尔文主编。1942 年，加尔文劝他请回比弗布鲁克，阿斯特马上把加尔文解雇了。高林《政治中的总督》第 379 页注。
[2] 金斯利·伍德留下了一笔遗产，即所得税预扣法。雇用单位按此计算雇员每周应缴的所得税，在工资内扣除。这意味着工人阶级永久地纳入征税范围中。不幸的是，这种方式让英国的征税体系变得更为僵化：将来调整税率和征税的总原则就更加困难哪。
[3] 不过，安德森把编制人力预算的权力带到了财政部。

中海东部。丘吉尔滔滔不绝地争辩，但均被否定。美国和苏联将一种不受欢迎的战略强加在英国头上。

美国既然已经在霸王行动上得偿所愿，回到开罗之后，他们同意不再坚持印度洋的军事行动，尽管罗斯福之前已经答应了蒋介石。罗斯福领着他的幕僚回国。丘吉尔依旧留在北非——首先是另有公务，其次在于他身体抱恙。他没有浪费机会。既然登陆舰在印度洋派不上用场，丘吉尔认为，在运回英国、投入霸王行动之前，它们应当在地中海再显一回身手。他明智地找到打时间差的办法。曾经答应苏联在1944年5月1日开辟第二战场，时间似乎紧了些。月亮和潮汐的下一次最佳条件只会出现在6月初，但仍然可以说是"5月期间"。这个借口被接受了。艾森豪威尔作为第二战场的最高指挥官[1]出发前往英国。他不愿过多干预。接任的亚历山大像以往一样，准备按照丘吉尔所希望的那样推进工作。将在德国阵线背后登陆，打破意大利的僵局。两栖登陆的战略再次就位。一场激战即将展开。罗马将被拿下。然后登陆艇将向着登陆目标一往无前。

计划没有成功。1944年1月22日，英美双方的武装在安齐奥登陆。美国指挥官更关注于建立阵地，而非冲锋陷阵。亚历山大太过温和，催不动美国人，就像很多年前汉密尔顿在加里波利半岛上那样。安齐奥此时完全就是另一个加里波利：出于同一人的主意，品尝着同样的结果。德军有时间进行反攻。盟军的武装力量几乎被赶到海里。为了维持军威，不能容许撤退，伤亡的数字十分庞大。登陆艇不能调往霸王行动了。在法国南部登陆的计划必须推迟。最后，跟以安齐奥的军事行动支援意大利主要战线的预想全然不同，是主要战线的军队实现了突破，拯救了安齐奥的军队。5月11日，盟军发起进攻。这一次非常成功。6月4日，盟军进入罗马。这本应当是举世轰动的新闻，但实际上并没有。它被更大的事件盖过了风头。攻占罗马第二次成为历史的讽刺。在19世纪，意大利民族主义者们曾将夺取罗马视为举世瞩目的事业的巅峰。1870年9月20日，意大利进军罗马。除了罗马教皇之外，没有任何人注意该新闻。就在进军罗马

---

[1] 美国方面希望仅有一位最高指挥官，负责包括欧洲北部与地中海区域的所有对德军事行动。马歇尔将被授予这个职位。英国方面反对，认为这实际上是削弱联合参谋长委员会。美国最后不再坚持，让艾森豪威尔去欧洲北部就任。中东和意大利的联合指挥权在梅特兰·威尔逊掌控之下，而亚历山大指挥意大利战场。所以，地中海的军事指挥问题完全成了英国的事。

的两周前,9月3日,德军在色当大挫法军,引起全世界的关注。现在也是一样。就在亚历山大将军宣布占领罗马两天后,盟军在法国北部登陆了。至此,夺取罗马,以及英国的地中海战略,失去了全部的意义。

注解

注解 A　无条件投降

关于"无条件投降"这一词语的由来,有许多错误的说法。罗斯福称,他在新闻发布会上灵光一闪,临时想出这个词。丘吉尔说,罗斯福在新闻会上的表述让他吃了一惊。贝文则称(1949年7月在下议院)没有征求战时内阁的意见。这三位的说法均非事实。罗斯福在离开卡萨布兰卡之前已经向军事顾问提及此说。[1] 他告知了丘吉尔,丘吉尔转而通知了战时内阁,同时提议将意大利排除在外。[2] 战时内阁的答复是,意大利应当包括在内。[3] 丘吉尔没有将这一消息透露给罗斯福——可见他对战时内阁的态度是何等不屑。无论如何,罗斯福在新闻发布会上是将意大利包括在内的,此举是在没有进一步咨询丘吉尔意见的情况下作出的。对此,丘吉尔认为最好表态支持。

注解 B　盟国对巴尔干半岛的战略

在巴尔干半岛先行一步、阻止苏联人的战略决策是战后时代人们编造的,部分原因可归结于丘吉尔在1946年开始反俄。当时没有证据可以证明这一战略。另一方面,所有的战略——苏联的,英国的,美国的——都以对抗德国为唯一目标,尽管各自的实现方式大相径庭。战后的流言源自这样一种观点,即认为巴尔干半岛和中东欧国家在势力均衡方面具有重要意义。这是一种错觉。这些地区也许具有某种战略价值,但仅仅适用于以下情况:苏军驻扎在多瑙河边,西方列强不得不从更远的地方对苏联发动进攻。否则,相关国家只是一种负担,而非力量源泉。罗马尼亚的石油供给已经快要耗尽。严格意义上来说,巴尔干半岛国家——南斯拉夫和保加利亚——纯粹是负担。捷克斯洛伐克还有一些经济实力,尽管不如比利时。匈牙利和卢森堡差不多。欧洲唯一的战利品是德国西部,特别是鲁尔区(任何去过那

---

[1]　克莱茵(Cline)《华盛顿司令部任上》(*Washington Command Post*)第217页。
[2]　丘吉尔《第二次世界大战》第4卷第613页。
[3]　同上第614页。

里的人都能看出来），其次是马其顿和匈牙利平原。俾斯麦对巴尔干半岛下的结论是：它们不值得德国人为之浪费一兵一卒。

从战后的角度来看，美国坚持挺进德国的决策是正确的，尽管这不是当年如此行事的理由。假如斯大林在"热战"时已经开始了"冷战"的谋划，那么他将鼓励英美两国把注意力集中在东南欧。英美最终将占领巴尔干半岛，苏军将驻扎在莱茵河边，而不是易北河。实际上，斯大林敦促美国直接攻入德国，对于战争本身而言，这是最好的策略。但从斯大林的角度来看，它应该是最糟糕的战后战略了。苏联的其他行动同样被误解了。1944年8月，苏联在华沙城外停止了进攻，直到1945年1月才重新向德军开战。与此同时，苏军攻下罗马尼亚和匈牙利。因此，有传言称斯大林在中东欧收获了战利品，而英美两国忙于在西方战场与德军奋战。这种看法也是不对的。对于1944年8月的苏联来说，德军还太过强大，尤其是现在后者的交通线缩短了。苏联选择暂时停止进攻，直到增援部队来到，同时向南进攻，以便将德军从主要战线上吸引过去。

战后，大国失和，大家纷纷指责对方在战争过程中为将来谋取私利。所有这些指责都是站不住脚的。但从战争的结果来看，哪个国家获利最多是一目了然的，尽管他们的本意并非如此。苏联在对德作战中出力最多，承担了90%的伤亡，且遭受了灾难性的经济损失。英国承受的经济损失巨大，但人员伤亡相对较小。美国获得巨大的经济利益，在对德作战中伤亡寥寥——主要是在对日战争中造成的。简而言之，尽管并非出于预先的阴谋，英美两国在军事上作为不多，是苏联人替他们打败了德国。在三巨头中，只有罗斯福是精明的领袖：他让美国成为世界上最强大的国家，而付出的成本几乎可以不计。

第十六章　终战，1944—1945 年

1944 年 6 月 6 日，盟军在法国北部登陆，这就是 D 日，它是二战期间英国史的第三块里程碑。敦刻尔克开启了英国独自为战的时代。珍珠港则开启了大联盟。[1] 在诺曼底登陆之后，英军和美军一起，首次与德军主力作战[2]，他们的胜利，连同苏军的胜利，带来了最终的凯旋。尽管有的国家要求第二战场尽早开辟，但是诺曼底登陆来得恰逢其时，或者说，时间是比较合适的。在 1943 年夏 U 型潜艇被有效制服之前，还不能轻举妄动——当年实施登陆计划为时已晚。美国方面刚将远程战斗机投入空中作战，最后它将直接挫败德军的空军力量。为应付难题，对于相关细节已经考虑得够久了，大部分问题已找到了答案。

于未来的局势而言，诺曼底登陆也是恰逢其时。1944 年，德国尽管遭到步步紧逼，还不至于无路可走、彻底完蛋。不仅军火生产持续增长，它还在准备新的武器——装有通气管[3]的快速 U 型潜艇、喷气式飞机、无人驾驶飞机、火箭——这些武器盟军难以抵御，或者只有在很长时间的挫折与落后以后才能赶上。盟国的团结以及盟国人民（尤其是英国人民）的作战决心，承受了重压。但德军的新武器出得太迟了。快速 U 型潜艇和喷气式飞机从未大规模使用。无人驾驶飞机和火箭的使用被推迟了，首先是因为制造基地遭到轰炸，其次是他们在法国的发射场也未逃其劫。这两种武器投入战斗后，伦敦的居民大受其创，但只是在诺曼底登陆之后。盟军在法国大踏步前进，在伦敦遭受不可思议的损失之前夺取了大多数发射场。1945 年 5 月的最后胜利来得正及时。它有惊无险，并不是结局早定，胜利在望。

诺曼底登陆行动显然颠覆了英国的传统。早先从加里波利到安齐奥的联合行动——或者追溯得再远一些，1809 年的瓦尔赫伦岛和 1629 年的罗谢尔——

---

[1] 德军进攻苏联虽然是世界大战中更为重大的事件，但在英国史范畴内却不那么重要。
[2] 在法国，盟军抗击德军 50 个师，后来是 60 个师，在意大利只有 20 个师或更少。
[3] 一种呼吸管子，能够让 U 型潜艇长时间在水下潜伏。

都是重蹈覆辙：事先未作适当的调查，指挥上的混乱，临时对付导致混乱乃至失败。这一次却事事都有板有眼，英国值得赞扬，尽管无疑是在美国的审视下，他们才有上佳的表现。自从 1943 年弗雷德里克·摩根将军出任参谋长，为未来的最高指挥官服务[1]，准备事宜就按部就班推进了。法国海岸之前已经仔细勘查，各处的障碍都设计好了应对措施。两个代号为"桑树"的人工港已作好规划。[2] "冥王星"输油管道已经就绪，准备从英吉利海峡地下运油。[3] 无尽的资源被聚集起来：1200 艘战船，4000 艘突击艇，1600 艘商船，13000 架飞机，还有盟军超过 350 万人的大军。正如艾森豪威尔的名言所说："唯有大量的防空气球不断漂浮在英国上空，才能保其免于沉沦海底。"[4]

这是一场真正的联合行动，英军和美军史无前例地融合在一起，胜过在地中海时。盟军最高指挥官艾森豪威尔是一个美国人。他的副手特德是英国人。空军指挥官利-马洛里（Leigh-Mallory）和海军指挥官拉姆齐也是英国人。相对而言，地面指挥要混乱一些。蒙哥马利从意大利被调回，指挥初期登陆工作，英军和美军都包括在内。一旦美军不断增多，开始占据优势，蒙哥马利重新成为英国军队的指挥，艾森豪威尔则担任地面部队总司令。出于政治因素，这种不能两全的安排是难免的。英军不会接受美国的地面指挥官，最高指挥官已经是美国人了；美军也不会接受英国地面指挥官，因为他们投入战场的兵力更多[5]。

艾森豪威尔还拥有指挥空中战略力量的权力，他将权柄委托给他的副手特德。当然，权力的行使并非一帆风顺。英方的指挥官哈里斯仍然一心渴望实施地区轰炸，认为精准轰炸无法实现。美军指挥官施帕茨（Spaatz）尽管已经作好了精准轰炸的准备，但是提议集中攻击德国的的石油目标。特德欲图攻击德军在法国的交通线，经过争论之后，在相当程度上得偿所愿。美国所称的运输计划被放在第一位，哈里斯和施帕茨可以自由地利用剩余资源，实现自己的偏

---

[1] 艾森豪威尔出任最高指挥官后，选择美国人比德尔·史密斯（Bedell Smith）作为参谋长，而弗雷德里克·摩根被搁置一旁。
[2] 只有一个港口投入了使用。6 月 19—22 日的一场极度恶劣的风暴摧毁了美国人的一号港口。
[3] "冥王星"实际上并没有开始就发挥作用，直至输油机带来充足的供应。
[4] 艾森豪威尔《远征欧洲》（*Crusade in Europe*）第 63 页。
[5] 美方的反对主要是针对蒙哥马利个人，蒙哥马利并没有隐藏他对美军的批评。他们可能会接受亚历山大，正如他们在北非和意大利战场上那样。但丘吉尔需要借助亚历山大的声望，在意大利战场取胜，于是拒绝调回亚历山大。

好。但紧接着出现了一个政治难题。丘吉尔担心轰炸铁路会让法国人民生灵涂炭,导致世代的仇恨。战时内阁为此开会,[1] 支持丘吉尔的反对意见,但为罗斯福所否定,他坚持军事需要是第一位的——无论如何,他对法国人的感情不够尊重。轰炸于是开始,相较于先前的担心,伤亡数字低于预期[2],这是一次值得骄傲的胜利。塞纳河上的所有桥梁几乎都被摧毁了。由于交通线被切断,德军在法国的力量被一分为二。连哈里斯都不得不承认,轰炸机完成了他本认为是无法完成的任务。

重中之重是考虑在何处登陆,塞纳河口以东还是以西。塞纳河的东岸,尽管距离更近一些,但敌方筑有深沟高垒,没有大口岸作为地理优势。塞纳河西岸的航海路程更长,仅在战斗机的掩护范围之内;它的防护要薄弱一些,在此成功登陆后将能夺取瑟堡。事情就这样敲定了。同时,精心策划了欺骗德国人的计划。一支子虚乌有的军队在英国东南部被组建起来,假舰队配合向加莱海峡运送部队。无线通信大量从海峡东部发出。向加莱海峡投掷的炸弹要超过诺曼底。这场游戏充分体现了英国人的天才。德军几乎完全被骗——只有希特勒作出正确的猜想,但他对自己的猜想不敢下定论。德军将军事力量都布置在塞纳河东岸,甚至在诺曼底登陆完成之后,德军还相信真正的攻击将针对东岸。他们被蒙在鼓里,一错再错。德国的侦察机被派往英国东部,在那里,他们目之所见正是英国人制造的假象。所有从英国发出的外交通信都要经过审查——这是史无前例的,即便戴高乐也是一样,让他极为恼火。

战斗的计划为蒙哥马利一手制定。英军将在所选择海岸的东段登陆,向卡昂推进。美军则将在偏西的科唐坦半岛的基地登陆。他们将攻取瑟堡,集聚武装力量以图突破,这时候英军还在卡昂的苦战中消耗德军。这是放大版的阿拉曼,计划成功了,尽管其间也有挫折。D日被定在6月5号。那天是暴风雨天气。艾森豪威尔将进攻计划推迟了24个小时。他接到6月6日天气将有所好转的预报,于是5号早上4点,一声令下:"好的。行动吧。"一天后,军事大行动开始了。那天将近20万人参与到海军作战中(其中三分之二为英军);14000

---

[1] 在战争的最后两年里,这是唯一一次提交战时内阁讨论战略据点问题。安齐奥登陆行动曾含糊地向战时内阁报告,但未告知具体日期。

[2] 预计伤亡4万,实际1万。

架飞机出击。无论是U型潜艇[1],还是德国空军,都无法抵御。到6月6日晚,156000人已经登陆上岸[2]。3天后,桥头堡稳如磐石。

并非事事都是如此顺利。在第一轮进攻中,英军没有拿下卡昂。两军都因暴风雨耽误了,这是40年来最狂烈的暴风雨,从6月19日一直肆虐到22日。只要能够持续消耗德军,蒙哥马利就不会泄气。他不会时时向上级报告自己的想法。6月18日对德军发起一次进攻时,他暗示说这次进攻将占领大量领土,甚至抵达塞纳河。但事与愿违,于是批判声四起,认为蒙哥马利动作太迟缓,太过慢条斯理了。特德急于夺取更多的机场,他一力怂恿艾森豪威尔罢黜蒙哥马利,让美国指挥官上位。尽管艾森豪威尔也非常不满,但他按捺住了。蒙哥马利的进攻有利于美军。德国的装甲部队被钉在战线的东端。6月25日,美军从西端突破,开始了一场贯穿法国的扫荡。

希特勒命令对阿夫朗什发动反击,意在切断美军的交通线,结果全盘皆输。德军被阻,最后困于法莱斯。他们的抵抗在8月中旬终于崩溃,5万名俘虏银铛入狱。许多人逃了出去,由于在法莱斯口袋北侧行动迟缓,蒙哥马利再一次遭到抨击。无论如何,盟军狂风暴雨般地前进——跨过塞纳河,跨过索姆河。8月25日,巴黎解放。戴高乐趾高气扬地抵达,在美军或共产党人之前抢占先机,建立政权。到目前为止,超过200万名盟军将士集结于法国——其中五分之三是美军。美军至少在陆地上占有压倒性优势。9月1日,艾森豪威尔取得了地面部队指挥权。蒙哥马利重新指挥英军,同日被任命为陆军元帅。

完完全全的大胜利似乎在望。8月15日,盟军也在法国南部登陆了,绝大多数是美军——这是美军战略迟来的胜利。按计划,登陆意在吸引德军在北部的力量。延期破坏了原定目标[3],美军坚持原议纯粹是出于固执。他们决定不再听信丘吉尔的巧言,美国不在地中海采取进一步的冒险行动[4]。现在,盟军在法国的宽阔战线上大步推进。但也是分歧不断。此时,蒙哥马利相信自己能够比艾森豪威尔更好地驾驭战场,对英国三军参谋长甚至艾森豪威尔本人也毫不隐

---

[1] 整个战役中,只有5艘船被U型潜艇击沉。
[2] 那天,丘吉尔和乔治六世没有在法国登陆。丘吉尔曾经请求与登陆部队同行,但国王声称要是这样,他也将同行,丘吉尔于是不再坚持。这也许是唯一一次国王否定丘吉尔的意见。
[3] 在北部登陆吸引了德军位于南方的力量。
[4] 甚至到这个时候,丘吉尔还在大力推销在亚得里亚海的海岬登陆,甚至在波尔多登陆。他也许是太顽固了。

讳。蒙哥马利希望对北部实行一次大扫荡，打击德军——当然，是在他的指挥之下。艾森豪威尔为各位美国将军着想，主张平均分配兵力。

这场争论无论在当时还是在后来看，都可能过头了。蒙哥马利的军队将补给线运输的物资悉数全收，因此只要哪个地方未成功，就是他的责任：安特卫普被占领时，些耳德河与海岸的中间地带没能打通。即便如此，蒙哥马利要从侧翼包抄齐格菲防线，这一大胆的冒险行动还是得到了物资支持和鼓励。伞兵在 9 月 17 日先发制人，拿下莱茵河上的桥梁。大多数计划非常成功，但在最北边的阿纳姆，他们失败了，陆地力量爱莫能助。这是历史上曾经犯过的错误：伞兵指挥官太在意"准点"降落，忽略了夺取桥梁的行动；陆地指挥官们又缺乏紧迫感。也许，让蒙哥马利仓促之下制订一个大胆的计划，有违他的本性。无论如何，在 9 月末，德军防线还是稳固的。

诺曼底登陆及其后续行动使英国人民精神上得以放松。尽管外在表现得冷静，许多人一度对最终的胜利感到犹疑。现在，无条件投降有望提前实现了。相比于一战，二战的终结没有那么突然和意外。到了 1944 年 7 月，大多数英国人断定二战即将取胜——无论对错与否。游客再次到海滩游玩，他们曾经有 5 年时间没有出来玩了——这是最现实的胜利标志。人们有幸享受这些鼓舞人心的活动，也需要它来克服最后一次考验。6 月 13 日，第一颗飞弹袭击伦敦。人们需要再次撤离——在 7 月末之前，有将近 150 万人从伦敦撤离。这些无人驾驶的飞机叫人心生惊惧。他们日夜出没，全天候来袭，标志性的嗡嗡声之后便是炸弹下落前的短暂宁静。6148 人身亡，几乎都在伦敦。有效的防御办法找到了。无人驾驶飞机毕竟不如普通飞机快。高射炮被移至海岸，战斗机在内陆自由行动。到 8 月，80% 来袭的飞弹都被摧毁。[1] 9 月 7 日，负责防卫计划的指挥官邓肯·桑蒂斯（Duncan Sandys）宣布："伦敦之战结束了。"

他说中的仅仅是飞弹。[2] 9 月 8 日，也就是桑蒂斯夸下海口的次日，第一支火箭落到伦敦。相较于飞弹，它们威胁更大，尽管在心理上没有造成那么大的恐慌——火箭来袭，毫无预警。它们造成了更为严重的破坏，而且没有

---

[1] 共发射了 10000 枚飞弹；四分之一打偏了；7400 枚被英国探测到，其中 1846 枚被战斗机摧毁，1878 枚被高炮部队击落。

[2] 后来还零星发射了一些飞弹。1945 年 2 月 28 日，最后一枚在伦敦坠落；3 月 1 日在达奇沃思发生的爆炸是最后的一次。

防卫的措施。制定了放弃伦敦的计划,实际上,伦敦得以幸存仅仅是因为火箭数量太少、来得太迟的缘故。它们的制造费用过于昂贵[1],开始发射不久,盟军就占领了大部分发射场[2]。1115支火箭让2754人命丧其手——代价过于昂贵,但给伦敦居民造成了很多困难。尽管终究徒劳无益,火箭进攻是一个征兆:它们在英国城墙上写道,英伦三岛的安全已成问题,未来的任何战争都能让其毁灭。

未来之路怎么走,成为可怕的难题。在诺曼底登陆之前,英国政府只关心胜利与否,其他任何想法均从属于它。如今,倘若欧洲战争无法在1944年终结的话,可能会在1945年的某个时间结束。被遮盖的重大问题开始要求作出回答。在战争结束之后,世界的格局将会如何?德国将面临什么境况?英国如何保持它的大国地位?事实上,它的问题是:如何在战后初期继续生存下去?大英帝国将遭遇什么下场?它的盟友苏联与美国作为大国,尽管也在观望未来,却少见惊惧紧张之色。美国的经济及军事力量在战争中得到了惊人的提升,绝大部分美国政治家以一种超然的理想主义面对和平问题。罗斯福依然自信,认为不论出现什么问题,他都可以应付自如。苏联尽管遭到灾难性的摧毁,同样极大地提升了军事力量。在战后,它有望成为唯一的欧陆大国,横跨欧亚,拥有相当规模的军队。它的人民将不得不面对多年的艰难与痛苦,但斯大林坚信自己能够维持独裁,实际上,他可能以为山穷水尽的民众更容易治理。无论如何,他毫不怀疑苏联将成为一个大国。

英国已经走到了道路的尽头:军需品制造已经过了高峰期,武装力量在高峰期左右波动,货币储备直线下降,三分之二的出口贸易丧失了。纯粹为自己考虑,它也需要一个更好的世界,而不仅是为他国考虑。战时的伙伴关系必须在和平时期继续维持。大多数英国人认为理当如此。他们埋头自守,想的主要是社会保障、住房,以及充分就业,而无关乎外国事务。他们几乎确定无疑,认为美国的慷慨援助将无限期延续下去;大多数人还以为苏联领导人与社会民主党人没什么差别。丘吉尔独自一人面对未来的问题,感到力不从心。在某种程度上,他是被自己的过去牵绊住了。不像劳合·乔治,他难以放弃现有想法,

---

[1] 一枚火箭的制造费用相当于飞弹的20倍,相当于轰炸机的6倍,而后者的使用寿命更长。所以切尔韦尔不主张使用火箭。他的推理是正确的,但结论是错误的。
[2] 最后一枚火箭于1945年3月27日落在奥尔平顿。

重新开始。他太依赖美国的友谊,尤其是与罗斯福的个人关系。对于布尔什维克主义的危险之处,他历历在目。这里有一个难解之谜。某些权威作者始终认为,斯大林希望在整个欧洲建立共产主义,鉴于战后将出现的混乱状态,这一情况至少应注意提防。另一方面,从斯大林的所作所为来看,他似乎仅仅关心苏联及其边境的安全,只想关起门来过日子,对于欧洲并无所求。直到那遥远的一天,当笼罩在苏联政策与历史上的迷雾烟消云散,我们才能知道清晰的答案。不管怎么说,丘吉尔必须制造一套布尔什维克威胁论,无论其是否真实存在。来自德国的共同威胁将英国和美国拉到一起。一旦德国战败,为了维系这种合作关系,来自苏联的共同威胁就需要了。

还有一个办法可以延长英美之间的联盟,尽管为时甚短。远东的战争还需要继续打下去,直至赢得胜利。日军虽然受阻,但离战败还有一段距离。美方认为他们可以独立完成。英方希望不再打仗,但还是坚持投入远东的战争,以证明他们对美国还有可用之处。当然,英方在远东也有自己的利益。他们希望确保印度安全,恢复帝国领土。实现这些目标,已经成功在望。1944年3月,在小股所谓印度国民军的协助下,日本发动了一次姗姗来迟的攻击,挺进阿萨姆邦。在为期3个月的交火之后,他们在英帕尔被打败。这为英国进攻缅甸和解放新加坡扫清了道路。美国人对这次英日交战不感兴趣。他们关注的焦点在太平洋。

丘吉尔采取了主动。9月11日至16日,他与罗斯福在魁北克会面,宣布英国海军已经作好了加入太平洋战争的准备。罗斯福急于巩固英美关系,不顾美国海军的抗议,接受了这一提议。从这一刻起,第二阶段——德军战败,而日本尚未投降的时期——成为英国政策的中心。它解决了许多问题。战争工业可以减少产量,复员工作可以谨慎地开始。《租借法案》将继续执行,表面上是针对日本,实际上是帮助从战争到和平的过渡。从英国的利益角度来说,第一阶段——对德战争——应当尽快结束,第二阶段则拖得越久越好,这是高瞻远瞩之人所期盼的情况。德国将在1945年初被打败。在那之后,远东地区的战争将至少再延续18个月。实际上它只延迟了3个月,英国的许多不幸正是起源于此。

魁北克会议也讨论了欧洲问题,虽然涉及战争的部分并不多。指挥对德主要战役的权力已经从联合参谋长委员会转交至艾森豪威尔手中。魁北克所确定的唯一举措是战略空军部队不再受他节制。丘吉尔请求为意大利战线提供增援部队。只有美方一家有后备部队，但他们拒绝了该请求。他们坚称，意大利战线的意义在于牵制德军力量，而非发动第二场进攻德国的战役。以一种奇怪的方式讨论了未来德国的问题。美国财政部长摩根索（Morgenthau）来到魁北克商讨租借事宜。在第二阶段，他答应为英国提供35亿美元，还提供30亿美元的借贷用于非军事事务。他还有一个摧毁德国工业的计划，誓将德国变成"一个以农业和畜牧业为主的国家"。切尔韦尔劝说丘吉尔：德国竞争的终结能够为英国的出口业打开一扇宏大之门。丘吉尔听进去了。罗斯福不假思索地表示赞同。回到华盛顿之后，他感到后悔，禁言一切与未来德国相关的推测。丘吉尔因来自艾登和战时内阁的批判备受其扰。他自是欣然默许罗斯福的禁令。其他计划则鲜有争议。计划在敦巴顿橡树园开会讨论成立世界安全组织；计划在布雷顿森林开会讨论世界金融问题，禁止未来一切的"封闭经济圈"——这对英国来说又是一大不幸；还有关于租借的详细计划，后来重蹈历史之覆辙：美方谈判代表作出承诺，英方本以为铁板钉钉了，美国国会事后并未批准。

最大的问题没有在魁北克讨论。罗斯福拒绝卷入对苏关系问题上的争议。他总是拖拖拉拉，直到这些问题成为现实。他坚信，德黑兰会议之后，他与斯大林已经成为至交，而另一方面，他疑心丘吉尔的反布尔什维克主义只是其帝国主义计划的托词。丘吉尔曾经宣称："我担任英王陛下的首相，并非为了主持大英帝国的解体。"罗斯福可以小声加一句，他参战也并非为了保卫大英帝国。罗斯福的态度让丘吉尔无法再打反布尔什维克主义这套牌；不论怎么说，在第二阶段中不能这么干。此外，丘吉尔的反布尔什维克思想何时涌上心头，我们还不清楚。他的新想法层出不穷，他对"战时伙伴"斯大林的感情依然强烈。苏联历史学家指责丘吉尔在1942年秋就开始推行反布尔什维克政策，一些西方学者则以同样的原因盛赞他。这似乎是事后之明，也可以说是事后愚见。当丘吉尔在1944年10月9日至17日访问莫斯科时，他仍旧在寻求共识，争取协议。

他的希望大部分实现了。奇怪的是，丘吉尔与斯大林以精确的数字划分了东欧的政治势力范围：罗马尼亚90%归苏联，希腊90%归英国，匈牙利和南斯拉夫对半开。波兰问题更棘手一些。英国出于与波兰的联盟而参战。数以万计的波兰民众英勇激昂地站在英国这边。另一方面，英波联盟不能用于对抗苏联。许多英国人，包括丘吉尔在内，都意识到战前苏波边界的不公正，该边界由1921年的《里加条约》确立，英国人民准备承认1939年苏联划定的边界，它与1919年的寇松线大体一致。伦敦的波兰流亡政府坚决反对出让领土。丘吉尔对他们施以重压，几乎闹翻了关系。倘若仅仅是边界的问题，英苏之间的协议就会容易达成。还存在更大的障碍。斯大林希望战后的波兰对苏友好。这一点，丘吉尔是认同的。至于达到这一目的的方式，二人相去甚远。丘吉尔希望同其他地方一样，在波兰举行自由选举。而斯大林只信任波兰共产党人，不太相信自由选举。后来，双方均指责对方不守信用，批判之声极为尖锐。丘吉尔与斯大林对波兰的期望都是合理的，但无法调和。即使战后立刻在波兰实行自由选举，也不会组建一个对苏友好的政府。这个问题没有任何解决之道。

1944年10月，还存在妥协的希望。丘吉尔满怀信心地回到英国。他在10月27日告诉下议院："我们与苏联的关系亲密无间，空前绝后。"斯大林很快以行动证明自己的善意。德军在早秋时分从希腊撤回。那里的抵抗力量主要是共产党人，或是在共产党人的控制之下。英国政府以民主为名支持希腊国王，尽管这位国王过去的行径与民主相去甚远。6万英军被派往希腊，经过一番作战后打败了抵抗力量。斯大林没有对共产党人施以援手，也并未向英国抗议。在英国，批判之声就没那么容易压制了。几乎所有的报纸都发出了声音，包括《泰晤士报》与《曼彻斯特卫报》[1]。下议院（12月7—8日）有人提出不信任投票的动议，尽管以281票对32票被击败，但只有23位工党成员支持政府——24位投票反对，剩余的都是弃票。丘吉尔坚持己见。在圣诞节，他同艾登一起去了希腊，在大主教扎马斯基诺斯（Archbishop Damaskinos）名下建立起一个临时政府，他私底下取笑这位主教为"诡计多端的中世纪教士"。丘吉尔的反共立场得到了确认，无疑，斯大林关于在自己的势力范围内可以自由行动的想法也得到了确认。

英美关系，而非英苏关系，在冬天紧张起来。从安特卫普到瑞士边境，西线盟军战线过长。谁都没有想到德军可能发动袭击。阿登高地的防线尤其薄弱，

---

[1]《曼彻斯特卫报》坚守民主立场。《泰晤士报》则维持一贯的原则，坚决站在强者一方。在战前它曾经"亲德"，现在则"亲苏"与"亲共"，原因都是一样的。

1940年法国曾在这里遭受灭顶之灾。希特勒决心在此重演胜利的历史。12月16日，德军开始了一场强有力的进攻。3日之内，他们前进了45英里，希望抵达安特卫普。但自此之后，声势就衰退下去。美军顽强抵抗。在北翼，艾森豪威尔给予蒙哥马利包括英军和美军在内的所有军力的临时指挥权；而蒙哥马利，依照他一贯的耐心作风，静候德军力不从心之时。到圣诞节，德军的进攻停滞下来。10日之后，他们被赶回去了。此次战役留下痛苦的滋味。蒙哥马利对报纸暗示，他于危难之际拯救了美国。他与艾森豪威尔在未来战略上的长期争论，把事态搞得更糟。蒙哥马利依旧希望能在自己的指挥之下，在德国北部发动单独进攻。艾森豪威尔则坚持全面推进。英国参谋长们被召集起来，以支持蒙哥马利。美方则支持艾森豪威尔，最终占了上风。在这场争辩之后，是一片更大的阴影。西线的胜利似乎在后退。也许到年终，战争依然不会结束，最多主要是由于苏联的贡献而取得胜利。[1]

在忧郁的阴影下，1945年2月4日至11日，丘吉尔和罗斯福在雅尔塔会见了斯大林。罗斯福希望欧洲和远东的战争都能尽快结束。苏联的助力大，英国的助力相对较小，罗斯福像以往一样投机，使一切目标从属于获得苏联的帮助这个目标。他成功了：斯大林承诺苏联将进一步对希特勒发动攻势，更重要的是，斯大林承诺在欧洲战场结束3个月内，苏联将加入到对日战争中。斯大林还接受了美国关于联合国组织的计划——罗斯福的宝贝。不难理解，罗斯福颇为满意。面对眼前的问题，他站在一旁，在斯大林和丘吉尔之间扮演调停者的角色，最后建议这些问题应当留待以后解决。

丘吉尔试图反对德国的赔偿数额；反对把大片德国领土划给波兰（以弥补波兰在东部的损失）；也反对波兰政府的组建方式。他是以弱者的身份发言的：英国的实力日益削弱，而罗斯福没有给予什么帮助。倘若丘吉尔此时发出反布尔什维克的警报，他就更得不到美国的同情了。现在他必须相信斯大林的善意，而且正如人们在此情况下经常做的那样，口头上说得非常真诚。无论如何，后来对罗斯福的批评是不对的。苏联军队掌控了大部分东欧地区，西方盟国除了斯大林的善意，别无依靠，除非与希特勒结盟——谁也不会这么想。雅尔塔会

---

[1] 1945年1月12日，战时内阁预计战争不会在12月31日前结束。1月22日，三军参谋长报告："由于苏联的新攻势，局势现在改变了。"他们预期在4月中旬、6月中旬，或者最迟到11月初可以结束战争。埃尔曼（Ehrman）《大战略》（*Grand Stategy*）第6卷第380页。

议在深情厚谊中结束了。西方各国事实上只在一件事情上作了让步：承认苏联支持的势力为波兰临时政府，"并容纳国外其他民主人士"。对某些英国保守党人士来说，让步太多了。慕尼黑开始重演。2月27日，25位下议院议员投票反对批准雅尔塔协议的动议，一位副部长[1]辞职了。这对作为保守党领袖的丘吉尔来说，是一个麻烦的征兆。

眼下所急在于战事的进展，但焦虑很快就被驱散了。德军已经在阿登战役中投入最后的资源。同时，战略空中攻势取得了晚到的决定性的成果。这主要是美军的功劳。一旦不再受艾森豪威尔节制，战略空军恢复了对德国石油供给线的精确轰炸，这让敌军陷入停顿状态。轰炸机指挥部的目标并不很确定。空军参谋长波特主张转向攻击石油目标。最高副总司令特德依旧要求瞄准交通线。哈里斯始终立场坚定，把这些计划斥为"万灵药"。1945年1月，他公然违抗名义上的上级下达的最明确的命令，并挑战波特说不妨解雇他。波特不敢这么做。哈里斯在公众中享有崇高威望，在轰炸机指挥部的飞行员中更是如此。在第二次世界大战的英国指挥官里面，他是唯一能自行其事的人。顾全颜面的策略也是有的。打击德军士气的策略采取了新的形式。毁灭性的猛攻，或者说"雷霆之战"，也许会让德军的士气土崩瓦解——德军已经在苏联的进攻下摇摇欲坠。倘若猛攻能助苏军一臂之力，那就更好了。

这一次，哈里斯欣然同意。开始柏林是首选，后来决定改为未曾轰炸过的城市，于是德累斯顿取代了柏林。2月14日晚，该城市遭到毁灭性打击。德军宣称超过25万人葬身于此。[2] 对德累斯顿的攻击跟之前轰炸其他城市没什么两样，尽管在效果上更显著一些。政策方面一路绿灯——获得了丘吉尔、艾登、空军大臣辛克莱以及战时内阁的集体认可。但部长们对公众从未像他们自己之间那样坦诚。他们假装声称，此次轰炸攻势针对战略目标，德国平民的牺牲完全出于令人遗憾的意外。只有这样，辛克莱解释道："他才能回应坎特伯雷大主教、苏格兰长老会主席以及其他重要宗教领袖们的质疑，他们对于轰炸的道德

---

[1] 这位辞职的副部长是城乡规划部的政务次长亨利·施特劳斯（Henry Strauss）。在其他反叛者中，一位是邓格拉斯勋爵，后来成为亚历克·道格拉斯－霍姆爵士（Sir Alec Douglas-Home），出任保守党首相；另一个是彼得·霍尼戈夫（Peter Thorneycroft），后为保守党财政大臣和国防部长。

[2] 现在所知准确的数字是2.5万人。英国对德轰炸共导致59.3万名德国百姓身亡。朗夫（H. Rumpf）《轰炸德国》（The Bombing of Germany，1963）第164页。

责难也许会干扰轰炸机司令部飞行员们的士气。"[1] 现在，政客们在丘吉尔的领导下纷纷指责哈里斯，要他对狂轰滥炸的战略负个人责任。他们编造的传说流传至今。4月16日，战略空中攻势正式结束。之后，轰炸机司令部没有得到任何表扬。在5月13日的胜利广播中，丘吉尔没有提及。也没有向他颁发任何战功勋章。哈里斯没有被批准发出最后一份战报。在一众成功的英国军事领导人中，只有他未能进入上议院。[2]

轰炸德累斯顿之时，盟军仍陷于莱茵河西岸。他们在3月份的最新进展，使轰炸德军斯顿显得不必要，或不道德。3月7日，美军渡过莱茵河，抵达雷马根。3月23日，蒙哥马利的队伍从北面渡过莱茵河，突入鲁尔区。4月初，亚历山大的队伍攻入波河流域。最后胜利的到来依旧伴随着争端。英国仍在抱怨艾森豪威尔的全面推进战略。丘吉尔希望拿下柏林——似乎更多是为了打击德国，而不是在苏联之前抢先行动。斯大林指控亚历山大私自与德军密使有所交涉。盟国之间的分裂实际上是德国最后的希望。4月12日罗斯福与世长辞，让这希望更加膨胀。[3] 希特勒相信，这件事能拯救他于危难之中，正如1762年女沙皇伊丽莎白一世之死挽救了腓特烈大帝一样。他对自己的命运估计错了，尽管这件事对德国确实有长远影响。新任总统杜鲁门并没有罗斯福作为国际领袖人物的视野，他只想尽快跟世界其他地区的事务划清界限。他并不打算支持英国。另一方面，他因布尔什维克的抱怨或异议而怒不可遏。今时不同往日，丘吉尔可以放手发出布尔什维克威胁论的警报了，他必须这么做。这是保全美国对英国的支持以及拉住美国继续参与世界事务的唯一办法。从苏联战胜德国到南斯拉夫独裁者铁托（Tito）在的里雅斯特引发的骚动，大大小小的事件不断发生变化，或许更能证明这一策略的合理性。

盟国之间的团结延续得足够长，以便获取完全的胜利，此后不久就不复存在了。4月28日，墨索里尼和他的情妇被共产党游击队击毙，他们的尸首被倒

---

[1] 1943年10月28日，辛克莱致波特。韦伯斯特和弗兰克兰《战略空中攻势》第3卷第1943页。为鼓舞士气，所有空军基地都配有英国国教牧师。
[2] 尽管几乎所有的三军司令都获得贵族头衔，但没有像第一次世界大战后那样得到赏金。这表明社会态度发生了有意思的转变。1919年，英格兰还活在过去，人们认为将军和海军上将应该像马尔伯勒、威灵顿和许多威名稍逊于他们的人物那样，封爵受赏。到1945年，人们觉得指挥官、普通士兵以及平民都在尽自己的职责，金钱奖励是不公平的。或许人们还预计到，军事领导人写回忆录或担任有限公司的董事会有足够多的收益。
[3] 在之前的几周，马歇尔为他承担了大部分工作。另一方面，在他身故后，观察者们宣称，发现罗斯福在雅尔塔已经疾病缠身。

悬于米兰示众。4月29日,在意大利的德国部队向亚历山大无条件投降。4月30日,希特勒与他的情妇双双自裁,他们前一天才正式成婚。他们的遗体从地下室抬出,在院子里被焚烧。其骸骨被苏军找到,后被销毁。5月4日,驻在德国西北部的德军向蒙哥马利无条件投降。希特勒点名任命的继任者邓尼茨上将(Admiral Doenitz)打算在西线结束战争,但继续对苏作战。他的提议被否定了,5月7日凌晨2时41分,德军在艾森豪威尔的总部签署了所有战线无条件投降书[1]。为了讨好苏联,5月8日晚11时30分,投降书在柏林朱可夫的总部得到批准。5月8日,西方盟国庆祝了"欧战胜利日",苏联则定在5月9日,真是混乱[2]。5月8日下午,丘吉尔在下议院宣布了胜利,两院随后前往威斯敏斯特的圣玛格丽特教堂,举行胜利的感恩仪式。教堂的钟声响起,灯火通明代替了灯火管制。人们再一次在街上跳起了舞,就像1918年休战时那样。国王出席了于圣保罗教堂举行的感恩弥撒,接受了来自两院的贺辞。

这次的欢庆温和节制,尽管有充分的理由大事庆祝一番。现在,鲜少有英国人将胜利视为一种解决方法,终结所有的问题与困境。问题似乎更大了,人们愈来愈意识到这一点。一些问题不如先前所担心的那样严峻。欧洲没有发生大瘟疫。1943年成立的联合国家善后救济总署将欧洲人从饥荒中拯救出来。国内秩序比较容易地得到恢复。除了苏军扶植的国家以外,共产主义无望在欧洲其他任何国家取得成功。另一方面,西方大国与苏联的关系开始恶化。当杜鲁门总统将罗斯福曾经考虑的重建贷款抛于脑后时,永久的友谊失去了最后的机会。7月17日至8月2日,盟国首脑在波茨坦举行了最后一次会晤。它们在赔偿问题上达成某种一致,每个占领国可以从各自的德国区获得赔偿。苏联割占了哥尼斯堡,波兰被同意占领远至奥得河与尼斯河西岸的德国领土,直到与德国签订和平协定——实际上一直未能签订。其他事务都陷入了僵局,尤其是在苏联军队解放的各国的政治体制问题上。波茨坦会议实际上标志着"冷战"与战后历史的开始。

在波茨坦,还出现了一段有意思的插曲,它肯定让稳如磐石的苏联独裁者

---

[1] 蒙哥马利亲自接受德军的投降,他的参谋长不在场。艾森豪威尔没有与德军会面,将他们留给他的参谋军官。由此可见个性的差别。
[2] 艾森豪威尔的总部本来打算秘不发布德国投降的消息,直到在柏林批准投降书之后。一位美国记者违反禁令,英美政府不得不承认战争已经结束。

大吃一惊。丘吉尔作为英国代表曾荣耀地出现在第一次会议上，但他未能出席第二次会议。新首相艾德礼取代了他的位置。这是一个清晰的信号，英国人民已经不再专注于世界事务。德国战争的结束给他们制造了一个棘手的国内政治局面。下议院已经10年没有改选了，早在1944年10月31日丘吉尔曾宣称，德国战败后不应继续维持现行的下议院。[1]许多工党人士（虽然不是所有的领导人）迫切要求恢复独立，并就社会福利问题对保守党派发起攻击。另一方面，对日战争尚未取得胜利——这项任务被认为还需要18个月的时间。丘吉尔还急于让政府的重建计划获得批准——当然，希望其力度有所弱化。

5月18日，他向工党与自由党提出，联合政府将持续到对日战争结束。[2]自由党领导人辛克莱犹豫了。工党领导人艾德礼开始也颇为犹豫，似乎对工党的胜利没什么信心。贝文更为公开地支持联合政府继续执政。当时工党正在布莱克浦召开年度会议，统一了党内的思想。5月21日，艾德礼回复丘吉尔，只能将联合政府维持到10月份，届时必须普选。丘吉尔拒绝了这一提议，他坚持倘若举行普选，应放在7月初。这是一个明智的决定：头顶悬着普选，再要维持联合政府就痛苦了。这无疑也与党派利益的算计有关。保守党希望利用丘吉尔的全国性威望，在经济困境到来之前举行普选。[3]

5月23日，丘吉尔辞职，国民政府由此谢幕。[4]其后，他组建了一个"看守政府"，主要由保守党人组成，一些国民自由党人和所谓的无党派人士也参加政府，他们愿意与保守党继续合作。5月28日，他在唐宁街10号款待了前政府的主要成员，说道："历史之光将照在你们所有人的头盔上。"在此之后，各党恢复了相互之间的斗争，仿佛联合政府从来没有存在过。保守党主要倚仗丘吉尔的声名，而他在比弗布鲁克的怂恿下，大肆抨击工党——他那政治漫骂的才能此前是送给希特勒的。他最大的王牌是在时任工党主席的哈罗德·拉斯基教授身上发现了未来英国盖世太保头目的影子。但事实证明，这

---

[1] 丘吉尔《第二次世界大战》第6卷第510页。
[2] 丘吉尔提议通过全民公决来推翻他先前作出的大选承诺，寻求对议会继续执政的许可。提议倘若被拒绝，局面会很尴尬，其他两位领导人并不喜欢这一提议。
[3] 丘吉尔在保守党大臣中进行了一次意向性投票。所有人都赞成立即举行选举。丘吉尔《第二次世界大战》第6卷第511页。
[4] 战时内阁也自动解散。在看守政府中，丘吉尔组建的内阁类似于和平时期的普通内阁——所有的主要大臣都包括在内。在这件事和其他许多事情上，艾德礼都效法丘吉尔，内阁成员保持在20人左右，偶尔会有减员之议。

张牌无甚用武之地。选民们为丘吉尔欢呼,却不把票投给他。他们对外交事务或帝国势力不感兴趣。他们不会被"绞死德国皇帝"或要求德国赔偿之类的呼声所鼓动。[1] 他们只关心自己的未来:首先是住房,然后是充分就业和社会保障。在这方面,工党提出了一个令人信服的纲领。尽管保守党提供了大致相同的纲领,但让人感觉,他们对此其实并无信心。大众的记忆太重要了。许多选民还记得30年代的失业惨况。有些人还记得1918年大选后他们是如何被骗的,或者以为自己被骗了。已经归于尘土的劳合·乔治即便在墓下也要给丘吉尔惹些麻烦。

投票于7月5日进行。有3个选区只有一个候选人,没有竞争对手[2],而1935年有40个这样的选区。工党和保守党都推出600多名候选人,自由党有306位。选举结果于7月26日公布,以便三军有时间进行投票。据称,他们以压倒性优势支持工党。无论如何,结果是工党取得了惊人的胜利:工党议员393名,保守党(及其盟友)议员213名,12名自由党人,22名无党派人士[3]。同往常一样,选举制度对赢家有利。尽管工党占绝对多数议席,但它只获得47.8%的选票,很多工党议员所在选区人数较少。工党现在更像是一个全国性的政党。不到一半的工党议员是"工人"(保守党议员中无工人),46人毕业于牛津或剑桥(保守党有101人),这两所大学以前是特权阶层的学校。

丘吉尔于7月26日下午辞职,他建议国王召见艾德礼。不到半个小时,艾德礼就任首相,从而让莫里森或贝文取而代之成为领袖的计划化为泡影。新内阁部长们比过去几届工党政府的人员更有经验。其中5人曾在战时内阁任职;除卫生部长安奈林·比万外,其余所有人都曾担任过部长级职务。艾德礼本打算任命道尔顿为外交大臣,贝文为财政大臣。但在最后时刻,对他们的职务进

---

[1] 凯恩斯曾教导英国人民,索取赔偿带来了普遍的不幸。事实上,德国支付了相当可观的赔偿。审判战犯的政策是各党和各大盟国的共识。1945年8月8日,英、美、苏三国政府同意在纽伦堡设立审判战犯的国际法庭,随后,法国也加入其中。许多德国领袖受到审判,大多被判有罪。其中一些确实是犯了战争罪——大规模屠杀和杀害战俘。该法庭还规定了准备或发动侵略战争罪,这里的战争实际上意味着对一个或多个盟国发动的战争。而盟国的领导人经常被批评没有有效地准备对德作战,或者没有发动一场"预防性"(即侵略性)战争。德国领导人——尤其是将军们——可以声称,他们事实上是因战败而被判罪。纽伦堡审判产生的道德影响往好里说,也是有问题的。

[2] 分别在阿马、西隆达和利物浦的苏格兰选区。

[3] 这是现代史上无党派人士当选人数最多的一次——无疑表明政党体系在战争中遭到怎样的削弱。

行了对调——也许是国王怂恿的,也许不是[1]。新议会于8月1日举行会议。国王在8月16日的演讲中宣布了一系列雄心勃勃的计划:将煤炭行业和英格兰银行国有化;社会保障;国民健康服务。休·道尔顿写道:"在漫长的战争风暴之后……我们看到了日出。"[2]

这是一次与众不同、未曾预料的日出,以及一场全新的风暴。英国在世界上的经济地位依赖于《租借法案》的延续,考虑到对日战争还在继续,它在很长一段时间内似乎是安全的。英国部队已于5月3日进入仰光,现在正准备继续前进。美国的想法有所不同,决定权在他们手里。他们打算直接进攻日本。英国别无选择,只能勉强接受。英国和英联邦的军队都归美国人指挥。[3]然而,这一伟大的行动并未付诸实施。到1945年3月底,美国科学家确信能在夏末前制造出原子弹。杜鲁门总统决定用原子弹对付日本。[4]根据1943年8月在魁北克达成的协议,未经英国同意,不得使用核武器。尽管如此,没人征求英国的同意。7月2日,英国当局[5]在没有听取使用原子弹的理由,也没有询问如何使用原子弹的情况下,就匆忙表示同意。

这是一件令人难过的事情。英国不得不开具一张空白支票,美国接受了这张支票,却不填金额。他们似乎确实忘记了核武器的使用需要征得英国的同意。投下了两枚原子弹:第一枚于8月6日投在广岛,第二枚于8月9日投在长崎。8月14日,日本政府决定名义上接受无条件投降,实则保留了天皇的权力。9月2日,麦克阿瑟将军(General MacArthur)在东京湾接受所有日本军队的正式投降。9月12日,蒙巴顿获准在新加坡接受日本在东南亚战区的投降——这是在麦克阿瑟将军首肯之后。英美关系变成了恩庇关系。原子弹是一个严峻的信号。虽然结束了对日战争,但也预示着末日的到来。

---

[1] 国王在7月26日接见艾德礼时提出了改变人选的建议。惠勒-贝内特《乔治六世》第638页。7月27日上午,艾德礼告诉道尔顿:"几乎可以肯定去外交部",然而,当日下午4点,又通知他有变化。道尔顿《命运攸关的年头》(*The Fateful Years*)第468—469页。因此,要么是艾德礼没有受到国王的影响,要么是他的思维比较缓慢。
[2] 同上第483页。
[3] 最后一战完全由美国参谋长联席会议指挥,而非联合参谋长委员会。英方得到美方的情况通报,已经很满足了。
[4] 见注解A。
[5] 英国三军参谋长没有收到有关核武器使用的通知或咨询,战时内阁也没有。这件事仅限于丘吉尔、约翰·安德森爵士和驻华盛顿的英国联合参谋团团长、陆军元帅马歇尔·威尔逊知悉。同意的决定是丘吉尔一人作出的,没有征询内阁意见。

英国史：1914—1945

  9月2日是对日战争的胜利日，标志着战争的结束，以及英国战后麻烦的开始。8月14日，英国财政部警告称，英国面临"财政上的敦刻尔克"，给工党政府的乐观计划泼了一盆冷水。如果没有美国的大量援助，它将"几乎破产，公众的希望将缺乏经济基础的支撑"[1]。3天后，也就是8月17日，美国终止了援助。战争的遗产似乎难以承受。英国对世界其他国家的欠款高达41.98亿英镑。其中11.18亿英镑通过出售海外投资和其他资产筹集。英国从海外获得的"无形"收入减少了一半，从1938年的2.48亿英镑减少为1946年的1.20亿英镑。28.79亿英镑外债未偿还，大部分以贸易逆差形式存在。1945年6月，英国商船规模比战争开始时减小了30%。出口仅略高于战前的40%。除此之外，政府在海外的开支——部分用于救济，主要用于军队——仍与战前一样多。据估计，1946年，英国在海外的花费将比收入高出7.5亿英镑[2]。

  英国需要比战前出口多得多的东西，但又力不从心。国内大约10%的战前国民财富被摧毁——17亿英镑——其中一些是物质上的破坏，其余则是资本资产的流失。煤炭业损失了8万多名工人，纺织业损失了30万。工业资源也不能完全用于出口贸易。英国人民在经历了战争的腥风血雨之后，迫切期望立即改善自己的生活条件，这是理所应当的。至少，新的房屋和衣物不能再拖了。所有这些任务似乎都是不可能完成的。

  不过，在另一方面，也有巨大的无形资产。尽管近40万人在战争中丧生[3]，但就业人口比1939年增加了300万，部分原因是劳动力的增加，部分实际上受益于失业问题的消除。此外，不同于第一次世界大战，第二次世界大战刺激或创造了新的工业，它们将在和平时期继续发展。在第二次世界大战期间（而不是在此之前），英国工业从19世纪进入20世纪，实现了决定性的飞跃。战前，英国致力于复兴传统的主要工业。战后，它依靠的是新兴产业。电力、汽车、钢铁、机床、尼龙、化工等行业都进入扩张期，人均产值稳步增长。这个国家的精神已经发生了变化。1945年，没有人想回到1939年。大多数人决心继续前进，并相信他们能够成功。

  在第二次世界大战中，英国人"长大成人"了。这是一场人民战争。他们

---

[1] 财政部文件是凯恩斯起草的。汉考克和高英《英国战时经济》第546页。
[2] 这一估值过高了，凯恩斯经常如此。实际收支逆差为2.95亿英镑。
[3] 30万军人，6万平民，3.5万商船海员。

不是只考虑一己之需。他们想获得胜利。未来的历史学家可能会把这场战争视为维护欧洲均势或维护大英帝国的最后一场斗争。但在亲历者看来，事实并非如此。英国人民着手摧毁希特勒及其国家社会主义——"不惜一切代价争取胜利"。他们成功了。任何一位驾着坦克开进解放后的比利时，或目睹德国在达豪或布痕瓦尔德集中营的不列颠士兵，都丝毫不会怀疑，这是一场高尚的正义之战。不列颠人是唯一一个自始至终经历了两次世界大战的民族。[1] 但它仍然是一个和平、文明的民族，宽容、耐心，而又慷慨。传统价值观逐渐衰落，其他价值观取而代之。帝国神话日渐式微，福利国家正在升起。大英帝国衰落了，而人民的生活改善了。现在，很少有人再唱"希望与荣耀之地"；甚至，很少有人再唱"英格兰崛起吧"。毕竟，英国已经崛起过。

注解

注解 A　使用原子弹的决定

这一决定纯粹是美国作出的，与英国历史并不直接相关。然而，这是一项关系人类命运的重大决定。其理由几乎完全是实用主义的，也是战略意义上的。美国大多数机构（尽管不是所有机构）认为，封锁和非核轰炸无法迫使日本接受无条件投降，登陆行动代价高昂且时间漫长。虽然日本政府试探过结束战争，但并未接受无条件投降，而原子弹的使用能加强日本和平派的力量，正如事实上发生的一样。甚至可以说，相较于让战争持续下去造成的损失，它给日本造成的生命损失还要少一些。此外还存在一些更为普遍的考虑，尽管不那么重要。苏联将于8月初对日开战。然而，美国三军参谋长希望苏联只出兵中国大陆，而非日本本岛。在美苏摩擦不断的气氛下，美国总统和国务院可能不希望苏联出手相助。不过，与一些自作聪明的空想者的观点截然不同，投下原子弹并非主要意在向苏联示威。

毋庸置疑，人们抱有一种朦胧的希望，即原子弹成为对未来战争的普遍威慑。参与此项目的科学家和其他人员怀有一种更为迫切和直接的冲动。他们希望向国会证明，此前投入的经费没有付之东流，许多人也被科学的好奇心所驱使；一项实验已经准备就绪，他们希望看

---

[1] 在这里，也许是最后一次，"不列颠人"的意思是联合王国、各自治领、大英帝国的所有人民。严格地说，与欧陆强国相比，英国参加第一次世界大战晚了几天；与波兰和德国相比，英国参加第二次世界大战晚了两天。但较之于任何其他国家，无论是敌国还是盟国，它在这两场战争中的总参战时间更长。

到结果。但相关讨论出现了奇怪的盲区。几乎没有人预见到,在未来几年内,核毁灭潜力竟会大幅增加。实际上,没有人想到在不久的将来,除了美国以外的其他国家也能研制出原子弹。也几乎没有人考虑过核爆炸后产生的尘埃污染。战争按下了道德的暂停键。在战争时期,人们被肆意屠杀、致残,往前再走一步,杀害和致残后代的武器也就容易接受了。核武器只是"另一颗大炸弹"。当杜鲁门听到广岛传来的消息时,他神采飞扬,说道:"这是历史上最伟大的事情。"[1]

---

[1]　J. 埃尔曼《大战略》第 6 卷第 275—309 页对使用原子弹的决定作了分析。

参考文献综述
（1973年6月）

时间越近，历史越厚重：出现了更多的人、更多的事件、更多记载人事的书籍。更多的证据被保存下来，人们会说太多了。散失和湮灭还未发挥正面的作用。英国近代史方向的研究者得近水楼台之便。除了那些与外交有关的书籍之外，其他所有书籍都是英文的。大多数在英国出版，因此一定能在版本图书馆（大英博物馆、博德利图书馆和剑桥大学图书馆）找到。[1] 美国出版的重要书籍在一些英国图书馆也可能找到。自然，所有的书都是1914年及以后出版的。因此，没有必要再查阅此前的书目了。

但最近的发展产生了新的问题。本书的文本于1964年7月完成，适逢它记录的第一批历史事件整整50年之后。长期以来，有个规矩，政府部门的档案记录会有50年的封存期。因此，人们每年都期待着少量材料的开放，照这样计算，直到1995年相关材料才会全部面世。但是1967年，政府将封存期缩短为30年。此外，还接受了另一个原则，联系紧密的历史档案应一同开放，无须严格执行30年的时间限制。第一次世界大战和后来第二次世界大战的所有档案成批公之于众。因此，关于这30年英国历史的最密集的官方档案，在不到十年内就悉数公布了。历史学家无法在短时间内消化它们。因此，在未来十年或更长的时间内，随着历史学家们探索某些专题并发表研究成果，我们将处于一个不断修正的过渡时期。

三十年规则的改变，加之内阁办公厅实行了更为自由的政策，给私人文件的拥有者带来了福音，广受欢迎。以前，他们总会担心一旦公布文件，就会被没收。这种担忧不是没有道理的。第二次世界大战期间，兰斯伯里所有的官方文件以及大部分私人信件都被内阁办公厅拿走了。劳合·乔治去世后，内阁办公厅的一名代表将他的文件"洗劫一空"，但到底有哪些文件被拿走了，我们

---

[1] 不包括小册子。它们很难找到，其中不少已完全消失了。

不得而知。内阁办公厅不再侵犯私人收藏，即使这些私人收藏包含理论上应当属于政府财产的官方文件。现在，迫切的问题是要赶在这些文件遭到毁坏前，或被卖给美国大学前，查明它们的下落。对英国历史学家来说，这两者基本上是一回事。

　　档案的开放并不完全是件好事。倘若仅仅因为这些新材料以前是保密的，就把它们太当回事，那是危险的。一位政治家如果留下了大量的文件，那么他的名声将有所提高。一个不喜欢写信或写备忘录的政治家容易被人们遗忘。秘密文件中的陈述被认为比政治家或记者在公开场合所作的陈述更真实，论据也更有力。这样一来，某参谋长或某外交部属员就比离任的劳合·乔治或《曼彻斯特卫报》(*Manchester Guardian*)的主编更有分量。但人类的经验不能证实这一观点。泰勒定律是："外交部不掌握任何秘密。"这句话同样适用于国家的其他部门，甚至内阁办公厅。

指南和资料

　　对于已出版和未出版的资料，最好的书目概览是《1914年以来的英国》(*Great Britain since 1914*, 1971)，这本书是莫瓦特(C. L. Mowat)的遗世之作。在材料来源方面，公共档案办公室就其负责的未开放的官方资料贡献良多。《公共档案办公室目录指南》(*Guide to the Contents of the Public Record Office*, 1969)第三卷记录了1960年至1966年之间移交的文件，大部分是现代的部门档案。《内阁文件目录：1915和1916年》(*The List of Cabinet Papers,1915 and 1916*, 1966)收录了包括战争委员会、达达尼尔海峡委员会和战时委员会的文件。《1922年之前的内阁办公厅档案》(*The Records of the Cabinet Office to 1922*, 1966)对内阁及其秘书处的历史作了简明介绍。它提供以下信息的概览：(战时内阁的)会议记录和(1919年10月恢复和平时期内阁的)结论；提交给内阁的文件；1917年至1922年间建立的各内阁委员会；以及国际机构，如最高战争委员会、帝国战时内阁、帝国战时会议和巴黎和平会议。名录和索引协会为战时内阁会议记录出版了两卷主题索引，为1919年至1922年的内阁文件出版了三卷主题索引。其他具有价值的公共档案办公室出版物还有《第二次世界大战：公共档案办公室文件指南》(*The Second World War: A Guide to Documents in the Pulbic Record Office*, 1972)和《社会科学家感兴趣的档案：1919—1939》(*Records of Interest to Social Scientists 1919—1939*, 1971)。

迄今为止，找到私人文件的唯一方法是找到文件所有人或其继承人，通常是在萨默塞特宫长期搜寻未果之后。现在，国家档案馆伸出了宝贵的援手。对于报道过的收藏品，它制作了卡片索引，并且每年发布一部《新收档案名录》(*Accessions to Repositories*)。另外，还有两项颇有意义的工作正在酝酿中。卡梅隆·黑兹赫斯特（Cameron Hazlehurst）和克里斯汀·伍德兰（Christine Woodland）已经编写了《20世纪英国内阁大臣文件指南》，将于1974年由英国皇家历史学会出版。克里斯·库克（Chris Cook）正在编写《英国现代史资料》(*Sources in Contemporary British History*)三卷，第一卷将于1975年初出版。该书内容将覆盖国会议员、政党、工会、压力集团和基层选举组织，保守党（全国同盟、研究部和中央办公厅）的档案，还有在"15年原则"下开放的工党档案。共产党没有档案。其出版物可以在克莱肯维尔·格林大街的马克思纪念图书馆找到。帝国战争博物馆收藏了大量与两次世界大战有关的私人文件，这些文件的原所有者从陆军元帅到普通士兵不等。

在印刷品资料中，除了莫瓦特的指南之外，历史协会还出版了《历史文献年度公报》(*Annual Bulletin of Historical Literature*)，其中有一个栏目涉及1914年以后的历史。《伦敦图书馆著者目录》(*Author Catalogue of the London Library*)收录了至1950年底的书籍，《主题目录》(*Subject Catalogue*)收录了至1953年底的书籍，《大英博物馆印刷图书目录》(*British Museum Catalogue of Printed Books*)和《主题索引》(*Subject Index*)当然更完整了。《英国国家书目》(*British National Bibliography*)是自1950以来出版的年度图书目录。除此之外，最简单的方法就是咨询图书管理员，或在书架间闲逛。有三个专门图书馆特别有用：查塔姆皇家国际事务学会的图书馆、伦敦经济学院的英国政治和经济科学图书馆，以及帝国战争博物馆收藏的关于两次世界大战的书籍。这家博物馆每季度都会制作一份新收藏品名录，整理详细书目，从二战时期的女性作品到劳伦斯（T. E. Lawrence）的作品，都收录在内。

福特夫妇（P. and G. Ford）的《议会文件指南》(*Guide to Paliamentary Papers*, 1956)和《议会文件简编：1900—1916》(*A Breviate of Parliamentary*

Papers, 1957)、《简编：1917—1939》(1951)、《简编：1940—1954》(1961)中为研究者提供了很好的便利。1917—1939卷的导论解释了编辑的方法和各卷的使用方法。书中不包括统计报表、外交和自治领事务、教会和陆海军事务，包括"经济、社会、宪政问题和法律行政事项"（即已成为或可能成为立法主题，或涉及"公共政策"）。沃格尔（R. Vogel）的《1919—1939年英国外交蓝皮书摘编》(*A Breviate of British diplomatic blue books 1919—1939*, 1963)填补了福特夫妇留下的空白。

这一时期，由于财力允许，非议会文件的数量大大增加了。[1] 它们是一片未知的海洋。其中一些议会文件中曾经提及，但最后并没有印行，让人大为困惑。有两本导读指南：《政府信息和研究工作者》(*Goverment Information and the Research Worker*, 1952)和《英国统计局出版物》(*Published by H. M. S. O.*, 1960)。然后，人们不得不费力查找年度《政府出版物目录》，现在被称为《官方索引、名录、指南、目录》。

若要查询具体事件和准确时间，《泰晤士报》(*The Times*)及其双月刊《索引》(*Index*)是最直接的资源，其新闻是非常可靠的，当然其阐释不一定。其他报纸是不会编写索引的。《基辛氏当代档案》(*Keesing's Comtemporary Archives*)自1931年以来提供了新闻综述。《纪事年报》(*Annual Register*)则更概括。它的编辑爱泼斯坦（M. Epstein, 1921年至1945年刊扉页上的署名）有鲜明的倾向：支持麦克唐纳等人，反对鲍德温，对绥靖政策不满。而且，在同时期的大部分时间里，他还兼任《政治家年鉴》(*The Statesman's Year-Book*)的编辑，因此，在这两种刊物上同时出现的信息并不能证明其准确性。《政治家年鉴》上的信息更新有时不太及时：人物的宗教信仰二十年来没有变过，只有在第一次出现的时候才是可靠的。另一本有用的参考书是《宪政年鉴》(*Constitutional Book*)，于1939年停止出版。

《国际事务概览》(*The Survey of International Affairs*)自1925年起每年出版一卷，战争年代另有专卷，具有其编辑汤因比（A.J.Toynbee）的个人风格。晚近各卷与其说是客观记录，更可称得上是历史文献。《国家书目词典》(*Dictionary of National Bibliography*)涵盖了1912—1921年的书目，之后每十

---

[1] 没有必要给所有议员人手一份免费文件。

年出版一卷；此外还有《简明词典：1901—1950》（*Concise Dictionary* 1901—1950），都是极具价值的参考类著作。但受到牛津学者的编辑观影响，尚有可斟酌之处。随便举两个人为例，书中并未收录莫雷尔（E. D. Morel）或罗纳德·费尔班克（Ronald Firbank）。但实际上，莫雷尔对英国外交政策有着深远的影响，而费尔班克的书至今仍在被广为传阅，比《国家书目词典》中收录的许多作家都重要。《词典》中有些条目是过誉的讣告，有些则是价值颇高的研究，包含有原始信息。《名人录》（*Who's Who*）每年出版一次，而《历史名人录》（*Who was Who*）（1879—1960年，5卷）也存在编辑选择的问题。这些条目是由当事人提供的，因此不一定总是准确。有时会出现错误，有时故意忽略不谈，如先前的婚史。

大多数行业都会发布年度名录，许多政府部门也是如此。这些可以在公共图书馆的书架上找到，比如《国防部议员手册》（*Dod's Parliamentary Companion*）。除了1922年至1924年间，《泰晤士报》在每次大选后都会制作一份下议院指南。克雷格（F. W. S. Craig）编纂的《1918—1968年英国议会选举统计数据》（*British Parlimentary Election Statistics, 1918—1968*, 1968）和《1918—1949年英国议会选举结果》（*British Parlimentary Election Results, 1918—1949*, 1969），为学者们作出了巨大贡献。从1908开始，《英国议会议事录》[*Parlimentary Debates*，俗称《议事录》（*Hansard*）]正式出版，并附有完整的索引。它们在形成时虽然仍然依靠的还是过时的个人速记法，但大体上是非常准确的。很少有议员试图在演讲后修改他们的言论，即使有意这么做，也很少能够做到。《议事录》的准确性有两大限制。除非有助于辩论进展，否则记录员不会录下随意的喊叫声，例如，他们忽略了1939年9月2日埃默里向格林伍德的著名的喊叫。[1]也没有任何关于两次世界大战期间举行的秘密会议的记录——不像法国议会，保留了秘密会议的记录，并于后来公布。《议事录》如果不把大约600名议员当作独立人士，而是标出各自的政党归属，那将大大方便读者。

政府的统计数据是极其重要的基础资料，必须加以谨慎使用。它们是为有关部门的实际使用而编制的，此外别无目的。例如，劳工部自1922年以来发

---

[1] 尽管当时所有报纸都报道说是埃默里，现在有一种传言说，大声喊叫的另有其人。

布的失业人员报表，记录了登记在册的失业人员，而不是所有的失业者。1931年至1933年间，大约有20万人的名字从登记册上删除，但这并不一定意味着失业人数的减少。经过处理的统计数据则更加危险，就像其他加工产品一样，把粗糙的东西加工成圆润精细、有眉有眼的产品，然后由制造商赋予其品味。此外，专用术语及其内涵都在不断变化，因此，多年的比较统计往往不比史学家的概括更为精确。举一个极端的例子：第二次世界大战期间编制的生活成本指数，是根据40年前的需求估算而得出的数据，[1] 因此可以加以操纵，使实际生活成本上升而工会无法质疑。我们不太可能得到完全准确或完整的统计数据。只有谈到趋势时，我们的论断才是妥帖的。尽管如此，跟统计数据较一下劲儿总比废弃不用要好。

最主要的资料包括《英国统计摘要》(Statistical Abstract of the United Kingdom, 1939—1940 年每年一本)和《年度统计摘要》(Annual Abstract of Statistics, 1946 年以来)。大多数部门都有自己的年度报表。在这里，有必要奉上另一句忠告。包括人口普查在内的一些报表只涉及英格兰和威尔士；一些涉及大不列颠；一些涉及联合王国（1922 年之前包括全部爱尔兰在内，此后包括北爱尔兰在内）。这方面很容易出错。[2] 最有用的是人口普查报告和报表，覆盖了从 1911 年到 1951 年间每十年一次的人口普查情况（1941 年未组织人口普查）；登记总局的《年度报告》(Annual Report, 至 1920 年) 和《统计评论》(Statistical Review, 其后)；《生产普查》(Census of Production, 仅 1924、1930 和 1935 年)；《劳工统计摘要》(Abstract of Labour Statistics, 至 1936 年) 和《劳工公报》(Labour Gazette)；《英格兰及威尔士农业统计数据》(Agricultural Statistics for England and Wales)；《矿业部年度报告》(Annual Reports of the Department of Mines, 1920—1938) 和《燃料电力部统计摘要》(Ministry of Fuel and Power, Statistical Digest, 1944—1956)；《年度贸易报告书》(Annual Statement of Trade)；《海关和税务专员报告》(Report of the Commissioners of Custom and Excise) 和《国内税务专员报告》(Report of the Commissioners for Inland Revenue)；《国民收入和支出》(National Income and Expenditure, 1941 年以来)；《地方税收报表》

---

[1] 包括用于购买红色法兰绒服装的慷慨津贴。
[2] 有一本重要的参考书列出一战期间大英帝国的伤亡人数和二战期间联合王国的伤亡人数，而未注意到口径的差异。

（*Local Taxation Returns*）；《教育部年报》（*Ministry/Board of Education, Annual Reports*）。

两次世界大战的官方历史和两次世界大战之间的英国外交政策文件汇编，大多是原始资料，为了方便起见，我为这些资料单列小节。

有两本汇编对所有研究者均适用，当然深入研究者不会满足。米切尔（B. R. Mitchell）和菲利斯·迪恩（Phyllis Deane）的《英国历史统计摘要》（*Abstract of British Historical Statistics*, 1962）列出了从18世纪到1938年（有时会延后）几乎所有的经济图表。[1]大卫·巴特勒（David Butler）和珍妮·弗里曼（Jennie Freeman）的《英国政治概况》（*British Political Facts 1900—1967*, 1968年修订版）将部长、选举、政党、许多其他信息和一些统计数字记录在册。

目前已经出版了一些杰出的通论性著作作品。《两次大战之间的英国》（*Britain between the Wars, 1918—1940*, 1955）作者为莫瓦特（C. L. Mowat），书中列举了丰富的参考书目，特别是关于社会和经济主题。我非常依赖这本书，尽管努力尝试独立研究。阿尔弗雷德·F.哈维赫斯特（Alfred F. Havighurst）的《二十世纪的英国》（*Twentieth-Century Britain*, 1962）虽然并不厚，但精彩绝伦，广为流传。梅德利科特（W. N. Medlicott）的《英国现代史》（*Contemporary England 1914—1964*, 1967）对外交事务的分析尤其具有价值。在《总体战世纪的英国：和平与社会变革》（*Britain in the Century of Total War: Peace and Social Change, 1900—1967*, 1968）中，亚瑟·马威克（Arthur Marwick）继续阐发了他在《大洪流》（*The Deluge*）中首次提出的主题：战争既带来了进步，也带来了毁灭。萨默维尔（D. C. Somervell）的《乔治五世的统治》（*The Reign of George V*, 1935）之类的老书，我怀疑除了展示时人对历史事件的看法以外，现在是否还具有价值。此外，有两本书涵盖的时期较长，最后几章很有用。他们分别为柯尔（G. D. H. Cole）著、波斯特盖特（R. W. Postgate）修订的《普通民众》（*The Common People, 1746—1946*, 1946）以及斯迈利（K. B. Smellie）的《1688年以来的英国》（*Great Britain since 1688*,

---

[1] 该书数字截止于1938年，1937—1947年的相应数字可见于《年度统计摘要》第85页。美国驻英经济代表团编的《英国经济发展：1850—1950年》有很多统计数字和图表，也非常有用。

1962）。

许多历史资料及其解释必须在期刊中寻找。文章太多了，无法在本参考文献中逐一列出。尤其是，一些最重要文章并未登载于历史刊物——而是政治、经济、行政或综合性的期刊上。在历史期刊中，《今日历史》(History Today) 和《现代史杂志》(Journal of Modern History) 对近期历史研究尤其有益。《英国历史评论》(English Historical Review) 每年7月刊会列出一份期刊文章名录，此外还有多种大型期刊年度索引，可在任何一家好的图书馆查到。

非文本资料

直到目前，我们对过去的了解大多是间接的：某人记录下了他或他人说过、做过的事情。但每个人证都是容易犯错的，尤其是当他写到自己的时候；我们拥有的证据越多，质疑也越多。现在，我们有了视听摄录设备，用一种新的、更直接的方式保存过去，虽然它们最终还是由"会犯错"的人操作。无论是静止的还是动态的照片，都是由摄影师拍摄，其风格变化几乎和绘画一样多样。甚至，录音师在某种程度上也影响说话人的声音。尽管如此，历史学家还是应该比以往更多地使用这些记录。总有一天，每一位历史系教师都将拥有留声机室和放映室，它们将和图书馆或教室一样得到广泛使用——或许用得更多。大部分保存下来的记录，仍然掌握在商业公司手中。我只能作初步的介绍，告诉大家可以去哪里找。

照 片

这是最古老的机械记录方式，始于芬顿（Fenton）所拍克里米亚战争的出色照片。维多利亚时代的摄影师是有意识的艺术家。对于当代摄影师来说，艺术性虽然不那么引人注目了，但也仍然存在。没有人会分辨不出塞西尔·比顿（Cecil Beaton）拍的人像和卡什（Karsh）拍的人像。英国最大的图片馆藏是英国广播公司旗下的"无线电时代的赫尔顿图片图书馆"，它是一个商业图书馆，不向研究者开放。1938年《图片邮报》(Picture Post) 创办后，该馆的藏品开始丰富起来。大多数报纸和新闻机构都有藏品，最大的藏家是英国国际摄影社。

帝国战争博物馆藏有超过350万张成片和底片,涉及两次世界大战,尽管1916年前的照片数量不足。国家肖像艺术馆的藏品比较随意,最近扩大了收藏,可以通过安排进行查阅。该馆还有更系统的《国家肖像记录》,包含了每个著名人物(甚至包括英国科学院院士)的照片,是从1917年开始的。维多利亚和阿尔伯特博物馆举办过一个展览,覆盖了新闻摄影的前50年光影。此外,一个关于照片收藏和展览的全国性机构现在正在长远的规划之中。

重要刊物有《伦敦新闻画报》(Illustrated London News)。还有许多图集,经常附有说明文字。其中包括塞西尔·比顿的《曝光时间》(Time Exposure, 1941);理查德·贝内特(Richard Bennett)的《二十年代掠影》(A Picture of the Twenties, 1961);詹姆斯·拉弗(James Laver)的《两次大战之间》(Between the Wars, 1961);L. 弗里茨·格鲁伯(L. Fritz Gruber)的《名人著名相片》(Famous Portraits of Famous People, 1960);卡什(Y. Karsh)的《命运的面孔》(Faces of Destiny, 1947)和《伟人画像》(Portraits of Greatness, 1959);普尔(R. H. Poole)的《五十年图史:1900—1951》(The Picture History of Fifty Years, 1900—1951);艾伦·罗斯(Alan Ross)的《四十年代:一个历史片段》(The Forties: A Period Piece, 1950);保罗·塔博里(Paul Tabori)的《动荡二十年:第二次世界大战及其后》(Twenty Tremendous Years: World War II and After);《泰晤士报:英国1921—1951》(The Times, Britain 1921—1951, 1951)。关于两次世界大战的有:《泰晤士一战史》(The Times History of the War, 1914—1918), 22卷(1914—1919);威尔逊(H. W. Wilson)和汉默顿(J. A. Hammerton)编的《大战》(The Great War), 13卷(1914—1919);A. J. P. 泰勒的《插图本第一次世界大战史》(The First World War; an Illustrated History, 1963);沃尔特·哈钦森(Walter Hutchinson)编的《战争图史》(Pictorial History of the War), 15卷(1939—1945);以及A. J. P. 泰勒的《插图本第二次世界大战史》(The Second World War; an Illustrated History, 1975)。

当然,更为古老的视觉记录形式——雕塑和绘画——继续存在。雅各布·爱泼斯坦(Jacob Epstein)有许多引人注目的半身像。绘画涵盖的范围从奥本(Orpen)的一战政治家和将军的肖像,到格雷厄姆·萨瑟兰(Graham Sutherland)的丘吉尔与比弗布鲁克的画像。现在,多数仍然为私人持有,其他的也有收藏在海内外画廊里的。在两次世界大战中,政府聘请了官方艺术家。1916 年，政府开始与缪尔黑德·伯恩（Muirhead Bone）合作，到第二次世界大战时，官方艺术家人数多达 250 人。帝国战争博物馆收藏了其中大部分画作，不过很多画一再出借在外。《国家传记词典》（Dictionnary of National Biography）中的人物传记介绍了传主的肖像画收藏之地。

图片明信片也不应该被忽视。关于大众英雄的图片明信片流行一时，超过现在。漫画明信片也是当代民间艺术的一种形式。卡尔德－马歇尔（A. Calder-Marshall）有一本有趣的书，名为《但愿你在身边》（Wish You were Here, 1966）。

声音档案

在这方面，我们还是主要依靠英国广播公司。它的声音档案属于私人收藏，不向公众开放，主要是英国广播公司从 1932 年以来的播音资料，包括演讲、评论、采访和战争报导。大卫·迪克斯（David Dilks）和尼古拉斯·普罗内（Nicholas Pronay）正在研究它们对历史学家的使用价值。英国广播公司的一些材料已被英国录音研究所收购，该研究所还拥有纳粹德国的 5000 件录音资料。一些历史档案见于商业性的产品目录，必须谨慎使用。比如，丘吉尔在二战期间的演讲录音声如洪钟，铿锵有力，但并非原始资料。二战后丘吉尔在撰写《第二次世界大战》时，重新录制了演讲。

影 视

国家电影图书馆出版了一本《1895—1933 年无声电影目录》（Silent News Films 1895—1933, 1965 年第二版），共包含 2272 个条目。《1945 年以前的有声电影》已经制作了卡片。利兹大学历史电影项目编写了《二战时期的英国官方电影》（British Official Film in the Second World War, 1973）。帝国战争博物馆保存有长度达 5000 英里的胶片，涉及两次世界大战，其中关于第一次世界大战的片子超过 800 部，第二次世界大战的更多，当时的官方摄影师经常进入前线。除了直接的新闻短片之外，还有一些电影作品，比如第一次世界大战中的《索姆河战役》（The Battle of Somme）和《沙漠的胜利》（Desert Victory，二战中的阿拉曼战役），均来自真实的素材。校际历史电影联合会目前也正在制作电影，把原始材料组合成连贯的叙事。商业公司制作战争片已经有很长一段时间了，以《西线无战事》(*All Quiet on the Western Front*)或《大兵日记》(*Shoulder Arms*)为发端，它们容易被误认为是真实的历史事件。例如，许多人以为艾森斯坦（Eisenstein）的《震撼世界的十天》(*Ten Days That Shook the World*)是一部真实的布尔什维克革命的记录片，而并非对约翰·里德（John Reed）著作的改编。当然，此类电影往往像历史小说一样，具有启发意义。正因为如此，许多并非严格意义上的历史题材的电影，作为当代生活的记录也是很有意义的。这个问题还未有人作深入探讨，即便是初步的目录，目前也无法提供。

传 记

这一时期出现了大量的政治和其他回忆录，大多包含不少原始材料。我将在这一部分列出普通传记，其他传记在具体小节下提及，当然这种安排是不完善的。据说，这一时期许多著名人物的自传都是找人"捉刀"的，即并不是由表面上署名的作者写的。有时会在扉页上说明，传主与一位专业作家合作完成。但通常是不会公开的。提及研究助理或感谢文学助手之类的文字可以给我们提供暗示。通常我们假定，作者对以他的名义出版的内容负有责任。

在这些传记和回忆录里，往往包含官方档案或私人文件中的内容，而这些档案文件别人无法接触到。在官方档案向公众开放的大约30年前，劳合·乔治的《战争回忆录》(*War Memoirs*)就已经从战时内阁会议记录中摘录了许多段落。同样，丘吉尔也提供了大量二战素材。因此，这些作品在一定程度上是原始材料。随着档案的开放，现有传记的不足之处往往暴露出来，新的传记可以依据档案撰写，不再苦于缺乏档案。

君 主

哈罗德·尼科尔森（Harold Nicolson）的《乔治五世：生平与统治》(*King George the Fifth: His Life and Reign*, 1952)是一部几乎无可挑剔的政治传记，文雅高妙，令人耳目一新。约翰·戈尔（John Gore）的《乔治五世》(*George V*, 1941)和詹姆斯·波普－汉尼斯（James Pope-Hennessy）的《玛丽王后》(*Queen Mary*, 1959)讲述的纯粹是私人生活。温莎公爵的《国王的故事》(*A King's Story*, 1951) 和公爵夫人的《心有因》(*The Heart has its Reasons*, 1956) 只是涉及爱德华八世退位的部分才有价值。惠勒－贝内特 (J. W. Wheeler-Bennett) 的《乔治六世》(*King George VI*, 1958) 篇幅较长, 华丽多采。

首　相

H. H. 阿斯奎斯的《记忆和反思》(*Memories and Reflections*, 1928) 第二卷提供了一些历史信息, 特别是克鲁勋爵 (Lord Crewe) 对于第一届联合政府失败的描述。斯彭德 (J. A. Spender) 和西里尔·阿斯奎斯 (Cyril Asquith) 的《牛津勋爵和阿斯奎斯的一生》(*The Life of Lord Oxford and Asquith*, 1932) 内容更为细致, "斯奎斯派"的色彩很浓。罗伊·詹金斯 (Roy Jenkins) 的《阿斯奎斯》(*Asquith*, 1964), 收录了他写给威尼西亚·斯坦利 (Venetia Stanley) 信中一些无伤大雅的段落。马丁·吉尔伯特 (Martin Gilbert) 的《丘吉尔》(*Churchill*) 第三卷的附卷引用了更具颠覆性的段落, 而且数量庞大。劳合·乔治写下了《战争回忆录》(*War Memoirs*, 6卷, 1933—1936), 接着又创作了《和平条约的真相》(*The Truth about the Peace Treaties*, 2卷, 1938), 两者把历史档案和观点争论融为一体, 颇为值得赞赏。劳合·乔治有一本正式授权传记, 是马尔科姆·汤姆森 (Malcolm Thomson) 撰写的 (1948)。另外还有一本未正式授权的传记, 由汤姆·琼斯 (Tom Jones) 执笔 (1951)。弗兰克·欧文 (Frank Owen) 在《暴风雨中的旅程》(*Tempestuous Journey*, 1954) 中, 引用了劳合·乔治的文件。肯尼斯·摩根编的《劳合·乔治家书》(*Lloyd George: Family Letters 1885—1936*, 1973), 大部分与他战前的生涯有关。弗朗西斯·斯蒂文森 (Frances Stevenson), 作为劳合·乔治长达30年的情人和两年的妻子, 在《过往的岁月》(*The Years that are Past*, 1967) 一书中描述了他们的共同生活。她的日记带有很多的政治和个人内容, 特别是在劳合·乔治担任首相期间: 弗朗西斯·史蒂文森的《劳合·乔治: 一本日记》(*Lloyd George, a Diary*, 1971) 由 A. J. P. 泰勒编辑。此外, 还有《劳合·乔治: 十二篇文章》(*Lloyd George: Twelve Essays*, 1971), 涵盖了从一战前的土地运动到二战期间倡导和平谈判的历史。

罗伯特·布莱克 (Robert Blake) 撰写的《默默无闻的首相》(*The Unknown*

Prime Minister, 1955）是这一时期首相传记中的佳作，展现了博纳·劳的真实价值。《斯坦利·鲍德温》(Stanley Baldwin, 1951）为杨格（G. M. Young）所写，篇幅不大，对传主有点不敬。米德尔马斯（R.K.Middlemas）和巴尼斯（J.Barnes）的《鲍德温》(Baldwin, 1969）试图将其塑造为一位伟大的建设性的政治家。这部书篇幅极长，且辩解色彩过强。关于麦克唐纳，只有戈弗雷·埃尔顿（Godfrey Elton）的《生活》(Life, 1939年）一书，仅记叙至1919年。大卫·马昆德（David Marquand）据说即将创作完成一部传记。基思·费林（Keith Feiling）撰写的《内维尔·张伯伦》(Neville Chamberlain, 1946）极为可用，信息量大，尽管在当时很少有人注意到。丘吉尔著作等身，撰写了关于两次世界大战的回忆录兼历史。贝尔福谈到第一本书时说："温斯顿写了一本关于他自己的书，名为《世界危机》。"马丁·吉尔伯特（Martin Gilbert）的《温斯顿·S.丘吉尔》(Winston S. Churchill, 1971）和两卷文件附卷（1972），记录了从一战的爆发到第一届联合政府的谢幕。当然，主要是讲达达尼尔之战。瓦奥莱特·邦汉－卡特夫人（Lady Violet Bonham-Carter, Lady Asqutih of Yanwath）著有《我所认识的温斯顿·丘吉尔》(Winston Churchill as I Knew Him, 1965），记述1906年至1915年的事。肯尼斯·杨格（Kenneth Young）的《丘吉尔和比弗布鲁克》(Churchill and Beaverbrook, 1966）讲述了一个关于友谊的故事，关于二战的记叙很重要。莫兰勋爵（Lord Moran）在《温斯顿·丘吉尔：为生存而战》(Winston Churchill: the Struggle for Survival 1940—1965, 1966）一书中解剖了丘吉尔。《丘吉尔的四张面孔》(Churchill: Four Faces and the Man, 1969）从各个方面展开研究。罗伯特·罗德斯·詹姆斯（Robert Rhodes James）的《丘吉尔：认识失败》(Churchill: A Study in Failure 1900—1939, 1970）展示了他长期遭受的挫折和最终的胜利之间的对比。彼得·格里顿（Peter Gretton）的《前海军人物》(Former Naval Person）是一本非常专业的研究著作，考察了丘吉尔在两次世界大战中对英国皇家海军和海军政策的影响。马德尔（A. J. Marder）的《温斯顿回来了：丘吉尔在海军部》(Winston is Back: Churchill at the Admiralty 1939—1940, 1972）是对相同主题的精彩的简要研究。这一时期后期的首相C. R.艾德礼写了《往事如流》(As it Happened, 1954）这本颇有意思的书。弗朗西斯·威廉姆斯（Francis Williams）为他撰写了《一位首相的回忆》(A Prime Minister Remembers, 1961），显示这位首相有多么健忘。

其他大臣

根据党派归属排序如下：

首先是一部跨党派的集体传记作品：休斯顿（R. F. V. Heuston）的《英国大法官列传》（*Lives of the Lord Chancellors 1885—1940*, 1964），从哈尔斯伯里（Halsbury）到考尔德科特（Caldecote）均收录其中。这不仅仅是一部法律研究著作，还从他们的政治文件中摘录了许多重要引文。

保守党。 肯尼思·杨格（Kenneth Young）的《亚瑟·詹姆斯·贝尔福》（*Arthur James Balfour*, 1963），相较于杜格代尔夫人（Mrs. Dugdale）作品中的早期生活描写有所深入，但除了一战时期外交政策方面有一些片段外，对这一时期的历史关系不大。牛顿勋爵（Lord Newton）的《兰斯多恩》（*Lansdowne*, 1929）提到了他的和平信件。查理斯·皮特里爵士（Sir Charles Petrie）写了两位统一党内的竞争对手：《沃尔特·朗》（*Walter Long*, 1936），主要讲党内活动，以及《奥斯丁·张伯伦》（*Austin Chamberlain*, 第二卷，1940），对第一次世界大战和其后的外交政策很重要。张伯伦自己的《这些年》（*Down the Years*, 1935）有点新东西。伦道夫·丘吉尔（Randolph Churchill）的《德比勋爵》（*Lord Derby*, 1959年）素材丰富，尤其是描写了劳合·乔治与各位将军之间的冲突，以及 1922 年回归政党政府的历史。儿子撰写（1959 年修订）的《伯肯黑德》（*Birkenhead*）较为平平。罗伯特·罗兹·詹姆斯（Robert Rhodes James）的《戴维森：一名保守党人的回忆录》（*F. C. C. Davidson: Memoirs of a Conservative*, 1969）对于总罢工和保守党内部运作的记录甚有价值，本书写作的时候传主的记忆力处于衰退中。埃默里（L. S. Amery）的自传《我的政治生涯》（*My Poliitical Life*, 1953）第二、三卷从他自己的日记中取材不少，为整个时期提供了有意义的材料。塞西尔子爵 [Viscount（Lord Robert）Cecil] 著有《伟大的尝试》（*A Great Experiment*, 1941），为国际联盟辩护，并写有自传《一路走来》（*All the Way*, 1949）。伊恩·科尔文（Ian Colvin, 1933）的《卡尔森》（*Carson*）和泰勒（H. A. Taylor）的《费克斯》（*Fix*, 1933）都不具备多少参考价值。

尤斯塔斯·珀西勋爵（Lord Eustace Percy，即纽卡斯尔的珀西勋爵）的《点滴记忆》（*Some Memories*, 1958），关于鲍德温和麦克唐纳的描述很有启发意义，教育方面的信息量很大。史温顿勋爵（Lord Swinton）的《我记得》

（*I remember*，1948）着重讲述了国民政府。达夫·库珀（Duff Cooper, Lord Norwich）的《年老易忘》（*Old Men Forget*, 1957）比大多数政治人物的自传更成功。很多人认为达夫·库珀很有魅力，但他作为部长却不算成功，原因可以在书中找到。哈利法克斯勋爵（原名爱德华·伍德，曾封欧文勋爵）的《充实的日子》（*Fulness of Days*, 1957）在外交事务方面信息量不大，不如改名叫《沉闷的日子》。伯肯黑德勋爵（Lord Birkenhead）的《哈利法克斯》（*Halifax*, 1965）对印度事务的历史描写还不错，除此之外无甚可圈可点之处。坦普莱伍德勋爵［Lord Templewood（Sir Samuel Hoare）］的《窘困的九年》（*Nine Troubled Years*, 1954）结合了自传和宣传功能，为绥靖政策辩护最力，也最为草率。1957年的《空中帝国》（*Empire of the Air*）也有此类双重功能，是重要的皇家空军历史书。R. A. 巴特勒（Lord Butler of Saffron Walden）的《可能性的艺术》（*The Art of the Possible*, 1971），淋漓辛辣。A. J. P. 泰勒的《比弗布鲁克》（*Beaverbrook*, 1972）难以归类。比弗布鲁克经常自称为记者，毫无疑问，他应该更愿意被列在报刊业。但在一生的大部分时间里，他是一个另类的保守主义者，也是除丘吉尔之外，唯一在两次世界大战中都担任内阁大臣的人。在二战期间的战时内阁，握有重权。因此把它列在此处。林德曼（F. Lindemann, Lord Cherwell）可以算得上是保守派，不过他进入政界是走后门的：哈罗德（R. F. Harrod）的《教授》（*The Prof*, 1959）主要呈现私人生活，伯肯黑德勋爵（Lord Birkenhead）的《两个世界中的教授》（*The Prof in Two Worlds*, 1961）呈现的则是公职生涯。格里格（P. J. Grigg）的《偏见与判断》（*Prejudice and Jundgment*）主要讲述了作者的文官生涯。J.W. 惠勒-贝内特的《约翰·安德森爵士》（*Sir John Anderson*, 即韦弗利勋爵, 1962）对爱尔兰、印度和二战非军事方面的描写，堪称一座里程碑。伍尔顿勋爵（Lord Woolton）的自传《回忆录》（*Memoirs*, 1959）记录了另一位战时入党的保守党员。J. A. 索尔特（Lord Salter）或许也属于这一类，其《政治中的人格》（*Personality in Politics*, 1947）和《公务员回忆录》（*Memoirs of a Public Servant*, 1961）暴露了他摇摆不定的立场。

自由党。爱德华·格雷爵士（Sir Edward Grey, 法洛登的格雷子爵）的《二十五年》（*Twenty Five Years*, 1925, 第二卷），虽然主要是关于外交事务的，但也有关于第一届联合政府垮台之前一般政治的叙述。格雷的文件已经散失，基思·罗宾斯（Keith Robbins）所著的《爱德华·格雷爵士》（*Sir Edward Grey*, 1971）在没有参考这些文件的情况下很好地完成了这部传记。塞缪尔勋爵［Lord（Sir Herbert）Samue］的《回忆录》（*Memoirs*, 1945），虽然挺薄，但对第一次世界大战的爆发、总罢工和国民政府作了重要的记录。西蒙勋爵［Lord（Sir John）Simon］的《回首》（*Retrospect*, 1952）只是记述了众人皆知的事实。费舍尔（H. A. L. Fisher）《未完成的自传》（*An Unfinished Autobiography*, 1940）发出了联合自由党人罕见的声音。史蒂芬·麦肯纳（Stephen McKenna）的《雷金纳德·麦肯纳》（*Reginald McKenna*, 1948）中，涉及关于第一届联合政府和战后第一届保守党政府的内容。明尼（R. J. Minney）的《霍尔-贝利沙的私人文件》（*The Private Papers of Hore-Belisha*, 1960）代表了国民自由党的声音，它对第二次世界大战爆发前后事件的记叙具有重要意义。《艾迪生子爵》（*Viscount Addison*, 1959）也是明尼的作品，传主既可以算作自由党人，也可以算作工党人士。无论如何，这部传记没有多大意思。毛里斯爵士（Sir F. Maurice）的《霍尔丹》（*Haldane*, 1929，第 2 卷）记录了另一位投奔工党的自由党人，书中有一些关于宪政问题和第一届工党政府的有趣材料。斯蒂芬·科斯（Stephen Koss）的《霍尔丹勋爵：自由主义的替罪羊》（*Lord Haldane: Scapegoat for Liberalism*, 1969）过于渲染霍尔丹的失败。

工党。即使在这个单调乏味的领域，大多数工党人士的回忆录也以平淡无奇闻名，最好略过。克里尼斯（J. R. Clynes）的《回忆录》（*Memoirs*, 2 卷，1937—1938）也不例外，但对于一战和两次大战之间的两届工党政府来说，这种记录是必要的。菲利普·斯诺登（Philip Snowden）的《自传》（*Autobiography*, 2 卷，1934）是一种心怀鬼胎的救赎，尤其是在第二届工党政府末期的问题上。玛丽 A. 汉密尔顿（Mary A. Hamilton）所著的《亚瑟·汉德森》（*Arthur Henderson*, 1938），虽然只是基于已发表的材料，却栩栩如生地刻画了一位工党关键人物。另一方面，雷蒙德·波斯特盖特（Raymond Postgate）的《乔治·兰斯伯里》（*George Lansbury*, 1951）并没有展现出左翼最杰出人物的独特品质。艾伦·布洛克（Alan Bullock）的作品《欧内斯特·贝文》（*Ernest Bevin*, 1960，卷一）描写了其作为工会领袖和工党成员的工作，非常重要，卷二（1967）以相当沉重的方式讲述了二战岁月。赫伯特·莫里森（Herbert Morrison）的《自传》（*Herbert Morrison: an Autobiography*, 1960）虽然行文谨小慎微，但却常常发人深省。托马斯（J. H. Thomas）的《我的故事》（*My Story*, 1937）对社会环境的描写颇有价值。托马斯·约翰斯顿（Thomas Johnston）的《回忆录》（*Memories*, 1952）主要是关于苏格兰的，涉及第二届工党政府。毫无疑问，乔西娅·韦奇伍德（Josiah Wedgwood）当然更希望自己因韦奇伍德（C. V. Wedgwood）的《最后的激进分子》（*The Last of the Radicals*, 1951）一书被历史铭记，而不仅仅是工党内阁成员。休·道尔顿的《回忆录》卷一《昨日重温》（*Call Back Yesterday*, 1953）和卷二《命运攸关的年头》（*The Fateful Years*, 1957）从政治的角度下笔，时间跨度从1924年至1945年，很大程度上是基于他的日记整理而成。书中介绍了很多轶事，其中一些是可靠的。科林·库克（Colin Cooke）的《斯塔福德·克里普斯》（*Stafford Cripps*, 1957）一书对社会主义者克里普斯的正面评价甚少，尽管关于二战的历史颇有价值。

无党派。有几位大臣的确属于这一类。史末资就是一个典型的代表。汉考克（W. K. Hancock）的《史末资：乐观岁月》（*Smuts: the Sanguine Years*, 1962）讲述了他在战时内阁任职的经历，没有公开违反当时有效的五十年保密原则。《史末资：武力领域》（*Smuts: the Fields of Force*, 1968）一书则主要涉及南非事务。基奇纳（Kitchener）也是远离政党政治的。乔治·阿瑟爵士（Sir George Arthur）的《生活》（*Life*, 卷三，1920）中有一些原始材料。菲利普·马格努斯（Philip Magnus）的《基奇纳》（*Kitchener*, 1958）中有更多的原始材料，勾勒了一个杰出但稍显冷漠的形象。有些人尽管并非大臣，但对政策影响巨大，值得在此列出。例如，亨利·克莱（Henry Clay）的《蒙塔库·诺曼》（*Montagu Normanan*, 1957），着眼于金融政策，描写了传主的公职生涯。安德鲁·博伊尔（Andrew Boyle, 1967）的同名作品则从心理研究的角度进行书写。J. R. M. 巴特勒（J. R. M. Butler）的《洛锡安勋爵》（*Lord Lothian*, 即Philip Kerr, 1960）突出了二战初期的绥靖与英美关系。此外，哈罗德（R. F. Harrod）的《约翰·梅纳德·凯恩斯》（*John Maynard Keynes*, 1951）突出了两次大战之间及二战期间的财政和经济政策。

英国史：1914—1945

其他传记

  这一节先讲后座议员，再讲议会外的重要政治人物。肯沃西（J. M. Kenworthy, Lord Strabolgi）的《舵手、政治家和他人》（Sailors, Statesman and Others，1932）对于第一次世界大战和其后工党政治的书写颇有价值。赛克斯（C. Sykes）的《南希》（Nancy，1972）对阿斯特夫人（Lady Astor）进行了成功的刻画，这部获奖传记的传主是第一位进入下议院的女性。玛丽·斯托克（Mary Stocks）所著的《埃莉诺·拉斯伯恩》（Eleanor Rathbone，1949）描绘了一位无党派女议员，她也是家庭津贴的主要倡导者。罗伯特·布斯比 [Robert (Lord) Boothby] 的《我为生存而战》（I Fight for Live，1947）是一位保守派背叛者的作品。另一位也曾改变过自己政见的人是哈罗德·麦克米伦，他出版了两本关于这一时期的自传：《变革之风》（Winds of Change，1966）和《战争爆发：1939—1945》（The Blast of War 1939—1945，1967）。奥斯瓦尔德·莫斯利的《我的一生》（My Life，1968）对劳工运动中的多年经历作了详细的记录，但对成为法西斯分子语焉不详。休·托马斯（Hugh Thomas）的《约翰·斯特雷奇》（John Strachey，1973）一书非常完整——从莫斯利的追随者到共产党同路人，再到战后的工党部长。布朗（J.Brown）的《至此为止……》（So Far...，1943）重点写了第二届工党政府，除此之外，他还主要关注政府中的工会事务。诺曼·安吉尔（Norman Angell）的《归根结底》（After All，1951）也提到第二届工党政府，但主要讲他作为国际联盟倡导者的工作。大卫·柯克伍德（David Kirkwood）的《我的反抗的一生》（My Life of Revolt，1935）和欣威尔（E.Shinwell）的《无恶意之冲突》（Conflict without Malice，1955）是克莱德人的回忆录，两书均不重要。露西·马斯特曼（Lucy Masterman）的《马斯特曼》（C. F. G. Masterman，1939）对第一次世界大战后的自由党有一定描写。朱利安·西蒙斯（Julian Symons）的《霍雷肖·博顿利》（Horatio Bottomley，1955）精彩地描写了这个时代最大的煽动家。玛丽·A.汉密尔顿（Mary A.Hamilton）的《铭记我的好朋友》（Remembering my Good Friends，1944）是一部引人入胜的工党回忆录。A.芬纳·布罗克韦（A. Fenner Brockway）的《左翼内幕》（Inside the Left，1942）对独立工党的历史很重要。他对乔维特（F. W. Jowett）一生的描写——《六十多年的社会主义》（Socialism over Sixty Years，1946），同样意义非凡。威廉·加拉赫（William Gallacher）是唯一一位写回忆录的共产党议员，但其作品比较平庸：《克莱德起义》(Revolt on the Clyde, 1936)和《滚滚雷震》(The Rolling of the Thunder, 1947)。迈克尔·富特(Michael Foot)所著的《安奈林·比万》(Aneurin Bevan, 1962，卷一)主要是一部论辩作品，落笔铿锵有力。《秘密之人汉基》(Hankey Man of Secrets, 1970—1973)作者为罗斯基尔(S. W. Roskill)，一共3卷，介绍了这位长期担任内阁秘书的人，从他的日记多有摘录——非常重要的资料。内阁副秘书汤姆·琼斯(Tom Jones)的日记也已出版：《白厅日记》(Whitehall Diary, 1969—1971)3卷，由米德尔马斯(R. K. Middlemas)编辑，此外还有《日记与书信》(Diary with Letters, 1954)。这也是宝贵的资料，同时具有谨慎和轻率的色彩。仅仅以汤姆·琼斯的评判去下定论是轻率的。枢密院秘书长阿尔梅里·费茨罗伊爵士(Sir Almeric Fitzroy)的《回忆录》(Memoirs，第二卷，1925)中有一些关于第一次世界大战的信息。阿萨·布里格斯(Asa Briggs, 1961)的《西博姆·朗特里》(Seebohm Rowntree)对福利工作和劳合·乔治的记叙很重要。《利物浦的萨尔维治》(Salvidge of Livepool, 1934)由斯坦利·萨尔维治(Stanley Salvidge)写就，对了解劳时代的工会事务颇为有用。西特林勋爵[Lord (Sir Walter) Citrine]根据自己的日记写了两本书，讲述了他在工会运动中的岁月：《人与工作》(Men and Work, 1964)和《两项事业》(Two Careers, 1967)。《比阿特丽斯·韦伯日记：1912—1924》(The Diaries of Beatrice Webb 1912—1924, 1952)和《1924—1932》(1967)由柯尔(M. I. Cole)编辑，以一种居高临下的视角介绍了工党事务。凯蒂·马格里奇(Kitty Muggeridge)和露丝·亚当(Ruth Adam)的作品《比阿特丽斯·韦伯》(Beatrice Webb)刻画的主要是私人生活。金斯利·马丁(Kingsley Martin)所作的《哈罗德·拉斯基》(Harold Laski, 1953)和玛格丽特·柯尔(Margaret Cole)所作的《柯尔》(G. D. H. Cole, 1971)，介绍了这一时期两位杰出的工党知识分子。马维克(A. Marwick)的《克利福德·艾伦》(Clifford Allen, 1964)描述了一位独立工党重要成员如何成为一名绥靖者。利德尔·哈特(B. H. Liddell Hart)的两卷本《回忆录》(Memoirs, 1965)描述了他为推动英国陆军现代化并影响英国战略所付出的努力。《哈罗德·尼科尔森的日记1930—1939》(The Diaries of Harold Nicolson 1930—1939, 1966)和《1939—1945》(The Diaries 1939—1945, 1967)展现了一个成功人士，后来逐渐变得怨天尤人。罗伯特·罗德·詹姆斯(Robert Rhodes James)编辑的《"薯条"：亨利·钱农爵士日记》(*Chips:the Diary of Sir Henry Channon*, 1967) 在这一时期的政治日记中独占鳌头。所有优秀日记的书写者都应不耻于承认自己的缺点，这部日记便是如此，它完美地再现了 20 世纪 30 年代的大环境。

共产党人的回忆录启发意义不大，这一点从哈里·波立特（Harry Pollitt）的《献身于时代》(*Serving My Time*) 一书便能得见。波立特在这一时期长期担任共产党的领导人。《新视野》(*New Horizons*, 1942) 的作者为墨菲（J. T. Murphy），后来退出共产党，该书内容空洞无味。克劳德·考克伯恩（Claud Cockburn）的两本书《在困境中》(*In Time of Trouble*, 1956) 和《越线》(*Crossing the Line*, 1958) 是这方面的最佳作品，作者曾退出共产党但未成为反共分子。帕特里夏·考克伯恩（Patricia Cockburn）1968 年出版的《星期周刊的岁月》(*The Years of the Week*) 是对她丈夫的自传的补充。

其他传记和回忆录列在关于两次世界大战、爱尔兰、外交政策和报刊业的讨论之下，还有一些列在社会和文学史名下。

第一次世界大战

官方历史是第一手资料。事件可以在《大事记》(*Principal Events*, 1922) 中找到，数据可以在《大英帝国军事力量统计数据》(*Statistics of The Military Effort of the British Empire*, 1922) 中查询。这些历史作品虽然是在内阁办公厅主持下撰写的，但却受到有关军事部门的密切控制，有时让各位作者苦恼不已。海军和空军的历史尤其如此。例如，在朱利安·科贝特爵士（Sir Julian Corbett）和亨利·纽博尔特爵士（Sir Henry Newbolt）的作品《海军行动》(*Naval Operations*, 5 卷, 1950—1951) 中，未能对日德兰海战或反潜战作出客观的描述。海军部的内部争斗现在可以在海军档案学会最近的出版物中看到。两卷本的《费利科文件：1893—1935》(*The Fellicoe Papers, 1893—1935*, 1966—1968), 2 卷，由坦普尔·帕特森（Temple Patterson）编辑，收有一份由海军少将哈珀（Harper）撰写的描述比蒂（Beatty）篡改日德兰海战《记录》的证明书。比蒂自己的版本即将（可能是 1973 年）在《比蒂文件》(*The Beatty Papers*) 中看到（卷一, 1908—1916），由巴恩斯（A. J. L. Barnes）和厄斯金

（D. Erskine）担任编辑。卢比（E. W. R. Lumby）编辑的《地中海政策与行动》（*Policy and Operations in the Mediterranean*，1912—1914，1970）打破了禁止公布军事法庭案件的"百年"规则，并记载了"格本"号（Goeben）和"布雷斯劳"号（Breslau）逃离事件后对特鲁布里奇（Troubridge）上将的诉讼全文。罗斯克尔（S. W. Roskill）编辑的《海军航空兵相关文件》（*Documents relating to the Naval Air Service*，1969）的第一卷（1908—1918）也很有价值。

类似地，沃尔特·罗利爵士（Sir Walter Raleigh）和约翰（H. A. Jones）的《空中之战》（*The War in the Air*，6卷，1922—1937），在鼓吹独立的空军力量和战略轰炸方面，继承了特伦查德（Trenchard）的主张。陆军史学家的书写空间更为自由。特别是阿斯皮诺—奥格兰德（C. F. Aspinall-Oglander）的《加利波利》（*Gallipoli*），2卷（1929—1932），是一部最为完善和独立的作品，后来对此战役的所有描述主要取材于此书。詹姆斯·埃德蒙兹爵士（Sir James Edmonds）等人的《法国和比利时》（*France and Belgium*，14卷，1922—1948）也是一项非凡的成就，不过有些许不足之处。工程师出身的军官埃德蒙兹起初对大多数英国将军持质疑态度。后来，他陷入与丘吉尔和劳合·乔治的论战中，他试图修正德国的伤亡人数，成为一种妄想。[1] 其他的军事史著作包括霍尔登（C. Hordern）所著的《东非》（*East Africa*，仅第1卷，1941）；麦克芒恩爵士（Sir G. Macmunn）与福尔斯（C. Falls）所著的《埃及和巴勒斯坦》（*Egypt and Palestine*），2卷（1928—1930）；埃德蒙兹爵士等人的《意大利》（*Italy*，1949）；西里尔·福尔斯（Cyril Falls）的《马其顿》（*Macedonia*），2卷（1933—1935）；莫伯利（F. Moberley）的《美索不达米亚》（*Mesopotamia*），4卷（1923—1927）；莫伯利的《多哥兰和喀麦隆》（*Togoland and the Cameroons*，1931）。几乎每一卷的案例都配有地图。战争的战略指导问题没有引起官方历史学家的注意，只有两个例外：阿斯皮纳尔—奥格兰德充分利用了达达尼尔海峡委员会的报告；埃德蒙兹则讨论了战略问题，尽管只涉及西线。其他官方历史著作还有亨尼克（A. M. Henniker）的《西线运输》（*Transportation on the Western Front*，1937）；赫德爵士（Sir A. Hurd）的《为商船护航的海军》（*The*

---

[1] 埃德蒙兹在每卷中都附有勘误表，对前几卷中的一些数字作小的调整。除非有心的图书馆员把这些勘误表粘好，否则这套丛书就是不完整的。只有第一卷出了修订版（1933）。

Merchant Navy），3 卷（1921—1929）；费尔（C. A. Fayle）的《海运贸易》（*Seaborne Trade*），2 卷（1920—1924）。顺便说一下，所有的官方历史著作都已经绝版了。

普通研究人员对两次世界大战的医学史不感兴趣。有些方面的历史是保密的。1959 年，戴维斯（H. W. C. Davis）的《封锁史》（*A History of the Blockade*, 1920）公开发行；1961 年，贝尔（A. C. Bell）的《同盟国的封锁：1914—1918》（*The Blockade of the Central Powers 1914—1918*, 1937）发行。《军需部的历史》（*The History of the Ministry of Munitions*, 二卷，1920—1924）虽然从未公开出版，但被送给一些公共图书馆和大学图书馆，现在可以查到。除此之外，在第一次世界大战期间，似乎没有哪个非军事部门编纂过本部门的历史，[1] 我们不得不依靠卡内基基金会出版的丛书。这些书虽然是独立创作的，但也具有某种官方性质。大多数作者曾经在有关部门工作，其他作者无论如何也与某个部门密切相关。

这套丛书包括两本导读指南：费利耶（J. A.Fairlie）的《英国战时管理》（*British War Administration*, 1919）和迪尔（N. B. Dealle）的《战时官方组织词典》（*Dictionary of Offical War-Time Organization*, 1928），他还出版了一册统计资料：《英国第一次世界大战的劳动力成本》（*The Labour Cost of the Great War to Great Britain*, 1940）。其他最重要和最具启发意义的是贝弗里奇（W. H. Beveridge）的《英国食品控制》（*British Food Control*, 1928）；柯尔的《工会和军需》（*Trade Unions and Munitions*, 1923）；《车间组织》（*Workshop Organizations*, 1923）；福伊尔（C. E. Fayle）《战争和航运业》（*The War and the Shipping Industry*, 1927）；劳埃德（E. M. H. Lloyd）的《国家控制试验》（*Experiments in State Control*, 1924）——此书涉及面尤其广泛；米德尔顿（T. H. Middleton）的《战时粮食生产》（*Food Production in War*, 1923）；斯坦普（J. Stamp）的《战时税收》（*Taxation during the War*, 1932）；索尔特（J. A. Salter）的《联合航运控制》（*Allied Shipping Control*, 1921）；亨德森（H. D. Henderson）的《棉花控制委员会》（*The Cotton Control Board*, 1922）；亨伯特·沃尔夫（Humbert Wolfe）的《劳动供给与监管》（*Labour Supply and*

---

[1] 二战官方史粮食卷提及一战粮食部的内幕历史，后者藏于贸易部。它可能是卡内基系列贝弗里奇卷的扩充版。

Regulation, 1923）；G. D. H. 柯尔的《煤炭工业劳动力》（*Labour in the Coal-Mining Industry*, 1923）。编辑赫斯特（F. W. Hirst）撰写了总卷《战争对英国的后果》（*The Consequences of the War to Great Britain*, 1934）。赫斯特是一位激进的反战个人主义者，对战争本身及其后果均没有好感。卡内基丛书计划出版一本关于战争的集中管制的书，但没有写成，战时内阁因此摆脱了历史学家的审视——第二次世界大战中也是一样。我们只好将就着参看两份《战时内阁报告》（*Reports of the War Cabinet*, 1917 和 1918 年）和汉基（Hankey）的演讲《战时的政府控制》（*Government Control in War*, 1945）。除了卡内基丛书之外，可参考的书目还有普拉特（E. A. Pratt）的《英国铁路与大战》（*British Railways and the Great War*, 1921）和雷德梅恩（R. A. S. Redmayne）的《战时的英国煤炭工业》（*British Coal Mining Industry during the War*, 1923）。

西里尔·福尔斯（Cyril Falls）的《战争之书》（*War Books*, 1930）是对 1930 年之前出版的最重要书籍的注释性指南，但其评论夹带个人偏见。卡梅伦·黑兹赫斯特（Cameron Hazlehurst）正在撰写战时英国政治史，第一卷是《战时政治家：1914 年 7 月至 1915 年 5 月》（*Politicians at War, July 1914 to May 1915*, 1917），书中收录了来自私人文件的许多新材料，书中有些观点颇为牵强。《大不列颠与 1914 年战争》（*Great Britain ad the War of 1914*, 1967），作者为伍德沃德（E. L. Woodward），这是一项大规模的军事和政治研究，作者对最新的研究并不了解，其中自传性质的篇章是出类拔萃的。除了这些书，政治领域的通史还有钱伯斯（F.P.Chambers）的《战争背后的战争》（*The War Behind the War*, 1939）中英国相关的章节，以及他的《第一次世界大战中的政治》（*Politics in the First World War*），根据 1959 年的罗利讲座整理出版而成，后收入 A. J. P. 泰勒编辑的《战争时期的政治》（*Politics in Wartime*, 1964）。在非军事和经济方面有一本优秀的著作：赫维兹（S. J. Hurwitz）的《英国的国家干预》（*State Intervention in Great Britain 1914—1919*, 1949）。亚瑟·马威克则在《大洪流》一书中分析了战争的社会影响。

在这方面，丘吉尔是第一位出版著作的政治人物，创作了《世界危机》，5 卷（1923—1929）。劳合·乔治随后出版了《战争回忆录》，6 卷（1933—1936）。其他回忆录主要是政治性的，包括：海温（W. A. S. Hewins）的《帝国主义者的辩解》（*Apologia of an Imperialist*），卷 2（1929），作者曾是工会后座议员。克里斯托弗·艾迪生（Christopher Addison）的《政治内幕》(*Politics from Within*, 2卷, 1924) 和《四年半》(*Four and a Half Years*, 2卷, 1934)，作者为劳合·乔治在自由党内的主要拥护者。里德尔勋爵（Lord Riddell）的《战争日记》(*War Diary*) 和《和平会议及之后的私密日记》(*Intimate Diary of the Peace Conference and After*)，作者为报业大亨，与劳合·乔治私交甚好。桑德赫斯特勋爵（Lord Sandhurst）的《日复一日》(*From Day to Day 1914—1921*)，2卷（1928—1929）。C. à. C. 雷平顿（C. à. C. Repington）的《第一次世界大战》(*The First World War*)，2卷（1920），作者先后为《泰晤士报》和《晨报》的军事记者。麦克多纳（M. MacDonagh）的《战时在伦敦》(*In London during the War*, 1935)，作者为《泰晤士报》记者。约瑟夫·戴维斯（Joseph Davies）的《首相秘书处》(*The Prime Minister's Secretariat*, 1951)——他曾为劳合·乔治的私人秘书之一。埃舍尔勋爵（Lord Esher）的《日记和信件》(*Journals and Letters*)，第四卷（1938）——埃舍尔是位幕后的权臣。汉基勋爵 [Lord (Sir Maurice) Hankey] 的《最高统帅》(*The Supreme Command 1914—1918*)，2卷（1961），综合了当时的档案与事后的评论，虽然洋洋洒洒，但透露的信息甚少。后来的《最高指挥》(*The Supreme Control*, 1963) 对和会的组织进行了简要介绍，但同样建树甚微，且更为沉闷。高林（A. M. Gollin）的《政治中的总督》(*Proconsul in Politics*, 1964)，对米尔纳在战争中的角色解读尤为重要。比弗布鲁克勋爵（Lord Beaverbrook）所著的《政治家与战争》(*Politicians and the War*, 2卷, 1928—) 比以上作品都更为杰出，这是一部结合了内幕信息和个人理解的政治战争记述。《人与权力：1917—1918》(*Men and Power 1917—1918*, 1956) 引用的原始材料更多，但它也许夸大了劳合·乔治与各位将军之间斗争的激烈程度，也更夸大了劳合·乔治与国王之间的争执。然而，比弗布鲁克的版本已经在那个时代的历史上打下永久的烙印。对于劳合·乔治权力巅峰时期的最佳描述，或许要属阿诺德·贝内特（Arnold Bennett）的小说《雷戈勋爵》(*Lord Raingo*, 1926) 了。[1]

格雷厄姆（J. W. Graham）的《征兵与良知》(*Conscription and Conscience*, 1922) 对出于自己的内心拒服兵役者进行了基于党派立场的描述。约翰·雷的

---

[1] 雷戈勋爵第一次出席上议院的情景描述，依据比弗布鲁克向贝内特介绍的自身经历。雷戈的私人生活也依据某位战时大臣的经历（不是劳合·乔治或比弗布鲁克）。

(John Rae)《良知与政治》(*Conscience and Politics*, 1970)的剖析则更为客观、冷峻。

在战争的军事史方面，也没有针对英国的专门著作，我们只能使用通史。克鲁特韦尔（C. R. M. F. Cruttwell）所著的《大战史》(*A History of the Great War*, 1936)可能仍是最好的一部。以后的书包括詹姆斯·埃德蒙兹爵士（Sir James Edmonds, 1951）的《第一次世界大战简史》(*A Short History of World War*, 1951)——这是他的官方史学作品的精华——以及西里尔·福尔斯（Cyril Falls）的《第一次世界大战》(*The First World War*, 1960)，他也从事官方史学研究。B. H. 利德尔·哈特（B. H. Liddell Hart）的各类作品更具启发性，也更具争议性，特别是《真实战争》(*The Real War*, 1930)和《战争大纲》(*The War in Outline*, 1936)。有一本关于海战的著作尤为出色：《从无畏舰到斯卡珀湾》(*From the Dreadnought to Scapa Flow*，第二至五卷，1965—1970)，作者是马德（A. J. Marder）。本书对相关主题的研究可以称为定论，这是难能可贵的。不过，它或许有一点不足：马德未能看到山的另一边，没有讲述德国方面的情况。詹姆斯（R. R. James）的《加里波利》(*Gallipoli*, 1965)一书对军事和政治混乱进行了全面的研究。遗憾的是，詹姆斯在五十年规则结束前写了这本书，虽然他有权看到官方档案，但未作引证。不过，对于同一历史事件，卡萨尔（G. H. Cassar）的《法国和达达尼尔》(*The French and the Dardanelles*, 1971)展现了新的视角。古恩（P. Guinn）的《英国战略与政治》(*British Strategy and Politics*, 1965)一书作为开拓性的尝试非常出色，但档案开放后还需要进行大幅修订。

在指挥官中，约翰·弗伦奇爵士（Sir John French, earl of Ypres）是第一个出书的，名为《1914》(*1914*, 1919)，但他因此书而受到国王的谴责。达夫·库珀两卷本的《黑格》(*Haig*, 1936)不乏吹捧之词。罗伯特·布莱克（Robert Blake）编写的《道格拉斯·黑格的私人文件》(*The Private Papers of Douglas Haig*, 1953)对他就不那么有利了。约翰·特里安（John Terraine）的《黑格：一名受过教育的士兵》(*Haig, the Educated Soldier*, 2卷, 1936)是一部辩护作品，书名改为"一名受过教育的朝臣"也许更合适。威廉·罗伯逊爵士（Sir William Robertson）在《士兵与政治家》(*Soldiers and Statesmen*, 2卷, 1926)一书落笔有神，为自己进行辩护。维克多·邦汉－卡特（Victor

Bonham-Carter)的《士兵真相》(*Soldier True*, 1963)引用了更多的信件,强化了这种辩护。卡维尔(C. E. Callwell)的著作《亨利·威尔逊爵士:生活与日记》(*Sir Henry Wilson, Life and Diaries*, 2卷, 1927)对军事和政治事务的叙述都能给人深刻的启示。伊恩·汉密尔顿爵士(Sir Ian Hamilton)在《加里波利日记》(*Gallipoli Diary*, 2卷, 1920)中展现了豪爽的性格。高夫(Gough)也在《第五集团军》(*The Fifth Army*, 1931)中为自己辩护。雷金纳德·培根爵士(Sir Reginald Bacon)的《费利科》(*Fellicoe*, 1936)和查尔默斯(W. S. Chalmers)的《比蒂》(*Beatty*, 1953)描写了传主的一生。安德鲁·博伊尔(Andrew Boyle)的《特伦查德》(*Trenchard*, 1962)不仅对独立空军崛起的历史具有重大价值,而且对特伦查德在1919年至1929年间担任空军参谋长的独特影响力也作了挖掘。其他将军和海军上将的传记和回忆录还有很多,不胜枚举。

斯皮尔斯(E. L. Spears)有两部精彩绝伦的著作。一部是《联络1914》(*Liaison 1914*, 1930),记录了战时最初几个月法国的情况;另一部是《胜利的前奏》(*Prelude to Victory*, 1939),是关于尼维勒短期指挥的情况的。斯皮尔斯和丘吉尔是唯一对两次世界大战均出版了具有文学和历史价值的著作的人。巴克尔-卡尔(C. D. Baker-Carr)的《从司机到陆军准将》(*From Chauffeur to Brigadier*, 1930)讲述了一名坦克军官的烦恼。杜凯恩(J. P. Du Cane)所著的《福煦元帅》(*Marshal Foch*, 1920)是英国驻最高司令部联络官的个人叙述,引用了一些鲜为人知的文件。在马德(A. J. Marder)编写的《费舍尔的书信》(*Fisher's Correspondence*, 卷三, 1959)中,有大量可谓疯狂的文件。艾恩赛德勋爵(Lord Ironside)的《大天使》(*Archangel 1918—1919*, 1953),讲述了一场被遗忘的战役。弗雷德里克·莫里斯爵士(Sir Frederick Maurice)的《联军合作的经验教训》(*Lessons of Allied Co-operation 1914—1918*, 1942),简要地阐明了一个被忽视的问题。关于各类大小战斗和战役的通俗作品数不胜数,此处只能略过。有几部例外值得一提:特伦布尔·希金斯的(Trumbull Higgins)的《丘吉尔和达达尼尔》(*Churchill and Dardanelles*, 1964)令人遗憾地揭示了责任并不全在丘吉尔;法拉赫-霍克利(A. H. Farrar-Hockley)的《索姆河战役》(*The Battle of the Somme*, 1964);利昂·沃尔夫(Leon Wolff)的《在弗兰德斯战场》(*In Flanders Fields*, 1959)是非常公正的记录1917年战役的优秀作品。

英国的战时生活在如下作品中得以呈现：斯蒂芬·麦肯纳（Stephen McKenna）的《我记得》(*While I Remember*, 1922)，皮尔夫人（Mrs.C. S. Peel）的《当时我们何以生活》(*How We Lived Then*, 1929)，西尔维娅·潘克赫斯特（Sylvia Pankhurst）的《国内阵线》(*The Home Front*, 1932)，普莱恩（C. E. Playne）的《战时社会》(*Society at War*)和《英国的坚守》(*Britain Holds On*, 1931—1933)。有一本饶有趣味的私人信件选集，由珀德姆（C. B. Purdom）编写，名为《战争中的普通人》(*Everyman at War*, 1930)。还有一部当代小说也可谓是有价值的历史文献：威尔斯（H. G. Wells）的《布里特林先生看穿了它》(*Mr. Britling Sees It Through*, 1916)。战争诗歌也多为当代作品，并被列为重要的历史资料。对历史学家来说，最具价值的是鲁伯特·布鲁克（Rupert Brooke）、查尔斯·索利（Charles Sorley）、西格里夫·萨松、艾萨克·罗森伯格、罗伯特·格雷夫斯和威尔弗雷德·欧文的作品。帕森斯（I. M. Parsons）的作品《行军之人》(*Men Who March Away*, 1965)是一战诗歌选集。约翰·布罗菲（John Brophy）和埃里克·帕特里奇（Eric Partridge）的《漫长旅程》(*The Long Trail*, 1965)汇集了一战士兵的歌曲和俚语，可惜文字上作了删节净化。倘若再参考一张唱片档案，研究者将受益匪浅——《喔！多可爱的战争》(*Oh! What a Lovely War*, 1963)，这是一部舞台剧，而不是电影。以后所出的回忆录和小说的写作时间较晚，不算第一手资料。我选择了几本列举如下，主要是基于当时的影响力：C. E. 蒙塔古的《觉醒》(*Disenchantment*, 1922)，尽管风格有些矫揉造作；埃德蒙·布伦登的《战争的弦外之音》(*Undertones of War*, 1928)；罗伯特·格雷夫斯的《挥别所有》(*Goodbye to All That*, 1929)；西格里夫·萨松的《一名陆军军官的回忆录》(*Memoirs of an Infantry Officer*, 1930)；理查德·奥尔丁顿（Richard Aldington）的《英雄之死》(*Death of a Hero*, 1930)；士兵19022号（即弗雷德里克·曼宁，Frederic Manning）的《我们是在她的私处》(*Her Privates We*, 1930)——未删节的2卷本名为《幸运的中部》(*The Middle Parts of Fortune*)；莫特拉姆（R. H. Mottram）的《西班牙农场三部曲》(*Spanish Farm Trilogy*, 1927)；福特·马多克斯·福特（Ford Madox Ford）的《一些人不》(*Some Do Not*, 1924)、《别再游行》(*No More Parades*, 1925)、《一个人能站起来》(*A Man Could Stand up*, 1926)、《熄灯号》

(*Last Post*, 1928); 谢里夫(R. C. Sherriff)的《旅途终结》(*Journey's End*, 1928),这是一部戏剧;弗兰克·理查兹(Frank Richards)的《永不辞世的老兵》(*Old Soldiers Never Die*, 1933);大卫·琼斯(David Jones)的《插话》(*In Parenthesis*, 1937),是一本散文狂想曲。劳伦斯(T. E. Lawrence)的《智慧的七大支柱》(*Seven Pillars of Wisdom*, 1926)表面上是关于阿拉伯起义的。毫无疑问,这里给出的书目有随意性,不能保证完全公平。

政 治

概 论

有很多关于公共事务的书,过去被称为宪政史。作者多为学术意义上的政治学权威,因此,他们的研究方法与历史学家的大不相同,后者对人的兴趣超过对制度的兴趣。本套丛书的前面几卷列出了一些老的作品。斯迈利(K. B. Smellie)的《百年英国政府》(*A Hundred Years of English Government*, 1950年第二版),现在更新到了1945年,更强调行政发展。W.艾弗·詹宁斯(W. Ivor Jennings)的《内阁政府》(*Cabinet Gobermnent*, 1959年第三版)和《议会》(*Parliament*, 1957)将历史与描述结合了起来。最新的作品是麦金托什(J. P. Mackintosh)的《英国内阁》(*The British Cabinet*, 1962),其中近一半是1914年后的内容。两位政治家表达了他们的基本观点:埃默里(L. S. Amery)《对宪政的思考》(*Thoughts on the Constitution*, 1947),以及赫伯特·莫里森(Herbert Morrison)的《政府与议会》(*Government and Parliament*, 1954)。吉尔伯特·坎皮恩爵士(Sir Gilbert Campion)主编的《1918年以来的英国政府》(*British Government since 1918*, 1950)是一部弥足珍贵的文集。威尔逊(F. M. G. Willson)著、切斯特(D.N.Chester)编辑的《英国中央政府组织》(*The Organization of British Central Government 1914—1956*, 1956)是一份不可或缺的研究,以诸多内部信息为基础。书中有一份年表,标注了各部门成立的时间及其职能变化。约翰逊(F. A. Johnson)的《委员会的国防工作》(*Defence by Committee*, 1960)对帝国防务委员会多溢美之词。莫斯利(R. K. Mosley)写了一本简明的《内阁办公厅的故事》(*Story of the Cabinet Office*, 1969)。查尔斯·佩特里爵士（Sir Charles Petrie）的《首相背后的权力》（*The Powers behind the Prime Ministers*, 1959）和约翰·艾尔曼（John Ehrman）的《内阁政府与战争》（*Cabinet Government and War 1890—1940*, 1958）也是很有用的学习材料。

《选举制度》（*The Electoral System 1918—1962*, 1963）的作者为巴特勒（D. E. Butler），简要介绍了选举法和每一次大选。罗斯（J. F. S. Ross）的《代议制》（*Parliamentary Representation*, 1948年第二版）分析了下院议员的年龄、职业和收入等信息，主张实行比例代表制。《上议院和当代政治》（*The House of Lords and Contemporary 1919—1957*, 1958）一书持正面立场，是布罗姆黑德（P. A. Bromhead）的作品。麦肯齐（R. T. McKenzie）的《英国政党》（*British Political Parties*，第二版，1963）在其观点评论中过于自信。拉姆斯登（J.Ramsden）和库克（C. Cook）编写了《英国政治中的补选》（*By-Elections in British Politics*, 1973）。关于各党的历史，罗伯特·布莱克（Robert Blake）在《从皮尔到丘吉尔的保守党》（*Conservative Party from Peel to Churchill*, 1970）一书中，对该党进行了简要而饶有趣味的介绍。罗伊·道格拉斯（Roy Douglas）在《自由党史》（*History of the Liberal Party 1895—1970*, 1971）一书中暗示，这个老党依旧充满生机。特雷弗·威尔逊（Trevor Wilson）的《自由党的式微》（*The Downfall of the Labour Party*, 1966）开篇似乎认为一切责任在于劳合·乔治，不过书到中途，改变了原来的意见。对于工党来说，《年度会议报告》（*Annual Conference Reports*）是最基本的资料。G. D. H. 柯尔的《1914年以来的工党史》（*A History of the Labour Party from 1914*, 1948）作了最完整的叙述，略具自传色彩。《工党简史》（*Short History of the Labour Party*, 1961）的作者为佩林（H. Pelling），这本书要薄一些，谈到的时段也离我们更近。关于小党，佩林的《共产党》（*The Communist Party*, 1958）尽管只是概述，但精练周到。肯德尔（W.Kendall）在《英国的革命运动》（*The Revolutionary Movement in Britain*, 1967）中将失败归咎于莫斯科。马丁（R. Martin）的《共产主义与英国工会》（*Communism and the British Trade Unions 1924—1933*, 1967）是对"少数派运动"的记录。麦克法兰（L. J. Macfarlane）的《英国共产党》（*The British Communist Party*, 1966）和米德尔马斯（R. K. Middlemas）的《克莱德人》（*The Clydesiders*, 1965）都是常规研究。道斯（R.E.Dowse）的《中央左翼》

(*Left in the Centre*, 1966）对独立工党作了出色的研究。科林·克罗斯（Colin Cross）的《法西斯主义在英国》（*The Fascists in Britain*, 1961）是一本不错的通俗读物。

摩西·阿布拉莫维茨（Moses Abramovitz）和维拉·埃利亚斯伯格（Vera Eliasberg）的《英国公共就业的增长》（*Growth of Public Employment*, 1957）提供了大量的统计信息。凯尔索尔（R. K. Kelsall）的《高级公务员》（*Higher Civil Servants*, 1955）讨论了他们的教育背景和阶级背景。斯梅利（K. B. Smellie）著有《地方政府史》（*History of Local Government*, 1958年第3版）。国防政策近来引起了人们的注意。S. K. 罗斯基尔的《两次世界大战之间的英国海军政策》（*British Naval Policy between the Wars*），第一卷包含1919—1929年的内容，第二卷即将出版，这是一项非常专业的研究。罗宾·海厄姆（Robin Higham）所著的《和平时期的英国军队》（*Armed Forces in Peacetime Britain, 1918—1940*, 1962）可能需要根据档案再进行修订。彼得·丹尼斯（Peter Dennis）的《默认决定》（*Decision by Default*, 1972）解释了在和平时期不采用征兵制的原因。《欧洲大陆的承诺》（*The Continental Commitment*, 1972）一书的作者是迈克尔·霍华德（Michael Howard），讨论了英国历届政府为何把法国的独立视为一项根本利益，不过并没有解决这个问题。

专题方面也有一些有用的著作。阿米蒂奇（S. Armitage）著有《取消工业控制的政治》（*The Politics of Decontrol of Industry*, 1969），对英国和美国的发展作了对比。约翰逊（P. B. Johnson）的《适合英雄们居住的国家》（*Land Fit for Heroes*, 1968）正面介绍了重建规划。比弗布鲁克的最后一本书《劳合·乔治的衰亡》（*The Decline and Fall of Lloyd George*, 1963）叙述得跌宕起伏，他的式微写得与他的崛起一样引人注目。这本书里有许多原始材料，文学色彩强。莫里斯·考林（Maurice Cowling）的《工党的影响》（*The Impact of Labour*, 1971）一书有力地论述了一战后英国政治围绕着如何将工党拒之门外运作。如果是这样的话，政客们要感到失望了，赖曼（R. W. Lyman）的《第一届工党政府》（*The First Labour Government*, 1957）即为见证，是一本颇具参考价值的著作。《季诺维也夫来信》（*The Zinoviev Letter*, 1967）由切斯特（L. Chester, 1967）等人整理而成，介绍了迄今揭示的所有真相。莫格里奇（D. E. Moggridge）在《1925年金本位制的回归》（*The Return to Gold 1925*, 1969）中分析了各种论点。

朱利安·西蒙斯（Julian Symons）的《总罢工》（*The General Strike*, 1957）是一部生动的作品，依据一些参与罢工的人们提供的信息写成。克鲁克（W. H. Crook, 1931）的《总罢工》（*The General Strike*, 1931）创作时间更早，至今仍有价值。乔治·格拉斯哥（George Glasgow）的《大罢工与公路运输》（*General Strike and Road Transport*, 1926）一书中也有重要信息。斯基德尔斯基（R. Skidelsky）为1931年的危机刻画了背景：《政治家与大萧条：1929—1931年的工党政府》（*Politicians and the Slump: The Labour Government of 1929—1931*, 1967）。巴塞特（R. Bassett）的《1931年：政治危机》（*Nineteen Thirty-one: Political Crisis*, 1958）一书中的分析不厌其详，作者是支持麦克唐纳的工党候选人。《因弗戈登兵变》（*The Mutiny at Invergordon*, 1937）的作者爱德华兹（K. Edwards）是兵变的参与者。迪万（D. Divine, 1970）在《因弗戈登兵变》（*Mutiny at Invergordon*, 1970）一书中，根据海军部文件解读了这一处置不当的事件。关于经济和财政政策的争论占据了20世纪30年代早期的大部分时间，我把它们归于经济史名下，尽管这样做或许不合逻辑。布莱恩·英格利斯（Brian Inglis）的《退位》（*The Abdication*, 1966），对退位事件作了详细的研究。比弗布鲁克《爱德华八世的退位》（*The Abdication of King Edward VIII*, 1966）的叙述则更为私人化，由A. J. P. 泰勒编辑。《1945年的英国大选》（*The British General Election of 1945*, 1946）由麦卡勒姆（R. B. McCallum）和雷德曼（A. Readman）合著，开启了书写当下历史之先河。

爱尔兰问题

关于这个问题，我只列出与英国历史有关的部分，当然大多数书不会局限于英国。有两本重要的通史类著作。里昂（F. S. L. Lyons）的《大饥荒以来的爱尔兰》（*Ireland since the Famine*, 1971）是一流的历史著作，出类拔萃。基（R. Kee）的《绿旗》（*The Green Flag*, 1972）是一部引人入胜的爱尔兰民族主义历史，尽管有些观点推测成分居多。在传记中，斯蒂芬·格温（Stephen Gwynn）的《约翰·雷蒙德最后的时光》（*John Redmond's Last Years*, 1919）借鉴了雷蒙德保存的档案，尤其是1916和1917年谈判期间的存档。格温（D. Gwynn）的《雷德蒙》（*Redmond*, 1932）补充了更多细节。F. S. L. 里昂所著的《约翰·狄龙》(*John Dillon*, 1968)精彩地讲述了爱尔兰民族党的苦痛毁灭史。布莱恩·英格利斯(Brian Inglis)的《罗杰·凯斯门特》(*Roger Casement*, 1973)最终证明了这个被诽谤的人是正确的,该书并未重视他的日记。《回忆爱尔兰战争》(*Recollections of the Irish War*, 1927)的作者是达雷尔·菲吉斯(Darell Figgis),这是一本颇有意义的书,尽管其内容并非全然可靠。《永远的爱尔兰》(*Ireland for Ever*, 1932)为克罗齐尔(F. P. Crozier)所著,他是一位反对镇压的英国军官。《克雷加文》(*Craigavon*, 1949)的作者是圣·约翰·欧文(St. John Ervine),传主是一位阿尔斯特统一党人。《记录和反应》(*Records and Reactions 1856—1939*, 1939)的作者是米德尔顿勋爵(Lord Midleton),一位南方统一党人。麦克里迪(N. Macready)创作了《从军编年史》(*Annals of an Active Life*, 1924),他曾任驻爱尔兰英军总司令。《迈克尔·柯林斯:迷失的领袖》(*Michael Collins: the Lost Leader*, 1971)生动地刻画了传主,作者为弗雷斯特(M. Freester)。《德瓦莱拉》(*De Valera*, 1970)的作者为朗福德勋爵(Lord Longford)和奥尼尔(T. P. O'Neill),这部大型传记巧妙地回避了许多尴尬的话题。

其余次要作品中,麦克道尔(R. B. McDowell)的《爱尔兰会议》(*The Irish Convention*, 1970)为错失的历史机会而哀叹。埃德加·霍尔特(Edgar Holt)的《武装反抗》(*Protest in Arms*, 1960)是对动乱的最佳短篇叙述。《英国人与爱尔兰动乱》(*Englishmen and Irish Troubles*, 1972)为博伊斯(D. G. Boyce)所著,对英国公众舆论的变化作了有价值的分析。贝内特(R. Bennett)的作品《褐衣黑带队》(*The Black and Tans*, 1959)的记叙不是很充分。格温(D. Gwynn)的《分治史》(*The History of Partition*, 1950)以温和的视角讲记叙了这段历史。加拉格尔(F. Gallagher)著有《不可分割的岛屿》(*The Indivisible Island*, 1960),作者是一名共和派。《爱尔兰共和国》(*The Irish Republic*, 1937)是马卡德尔(D. Macardle)的作品,倒向德瓦莱拉一方。《苦难中的和平》(*Peace by Ordeal*, 1935)的作者帕肯汉姆(F. Pakenham)出色地记述了条约的谈判,他从德瓦莱拉那里得到许多信息,吸收了他的不少观点。还有更多学术性的讨论,如《阿尔斯特与大英帝国》(*Ulster and the British Empire*, 1937)和《爱尔兰与大英帝国》(*Ireland and the British Empire*, 1939)两书,作者都是亨利·哈里森(Henry Harrison)。此外,还有曼塞格(N. Mansergh)

的《爱尔兰自由邦》(The Irish Free State, 1934)。最后，是利亚姆·奥弗莱赫蒂（Liam O'flaherty）的小说《告密者》(The Informer, 1929)和肖恩·奥凯西（Sean O'casey）的戏剧作品《犁与星》(The Plough and the Stars, 1926)。

自治领、印度和非洲

这部分内容，我也只列举与英国历史有关的部分。基思（A.B.Keith）的《自治领的战时政府》(War Government of Dominions, 1921)对帝国战时内阁和会议有一定的论述。道森（R. M. Dawson）《自治领地位的发展》(The Development of Dominion Status, 1936)涵盖了更广泛的时期。惠勒（K. C. Wheare）在《威斯特敏斯特法与自治领地位》(The Statute of Westminster and Dominion Status, 1938)中解释了宪政问题。汉考克（W. K. Hancock）在《英联邦事务概览》(The Survey of British Commonwealth Affairs)第一卷（1937）中讨论了民族问题，在第二卷（一）(1940)中讨论了经济政策问题，曼塞格（N. Mansergh）在第二卷（二）(1952)中讨论了外部政策的问题。曼塞格在《战时合作和战后变革问题》(Problems of Wartime Cooperation and Post-War Change, 1958)一书中作了继续讨论。关于印度的背景介绍见汤普森（E. Thompson）的《印度的重建》(The Reconstruction of India, 1931)。科普兰（R. Coupland）从英国的视角展开，描述了宪政的争论:《印度问题》(The Indian Problem 1833—1935, 1942)、《印度政治》(Indian Politics, 1936—1942, 1943)、《克里普斯使命》(The Cripps Mission, 1942)，以及《印度：重述》(India: a Restatement, 1945)。梅农（E. P. Menon）的《印度的权力转移》(The Transfer of Power in India, 1947)则从印度的角度进行了阐述。最新的作品有爱德华兹（M. Edwardes）1963年的著作《英属印度的最后时期》(The Last Years of British India)。

我在本书中很少提到非洲，尽管非洲的发展后来变得越来越重要了。关于非洲，黑利勋爵（Lord Hailey）的《非洲概览》(African Survey, 1938)是一部里程碑式的重要著作。克罗克（W. R. Crocker）的《尼日利亚：对英治殖民地管理的批评》(Nigeria: a Critique of British Colonial Administration, 1936)和麦格雷戈·罗斯（W. McGregor Ross）的《从内部看肯尼亚：政治简史》(Kenya from Within: a short political history, 1927)对于了解这两个殖民地很有用。

外交政策

　　一份完整的参考文献必然包括这一时期外交事务和通史的全部著作。A. J. P. 泰勒在其著作《争夺欧洲霸权的斗争》(*The Struggle for Mastery in Europe*, 1954) 中有关于一战时期外交政策的少量书目，他的《第二次世界大战的起源》则为两次大战之间的外交政策提供了书目。除了一些不可避免的例外，本书将范围限定在英国资料以及以英国为主题的图书。我不能说，泰晤士的伯迪勋爵（Lord Bertie of Thame）的两卷本《日记》(*Diaries 1914—1918*) 为了解当时的外交政策提供了多少帮助，尽管他是当时的英国驻法大使。相反，美国驻英大使亨德里克（B. J. Hendrick）的三卷本著作《佩奇的生活和书信》(*Life and Letters of W. H. Page*) 提供了不少关于格雷的信息。西摩（C. Seymour）编辑的四卷本《豪斯私人档案选》(*Intimate papers of E.M. House*, 1926) 是威尔逊总统密使留下的记录，提供了更加丰富的信息。

　　得益于档案材料，我们对第一次世界大战时期的外交政策加深了理解。我们从文章中了解到的信息比从图书中得到的多。罗格·路易斯（Roger Louis）的《大不列颠和德国失去的殖民地》(*Great Britian and Germany's Lost Colonies*, 1967) 分析了大不列颠帝国主义野心在非洲的发展。施泰因（L. Stein）在《贝尔福宣言》(*The Balfour Declaration*, 1961) 对其主题作了全面而详尽的研究。富勒（G. W. Fowler）的《英美关系》(*British American Relations 1917—1918*) 表达了他暧昧不明的态度，这本书主要取材于威廉·魏斯曼爵士（Sir William Wiseman）的文件。罗斯威尔（V. H. Rothwell）的《英国的战争目的和平外交》(*British War Aims and Peace Diplomacy 1914—1918*, 1971) 只谈欧洲问题，重点关注英国与德国诸盟国的关系。哈那克（H. Hanak）的《大不列颠与奥匈帝国》(*Great Britian and Austria-Hungary*, 1962) 表面上是谈论同一主题，实际上主要阐述的是不列颠的公众舆论以及政府试图影响它的问题。温克勒（H. R. Winkler）的《大不列颠的国际联盟运动》(*The League of Nations Movement in Great Britian 1914—1919*, 1952) 以不同的方式处理了相同的主题，这是一本新奇而又非常有用的书。外交政策的少数派意见在以下文献中得到了体现：史华慈（M. Schwartz）的《一战时期英国政治中的民主监督同盟》（*The Union of Democratic Control in British Politics during the First World War*, 1971）；马丁（L. W. Martin）的《没有胜利的和平》（*Peace without Victory*, 1958）讲述了威尔逊总统与英国激进派之间的关系；A. J. P. 泰勒的《麻烦制造者》（*The Troublemaker*, 1957）汇集了五场讲座的讲稿。斯德哥尔摩会议和相关主题在 A. 凡·戴·斯赖斯（A. Van der Slice）的《国际劳工、外交与和平》（*International Labor, Diplomacy and Peace 1914—1919*, 1941）中得到了呈现。不列颠和布尔什维克的关系则在 R. H. 布鲁斯·洛克哈特（R. H. Bruce Lockhart）的《一个英国政府代表的回忆录》（*Memoirs of a British Agent*, 1932）和格劳巴德（S. R. Graubard）的《英国工党与俄国革命》（*British Labour and the Russian Revolution*, 1956）两书中得到了论述。乌尔曼（R. H. Ullman）的《英苏关系》（*Anglo-Soviet Relations 1917—1921*, 1961—1973）篇幅更大，这是一部第一流的杰作，利用秘密材料披露了戏剧性的事件。

英国在 1919 年巴黎和会上的政策仍然需要深入研究。四巨头会议的讨论记录已在美国出版，即两卷本的《美国外交政策资料汇编》（*Papers Relating to the Foreign Policy of the United States 1919*, 1942—1943）。翻译 P. 芒图（P. Mantoux）出版了他的两卷本笔记《四巨头会议决议》（*Les Deliberqtions du Conseil des Quatres*, 1955）。坦珀利（H. W. V. Temperley）编辑的六卷本《和会的历史》（*The History of the Peace Conference*, 1920—1924）属于正式记录。尼科尔森（H. Nicolson）是一个失望的低级官员，将当时的日记和后来的评论结合在一起，写了一本《1919，缔造和平》（*Peacemaking 1919*, 1933）。凯恩斯（J. M. Keynes）的《和约的经济后果》（*The Economic Consequences of the Peace*, 1919）影响极大，无与伦比。E. 芒图（E. Mantoux）在其《迦太基式和平》（*The Carthaginian Peace*, 1946）中对凯恩斯的论点进行了驳斥。麦卡伦（R. B. McCallum）的《公众舆论与最后的和平》（*Public Opinon and the Last Peace*, 1944）非常有趣，但有些粗线条。

关于两次大战之间的主要资料是由伍德沃德（E. L. Woodward）、巴特勒（R. Butler）和其他人主编的《英国外交政策文献》（*Documents on British Foreign Policy 1919—1939*）。这套书自 1946 年开始陆续出版，目前只有 1938—1939 年期间的第三辑已经出齐。该书资料几乎完全取自外交部的档案，因此，当某些外交政策不是主要由外交部决定时，这些文档就无法提供全部信息了。另外，与古奇和坦珀利主编的1914年以前各卷不同，这套书包括的私人信件很少，备忘录更少，这让整套文档显得过于官方。一些外交官写了回忆录，有的发表了日记，其中一些具有史料价值。其中，阿本诺勋爵（Lord d'Abernon）3卷本的《和平大使》（*An Ambassador of Peace*）对于了解洛迦诺会议期间的英德关系比较重要。范西塔特勋爵［Lord（Sir Robert）Vansittart］著有《我一生的教训》（*Lessons of My Life*, 1943）和《雾中的行进》（*Mist Procession*, 1955），如果读者能从范西塔特晦涩的行文中推断出当时的外交政策，想必会对他有更多的同情。伊恩·科尔文（Ian Colvin）的著作《范西塔特在任上》（*Vansittart in Office*, 1965）有一些有意思的片段，我们可以从中更多地了解作者，而不是传主。斯特朗勋爵（Lord Strang）的《国内国外》（*Home and Abroad*, 1956）与其说提供了亲历者的一手资料，倒不如说它更多地依靠二手资料。奥利弗·哈维（Oliver Harvey）的《外交日记》（*Diplomatic Diaries 1937—1940*）是一位同情艾登的外交官的著作。亚历山大·卡多根（Alexander Cadogan）接任范西塔特的外交部常务次长，他除了自己以外，看不起任何人；迪尔克（D. Dilks）编辑了《亚历山大·卡多根日记》（*The Diaries of Sir Alexander Cadogan 1938—1945*）。伊冯·柯克帕特里克爵士（Sir Ivone Kirkpatrick）在《核心集团》（*The Inner Circle*, 1959）中过分吹捧自己。那些对二战前后的埃及感兴趣的人，会发现特雷弗·E. 埃文斯（Trefor E. Evans）编辑的《基尔恩日记》（*The Killearn Diaries 1934—1946*, 1972）颇有趣味。内维尔·亨德森爵士（Sir Nevile Henderson）的《使命的失败》（*Failure of a Mission*, 1940）对自己的柏林岁月作了忠实坦诚的记录。

安东尼·艾登（Anthony Eden, Lord Avon）的回忆录《面对独裁者》（*Facing the Dictators*, 1962）记叙了二战前的经历。这本书摘录了大量未公开的外交部档案信息。不管怎样，艾登并没有面对独裁者，他只是拉下了脸。艾登后来又出了一本回忆录《清算》（*The Reckoning*, 1965），记录了1938年2月到二战结束的经历。这本厚厚的大书包含了大量无趣的信息。施皮尔（E. Spier）的《焦点》（*Focus*）是一部奇特的著作，汇集了试图反对张伯伦的言之成理的论点。查特菲尔德勋爵（Lord Chatfield）在《这可能再次发生》（*It Might Happen Again*, 1947）中对未能重整军备有些怨言。利德尔·哈特的《保卫不列颠》(*The Defence of Britain*, 1939)表现了一个开明的批评者的局限。齐利亚克斯(K. Zilliacus)以笔名"治安会员"写的那些书具有强烈的现实意义，他的看法也表现在《过去之镜》(*Mirror of the Past*, 1944)中。

梅德利克特(W. N. Medlicott)的《凡尔赛以来的英国外交政策》(*British Foreign Policy since Versailles*, 1940)和雷诺兹(P. A. Reynolds)的《两次大战之间的英国外交政策》(*British Foreign Policy in the Interwar Years*, 1954)是简短的通论性著作。欧洲问题在沃尔弗斯(A. Wolfers)的《两次大战之间的英国与法国》(*Britain and France Between Two Wars*, 1940)和乔丹(W. M. Jordan)的《大不列颠、法国和德国问题》(*Great Britain, France and the German Problem 1919—1939*, 1943)中得到了讨论。沃尔特斯(F. P. Walters)的两卷本《国际联盟史》(*A History of League of Nations*, 1958)有不少关于英国政策的内容。大卫·沃尔德(David Walder)的《恰纳克事件》(*The Chanak Affair*, 1969)是最早得益于外交部档案开放的图书之一。尼科尔森(H. Nicolson)的《寇松的最后岁月》(*Curzon: The Last Phase*, 1934)是记录《洛迦诺公约》签订过程的激动人心的著作，但描写或许过于戏剧化。内勒(J. F. Naylor)在《工党的国际政策》(*Labour's International Policy*, 1969)一书中持正面立场。同一主题的一个侧面在卡尔顿(D. Carlton)的《麦克唐纳VS. 汉德森》里得到了展现。罗杰·路易斯(Roger Louis)在《英国的远东战略》(*British Strategy in the Far East 1919—1939*, 1971)对其主题做了概述。巴西特(R. Bassett)的《民主与外交政策》(*Democracy and Foreign Policy*, 1952)对满洲事件作了无情的历史考察，破除了很多神话。索恩(C. Thorne)利用档案材料，在《外交政策的局限》(*The Limits of Foreign Policy*, 1972)中有力地证实了巴西特的观点。休·托马斯(Hugh Thomas)的《西班牙内战》(*The Spanish Civil war*, 1961)是关于该主题的一部可靠的通论性著作。沃特金斯(K. W. Watkins)的《分裂的英国》(*Britian Divided*, 1963)讨论了英国关于西班牙内战的舆论，写得相当枯燥。

大多数关于慕尼黑和二战爆发的图书仍然受到时人对这些事件的评价的影响。西顿－沃森(R. W. Seton-Watson)的《慕尼黑和独裁者们》(*Munich and Dictators*, 1939)和《从慕尼黑到但泽》(*From Munich to Danzig*, 1939)以及J. W. 惠勒－贝内特的《慕尼黑》(*Munich*, 1948)现在的价值只在于记下了这些评价。吉尔伯特（M. Gilbert）和戈特（R. Gott）的《绥靖者》（*The Appeasers*, 1962）虽然有些新资料，但基本上还是老调重弹。吉尔伯特的《绥靖主义的根源》（*The Roots of Appeasement*, 1966）是一部温和的修正主义之作。基思·罗宾斯（Keith Robbins）的《1938年的慕尼黑》（*Munich 1938*, 1968）则是一部彻头彻尾的修正主义作品，也可能是关于这一主题唯一的好书。米德尔马斯（R. K. Middlemas）的《幻想外交》（*The Diplomacy of Illusion*, 1972）虽然很多材料来自档案，但并未给他的书增色多少。科尔文（I. Colvin）的《张伯伦的内阁》（*The Chamberlain Cabinet*, 1971）和帕金森（R. Parkinson）的《为了我们时代的和平》（*Peace for our Time*, 1971）以及《热血、辛劳、眼泪和汗水》（*Blood, Toil, Tears and Sweat*, 1973）对档案资料广采众收，但收获寥寥。汤普森（N.Thompson）的《绥靖的反对者》（*The Anti-Appeasers*, 1971）讨论了张伯伦的保守派批评者。

关于二战爆发的优秀著作是纳米尔（L. B. Namier）的《外交序幕》（*Diplomatic Prelude*, 1947），但现在已经严重过时了。《国际事务概览：1938》（*Survey of International Affairs for 1938*）的第二卷（1951）和第三卷（1953）以及1939年的两卷——《1939年3月的世界》（*The World in March 1939*, 1952）和《大战前夕》（*The Eve of War 1939*, 1958）——都是战后编撰的，因此部分地可以视为历史研究著作。两本美国人的著作是不可或缺的。一本是兰格（W. L. Langer）和格利森（S. E. Gleason）合著的《对孤立主义的挑战》（*The Challenge to Isolation*, 1952），这本书的很多资料来源于美国的外交通信；另一本著作是克莱因（B. Klein）的《德国开战的经济准备》（*Germany's Economic Preparations for War*, 1959），这本书严格区分了神话与现实。一本较近的德语图书也有很大价值，就是温特（B. J. Wendt）的《经济绥靖》（*Economic Appeasement*, 1971），它表明，英国外交部和贸易部奉行各自独立的对德政策，两部的政策经常是相互矛盾的。最近的一本书是阿斯特（S. Aster）的《1939：第二次世界大战的爆发》（*1939, The Making of the Second World War*, 1973），它不可能是关于这一主题的最后一本书。

英国在二战时期的外交政策仍有待探索。大多数的信息来自丘吉尔，因此只能说是一面之词。伍德沃德对外交部的资料做了总结，编纂了一套官方历史《二战时期英国的外交政策》（*British Foreign Policy in the Second World War*）。

这套书的单卷简写本出版于 1962 年，5 卷本自 1970 年陆续出版。由于在制定外交政策时外交部的角色不太重要，因此这套书没什么启发意义。兰格和格利森的《不宣而战》(The Undeclared War, 1953) 包含了不少珍珠港事件之前美国方面的资料，舍伍德（R. E. Sherwood）编辑了两卷本深得罗斯福总统信任的顾问的文件——《哈里·L. 霍普金斯的白宫档案》(The White House Papers of Harry L. Hopkins, 1948—1949)，比《不宣而战》提供的资料还要多。《斯大林与丘吉尔、艾德礼、罗斯福和杜鲁门的通信集》(Stalin's Correspondence with Churchill, Attlee, Roosevelt, and Truman, 1958) 是一个非常重要的资料来源。《国际事务概览》二战期间的几卷经常被作为参考文献使用。其中麦克尼尔所著的《美国、英国和俄国：它们的合作和冲突》(America, Britain and Russia, Their Cooperation and Conflict, 1953) 洞幽烛明，具有很高的学术价值。克莱门斯（D. S. Clemens）的《雅尔塔》(Yalta, 1970) 是关于这个争议主题的唯一一部明智的著作。

经济

与以前相比，近来政府在经济事务中扮演的角色大得多，经济问题不可避免地进入政治领域。有两本很好的经济通史。阿什沃思（W. Ashworth）的《英国经济史》(An Economic History of England 1870—1939, 1960) 非常精彩，不过该书最后讲述当代的部分篇幅过于简短。作者倾向于将历史事件按自己的意图来组织，我也深受他的影响。相较之下，波拉德（S. Pollard）的《英国经济的发展》(The Decelopment of the British Economy 1914—1950, 1962) 有些平庸，但取材极广。扬森（A. J. Youngson）的《英国经济》(The British Economy 1920—1957, 1960) 是一部不同主题的论文合集。哈奇森（K. Hutchison）的《英国资本主义的衰亡》(The Decline and Fall of British Capitalism, 1951) 以精彩的文笔描绘了一幅生动的画面，但有些夸张。刘易斯（W. A. Lewis）的《经济概览》(Economic Survey 1919—1939, 1949) 畅论世界经济形势。

讲短时段经济的图书很多。鲍利（A. L. Bowley）的《战争的某些经济后果》(Some Economic Consequences of the War, 1931) 作了简短而有趣的总结。庞古（A. C. Pigou）的《英国经济史面面观》(*Aspects of British Economic History 1918—1925*, 1947)结合了内部资料与深刻的理解力，是一部极有启发性的力作。罗宾斯（L. Robbins）的《大萧条》(*The Great Depression*, 1934)给出了自由放任主义的解释，出版之时其观念已相当过时。他的观点遭到休伯特·亨德森爵士（Sir Hubert Henderson）的强烈批驳，见《两次大战之间的岁月和其他论文》(*The Inter-War Years and other Papers*, 1955)。其他有用的概述包括霍德森（H. V. Hodson）的《萧条与复苏》(*Slump and Recovery*, 1938)以及英国科学促进协会组织编写的两本书：《萧条中的英国》(*Britain in Depression*, 1935)和《经济复苏中的英国》(*Britain in Recovery*, 1938)。我非常高兴地发现，我的业余猜想被经济学家理查森（H. W. Richardson）的著作《英国的经济复苏》(*Econnomic Recovery in Britain*, 1967)证实了。曼斯（W. A. P. Manser）的《收支平衡的英国》(*Britsh in Balance*, 1971)破除了收支平衡的神话。

海外贸易的比较数据在以下几本书中得到充分的展示：施洛特（W. Schlöte）的《1700年到20世纪30年代英国的海外贸易》(*British Overseas Trade from 1700 to the 1930's*, 1952)、斯文里森（I. Svennilson）的《欧洲经济的增长与停滞》(*Growth and Stagnation in the World Economy*, 1954)以及卡恩（A. E. Kahn）的《世界经济中的大不列颠》(*Great Britain in the World Economy*, 1946)。国民收入的数字可以在鲍利（A. L. Bowley）的《国民收入研究：1924—1938》(*Studies in the National Income 1924—1938*, 1942)以及科林·克拉克（Colin Clark）的三本书——《国民收入》(*National Income 1924—1931*, 1932)、《国民收入与开支》(*National Income and Outlay*, 1937)和《经济进步的条件》(*The Conditions of Economic Progress*, 1957)——中找到，尽管其数字并不总是一致的。

财 政

财政方面的原始数据可以从以下几本书中找到：马利特（B. Mallet）和乔治（C.O.George）合著的《英国的预算：1913—1920》(*British Budgets 1913—1920*, 1929)和《英国的预算：1921—1933》(*British Budgets 1921—1933*, 1933)，以及萨拜因（B. E. V. Sabine）的《和平与战争年代的英国预算》(*British Budgets in Peace and War 1932—1945*, 1970)。财政方面的问题

在厄休拉·K. 希克斯（Ursula K. Hicks）的《英国政府财政》（*The Finances of British Government, 1920—1936*, 1938）和《英国公共财政的结构和发展》（*British Public Finances.Their Structure and Development 1880—1952*, 1954）中得到了非常清晰的阐述。摩根（E. V. Morgan）的《英国财政政策研究》（*Studies in British Financial Policy 1914—1925*, 1952）是一部有独创性的著作，富于启发性。莫顿（W. A. Morton）的《英国财政》（*British Finance 1930—1940*, 1943）没那么有独创性，但很有用。皮科克（A. T. Peacock）和怀斯曼（J. Wiseman）记录了《联合王国公共财政支出的增长》（*The Growth of Public Expenditure in the United Kingdom*, 1961）。埃布尔（D. Abel）的《英国关税史》（*A History of British Tariffs 1913—1942*, 1945）和斯奈德（R. K. Snyder）的《大不列颠的关税问题》（*Tariff Problems in Great Britain 1918—1933*, 1944）记述了贸易保护的历史。贸易保护的结果则在贝纳姆（F. C. Benham）的《贸易保护下的大不列颠》（*Great Britain Under Protection*, 1941）和戴维斯（E. Davies）的《"国民"资本主义》（*'National' Capitalism*, 1939）中得到记录。弗朗西斯（E. V. Francis）的《英国的经济战略》（*Britain's Economic Strategy*, 1939）讨论了总体的政策。

特定行业

桑基委员会的报告（S. P. 1919，第11期和第12期）和塞缪尔委员会的报告（S. P. 1926，第14期，附有会议记录等，非议会文件）对于了解煤炭工业是很重要的。琼斯（J. H. Jones）等人的《煤矿业》（*The Coal-Ming Industry*, 1939）是全面调查的成果。煤矿业的另一面可以阅读阿诺特（R. P. Arnot）的《矿工：长年的奋斗》（*The Miners: Years of Struggle 1910—1930*, 1953）。贝尔福委员会关于工商业最重要的调查研究集中在以下几本书中：《海外市场》（*Overseas Markets*, 1925）、《劳资关系》（*Industrial Relations*, 1926）、《冶金业》（*The Mental Industries*, 1928）和《纺织业》（*The Textile Industries*, 1928）。钢铁工业在伯恩（D. L. Burn）的《炼钢的经济史》（*The Economic History of Steelmaking*, 1940）中得到了很好的阐述。农业则有奥温（C. S. Orwin）的《英国农业史》（*History of English Farming*, 1949）。普卢默（A. Plummer）分类编写了《英国的各项新产业》（*New British Industries*, 1937）。有许多关于私人企

业的研究，比如查尔斯·威尔逊（Charles Wilson）的两卷本《联合利华的历史》（*The History of Unilever*, 1954）。

工作与工资

赫特（G. A. Hutt）的《战后英国工人阶级史》（*Post-War History of the British Working Class*, 1937）讲经济内容的篇幅很少，与书名不相称。原始数据可以参看鲍利的《联合王国的物价与工资：1914—1920》（*Prices and Wages in the United Kingdom 1914—1920*, 1921）和查普曼（A. L. Chapman）与奈特（R. Knight）合著的《联合王国的工资与薪金》（*Wages and Salaries in the United Kingdom 1920—1938*, 1953）。关于失业的情况，可参看戴维森（R. C. Davison）的《1930年以来的英国失业政策》（*British Umemployment Policy since 1930*, 1938）和蒂利亚德（F. Tillyard）与鲍尔（F. N. Ball）合著的《大不列颠的失业保险：1911—1948》（*Umemployment Insurance in Great Britain*, 1949）。共产主义组织者沃尔·汉宁顿（Wal Hannington）在《失业者的奋斗》（*Unemployed Struggle 1919—1936*, 1936）中描绘了其主题。最好的记叙得去看一本小说，即沃尔特·格林伍德的《救济中的爱》。

社 会

艾布拉姆（M. Abrams）的《英国人民的状况》（*The Condition of the British People 1911—1945*, 1945）是一部简短的统计调查研究。有更多细节，也更重要的是卡尔-桑德斯（A. M. Carr-Saunders）和D. 卡拉多·琼斯（D. Caradog Jones）合编的连续调查报告《英格兰与威尔士的社会结构》（*Social Structure of England and Wales*, 1927年第一版，1937年第二版），以及莫泽（C. A. Moser）的《英格兰与威尔士的社会情况调查》（*Survey of Social Conditions in England and Wales*, 1952）。柯尔夫妇（G. D. H. and M. I. Cole）的《英国状况》（*The Condition of Britain*, 1937）的批评色彩更浓。马什（D. C. Marsh）的《变化中的英格兰与威尔士的社会结构》（*The Changing Social Structure of England and Wales 1871—1951*, 1958）也能予人启发。约

翰·希尔顿（John Hilton）的《富人穷人》(*Rich Man, Poor Man*, 1944) 在狭小的空间里开辟了一块新领地。朗特里（B. S. Rowntree）的《贫困与进步》(*Poverty and Progress*, 1941) 记录了英国社会取得的进展。鲍利（M. Bowley）的《住房与国家》(*Housing and the State 1919—1944*, 1945) 非常详尽，是一部重要的著作。威克沃（W. H. Wickwar）的《社会服务》(*The Social Sevices*, 1936) 也非常有用。更具文学性的描写可以参看马斯特曼（C. F. G. Masterman）的《战后的英国》(*England after War*, 1922) 和普里斯特利（J. B. Priestley）的《英国纪行》(*English Journey*, 1934)。描写更宽泛的还有：格雷夫斯（R. Greves）和霍奇（A. Hodge）合著的《漫长的周末》(*The Long Week-end*)，这本书有时候描写不那么靠得住；奥格尔维（V. Ogilvie）的《我们的时代》(*Our Times 1912—1952*, 1953)；蒙哥马利（J. Montgomery）的《二十年代》(*The Twenties*, 1957)；皮尔夫人（Mrs. C. S. Peel）的《生命的魔法杯》(*Life's Enchanted Cup*, 1933)；马格里奇（M. Muggeridge）的《三十年代》(*The Thirties*, 1940) 是一部妙趣横生的书。坎宁顿（C. W. Cunnington）的《当今世纪英国妇女的着装》(*English Women's Clothing in the Present Century*, 1952) 大概也可以列入上述书单。

教 育

很多关于这一主题的书笼统地讨论教育问题，记录了教职员人数的增长，却很少讨论学校里教了什么。这倒像到餐馆点菜而又不说要哪些菜。最有用的书是下面几本：巴纳德（H. C. Barnard）的《英国教育简史》(*Short History of English Education*, 1947)；朗兹（G. A. N. Lowndes）的《沉默的社会革命》(*The Silent Social Revolution*, 1937)；柯蒂斯（S. J. Curtis）的《1900 年以来的英国教育》(*Education in Britain since 1900*, 1952)；格雷夫斯（J. Graves）的《中等教育的政策与进步》(*Policy and Progress in Secondary Education*, 1943)；登特（H. C. Dent）的《教育变革》(*Education in Transition*, 1944)。特拉斯科特德［B. Truscott (E. A. Peers)］的《红砖大学》(*Red Brick University*, 1943) 是一部划时代的著作。这本书出版之前，市立大学不知道它们低人一等；这本书之后，学术界的势利行为就冒出头来了。

英国史：1914—1945

报刊与广播业

关于报刊业唯一的通论性著作是威廉斯（F. Williams）的《危险的报业》（*Dangerous Estate*, 1957）。这本书非常流行，但论述不够充分。像过去一样，皇家新闻委员会的报告（Cmd. 7700, 1949）有些关于报纸业主的细节资料。《泰晤士报的历史》第四卷（*The History of the Times, Vol. IV, 1912—1948*, 1952）对关于这家报纸所有权的争夺和外交事务报道谈了很多，但对其内部管理谈得很少。斯坦利·莫里森（Stanley Morison）是其匿名的编撰者，为自己曾支持绥靖政策而忏悔。艾尔斯特（D. Ayerst）的《卫报：一家报纸的传记》（*Guardian: Biography of a Newspaper*, 1971）是关于《曼彻斯特卫报》杰出的历史著作，但在处理不同时期时篇幅有点不平衡。兰斯伯里（G. Lansbury）在《舰队街的奇迹》（*The Miracle of the Fleet Street*, 1923）中讲述了《每日先驱报》的早期历史。休·卡德利普（Hugh Cudlipp）在《出版和挨骂》（*Publish and Be Damned*, 1953）——巴塞洛缪的指导原则——中生动地记录了《每日镜报》的历史。埃德尔曼（M. Edelman）的《镜报：一部政治史》（*The Mirror: a Political History*, 1966）讲述的也是这家报纸的历史，但过于平淡。海厄姆（E. Hyams）写了一部《新政治家》的历史，发现了这家报纸在20世纪30年代对外交事务始终如一的态度，这是该书了不起的成就。汤姆·霍普金森（Tom Hopkinson）从1939年到1950年的《图片邮报》中摘编了一部选集。

关于舰队街上最伟大的人物诺斯克里夫的著作很多。庞德（P. Pound）和哈姆斯沃思（G. Harmsworth）的传记《诺斯克里夫》（*Northcliffe*, 1959）尽管部头很大，却没有把传主作为新闻人最特有的品质展现出来。诺斯克里夫也是伊芙林·伦奇（Evelyn Wrench）的《奋斗》（*Struggle*, 1935）和坎贝尔·斯图尔特（Campbell Stuart）的两本书的主角。斯图尔特的那两本书分别是《克鲁公馆的秘密》（*Secrets of Crewe House*, 1920）和《机会只敲一次门》（*Opportunity Knocks Once*, 1952）。汤姆·克拉克（Tom Clarke）也曾在诺斯克里夫手下工作，著有《我的诺斯克里夫日记》（*My Northcliffe Diary*, 1931），他还著有《我的劳合·乔治日记》（*My Lloyd George Diary*, 1933）。伦奇的《杰弗里·道森与我们的时代》（*Geoffrey Dawson and Our Times*, 1955）给我们提供了这位两次大战之间《泰晤士报》主编的不少信息。麦克拉克伦（D. McLachlan）的《在位》（*In the Chair*, 1971）是一本带着感情的传记，传主是巴林顿-沃德（Barrington-Ward），是道森的助手和继任者。巴克（N. Barker）的《斯坦利·莫里森》（*Stanley Morison*, 1972）对莫里森作为字体设计师关注过多，而对莫里森在幕后掌握《泰晤士报》大权关注过少。哈蒙德（J. L. Hammond）的《斯科特》（*C. P. Scott*, 1954）对《卫报》的事情谈得很少，实际上，其他的事它也没谈出什么来。相比之下，威尔逊（T. Wilson）编辑的《斯科特的政治日记》（*The Political Diaries of C. P. Scott 1911—1928*, 1970）有价值得多。A. J. P. 泰勒编辑的克罗泽（W. P. Crozier，斯科特的继任者）的《非正式记录》（*Off The Record*），包含了克罗泽在1933年到1944年对当时最重要政治家的访谈。

我已经把我的传记著作《比弗布鲁克》放在政治部分的参考文献中了，传主是诺斯克里夫之后最伟大的新闻人。克里斯琴森（A. Christiansen）的《我一生的标题》（*Headlines All My Life*, 1961）是比弗布鲁克手下主编的自传，写作堪称精妙。比弗布鲁克的《政治家与报刊业》（*Politicians and the Press*, 1926）对自己成为报纸业主之初的经历有很多描写，这也是他的政治史系列著作的第一部，其中有些资料非常重要。金斯利·马丁（Kinsley Martin）在他的《主编》（*Editor*, 1968）一书中，叙述了1931年到1945年他在《新政治家》做主编的经历，书中充满欢乐喧闹的气氛。罗尔夫（C. H. Rolph）的著作《金斯利》（*Kingsley*, 1973）没增加多少新的资料。科斯（S. Koss）的《舰队街的激进分子》（*Fleet Street Radical*, 1973）是一部加德纳（A. G. Gardiner）的优秀传记，对了解一战时期的《每日新闻》尤其有价值。泰勒（H. A. Taylor）的《罗伯特·唐纳德》（*Robert Donald*, 1934）记录了同一时期《纪事日报》的历史。这一时期的历史在库克（E. T. Cook）的《战争时期的报刊业》（*The Press in Wartime*, 1920）和利顿（N. Lytton）的《报刊业和总参谋部》（*The Press and the General Staff*, 1921）中也有记录。当时最有名的漫画家大卫·洛（David Low）的作品汇编见《愤怒年代》（*Years of Wrath*, 1946）。相比之下，他的《自传》（*Autobiography*, 1956）就没那么感人了。两本次要的图书颇有趣味。一本是甘农（F. R. Gannon）的《英国报刊业与德国：1936—1939》（*The British Press and Germany 1936—1939*, 1971），这本书将其范围限定在高端报刊；另一本是安吉尔（D. Angier）的《英格兰的搏斗》（*Das Ringen um England*, 1969），这本书讨论的主题与前书一样，不过是从德国的视角出发的。

阿萨·布里格斯（Asa Briggs）正在写作《联合王国广播史》（*The History*

英国史：1914—1945

of Broadcasting in the United Kingdom）。前三卷已经出版，写到 1945 年。庄重的风格特别适合其主题。科斯（R. H. Coase）的《英国广播业：垄断的研究》（*British Broadcasting: A Study in Molopoly*）的论述更为深入。《迎风而入》（*Into the Wind*, 1949）是里斯勋爵 [Lord (J. C. W.) Reith] 的自传，透露的信息更多。而博伊尔（A. Boyle）的里斯传记《只有风会听》（*Only the Wind Will Listen*, 1972）对这一独特的人物有更丰富的描写。

艺术与文学

了解这一主题最好的方法是去研究作品而不是去读书。佩夫斯纳（N. Pevsner）的《英国的建筑》（*The Buildings of England*）正在按郡逐卷出版，它将我们的注意力吸引到最现代的重要建筑上。这套图书也包含了大量关于城市建筑风格变化的有用信息。《除去伦敦金融城和威斯敏斯特的伦敦》（*London except the Cities of London and Westminster*, 1952）特别值得一提，它提供了从市中心退至郊区的富于启发的大量细节。当时的图画只要能找到，就应该去看一看。泰特美术馆是收藏现代英国艺术品最重要的地方。约翰·罗森斯坦（John Rothenstein）的《英国现代绘画》（*Modern English Painting*）分为两卷：《从西克特到史密斯》（*From Sickert to Smith*, 1950）和《从刘易斯到摩尔》（*From Lewis to Moore*, 1956），值得一读。

戴留斯（Delius）、沃恩·威廉斯（Vaughan Williams）、沃尔顿（Walton）和霍尔斯特（Holst）的主要作品现在的唱片目录都有收录。音乐会的节目，特别是哈雷交响乐团和英国皇家爱乐协会的曲目，是了解当代品味的指南。我没有能力讨论爵士乐，尽管它重要且有影响力。爵士乐和轻音乐 [比如艾弗·诺维洛（Ivor Novello）的作品] 很有可能比埃塞尔·史密斯夫人（Dame Ethel Smythe）和阿诺德·巴克斯爵士（Sir Arnold Bax）更庄重严肃的乐曲寿命更长。

两次大战之间的老电影经常重放，特别是在国家电影院。英国原创的电影不多。事实上只有希区柯克的惊悚片是英国原创的。卓别林或许算是英国人，特别是到了老年，他越来越有英国范了。葛丽泰·嘉宝和马克斯兄弟等虽然是美国人，但大部分英国人常看他们的电影，所以在英国电影文化中也颇为重要。

作为一种艺术形式的体育，本应在本书中有更多篇幅。有许多板球运动员和网球运动员出版了回忆录。足球要想得到充分的论述，还需要历史学家根据私人俱乐部的资料作详细的研究。

戏剧方面，萧伯纳的戏剧还在上演，但多半被人视为文物。《伤心之家》(Heartbreak House, 1920) 把批判的矛头指向一战。《千岁人》(Back to Methusaleh, 1921) 在第二部分相当滑稽地讽刺了阿斯奎斯和劳合·乔治。毛姆的戏剧虽然大多数是写于20世纪20年代的，但其趣味还是爱德华时代的。诺埃尔·科沃德和 J. B. 普里斯特利以不同的方式展示当代戏剧的风味。高尔斯华绥和德林克沃特 (Drinkwater) 则早已湮没无闻了。

有两本四平八稳的文学导论：斯科特-詹姆斯 (R. A. Scott-James) 的《英国文学五十年》(Fifty Years of English Literature, 1951)，以及沃德 (A. C. Ward) 的《二十世纪文学》。斯图尔特 (J. I. M. Stewart) 的《八位现代作家》(Eight Modern Writers, 1963) 是牛津文学史的最后一卷，其大事年表提供了1880年到1941年间出版的主要文学作品，因而对历史学家还有些用处。大部分小说的时间设定都是20年前或30年前，不管它们是否如此宣称。因此，高尔斯华绥、乔伊斯乃至 D. H. 劳伦斯，其趣味都完全是一战前的。H. G. 威尔斯倒是想跟上时代的脚步，这种努力见于他的《威廉·克利索尔德的世界》(The World of William Clissold, 1928) 和《自传的实验》(Experiment in Autobiography, 1934)。阿诺德·本内特常自诩与时俱进，也许可以从他的《日记》(Journals: 1911—1928) 中看到这一点。伊夫林·沃的小说有时被认为是它们那个时代精准的画册。如果此话属实，那么这是一个被喜剧和幻想改变了的世界，而这个世界与 P. G. 伍德豪斯的世界相去不远。不过，C. 依舍伍德的《诺里斯先生换火车》可以说是30年代精神的唯一代表。那个时代的诗人的历史价值，归之于他们的政治承诺。朱利安·西蒙斯 (Julian Symons) 的《三十年代：一个旋转的梦》(The Thirties: A Dream Revolved, 1960) 考察了这批诗人，这本书有些自传成分。更直截了当的自传有约翰·莱曼 (John Lehnann) 的《低语的画廊》(The Whispering Gallery, 1955) 和《我是我的兄弟》(I am My Brother, 1960)，C. 戴·刘易斯 (C. Day Lewis) 的《埋葬日》(The Buried Day, 1960)，以及 S. 斯彭德的《世界里的世界》(World within World, 1951)。奥登和麦克尼斯的诗无需自传性作品来给它们增光添彩。30年代早期有一本颇有影响的著作，就是 J. 斯特里奇的《即将到来的权力之争》(The Coming Struggle for Power,

1932），该书书名容易产生误导，它其实颇具文学色彩。一份完整的左翼图书俱乐部出版的图书书单应该会有用。加图（M. 富特、F. 欧文和 P. 霍华德三人的化名）的《罪人》(*Guilty Men*, 1940) 实际是一部政治宣传册子，但写得漂亮，或许可以视为文学作品。

第二次世界大战

这里我们又极大地受益于官方历史，既包括军事史也包括非军事史。大多数作者参与了他们讲述的某个战役，或供职于某部门，其中许多人本身就是历史学家。毫无疑问，下次他们会早早就动手撰写历史。这些历史主要来源于官方资料，因此很有价值。不幸的是，他们没有列出未出版的资料来源，[1] 因此我们有时无法判断作者是有据而发，还是固执己见。非军事史对部长和公务员都没有直接点名，只是在写到丘吉尔才不这样做，这可能会造成一种误解，以为丘吉尔一人主导二战。

原始资料再次可以在《二战统计文摘》(*Statistical Digest of the War*, 1951) 中找到。二战的大事年表需要去《大战略》(*Grand Strategy*) 的各卷里查。战前的那一卷还未出版。关于战争的几卷都已出版：《第二卷》（1939年9月到1941年6月，1957年出版）由巴特勒（J. R. M. Butler）著；《第三卷》（1941年6月到1942年8月，1964年出版）由格怀尔（J. M. A. Gwyer）和巴特勒合著；《第四卷》（1942年8月到1943年9月，1972年出版）由迈克尔·霍华德（Micharl Howard）著；《第五卷》（1943年8月到1944年9月）和《第六卷》（1944年10月到1945年8月）均由约翰·埃尔曼（John Ehrman）著，都是1956年出版的。最基本的资料是丘吉尔与参谋长委员会的交流信息，而对战时内阁不提一字，这可能是有问题的。这五卷书都有很高的学术价值，特别是后三卷。

每一场战役都有详细的记述。德里（T. K. Derry）的《挪威战役》(*Campaign in Norway*, 1952) 相当坦率。埃利斯（L. F. Ellis）的《法国与弗兰

---

[1] 这些资料藏于各个政府部门，可能会在遥远的将来公之于众。

德斯》(France and Flanders 1939—1940, 1953)也是直言无讳。埃利斯和其他人合著的《西方的胜利》(Victory in the West, 1962—1969)过于偏向蒙哥马利。欧洲战场之外的战役一般写得更长，也更平淡。柯比(S. W. Kirby)等人合著的《抗日战争》(The War against Janpan, 1957—1969)全部五卷都已出版。普莱费尔(I. S. O. Playfair)等人合著的《地中海和中东》(The Mediterranean and the Middle East, 1954—1972)预期有六卷，目前已经出版五卷。罗斯基尔(S. W. Roskill)的三卷本《海上的战争》(The War at Sea, 1954—1961)非常清晰，写得不错，不过很自然地，这套书倾向于以海军的视角看待事情。两本空战史堪称卓越。巴兹尔·科利尔(Basil Collier)的《保卫联合王国》(The Defence of the United Kingdom, 1957)对道丁的评价可称公正。韦伯斯特(C. Webster)和弗兰克兰(N. Frankland)合作的四卷本《对德战略空中攻势》(The Strategic Air Offensive against Germany, 1961)是官方历史中最公正无私的。这些图书取代了早期流行的官方军事史图书。

非军事史也尽量不提战时内阁。W. K. 汉考克和高英(M. M. Gowing)的入门书籍《英国战时经济》(British War Economy, 1949)尽管文笔优美，但需要资料更详细的图书来补充。波斯坦(M. M. Postan)的《英国军工生产》(British War Production, 1952)更为精确。蒂特马斯(R. M. Titmuss)的《社会政策问题》(Problems of Social Policy, 1950)有很多创见，让人印象深刻。其他通论性著作包括（不以图书品质优劣排序）：默里(K. A.H. Murray)的《农业》(Agriculture, 1955)；奥布赖恩(T. H. O'Brien)《民防》(Civil Defence, 1955)；哈格里夫斯(E. L. Hargreaves)和高英的《民用工业和贸易》(Civil Industry and Trade, 1952)；考特(W. H. B. Court)的《煤矿》(Coal, 1951)；W. N. 梅德利科特的两卷本的《经济封锁》(The Economic Blockade, 1952—1959)；赛耶斯(R. S. Sayers)的《财政政策》(Financial Policy, 1956)；哈蒙德(R.J. Hammond)的三卷本《粮食》(Food, 1951—1956)；萨维奇(C. I. Savage)的《内陆运输》(Inland Transport, 1957)；帕克(H. M. D. Parker)的《人力》(Manpower, 1957)；以及贝伦斯(C. B. A. Behrens)的《商业运输与战争的需求》(Merchant Shipping and the Demands of War, 1955)。佩顿－史密斯(D. J. Payton-Smith)的《石油》(Oil, 1971)和上述各书组成一个系列。《教育》被置于这个系列之外。军工生产系列的技术性太强，一般的历史学家需要下面

这些书：赫斯特菲尔德（J. Hurstfield）的《原材料的控制》(*The Control of Raw Materials*, 1953)；霍尔（H. D. Hall）的《北美的供应》(*North American Supply*, 1955)；M. M. 波斯坦和其他人合著的《武器的设计与发展》(*Design and Development of Weapons*, 1964)。高英的《英国与原子能》(*Britain and Atomic Energy 1939—1945*, 1964) 虽然也是官方历史，却不在这个系列中。克拉克（R. Clark）的《蒂扎德》(*Tizard*, 1965) 也合适放在这个系列里，传主是科学家与军方之间的重要中间人，在雷达和核能的发展中发挥了重大作用。两部非官方的历史也值得注意：巴兹尔·迪安（Basil Dean）的《战场》(*The Theatre at War*, 1956) 和格雷夫斯（C. Graves）的《穿军装的女人：W. V. S. 的故事》(*Women in Green: the Story of the W.V.S.*, 1948)。

温斯顿·丘吉尔的六卷本《第二次世界大战》(*The Second World War*, 1948—1954) ——每一卷都有独立的书名——是建立在当代记录基础上的官方历史和个人回忆的结晶。这部著作无疑是偏向作者的，有时候是作者故意为之，但常常是不自觉的。在接受学界批判性的研究之前，这部书无疑将在未来的很多年里继续支配着二战史的写作。丘吉尔的演讲词也被收集起来，出版了一套书（1938 年以后陆续出版）。这些演讲词也是二战研究的原始资料。丘吉尔之外，很少有非军事回忆录或者政治回忆录主要关注战争岁月的，这些回忆录也很难进入政治史行列。议员斯皮尔斯（E. L. Spears）也许是个例外，两卷本杰作《指定的灾难》(*Assignment to Catastrophe*, 1954) 主要讲述法国的陷落。

在这个领域，军事领导人倒是大有所为。从最高层说起，二战初期的帝国总参谋长艾恩赛德的《日记》(*Diaries*, 1962) 充满了对文官的无力抱怨。迪尔没留下什么东西。布鲁克[Brooke（Lord Alanbrooke）]授权阿瑟·布莱恩特爵士（Sir Arthur Bryant）将他的日记改编成两本著作：《转机》(*The Turn of the Tide*, 1957) 和《西方的胜利》(*Triumph in the West*, 1959)。出于傲慢和找茬的心态，该书对布鲁克和其他人都不公平。地中海舰队的总司令坎宁安后来成为第一海务大臣，写了《一个海员的奥德赛》(*A Sailor's Odessey*, 1951)。这本书有趣无害，也不是那么重要。特德勋爵（Lord Tedder）著有《心怀偏见》(*With Prejudice*, 1966)，作为盟军总司令艾森豪威尔的副手，对其他人颇不以为然。伊斯梅（Ismay）的《回忆录》(*Memoirs*, 1962) 展示了他对老领导丘吉尔不可置疑的忠诚。两位层级低一点的参谋人员没那么头脑简单：霍利斯（C. Hollis，与 J. Leasor 合著）的《高层的战争》（*War at the Top*, 1959）和肯尼迪（J. Kenedy）的《战争事务》（*The Business of War*, 1959）。好奇的读者会注意到，德国的参谋人员对希特勒有着类似的抱怨。

在战地指挥官方面，赖特（R. Wright）的《道丁和不列颠之战》（*Dowding and the Battle of Britain*, 1969）令人信服地证明了道丁是纳尔逊以来英国最伟大的战争英雄，虽然老年道丁的记忆有时靠不住。哈里斯（A. T. Harris）的《轰炸攻势》（*Bomber Offensive*, 1947）语气咄咄逼人，不过倒是名实相符。斯莱瑟（J. Slessor）的《中心蓝》（*The Central Blue*, 1957）行文中也透露出满满的自信。肖尔托·道格拉斯（Sholto Douglas）的《军戎岁月》（*Years of Command*, 1966）没有什么新鲜的东西。科尔维尔（J. R. Colville）的《勇者》（*Man of Valour*, 1972）是戈特的传记，对传主充满同情。约翰·康奈尔（John Connell）两卷本的《韦维尔》（*Wavell*, 1964—1969）展示了一位遭遇厄运的一流将军的命运。康奈尔还写了一本传记《奥金莱克》（*Auchinleck*, 1959），材料多源于传主的私人书信，书中透出一种正直而伤感的意味。突尼斯的亚历山大勋爵的《回忆录》是这个传统领域中的平庸之作：它不想冒犯任何人，因此基本上什么都没说。耐杰尔·尼科尔森（Nigel Nicolson）的《亚历克斯》（*Alex*, 1973）是英雄崇拜的可喜试验。阿拉曼的蒙哥马利勋爵的《回忆录》（*Memoirs*, 1958）也很有特色，它自信满满，可能会激怒某些人。蒙哥马利的参谋长德甘冈（F. de Guingaud）的著作《胜利行动》（*Operation Victory*, 1948）证实了这一印象。盟军最高司令部参谋长摩根（F. Morgan）的《霸王行动的序曲》（*Overture to Overlord*, 1950）是一部生动有用的作品。美国方面的资料太多，无法一一列举。

二手著作

最坦率的概论是巴兹尔·科利尔的《二战简史》（*A Short History of the Second World War*, 1967），他还著有《远东的战争》（*The War in the Far East 1941—1945*, 1969）。彼得·卡沃科雷西（Peter Calvocoressi）和盖伊·温特（Guy Wint）合著的《总体战》（*Total War*, 1972）其实藏着两本独立的书：一个讲西部战场，另一个讲远东战场。这虽然大大简化了战争的复杂局势，但却

531

造成了另一个困难，就是对于英军和美军来说，这两个战场有交叉重叠的地方，不过对于轴心国来说倒没有这个问题。利德尔·哈特的《第二次世界大战史》（History of the Second World War, 1970）几乎只关注陆地战役，其中又更关注英军的战役。讲述二战时期英国人的生活的书有三部，每部都很有趣而又各有特色：安格斯·考尔德（Angus Calder）的《人民的战争》（The People's War, 1969）；诺曼·朗格梅特（Norman Longmate）的《我们那时如何生活》（How We Lived Then, 1971）；包含更多趣事逸闻的《无路可走——战火中的伦敦》（Backs to the Wall, London under Fire 1939—1945, 1971）是伦纳德·莫斯利（Leonard Mosley）的作品。亨利·佩林（Henry Pelling）的《英国与第二次世界大战》（Britain and the Second World War, 1970）是一部简短的概论，在政治这一块的记述简短到令人失望。

我选了一些细节丰富的图书作为参考文献，它们要么提供了更多的信息，要么予人启发。尼古拉斯·贝特尔（Nicholas Bettell）的《希特勒取胜的战役》（The War Hitler Won, 1972）描写了波兰战役和之后偷偷摸摸的几次和谈努力。特纳（E. S. Turner）的《本土战线莫名其妙的战争》（The Phoney War on the Home Front, 1961）书如其名，非常有趣。汤姆·哈里森（Tom Harrisson）和查尔斯·马奇（Charles Madge）的《国内开始的战争》（War Begins at Home, 1940）是一篇基于大规模调查的论文。海斯（D. Hayes）的《良知的挑战》（Challenge of Conscience, 1949）讲述了发自内心拒服兵役者的故事。道格拉斯·克拉克（Douglas Clark）的《灾难来临前的三天》（Three Days to Catastrophe, 1966）讲述了支援芬兰的计划，幸运的是，这些计划流产了。阿里斯泰尔·霍恩（Alistair Horne）的《输掉一场战争》（To Lose a Battle, 1969）是对法国战役的精彩记述，很自然地，这本书更多地是从法国而不是英国视角来看待这场战役。泰勒（T. Taylor）的《惊涛》（The Breaking Wave, 1967）是第一部清楚地区分德国陆军入侵大不列颠的计划和德国空军的计划的图书。劳伦斯·汤普森（Laurence Thompson）的《1940》（1940, 1966）将使某些自鸣得意的英国人感到烦恼。汉斯·朗夫（Hans Rumpf）的《轰炸德国》（The Bombing of Germany, 1963）利用了德国的资料，对英国空军的攻击作了公正的评估。麦金泰尔（D. Macintyre）的《大西洋之战》（The Battle of the Atlantic, 1961）和《地中海之战》（The Battle for the Mediterranean, 1964）

写得不错，但有点偏向海军。格伦费尔（R. Grenfell）的《前往新加坡的主力舰队》(*Main Fleet to Singapore*, 1951) 持续攻击英国战前的远东战略。罗伯逊（T. Robertson）的《迪耶普登陆：耻辱与光荣》(*Dieppe: the Shame and the Glory*, 1962) 在记述登陆的背景和实际的突袭时利用了加拿大的资料，这本书很好地补充了这一块的官方史论述。

汤姆森（G. M. Thomson）的《谴责投票》(*Vote of Censure*, 1968) 小心翼翼地围绕1942的政治恐慌来行文。希金斯（T. Higgins）在《温斯顿·丘吉尔与第二战场》(*Winston Churchill and the Second Front 1940—1943*, 1957) 中巧妙地批评丘吉尔，他的论点并非没有道理。不过他和战时的美国将军一样，轻视了在组织第二战场过程中的实际困难。在《柔软的下腹部》(*The Soft Underbelly*, 1969) 中，希金斯继续撰写他的"一个人的战役"。迈克尔·霍华德在《二战中的地中海战略》(*The Mediterranean Strategy in the Second World War*, 1968) 更超脱地处理同一主题。巴尼特（C. Barnett）的《沙漠中的将军》(*Desert Generals*) 也是一部论争作品，它倾向于韦弗尔和奥金莱克，而反对丘吉尔和蒙哥马利。如能对蒙哥马利指挥的战役作更详细的研究，就能更好地评价他，这方面一个很好的例子是卡弗（Carver）的《阿拉曼》(*El Alamein*, 1962)。同一位作者的《托卜鲁克》(*Tobruk*, 1964) 也显示了高超的技术。两个失败了的大胆计划在沃恩－托马斯（W. Vaughan-Thomas）的《安齐奥》(*Anzio*, 1961) 和希伯特（C. Hibbert）的《阿纳姆》(*Arnhem*, 1962) 两书中得到了记录。切斯特·威尔莫特（Chester Wilmot）是报道法国北部登陆和战役的广播评论员，他的《欧洲之战》(*Struggle for Europe*, 1952) 是根据第一手资料完成的。这本书也制造了一些神话，如说如果不是艾森豪威尔的阻碍，蒙哥马利在1944年就能取得二战的胜利，或者说盟军在巴尔干地区失去了大好的机会。伍德夫妇（A. and M. Wood）合著的《处于危险中的岛屿》(*Islands in Danger*, 1955) 讲述了德军占领下海峡群岛上发生的不那么有英雄气概的故事。

相比一战来说，关于二战的文学著作更少，也没那么予人启迪。二战对世人生活的影响更大，但它不是一次深刻的精神体验。这里没有怀疑，也没有醒悟。尽管丘吉尔的修辞非常华丽，但这场战争的过程更像是散文，甚至有些呆板沉闷。有些青年诗人，像阿伦·刘易斯（Alun Lewis）和西德尼·凯斯（Sidney Keyes），参军后仍然接着写诗，但这并没有让他们成为战争诗人。

不过，伊恩·汉密尔顿（Ian Hamilton）编了一本诗歌选集《战争诗篇》（*The Poetry of War 1939—45*, 1965）。在散文体裁方面，有许多回忆录，特别是关于被占领的欧洲、缅甸战役和逃出集中营的故事。这些应该算是历险故事，而不是战争故事。

理解二战最好的办法还是读一读《地平线》（*Horizon*）里的文章。这是西里尔·康诺利在二战期间和战后初期编辑的期刊，里面包含了很多当时的印象记和许多精彩的短篇小说。有些长篇小说的背景设定在二战时期，但除了一篇外，不能给人带来什么启发。未来人们要想了解二战给英国老百姓带来了什么，最好去读读伊夫林·沃的《荣誉之剑》（*Sword of Honour*, 1965），这是这位伟大的英国小说家最杰出的著作。当读到特里默由于娶了一个约翰内斯堡的犹太妇女而对自己的安全与财产忧心忡忡的时候，这部书的崇拜者想必会觉得很有趣。

历届内阁名单（1914—1945）

阿斯奎斯自由党内阁
（1914年8月5日成立）

首相[1]：H. H. 阿斯奎斯

大法官：霍尔丹子爵

枢密院长：比彻姆伯爵

掌玺大臣： ⎫
印度事务大臣：⎭ 克鲁侯爵

财政大臣：D. 劳合·乔治

内政大臣：R. 麦肯纳

外交大臣：E. 格雷爵士

殖民大臣：L. 哈考特

陆军大臣：基奇纳伯爵

苏格兰事务大臣：T. 麦金农·伍德

爱尔兰布政司：A. 比勒尔

海军大臣：W. 丘吉尔

兰开斯特公爵郡大臣：C. 马斯特曼

贸易部长：W. 朗西曼

地方政府部长：H. 塞缪尔

农业部长：卢卡斯勋爵

教育部长：J. 皮斯

邮政总局局长：C. 霍布豪斯

第一工程专员：埃默特勋爵

---

[1] 严格地说，在本书所述的历史时期，首相兼任第一财政大臣，但人们通称"首相"。

总检察长：J. 西蒙爵士

人事变动

1915年2月：马斯特曼因未当选下院议员，辞去兰开斯特公爵郡大臣，E. 蒙塔古接任。

阿斯奎斯联合内阁
（1915年5月成立）

  首相：H. H. 阿斯奎斯
  大法官：巴克马斯特勋爵
  枢密院长：克鲁侯爵
  掌玺大臣：寇松伯爵
  财政大臣：R. 麦肯纳
  内政大臣：J. 西蒙爵士
  外交大臣：E. 格雷爵士
  殖民大臣：A. 博纳·劳
  陆军大臣：基奇纳伯爵
  印度事务大臣：A. 张伯伦
  苏格兰事务大臣：T. 麦金农·伍德
  爱尔兰布政司：A. 比勒尔
  海军大臣：A. 贝尔福
  兰开斯特公爵郡大臣：W. 丘吉尔
  贸易部长：W. 朗西曼
  地方政府部长：W. 朗
  农业部长：塞尔本伯爵
  教育部长：A. 汉德森
  第一工程专员：L. 哈考特（1916年封为子爵）
  军需部长：D. 劳合·乔治

不管部部长：兰斯多恩侯爵
总检察长：E. 卡尔森爵士

人事变动

1915年7月：外交部政务次长R.塞西尔勋爵进入内阁。1915年11月：卡尔森辞职，F. E.史密斯爵士接任总检察长；丘吉尔辞职，H. 塞缪尔爵士接任兰开斯特公爵郡大臣，留任财政部财务次长。1916年1月：西门辞职，H.塞缪尔接任内政大臣，E. 蒙塔古接任其兰开斯特郡大臣一职，同时留任财政部财务次长。1916年2月：塞西尔勋爵出任封锁部长，留任外交部政务次长。1916年7月：劳合·乔治接替已故的基奇纳担任陆军大臣，E.蒙塔古接替劳合·乔治担任军需部长；T.麦金农·伍德接替蒙塔古担任兰开斯特公爵郡大臣，兼任财政部财务次长；H.田纳特接替伍德担任苏格兰事务大臣；塞尔本辞职，克劳福德伯爵接任农业部长；比勒尔辞职，H.杜克接任爱尔兰布政司。1916年8月：汉德森担任邮政总局局长，进入内阁；克鲁侯爵接任教育部长。

劳合·乔治战时内阁
（1916年12月成立）

首相：D. 劳合·乔治
大法官：寇松伯爵
财政大臣：A. 博纳·劳
不管部部长：亚瑟·汉德森
　　　　　　米尔纳子爵

人事变动（除特别指明外，均为不管部部长）

1917年5—8月：养老金部长G. N. 巴恩斯在汉德森访俄期间，代为参加战时内阁。[1]1917年6月：J.史末资[2]进入战时内阁；前海军大臣E.卡尔森爵士进入战时内阁。1917年8月：汉德森辞职，辞去养老金部长的G.巴恩斯接任其在战时内阁的位置。1918年1月：卡尔森离开战时内阁。1917年6月：米尔纳离开战时内阁，出任陆军部长；A.张伯伦参加战时内阁。1919年1月：劳出任掌玺大臣，A.张伯伦接任财政大臣，两人均继续担任战时内阁成员；史末资离开战时内阁；前海军大臣E.格迪斯爵士加入战时内阁。

劳合·乔治联合内阁
（1919年11月成立）

首相：D.劳合·乔治

大法官：伯肯黑德勋爵（1921年封为子爵，1922年封为伯爵）

枢密院长：A.J.贝尔福（1922年封为伯爵）

掌玺大臣：A.博纳·劳

财政大臣：A.张伯伦

内政大臣：E.肖特

外交大臣：寇松伯爵（1921年封为侯爵）

殖民大臣：米尔纳子爵

陆军大臣（兼空军大臣）：W.丘吉尔

印度事务大臣：E.蒙塔古

爱尔兰布政司：I.迈克菲森

爱尔兰总督[3]：弗伦奇子爵

海军大臣：W.朗（1921年封为子爵）

贸易部长：A.格迪斯爵士

卫生部长：C.艾迪生

农业部长：费勒姆的李勋爵

---

[1] 在汉德森回国至辞职的短暂时期，巴恩斯继续参加内阁。

[2] 南非议员。

[3] 爱尔兰总督与布政司同时进入内阁，这是史上唯一一例。

教育部长：H. A. L. 费舍尔

军需部长：英弗福思勋爵

劳工部长：R. 霍恩爵士

交通部长：E. 格迪斯爵士

不管部部长：G. 巴恩斯

人事变动

1920年1月：巴恩斯辞职。1920年3月：A.格迪斯爵士辞职，霍恩继任贸易部长，劳工部长一职由T.麦克纳马拉接任。1920年4月：H.格林伍德爵士接替迈克菲森担任爱尔兰布政司；L.沃辛顿－埃文斯爵士担任不管部部长。1921年2月：丘吉尔担任殖民大臣，沃辛顿－埃文斯接任陆军部长[1]；李勋爵接替朗担任海军大臣，农业部长一职由A.格里菲斯－博斯科恩爵士接任。1921年3月：撤销军需部，英弗福思离开内阁。劳退休，A.张伯伦接任掌玺大臣。1921年4月：霍恩接替张伯伦担任财政大臣，贸易部长一职由S.鲍德温接任。艾迪生担任不管部部长，卫生部长一职由A.蒙德爵士接任。菲查伦子爵接替弗伦奇担任爱尔兰总督。1921年7月：艾迪生辞职。1921年11月：总检察长G.休瓦特爵士进入内阁。E.格迪斯爵士辞职，新任交通部长未进入内阁。1922年3月：休瓦特辞职，出任最高法院王座庭庭长，新任总检察长未进入内阁。蒙塔古辞职，印度事务大臣一职由皮尔子爵担任。1922年4月：第一工程专员克劳福德伯爵进入内阁。

劳保守党内阁
（1922年10月成立）

首相：A. 博纳·劳

大法官：凯夫子爵

枢密院长：⎫
兰开斯特公爵郡大臣：⎭ 索尔兹伯里侯爵

---

[1] 成立独立的空军部，该部部长未进入内阁。

财政大臣：S. 鲍德温

内政大臣：W. C. 布里奇曼

外交大臣：寇松侯爵

殖民大臣：德文郡公爵

陆军大臣：德比伯爵

印度事务大臣：皮尔子爵

苏格兰事务大臣：诺瓦子爵

海军大臣：L. S. 艾默里

贸易部长：P. 劳埃德－格莱姆爵士

农业部长：R. 桑德斯爵士

教育部长：E. F. L. 伍德

劳工部长：A. 蒙塔古－巴洛爵士

卫生部长：A. 格里菲斯－博斯科恩爵士

人事变动

1923年3月：格里菲斯－博斯科恩爵士辞职，N. 张伯伦接任卫生部长。

鲍德温第一届保守党内阁
（1923年5月成立）

除以下职务外，其余内阁成员同劳内阁：

首相：
财政大臣： } S. 鲍德温

掌玺大臣：R. 塞西尔勋爵

财政部财务次长：W. 乔因森－希克斯爵士

空军大臣：S. 霍尔爵士

邮政总局局长：L. 沃辛顿－埃文斯爵士

索尔兹伯里侯爵辞去兰开斯特郡大臣职务后，新任大臣未进入内阁。

人事变动

1923年8月：鲍德温辞去财政大臣一职，N. 张伯伦继任。乔因森－希克斯接任张伯伦的卫生部长一职，新任财政部财务次长未进入内阁。

麦克唐纳第一届工党政府
（1924年1月成立）

首相：⎫
外交大臣：⎬ J. R. 麦克唐纳

大法官：霍尔丹子爵

枢密院长：帕穆尔勋爵

掌玺大臣：J. R. 克里尼斯

财政大臣：P. 斯诺登

内政大臣：A. 汉德森

殖民大臣：J. H. 托马斯

陆军大臣：S. 沃尔什

印度事务大臣：奥利维尔勋爵

苏格兰事务大臣：W. 亚当森

空军大臣：汤姆森勋爵

海军大臣：切尔姆斯福德勋爵

兰开斯特公爵郡大臣：J. 韦奇伍德

贸易部长：S. 韦伯

农业部长：N. 巴克斯顿

教育部长：C. P. 特里维廉

邮政总局局长：V. 哈茨霍恩

第一工程专员：F. W. 乔伊特

劳工部长：T. 肖

卫生部长：J. 惠特利

鲍德温第二届保守党内阁
（1924年11月成立）

首相：S. 鲍德温

大法官：凯夫子爵

枢密院长：寇松侯爵

掌玺大臣：索尔兹伯里侯爵

财政大臣：W. S. 丘吉尔

内政大臣：W. 乔因森－希克斯爵士

外交大臣：A. 张伯伦

殖民大臣：L. S. 艾默里

陆军大臣：L. 沃辛顿－埃文斯爵士

印度事务大臣：伯肯黑德伯爵

空军大臣：S. 霍尔爵士

苏格兰事务大臣：J. 吉尔摩爵士

海军大臣：W. 布里奇曼

兰开斯特公爵郡大臣：塞西尔子爵

贸易部长：P. 坎利夫－李斯特爵士[1]

农业部长：E. F. L. 伍德

教育部长：E. 珀西勋爵

第一工程专员：皮尔子爵

劳工部长：A. 斯蒂尔－梅特兰爵士

卫生部长：N. 张伯伦

总检察长：D. 霍格爵士

人事变动

1925年4月：贝尔福伯爵接替寇松担任枢密院长。1925年6月：艾默里兼任自治领事务大臣。1925年11月：W. 吉尼斯接替伍德担任农业部长。1927年

---

[1] 曾用名劳埃德－格莱姆。

10月：库申登勋爵接替塞西尔担任兰开斯特公爵郡大臣。1928年3月：霍格被封为海利沙姆子爵，接替凯夫担任大法官，新任总检察长未进入内阁。1928年10月：皮尔接替伯肯黑德担任印度事务大臣，第一工程专员一职由伦敦德里侯爵担任。

麦克唐纳第二届工党政府
（1929年6月成立）

首相：J. R. 麦克唐纳

大法官：桑基勋爵

枢密院长：帕穆尔勋爵

掌玺大臣：J. H. 托马斯

财政大臣：P. 斯诺登

内政大臣：J. R. 克里尼斯

外交大臣：A. 汉德森

殖民与自治领事务大臣：帕斯菲尔德勋爵

陆军大臣：T. 肖

印度事务大臣：帕斯菲尔德勋爵

空军大臣：汤姆森勋爵

苏格兰事务大臣：W. 亚当森

海军大臣：A. V. 亚历山大

贸易部长：W. 格雷厄姆

农业部长：N. 巴克斯顿

教育部长：C. P. 特里维廉爵士

劳工部长：玛格丽特·邦德菲尔德

卫生部长：A. 格林伍德

第一工程专员：G. 兰斯伯里

人事变动

1930年6月：哈茨霍恩接替托马斯担任掌玺大臣。托马斯担任自治领事务大臣，帕斯菲尔德继续担任殖民大臣。C.艾迪生接替巴克斯顿担任农业部长。1930年10月：阿穆尔里勋爵接替已故的汤姆森担任空军部长。1931年3月：特里维廉辞职，H.B.利斯-史密斯接任教育部长；交通部长H.莫里森进入内阁；T.约翰斯顿接替哈茨霍恩担任掌玺大臣。

麦克唐纳第一届国民政府
（1931年8月成立）

  首相：J.R.麦克唐纳
  大法官：桑基勋爵
  枢密院长：S.鲍德温
  财政大臣：P.斯诺登
  内政大臣：H.塞缪尔爵士
  外交大臣：里丁侯爵
  印度事务大臣：S.霍尔爵士
  自治领事务大臣：J.H.托马斯
  贸易部长：P.坎利夫-李斯特爵士
  卫生部长：N.张伯伦

麦克唐纳第二届国民政府
（1931年11月成立）

  首相：J.R.麦克唐纳
  大法官：桑基勋爵（1932年封为子爵）
  枢密院长：S.鲍德温
  掌玺大臣：斯诺登勋爵
  财政大臣：N.张伯伦
  内政大臣：H.塞缪尔爵士

外交大臣：J. 西蒙爵士

殖民大臣：P. 坎利夫－李斯特爵士

自治领事务大臣：J. H. 托马斯

陆军大臣：海利沙姆子爵

印度事务大臣：S. 霍尔爵士

空军大臣：伦敦德里侯爵

苏格兰事务大臣：A. 辛克莱爵士

海军大臣：B. 艾莱斯－蒙赛尔爵士

贸易部长：W. 朗西曼

农业部长：J. 吉尔摩爵士

教育部长：D. 麦克莱恩爵士

劳工部长：H. 贝特顿爵士

卫生部长：E. 希尔顿·杨格爵士

第一工程专员：W. 奥姆斯比－戈尔

人事变动

1931年7月：欧文勋爵接替已故的麦克莱恩担任教育部长。1932年9月：鲍德温接替斯诺登担任掌玺大臣，同时留任枢密院长；吉尔摩接替塞缪尔担任内政部长，农业部长一职由W. 埃利奥特继任；G. 柯林斯爵士接替辛克莱担任苏格兰事务大臣。1933年12月：鲍德温辞去掌玺大臣，新任掌玺大臣未进入内阁；邮政总局局长K. 伍德爵士进入内阁。1934年6月：O. 斯坦利接替贝特顿担任劳工部长。

鲍德温国民政府
(1935年6月成立)

首相：S. 鲍德温

大法官：海利沙姆子爵

枢密院长：J. R. 麦克唐纳

掌玺大臣：伦敦德里侯爵

财政大臣：N. 张伯伦

内政大臣：J. 西蒙爵士

外交大臣：S. 霍尔爵士

殖民大臣：M. 麦克唐纳

自治领事务大臣：J. H. 托马斯

陆军大臣：哈利法克斯子爵

印度事务大臣：设得兰侯爵

空军大臣：P. 坎利夫－李斯特爵士（封为斯温顿子爵）

苏格兰事务大臣：G. 柯林斯爵士

海军大臣：B. 艾莱斯－蒙赛尔（封为蒙赛尔子爵）

贸易部长：W. 朗西曼

农业部长：W. 埃利奥特

教育部长：O. 斯坦利

劳工部长：E. 布朗

卫生部长：K. 伍德爵士

第一工程专员：W. 奥姆斯比－戈尔

国际联盟事务不管部部长：A. 艾登

不管部部长：E. 珀西勋爵

人事变动

1935 年 11 月：哈利法克斯接替伦敦德里担任掌玺大臣，陆军部长一职由 A. 达夫·库珀接任；托马斯和 M. 麦克唐纳职务互换。1935 年 12 月：艾登接替霍尔担任外交大臣。1936 年 3 月：国防协调大臣 T. 英斯基普爵士进入内阁；珀西辞职。1936 年 5 月：托马斯辞职，奥姆斯比－戈尔接任殖民大臣，第一工程专员一职由斯坦厄普伯爵接任。1936 年 6 月：霍尔接替蒙赛尔担任海军大臣。1936 年 10 月：埃利奥特接替柯林斯担任苏格兰事务大臣，农业部长一职由 W.S. 莫里森担任；交通部长 L. 霍尔－贝利沙进入内阁。

张伯伦国民政府
（1937年5月成立）

首相：N. 张伯伦

大法官：海利沙姆子爵

枢密院长：哈利法克斯子爵

掌玺大臣：德拉瓦伯爵

财政大臣：J. 西蒙爵士

内政大臣：S. 霍尔爵士

外交大臣：A. 艾登

殖民大臣：W. 奥姆斯比－戈尔

自治领事务大臣：M. 麦克唐纳

陆军大臣：L. 霍尔－贝利沙

印度和缅甸事务大臣：设得兰侯爵

空军大臣：斯温顿子爵

苏格兰事务大臣：W. 埃利奥特

海军大臣：A. 达夫·库珀

贸易部长：O. 斯坦利

农业部长：W. S. 莫里森

教育部长：斯坦厄普伯爵

劳工部长：E. 布朗

卫生部长：K. 伍德爵士

国防协调部长：T. 英斯基普爵士

交通部长：L. 伯金

人事变动

1938年2月：哈利法克斯接替艾登担任外交大臣，枢密院长一职由海利沙姆接任，后者的大法官一职由莫姆勋爵接任。1938年3月：兰开斯特郡大臣温特顿进入内阁。1938年5月：麦克唐纳接替奥姆斯比－戈尔担任殖民大臣，自治领事务大臣一职由斯坦利勋爵接任；金斯利·伍德接替斯温顿担任空军部长，卫生部长一职由埃利奥特接任，后者的苏格兰事务大臣一职由 D.J. 科尔维尔接任。1938 年 10 月：斯坦厄普接替达夫·库珀担任海军大臣，教育部长一职由德拉瓦接任，后者的掌玺大臣一职由 J. 安德森爵士接任；麦克唐纳接替已故的斯坦利担任自治领事务大臣，留任殖民大臣。1939 年 1 月：W.S. 莫里森接替温特顿担任兰开斯特郡大臣，农业部长一职由 R.H. 多尔曼－史密斯接任；英斯基普接替麦克唐纳担任自治领事务大臣，国防协调部长一职由查特菲尔德勋爵接任。1939 年 4 月：伯金担任不管部部长，交通部长一职由 E. 华莱士接任。1939 年 7 月：伯金担任物资供应部长。

张伯伦战时内阁
（1939 年 9 月成立）

首相：N. 张伯伦

掌玺大臣：S. 霍尔爵士

财政大臣：J. 西蒙爵士

外交大臣：哈利法克斯子爵

陆军大臣：L. 霍尔－贝利沙

空军大臣：金斯利·伍德爵士

海军大臣：W. S. 丘吉尔

国防协调大臣：查特菲尔德勋爵

不管部部长：汉基勋爵

人事变动

1940 年 1 月：L. 霍尔－贝利沙辞职，O. 斯坦利接任陆军部长。1940 年 4 月：霍尔和伍德职务互换；国防协调部撤销，查特菲尔德离开战时内阁。

丘吉尔战时内阁
（1940年5月成立）

首相：
国防部长：⎬ W. S. 丘吉尔
枢密院长：N. 张伯伦
掌玺大臣：C. R. 艾德礼
外交大臣：哈利法克斯子爵
不管部部长：A. 格林伍德

人事变动

1940年8月：飞机生产部长比弗布鲁克勋爵进入战时内阁。1940年10月：张伯伦辞职，J. 安德森接任枢密院长；财政大臣K. 伍德爵士和劳工部长E. 贝文进入战时内阁。1940年12月：哈利法克斯出任驻美大使，留任战时内阁成员；A. 艾登继任外交大臣，进入战时内阁。1941年5月：比弗布鲁克出任国务部长，留任战时内阁；新任飞机生产部长未进入战时内阁。1941年6月：比弗布鲁克出任物资供应部长，留任战时内阁；O. 利特尔顿出任中东事务国务部长，进入战时内阁。1942年2月4日：比弗布鲁克出任军工生产部长，留任战时内阁；新任物资供应部长未进入战时内阁。1942年2月19日：比弗布鲁克辞职，离开战时内阁；S. 克里普斯爵士进入战时内阁，接替艾德礼担任掌玺大臣；艾德礼出任副首相和自治领事务大臣，留任战时内阁；伍德离开战时内阁，继续担任财政大臣。1942年2月22日：格林伍德辞职，离开战时内阁。1942年3月：利特尔顿担任生产部长，留任战时内阁；R. 凯西[1]继任中东事务国务部长，进入战时内阁。1942年10月：克里普斯辞去掌玺大臣，离开战时内阁；新任掌玺大臣未进入战时内阁；内政大臣H. 莫里森进入战时内阁。1943年9月：安德森接替已故的伍德担任财政大臣，留任战时内阁；艾德礼接任枢密院长；新任自治领事务大臣未进入战时内阁。1943年11月：重建部长伍尔顿勋爵进入战时内阁。

---

[1] 澳大利亚议员。

丘吉尔看守内阁
（1945年5月成立）

首相：⎫
国防部长：⎬ W. S. 丘吉尔
枢密院长：伍尔顿勋爵
掌玺大臣：比弗布鲁克勋爵
财政大臣：J. 安德森爵士
内政大臣：D. 萨默维尔爵士
外交大臣：A. 艾登
殖民大臣：O. 斯坦利
自治领事务大臣：克兰伯恩子爵
印度和缅甸事务大臣：L. S. 艾默里
陆军大臣：J. 格里格爵士
空军大臣：H. 麦克米伦
海军大臣：B. 布雷肯
贸易部长：⎫
生产部长：⎬ O. 利特尔顿
苏格兰事务大臣：罗斯伯里伯爵
农业部长：R. S. 赫德森
劳工部长：R. A. 巴特勒

艾德礼工党政府
（1945年7月成立）

首相：⎫
国防部长：⎬ C. R. 艾德礼
大法官：乔伊特子爵
枢密院长：H. 莫里森

掌玺大臣：A. 格林伍德
财政大臣：H. 道尔顿
内政大臣：C. 伊德
外交大臣：E. 贝文
殖民大臣：H. 霍尔
印度和缅甸事务大臣：佩西克－劳伦斯勋爵
自治领事务大臣：艾迪生子爵
苏格兰事务大臣：J. 韦斯特伍德
贸易部长：S. 克里普斯爵士
农业部长：T. 威廉姆斯
教育部长：埃伦·威尔金森
劳工部长：G. 艾萨克斯
卫生部长：A. 比万
燃料电力部长：E. 欣威尔

译后记

素来觉得，作品和译者之间是着有某种缘分的。它们来到你面前，是要为你引一条路，点一盏灯，开一扇门。

本书可谓"牛津英国史"的压卷之作，也是泰勒的扛鼎之作。惭愧的是，由于我个人缺乏历史的学术视域与素养，恐未能将作者的鞭辟入里、沉博绝丽全面地展现给读者。

译史实属不易，写史之困心衡虑，想必更在百倍千倍之上。泰勒对于部分争议性历史事件的直言不讳、独立书写，是我最为感佩之处。

而读史之难，在于观，在于鉴。

法国诠释学者保罗·利科（Paul Ricoeur）指出："历史性只是指一个基本但切要的事实，我们创作历史，我们沉浸其间，我们也是如此的历史生成物。"历史性是复杂的，因为在某种程度上而言，它产生于人性。我想，英国乃至世界历史的 1914—1945 年，向人类充分展示了这一点。

1939 年 9 月 1 日凌晨 4 点 45 分，德国军队越过波兰边境。当日，英国所有市民收到了防毒面具；当晚，宵禁开始，并自此一直持续到德国战败。英国诗人 W. H. 奥登在这一天写下了著名诗篇——《一九三九年九月一日》。

我们研读历史，为的是创造历史。"为天地立心，为生民立命，为往圣继绝学，为万世开太平"，横渠四句，可在史中求，应在史中求。

关于本书的翻译工作，须在此作简要的说明。第一至十章由徐志军先生负责，其余部分由我负责，全部译稿由魏云鹏先生审校。我的译文稚嫩多谬，"诚知不如徐公美"，还请诸位海涵。此外，特别感谢许晨龙先生的鼎力相助。

最后，我想，就一起读一读奥登的诗句吧：

　　夜幕之下毫不设防
　　我们的世界犹在昏迷；

然而，遍布四方的
嘲讽的光点闪现着正义
正彼此交换着讯息：
但愿，同他们一样
由爱和尘土构成、
被同样的否定和绝望
所困扰的我，能呈现
一支肯定的火焰。

译者　邹佳茹
2019 年 10 月于复旦燕园

图书在版编目（CIP）数据

英国史：1914—1945／（英）A.J.P.泰勒（A.J.P. Taylor）著；徐志军，邹佳茹译. -- 北京：华夏出版社，2020.7
书名原文：English History, 1914—1945
ISBN 978-7-5080-9717-6

I. ①英… II. ①A… ②徐… ③邹… III. ①英国－历史－1914-1945 IV. ①K561.0

中国版本图书馆 CIP 数据核字（2019）第 050645 号

English History, 1914-1945 First Edition / ISBN:978-0-19-821715-2
Copyright©1965, 1975 by Oxford University Press

"ENGLISH HISTORY, 1914-1945, FIRST EDITION" was originally published in English in 1965, 1975. This translation is published by arrangement with Oxford University Press.

版权所有 翻印必究
北京市版权局著作权合同登记号：图字 01-2014-0969 号

英国史：1914—1945

作　　者	[英] A.J.P. 泰勒	
译　　者	徐志军　邹佳茹	
责任编辑	罗　庆	
出版发行	华夏出版社	
经　　销	新华书店	
印　　刷	三河市万龙印装有限公司	
装　　订	三河市万龙印装有限公司	
版　　次	2020 年 7 月北京第 1 版 2020 年 7 月北京第 1 次印刷	
开　　本	720×1000　1/16	
印　　张	35.5	
插　　页	8	
字　　数	545 千字	
定　　价	158.00 元	

华夏出版社　地址：北京市东直门外香河园北里 4 号　邮编：100028
　　　　　　网址：www.hxph.com.cn 电话：(010) 64663331（转）
若发现本版图书有印装质量问题，请与我社营销中心联系调换。